राजनैतिक समाजशास्त्र

राजनैतिक समाजशास्त्र

राजेन्द्र कुमार शर्मा

ATLANTIC
PUBLISHERS & DISTRIBUTORS (P) LTD

प्रकाशक :
एटलांटिक पब्लिशर्स एण्ड डिस्ट्रीब्यूटर्स (प्रा॰) लिमिटेड
बी-2, विशाल एन्क्लेव, राजौरी गार्डन के सामने,
नई दिल्ली-110027
दूरभाष : 25413460, 25429987, 25466842

विक्रयकेन्द्र :
7/22, अन्सारी रोड, दरियागंज, नई दिल्ली-110002
दूरभाष : 23273880, 23275880, 23280451
फैक्स : 91-11-23285873
e-mail : info@atlanticbooks.com
web site : www.atlanticbooks.com

मुद्रक : नाईस प्रिन्टर्स, दिल्ली

RAJNAITIK SAMAJSHASTRA (*in Hindi*)
By Rajendra Kumar Sharma

भूमिका

यह पुस्तक भारतीय विश्वविद्यालयों की एम० ए० (राजशास्त्र) एवं एम० ए० (समाजशास्त्र) परीक्षाओं में राजनैतिक समाजशास्त्र विषयक प्रश्न पत्र के लिये पाठ्य पुस्तक के रूप में लिखी गई है। पुस्तक में विषय के विवेचन में विश्लेषणात्मक प्रणाली अपनाई गई है। सब कहीं भारतीय परिवेश में विषय का विवेचन किया गया हैं यथा संभव आधुनिक आंकड़े दिए गए हैं। प्रत्येक अध्याय के अन्त में विश्वविद्यालयों की परीक्षाओं में पूछे गए प्रश्न दिये गए हैं ताकि विद्यार्थी परीक्षा की तैयारी कर सकें। पुस्तक की भाषा यथा संभव सरल रखी गई है। प्राविधिक शब्दों के आगे उनका अंग्रेजी शब्द दिया गया है। उद्धरण हिन्दी अनुवाद के साथ उनकी मूल अंग्रेजी भाषा में भी दिये गए हैं। पुस्तक के अन्त में भारत की राजनैतिक संरचना शीर्षक अध्याय में आधुनिकतम स्थिति का वर्णन किया गया है और नवीनतम आंकड़े दिए गए हैं। इस प्रकार एम० ए० कक्षाओं को यह विषय पढ़ाने के अपने लम्बे अनुभव के आधार पर लेखक ने यथा-संभव इस पुस्तक को विद्यार्थियों के लिये आदर्श पाठ्य पुस्तक और शिक्षकों के लिये संदर्भ ग्रन्थ बनाने का प्रयास किया है। फिर भी, लेखक पुस्तक को बेहतर बनाने के सुझावों का आभारी होगा।

डॉ० राजेन्द्र कुमार शर्मा

अर्चना
सिविल लाइन्स
मेरठ

विषय-सूची

1

राजनैतिक समाजशास्त्र का परिचय
(Introduction to Political Sociology)

राजनीति विज्ञान और राजनैतिक समाजशास्त्र में अन्तर दिखलाते हुए बेन्डिक्स और लिपसेट ने लिखा है, "राजनीति विज्ञान राज्य से आरम्भ करता है और यह परीक्षा करता है कि वह समाज को कैसे प्रभावित करता है जबकि राजनैतिक समाजशास्त्र समाज से आरम्भ करता है और यह जाँच करता है कि वह राज्य को कैसे प्रभावित करता है।"[1] इस प्रकार राजनीति विज्ञान अपनी व्याख्याओं में राजनैतिक चरों (Variables) पर जोर देता है। दूसरी ओर राजनैतिक समाजशास्त्र सामाजिक चरों पर जोर देता है। इस प्रकार राजनीति विज्ञान और राजनैतिक समाजशास्त्र विभिन्न चरों पर जोर देते हैं। जबकि पहला राज्य के चारों ओर घूमता है, दूसरा समाज पर केन्द्रित है।

राजनीति विज्ञान और राजनैतिक समाजशास्त्र का घनिष्ठ सम्बन्ध दिखलाते हुये ए० के० मुखोपाध्याय कहते हैं, "अत्यन्त सरल रूप से बात को रखते हुए यह कहा जा सकता है कि राजनैतिक समाजशास्त्र, समाजशास्त्र और राजनीति विज्ञान के विवाह से उत्पन्न शिशु है और जैसा कि मानव शिशुओं में होता है, उसे केवल उसके पैतृक गुणों से लक्षित नहीं किया जा सकता।"[2] राजनीति विज्ञान राज्य का अध्ययन है जबकि समाजशास्त्र समाज का अध्ययन है। राजनीति विज्ञान राज्य से सम्बन्धित सभी कुछ को शामिल करते हुये राजनैतिक शब्द की व्याख्या करता है। इस प्रकार बहुत-सा सामाजिक जीवन उसके क्षेत्र से बाहर छूट जाता है। दूसरी ओर राजनैतिक समाजशास्त्र समाज पर केन्द्रित होते हुये समस्त

---

1. "Political Science starts with the state and examines how it effects society, while Political Sociology starts with society and examines how it effects the state."
—R. Bendix & S.M. Lioset. "The Field of Political Sociology" in *Political Sociology* L. A. Coser (ed.), Harper Text books, New York, 1967, p. 26.
2. "To put the matter very simply, Political Sociology is a child from the marriage between Sociology and Political Science and, as in human issues, cannot be solely characterised by its parental qualities alone." —Mukhopadhyaya A. K.
Political Sociology, Calcutta, K.P. Bagchi & Co. 1977, p. 5.

सामाजिक जीवन को शामिल करता है। इस प्रकार राजनैतिक समाजशास्त्र का क्षेत्र राजनीति विज्ञान के क्षेत्र से अधिक व्यापक है। फिर भी ये दोनों ही स्वतन्त्र विज्ञान हैं क्योंकि उनका दृष्टिकोण और प्रकृति भिन्न है। साथ ही ये दोनों घनिष्ठ रूप से सम्बन्धित हैं। लिपसेट के शब्दों में "भूल राज्य और समाज को दो स्वतन्त्र सावयव मानने में है और किसी को यह नहीं पूछना चाहिये कि इनमें कौन अधिक महत्त्वपूर्ण अथवा वाँच्छनीय है। राजनैतिक समाजशास्त्री यह तर्क करते हैं कि राज्य अनेक राजनैतिक संस्थाओं में से केवल एक है और कि राजनैतिक संस्थायें सामाजिक संस्थाओं के अनेक गुच्छों में से एक हैं, कि इन संस्थाओं और संस्थाओं के गुच्छों में सम्बन्ध सामान्य रूप से समाजशास्त्र का विषय है और कि राजनैतिक संस्थाओं तथा अन्य संस्थाओं में सम्बन्ध राजनैतिक समाजशास्त्र का प्रमुख क्षेत्र है। राजवैज्ञानिकों से राजनैतिक समाजशास्त्र के प्रमाणों के विषय में बहस करते हुये समाजशास्त्रियों ने यह तर्क किया है कि राज्य और अन्य राजनैतिक संस्थाओं के स्वतन्त्र अध्ययन का कोई मौखिक अर्थ नही हैं।"[1]

उपरोक्त घनिष्ठ सम्बन्ध के कारण ही सन् 1927 में जार्ज कैटलिन ने "समाजशास्त्र के एक उपविभाग के रूप में राजनीति के डूब जाने के खतरे"[2] की ओर संकेत किया था। परन्तु "आज सब बदला हुआ दिखलाई पड़ता है; विद्यार्थी को अपने लिपसेट, अपने मैकेन्जी अथवा अपने रोज़ का अध्ययन करते हुये यह जानना कठिन होगा कि वह समाजशास्त्र अथवा राजनीति विज्ञान में से किसके सम्पर्क में है।"[3] परन्तु समाजशास्त्र और राजनीतिशास्त्र में से किसी के भी दूसरे को दबा देने का खतरा नहीं है। वर्तमान काल में दोनों पर्याप्त रूप से विकसित विज्ञान हैं। दोनों का बहुत कुछ स्वतन्त्र क्षेत्र है।

ऐतिहासिक दृष्टिकोण से परम्परागत राजनीति विज्ञान का विशेष सम्बन्ध समाज से नहीं बल्कि राज्य से था। द्वितीय विश्व युद्ध के पश्चात राजनैतिक तथ्यों की व्याख्या की खोज में राजनीति वैज्ञानिक समाजशास्त्र की ओर आकर्षित हुये। तीसरे दशक से राजनीति

---

1. "The error lay in trying to deal with state and society as two independent organisms and that one should not ask which is more important or preferable. Political Sociologists came to argue that the state is just one of many political institutions and that political institutions are one of many clusters of social institutions; that the relationship among these institutions and clusters of institutions is the subject of sociology in general, and that the relationship between political institutions and other institutions is the special province of political sociology. In debating with political scientists about the credentials of political sociology, sociologists have argued that the independent study of the state and other political institutions does not make theoretical sense."
—Lipset, S.M. "Political Sociology" in *Sociology Today,* Merton, Broom & Cottrell, Jr. (eds), Harper Text books, New York, 1965. p. 83.
2. "The danger of merging Politics, as a sub-division, in Sociology."
—G.E.G. Gatlin, *The Science and Method of Politics,* Kegan Paul, Trench, Trubner & Co., London. 1927, p. 170.
3. "Today all appears to be changed, the student of affairs will hardly know when he reads his Lipset, his Mckenzie or his Rose, whether he is in contact with sociology or Political Science."—D.G. Macrae, "Foundation for the Sociology of Politics" In *The Political Quarterly,* Vol. 37 No. 3, p. 324.

वैज्ञानिक अपने विशिष्ट वैधानिक और संस्थागत (Institutional) दृष्टिकोण की सीमाओं से परिचित हैं। यह स्पष्ट हो चुका है कि सामाजिक परिप्रेक्ष्य के सर्वथा अभाव में राजनैतिक प्रश्नों का उत्तर नहीं दिया जा सकता। संयुक्त राष्ट्र अमरीका में यूरोपीय विद्वानों ने राजशास्त्र में समाजशास्त्रीय व्याख्यायें आरम्भ कीं। पाँचवें दशक में पाश्चात्य समाज वैज्ञानिकों ने अन्तर्अनुशासनात्मक (Interdisciplinary) दृष्टिकोण आरम्भ किया जिससे राजनीति विज्ञान और समाजशास्त्र का विवाह हुआ और राजनैतिक समाजशास्त्र का जन्म हुआ। लिपसेट और खन्सीमैन ने उन्नीसवीं शताब्दी के मध्य में राजनैतिक समाजशास्त्र का जन्म निश्चित किया है। यूरोप में आधुनिक समाज के जन्म से राज्य और समाज का अन्तर स्पष्ट हुआ। इससे राजनीति विज्ञान और समाजशास्त्र में अन्तर्क्रिया आरम्भ हुई जिससे राजनैतिक समाजशास्त्र के जन्म की संभावना हुई।

राजनीति का समाजशास्त्र
(Sociology of Politics)

समाजशास्त्र और राजनीति विज्ञान के घनिष्ठ सम्बन्ध से कुछ विद्वानों ने राजनीति विज्ञान को समाजशास्त्र का एक क्षेत्र घोषित किया। किन्तु इस सम्बन्ध में सारटोरी (Giovanni Sartori) का यह दृष्टिकोण अधिक प्रचलित है कि राजनैतिक समाजशास्त्र राजनीति का समाजशास्त्र है तथा कुछ और भी है। राजनीति का समाजशास्त्र की व्याख्या करते हुये ए० के० मुखोपाध्याय लिखते हैं, ''राजनीति का समाजशास्त्र स्पष्ट रूप से समाजशास्त्र का एक उपक्षेत्र है। वह राजनीति का समाजशास्त्रीय मूल्यांकन है, अर्थात वह राजनैतिक तथ्यों को आश्रित परिवर्त्य (Dependent variables) मानता है और उसके अन्तर्गत सामाजिक तथ्यों को व्याख्यात्मक परिवर्त्य मानता है। उसकी मूल मान्यता यह है कि मानव केवल एक राजनैतिक प्राणी ही नहीं है बल्कि एक सामाजिक प्राणी भी है, कि उसकी राजनैतिक क्रियाओं के अतिरिक्त उसका एक अराजनैतिक क्रिया क्षेत्र भी है और पहला दूसरे से नितान्त असम्बद्ध नहीं है, बल्कि, वास्तव में दूसरे के प्रभाव को पूरी तरह समझे बिना नहीं समझा जा सकता।''[1]

राजनीति क्या है?

अब राजनीति का समाजशास्त्र की व्याख्या करने से पूर्व राजनीति का अर्थ जानना आवश्यक है। अरस्तू ने राज्य के विज्ञान के रूप में राजनीति विज्ञान की परिभाषा की थी। चार्ल्स हाइनीमैन के शब्दों में, ''वह राज्य के कार्यों के उस अंश के अनुरूप है जो सरकार

---

1. "Sociology of politics is clearly a subfield of Sociology. It is a sociological appraisal of politics: that is, it treats political phenomena as dependent variables and accepts the underlying social phenomena as the explanatory variables. Its starting assumption is that man is not only a political animal, but as well as social animal, that besides his political actions he has had a non-political area of activity and the former is not unconnected with the latter, but is, in fact, incomprehensible unless the latter's influence on it is fully taken into account."

—Mukhopadhyaya A.K. *Political Sociology*, p. 7.

में केन्द्रित है और सरकार के उस अंश से जो कि विधि से सम्बन्धित है।''[1] राजनीति की कुछ प्रमुख परिभाषायें निम्नलिखित हैं–

(1) **मैक्स वेबर** (Max Weber)–''राजनीति या तो राज्य में अथवा एक राज्य के अन्तर्गत समूहों में शक्ति में भाग लेने का प्रयास अथवा शक्ति के विभाजन को प्रभावित करने का प्रयास है।''[2]

(2) **हीन्ज यूलौ** (Heinz Eulau)–''राजनीति में व्यवहारगत अनुनय का सम्बन्ध उससे है जो कि मनुष्य राजनैतिक रूप से करता है और जो अर्थ वह अपने व्यवहार के लगाता है।''[3]

(3) **हेरोल्ड लासवैल** (Harold Lasswell)–''राजनीति का अध्ययन प्रभाव और प्रभावशाली का अध्ययन है।''[4] लासवैल ने प्रभावशाली का अर्थ उनसे किया है जो कि जो कुछ प्राप्त करने को हो उसे सर्वाधिक प्राप्त करते हैं।

(4) **डेविड ईस्टन** (David Easton)–''राजनैतिक व्यवस्था की एक समाज के लिये मूल्यों के प्रामाणिक विधान''[5] से समानता की जा सकती है और राजनीति का सम्बन्ध ''किसी भी समाज में अन्तर्क्रियाओं की उस व्यवस्था से होना चाहिये जिसके प्रति बाध्य अथवा आधिकारिक विधान बनाये गये हैं अथवा लागू किये गये हैं।''[6] ये विधान इस अर्थ में आधिकारिक होते हैं कि ''जिन लोगों पर वे लागू करने के लिये बने होते हैं अथवा जो उससे प्रभावित होते हैं वे यह समझते हैं कि उन्हें उनका पालन करना चाहिये।''[7] जैसा कि वर्नन वान डाइक ने ठीक ही कहा है, ''इससे वे कठिनाइयाँ कम हो जाती हैं जो कि राजनीति को कुछ मुद्दों पर संघर्ष के रूप में परिभाषित करने से उत्पन्न होती हैं क्योंकि मूल्यों का

---

1. "It corresponds to that part of the affairs of the state which centres in government and that kind or part of government which speaks to law."
—Charles Hyneman, *The Study of Politics*, Urbana : University of Illinois press, 1956, p. 6.
2. "Striving to share power or striving to influence the distribution of power, either among state or among groups within a state."
—Max Weber, "Politics as a Vocation" excerpted in A Pizzorno (ed.) *Political Sociology*, Penguin Books Ltd. England. 1971. p. 28.
3. "The behavioural persuasion in Politics is concerned with what man does politically and the meanings he attaches to his behaviour."
—Heinz Eulau, *The Behavioural Persuasion in Politics*, New York, Random House, 1963, p. 5.
4. "The study of politics is the study of influence and the influential." *The Political Wirtings of Harold D. Lasswell*. The Free Press. Glencoe: Illinois, 1951, p. 295.
5. "The authoritative allocation of values for a society,"
—David Easton, *The Political System*, New York; Alfred A Knopf, 1960, p. 129.
6. "That system of interactions in any society to which binding or authoritative allocations are made and implemented." —David Easton, R. *Framework for Political Analysis*, Englewood Cliffs, N. J. Prentice-Halls 1965, p. 50.
7. "The people to whom it is intended to apply or who are effected by it consider that they must or ought to obey it." —David Easton, *The Political System*, p. 132.

प्रामाणिक विधान चालू संघर्ष से पृथक् अथवा निहित भी हो सकता है। ईस्टन की परिभाषा सहमति की राजनीति और संघर्ष की राजनीति दोनों को शामिल करती है''[1]।

(5) ई० सी० बेनफील्ड—''वह क्रिया (मध्यस्थता, तर्क, विवाद, शक्ति प्रयोग अथवा अनुनय इत्यादि) जिससे कोई मुद्दा उठाया जाता है या सुलझाया जाता है।''[2] इस परिभाषा में अराजनैतिक तत्त्व शामिल हैं क्योंकि इसके अनुसार राजनीति एक सामाजिक क्रिया है जो कि शक्ति से अनिवार्य रूप से सम्बन्धित नहीं है। राजनीति की यह परिभाषा अन्य परिभाषाओं से बेहतर है।

(6) बर्ट्रैण्ड डी जोवेनेल—''सामाजिक क्षेत्र में किसी भी स्थान पर किया गया कोई भी व्यवस्थित प्रयास जिसमें कर्त्ता के द्वारा अभिप्रेत किसी भी उद्देश्य की पूर्ति के लिये अन्य व्यक्तियों को प्रेरित किया जाता है।''[3]

(7) राबर्ट दहल (Robert Dahl)—''एक राजनैतिक व्यवस्था मानव सम्बन्धों का एक निरन्तर प्रतिमान है जिसमें काफी हद तक शक्ति, शासन अथवा सत्ता निहित है।''[4] यहाँ पर राजनीति में अराजनैतिक तत्त्व शामिल हो जाते हैं।

(8) विलियम ब्लूम (William Bluhm)—''सार्वभौम तत्त्व में घटाने पर, राजनीति एक सामाजिक प्रक्रिया है जिसकी क्रिया में शक्ति के प्रयोग करने में प्रतिद्वन्दिता और सहयोग शामिल है जो कि एक समूह के लिये निर्णयों में परिसमाप्त होती है।''[5]

अराजनैतिक राजनीति (Non-Political Politics)

राजनीति की उपरोक्त परिभाषाओं से स्पष्ट है कि राजनीति में अराजनैतिक तत्त्व शामिल होते हैं। जे० डी० बी० मिलर (J. D. B. Miller) के शब्दों में ''राजनीति जैसी है

---

1. "This . . . reduces the difficulties that attend a focus on politics defined as struggle over issues, for the authoritative allocation of values could be tacitly unattended by current struggle. Easton's definition encompasses the politics of consent as well as the politics of struggle."
—Vernon Van Dyke "The Optimum Scope of Political Science" in *Political Science: Introductory Essays and Readings*, Bellows, Erikson and Winter (ed.) Duxbury press : Belmont, California, 1971. p. 18.
2. "The activity (negotiation, argument, discussion, application of force, persuasion, etc.) by which an issue is agitated or settled."
—M. Myerson and E.C. Banfield, *Politics, Planning and the Public Interest*, New York : Free Press, 1955, pp. 304-305.
3. "Every systematic effort performed at any place in the social field to move other men in pursuit of some design cherished by the mover."
—Bertrand de Jouvenel, On the Nature of Political Science in *The American Political Science Review*, December. 1961. p. 773.
4. "Persistant pattern of human relationships that involve, to a significant extent, power, rule or authority."
—Robert A. Dahl, *Modern Political Analysis*, Prentice-Hall of India (Private) Ltd., New Delhi, 1965, p. 6.
5. "Reduced to its universal element, then politics in a social process characterised by activity involving rivalry and cooperation in the exercise of power, and culminating in the making of decisions for a group."—William Bluhm, *The Theories of the Political System* Englewood Cliffs, N. J.: Prentice-Hall, Inc, 1965, p. 5.

वैसी है क्योंकि समाज जैसा है वैसा है, क्योंकि मनुष्य, अपनी सामाजिक परिस्थिति में, अपने को विभाजित पाते हैं। राजनीति एक समाज में सदस्यों के मध्य विविधताओं की एक स्वाभाविक प्रतिच्छाया है।"[1] "वह मानव समाज का एक स्थायी लक्षण है क्योंकि सामाजिक विविधतायें कभी भी रुकने वाली नहीं हैं। वह असहमतियों की अभिव्यक्ति, समर्थन, सुलझाव और संशोधन का मामला है।"[2] राजनीति का समाजशास्त्र विशेष रूप से अराजनैतिक राजनीति से सम्बन्धित है। यही राजनैतिक समाजशास्त्र की भी विषय वस्तु है। राजनीति के समाजशास्त्र की खोज का केन्द्र बिन्दु समाज है क्योंकि वह समाजशास्त्र की एक शाखा है जिसकी विषय वस्तु समाज है। वह राजनीति विज्ञान को समाजशास्त्र पर आधारित बना देता है।

राजनैतिक समाजशास्त्र
(Political Sociology)

राजनीति का समाजशास्त्र और राजनैतिक समाजशास्त्र में अन्तर बतलाते हुये गियोवानी सारटोरी ने अपने निबन्ध From the Sociology of Politics to Political Sociology में लिखा है, "राजनैतिक समाजशास्त्र का जन्म केवल तभी होता है जबकि समाजशास्त्रीय और राजनीतिशास्त्रीय दृष्टिकोण अपने मध्य बिन्दु पर मिलते हैं। यदि राजनीति का समाजशास्त्र इन अराजनैतिक कारणों से सम्बन्धित है कि लोग राजनीतिक जीवन में जैसे कार्य करते हैं वैसे क्यों करते हैं, तो राजनैतिक समाजशास्त्र को उन राजनैतिक कारणों को भी शामिल करना चाहिये कि लोग जैसे कार्य करते हैं वैसे क्यों करते हैं। अस्तु, एक वास्तविक राजनैतिक समाजशास्त्र एक अन्तर्अनुशासनात्मक व्यवस्था है जो कि उन विशाल नमूनों की खोज में है जो अपने प्रत्येक स्रोत में दिये हुये तत्त्वों को परिवर्त्यों के रूप में उपस्थित करता है।"[3] यह कथन राजनीति के समाजशास्त्र और राजनैतिक समाजशास्त्र में भ्रान्ति दूर करता है। वह राजनीति विज्ञान को समाजशास्त्र की पूर्ण आधीनता से बचाता है। सारटोरी राजनैतिक समाजशास्त्र में राजनीति के तत्त्वों को बनाये रखना चाहते

---

1. "Politics is what it is because society is what it is : because men, in their social situation find themselves divided . . . Politics is a natural index of the divergences between the members of a society."—J. D. B. Miller, *The Nature of Politics,* Gerald Duckworth & Co. Ltd. London. 1965, p. 17.
2. "It is a permanent feature of human society because social diversities are never going to stop. It is a matter of the expression, advocacy, settlement and modification of disagreements." —*Ibid*, p. 284.
3. "Political Sociology is only born when the sociological and `politological' approaches are combind at their point of intersection. If the sociology of politics deals with the non-political reasons why people act the way they do in political life, political sociology should include also to political reasons why people act the way they do. A real political sociology is, then, a cross-disciplinary break-through seeking enlarged models which reintroduce as variables the `givens' of each component source." —Giovanni Sartori. `From the Sociology of Politics to Political Sociology' in *Public and Social Sciences* S. M. Lipset (ed.), Wiley Eastern Private Ltd. New Delhi, 1972, Chapter 4.

हैं। राजनैतिक समाजशास्त्र राजनीति विज्ञान नहीं है क्योंकि वह राज्य का अनुशासन नहीं है। वह राजनीति का समाजशास्त्र भी नहीं है क्योंकि वह सामाजिक के साथ-साथ राजनैतिक तत्त्वों से भी सम्बन्धित है। वह राजनैतिक तत्त्वों को परम्परागत राजनैतिक दृष्टिकोण से भिन्न रूप में देखता है। वह सामाजिक प्रक्रिया और राजनैतिक प्रक्रिया में तादात्म्य उत्पन्न करता है। वह राजनैतिक तथ्यों की व्याख्या करने में उन्हें उनके सामाजिक निर्णायकों से सम्बन्धित करता है। उसमें राजनीति के समाजशास्त्र का बहुत कुछ अंश शामिल है यद्यपि दोनों में तादात्म्य नहीं है। राजनीति का समाजशास्त्र राजनीति विज्ञान और समाजशास्त्र के मध्य की कड़ी नहीं है। वह सामाजिक परिवर्त्यों पर जोर देता है और सामाजिक संरचना तथा सामाजिक संस्कृति से राजनैतिक तथ्यों की व्याख्या करता है।

राजनैतिक समाजशास्त्र और राजनीति के समाजशास्त्र में अन्तर बतलाते हुये ए० के० मुखोपाध्याय ने लिखा है, "वास्तव में राजनैतिक समाजशास्त्र यह जोड़ने वाला सेतु है जो कि राजनीति के समाजशास्त्र में नहीं मिलता। राजनैतिक समाजशास्त्र, समाजशास्त्र और राजनीति में परस्पर सम्बन्ध में विश्वास करता है जिसमें सामाजिक और राजनैतिक दोनों परिवर्त्यों पर समान रूप से जोर दिया जाता है।"[1] इस प्रकार राजनैतिक समाजशास्त्र केवल राजनीति में दल व्यवस्था का ही अध्ययन नहीं करता बल्कि समाज पर दल व्यवस्था के प्रभाव का भी अध्ययन करता है। उदाहरण के लिये जबकि राजनैतिक समाजशास्त्र भारतीय राजनीति पर जाति व्यवस्था के प्रभाव का अध्ययन करता है वह जाति व्यवस्था पर राजनीति के प्रभाव का भी अध्ययन करेगा। इस प्रकार राजनैतिक समाजशास्त्र समाज और राज्य का विरोध दूर करता है और उन्हें स्वतन्त्र मानता है। वह राजनैतिक परिवर्त्य को पर्याप्त महत्त्व देता है किन्तु 'राजनैतिक' पद की उसकी अपनी व्याख्या है। राजनीति का समाजशास्त्र राजनैतिक परिवर्त्यों की स्वतन्त्रता को मान्यता नहीं देता।

उपरोक्त विवेचन से स्पष्ट है राजनैतिक समाजशास्त्र राजनीति विज्ञान और समाजशास्त्र के निषेचन (Cross fertilization) का परिणाम है। वह समाज और राजनीति के परस्पर सम्बन्ध का अध्ययन करता है। उसमें समाजशास्त्र और राजनीति विज्ञान दोनों के तत्त्व शामिल हैं। यह इन दोनों के अन्तर्गत प्रमुख प्रेरणाओं को स्पष्ट करता है। वह जनतन्त्रीय राजनैतिक व्यवस्था की बाधाओं और स्थायित्व का अध्ययन करता है। लिपसेट के शब्दों में, "यदि समाज का स्थायित्व समस्त समाजशास्त्र के लिये केन्द्रीय मुद्दा है तो एक विशिष्ट संस्थागत संरचना अथवा राजनैतिक शासन-जनतन्त्र की सामाजिक दशायें—राजनैतिक समाजशास्त्र का प्रमुख विषय है।"[2]

---

1. "Political Sociology is, indeed, this connecting bridge that one finds so much missing in Sociology of Politics, Political Sociology believes in a two way relation between Sociology and Political Science, giving equal emphasis on both the social and political variables." —Mukhopadhyaya A. K. *Political Sociology,* p. 9.
2. "If the stability of society is a central issue for Sociology as a whole, the stability of a specific institutional structure of political regime—the social conditions of democracy—is the prime concern of Political Sociology."
—Lipset, S. M., op. cit. pp. 91-92.

वास्तव में राजनैतिक संस्थायें स्वयं सामाजिक संरचनायें रखती हैं। अतः बहुधा वे उन कारणों से स्वतन्त्र होती हैं जो अराजनैतिक सामाजिक संरचनाओं को प्रभावित करते हैं। उदाहरण के लिये ऐसा बहुत-सा साहित्य है जो कि यह दिखलाता है कि राष्ट्र प्रशासकों का चुनाव कैसे करता है और संसदें कैसे यह निश्चित करती हैं कि राष्ट्र में राजनैतिक दलों की संख्या और प्रकार क्या हो। इसका पुनः समाज के विभिन्न स्तरों के समूहों से तादात्म्य पर प्रभाव पड़ता है। कुछ विचारकों ने यह ठीक ही कहा है कि एकला सदस्य निर्वाचन क्षेत्रों की तुलना में आनुपातिक प्रतिनिधित्व (Proportional representation) विविध दल व्यवस्था उत्पन्न करता है। राजनैतिक तादात्म्य समूह व्यापक सामाजिक संरचना में तत्त्व हैं। राजनैतिक व्यवस्था की औपचारिक संस्थायें सामाजिक संरचना को निर्धारित करती हैं। दूसरी ओर सामाजिक संरचना एक समाज में राजनैतिक संस्थाओं की प्रकृति को निर्धारित करती है। उदाहरण के लिये साम्यवाद एक ऐसे समाज में विकसित होता है जिसमें एक व्यापक असंतुष्ट और विद्रोही निम्न वर्ग होता है। दूसरी ओर जनतन्त्र एक ऐसे समाज में फलता फूलता है जिसमें शक्ति और साधनों में सभी वर्गों के लोग लगभग समान रूप में भाग लेते हैं। संक्षेप में, राजनैतिक समाजशास्त्र राज्य और समाज के परस्पर सम्बन्धों का अध्ययन करने वाला एक नवीन विज्ञान है।

राजनैतिक समाजशास्त्र की विषय वस्तु
(Subject Matter of Political Sociology)

राजनैतिक समाज की विषय वस्तु अराजनीतिक राजनीति है। अराजनीतिक राजनीति का जन्म समाज में होता है। उसका राज्य और राजकीय संस्थाओं से सम्बन्ध नहीं होता। वह सामाजिक राजनीति अथवा राजनैतिक व्यवहार है। उसी के आधार पर राजनीति विज्ञान और समाजशास्त्र का विवाह संभव होता है। वह एक सामाजिक प्रक्रिया है जो कि संघर्ष और सहमति दोनों को शामिल करती है। उसमें व्याख्या सामाजिक परिवर्त्यों से और सामाजिक प्रक्रियाओं में की जाती है। उसके अनुसार राजनैतिक तथ्यों का सामाजिक तथ्यों से घनिष्ठ सम्बन्ध है। उसका जन्म व्यापक समाज में होता है। ऐतिहासिक दृष्टि से राजनैतिक समाजशास्त्र का लक्ष्य जनतन्त्रीय समाज का स्थायित्व रहा है। अमरीकन समाजशास्त्रियों का लक्ष्य जनतन्त्रीय राजनीति को आदर्श राजनीति दिखलाना रहा है। वे जनतन्त्रीय सिद्धान्तों की विजय चाहते हैं। वे बौद्धिक-कानूनी सत्ता तथा सहभागी एवं समन्वित राजनैतिक संस्कृति पर जोर देते हैं। उनका उद्देश्य पश्चिम के जनतन्त्रीय समाज का समाजशास्त्रीय विश्लेषण करना है। इसी कारण मार्क्सवादी विचारक राजनैतिक समाजशास्त्र की पाश्चात्य अवधारणा से सहमत नहीं है।

अस्तु, राजनैतिक समाजशास्त्र, जैसा कि उसके नाम से स्पष्ट है, राजनैतिक समुदाय, संस्थाओं और समितियों का समाजशास्त्रीय अध्ययन है। समाजशास्त्रीय अध्ययन में सामाजिक सम्बन्धों, अन्तर्क्रियाओं इत्यादि का अध्ययन किया जाता है। ये सम्बन्ध और अन्तर्क्रियायें मानसिक हैं तथा आन्तरिक हैं। अस्तु, राजनैतिक समाजशास्त्र में राजनैतिक समुदायों, संस्थाओं और समितियों के अन्तर्गत आने वाली मानवीय अन्तर्क्रियाओं और

सम्बन्धों का अध्ययन किया जाता है। स्पष्ट है कि इसमें समाज और राजनैतिक समुदाय, समिति अथवा संस्था के अध्ययन का विश्लेषण किया जाता है। दूसरे शब्दों में, वह सामाजिक संरचना और राजनैतिक संस्थाओं के परस्पर सम्बन्ध का अध्ययन है। इसका अर्थ यह नहीं हुआ कि राजनैतिक समाजशास्त्र में राजनैतिक संस्थाओं को समाज से उत्पन्न माना जाता है। सामाजिक के अतिरिक्त आर्थिक, धार्मिक तथा अन्य अनेक कारक राजनैतिक संस्थाओं को प्रभावित करते हैं। राजनैतिक समाजशास्त्र इन सब का भी अध्ययन करता है। वह केवल सामाजिक कारकों के अध्ययन तक ही सीमित नहीं है। सच तो यह है कि स्वयं राजनैतिक संस्थाओं में सामाजिक संरचनायें होती हैं। अस्तु, वे राजनैतिक सामाजिक संरचनाओं को प्रभावित करने वालों कारकों से स्वतन्त्र होती हैं। उदाहरण के लिये बहुत सा साहित्य यह दिखलाता है कि विभिन्न राष्ट्र किस प्रकार से अपनी संसदों और कार्यपालिकाओं का चुनाव करते हैं। इससे राष्ट्र में राजनैतिक दलों की संख्या और प्रकार निश्चित होते हैं। इससे विभिन्न सामाजिक स्तरों पर समूह से तादात्म्य की भावना प्रभावित होती है। कुछ विचारकों ने यह ठीक ही सुझाव दिया है कि जो राष्ट्र एक सदस्य वाले क्षेत्रों के स्थान पर अनुपातिक प्रतिनिधित्व की प्रक्रिया इस्तेमाल करते हैं उनमें अनेक राजनैतिक दल पाये जाते हैं। राजनैतिक तादात्म्य समूह व्यापक सामाजिक संरचना के अंग हैं। राजनैतिक औपचारिक संस्थायें सामाजिक संरचना को प्रभावित करती हैं। दूसरी ओर सामाजिक संरचनायें भी किसी समाज में राजनैतिक संस्थाओं की प्रकृति को निर्धारित करती हैं। उदाहरण के लिये साम्यवाद का विकास एक ऐसे समाज में हुआ जिसमें असन्तुष्ट और विद्रोही विशाल निम्न वर्ग उपस्थित था। दूसरी ओर जनतन्त्रों का विकास ऐसे समाजों में हुआ जहाँ विभिन्न सामाजिक वर्गों में लगभग समान शक्ति और सत्ता देखी जाती है। इस प्रकार राजनैतिक समाजशास्त्र, समाजशास्त्र की एक नवीन शाखा है जो कि राजनैतिक संस्थाओं और सामाजिक संरचनाओं के परस्पर सम्बन्ध का अध्ययन करती है। इन राजनैतिक संस्थाओं में राज्य सबसे अधिक प्रमुख संस्था है। इसीलिये बहुधा राजनीतिशास्त्र को राज्य का अध्ययन, राजशास्त्र माना जाता है। समाज पर भी राजनैतिक संस्थाओं में राज्य का ही सबसे अधिक प्रभाव पड़ता है। अस्तु, राजनैतिक समाजशास्त्र राज्य का समाजशास्त्रीय अध्ययन करता है।

राजनैतिक समाजशास्त्र का क्षेत्र
(Scope of Political Sociology)

राजनैतिक समाजशास्त्र का क्षेत्र अत्यन्त व्यापक है। समकालीन समाज में कोई भी क्षेत्र ऐसा नहीं है जिस पर राजनैतिक समुदाय या समिति का प्रभाव न पड़ता हो। राजनैतिक समाजशास्त्र राज्य और समाज, राजनैतिक दल और समाज से उसके सम्बन्ध का अध्ययन करता है। राजनीतिशास्त्र समस्त समाजशास्त्र को प्रभावित करता है। राजनीति समस्त समाज में व्यापक है। अस्तु, राजनैतिक समाजशास्त्र के क्षेत्र में राजनैतिक प्रक्रियाओं पर सामाजिक अभिवृत्तियों के प्रभाव का अध्ययन किया जाता है। इसमें सामाजिक वर्गों के राजनैतिक अभिवृत्तियों पर प्रभाव, राजनैतिक चुनावों पर प्रभाव इत्यादि का अध्ययन किया जाता है। राजनैतिक समाजशास्त्र विविध समूह वाले समाज के लक्षणों का अध्ययन करता है और

उसकी राजनैतिक तथा सामूहिक सम्भावनायें बतलाता है। वह विभिन्न राजनैतिक सामाजिक प्रसंगों में आधुनिक नौकरशाही का अध्ययन करता है। वह राजनैतिक गतिविधियों पर सामाजिक समूहों के प्रभाव दिखलाता है। उसमें वर्तमान जनतन्त्रों और उनमें जनमत तथा प्रचार के साधनों के प्रभाव का अध्ययन किया जाता है। उसमें विभिन्न सामाजिक प्रंसगों में राजनीति के प्रभाव का विश्लेषण किया जाता है। संक्षेप में, राजनैतिक समाजशास्त्र में समकालीन समाजों के सभी राजनैतिक सामाजिक पहलुओं का अध्ययन किया जाता है। उदाहरण के लिये भारतवर्ष में आपात स्थिति की घोषणा के पूर्व और पश्चात् नागरिकों की स्वतन्त्रता का अध्ययन राजनैतिक समाजशास्त्र के क्षेत्र में आता है। पिछले वर्षों में राजनीति और समाजशास्त्र के बढ़ते हुये प्रभाव के कारण राजनैतिक समाजशास्त्र का क्षेत्र बराबर बढ़ता गया है। संक्षेप में, राजनैतिक समाजशास्त्र के क्षेत्र के विभिन्न महत्त्वपूर्ण अंग निम्नलिखित हैं–

(1) प्रमुख राजनैतिक व्यवस्थायें और उनके समाजशास्त्रीय आधार (Major Political Systems and their Sociological bases)–राजतन्त्र, अधिनायकतन्त्र, लोकतन्त्र और नौकरशाही प्रमुख राजनैतिक व्यवस्थायें हैं। अनेक राज्यों में इनकी मिली-जुली राजनैतिक व्यवस्थायें भी देखी जा सकती हैं। राजनैतिक समाजशास्त्र में इनके समाजशास्त्रीय आधार का अध्ययन किया जाता है। इसमें सामाजिक व्यवस्थाओं के सामान्य कार्यों के सन्दर्भ में इन राजनैतिक व्यवस्थाओं के कार्यों का अध्ययन किया जाता है।

(2) राज्य (State)–जैसा कि पीछे बतलाया जा चुका है, राज्य सबसे अधिक प्रमुख राजनैतिक संस्था है। अस्तु, राजनैतिक समाजशास्त्र में राज्य का समाजशास्त्रीय अध्ययन किया जाता है। इसमें राज्य की अवधारणा को स्पष्ट किया जाता है। इसके लिये राज्य के उद्गम के विभिन्न सिद्धान्तों, राज्य की सत्ता के विभिन्न सिद्धांतों तथा राज्य की संरचना का अध्ययन किया जाता है।

(3) सरकार (Government)–राज्य की संस्था सरकार के माध्यम से कार्य करती है। अस्तु, राजनैतिक समाजशास्त्र में परम्परागत और प्रगतिशील सामाजिक व्यवस्थाओं में सरकार के प्रमुख कार्यों का अध्ययन किया जाता है।

(4) राजनैतिक सत्ता (Political Authority)–राजनैतिक समाजशास्त्र राजनैतिक सत्ता के सांस्कृतिक आधार का अध्ययन करता है। इसमें राजनैतिक सत्ता की प्रकृति का विश्लेषण किया जाता है।

(5) राजनैतिक संस्थायें (Political Institutions)–राजनैतिक समाजशास्त्र में राजनैतिक संस्थाओं का अध्ययन किया जाता है और उनमें आर्थिक, नैतिक तथा धार्मिक समूहों तथा वर्गों के प्रतिनिधित्व का विश्लेषण किया जाता है। इसमें राजनैतिक संस्थाओं में प्रजातीय वर्गों के प्रभाव का भी अध्ययन किया जाता है।

(6) राजनैतिक नेतृत्व (Political Leadership)–राजनीति के क्षेत्र में नेतृत्व का विशेष योगदान है। अस्तु, राजनैतिक समाजशास्त्र में राजनैतिक नेतृत्व की प्रकृतियों, प्रकारों तथा प्रमुख लक्षणों और गतिशीलता का समाजशास्त्रीय अध्ययन किया जाता है।

(7) राजनैतिक दल (Political Parties)—राजनीति के क्षेत्र में राजनैतिक दलों का विशेष योगदान होता है। अस्तु, राजनैतिक समाजशास्त्र में राजनैतिक दलों की प्रकृति, आधार, प्रकार आदि का समाजशास्त्रीय विश्लेषण किया जाता है।

(8) दबाव गुट (Pressure Groups)—राजनैतिक दलों के अतिरिक्त राजनीति के क्षेत्र में दबाव गुटों तथा विभिन्न वर्गों के सत्ता समूहों का भी अध्ययन किया जाता है।

(9) मतदान व्यवहार (Election Behaviour)—आधुनिक राजनैतिक समाजों में अधिकतर राजनैतिक संरचना मतदान के द्वारा निर्धारित की जाती है। आधुनिक राजनैतिक समाजशास्त्र विभिन्न राजनैतिक व्यवस्थाओं में मतदाताओं के व्यवहार में उसे प्रभावित करने वाले सामाजिक, आर्थिक, क्षेत्रीय और धार्मिक तत्त्वों का अध्ययन करता है।

(10) नौकरशाही (Bureaucracy)—वर्तमान राजनैतिक व्यवस्थाओं में नौकरशाही का प्रमुख योगदान है। अस्तु, राजनैतिक समाजशास्त्र में नौकरशाही की प्रकृति, प्रकार, आधार तथा संरचना और परिवर्तन के कारकों का अध्ययन किया जाता है। इसमें नौकरशाही की व्यवस्थापक समितियों के औपचारिक और अनौपचारिक संगठनों का अध्ययन किया जाता है।

(11) प्रबुद्ध वर्ग (Elite)—राजनैतिक व्यवस्था में प्रबुद्ध वर्ग अथवा श्रेष्ठ वर्ग का विशेष स्थान होता है। अस्तु, राजनैतिक समाजशास्त्र में प्रबुद्ध वर्ग की संरचना, प्रकृति, प्रकार तथा व्यवहार के कारकों का अध्ययन किया जाता है।

(12) जनतन्त्रात्मक समाज (Democratic Society)—आधुनिक राजनैतिक व्यवस्थाओं में जनतन्त्र का विशेष स्थान है। यह सर्वश्रेष्ठ राजनैतिक व्यवस्था मानी गयी है। अस्तु, राजनैतिक समाजशास्त्र में जनतन्त्र के परिवार, धर्म, जाति, शिक्षा, आर्थिक और राजनैतिक स्थितियों से सम्बन्ध का अध्ययन किया जाता है। इसमें विभिन्न स्तरों पर जनतन्त्रीय संरचना जैसे ग्रामीण लोकतन्त्र अथवा पंचायत का अध्ययन भी सम्मिलित है।

(13) जनमत (Public Opinion)—जनतन्त्रों में जनमत का विशेष महत्त्व है। अस्तु, राजनैतिक समाजशास्त्र में जनमत की प्रकृति और उसे प्रभावित करने वाले कारकों तथा साधनों का अध्ययन किया गया है।

(14) प्रचार (Propaganda)—आधुनिक राजनैतिक व्यवस्थाओं में प्रचार का विशेष महत्त्व है। प्रचार राजनैतिक शिक्षा का माध्यम है। उसके द्वारा सरकार तथा अन्य राजनैतिक दल अपने विचारों को जनता तक पहुँचाते हैं। अस्तु, राजनैतिक समाजशास्त्र में प्रचार के प्रभाव, प्रकृति, निर्धारकों, साधनों आदि का विशेष अध्ययन किया जाता है।

(15) राजनैतिक आन्दोलन (Political Movements)—राजनैतिक आन्दोलन राजनैतिक समाज का गतिशील पहलू दिखलाते हैं। अस्तु, राजनैतिक समाजशास्त्र में राजनैतिक आन्दोलन के अध्ययन से उसकी प्रकृति, नियमों, सिद्धान्तों आदि का पता लगाया जाता है।

(16) राजनैतिक परिवर्तन (Political Change)—राजनैतिक संस्थायें परिवर्तनशील हैं। यह परिवर्तन कभी वैधानिक विधि से और कभी क्रान्ति के द्वारा किया जाता है।

राजनैतिक समाजशास्त्र में राजनैतिक परिवर्तन की प्रक्रियाओं और साधनों का अध्ययन किया जाता है।

(17) युद्ध और शांति (War and Peace)—युद्धों से अनेक राजनैतिक समस्यायें सुलझाने का प्रयास किया जाता है। युद्ध राजनैतिक व्यवस्था का अंग है। अस्तु, राजनैतिक समाजशास्त्र में युद्ध के कारणों का अध्ययन किया जाता है। दूसरी ओर सब कहीं राजनैतिक क्षेत्र में शांति की माँग की जाती है। युद्धों पर रोकथाम करके शान्ति की स्थापना के साधनों का अध्ययन राजनैतिक समाजशास्त्र का क्षेत्र है।

राजनैतिक समाजशास्त्र के क्षेत्र के उपरोक्त कारकों से उसकी विषय सामग्री स्पष्ट होती है। उन कारकों को विशिष्ट समाज में लागू करके अध्ययन करने से राष्ट्रीय राजनैतिक समाजशास्त्रों का निर्माण होता है। उदाहरण के लिये भारतीय राजनैतिक समाजशास्त्र में भारतीय राजनैतिक संगठन के बदलते हुए प्रतिमान और उनका सामाजिक व्यवस्था पर प्रभाव, का अध्ययन किया जा सकता है।

राजनैतिक समाजशास्त्र की समस्यायें
(Problems of Political Sociology)

राजनैतिक समाजशास्त्र की विशिष्ट प्रकृति और विषय सामग्री से उसकी समस्यायें निर्धारित होती हैं। इनमें प्रमुख समस्यायें निम्नलिखित हैं—

1. सामाजिक और राजनैतिक परिवर्त्यों में मिलन बिन्दु—जैसा कि राजनैतिक समाजशास्त्र की परिभाषा में पीछे कहा जा चुका है वह प्रमुख रूप से राजनैतिक और सामाजिक परिवर्त्यों के मिलन बिन्दुओं से सम्बन्धित है। उसके अनुसार राजनीति समस्त समाज में आच्छादित होती है। इस प्रकार वह अत्यधिक अराजनैतिक और सामाजिक बन जाती है। अराजनैतिक राजनीति के विचार के साथ राजनैतिक समाजशास्त्र राज्य और समाज के मध्य की दीवार को तोड़ देता है।

2. शक्ति (Power)—यद्यपि राजनैतिक समाजशास्त्र राज्य से आरम्भ नहीं करता किन्तु उसकी एक प्रमुख समस्या शक्ति है। यह शक्ति किस प्रकार कार्य करती है, इसकी परीक्षा करने के लिये राजनैतिक समाजशास्त्र केवल राज्य को ही नहीं लेता बल्कि समाज में उपस्थित अनेक प्राथमिक एवं द्वैतीयक समूहों को लेता है। यह इसलिये है क्योंकि राजनैतिक समाजशास्त्र शक्ति को राज्य का एकाधिकार नहीं मानता। उसके लिये शक्ति सापेक्ष, सामाजिक और मापनीय हैं। वह शक्ति वाहक (Power holder) और शक्ति चालित (Power-addressee) के मध्य सम्बन्ध है। इन दोनों ही सिरों का समान रूप से महत्त्व हैं यह विचार शक्ति वाहक और शक्ति चालित के मध्य सम्बन्ध के अनुसार शक्ति को सीमित करने पर जोर देता है। शक्ति निरपेक्ष नहीं हो सकती। वह मापनीय है और उसकी अधिकता को मापा जा सकता है। इससे शक्ति का नियन्त्रण करने का अवसर मिलता है।

3. सत्ता (Authority)—सत्ता में रूपान्तरित हुए बिना शक्ति नहीं रह सकती। सत्ता वैध शक्ति है। उसकी वैधता के कारण ही शक्ति चालित शक्ति वाहक की सत्ता को स्वीकार करता है। इस प्रकार सत्ता एक परस्पर सम्बन्ध है। अस्तु, वह असीम नहीं हो सकती। उसके

अनेक प्रकारों जैसे परम्परागत (Traditional) सत्ता, करिश्मावादी (Charismatic) सत्ता और बौद्धिक कानूनी (Rational-Legal) सत्ता में से राजनैतिक समाजशास्त्र अन्तिम का समर्थन करता है, यद्यपि वह पहले दो के अस्तित्व से इन्कार नहीं करता। किन्तु पहले दो प्रकारों की आलोचना की जाती है क्योंकि वे समाज को कमजोर बनाते हैं। अधिक विकसित और आधुनिक समाजों में केवल बौद्धिक-कानूनी सत्ता को मान्यता दी जाती है। राजनैतिक समाजशास्त्र असीम एवं अनियन्त्रित सत्ता के विरुद्ध है। सत्ता को जनतन्त्रीय समाजों में शक्ति वाहक और शक्ति चालित के मध्य जनतन्त्रीय सम्बन्धों के अनुरूप सीमित किया जाना चाहिये। समाज के अन्य साधनों के समान राजनैतिक शक्ति भी असमान रूप से वितरित होती है। प्रत्येक समाज में विशिष्ट वर्ग (Elite) अविशिष्ट वर्ग (Non-Elite) अथवा जन समुदाय पर शासन करता है। फिर, समाज में एक नहीं बल्कि अनेक विशिष्ट वर्ग होते हैं। अस्तु, शक्ति बहुतत्ववादी होती है। जन सहमति के आधार पर शक्ति के वितरण को वैधता मिलती है।

4. **नौकरशाही** (Bureaucracy)—नौकरशाही के बिना सत्ता का प्रभावशाली रूप से कार्य करना सम्भव नहीं होता। यद्यपि नौकरशाही का होना अनिवार्य नहीं है किन्तु आधुनिक जटिल समाज में उसका महत्त्व असंदिग्ध है। राजनैतिक समाजशास्त्र नौकरशाही से राजनैतिक अर्थों में नहीं बल्कि व्यापक सामाजिक परिप्रेक्ष्य में सम्बन्धित है। वर्तमान समाजों में सामाजिक संरचना विभेदीकृत (Differentiated) होती है। अस्तु, उसमें सत्ता को इस्तेमाल करने के लिये प्राविधिक कौशल और सहयोगी भावना आवश्यक होती है। यह नौकरशाही से सम्भव हो पाता है। नौकरशाहीकरण (Bureaucratization) आधुनिक सामाजिक जीवन का एक सामान्य लक्षण है, यद्यपि उसके अनेक अकार्य (Dysfunctions) हैं। राजनैतिक समाजशास्त्र नौकरशाही में सुधार के लिये सुझाव पेश करता है। फिर भी एक जनतन्त्रीय राज्य में सीमित सत्ता के सफल प्रयोग के लिये वस्तुगत, व्यवस्थित और विवेक युक्त संगठित नौकरशाही एक महत्त्वपूर्ण यन्त्र है।

5. **राजनैतिक संस्कृति** (Political Culture)—सामान्य संस्कृति के समान, राजनैतिक संस्कृति भी मूल्यों से बनती है। राजनैतिक संस्कृति राजनैतिक मूल्य प्रदान करती है। वह राजनैतिक शक्ति को वैधता प्रदान करती है। वह सत्ता के प्रयोग को स्वाभाविक बनाती है। विभिन्न समाजों में राजनैतिक संस्थाओं और व्यवस्थाओं की विविधता उनकी राजनैतिक संस्कृति में अन्तर के कारण है। यदि कोई राजनैतिक व्यवस्था राजनैतिक संस्कृति से समन्वित नहीं है तो वह शीघ्र अथवा देर से अवश्य असफल होगी। इस प्रकार राजनैतिक संस्कृति राजनैतिक व्यवस्था के स्थायित्त्व में योगदान देती है। राजनैतिक संरचना और राजनैतिक संस्कृति में समन्वय ही राजनैतिक सहमति (Consensus) का आधार है। यह जनतन्त्रीय व्यवस्थाओं में स्पष्ट रूप में दिखलाई देती है।

6. **राजनैतिक सामाजीकरण** (Political Socialisation)—राजनैतिक सामाजीकरण किसी भी देश की राजनैतिक संस्कृति के एक पीढ़ी से दूसरी पीढ़ी को हस्तान्तरण की प्रक्रिया है। यह अर्जित है किन्तु चेतन नहीं है। यह सामाजिक अन्तर्क्रियाओं के दौरान अचेतन रूप से प्राप्त किया जाता है। यह राजनैतिक सिद्धान्तों का प्रकार नहीं

है। यह एक स्वाभाविक प्रक्रिया है जोकि आजीवन चलती रहती है। यह विभिन्न राजनैतिक संस्थाओं की परस्पर पूरकता का परिणाम है। जब तक राजनैतिक सामाजीकरण पर्याप्त है तब तक राजनैतिक व्यवस्था में स्थायित्व होता है।

7. **राजनैतिक सहभागीकरण** (Political Participation)—राजनैतिक सहभागीकरण से तात्पर्य राजनैतिक जीवन में शासक और शासित का सहभागी सम्बन्ध है। यह मनोवैज्ञानिक, राजनैतिक और सामाजिक परिवर्त्यों से निर्धारित होता है। विभिन्न देशों में ये परिवर्त्य भिन्न-भिन्न होते हैं। राजनैतिक सहभागीकरण राजनैतिक शक्ति को वैधता प्रदान करता है। आधुनिक समाजों में वही विशिष्ट वर्ग के शासन को मान्य बनाने का साधन है। एक ही समाज में भी वह विभिन्न स्तरों पर भिन्न-भिन्न होता है। वह राजनैतिक संस्कृति और राजनैतिक व्यवस्था को अधिक स्थायित्व प्रदान करता है।

8. **राजनैतिक दल** (Political Parties)—सामाजिक और राजनैतिक प्रक्रियायें समाज में संघर्ष उत्पन्न करती हैं। ये संघर्ष राजनैतिक दल और दबाव समूहों की सहायता से सुलझाये जाते हैं। एक राजनैतिक दल एक विविध रुचि वाला समूह होता है। वह विविध रुचियों में अभियोजन करता है और उनमें समन्वय उत्पन्न करता है। इस प्रकार रुचियों की विविधता के एकीकरण से राजनैतिक दल संघर्षों में सहमति उत्पन्न करता है। अंश रूप से यह राजनैतिक शक्ति पर अधिकार करके और सरकार बनाकर किया जाता है।

9. **दबाव समूह** (Pressure Groups)—जैसा कि पीछे बतलाया जा चुका है, दबाव समूह भी राजनैतिक दल की तरह समाज में संघर्ष दूर करते हैं। वे दलगत सहमति को संगठित रूप प्रदान करते हैं। इसके लिये वे सामान्य रुचि अथवा अभिवृत्ति वाले सदस्यों को संगठित करते हैं। इस प्रकार दबाव समूह राजनैतिक दल का पूरक है। वह निम्नलिखित महत्त्वपूर्ण कार्य करता है—

(i) वह दलगत सहमति को संगठित करता है।

(ii) वह सामाजिक तनावों को रोकता है। वह संघर्ष को विघटन की सीमा तक पहुँचने से रोकता है।

(iii) वह नीति निर्धारकों को निर्णायकों की मांगों की ओर ध्यान दिलाता है और आवश्यक समायोजन करता है। इस प्रकार वह राजनैतिक प्रक्रिया को व्यवस्था प्रदान करता है।

(iv) राजनैतिक सौदेबाजी (Political Bargaining) को कार्य के प्रमुख साधन के रूप में प्रयोग करके दबाव समूह संघर्षों को शान्तिपूर्वक समाप्त करने के महत्त्व पर जोर देता है।

(v) यह सामाजिक परिवर्तन और राजनैतिक परिवर्तन में सन्तुलन उत्पन्न करता है।

10. **सामाजिक और राजनैतिक परिवर्तन की व्याख्या** (Explanation of Social and Political Change)—राजनैतिक समाजशास्त्री की सर्वाधिक महत्त्वपूर्ण समस्या, आन्दोलन, क्रान्ति, संघर्ष और हिंसात्मक कार्यवाही आदि सामाजिक और राजनैतिक परिवर्तन की प्रक्रियाओं की व्याख्या करना है। राजनैतिक समाजशास्त्री इनको केवल

राजनैतिक प्रकृति का नहीं समझता। वह उनकी सामाजिक व्याख्या प्रदान करता है। इसमें वह सामाजिक संरचना की सतह पर रहता है। उसकी व्याख्या के अनुसार राजनैतिक और सामाजिक परिवर्तन की विभिन्न प्रक्रियायें उनमें गति की भिन्नता के कारण होती हैं। अस्तु, उनकी प्रकृति क्षणभंगुर है। अस्तु, उन्हें राजनैतिक कुशलता और बेहतर साधनों के माध्यम से सुलझाया जा सकता है। इस प्रकार राजनैतिक समाजशास्त्री का लक्ष्य समाज का आधुनिकीकरण है। वह आर्थिक विकास की गति को तीव्र करता है। सामाजिक परिवर्तन की मांगों को पूरा करने के लिये वह राजनैतिक संस्थाओं को पर्याप्त रूप से आधुनिक बनाने का प्रयास करता है। सामाजिक परिवर्तन और राजनैतिक परिवर्तन में सन्तुलन हो जाने से राजनैतिक प्रकिया व्यवस्थित रूप से और स्थायी रूप में आगे बढ़ती है। इस प्रकार राजनैतिक समाजशास्त्र इतिहास के नियमों के अर्थ स्पष्ट करता है।

11. उदार जनतन्त्र (Liberal Democracy)—ऐतिहासिक दृष्टि से, राजनैतिक समाजशास्त्री का लक्ष्य उदार जनतन्त्र के लिये मौखिक आधार प्रदान करना रहा है। वह उदार जनतन्त्र की निम्नलिखित उपयोगिताओं के कारण उसका समर्थन करता है—

(i) उनकी संस्थाओं का प्रमुख लक्ष्य संघर्षों में सहमति उत्पन्न करना है जिससे वे सामाजिक व्यवस्था को छिन्न-भिन्न न कर सकें। वास्तव में, राजनैतिक समाजशास्त्रियों के अनुसार, संघर्ष राजनैतिक प्रक्रिया के लिये हानिकारक नहीं है। दूसरी ओर, वे तो जनतन्त्रीय राजनैतिक प्रक्रियाओं को स्वस्थ बनाये रखते हैं।

(ii) उदार जनतन्त्र राजनैतिक सत्ता को सीमाओं में रखता है। उदार जनतन्त्र में राज्य कभी भी निरपेक्ष नहीं बन सकता। वह उसकी शक्ति को बौद्धिक-कानूनी रूप प्रदान करता हैं, इस प्रकार की सत्ता का जनता सम्मान करती है। उपयुक्त राजनैतिक संस्कृति के निरन्तर विकास और अर्थपूर्ण राजनैतिक सहभागिता की वृद्धि के द्वारा उदार जनतन्त्र राजनैतिक व्यवस्था को लगातार आगे बढ़ाता है।

(iii) राजनैतिक जनतन्त्र राजनैतिक शक्ति के बहुतत्ववादी रूप को साकार करने में सहायता करता है। वह राजनैतिक दलों और दबाव समूहों के निर्माण को प्रोत्साहित करता है जो कि राजनैतिक शक्ति के कार्य और दिशा को प्रभावित करते हैं। इन राजनैतिक दलों और दबाव समूहों के माध्यम से लोग अपनी रायों को अभिव्यक्त करते हैं। सरकार इस जनमत का उपयोग करके उपयुक्त कानून बना सकती है।

(iv) उदार जनतन्त्र एक गतिशील राजनैतिक व्यवस्था है। अस्तु, वह सामाजिक और राजनैतिक परिवर्तनों से सफलतापूर्वक समायोजन करता है। इसमें एक समृद्ध राजनैतिक संस्कृति के विकास से और भी सहायता मिलती है।

उपरोक्त विवेचन से यह अर्थ नहीं निकालना चाहिये कि राजनैतिक समाजशास्त्री जनतन्त्रीय राज्य को सब कुछ मानते हैं। उनका तो केवल यही आग्रह है कि अब तक के विकास में उदार जनतन्त्र ही सर्वश्रेष्ठ राजनैतिक विकास है क्योंकि उसकी सत्ता बौद्धिक-वैधानिक आधार पर टिकी होती है। जनतन्त्र में नौकरशाही अधिक उत्तरदायी होती है। उसमें राजनैतिक संस्कृति सहभागी और समन्वित होती है। राजनैतिक सहभागिता अधिक व्यापक होती है। राजनैतिक दल और दबाव समूह अधिक महत्त्वपूर्ण भूमिका अदा

करते हैं। क्रान्ति की संभावना कम हो जाती है। इस प्रकार राजनैतिक प्रक्रिया अधिक स्वाभाविक, व्यवस्थित एवं सरल हो जाती है। इस प्रकार की व्यवस्था गैर साम्यवादी राष्ट्रों में लक्ष्य रही है। दूसरी ओर साम्यवादी विचारक यह आक्षेप लगाते हैं कि राजनैतिक समाजशास्त्र पूँजीवाद का पक्षधर है। इस आक्षेप का कारण यह है कि राजनैतिक समाजशास्त्र क्रान्ति के विरुद्ध है। वह यथावत स्थिति का समर्थक है। इस आक्षेप के पीछे ऐतिहासिक कारण हैं। किन्तु राजनैतिक समाजशास्त्र अभी शैशवावस्था में है। उसकी वास्तविक प्रकृति अभी विकसित होनी है। कालान्तर में वह अधिक परिपक्व हो सकेगा।

राजनैतिक समाजशास्त्र का महत्त्व
(Value of Political Sociology)

राजनीतिक समाजशास्त्र नौकरशाही, राजनैतिक दल, मतदान, प्रचार आदि का अध्ययन करता है। इस अध्ययन से इनके विषय में महत्त्वपूर्ण जानकारी मिलती है। समकालीन समाज में आधुनिक नागरिकों के लिये शिक्षा का विशेष महत्त्व है। राजनैतिक समाजशास्त्र में इस शिक्षा की प्रकृत्ति और साधनों का विवेचन किया जाता है। इस सम्बन्ध में राजनैतिक समाजशास्त्र का अध्ययन उपयोगी सिद्ध होता है। आधुनिक राजनीति और समाज घनिष्ठ रूप से सम्बन्धित हैं। समाज का प्रत्येक वयस्क सदस्य नागरिक होने के नाते राज्य का सदस्य होता है और मताधिकार रखता है और इससे उसे राजनैतिक दलों के विषय में चिन्तन करना पड़ता है और मतदान के पूर्व निर्णय लेना पड़ता है। इस निर्णय में राजनैतिक समाजशास्त्र का अध्ययन विशेष रूप से सहायक है। दूसरी ओर राजनैतिक नेता को चुनाव के दिनों में, उसके पूर्व और पश्चात् जनता में विभिन्न सत्ता समूहों तथा प्रभाव गुटों की जानकारी रखनी पड़ती है, अन्यथा वह चुनाव नहीं जीत सकता। उसे मतदाताओं के व्यवहार पर नजर रखनी पड़ती है, जनमत का ज्ञान रखना पड़ता है और अपने पक्ष में प्रचार करना पड़ता है। इस समस्त प्रक्रिया में राजनैतिक समाजशास्त्र का ज्ञान सहायक है। अस्तु, आधुनिक राजनैतिक कार्यकर्त्ता को भी राजनैतिक समाजशास्त्र का ज्ञान होना चाहिये। उसे यह पता होना चाहिये कि विभिन्न सार्वजनिक समस्याओं पर जनमत कैसे तैयार किया जाता है और इस सम्बन्ध में प्रचार कैसे किया जाना चाहिये ? इसी प्रकार औसत मतदाता को भी राजनैतिक नीति का महत्त्व, प्रकृति तथा अपने राजनैतिक उत्तरदायित्व का ज्ञान होना चाहिए। इस प्रकार संक्षेप में, राजनैतिक समाजशास्त्र का राजनैतिक नेताओं, मतदाताओं, अफसरों, उद्योगपतियों, राजनैतिक दलों के कर्णधारों, प्रचार करने वालों, राजनैतिक कार्यकत्ताओं तथा अन्त में सामान्य नागरिकों और मतदाताओं के लिये महत्त्व है। इसी कारण सभी विकासवान देशों में सामान्य राजनैतिक समाजशास्त्र के अतिरिक्त राष्ट्रीय राजनैतिक समाजशास्त्र का विकास किया जा रहा है। विभिन्न कार्यभाग के अनुसार समाज के विभिन्न सदस्यों के लिये राजनैतिक समाजशास्त्र के महत्त्व के निम्नलिखित विवेचन से उसका महत्त्व और भी स्पष्ट होगा।

(1) **राजनैतिक नेताओं के लिये महत्त्व** (Value for Political Leaders)—जैसा कि पीछे बतलाया जा चुका है, राजनैतिक नेताओं को अपने दलों के पक्ष में प्रचार करने, चुनाव का प्रपत्र बनाने, चुनाव अभियान चलाने, मतदाताओं में प्रचार करने तथा अपने

पक्ष में जनमत निर्माण करने और चुनाव जीतने के पश्चात अपने चुनाव क्षेत्र में मतदाताओं को राजनैतिक शिक्षा देने तथा उन्हें अपने पक्ष में बनाये रखने के लिये राजनैतिक समाजशास्त्र के व्यापक ज्ञान की आवश्यकता होती है।

(2) मतदाताओं के लिए महत्त्व (Value for Voters)–किसी भी आधुनिक राज्य में लगभग सभी वयस्क स्त्री-पुरुष नागरिक मतदान का अधिकार रखते हैं। इन मतदाताओं को विभिन्न राजनैतिक दलों के लक्ष्यों और नीतियों तथा चुनाव के उम्मीदवारों की नीतियों, राजनैतिक नेतृत्व के लक्षणों, सरकार के विभिन्न रूपों तथा मतदान में निर्णय लेने के लिये विभिन्न राजनैतिक विचारधाराओं का ज्ञान आवश्यक है।

(3) अफसरों के लिये महत्त्व (Value for Officers)–नौकरशाही अथवा अफसरशाही राज्यों को चलाने का आधार होती है। इन अफसरों को राजनैतिक संरचना, उसके विभिन्न अंगों की शक्तियों, जनता के प्रति राज्य के उत्तरदायित्व, अधिकार और कर्त्तव्य तथा जनता को राज्य की नीति का पालन कराने के लिये आवश्यक प्रचार, जनमत निर्माण के साधन तथा राज्य के कल्याणकारी कार्यों को यथार्थ रूप देना इत्यादि कार्यों में राजनैतिक समाजशास्त्र की आवश्यकता होती है।

(4) उद्योगपतियों के लिये महत्त्व (Value for Industrialists)–सरकार के प्रकारों, राजनैतिक दलों, परिवर्तन की विधियों आदि का उद्योगों पर व्यापक प्रभाव पड़ता है। अस्तु, आधुनिक उद्योगपतियों को विभिन्न राजनैतिक दलों के लक्ष्यों और नीतियों, सरकार की नीतियों, नौकरशाही की प्रकृति और प्रकार, दबाव गुटों, अन्तर्राष्ट्रीय सम्बन्धों अथवा नीतियों आदि का व्यापक ज्ञान होना चाहिये। उनके इस ज्ञान के लिये राजनैतिक समाजशास्त्र का विशेष महत्व है।

(5) राजनैतिक दलों के कर्णधारों के लिये महत्त्व (Value for Office holders of Political Parties)–अधिकतर आधुनिक राज्यों में सत्तारूढ़ राजनैतिक दल के अतिरिक्त अनेक राजनैतिक दल होते हैं जो विपक्ष का निर्माण करते हैं और अवसर मिलने पर सत्तारूढ़ दल को हराकर उसके स्थान पर सरकार का निर्माण करते है। सत्तारूढ़ होने पर अपनी सत्ता को बनाये रखने के लिये और विपक्ष में रहने पर सरकार की गतिविधियों की आलोचना करने के लिये तथा दोनों ही स्थितियों में मतदाताओं को अपने पक्ष में रखने के लिये तथा राजनैतिक दल के अन्तर्गत विभिन्न दबाव गुटों में सामन्जस्य बनाये रखने के लिये और अपने पक्ष में राजनैतिक प्रचार की शिक्षा देने के लिये एवम् चुनाव के दिनों में राजनैतिक अभियान को सफलतापूर्वक चलाने के लिये प्रत्येक राजनैतिक दल के कर्णधारों को राजनैतिक समाजशास्त्र का ज्ञान होना चाहिये।

(6) राजनैतिक कार्यकत्ताओं के लिये महत्त्व (Value for Political Workers)–आधुनिक समाजों में राजनैतिक गतिविधियाँ केवल चुनाव के दिनों तक ही सीमित नहीं होतीं बल्कि वे हर समय चलती ही रहती हैं क्योंकि सत्तारूढ़ दल सत्ता जमाये रखने के लिये और विपक्ष के दल उसे सत्ता से हटाने के लिये प्रयत्नशील रहते हैं। इसके लिये उन्हें व्यापक प्रचार करना पड़ता है और जनमत निर्माण करना पड़ता है। उन्हें मतदाताओं को राजनैतिक समस्याओं के प्रति जागरूक रखना पड़ता है। यह समस्त कार्य

राजनैतिक कार्यकर्त्ताओं के माध्यम से किया जाता है। ये राजनैतिक कार्यकर्त्ता चुनाव कार्यक्रम बनाते, चुनाव अभियान चलाते, प्रचार करते, जनमत निर्माण करते और चुनाव में जीतने तथा हारने दोनों ही स्थितियों में मतदाताओं को अपने पक्ष में लाने का प्रयास करते हैं। इस समस्त प्रक्रिया में उनके लिये राजनैतिक समाजशास्त्र का व्यापक ज्ञान आवश्यक और महत्त्वपूर्ण है।

आधुनिक समाजों के विभिन्न वर्गों और विभिन्न सदस्यों के लिये राजनैतिक समाजशास्त्र के उपरोक्त महत्त्व से यह पता चलता है कि किसी न किसी रूप में समाज का प्रत्येक वयस्क सदस्य, स्त्री और पुरुष राजनैतिक समाजशास्त्र से सम्बन्धित है। अस्तु, इसका ज्ञान सभी के लिये महत्त्वपूर्ण है।

अभ्यास के लिये प्रश्न

1. राजनैतिक समाजशास्त्र की अवधारणा की संक्षेप में व्याख्या कीजिये। राजनैतिक समाजशास्त्र राजनीतिशास्त्र से किस प्रकार भिन्न है ?
2. राजनैतिक समाजशास्त्र की विषय सामग्री की विवेचना कीजिये और उसका महत्त्व बतलाइये।

2

ऐतिहासिक विकास
(Historical Development)

राजनैतिक समाजशास्त्र के ऐतिहासिक विकास को उन्नीसवीं शताब्दी में राज्य और समाज के परस्पर सम्बन्ध के विषय में लिखने वाले लेखकों के विचारों में खोजा जा सकता है। इन लेखकों में अनेक राजनीतिशास्त्री और अनेक समाजशास्त्री आते है। समकालीन समाजशास्त्रीय सिद्धान्तों की अनेक विवेचनाओं में राजनैतिक समाजशास्त्र का जन्म हुआ। उदाहरण के लिये हरबर्ट स्पैन्सर (Herbert Spencer), ओपनहीमर (Oppenheimer) तथा मैक्स वैबर (Max Weber) के नाम लिये जा सकते हैं। इनमें भी मैक्स वैबर को राजनैतिक समाजशास्त्र का जनक माना जाता है। इन समकालीन विचारकों से पूर्व पश्चिमी आधुनिक दार्शनिकों के विचारों ने राजनैतिक समाजशास्त्र की आधार भूत सामग्री निर्माण की। इनमें जर्मन दार्शनिक हेगेल (Hegel) के विचारों का विशेष महत्त्व है। हेगेल के विचारों को ही लेकर कार्ल मार्क्स (Karl Marx) ने बड़े पैमाने पर रचनायें कीं जिनका राजनैतिक समाजशास्त्र में विशेष महत्त्व है। समकालीन युग में मैक्स वैबर तथा अन्य ने राजनैतिकशास्त्र का आरम्भ किया। संक्षेप में, निम्नलिखित कारकों को राजनैतिक समाजशास्त्र के उद्‌गम का आधार माना जा सकता है–

(1) राजनीति के क्षेत्र का विकास (Extension of Area of Politics)–राजनीति का अध्ययन अरस्तु (Aristotle) के काल से चला आ रहा है। किन्तु आधुनिक काल में राजनैतिक और सामाजिक का अन्तर क्रमशः कम हो गया है और इनके परस्पर सम्बन्ध पर जोर दिया गया है। वर्तमान काल में सम्पूर्ण समाज राजनीति का क्षेत्र है। अस्तु, राजनैतिक संस्थाओं का समाजशास्त्रीय अध्ययन किया गया।

(2) वयस्क मताधिकार (Universal Suffrage)–स्वतन्त्रता और समानता की चेतना बढ़ते जाने के साथ-साथ संसार के विभिन्न राष्ट्रों में न्यूनाधिक स्तर पर जनतन्त्रों की स्थापना हुई और इनमें से अधिकतर में सार्वभौम वयस्क मताधिकार आरम्भ किया गया। यह बीसवीं शताब्दी की घटना है। इंग्लैण्ड में सन् 1929 में सार्वभौम वयस्क मताधिकार कायम किया गया। अमरीका में यह इसके बाद लागू हुआ और इसका सबसे पहले

व्यवस्थित अध्ययन टौकविले (Tocqueville) ने अपनी पुस्तक में किया। उन्नीसवीं शताब्दी के अन्त में आस्ट्रोगोरस्की (Ostrogorski) ने और जनतन्त्र पर माईकेल (Michels) ने राजनैतिक दलों के संगठन पर पुस्तकें प्रकाशित कीं। मैक्स वैबर ने नौकरशाही को अध्ययन का विषय बनाया। उन्नीसवीं शताब्दी के अन्त में तथा बीसवीं शताब्दी के आरम्भ के दशकों में आधुनिक जनाँकिकी प्रणालियों (Statistical Methods) को राजनैतिक समाजशास्त्र के क्षेत्र में लागू किया गया।

(3) व्यापक नौकरशाही (Large Scale Bureaucracy)–आधुनिक देशों में सब कहीं राजनैतिक संगठन में एक क्रान्तिकारी परिवर्तन बड़े पैमाने पर नौकरशाही की से स्थापना होना था। गांव से लेकर नगर, राज्य और केन्द्र में सब कहीं नौकरशाही के माध्यम से सरकारी काम चलता है। अस्तु, नौकरशाही के विशेष अध्ययन के लिये राजनैतिक समाजशास्त्र ने व्यापक सर्वेक्षण किये और महत्त्वपूर्ण सिद्धान्त निकाले।

(4) राज्य और समाज में अन्तर (Distinction between State and Society)–यूरोप में पन्द्रहवीं शताब्दी के अन्त में तथा सत्रहवीं शताब्दी में हालैण्ड में क्रान्ति की सफलता से आधुनिक राजनैतिक समाजशास्त्र को प्रोत्साहन मिला। परम्परागत ईसाइयत के दैवी राज्य के स्थान पर राजनैतिक दृष्टि से स्वतन्त्र सत्ताधिकारी राज्यों की स्थापना हुई। इससे राज्य और समाज में अन्तर उत्पन्न हुआ। आधुनिक राज्यों के जन्म के मूल में यही अन्तर है और इसमें मैकियावली (Machiavelli) तथा लूथर कालविन (Luther Callvin) के विचारों में अचेतन रूप से घनिष्ठता का विशेष महत्त्व है।

(5) राज्य और समाज में सम्बन्ध (Relation between State and Society)–राजनैतिक समाजशास्त्र के उद्‌गम के मूल में राज्य और समाज में अन्तर की अवधारणा से भी अधिक महत्त्वपूर्ण अवधारणा राज्य और समाज में परस्पर सम्बन्ध है। वास्तव में राज्य और समाज का परस्पर सम्बन्ध ही राजनैतिक समाजशास्त्र की मूल विषय वस्तु है। एक बार इनमें अन्तर स्पष्ट हो जाने के पश्चात् तुरन्त यह प्रश्न उपस्थित होता है कि इनमें से कौन सा किसका निर्धारक है। जैसा कि मैकियावली ने कहा है, क्या राज्य समाज को निर्धारित करता है अथवा जैसा कि कार्ल मार्क्स ने बतलाया है, क्या राज्य की प्रकृति और प्रकार समाज द्वारा निर्धारित होते हैं ? वास्तव में जैसा कि फ्रेन्च विचारक मान्टेस्क्यू (Montesque) ने ठीक ही दिखलाया है, राज्य और समाज में से कोई सदैव दूसरे को निर्धारित नहीं करता क्योंकि ये दोनों ही अन्योन्याश्रित हैं।

(6) राजनैतिक और सामाजिक सम्बन्धों में अन्तर (Distinction between Political and Social Relations)–मान्टेस्क्यू के अनुसार अनेक सामाजिक कारक सरकार की प्रकृति को प्रभावित करते हैं तथा समाज को उन प्रशासकों के द्वारा बदला जा सकता है जो राज्य की प्रकृति को जानते हैं। राज्य के विषय में चिन्तन करने वाले प्रारम्भिक विचारकों के सामने सबसे प्रमुख समस्या राज्य सत्ता की समस्या थी। वे यह नहीं बतला सके कि समाज के अन्तर्गत राज्य सत्ता के कारण और आधार कौन से हैं। इस सम्बन्ध में हॉब्स (Hobbes) का सामाजिक समझौते का सिद्धान्त समाजशास्त्रीय परिकल्पना न होकर ऐतिहासिक सिद्धान्त है। वास्तव में राजनैतिक और सामाजिक सम्बन्धों में अन्तर की चेतना

सन् 1840 में प्रादेशिक राज्यों के प्रत्यय के अविर्भाव तक नहीं उत्पन्न हो सकी थी। मनुष्य और नागरिक के मध्य रूसो (Rousseau) की प्रसिद्ध तुलना प्रकृति की अवस्था में मनुष्य और नगरीय समाज में मनुष्य की तुलना थी। वह राजनैतिक मानव और सामाजिक मानव की तुलना नहीं थी। इसी प्रकार आदम फर्ग्युसन (Adam Fergusson) ने समाज की व्याख्या एक जननिक (Genetic) प्रत्यय के रूप में की जिसमें कि परिवार और राष्ट्र दोनों ही सम्मिलित थे। यह दिखलाने के लिये कि राज्य परिवार से कहीं अधिक व्यापक समिति है, फर्ग्युसन ने सामाजिक और राजनैतिक सम्बन्धों में समुचित अन्तर नहीं किया।

(3) राजनैतिक और सामाजिक विरोध (Contrast between Political and Social)—सन्त साईमन (Saint Simon) ने राजनैतिक और सामाजिक में जो अन्तर किया वह वास्तव में सरकार और प्रशासन में अन्तर था। उसने यह नहीं बतलाया कि सरकारी और राजनैतिक क्रियायें किस प्रकार से प्रशासनिक और सामाजिक से सम्बन्धित हैं। उसने दबाव की व्याख्या किये बिना आधीनता की व्याख्या की और राजनैतिक तथा सामाजिक के सहअस्तित्व की व्याख्या नहीं की। इसी प्रकार अराजकतावादियों (Anarchists) ने जो समाज और सरकार की तुलना की वह सामाजिक और राजनैतिक की तुलना नहीं थी। थॉमस पेन (Thomas Paine) के अनुसार समाज हमारी आवश्यकताओं से उत्पन्न होता है और सरकार हमारी दुष्टताओं से उत्पन्न होती है। किसी अराजकतावादी लेखक ने यह अनुभव नहीं किया कि किसी न किसी प्रकार की राजनैतिक व्यवस्था प्रत्येक समाज को सम्भव बनाने के लिये आवश्यक होती है और राजनैतिक सम्बन्ध सामाजिक सम्बन्धों के साथ पाये जाते हैं। टौकविल (Tocquville) ने अमरीकन जनतन्त्र में स्वायत्त समितियों के महत्त्व की विवेचना करते हुये यह दिखलाया कि वे सामाजिक और राजनैतिक संस्थाओं के साथ किस प्रकार रहती हैं। राज्य और समाज में अन्तर को समझने के लिये हमें जर्मन दार्शनिक हेगेल के विचारों को जानना भी आवश्यक है। हेगेल ने राज्य को नागरिक समाज मानने के विरुद्ध चेतावनी दी। उसने यह दिखलाया कि नागरिक समाज के अन्तर्गत उपस्थित विशिष्ट हित राज्य के सार्वभौम हितों के बाहर होते हैं। किन्तु हेगेल ने नागरिक समाज को राज्य के आधीन माना, समाज और राज्य में अन्तर का अधिक पूर्ण विश्लेषण कार्ल मार्क्स के द्वारा हेगेल की आलोचना में दिखाई पड़ता है। कार्ल मार्क्स ने यह दिखलाया कि विभिन्न आर्थिक दशाओं में समाज किस प्रकार से और क्यों राज्य के विभिन्न प्रकारों से सम्बन्धित रहता है। वॉन स्टीन (Von Stein) पहला लेखक था जिसने एक स्वतन्त्र प्रत्यय के रूप में समाज की विवेचना की। उसने यह दिखलाया कि राज्य का प्रत्यय समाज के प्रत्यय के ठीक विरुद्ध है। किन्तु समकालीन युग में मैक्स वैबर को राजनैतिक समाजशास्त्र का जनक माना जाता है। मैक्स वैबर के अनुसार हम राज्य की समाजशास्त्रीय परिभाषा दे सकते हैं किन्तु यह राज्यों के कार्यों के द्वारा नहीं होगी बल्कि राज्य के साधनों के द्वारा होगी जैसे कि भौतिक शक्ति का प्रयोग। अस्तु, मैक्स वैबर के अनुसार राजनीति से तात्पर्य विभिन्न समूहों में सत्ता के विभाजन को प्रभावित करने अथवा सत्ता में भाग लेने का प्रयास करने से है। राज्य एक मानव समुदाय है जो अपने सम्पूर्ण प्रादेशिक क्षेत्र के अन्तर्गत भौतिक शक्ति का विधिवत् प्रयोग करने का सफल एकाधिकार रखने का दावा करता है। किन्तु राजनैतिक मानवशास्त्रियों ने ऐसे समाजों का विवरण भी दिया है जो अराजकतावादी नहीं

हैं किन्तु जहाँ पर कोई केन्द्रीय वैध शक्ति के प्रयोग का एकाधिकार नहीं पाया जाता। राज्य के अपने विश्लेषण में एमाइल दुर्खीम (Emile Durkheim) ने यह दिखलाया कि राज्य का एक सार्वजनिक अनिवार्य पहलू भी होता है। राजनैतिक समाजशास्त्र में इस विचार पर विशेष जोर दिया गया है।

राजनैतिक समाजशास्त्र के ऐतिहासिक विकास में कार्लमार्क्स, मैक्स वेबर, और एल० टी० हाबहाउस के विचारों का विशेष महत्त्व है। यहाँ इन्हीं की चर्चा की जायेगी।

कार्ल मार्क्स (Karl Marx)

बीसवीं शताब्दी में मार्क्सवादी विचारधारा के मानव चिन्तन को न केवल एक नया मोड़ दिया गया है अपितु इसका प्रभाव इतना व्यापक है कि संसार का तिहाई भाग तो आज अपने को पूर्णतः मार्क्सवादी कहता है उनका राजनीतिक तथा सामाजिक दर्शन सीधा मार्क्सवाद से ही उद्‌भूत तथा मार्क्सवाद का व्यावहारिक रूप है। दूसरा तिहाई भूभाग मार्क्सवादी समाज व्यवस्था से प्रेरणा लेकर अपने सामाजिक जीवन को उसके अनुसार ढालने के लिये प्रयत्नशील दिखाई देता है, इसको सामान्य रूप से 'तीसरी दुनिया' कहा जाता है और शेष एक-तिहाई भाग ऐसा है जो सारा बुद्धिबल मार्क्सवाद का प्रतिरोध करने में लगा रहा है। इस प्रकार परोक्ष तथा अपरोक्ष रूप से मार्क्सवाद ने इस शताब्दी के चिन्तन प्रवाह को प्रभावित किया है। यह मार्क्सवादी चिन्तन क्या है ? सामान्यतः मार्क्सवाद को अर्थशास्त्र के किसी सैद्धान्तिक पक्ष या राजनीति दर्शन के रूप में प्रस्तुत किया जाता है। परन्तु वास्तविकता यह है कि एक विशेष प्रकार की अर्थव्यवस्था या राजनीतिक शासन व्यवस्था तो मार्क्स ने एक साधन के रूप में सुझाई है जिसके द्वारा वह उस महान् आदर्श को प्राप्त करना चाहते थे जिसका उन्होंने अपने चिन्तन में प्रतिपादन किया है। इसलिये मार्क्सवाद के दार्शनिक पक्ष को समझना उनकी अर्थव्यवस्था आदि को समझने का बौद्धिक आधार है।

जीवन परिचय

कार्ल मार्क्स का जन्म पश्चिमी जर्मनी के एक यहूदी परिवार में 5 मई, 1818 को हुआ था। उनके पिता साधारण आय वाले मध्यवर्गीय वकील थे। वह एक देशभक्त जर्मन थे। उनकी माता हॉलैण्ड की एक यहूदी महिला थी। छः वर्ष तक मार्क्स का पालन-पोषण यहूदी संस्कारों में हुआ। 1824 में इस सारे परिवार ने यहूदी धर्म त्यागकर ईसाई धर्म ग्रहण कर लिया। यहूदी धर्म के प्रति मार्क्स की आजीवन यही वृत्ति बनी रही कि यह तिलांजलि देने योग्य कोई हीन धर्म है। 1835 में मार्क्स को बॉन विश्वविद्यालय में उच्च शिक्षा के लिये भेजा गया। माता-पिता की इच्छा थी कि पुत्र को भी एक अच्छा वकील बनायें। इसलिये विधिशास्त्र की पढ़ाई से उन्होंने अपनी उच्च शिक्षा आरम्भ की। परन्तु इसी बीच में उनकी प्रेमचर्या जेनी वोन वैस्टफालेन के साथ आरम्भ हो गई जिसके साथ बाद में वह प्रणय सूत्र में बंध गए। अगले ही वर्ष उन्होंने बर्लिन विश्वविद्यालय में शिक्षा आरम्भ की। यहाँ आने से पूर्व भी मार्क्स का ध्यान वकालत की अपेक्षा दर्शन में अधिक था परन्तु यहाँ आकर तो उनकी रुचि दर्शन तथा इतिहास की ओर अधिक आकर्षित हो गई। धीरे-धीरे

विधिशास्त्र से ध्यान हटाकर उन्होंने दार्शनिक समस्याओं का गहरा अध्ययन किया और सन् 1838 में अपने पिता के देहान्त के पश्चात् तो उन्होंने अपनी सारी प्रतिभा को पूर्णरूपेण दर्शन तथा इतिहास की ओर ही लगा दिया। जिस समय मार्क्स बर्लिन विश्वविद्यालय में प्रविष्ट हुए, वहाँ पर हेगेल का दर्शन विशिष्ट रूप से छाया हुआ था। हेगेल की मृत्यु पाँच वर्ष पहले हो चुकी थी परन्तु उनका दर्शन बुद्धिजीवी तथा प्रतिभाशाली वर्ग के लिये आर्कषण का विषय था। विश्वविद्यालय में जो युवा हेगेलवादियों का समुदाय था मार्क्स उसके एक प्रमुख सदस्य बन गये। सन् 1841 में मार्क्स ने जेना विश्वविद्यालय से अपनी डाक्ट्रेट की उपाधि प्राप्त की। उनका शोध विषय था ऐपीक्यूरस तथा डैमोक्राईटस के भौतिकवाद का आलोचनात्मक विवेचन। इस शोध प्रबन्ध ने मार्क्स को भौतिक दर्शन के गुण, दोष विवेचन से पूरी तरह से अवगत करा दिया था। पी-एच॰ डी॰ की उपाधि प्राप्त करके उन्होंने अध्यापक के रूप में पद प्राप्त करने का प्रयास किया किन्तु बर्लिन में कुछ क्रान्तिकारियों के साथ सम्पर्क आ जाने के कारण से इनकी विचारधारा को शिक्षा अधिकारियों ने पसन्द नहीं किया। अत: इनको प्राध्यापन का कार्य नहीं मिल सका। यह तो निश्चित है कि यदि मार्क्स को विश्वविद्यालय में कोई सम्मानित पद मिल गया होता तो वह अपनी प्रतिभा का सारा प्रयोग दर्शन की कुछ श्रेष्ठतम कृतियों के लिखने में करते। परन्तु उस अवस्था में संसार को सर्वहारा समाजवाद का वह व्यावहारिक पक्ष न मिल पाता जो कि उनकी लोकप्रिय रचनाओं 'कम्यूनिस्ट मैनीफैस्टो' तथा 'दास कैपीटल' में मिलता है। विश्वविद्यालय के द्वार बन्द हो जाने पर मार्क्स ने अपनी प्रतिभा का प्रयोग एक पत्रिका निकालने में किया जिसका नाम Rheinische Zeintemg (राईलैंड गजट) था। इसका प्रथम संस्करण सन् 1842 में प्रकाशित हुआ। इसी पत्रिका के माध्यम से मार्क्स ने दार्शनिक आलोचना के सिद्धान्तों को जीवन के व्यावहारिक पक्षों अर्थात् राजनीति और अर्थव्यवस्था पर लागू किया। पत्रिका के पहले लेख में हेगेलवादी प्रभाव स्पष्ट झलकता था। इस लेख में उन्होंने राईन परिषद् की प्रेस स्वतन्त्रता सम्बन्धी कार्यवाही की आलोचना की थी। इससे लगता था कि वह प्रेस की स्वतन्त्रता के कट्टर समर्थक थे। अपने पक्ष के समर्थन में उन्होंने राज्य की हेगेलवादी धारणा का सहारा लिया जिसके अनुसार "आज का दर्शन राज्य को एक विशाल शरीर के समान मानता है जो वैधिक, नैतिक तथा राजनीतिक स्वातन्त्र्य की उपलब्धि के लिये विनियुक्त है जिसके अन्तर्गत कोई भी व्यक्तिगत नागरिक जब वह राज्य के कानून का पालन कर रहा है तो वास्तव में स्वयं अपने ही स्वाभाविक नियमों का अर्थात् मानव बुद्धि का पालन कर रहा होता है।"

मार्क्स का विचार था कि राज्य की ऐसी धारणा के लिये प्रेस की स्वतन्त्रता आवश्यक है। मार्क्स ने यह तर्क प्रस्तुत किया था कि प्रेस तो जनता की आत्मा की आँख है। यह ऐसा बौद्धिक दर्पण है जिसमें जनता स्वयं अपना अवलोकन करती है। बाद में मार्क्स का यही दृष्टिकोण और भी दृढ़ होता गया। उन्होंने आर्थिक तथा सामाजिक समस्याओं पर विचार-विमर्श करना तथा उन्हीं पर लिखना आरम्भ किया। सामाजिक संस्थाओं, परम्पराओं तथा रीति-रिवाजों पर लिखते समय यह तो अनिवार्य ही था कि वहाँ के प्रचलित धर्म के अर्थात् ईसाईयत के तथा ईसाई राज्य के विरोध में भी कुछ लिखा जाए। परन्तु धर्म की

आलोचना में लिखते ही उन्होंने अपने आप को संकट में फंसा लिया। राज्य की ओर से साम्यवादी विचारों पर नियन्त्रण लगा दिया गया और मार्च 1843 में सरकार ने इस पत्र के प्रकाशन पर प्रतिबन्ध लगा दिया।

यद्यपि यह पत्रिका अधिक दिनों तक नहीं चल पाई परन्तु फिर भी इस छोटी सी अवधि में ही मार्क्स के विचारों में आमूल तथा निर्णयकारी परिवर्तन आ गया। उनको प्रतीत होने लगा था कि आर्थिक तथा सामाजिक समस्याओं का समाधान हेगेलवादी प्रकृति के दृष्टिकोण द्वारा सम्भव नहीं है। मानवीय इतिहास के क्रमिक विकास को हेगेल आत्मा के विकास द्वारा समझना चाहते थे परन्तु व्यावहारिक जीवन से प्राप्त तथ्यों ने मार्क्स को यह सोचने पर मजबूर कर दिया कि भौतिक तत्त्व इतिहास की घटनाओं को मोड़ देने से अधिक महत्त्वपूर्ण कार्य करते हैं। इस परिवर्तन में फ्यूरबाख की पुस्तक एसेंस ऑफ क्रिश्चियनिटी (Essence of Christianity) का प्रभाव अत्यधिक महत्त्व रखता है। राईन परिषद् की कार्यवाही की आलोचना करने के फलस्वरूप मार्क्स के मत में हेगेलवादी राज्य की जो धारणा थी उसका खण्डन हो गया। मार्क्स को लगा कि राज्य समाज की एक महत्त्वपूर्ण तथा न्यायानुरूप व्यवस्था को स्थापित करने का साधन नहीं है, अपितु सरकारी सत्ता तो कुछ निजी स्वार्थ सिद्ध करने वालों के हाथ का खिलौना है। इसी दृष्टिकोण से मार्क्स ने हेगेल के राज्य सम्बन्धी सिद्धान्त का पुनः अवलोकन किया। इनकी निजी सम्पत्ति, राज्य तथा धर्म की आलोचना में इतनी उग्रता दिखाई देती थी कि शासन इसको सहन नहीं कर सका और सरकार ने इनको जर्मनी से निष्कासित कर दिया। इस समय तक फ्यूरबाख के प्रभाव में तथा हेगेल के दर्शन की आलोचनात्मक समीक्षा द्वारा मार्क्स के दार्शनिक विचार पूरी तरह बन चुके थे। जर्मनी त्यागने के बाद जब 1843 में वह फ्रांस पहुँचे तो वहाँ उन्होंने समाजवाद के महान् समर्थक प्रूधों की सहायता से समकालीन फ्रांसीसी समाजवाद का गहन अध्ययन किया। फ्रांस की इस यात्रा में सितम्बर 1844 में मार्क्स की भेंट फ्रेडरिक एन्जिल्स से हुई जो मार्क्स के जीवन की एक अत्यन्त महत्त्वपूर्ण घटना है। लगभग सभी सैद्धान्तिक बातों पर इन दोनों में पूरी सहमति थी। इस भेंट के पश्चात् जो कुछ भी इन्होंने लिखा, एक दूसरे के सहयोग में संयुक्त रूप से लिखा। मार्क्स के दर्शन को समझने के लिये एन्जिल्स को समझाना भी आवश्यक हो जाता है। दोनों साझे रूप से कम्यूनिस्ट सिद्धान्त के प्रतिपादक कहे जा सकते हैं।

सन् 1845 के आरम्भ में ही जर्मन सरकार के आग्रह पर मार्क्स को फ्रांस भी छोड़ना पड़ा और वह इंग्लैण्ड चले गये। वहीं उन्होंने अपना अधिकतर जीवन काल बिताया। कुछ तो अपने उग्र विचारों के कारण तथा कुछ अपठन योग्य हस्तलिपि के कारण मार्क्स को कभी कोई अच्छा व्यवसाय नहीं मिल सका। उनका सारा जीवन निर्धनता और अभाव में बीता। यदि उनकी धर्म-पत्नी को अपने मायके की ओर से आर्थिक सहायता न मिली होती और एन्जिल्स जीवन भर उनकी सहायता न करता रहता, तो शायद मार्क्स को अपना जीवन निर्वाह असम्भव हो जाता। 1883 में लन्दन में उन्होंने अपने जीवन की यह यात्रा समाप्त की। अपनी इन विपरीत परिस्थितियों के बावजूद भी मार्क्स ने ऐसी दार्शनिक खोजें प्रस्तुत कीं कि आज उनका नाम संसार के उच्चतम विचारकों में लिया जाता है।

कार्ल मार्क्स की कृतियाँ

मार्क्स ने अपने जीवन में बहुत से ग्रन्थों की रचना की है। उनमें से जो प्रमुख रचनायें है उनकी सूची इस प्रकार हैं–(1) क्रिटीसिज्म ऑफ हेगेलियन फिलासफी ऑफ राइट (Criticism of Hegelian Philosophy of Right), (2) ऑन द ज्यूइश क्वेश्चन (On the Jewish Question), (3) इकॉनोमिक एण्ड फिलासाफिकल मैनुस्क्रिप्ट (Economic and Philosophical Manuscript), (4) द होली फैमिली (The Holy Family), (5) द पावर्टी ऑफ फिलासफी (The Poverty of Philosophy), (6) मेनीफेस्टो ऑफ द कम्यूनिस्ट पार्टी (Manifesto of the Communist Party), (7) ए कन्ट्रीब्यूशन टू द क्रिटिक ऑफ पोलिटिकल इकॉनोमी (A Contribution of the Critique of Political Economy), (8) द जर्मन आईडियोलोजी (The German Ideology), (9) द गोया प्रोग्राम, (10) सिविल वार इन फ्रांस (Civil War in France), (11) क्लास स्ट्रगल इन फ्रांस (Class Struggle in France), (12) रिवाल्यूशन एण्ड काउण्टर रिवाल्यूशन (Revolution and Counter Revolution), (13) दास कैपिटल (Das Kapital) आदि।

मार्क्स के दर्शन पर अन्य विद्वानों का प्रभाव

मार्क्स के समाज दर्शन में उनके पूँजीवाद के विरुद्ध कठोर दृष्टिकोण तथा उनके राजनीतिक विचारों में बहुत सी समकालीन विचारधाराओं का ऐसा सम्मिश्रण सा दिखाई पड़ता है कि सोरोकिन जैसे विद्वान को यह कहना पड़ा कि मार्क्सवाद तो अनेकानेक प्रचलित विचारधाराओं का ढेर है।[1] परन्तु मार्क्स पर जिनके प्रभावों को अति स्पष्ट रूप से देखा जा सकता है। उनमें हेगेल, फ्यूरबाख, रिकार्डों तथा एडमस्मिथ के नाम विशिष्ट रूप से उल्लेखनीय हैं। स्थूल रूप से इन प्रभाव सूत्रों को हम तीन भागों में विभक्त कर सकते हैं–(i) हेगेल का दर्शन तथा जर्मन दार्शनिक परम्परायें, (ii) फ्रांस का भौतिकवाद तथा वहाँ के क्रान्तिकारी समाज के विचार, (iii) इंगलिश अर्थशास्त्र, विशेषत: एडमस्मिथ तथा रिकार्डो द्वारा प्रतिपादित आर्थिक नीति और अतिरिक्त मूल्य (Surplus value) का सिद्धान्त। लेनिन ने भी मार्क्सवाद के यही प्रमुख प्रभावसूत्र स्वीकार किये हैं। इन सभी प्रभाव सूत्रों में जिनको मार्क्सवाद का आधारभूत ढाँचा खड़ा करने वाला माना जा सकता है मुख्य हैं हेगेल की फिनामिनोलॉजी ऑफ माइन्ड (Phenomenology of Mind), उनकी फिलासफी ऑफ राइट (Philosophy of Right) और फ्यूरबाख की एसेंस ऑफ क्रिश्चियनिटी (Essence of Christianity) मार्क्स के दर्शन में इन दोनों विचारकों के मूलभूत सिद्धान्तों का समन्वय दिखाई पड़ता है। हेगेल का निरपेक्ष प्रत्ययवाद सारे संसार को केवल प्रत्ययों की लीलामात्र मानता है। सृष्टि के विकास तथा परिवर्तन में प्रत्ययों का एक दूसरे में से क्रमिक विकास इस प्रकार चलता है कि मानव की आकांक्षाओं तथा उसके प्रयासों का कोई महत्त्व नहीं रहता। सत्, असत् और सम्भूति के इस खेल में मानव एक परछाई या एक कठपुतली मात्र बनकर रह जाता है। इसके बिल्कुल विपरीत फ्यूरबाख का भौतिकवाद है जिसमें पुद्गल का अन्धा खेल ही जगत की प्रक्रिया का परम कारण है। ऐसे उग्र

1. Sorokin, P.A., *Modern Historical and Social Philosophies,* p. 148.

भौतिकवाद में भी मानव का महत्त्व एक बड़े यन्त्र के पुर्जे से अधिक नहीं रह जाता। मार्क्स के अपने दार्शनिक प्रतिपादन में इन दोनों चरम अवस्थाओं का प्रतिरोध किया गया है। ये दोनों छोर वाद तथा प्रतिवाद के रूप में एक दूसरे के व्याघाती सिद्धान्त हैं और मार्क्स का दर्शन इन दोनों का संवादी रूप है। इसलिये मार्क्स के दर्शन को समझने के लिये इन दोनों दार्शनिकों के विचारों को भली-भाँति समझना आवश्यक है।

ऐतिहासिक भौतिकवाद

समाज के विकास तथा इतिहास की गति की व्याख्या करने के लिए मार्क्स ने हेगेल के द्वन्द्व न्याय प्रयोग किया है। इस प्रकार द्वन्द्वात्मक विधि द्वारा इतिहास की व्याख्या ही ऐतिहासिक भौतिकवाद कहलाती है। जिस प्रकार तत्त्व मीमांसा के क्षेत्र में द्वन्द्वात्मक न्याय यन्त्रवादी व्याख्या का खण्डन करता है उसी प्रकार यह सिद्धान्त मानव समाज की यन्त्रवत व्याख्या की भी कटु आलोचना करता है। एन्जिल्स कहते थे कि मानव इतिहास की प्राकृतिक इतिहास विषयक धारणा एक पक्षीय है। यह इस बात को भूल जाती है कि मनुष्य प्रकृति की प्रतिक्रिया करके उसको बदलने की क्षमता रखता है और प्रकृति में परिवर्तन लाकर वह अपने अस्तित्व की नई-नई परिस्थितियों का निर्माण करता है। मानव की आवश्यकताओं के अनुसार प्रकृति को समायोजित करने का जो क्रम है उसी से मानव इतिहास की सामग्री उपलब्ध होती है। अत: इतिहास कुछ राजनीतिक दुर्घटनाओं की कहानी नहीं है अपितु यह तो इस बात का विवेचन है कि मनुष्य समष्टिगत रूप से प्रकृति में अपने अस्तित्व के साधन कैसे उत्पन्न करता है? इस उत्पादन क्रम में जीवन बदलता रहता है, उत्पत्ति की शक्तियाँ उभरती हैं और पुराने सम्बन्ध नष्ट होकर नई व्यवस्था बनती रहती है। आरम्भ में तो मनुष्य की क्रिया भी पशुओं की भाँति सहजवृत्यात्मक थी। उसकी क्रिया का विषय बाहर विद्यमान रहता था और वइ इतना ही जानता था कि यह उसकी किसी नैसर्गिक तथा शारीरिक आवश्यकता की पूर्ति कर सकता है। परन्तु मनुष्य पशुओं की भाँति कोई सर्वथा सरल प्राकृतिक प्राणी नहीं है कि वह प्रकृति को उसी प्रकार स्वीकार कर ले जैसी यह उसके सामने प्रस्तुत हैं। वह अपना श्रम निरन्तर उस पर लगाता रहता है और अपनी आवश्यकताओं के अनुसार प्रकृति को परिमार्जित कर देता है। इस क्रिया में वह अपनी परिस्थितियों को तथा अपने सामाजिक सम्बन्धों को प्रकृति में होने वाले परिवर्तनों के अनुसार समायोजित कर लेता है। यह द्विपक्षीय समायोजन की श्रम है जिसमें एक ओर तो उत्पादन शक्ति है तथा दूसरी ओर उत्पादन सम्बन्ध हैं। अत: इतिहास के आरम्भिक काल से ही समाज में वस्तुओं तथा मनुष्यों के बीच एक सम्बन्ध सा दिखाई पड़ता है। इस श्रम में विषयी अन्यताभाव का अनुभव करता है। इस अन्यताभाव का सम्बन्ध यथार्थ तथा बाह्य अस्तित्वान विषयों के उत्पादन से है जिनमें मनुष्य अपनी शक्ति लगा देता है और अपने 'आप' (Self) से अलग होकर अपने से अन्य बन जाता है। इसलिये वह अपना जो कुछ भी 'अन्यता' बनकर सामने है उसकी पुन: प्राप्ति के लिये प्रयास करता रहता है। जब यह विषय तथा विषयी के बीच का नियोग समाप्त हो जाएगा अर्थात् जब मनुष्य इस बात का उन्मूलन कर देगा कि उसके अपने ही परिश्रम के परिणाम तथा उसके अपने ही श्रम के उत्पाद कोई अपने से अन्य, तथा कोई बाहरी वस्तु है तो 'अन्यता' का ही अनुभव होगा।

अतः हेगेल के प्रभाव में मार्क्स भी इस बात को मानते हैं कि इतिहास का प्रयोजन अन्यता भाव को समाप्त करना है। अन्तर केवल इतना है कि हेगेल इसको ज्ञान के क्षेत्र में समाप्त करना चाहते थे जबकि मार्क्स इस अन्यता भाव को वास्तविक जीवन परिवेश (Life Situation) से समाप्त करना चाहते हैं। इस प्रकार से फ्यूरबाख के मानत्वारोप तथा हेगेल के द्वन्द्व न्याय को मिलाकर मार्क्स इतिहास की भौतिकवादी धारणा पर पहुंचे हैं।

इस धारणा के अनुसार मनुष्य मूल रूप से एक उत्पादनकर्त्ता है। इस उत्पादन क्रिया में सबसे पहले वह अपनी भौतिक आवश्यकताओं की पूर्ति के साधन पैदा करता है। इससे पूर्व कि वह सभ्यता का निर्माण करे या संस्कृति सीखे, उसके लिये यह आवश्यक है कि वह जीवित रहे। इसलिये सर्वप्रथम वह अपने जीवित रहने के साधन प्रकृति से निकालता है। इसी प्राथमिकता के कारण हम इसको भौतिकवादी व्याख्या कहते हैं। अतः भौतिक आवश्यकताओं की पूर्ति मनुष्य की चिन्तन क्रिया से पहले है। जब वह प्रकृति से अपने जीवित रहने के साधन उत्पादन करता है तो कुछ शक्तियों का प्रयोग करता है जिनको उसकी उत्पादन शक्तियाँ (Forces of production) कह सकते हैं। इनमें मनुष्य की अपनी शक्ति उत्पादन में प्रयोग होने वाले उपकरण तथा जनता की श्रमिक परम्परायें भी सम्मिलित हैं। मनुष्य तथा प्रकृति के बीच जो उत्पादन क्रिया चलती है अर्थात् प्रकृति के साथ मनुष्य जो उत्पादन सम्बन्ध रखता है उसी के अनुकूल मनुष्यों के परस्पर सम्बन्ध भी निर्धारित होते हैं अर्थात् उत्पादन की व्यवस्था के अनुकूल ही वर्गों की सृष्टि होती है। मार्क्स ने यह मत प्रस्तुत किया कि समाज का यह आर्थिक ढाँचा, अर्थात् समाज अपनी उत्पादन शक्तियों को किस प्रकार संगठित किये हुए हैं इतिहास का मूलभूत निर्धारक तत्त्व है।[1] इन्हीं आर्थिक सम्बन्धों के अनुसार समाज में श्रम विभाजन तथा अधिकारों का निर्धारण होता है। उत्पत्ति के साधनों की निरन्तर परिवर्तनशीलता का यह परिणाम होता है कि हमारे जीवन यापन के ढंगों में भी परिवर्तन होता रहता है। उत्पादन के साधनों में परिवर्तन करते समय प्रकृति पर प्रतिक्रिया करने के फलस्वरूप मानव अपने अन्दर भी परिवर्तन उत्पन्न करता चला जाता है। अतः जब भी उसके जीवनयापन के ढंग में कोई गुणात्मक परिवर्तन होता है, वह इस ओर संकेत करता है कि उत्पादन के साधनों में कोई परिवर्तन आ गया है। दूसरे शब्दों में, हम यह कह सकते हैं कि उत्पादन के साधनों का स्वरूप सामाजिक सम्बन्धों को निर्धारित करता है। सामाजिक सम्बन्ध ही गति के निर्धारक हैं।

समाज के उत्पादन आश्रित सम्बन्धों के निर्धारण में कुछ मनुष्य तो ऐसे दिखलाई पड़ते हैं जो वस्तुओं को दोहन करते हैं और उनके साथ-साथ कुछ ऐसे मनुष्य होते हैं जिन पर कुछ ऐसे प्रतिबन्ध लग जाते हैं कि वे उन वस्तुओं का दोहन नहीं कर सकते। कुछ लोगों के हाथ में ये साधन आ जाते हैं और वे उसके स्वामी बन बैठते हैं तथा कुछ ऐसे रह जाते हैं तो इन साधनों से सर्वथा वंचित रह जाते हैं। यह जो वंचित तथा साधन रहित मनुष्यों का वर्ग है, इसको इस बात पर बाध्य हो जाना पड़ता है कि यह उन लोगों के आदेशानुसार तथा उन लोगों के हित के लिये इन साधनों का संचालन करे जो इनके स्वामी

---

1. Karl Marx, *Das Capital,* Vol. I, p. 94.

कहलाते हैं। यह स्वामी वर्ग न्यूनतम मजदूरी देकर उत्पादन के सारे लाभ को स्वयं हड़प जाता है। अतः वह अपने निजी साधनों के बल पर साधनहीन वर्ग का शोषण करता है। जो वस्तु श्रमिक उत्पन्न करता है वही उससे अलग कर दी जाती है तो स्वभावतः उसमें अन्यताभाव उत्पन्न हो जाता है। अतः उत्पादन की निजी-स्वामित्वमूलक प्रक्रिया वास्तव में अन्यताभाव उत्पन्न करने वाली प्रक्रिया है। मार्क्स का ऐसा मत है कि यह तो समाज व्यवस्था का रूपान्तरण होने पर अर्थात् निजी सम्पत्ति के समाप्त होने पर तथा उन जड़वादी प्रतिरोधों के उन्मूलन पर ही ठीक हो सकेगी। यह कार्य एक सामाजिक क्रान्ति द्वारा ही सम्पन्न होगा क्योंकि शोषणकारी वर्ग सर्वहारा वर्ग के रूप में एक ऐसा हथियार निर्माण कर रहा है जो उसी पतन का साधन होगा। तभी मार्क्स यह कहा करते थे कि पूंजीपति वर्ग अपने निजी लाभ के लिये उत्पादन करते हुये अपने लिये स्वयं ही उसकी कबर खोदने वाले उत्पन्न कर रहा है। निजी सम्पत्ति का नाश करके तथा अन्यताभावकारी सभी तत्वों का परिहार करके मनुष्य अपनी वास्तविक मानवता को प्राप्त कर लेगा।

इस इतिहास क्रम में क्योंकि सामाजिक सम्बन्धों का निर्धारक तत्त्व समाज का आर्थिक ढांचा होता है इसलिये समाज की सारी सामाजिक तथा राजनैतिक संस्थाओं की व्याख्या इसके अनुसार की जा सकती है। मार्क्स इन सभी संस्थाओं को अधिरचना मानते हैं जो समाज के आर्थिक आधारों तथा भौतिक परिस्थितियों की अनुकृति मात्र है। जैसा जीवन परिवेश होता है उसी प्रकार की चिन्तन पद्धति इन संस्थाओं में प्रतिबिम्बित होती है। मार्क्स का यह मत है कि इतिहास क्रम में भौतिक पदार्थ का महत्त्व प्राथमिक है और चेतना का महत्त्व गौण है।[1] इस बात को उन्होंने और स्पष्ट रूप में इस प्रकार कहा है कि मनुष्य की चेतना का निर्माण उसका भौतिक परिवेश करता है।[2] यह भौतिक अस्तित्व उसकी चेतना का निर्धारक है। उसी प्रकार से उसका सामाजिक अस्तित्व मनुष्य की सामाजिक चेतना को निर्धारित करता रहता है। इसके फलस्वरूप सारी विचारधारा बनती जाती है जिसमें धर्म, दर्शन, राजनीति सम्मिलित है।

द्वन्द्वात्मक भौतिकवाद यह बतलाता है कि समाज के उत्पादक तत्त्व बराबर बदलते रहते हैं। इसका परिणाम यह होता है कि उत्पादन के साधन विकसित होने के साथ-साथ उत्पत्ति का भी बराबर विकास होता जाता है। उत्पत्ति तथा उत्पादनकारी शक्तियाँ समानान्तर रूप से चलती हैं। परन्तु यदि कृत्रिम साधनों से कोई इनके विकास को अवरुद्ध कर दे तो संकटावस्था उत्पन्न हो जाती है और मार्ग-अवरोध को हटाने के लिये टकराव होता है। इसलिये मार्क्स यह मानते हैं कि सारे ऐतिहासिक परिवर्तन शान्तिपूर्वक नहीं अपितु प्रचण्ड होते हैं। क्रान्तियाँ इतिहास के लोकोमोटिव हैं, ऐसा मार्क्स का कथन है। इसका एक कारण यह है कि एक बार आर्थिक आधार पर जो वैधानिक, राजनीतिक तथा धार्मिक संस्थायें उत्पन्न हो जाती हैं वह अपने अन्दर अपना ही जीवन प्राप्त कर लेती हैं और आर्थिक आधार बदल जाने पर भी स्वतन्त्र रूप से अपना अस्तित्व बनाये रखना चाहती हैं। जो स्वार्थी वर्ग है वह अपने निजी स्वार्थ की सिद्धि के लिये विचार प्रणाली को बनाये रखना चाहता है

1. Marx and Engels, *Collected Works*, Vol. XIV, p. 984.
2. Ibid. Vol. I. p. 369.

जो परम्परागत रूप में उसके शोषण में सहायक सिद्ध हुई क्योंकि समाज का नवोदित वर्ग नये तथा विकसित उत्पादन के साधनों का प्रतिपादन करता है। इसीलिये वर्तमान सामाजिक सम्बन्धों तथा उत्पादन की विकसित शक्तियों का अनिवार्य संघर्ष होता है क्योंकि नये सामाजिक वर्ग की चिन्तनधारा परिवर्द्धित अर्थ-साधनों में गहराई तक जमी होती है और पुरानी विचारधारा का आधारभूत आर्थिक ढाँचा नष्ट हो चुका है। इस लिए इस संघर्ष में पुरातन समाज व्यवस्था की पराजय तथा नवोदित की अनिवार्य विजय होती है।

मनुष्यों के बीच जो उत्पादन-सम्बन्ध अब तक चलता रहा है वह शोषण का सम्बन्ध है। इसी कारण समाज दो वर्गों में विभाजित हो जाता है। वर्ग की धारणा से मार्क्स ने ऐसे समुदायों को प्रदर्शित किया है जिनके हित सर्वथा भिन्न हों तथा उनमें परस्पर विरोध का सम्बन्ध हो। यदि उनके बीच परस्पर प्रतिरोध का सम्बन्ध नही है तो मार्क्सवाद के संदर्भ में उनको वर्ग नहीं कह सकते। कम्युनिष्ट मैनीफैस्टो में मार्क्स ने इस बात को बड़े आग्रहपूर्वक कहा है कि अब तक का सारा मानव इतिहास वर्ग संघर्ष का इतिहास है। इतिहास के प्रत्येक युग में ये परस्पर विरोधी वर्ग स्पष्ट दिखाई देते हैं। यह संघर्ष उत्पादात्मक होता है। उत्पादन सम्बन्धों के अनुसार सारा मानव इतिहास पाँच युगों में विभाजित है—जहाँ एक युग के निषेध पर दूसरा युग आरम्भ होता है। ये युग इस प्रकार हैं: (1) आरम्भिक साम्यवादी समाज, (2) दासतामूलक समाज, (3) सामन्तवादी समाज, (4) पूँजीवादी युग, तथा (5) साम्यवाद। साम्यवाद में शोषण का सम्बन्ध समाप्त हो जायेगा, इसलिये वर्ग ही समाप्त हो जायेंगे। इससे इतिहास की द्वन्द्वात्मक गति भी रुक जायेगी। इसके पूर्व की प्रत्येक समाज व्यवस्था के विनाश के बीज उसी के अन्दर निहित रहते हैं। प्रत्येक समाज व्यवस्था में उसकी विरोधी प्रवृत्तियाँ अन्तर्निहित रहती हैं जिनके मात्रात्मक विकास के कारण ही आर्थिक परिवर्तन आते हैं। यह अन्तः विरोध पूँजीवाद में बहुत उभर कर ऊपर आता है क्योंकि इसमें शोषण आत्यन्तिक हो जाता है। साधन विहीन अर्थात् सर्वहारा वर्ग श्रम बेचता है और दूसरा वर्ग जो साधनों का निजी स्वामी है वह परिश्रमी वर्ग का अधिकार चुराकर उस चोरी के बल पर मौज उड़ाता है। परन्तु जितना ही शोषण बढ़ता जाता है उतनी ही श्रमिक वर्ग में वर्ग चेतना तथा शक्ति निरन्तर बढ़ती जाती है। यह बढ़ती हुई शक्ति की उस समाज व्यवस्था के नाश का कारण बनती है जिसके अन्तर्गत अल्पसंख्यक पूँजीवादी वर्ग उत्पत्ति के साधनों पर निजी रूप में अधिकार जमाये बैठा होता है। मार्क्स की कल्पना के अनुसार वह समय आ गया है जब निजी सम्पत्ति की विनाश सूचक घण्टा ध्वनि सुनाई देगी। सम्पत्तिहरण करने वालों की सम्पत्ति हरण कर ली जायेगी।[1] तथा साम्यवाद की प्राप्ति करके इतिहास की गतिशील अवस्था की द्वन्द्वात्मक गति रुक जायेगी। यह अवस्था सामाजीकृत मानवता (socialized humanity) की अवस्था होगी जिसमें सारा उत्पादन सामाजिक आवश्यकताओं की पूर्ति के लिये होगा, किसी के निजी स्वार्थ या मुनाफे के लिये नहीं। इस अवस्था में प्रत्येक मनुष्य अपनी क्षमता के अनुसार कार्य करेगा तथा अपनी आवश्यकता अनुसार प्राप्त करेगा।

---

1. "Knell of the private property sounds, the expropprietors are expropprieted."
—Karl Marx, *Das Capital,* vol. III.

आलोचना

मार्क्स के इस सिद्धान्त में एक महत्त्वपूर्ण बात यह है कि इसमें पहली बार वह बतलाया गया है कि इतिहास की गति निर्धारण करने में आर्थिक परिवर्तनों तथा समाज में आर्थिक साधनों के बँटवारे की समानता या असमानता का महत्त्वपूर्ण हाथ रहता है। साम्राज्यों के उठने या गिरने की घटनाओं के पीछे समाज की आर्थिक व्यवस्था के प्रतिपल परिवर्तनकारी तत्त्व रहते हैं। इन तत्त्वों को प्रत्ययवादी दार्शनिक आज तक उपेक्षित ही करते रहे हैं। परन्तु दूसरी ओर मार्क्स की भौतिकवादी व्याख्या कई ऐसी समस्याएँ खड़ी कर देती है जिनका समाधान उनके दर्शन में कहीं नहीं मिलता। मार्क्स वैसे तो मानव की गरिमा को यन्त्रवादी व्याख्या से बचाना चाहते थे परन्तु जब वह यह कहते हैं कि सारे सामाजिक सम्बन्ध उत्पादन के साधनों द्वारा निर्धारित होते हैं तो विरोधाभास सा लगता है। क्या यह दुर्भाग्यपूर्ण बात नहीं है कि मशीनें इस बात का निर्णय करें कि मानव को कैसे सम्बन्ध बनाने हैं तथा कैसे समुदाय बनाये जाएँगे? इससे मानव की मानवता तथा उसकी स्वतन्त्रता बिल्कुल ही समाप्त हो जाती है। क्या मार्क्स यह कहना चाहते हैं कि मनुष्य अपने भौतिक तथा आर्थिक परिवेश की ही पैदावार है, इसके अतिरिक्त और कुछ नहीं?

मार्क्स ने आर्थिक तत्त्वों को इतिहास का निर्धारक बताकर अनुचित सारल्यदोष (Fallacy of Pseudo Simplicity) पैदा किया है। मानव इतिहास बड़ा जटिल है जिसमें कई प्रभावशाली शक्तियाँ कार्य कर रही हैं। ऐसे अनेक उदाहरण मानव इतिहास में मिल जाते हैं जहाँ व्यक्तिगत षड्यन्त्रों, काम-ईर्ष्या, धार्मिक जोश तथा धर्म प्रसारण अभियानों, सत्ता हथियाने तथा शक्ति प्राप्त करने की लोलुपता के तथा अन्य ऐसे ही अनेकों कारणों की सभ्यताएँ ध्वस्त हो गईं। इन सारे तत्त्वों का महत्त्व किसी भी हालत में आर्थिक तत्त्वो से कम नहीं रहा। अतः मानव इतिहास के विवेचन में इनको उपेक्षित करना इतिहास के साथ अन्याय करना है।

यह बात भी संशयास्पद है कि जब भी इतिहास में कोई प्रचण्ड परिवर्तन होते हैं तो वह सदा पहली वाली अवस्था से अच्छी ही अवस्था को जन्म देते हैं। रसल का इस विषय में कहना है कि जब असंस्कृत बंर्बर जाति ने रोम पर आक्रमण करके उसको ध्वस्त कर दिया था तो उससे कोई अधिक विकसित समाज व्यवस्था का जन्म नहीं हुआ था, अतः यह कहना इतिहास को झुठलाना है कि प्रत्येक संघर्ष पहले से अच्छी अर्थ व्यवस्था को जन्म देता है।

वैसे तो मार्क्स आर्थिक तत्त्वों को आधार बनाकर समाज की भौतिकवादी व्याख्या करना चाहते हैं, परन्तु कार्ल मैनहीम का कथन है कि "ऐतिहासिक भौतिकवाद तो केवल नाम का ही भौतिकवाद है और यह है भी सही। इस तथ्य को बार-बार अस्वीकार करने पर भी आर्थिक क्षेत्र, अन्तिम विश्लेषण करने पर, मानसिक अभिवृत्तियों (Mental attitudes) की संरचनात्मक अन्योन्य सम्बद्धता ही तो है।"[1] वास्तव में मैनहीम का कथन ठीक ही है। आधारभूत आर्थिक तन्त्र सुतथ्य रूप से तन्त्र (System) ही तो है और तन्त्र

1. Karl Mannheim, *Ideology and Utopia,* p. 999.

बनना अर्थात् व्यवस्थित करना तो मानसिक क्रिया से ही सम्बन्धित है इसलिये यह प्रत्यक्ष रूप बन जाता है।

मैक्स वेबर
(Max Weber)

मैक्स वेबर ने 'समाजशास्त्र' को अपने ढंग से परिभाषित किया था। उसका कहना था कि सामाजिक विज्ञानों का अध्ययन भी उसी प्रकार का होना चाहिये जिस प्रकार प्राकृतिक विज्ञानों का होता है। इस उद्देश्य को लेकर उसने एक ऐसी अध्ययन पद्धति का आविष्कार किया जो समन्वित रूप से दोनों प्रकार के विज्ञानों का अध्ययन करती थी। उसने 'समाजशास्त्र' की परिभाषा, विषय क्षेत्र, इकाई आदि को अपने ढंग से परिभाषित किया। समाजशास्त्र सम्बन्धी मुख्य तथ्यों का वेबर द्वारा विवरण निम्नलिखित है।

समाजशास्त्र की परिभाषा

'समाजशास्त्र' की परिभाषा वेबर की पुस्तक 'The Theory of Economics and Social Organization' में मिलती है। अपनी इस पुस्तक के प्रथम पृष्ठ पर ही वेबर ने इन शब्दों में 'समाजशास्त्र' को परिभाषित किया है, "समाजशास्त्र एक विज्ञान है जो सामाजिक क्रियाओं के व्याख्यात्मक अवबोध का प्रयत्न करता है ताकि इनके घटना-क्रम एवं परिणामों के कार्यकारणीय विश्लेषण तक पहुंचा जा सके।"[1] मैक्स वेबर द्वारा इस परिभाषा से तीन मुख्य बातें स्पष्ट होती है। सर्वप्रथम हम कह सकते हैं कि समाजशास्त्र का कार्य 'सामाजिक क्रिया' (Social action) को समझने का प्रयास करना है। दूसरा कार्य 'सामाजिक क्रिया' के कार्य-कारण सम्बन्ध को जानना है। इसके अतिरिक्त समाजशास्त्र का तीसरा कार्य 'सामाजिक क्रिया' के परिणामों को जानना है। मैक्स वेबर के 'समाजशास्त्र' के इस विवेचन से स्पष्ट होता है कि 'समाजशास्त्र' का 'सामाजिक क्रिया' से घनिष्ठ सम्बन्ध है। अतः समाजशास्त्र के अर्थ को भली-भाँति समझने के लिए 'सामाजिक क्रिया' का अर्थ जानना आवश्यक है।

सामाजिक-क्रिया की विवेचना

मैक्स वेबर के समाजशास्त्र में 'सामाजिक क्रिया' का विशेष महत्त्व है। अन्य सामाजिक अवधारणाओं को समझने के लिए इस अवधारणा का समझना अनिवार्य है। वेबर ने उस क्रिया को सामाजिक क्रिया कहा है, जिस क्रिया में करने वाला व्यक्ति अन्य व्यक्ति या व्यक्तियों की किसी क्रिया या व्यवहार से प्रभावित होकर अपनी-अपनी क्रिया को करता या बदलता है अथवा अपनी क्रिया को कोई निश्चित दिशा देता है। इस प्रकार स्पष्ट है कि किसी व्यक्ति को जो क्रिया किसी अन्य व्यक्ति की क्रिया या व्यवहार से प्रभावित होती है उसे सामाजिक क्रिया कहा जा सकता है। मैक्स वेबर ने 'सामाजिक क्रिया' की अवधारणा

---

1. "Sociology is the science which attempts the interpretative understanding of social action in order to arrive at a causal explanation of its course and results."
—Max Weber.

की सूक्ष्म ढंग से विवेचना की है। इस अवधारणा से सम्बन्धित कुछ तथ्य निम्नलिखित हैं—

(1) 'सामाजिक क्रिया' भूत, भविष्य अथवा वर्तमान की किसी क्रिया या व्यवहार से प्रभावित हो सकती है—यह तो स्पष्ट ही है कि वास्तविक 'सामाजिक क्रिया', किसी न किसी सामाजिक व्यवहार से अवश्य प्रभावित अथवा सम्बन्धित रहती है। यहाँ यह भी स्पष्ट कर देना आवश्यक है कि 'सामाजिक क्रिया' पर यह प्रभाव भूत, भविष्य अथवा वर्तमान किसी भी काल की क्रिया का हो सकता है। यह आवश्यक नहीं है कि सामाजिक क्रिया अनिवार्य रूप से किसी वर्तमान व्यवहार से ही प्रभावित हो। इस तथ्य को विभिन्न दृष्टान्तों द्वारा स्पष्ट किया जा सकता है। यदि कोई व्यक्ति किसी व्यक्ति की सहायता करता है तथा वह कुछ समय बाद बदले में दूसरे व्यक्ति की सहायता कर देता है तो उसका यह व्यवहार भूत-कालीन क्रिया द्वारा प्रभावित माना जायेगा। दूसरा दृष्टान्त इस प्रकार का हो सकता है। एक व्यक्ति ने एक सन्यासी को भिक्षा दी तथा उस सन्यासी ने बदले में उस व्यक्ति को आशीर्वाद दे दिया। यह व्यवहार वर्तमान क्रिया द्वारा प्रभावित माना जायेगा। इसी प्रकार किसी क्रिया का सम्बन्ध भविष्य के प्रभाव से भी हो सकता है। इस विवेचन द्वारा स्पष्ट है कि सामाजिक क्रिया किसी न किसी काल के व्यवहार से अवश्य ही प्रभावित होनी चाहिये।

(2) सामाजिक क्रिया सम्पन्न होने के लिए व्यक्ति आवश्यक है—जैसा कि पहले कहा जा चुका है, 'सामाजिक क्रिया' अनिवार्य रूप से किसी अन्य के प्रभाव से प्रभावित होनी चाहिये। यहाँ यह भी आवश्यक है कि सामाजिक क्रिया का सम्बन्ध किसी अन्य व्यक्ति से भी हो। किसी व्यक्ति की शून्य अथवा एकान्त में होने वाली कोई क्रिया 'सामाजिक क्रिया' नहीं कहला सकती। एकान्त में की जाने वाली तपस्या सही अर्थ में 'सामाजिक क्रिया' नहीं है। यहाँ यह कहना आवश्यक है कि जब तक किसी क्रिया का किसी अन्य चेतन व्यक्ति से सम्बन्ध न हो तब तक उसे 'सामाजिक क्रिया' नहीं कहा जा सकता। सामाजिक क्रिया के लिए अन्य व्यक्ति से प्रभावित होना अथवा अन्य व्यक्ति को प्रभावित करना आवश्यक है।

(3) 'आत्माभिप्राय' अनिवार्य है—'सामाजिक क्रिया के लिए स्पष्ट रूप से व्यक्ति का 'आत्माभिप्राय' (Subjective meaning) होना अनिवार्य है। बिना स्पष्ट अभिप्राय की गयी क्रिया 'सामाजिक क्रिया' नहीं कहला सकती। अचानक ही बिना अभिप्राय के यदि दो व्यक्ति आपस में टकरा जायें तो उनकी यह क्रिया 'सामाजिक क्रिया' नहीं होगी। हाँ, अचानक टकरा जाने के बाद ये दोनों यदि आपस में झगड़ा कर बैठें या आपस में क्षमा आदि का व्यवहार करें तो उनके इस व्यवहार को स्पष्ट रूप से सामाजिक क्रिया कहा जायेगा। यहाँ यह स्पष्ट कर देना भी आवश्यक है कि किसी व्यक्ति अथवा समूह द्वारा किसी अन्य व्यक्ति अथवा समूह का अन्धानुकरण करना भी सामाजिक क्रिया नहीं है। अनुकरण केवल उस समय 'सामाजिक क्रिया' का रूप ले लेता है जब वह चेतन हो तथा उसका कोई निश्चित अभिप्राय हो। उदाहरण के लिए किसी फिल्म अभिनेता के वस्त्रों के ढंग का अनुकरण करना एक सामाजिक क्रिया कहला सकता है यदि यह अनुकरण

सामाजिक प्रतिष्ठा प्राप्त करने के लिये अथवा आकर्षक प्रतीत होने के अभिप्राय से किया गया हो।

उपरोक्त विवेचन द्वारा 'सामाजिक-क्रिया' का अर्थ स्पष्ट हो जाता है। 'समाजशास्त्र' का कार्य मुख्य रूप से इसी 'सामाजिक क्रिया' का अध्ययन करना है। समाजशास्त्र 'सामाजिक क्रिया' के विभिन्न पहलुओं का अध्ययन करता है। वह व्यक्ति के व्यवहार का अध्ययन करता है। वह व्यवहार के अभिप्राय का अध्ययन करता है। सामाजिक क्रिया का विश्लेषण करके वह यह ज्ञात करता है कि उसके पीछे क्या कारण कार्य कर रहे हैं। इसके अतिरिक्त समाजशास्त्र 'सामाजिक क्रिया' के परिणामों को भी जानने का प्रयास करता है। इस प्रकार 'समाजशास्त्र' का सामाजिक क्रिया से घनिष्ठ सम्बन्ध है, वह उसका विश्लेषण करके उसकी दिशाओं, कारणों तथा परिणामों को ज्ञात करता है।

ल्योनार्ड टेलाने हाबहाउस
(L.T. Hobhouse)

प्रसिद्ध विकासवादी समाज शास्त्री हाबहाउस का जन्म सन् 1864 में इंगलैंड में हुआ। उन्होंने समाज और राज्य के विषय में अनेक पुस्तके लिखीं जिनका समाजशास्त्र के क्षेत्र में व्यापक प्रभाव पड़ा। इनमें उल्लेखनीय पुस्तकें हैं—द थ्योरी ऑफ नालिज (The Theory of Knowledge), माईंड इन ऐवोल्युशन (Mind in Evolution), मोरल्स इन ऐवोल्युशन (Morals in Evolution), डेवलपमैन्ट एण्ड परपजेज (Development and Purposes), मैटाफिजिकल थ्योरी ऑफ द स्टेट (Metaphysical theory of the State), द नेशनल गुड (The National good), एलीमेन्ट्स ऑफ सोशल जस्टिस (Elements of Social justice), सोशल डवलपमैन्ट इट्स नेचर एण्ड कन्डीशन्स (Social Development its Nature and Conditions) इत्यादि।

हाबहाउस के विचारों में समाज, राज्य, सरकार, राष्ट्र आदि प्रत्ययों को भिन्न-भिन्न अर्थों में प्रयोग किया गया है। यहाँ इन अर्थों का स्पष्टीकरण करना आवश्यक है।

(1) **समाज**—समाज मानव का सबसे बड़ा समूह है जिसमे व्यक्तियों में संख्या की दृष्टि से अनेकता होती है और उनमें पारस्परिक क्रिया में पारस्परिक स्वार्थ और रुचि पाये जाते हैं। समाज का विकास होने से राज्य, सरकार अथवा राष्ट्र का विकास होना आवश्यक नहीं है।

(2) **राज्य**—राज्य वह मानव समूह है जिसमें दमन शक्ति होती है। इसीलिए मनुष्य राज्य को नहीं छोड़ सकता है। राज्य को छोड़ने के लिए उसे राज्य के क्षेत्र को ही छोड़ना पड़ता है। दूसरे शब्दों में, राज्य के क्षेत्र में रहने वाले लोगों पर राज्य का नियन्त्रण रहता है। यहाँ पर हाबहाउस ने हीगल के सर्वाधिकारी राज्य की धारणा की आलोचना की है। हाबहाउस के अनुसार राज्य स्वयं साध्य नहीं है बल्कि मानव कल्याण का साधन है। इस प्रकार वह जनतन्त्र का समर्थक है।

(3) **सरकार**—राज्य अपने कार्यों के संचालन के लिए जिन व्यक्तियों को अपना प्रतिनिधि नियुक्त करता है वे प्रतिनिधि अथवा एजेन्ट सरकार बनाते हैं। इस प्रकार सरकार और राज्य में अन्तर है।

(4) **राष्ट्र**—जबकि राज्य में राजनैतिक एकता की भावना रहती है राष्ट्र में सांस्कृतिक एकता की भावना रहती है। राष्ट्रीयता का मूल आधार नातेदारी है। प्रत्येक कुटुम्ब की अपनी संस्कृति होती है जो सभी सदस्यों में समान रूप से पायी जाती है। धीरे-धीरे कुटुम्ब या नातेदारी का विचार कम होता जाता है और सांस्कृतिक एकता का विचार बढ़ता जाता है। क्रमशः एक संस्कृति के लोग एक राष्ट्रीयता के माने जाने लगते हैं। राष्ट्रीयता और प्रजातीय भावना अलग-अलग है यद्यपि बहुधा प्रजातीय भावना विकसित होकर राष्ट्रीय भावना बन जाती है। विकास की प्रक्रिया में मानव समाज, कुटुम्ब, नातेदारी अथवा प्रजाति के छोटे दायरे में निकल कर क्रमशः राष्ट्र बन जाता है यद्यपि राष्ट्रों के मध्य संघर्ष आज भी बना हुआ है और इसीलिए राष्ट्रीयता का स्थान मानवता को लेना चाहिये। आधुनिक काल में एक राज्य में कई राष्ट्र पाये जा सकते हैं। यदि किसी राज्य में एक ही राष्ट्र होता है तो उसमें समस्यायें कम होती हैं। जिस राज्य में अनेक राष्ट्र होते हैं उसमें समस्यायें भी अनेक होती हैं।

सामाजिक और राजनैतिक संस्थाओं का विकास

सामाजिक समूह के निर्माण के इतिहास पर विचार करते हुए हाबहाउस ने गिडिंग्स से मिलते-जुलते विचार उपस्थित किये हैं। उसके अनुसार सहानुभूति, सहायता, सहयोग और परार्थ भावना, मानव समाज के निर्माण के आधार हैं। दूसरे शब्दों, सामाजिक समूह का निर्माण उन तत्त्वों से होता है जो मनुष्यों को एक दूसरे से बांधते हैं। इन तीनों का विवरण निम्नलिखित है—

(1) **सजातीयता** (Kinship)—समाज का विकास आरम्भ होने पर उसके मूल में सजातीय भावना होती है। सजातीय लोग अन्तर्विवाही होते हैं। परिवार सजातीय समूह है। आरम्भ में सजातीयता के आधार पर सामाजिक संस्था का विकास हुआ जिसमें परिवार प्रमुख था। परिवार दो प्रकार के थे—मातृसत्ताक और पितृसत्ताक। पहले प्रकार के परिवार में माता की सत्ता और दूसरे प्रकारों के परिवारों में पिता की सत्ता प्रमुख मानी जाती थी।

(2) **अधिसत्ता** (Authority)—जैसा कि पीछे बतलाया जा चुका है, परिवार में माता या पिता की अधिसत्ता होती है किन्तु कोई भी समाज केवल परिवार तक सीमित नहीं होता। परिवार से आगे बढ़ने पर समाज में अधिसत्ता की आवश्यकता होती है। उदाहरण के लिए विजेता समाज विजित समाज पर अधिसत्ता रखता है। क्रमशः समाज में किसी न किसी प्रकार की राजसत्ता का विकास हुआ। इस अधिसत्ता को धर्म से समर्थन मिला। अधिसत्ता का आधार दमन शक्ति है। यह दमन आरम्भ में पाशविक होता है किन्तु क्रमशः इसमें बल प्रदर्शन कम होता जाता है और जनतन्त्रीय रूप में अधिसत्ता का प्रयोग होता है।

(3) **नागरिकता** (Citizenship)—एक ओर अधिसत्ता शासक के कर्त्तव्य बतलाती है तो दूसरी और अधिसत्ता के प्रति नागरिक के कर्त्तव्य होते हैं। ये दोनों परस्पर निर्भर हैं। समाज का विकास होने से प्रजा के कर्त्तव्यों के साथ-साथ उसके अधिकारों की और राजा के अधिकारों के साथ उसके कर्त्तव्यों की माँगें उठती हैं, यह नागरिकता की अवस्था है। नागरिकता में अधिकार और कर्त्तव्य दोनों ही निहित हैं। जहाँ अधिसत्ता के आदेश का

पालन नागरिक का कर्त्तव्य है वहाँ उसे यह अधिकार भी दिया जाता है कि धर्म के मामलों में विचारों तथा अन्य अनेक मामलों में अधिसत्ता से स्वतन्त्र होता है। नागरिक को यह अधिकार देना राजा का कर्त्तव्य माना जाता है। संसार में सब कहीं समाजों का विकास होने के साथ-साथ यह धारणा फैली है कि अधिसत्ता को जनता की भलाई के लिये कार्य करना चाहिये। सामाजिक विकास की यह स्थिति राजनैतिक दृष्टि से जनतन्त्र कहलाती है। इस प्रकार जनतन्त्र नागरिकता के विकास का परिणाम है। दूसरी ओर सजातीयता का विकास राष्ट्र के रूप में दिखलायी पड़ता है। हाबहाउस के अनुसार विजातियों के आक्रमण से सजातीयता की धारणा दृढ़ होती है और इससे राष्ट्र बनते हैं। इस प्रकार राष्ट्र सजातीय व्यक्तियों से बनता है। इस सजातीयता की भावना के कारण ही राष्ट्रीयता का विकास होता है। इसी से एक राष्ट्र दूसरे राष्ट्र पर आक्रमण करता है। हाबहाउस के अनुसार राष्ट्रीयता की भावना से संघर्ष की सम्भावना बनी रहती है जब तक कि विश्व मे अन्तर्राष्ट्रीयता की भावना दृढ़ न हो जाये।

प्रजातंत्र विषयक विचार

शासन व्यवस्था के रूपों को लेकर हाबहाउस ने प्रजातंत्र पर विचार किया है। प्रजातंत्र के दो रूप हो सकते हैं, एक तो वह जिसमें यूनान के नगर राज्य के समान सब लोग शासन में सीधा भाग लेते हैं। यह केवल छोटे राज्यों में चल सकता है। प्रजातन्त्र के दूसरे रूप में राज्य की अन्तिम सत्ता जनता द्वारा चुने हुए प्रतिनिधियों में होती है। जनता ही विधान को अन्तिम स्वीकृति देती है। उसी के प्रतिनिधि सरकार बनाते हैं।

प्रजातंत्र में कठिनाइयां

प्रजातंत्र स्वशासन है, उसमें प्रजा के अधिकारों पर सबसे अधिक जोर दिया जाता है। उसमें व्यक्ति को अपने व्यक्तित्व को स्वतंत्र रूप से विकसित करने का अवसर मिलता है। इस प्रकार मानव कल्याण की दृष्टि से वह सर्वश्रेष्ठ है। प्रजातंत्र की सबसे बड़ी विशेषता यह है कि उसमें प्रजा के अधिकारों और राजा के कर्त्तव्यों के विषय में विचार किया जाता है किन्तु अन्य शासन व्यवस्थाओं की तुलना में प्रजातंत्र में कुछ कठिनाइयां भी हैं। हाबहाउस के अनुसार ये कठिनाइयां निम्नलिखित हैं—

1. मतदान में व्यवधान—प्रत्येक प्रजातंत्र में कुछ व्यवधान देकर मतदान होता है। इस व्यवधान में जो नई समस्यायें उत्पन्न होती हैं उन पर अगले मतदान तक कोई ध्यान नहीं दिया जाता और इसलिये वे सुलझ नहीं पातीं।

2. व्यक्ति का कम मूल्य—जनतंत्र में प्रत्येक व्यक्ति का एक ही मत होता है चाहे वह कितना भी योग्य और पढ़ा लिखा क्यों न हो। यह स्थिति उचित नहीं मानी जा सकती।

3. उच्च कोटि के व्यक्तियों का निराकरण—जनतंत्रीय प्रणाली की सफलता इस बात पर निर्भर है कि उसे चलाने के लिये उच्च कोटि के व्यक्ति उपलब्ध हों किन्तु जनतंत्रीय प्रणाली में उच्च कोटि के व्यक्तियों का आगे आना सबसे कम सम्भव होता है।

यह एक ऐसी व्यवस्था है जिसमें वे ही लोग आगे आ पाते हैं जो नेतृत्व की कला को जानते हों भले ही उनमें अन्य गुणों का कितना भी अभाव क्यों न हो।

4. अल्प मत द्वारा शासन—यद्यपि जनतंत्र को जनता का राज्य कहा जाता है किन्तु वास्तव में इसमें एक अल्पमत विशाल बहुमत पर शासन करता है और शासन सत्ता के बल पर उनसे अपनी बात मनवाता हैं।

जनतंत्र के दोषों का निराकरण

उपरोक्त कठिनाइयों का संकेत करने के पश्चात् भी हाबहाउस यह निष्कर्ष निकालता है कि इन दोषों के बावजूद जनतंत्र सभी शासन व्यवस्थाओं में सर्वश्रेष्ठ है। अन्य व्यवस्थाओं में व्यक्तित्व का विकास सम्भव नहीं हो पाता और यही सबसे आवश्यक बात है। जनतंत्र के दोषों को दूर करने के लिये हाबहाउस ने निम्नलिखित उपाय बतलाये हैं—

1. स्थानीय स्वशासन (Local Self Government)—चूँकि जनतंत्र में हर समय मतदान नहीं हो सकता सब कहीं शासन सत्ता स्थानीय संस्थाओं जैसे नगर में नगरपालिकाओं और गांव में ग्राम पंचायतों के हाथों में सौंपी जानी चाहिये। इससे शक्ति का विकेन्द्रीकरण होता है।

2. अन्तरिम मतग्रहण (Referendum)—बहुमत अल्पमत पर अत्याचार न करें इसके लिये अपनाये जाने वाले अनेक उपायों में से एक उपाय अन्तिरम मतग्रहण है। जब कभी किसी महत्त्वपूर्ण प्रश्न पर विधान सभाओं में विचार हो तो उस प्रश्न पर जनता का विचार जानने के लिये अन्तरिम मतग्रहण किया जाता है।

उपरोक्त उपायों से जनतंत्र की सभी कठिनाइयाँ दूर नहीं हो जातीं। फिर भी कुछ न कुछ सुधार अवश्य हो पाता है।

राज्य सम्बन्धी विचार

जनतंत्र के अतिरिक्त हाबहाउस ने राज्य संस्था में आने वाले निम्नलिखित तत्त्वों पर भी विचार प्रकट किये हैं—

1. प्रभुसत्ता (Sovereignty)—डायसी के अनुसार प्रभुसत्ता के दो प्रकार हैं एक तो वह जो कानून बनाती और उसे प्रयोग में लाती है और दूसरी वह जो संविधान के पीछे अन्तिम शक्ति है। पहले प्रकार की प्रभुसत्ता कानूनी प्रभुसत्ता है और दूसरे प्रकार की राजनैतिक प्रभुसत्ता कहलाती है। हाबहाउस निरपेक्ष प्रभुसत्ता का खण्डन करता है क्योंकि यह जनतंत्र के विरुद्ध है। आधुनिक काल में किसी भी समाज में राज्य के पास निरपेक्ष प्रभुसत्ता नहीं है। जनतंत्र के पास अन्तिम प्रभुसत्ता होती है किन्तु वहाँ भी निरपेक्ष प्रभुसत्ता नहीं होती।

2. स्वतन्त्रता और संयम (Freedom and Restraint)—मनुष्य सब कहीं स्वतंत्रता चाहता है किन्तु राज्य के कानून उसे संयम में बांधते हैं। इस प्रकार स्वतंत्रता और संयम का घनिष्ठ सम्बन्ध है। निरपेक्ष स्वतंत्रता कहीं नहीं है और न कहीं पूर्ण संयम है स्वतन्त्रता के लिए संयम आवश्यक है और संयम की सीमा में ही स्वतंत्रता होती है।

3. प्राकृतिक अधिकार (Natural Rights)—हाबहाउस के अनुसार प्राकृतिक अधिकार का अर्थ वह कार्य है जिससे समाज का कल्याण होता हो। इसके अतिरिक्त कोई भी अधिकार प्राकृतिक अधिकार नहीं हैं। वास्तव में अधिकार समाज और सरकार का आश्रित होता है। जिससे समाज का भला हो वही करना व्यक्ति का अधिकार है। प्राकृतिक अधिकार नहीं बल्कि समाज कल्याण की भावना ही स्वतंत्रता और संयम के मध्य की कड़ी है।

4. राज्य का कार्यक्षेत्र (Field of the State)—हाब्रहाउस ने राज्य के कार्यक्षेत्र की विवेचना की है। सम्पत्ति के विषय में वह न तो निजी सम्पत्ति का समर्थक है और न उसको पूरी तरह निकालना चाहता है। उसकी विचारधारा मध्य मार्गी है। वास्तव में सम्पत्ति का निर्माण सामाजिक परिस्थितियों के कारण होता है। इस प्रकार समाज के बिना सम्पत्ति का कोई अर्थ नहीं है। दूसरी ओर निजी की स्वतन्त्रता न होने पर व्यक्ति सम्पत्ति उत्पन्न करने और उसे बनाये रखने के लिये प्रयत्न नहीं करेंगे। पूँजीवादी व्यवस्था में निजी सम्पत्ति का अनियन्त्रित अधिकार होता है। समाजवादी व्यवस्था में व्यक्ति को सम्पत्ति उत्पन्न करने के लिये कोई प्रोत्साहन नहीं मिलता। वास्तव में ये दोनों ही अनुचित दशायें हैं। व्यक्ति को निजी सम्पत्ति का अधिकार दिया जाना चाहिये किन्तु उस पर नाना प्रकार के कर लगाकर समाज का हिस्सा समाज को मिलना चाहिए। निजी सम्पत्ति शोषण पर आधारित नहीं होनी चाहिए।

5. श्रम (Labour)—सम्पत्ति श्रम से उत्पन्न होती है। पूंजीवादी व्यवस्था में रोक-टोक होने के कारण पूंजीपति श्रमिकों का शोषण करके मोटे होते चले जाते हैं। अस्तु, आधुनिक राज्यों में श्रम कानून का क्षेत्र बढ़ता जा रहा है और राज्य श्रम की सौदेबाजी में हस्तक्षेप करता है। यह इसलिये किया जाता है ताकि श्रम करने वालों को उनके श्रम का समुचित लाभ मिल सके और पूँजी उसे हड़प न जायें।

6. साम्राज्यवाद (Imperialism)—हाबहाउस ने अन्तर्राष्ट्रीय सम्बन्धों पर विचार करते समय साम्राज्यवाद और अन्तर्राष्ट्रीयवाद पर विचार किया है। उसके अनुसार साम्राज्यवाद के मूल में राष्ट्रवाद है। उग्र राष्ट्रवाद (Aggressive Nationalism) साम्राज्यवाद को जन्म देता है क्योंकि इससे राष्ट्र यह सोचने लगता है कि उसे अन्य देशों पर शासन करने का अधिकार है। इस प्रकार राष्ट्रवाद से साम्राज्यवाद बढ़ता है। साम्राज्यवादी यह दलील देते हैं कि वे अन्य देशों के लाभ के लिये ही उन पर अधिकार जमाते हैं। हाबहाउस ने इस स्थिति की आलोचना की है। उसने अंग्रेजी साम्राज्यवाद का खण्डन किया है। साम्राज्यवाद जनतंत्र के विरुद्ध है। जबकि जनतंत्र में आन्तरिक विकास राज्य का प्रमुख लक्ष्य होता है, साम्राज्यवादी साम्राज्य के विस्तार पर ही ध्यान लगाये रहते हैं। इस प्रकार साम्राज्यवाद किसी भी देश के विकास में बाधक बन जाता है।

7. अन्तर्राष्ट्रीयवाद (Internationalism)—हाबहाउस के अनुसार राष्ट्रों के परस्पर सम्बन्धों में वे ही नियम अपनाने चाहियें जिनका पालन व्यक्तियों के सम्बन्धों में किया जाता है। यह ही अन्तर्राष्ट्रीयवाद है। अन्तर्राष्ट्रीयवाद राष्ट्रवाद की सभी बुराइयों का

हल है। इसी से विश्व में शान्ति हो सकती है। इससे विभिन्न राष्ट्र सच्चाई और ईमानदारी के बन्धन में बंध सकते हैं। अन्तर्राष्ट्रीयवाद की भावना फैलाने के लिये विश्व संघ जैसा संगठन अत्यन्त उपयोगी है। संगठन शक्तिशाली न होने पर भी अन्तर्राष्ट्रीयवाद की प्रथा डाली जा सकती है और साम्राज्यवादी राष्ट्रों का बहिष्कार किया जा सकता है। इससे संसार विश्व युद्ध से बचा रहेगा।

हाबहाउस के सामाजिक विचारों को उपरोक्त संक्षिप्त रूपरेखा से यह स्पष्ट होता है कि आधुनिक सामाजिक और राजनैतिक विचारकों में हाबहाउस को प्रमुख स्थान दिया जाना चाहिये। उसने जो विचार उपस्थित किये उन्हीं के प्रकाश में आधुनिक विचारक अन्तर्राष्ट्रीयता और मानववाद की धारणा प्रस्तुत करते हैं।

अभ्यास के लिए प्रश्न

1. काल मार्क्स के ऐतिहासिक भौतिकवाद के सिद्धान्त की विवेचना कीजिये।
2. मैक्स वेबर के नौकरशाही सम्बन्धित विचारों की विवेचना कीजिये।
3. हाबहाउस के जनतंत्र सम्बन्धी विचारों की विवेचना कीजिये।

3

प्रमुख राजनैतिक व्यवस्थाओं के समाजशास्त्रीय आधार

(Sociological Bases of Major Political Systems)

वैधानिकता का दावा करती हुई शक्ति और सत्ता के आधार पर मैक्स वेबर ने राजनैतिक व्यवस्थाओं को निम्नलिखित तीन प्रमुख वर्गों में बाँटा है–

(1) राष्ट्रीय वैधानिक सत्ता (National Legal Authority)–समकालीन राजनैतिक व्यवस्थायें राष्ट्रीय वैधानिक सत्ता पर आधारित पर हैं। वे निर्वैयक्तिक कानूनों अथवा वैधानिक सत्ता की समझौते पर आधारित धारणाओं पर टिकी हुई हैं जो कि शक्ति के वैधानिक उपयोग को निर्धारित करने वाले कानूनों की व्यवस्था से निकाली गयी हैं। इस प्रकार की राजनैतिक व्यवस्था में राज्य सत्ता जनता में नहीं बल्कि उन पदों या स्थितियों में होती है जिन पर लोग अस्थायी समय के लिये नियुक्त किये जाते हैं। राष्ट्रीय वैधानिक सत्ता में शक्ति सम्पूर्ण व्यवस्था में फैली हुई होती है। इसमें उत्तरदायित्व किसी विशेष व्यक्ति की व्यक्तिगत आज्ञा को मानने का नहीं होता बल्कि आज्ञाकारिता को स्पष्ट करने वाले संवैधानिक कानूनों और नियमों में होता है। सत्ता के सर्वोच्च पदों के लिये चुनाव जनता में प्रसिद्धि के आधार पर होता है। प्रत्येक पद से कुछ योग्यतायें लगी हुई होती हैं जोकि उस पर नियुक्त होने वाले व्यक्ति के लिये आवश्यक होती हैं। इसी प्रकार विभिन्न पदों पर नियुक्ति व्यक्ति की योग्यताओं और कुशलताओं के आधार पर की जाती है। कानून अथवा विधान ही सर्वोच्च नेता होता है। कोई व्यक्ति एक क्रियात्मक रूप से परिभाषित कुशलता के अन्तर्गत ही श्रेष्ठ माना जाता है। अफसरों के एक क्रम के माध्यम से राजनैतिक सत्ता के प्रति कर्त्तव्य समझकर आज्ञा पालन निर्धारित किया जाता है। यह प्रक्रिया संगठनात्मक अनुशासन के माध्यम से लागू की जाती है। नौकरशाही, जो कि समकालीन समाजों में सब कहीं पायी जाती है, वैधानिक सत्ता का शुद्ध प्रकार है। राज्य और नगरीय सरकारों की आधुनिक संरचना राष्ट्रीय वैधानिक सत्ता का प्रतिनिधित्व करती है। इसका अन्य प्रकार चुने हुये अफसरों के पदों में लगातार स्थानान्तरण के रूप में दिखलायी पड़ता

है। इस प्रकार इसमें संसदीय और कमेटी प्रशासन तथा सब प्रकार की समितियाँ सम्मिलित हैं। जनतन्त्रीय राज्यों में राष्ट्रीय वैधानिक प्रकार की सत्ता का उदाहरण देखा जा सकता है।

(2) परम्परागत सत्ता (Traditional Authority)—दूसरी ओर राजतन्त्रों में परम्परागत सत्ता का उदाहरण दिखलायी पड़ता है। परम्परागत समाजों में जनता उन प्रक्रियाओं अथवा वस्तुओं को पवित्र मानती है जो सदा से चली आ रही है। राजा, पुजारी, सरदार तथा बड़े-बूढ़े इस पवित्र व्यवस्था के अंग हैं। उनको इन परम्पराओं की रक्षा करने के लिये सत्ता सौंपी जाती है। यह सत्ता वे वंशानुक्रम से प्राप्त करते हैं अथवा वह उन्हें ईश्वर के द्वारा सौंपी जाती है। स्पष्ट है कि सत्ता पर आधारित पद आनुवंशिक होते हैं और जनता में इन पदों पर आरूढ़ व्यक्तियों के प्रति स्वामिभक्ति की भावना होती है। परम्परागत सत्ता पद और पदारूढ़ व्यक्ति दोनों में ही मानी जाती है। इनमें प्रशासन के सिद्धान्त नैतिक समानता, न्याय और उपयोगिता इत्यादि के विचारों पर आधारित होते हैं। यह व्यक्तिगत आधीनता पर निर्भर होती है। किसी भी अधीन व्यक्ति के अधिकारों का क्षेत्र स्वामी की मर्जी पर निर्भर होता है। राजतन्त्रों में इसी प्रकार की परम्परागत राज सत्ता पर आधारित राजनैतिक व्यवस्थायें देखी जा सकती हैं।

(3) करिश्मा पर आधारित सत्ता (Charismatic Authority)—सत्ता के उपरोक्त दोनों प्रकारों के अतिरिक्त उसका एक महत्त्वपूर्ण प्रकार करिश्मा पर आधारित अथवा चमत्कार पर आधारित राज सत्ता है। यह करिश्मा अथवा चमत्कार नेता के व्यक्तित्व के विशेष गुणों को कहा जाता है जिनसे कि वह अनुगामियों को प्रभावित करता है। तानाशाहियों, कुलीन राज्यों अथवा एकदलीय राजनैतिक व्यवस्थाओं में राज्य सत्ता नेता अथवा विशिष्ट विचारधारा के करिश्मा अथवा चमत्कार पर आधारित होती है। इसमें अनुगामी नेता के प्रति उसके गुणों से प्रभावित होकर व्यक्तिगत श्रद्धा और भक्ति रखता है। नेता के इन चमत्कारी गुणों में जादू-टोने की विशेषतायें जननायक के चरित्र और व्यक्तित्व गुण तथा भाषण की योग्यता इत्यादि प्रमुख हैं। इस प्रकार के नेता का अनुगामी अन्धानुकरण करते हैं और उससे भावात्मक रूप से जुड़े हुये होते हैं। इस प्रकार की सत्ता के शुद्ध उदाहरण, पैगम्बरों, सेनानायकों और जननायकों में दिखलायी पड़ते हैं। इस प्रकार की सत्ता में नेता की आज्ञा का एक व्यक्ति के रूप में पालन किया जाता है। इस आज्ञा पालन का आधार नेता के अलौकिक गुण होते हैं और अनुगामी नेता में इन गुणों की कल्पना करता है अथवा उन्हें मानता है। कभी-कभी काल्पनिक होने पर भी वह उनके प्रभाव को सिद्ध करने के लिये तैयार रहता है। बहुधा यह श्रद्धा विवेकहीन होती हैं, इसमें व्यक्तिगत मत का विशेष महत्त्व होता है। अस्तु, करिश्माजन्य सत्ता नेता की अपनी विचारधाराओं और नीतियों के प्रति अनुगामियों को प्रभावित करने की योग्यता पर निर्भर होती है। यही एकमात्र कारक है जो कि इस प्रकार की सत्ता पर आधारित राजनैतिक व्यवस्था के अस्तित्व को बनाये रखने का कारण होता है। इसमें कानून और परम्पराओं को पृष्ठ-भूमि में ढकेल दिया जाता है। करिश्मा के उदाहरण हिटलर और मुसोलिनी के शासन में देखे जा सकते थे जो कि अपने व्यक्तिगत चमत्कार के आधार पर सत्ता रखते थे। भारतवर्ष में आपात-स्थिति के काल में श्रीमती इन्दिरा गांधी में इसी प्रकार की राजनैतिक सत्ता का उदाहरण देखा जा सकता है।

प्रमुख राजनैतिक व्यवस्थाओं के मूल में सब कहीं राज सत्ता के उपरोक्त प्रकारों में से एक अथवा दूसरा या उनका समन्वय देखा जा सकता है। उदाहरण के लिये अमरीकी जनतन्त्र को सबसे पहले जार्ज वाशिंगटन के करिश्मे में वैधता प्राप्त हुई और तब कहीं संयुक्त राष्ट्र अमरीका में राष्ट्रीय वैधानिक नौकरशाही की स्थापना हुई। इंगलैंड में आज भी राजनैतिक व्यवस्था में संवैधनिक राजतन्त्र और जनतन्त्र का योग देखा जा सकता है। भारत में इन्दिरा गान्धी की सरकार में करिश्मा और राष्ट्रीय वैधानिक सत्ता दोनों के लक्षण उपस्थित है। भारत की जनता सरकार राष्ट्रीय वैधनिक सत्ता का एक उदाहरण थी। इसमें नेताओं में करिश्मा का अभाव दिखलाई पड़ता था।

राजतन्त्र

राजतन्त्र क्या है?

राजतन्त्र की परिभाषा करते हुये अरस्तु ने लिखा है कि "राजतन्त्र में शासन की सर्वोच्च सत्ता राजा के हाथों में निहित होती है। उसके आदेश ही कानून होते हैं। उसकी इच्छानुसार शासन का संच्रालन किया जाता है।" राजतन्त्र, जैसा कि इसके नाम से स्पष्ट है, वह तन्त्र है जिसमें राजा सर्वोच्च होता है। सभी शक्तियाँ उसी के हाथ में होती हैं। वह निर्वाचित नहीं होता बल्कि राजवंश में जन्म लेने के कारण राजा होता है। राजतन्त्र सरकार के प्रकारों में लगभग सबसे प्राचीन प्रकार है। बीसवीं शताब्दी के पूर्व संसार के अनेक देशों में सरकार का यही रूप प्रचलित था। क्रमशः अनेक देशों में राजतन्त्र का उन्मूलन करके प्रजातन्त्र की स्थापना की गई। राजतन्त्र की परिभाषा करते हुये ब्राइस ने लिखा है, "राजतन्त्र से, मैं नाम नहीं बल्कि वस्तु समझता हूँ अर्थात् कोई ऐसा राज्य नहीं जिसका अध्यक्ष राजा अथवा सम्राट कहलाता हो बल्कि एक ऐसा राज्य जिसमें कि राजतन्त्र का व्यक्तिगत संकल्प सरकार में अन्तिम रूप से सतत प्रभावशाली और निर्णायक कारक है।"[1] ब्राइस को इस परिभाषा से इंगलैंड में राजा की स्थिति और वहाँ जनतन्त्रीय सरकार का अस्तित्व स्पष्ट होता है। वहाँ राजा अवश्य है किन्तु सरकार पर उसका कुछ भी प्रभाव न होने के कारण इंगलैंड में सरकार का रूप राजतन्त्र नहीं बल्कि जनतंत्र ही कहा जायेगा।

राजतन्त्र और अधिनायकतन्त्र

कुछ लोगों ने राजतन्त्र की परिभाषा करते हुये उसमें और अधिनायकतन्त्र में अन्तर नहीं किया है। गैटिल के शब्दों में, "ऐसी सरकार जिसमें सर्वोच्च और अन्तिम एत्ता एक ही व्यक्ति के हाथ में हो तो वह राजतन्त्र ही होगा चाहे उसे वह पद, अपहरण, निर्वाचन या आनुवंशिक उत्तराधिकार के द्वारा प्राप्त हुआ हो।" राजतन्त्र अधिनायकतन्त्र नहीं है यद्यपि दोनों में सत्ता एक ही व्यक्ति के हाथ में रहती है। राजतन्त्र में यह व्यक्ति राजवंश का सदस्य होने के कारण आनुवंशिक रूप से शासक होता है जब कि अधिनायक तन्त्र में सत्ताधारी

---

1. "By monarchy, I understand the thing not the name i.e., not only any state the head of which is called king or emperor but one in which the personal will of the monarchy is constantly effective, in the last resort predominant factor in government."
—Bryce

व्यक्ति को पद अपहरण अथवा निर्वाचन से भी प्राप्त किया गया हो सकता है। संक्षेप में, राजतन्त्र में शासन की सर्वोच्च सत्ता राजा के हाथ में होती है और वह राजवंश का होने के कारण आनुवंशिक रूप से राजा बनता है। आधुनिक काल में यूनान, अफगानिस्तान, इथियोपिया, नेपाल आदि कुछ थोड़े से देशों में ही राजतन्त्र पाया जाता है। जनता में अपने अधिकारों के प्रति जागृति उत्पन्न होने के साथ-साथ देश में राजतन्त्र के स्थान पर जनतन्त्र की स्थापना होने लगती है।

राजतन्त्र के प्रकार

राजतन्त्र के अनेक प्रकार होते हैं। इनमें मुख्य निम्नलिखित हैं–

(1) निरंकुश राजतन्त्र (Absolute Monarchy)–इसमें, जैसा कि इसके नाम से स्पष्ट है, राजा की शक्ति पर कोई अंकुश नहीं होता। दूसरे शब्दों में, उसकी शक्ति असीम होती है और वह चाहे जो कुछ कर सकता है। उसके आदेश ही कानून होते हैं।

(2) सीमित अथवा संवैधानिक राजतन्त्र (Limited or Constitutional Monarchy)–कुछ देशों में संविधान में राजा की शक्तियों का उल्लेख होता है और इनके क्षेत्र के बाहर वह कुछ नहीं कर सकता। राजतन्त्र का यह प्रकार सीमित अथवा संवैधानिक कहलाता है। इंगलैंड में इसी प्रकार का अत्यधिक सीमित केवल संवैधानिक राजतन्त्र है।

(3) आनुवंशिक राजतन्त्र (Hereditary Monarchy)–इसमें, जैसा कि नाम से स्पष्ट है, राजा की सन्तान ही उसके बाद राजगद्दी की अधिकारी होती है। इसका यह प्रकार लगभग सभी राजतन्त्रों में दिखलाई पड़ता है।

(4) निर्वाचित राजतन्त्र (Elective Monarchy)–कहीं-कहीं पर जनता द्वारा निर्वाचित व्यक्ति को भी प्रशासन का अधिकार दिया जाता है। अनेक देशों के इतिहास में इस प्रकार के उदाहरण मिलते हैं जब कि किसी राजा के अत्यधिक अत्याचारी होने के कारण जनता उसे गद्दी से उतार कर उसके स्थान पर किसी व्यक्ति का निर्वाचन करती है। यह निर्वाचित तन्त्र राजतन्त्र कहलाता है।

राजतन्त्र के गुण

यूं तो आजकल अधिकतर राजशास्त्री राजतन्त्र को सरकार का सर्वथा अनुपयुक्त प्रकार मानते हैं किन्तु कभी-कभी राजतन्त्र सरकार के अन्य रूपों से बेहतर साबित हुआ है। वास्तव में राजतन्त्र की सफलता राजा पर निर्भर होती है। राजा के सर्वगुण सम्पन्न होने पर वह निश्चय ही सर्वोत्तम सरकार होती है। पोप ने ठीक ही कहा है, "सरकार के रूपों पर मूर्ख झगड़ते हैं, जिसका शासन सर्वश्रेष्ठ हो वही सरकार सर्वोत्तम है।" संक्षेप में, राजतन्त्र के मुख्य लाभ निम्नलिखित हैं:–

(1) संकटकाल में उपयुक्त–संकटकालीन परिस्थितियों में राजतन्त्र सबसे अधिक उपयुक्त सरकार का रूप होता है क्योंकि इसमें बिना किसी मंत्रणा के अत्यन्त शीघ्र संकट को दूर करने के लिये कदम उठाये जा सकते हैं। मध्य काल में राजतन्त्रों में राजा की इच्छा मात्र से युद्ध और सन्धियाँ होती रहती थीं।

(2) योग्य व्यक्ति का शासन—राजतन्त्र मे भावी राजा को प्रारम्भ से ही उसके कार्यों के अनुरूप शिक्षा दी जाती है और इसलिये इसमें योग्य व्यक्ति के शासन के कारण अत्यन्त कुशल सरकार की स्थापना होती है।

(3) स्थिर और दृढ़शासन—साधारणतया राजतन्त्र में राजा आजीवन अपने पद पर आरूढ़ रहता है और इस प्रकार देश में स्थिर तथा दृढ़ शासन की स्थापना होती है। जनता को सरकार के इरादों और इच्छाओं का स्पष्ट ज्ञान रहता है।

(4) प्रगतिशील—यदि राजा प्रगतिशील विचारों का है तो समस्त शासन शक्ति उसके हाथों में होने के कारण वह देश को आगे बढ़ाने के लिये उसका पूरी तरह प्रयोग करता है और इस प्रकार कुछ ही वर्षों में देश जितना आगे बढ़ जाता है वैसी प्रगति अन्य प्रकार की सरकारों के आधीन दिखलायी नहीं पड़ती। इसलिये अरस्तु ने इसे सरकार का सर्वोत्तम रूप कहा है। भारतवर्ष में राम जैसे राजा के शासन की आज तक प्रशंसा की जाती है।

(5) कुशल प्रशासन—राजतन्त्र में व्यवस्थापिका, कार्यपालिका और न्यायपालिका की शक्तियाँ एक ही व्यक्ति के हाथों में केन्द्रित होने के कारण इन सब में अविलम्ब कुशलतापूर्वक काम होता है और कहीं भी व्यर्थ देर नहीं लगती।

राजतन्त्र के दोष

राजतन्त्र के उपरोक्त गुणों के बावजूद वह संसार के अधिकतर देशों में क्रमशः समाप्त होता गया है। इसका कारण राजतन्त्र के अनेक अवगुण हैं जिनके सामने उनके गुण कुछ भी नहीं रहते। संक्षेप में ये अवगुण निम्नलिखित हैं—

(1) निरंकुश शासन—राजतन्त्र में राजा के अधिकारों पर किसी प्रकार की रोक-टोक न होने के कारण अधिकतर राजा लोग नाना प्रकार के दुराचार में लगे रहते हैं और निरंकुश होकर मनमाना व्यवहार करते हैं। इससे जनता पर अत्याचार की सम्भावना सदैव बनी रहती है।

(2) जन्तन्त्रीय गुणों का अभाव—जनतन्त्र के मुख्य गुण स्वतन्त्रता, समानता और भ्रातृत्व हैं। इन गुणों का राजतन्त्र में बहुधा अभाव रहता है। इसीलिये नागरिकों में राजनैतिक चेतना जाग्रत होने के साथ-साथ राजतन्त्र समाप्त होते जाते हैं।

(3) अयोग्य व्यक्ति का शासन—राजतन्त्र में जितनी योग्य व्यक्ति के शासन की सम्भावना होती है उससे कहीं अधिक अयोग्य व्यक्ति के शासन की सम्भावना होती है। राजतन्त्र के इतिहास में लगभग सब कहीं इस प्रकार के उदाहरण मिलते हैं जब कि राजा की सन्तान के सर्वथा अयोग्य होने पर भी राजसत्ता उसी के हाथों में सौंप दी जाती है चाहे उससे देश का कितना भी अहित क्यों न हो।

(4) शोषण और षड़यंन्त्र—राजतन्त्रों के इतिहास लगभग सब कहीं शोषण और षड़यन्त्र के इतिहास रहे हैं। लगभग हर समय सत्तारूढ़ राजा को पदच्युत करने और राजवंश के किसी अन्य व्यक्ति को गद्दी पर बैठाने के षड्यन्त्र चलते रहते हैं। राज्य के सभी

बड़े-बड़े पदाधिकारी इन्हीं में लगे रहते हैं जिससे जनता का भारी शोषण होता है और कोई भी प्रगति नहीं हो पाती।

(5) अनुदार और रूढ़िवादी—आनुवंशिक होने के कारण ही राजतन्त्र अनुदार और रूढ़िवादी होता है। उसमें प्रत्येक नया राजा यही कोशिश करता है कि उसके पिता के जमाने मे जो कुछ होता आया है वैसा ही होता रहे। इससे देश में प्रगति की गति सदैव मन्द रहती है।

(6) अस्थिर सरकार—यह कहना उचित नहीं है कि राजतन्त्र स्थिर सरकार है क्योंकि राजा को देश में सगे-सम्बन्धियों और देश के बाहर अन्य राजाओं से सदैव खतरा बना रहता है। राजा को गद्दी से हटाने मात्र से सारा शासन बदल जाता है। नया राजा अपने साथ प्रत्येक क्षेत्र में नये पदाधिकारी लाता है और पुराने अनुभवी पदाधिकारियों को निकालने में कुछ भी संकोच नहीं करता। कभी-कभी तो पुराने राजा के साथी सभी पदाधिकारियों को मौत के घाट उतार दिया जाता है। इस प्रकार देश में अत्यधिक अस्थिर शासन रहता है।

उपरोक्त अवगुणों के कारण आज संसार में कहीं भी राजतन्त्र की प्रशंसा नहीं की जाती। उसका भविष्य पूर्णत: अन्धकारमय है। जहाँ उसके अवशेष भी हैं वहाँ भी वह शीघ्र ही समाप्त होने को है।

कुलीनतन्त्र

कुलीनतन्त्र क्या है?

कुलीन तन्त्र की परिभाषा करते हुये अरस्तु ने लिखा है, "राज्य में जब राज्य सत्ता कुछ सीमित व्यक्तियों के हाथों में होती है तो वह शासन कुलीन तन्त्र होता है।" कुलीन तन्त्र में, जैसा कि इसके नाम से स्पष्ट है, कुछ कुलीन व्यक्ति सरकार बनाते हैं। इसका अंग्रेजी पर्याय एरिस्टोक्रेसी (Aristocracy) दो ग्रीक शब्दों से बना है—एरिस्टोस (Aristos) तथा क्रेशिया (Cratia) जिसका अर्थ क्रमश: श्रेष्ठ और शासन है। इस प्रकार शाब्दिक अर्थों में एरिस्टोक्रेसी श्रेष्ठ व्यक्तियों द्वारा संचालित सरकार है। इस श्रेष्ठता का आधार बहुधा वंश होता है किन्तु इसके अतिरिक्त, धन, योग्यता अथवा सैनिक शक्ति आदि की श्रेष्ठता के आधार पर भी कुछ लोग सरकार बना सकते हैं। साधारणतया कुलीन तन्त्र में शासकों को शासनकला में दक्ष माना जाता है किन्तु यह आवश्यक नहीं है कि कुलीन तन्त्र कुशल शासन ही हो। अनेक प्राचीन यूनानी दार्शनिकों ने कुलीन तन्त्र का समर्थन किया है। प्लेटो और अरस्तु के अनुसार कुछ लोग जन्मजात ही शासन की अधिक योग्यता रखते हैं और उनको सरकार बनाने का अवसर देने से कुशल शासन की स्थापना होती है। अरस्तु के शब्दों में, "कुछ व्यक्ति शासन करने के लिये जन्म लेते हैं तथा कुछ शासित होने के लिये।"[1]

---

1. "Some are born to rule and others to be ruled." —Aristotle

कुलीनतन्त्र के प्रकार

कुलीन तन्त्र के मुख्य प्रकार निम्नलिखित हैं:–

(1) आनुवंशिक कुलीन तन्त्र–यह कुलीन तन्त्र का सबसे अधिक प्रचलित प्रकार है। इसमें सरकार बनाने वाले व्यक्ति शाही वंश के होते हैं।

(2) प्राकृतिक कुलीन तन्त्र–जो व्यक्ति स्वभावतया शासन की अधिक योग्यता रखते हैं वे जब आगे बढ़कर सरकार बनाते हैं तो वह प्राकृतिक कुलीन तन्त्र कहा जाता है।

(3) निर्वाचित कुलीन तन्त्र–इसमें जनता द्वारा निर्वाचित कुछ व्यक्ति मिलकर सरकार बनाते हैं।

कुलीन तन्त्र के गुण

कुलीन तन्त्र के मुख्य लाभ निम्नलिखित हैं–

(1) स्थायी और दृढ़ शासन–प्रजातन्त्र की तुलना में कुलीन तन्त्र सरकार अधिक दृढ़ और स्थायी रहती है क्योंकि इसमें समय-समय पर सरकार बदलने की कोई व्यवस्था नहीं रहती।

(2) कुशल प्रशासन–सरकार के इस प्रकार में प्रशासकों की इस संख्या से अधिक योग्यता पर बल दिया जाता है। इसलिये इससे कुशल प्रशासन की स्थापना होती है।

(3) निरंकुश अथवा भीड़ का शासन नहीं–कुलीन तन्त्र वादी सरकार एक ओर निरंकुश राजतन्त्र और दूसरी ओर जनतन्त्रीय भीड़ के शासन से बची रहती है। इसमें शासन सत्ता थोड़े से व्यक्तियों के हाथ में होने से प्रशासन में कुशलता बढ़ जाती है।

(4) भ्रष्टाचारविहीन–कुलीन तन्त्र में सरकार धनी, सम्पन्न और प्रतिष्ठित तथा योग्य व्यक्तियों के हाथों में होने के कारण भ्रष्टाचार नहीं फैलता क्योंकि शासकों को किसी प्रकार की कमी नहीं होती। इसीलिये प्लेटो और अरस्तु ने सरकार के इस प्रकार की प्रशंसा की है।

कुलीन तन्त्र के दोष

उपरोक्त गुणों के बावजूद आधुनिक काल में अधिकतर राजशास्त्री कुलीन तन्त्र का समर्थन नहीं करते। इसका कारण उसके ऐसे अनेक अवगुण हैं जिनके सामने उपरोक्त गुण भी कुछ नहीं रहते। संक्षेप में, कुलीनतन्त्र के मुख्य दोष निम्नलिखित हैं–

(1) सत्ता का दुरुपयोग–शासन सत्ता कुछ थोड़े से लोगों के हाथों में होने से वे उसका मनमाना दुरुपयोग कर सकते हैं।

(2) निरंकुश शासन–इसी कारण से बहुधा कुलीन तंत्र निरंकुश शासन बन जाता है।

(3) अयोग्य व्यक्तियों का शासन—आनुवंशिक कुलीन तन्त्र में बहुधा अयोग्य व्यक्ति शासन का कार्य चलाते हैं जिससे देश की बड़ी हानि होती है।

(4) धनिक तन्त्र—बहुधा कुलीन तन्त्र में केवल कुछ थोड़े से धनिक व्यक्तियों के हाथों में आने से वह धनिक तन्त्र बन जाता है जिसमें धनी व्यक्ति अपने लाभ के लिये जनता का सब प्रकार से शोषण करते हैं।

(5) जनतन्त्रीय गुणों का अभाव—कुलीन तन्त्र का सबसे बड़ा अवगुण यह है कि उसमें समानता, स्वतन्त्रता और भ्रातृत्व के जनतन्त्रीय गुणों के विकास होने का अवसर नहीं मिलता। इसीलिये अनेक देशों में कुलीन तन्त्र को हटा कर जनतन्त्र की स्थापना की गई है।

(6) राजनैतिक शिक्षा का अभाव—कुलीन तन्त्र में जनता को शासन कार्य में भाग लेने का अवसर न मिलने के कारण नागरिकों को राजनैतिक शिक्षा नहीं मिल पाती। इससे नेतृत्व का विकास नहीं हो पाता।

कुलीन तन्त्र के उपरोक्त अवगुणों के कारण आज संसार में शायद ही किसी देश में कुलीन तन्त्र की सरकार पायी जाती हो। जनता में राजनैतिक चेतना बढ़ने के साथ-साथ राजतन्त्र के समान कुलीन तन्त्र भी समाप्त होता जाता है और उसके स्थान पर जनतन्त्रीय सरकार की स्थापना हो रही है। यह ठीक है कि जनतन्त्र में वह कुशलता, अविलम्बता, स्थायित्व, सुदृढ़ शासन तथा संकटकाल में शीघ्र कार्य नहीं होता जो कभी-कभी अच्छे राजतन्त्र और कुलीन तन्त्र में दिखलायी पड़ता है किन्तु फिर जनतन्त्र में जनता शासकों की निरंकुशता, शोषण तथा मनमाने अत्याचार से बची रहती है। सबसे अधिक महत्त्वपूर्ण बात यह है कि केवल जनतन्त्र में ही देशकाल में परिवर्तन के साथ-साथ सरकार में परिवर्तन होता है क्योंकि जनता अपनी आवश्यकताओं के अनुसार नई सरकार निर्वाचित करती है।

प्रजातन्त्र

प्रजातन्त्र क्या है?

प्रजातन्त्र की परिभाषा करते हुए ब्राइस ने लिखा है ''हैरोडोटस के समय से डैमोक्रेसी (Democracy) शब्द का प्रयोग सरकार के उस रूप के लिये होता रहा है जिसमें कि प्रशासन शक्ति किसी विशेष वर्ग या वर्गों में नहीं बल्कि सम्पूर्ण समुदाय के सदस्यों में निहित होती है।''[1] डैमोक्रेसी के शाब्दिक अर्थ से भी यही तात्पर्य निकलता है। यह शब्द दो यूनानी शब्दों से मिलकर बना है डेमोस (Demos) और क्रेशिया (Cratia) जिसका अर्थ क्रमश: जनता और शक्ति है। इस प्रकार शाब्दिक अर्थों मे डैमीक्रेसी सरकार का यह रूप है जिसमें शासन शक्ति जनता के हाथ में होती है। प्रजातन्त्र अथवा जनतन्त्र कहने से भी वही अर्थ

---

1. "The word democracy, ever since the time of Herodotus, has been used to denote that form of government in which the ruling power is vested not in a particular class or classes but in the members of the community as a whole." —Bryce

निकलता है। यहाँ पर यह ध्यान रखना आवश्यक है कि आज के बड़े-बड़े राज्यों में समस्त जनता का प्रत्यक्ष रूप से शासन में भाग लेना सम्भव नहीं है। अस्तु, आधुनिक राजशास्त्रियों ने जनतन्त्र को सबका शासन न कहकर अधिकाँश व्यक्तियों का शासन माना है। डायसी के शब्दों में, ''जनतन्त्र सरकार का वह रूप है जिसमें प्रशासक समुदाय समस्त राष्ट्र का एक अपेक्षाकृत बड़ा भाग है।''[1] इस प्रकार आधुनिक जनतन्त्र में बहुसंख्यक दल अपने विशेष दल के नाम पर नहीं बल्कि जनता के नाम पर ही शासन करता है। इसीलिये अब्राहम लिंकन ने कहा है, ''जनतन्त्र जनता के लिये और जनता द्वारा जनता की सरकार है।''

जनतन्त्र की विशेषतायें

आधुनिक काल में संसार के अधिकतर देशों में राज्य क्राँतियों के द्वारा सरकार के अन्य रूपों का उन्मूलन करके जनतन्त्र की स्थापना की गयी है क्योंकि जैसा कि मैक्सी ने लिखा है, ''जनतन्त्र जीवन के नये पथ की खोज है।'' यह नया पद समानता, स्वतन्त्रता और भ्रातृत्व की ओर ले जाता है। जनतन्त्र जनवादी समाज की स्थापना करता है। इसमें नागरिकों में किसी भी प्रकार का भेद-भाव नहीं किया जाता। संक्षेप में, इसकी मुख्य विशेषतायें निम्नलिखित हैं—

(1) राजसत्ता पूरी तरह जनता अथवा उसके प्रतिनिधियों के हाथ में होती है।

(2) प्रशासन के प्रत्येक क्षेत्र में जनता को ही अन्तिम निर्णायक माना जाता है।

(3) कार्यपालिका जनता के प्रतिनिधियों के प्रति उत्तरदायी होती है।

(4) व्यवस्थापिका जनता के प्रति उत्तरदायी होती है।

(5) न्यायपालिका जनता के अधिकारों की रक्षा करती है।

(6) सरकार पर जनता का नियन्त्रण रहता है।

(7) जनता सरकार को हटा भी सकती है।

(8) शासन का संविधान जनमत को ध्यान में रखकर बनाया जाता है।

(9) प्रशासन में स्वतन्त्रता, समानता और भ्रातृत्व के विकास की ओर ध्यान दिया जाता है।

(10) सभी नागरिकों को जीवन के प्रत्येक क्षेत्र में आगे बढ़ने के समान अवसर उपलब्ध होते हैं।

जनतन्त्र के रूप

आधुनिक काल में जनतन्त्र को अत्यधिक व्यापक अर्थों में प्रयोग किया गया है। उसे सरकार के रूप के अतिरिक्त समाजतन्त्र, नैतिकतन्त्र और अर्थतन्त्र के रूप में भी देखा गया है। पीछे जो जनतन्त्र की व्याख्या की गयी है वह केवल राजतन्त्र के रूप में उसकी

1. "Democracy is a form of Government in which governing body is comparatively a large faction of the entire nation." —Dicey

व्याख्या है। इनके अतिरिक्त समाजतन्त्र, नीतितन्त्र और अर्थतन्त्र रूप में जनतन्त्र की व्याख्या भी आवश्यक है।

(1) **समाजतन्त्र**—जनतन्त्र सरकार का प्रकार ही नहीं है बल्कि विशेष प्रकार का समाज भी है। इस समाज में जनतन्त्रीय मूल्य समानता, स्वतन्त्रता और भ्रातृत्व ही सामाजिक सम्बन्धों के मूल आधार होते हैं। इस दृष्टि से जनतन्त्र की परिभाषा देते हुए हर्नशा ने लिखा है, "जनतन्त्र वह समाज है जिसमें समानता के विचार की प्रधानता हो तथा जिसमें समानता का सिद्धान्त प्रचलित हो।" डायसी के शब्दों में, "जनतन्त्र वह समाज है जिसमें अधिकारों की साधारण समानता तथा अवसरों, विचारों, भावनाओं और आदर्शों की एकता पायी जाती हो।" इस प्रकार लोकतन्त्रवादी समाज में समस्त सदस्य मिलकर लोकतन्त्रीय आदर्शों को साकार बनाने का प्रयास करते हैं।

(2) **नीतितन्त्र**—समानता के नैतिक सिद्धान्त पर आधारित होने के कारण जनतन्त्र को एक आदर्श नीतितन्त्र भी माना जाता है। भले ही प्रकृति ने मनुष्यों को समान न बनाया हो किन्तु नैतिक दृष्टि से यह वांछनीय है कि मनुष्यों को समान माना जाये। इस प्रकार जनतन्त्र जो है उस पर नहीं बल्कि जो होना चाहिये उस पर आधारित है। वह तथ्यों पर नहीं बल्कि आदर्शों पर आधारित है।

(3) **अर्थतन्त्र**—किसी भी समाज में अनेक प्रकार की अर्थव्यवस्था हो सकती है। कहीं पर धन कुछ थोड़े से व्यक्तियों में केन्द्रित होता है तो कहीं वह एक ही व्यक्ति के हाथ में केन्द्रित हो सकता है। आधुनिक काल में समाज के सभी सदस्यों को विकास के समान अवसर उपलब्ध होने के आदर्श को लेकर धन के भी बहुत कुछ समान बँटवारे की बात की गयी है। वास्तव में केवल राजनैतिक जनतन्त्र आर्थिक जनतन्त्र के बिना सफल नहीं हो सकता। लास्की (Laski) आर्थिक जनतन्त्र को ही सच्चा जनतन्त्र शासन मानता है। उसका कहना है कि आर्थिक समानता के अभाव में राजनैतिक समानता निरर्थक है। प्राय: देखा जाता है कि राजनैतिक प्रजातन्त्र आर्थिक अल्प तन्त्र में परिवर्तित हो जाता है। अस्तु, देश में सच्चे जनतन्त्र की स्थापना करने के लिये राजतन्त्र के साथ-साथ सामाजिक, नैतिक और आर्थिक जनतन्त्र की स्थापना करना भी आवश्यक है। इस प्रकार जनतन्त्र के अर्थ अत्यन्त व्यापक हैं।

मानव समाज में जनतन्त्रीय शासन प्रणाली के इतिहास के अध्ययन से यह पता चलता है कि जब कि प्राचीन नगर राज्यों में समस्त जनता जनतन्त्रीय सरकार में भाग लेती थी आज के बड़े राज्यों में यह सम्भव न होने के कारण जनता केवल अप्रत्यक्ष रूप से ही प्रशासन मे भाग लेती है। इस प्रकार जनतन्त्र के दो मुख्य भेद दिखलायी पड़ते हैं—प्रत्यक्ष और अप्रत्यक्ष अथवा प्रतिनिधिवादी (Representational)।

जनतन्त्र के प्रकार

(1) **प्रत्यक्ष जनतन्त्र** (Direct Democracy)—इसमें, जैसा कि इनके नाम से स्पष्ट है, समस्त जनता प्रत्यक्ष रूप से सरकार में भाग लेती है। किन्तु जैसा कि गार्नर ने

लिखा है, "प्रत्यक्ष जनतन्त्र केवल थोड़ी जनसंख्या वाले राज्यों में ही सफल हो सकता है।" इसका कारण यह है कि बहुत बड़ी संख्या वाले राज्य में सभी लोग एक स्थान पर एकत्रित होकर सभी कार्य नहीं कर सकते। प्राचीन यूनानी नगर राज्यों में समस्त जनता प्रत्यक्ष रूप से कानून बनाती थी, सरकारी कर्मचारियों को नियुक्त करती थी और युद्ध तथा सन्धि का निर्णय करती थी। इस प्रकार वहाँ प्रत्यक्ष जनतन्त्र था।

(2) अप्रत्यक्ष जनतन्त्र (Indirect Democracy)—गार्नर के शब्दों में, "अप्रत्यक्ष जनतन्त्र में जनता अप्रत्यक्ष रूप से शासन कार्य चलाती है।" अप्रत्यक्ष से तात्पर्य यह है कि सभी जनता नहीं बल्कि जनता द्वारा निर्वाचित प्रतिनिधि ही राज्य कार्य चलाते हैं। इस प्रकार नागरिकगण प्रत्यक्ष नहीं बल्कि अपने इन प्रतिनिधियों के माध्यम से अप्रत्यक्ष रूप में शासन कार्य में भाग लेते हैं। इसमें कार्यपालिका की नियुक्ति इन्हीं सदस्यों में से चुने गये प्रधानमन्त्री और उसके कैबिनेट के द्वारा की जाती है। इस प्रकार अप्रत्यक्ष प्रजातन्त्र में कर्मचारियों का चुनाव नहीं होता बल्कि सरकार द्वारा उनकी नियुक्ति होती है। इसमें राज्य और शासन के कार्य अलग-अलग हैं जबकि प्रत्यक्ष जनतन्त्र में ये एक साथ रहते हैं। जनता द्वारा चुने हुए प्रतिनिधि व्यवस्थापिका का निर्माण करते हैं और यह व्यवस्थापिका ही सर्वोच्च कार्यपालिका और सर्वोच्च न्यायपालिका की नियुक्ति करती है। अब यह सर्वोच्च कार्यपालिका देश का वास्तविक प्रशासन चलाती है।

जनतन्त्र की सफलता की शर्तें

जनतन्त्र की सफलता की आवश्यक शर्तों के विषय में विभिन्न राजशास्त्रियों ने भिन्न-भिन्न विचार उपस्थित किये हैं। संक्षेप में इन आवश्यक शर्तों में मुख्य निम्नलिखित हैं—

(1) शिक्षा—अशिक्षित जनता जनतन्त्र का निर्माण नहीं करती। अस्तु, जनतन्त्र की एक आवश्यक शर्त अनिवार्य और सार्वभौम शिक्षा है।

(2) सर्वांगीण जनतन्त्र—राजनैतिक जनतन्त्र तभी सफल हो सकता है जब कि देश में समाज तन्त्र और अर्थतन्त्र में भी जनतन्त्रीय सिद्धान्तों का अनुगमन किया जाये।

(3) संगठित जनमत—जनतन्त्र की सफलता इस बात पर निर्भर है कि देश में जनमत कहाँ तक संगठित और शक्तिशाली है। ऐसा होने पर ही जनता की माँगें स्पष्ट रूप से सामने आती हैं और उन मांगों के अनुरूप सरकार चुनी जाती है।

(4) चरित्र—अन्त में चरित्र जनतन्त्र की सफलता की सबसे अधिक महत्त्वपूर्ण शर्त है। इसके अभाव में स्वतन्त्रता, समानता का सदुपयोग नहीं हो सकता बल्कि दुरुपयोग ही होगा। इसके बिना भ्रातृत्व का आदर्श केवल शब्द मात्र है। उस पर अमल नहीं किया जा सकता।

(5) स्थानीय नेतृत्व—जनतन्त्र की सफलता के लिये नगर-नगर और गाँव-गाँव में स्थानीय नेतृत्व का विकास अत्यन्त आवश्यक है। यह नेतृत्व जनमत को संगठित करता है और यही राजनैतिक क्षेत्र में नेतृत्व करता है।

अधिनायकतन्त्र

अधिनायकतन्त्र क्या है?

बीसवीं शताब्दी के आरम्भ में यूरोप के कुछ देशों में अधिनायकतन्त्र का समर्थन किया गया था। मुसोलिनी के अनुसार, "यदि उन्नीसवीं शताब्दी समाजवाद, उदारवाद और जनतन्त्र का युग था तो बीसवीं सत्ता, समूहवाद और सर्वाधिकारी राज्य की शताब्दी है।"[1] इस प्रकार विशेषतया जर्मनी और इटली में अधिनायक तन्त्र की स्थापना हुई। अधिनायक तन्त्र में, जैसा कि इसके नाम से स्पष्ट है, एक अधिनायक समस्त राजनैतिक और आर्थिक शक्ति को अपने हाथ में रखता है। उदाहरण के लिये बीसवीं शताब्दी के प्रारम्भ में जर्मनी में हिटलर और इटली में मुसोलिनी प्रसिद्ध अधिनायक थे। सरकार के इस रूप की व्याख्या करते हुये न्यूमैन ने लिखा है, "अधिनायक तन्त्र से हमारा तात्पर्य एक व्यक्ति अथवा व्यक्तियों के समूह के शासन है जो कि राज्य में सत्ता पर बलपूर्वक अधिकार कर लेते हैं और इसका स्वतन्त्र रूप से प्रयोग करते हैं।" हिटलर कहता था, "कोई भी जो जर्मनी में जर्मनी के साथ और जर्मनी के द्वारा रहना चाहता है वह इस राष्ट्र के प्रति समर्पण करने और सर्वाधिकारी राज्य के प्रति अनुकूलन करने के लिये बाध्य है।"[2] इस प्रकार अधिनायक तन्त्र में अधिनायक बलपूर्वक शासन करता है। वह देश की समस्त शक्तियों को अपने हाथ में रखता है। उसका सिद्धान्त है, "राज्य के अन्तर्गत सब कुछ, राज्य के बाहर कुछ भी नहीं, राज्य के विरुद्ध कुछ भी नहीं।"[3] इस प्रकार राज्य को समाज के समस्त क्षेत्रों में व्यापक अधिकार मिले होते हैं। जनता के लिये जर्मनी की फासिस्ट पार्टी ने, "सत्ता, अनुशासन और आधीनता" (Authority, Discipline and Subordination) नारा दिया। मुसोलिनी ने अपने देश के नवयुवकों को एक ही शिक्षा दी, "विश्वास करो, आज्ञा मानो और युद्ध करो।" (To believe, to obey and to fight) इस प्रकार अधिनायक तन्त्र में अधिनायकगण जनता को सब प्रकार से अपने आधीन रखते हैं। अधिनायक की शक्ति असीम होती है और वह निरंकुश शासक होता है।

अधिनायकतन्त्र के दोष

दूसरे महायुद्ध में जर्मनी और इटली की भारी हार होने के बाद से संसार में लगभग सब कहीं राजशास्त्री अधिनायकतन्त्र की अलोचना करते रहे हैं। वास्तव में विश्व को दो महायुद्धों में झोंकने का उत्तरादायित्व अधिनायकतन्त्र पर ही था। यद्यपि आज भी कुछ देशों में अधिनायकतन्त्र पाया जाता है किन्तु फिर भी अधिकतर यह सरकार का दोषपूर्ण रूप माना जाता है। इसके मुख्य दोष अग्रलिखित हैं–

---

1. "If the nineteenth century was an age of socialism, liberalism and democracy, the twentieth century is to be a century of authority, collectivism and the totalitarian state." —Mussolini.
2. "Anyone who wants to live Germany with Germany and through Germany is obliged to submit to the nation and to adopt himself to the totalitarian state." —Hitler.
3. "All within the state, none outside the state, none against the state."

(1) निरंकुश शासन—अधिनायकतन्त्र निरंकुश शासन है। इसमें, जैसा कि फोर्ड ने लिखा है, "राज्य का अध्यक्ष गैर कानूनी रूप से शक्ति प्राप्त कर लेता है।" सरकार के विरोधियों को अत्यन्त कठोरता से दबा दिया जाता है।

(2) राज्य की सर्वोच्चता—अधिनायकतन्त्र में संविधान, कानून अथवा न्याय नहीं बल्कि राजा को सर्वोच्च माना जाता है। राज्य के विरुद्ध प्रत्येक कार्य देश द्रोह माना जाता है और उसके लिए कठोर दण्ड दिया जाता है। इसमें राज्य सर्वशक्तिमान होता है। वह नागरिकों के पारिवारिक और वैवाहिक जीवन तक पर अधिकार रखता है।

(3) मूल अधिकारों का अपहरण—अधिनायकतन्त्र का सबसे बड़ा दोष यह है कि उसमें जनता को उसके मूल अधिकारों से वंचित कर दिया जाता है और इस प्रकार उसके विकास पर कुठाराघात किया जाता है। इसमें किसी प्रकार की स्वतन्त्रता नहीं होती। कोई भी नागरिक समानता का दावा नहीं कर सकता। समाचार-पत्रों, शिक्षा संस्थाओं आदि सभी पर सरकार का नियन्त्रण रहता है।

(4) संकीर्ण राष्ट्रीयता—राजनैतिक इतिहास में अधिनायकतन्त्र संकीर्ण राष्ट्रीयता का पोषक रहा है। जर्मनी संसार पर अधिकार करना अपना जन्मसिद्ध अधिकार समझता था। हिटलर ने कहा था, "जर्मनी केवल जर्मन प्रजाति के रहने के लिये है" और उसने यहूदियों पर भारी अत्याचार किये।

(5) अन्तर्राष्ट्रीयता का शत्रु—इटली और जर्मनी का अधिनायकतन्त्र अन्तर्राष्ट्रीयता का शत्रु सिद्ध हुआ। ये राज्य साम्राज्यवादी थे और संसार में सब कहीं अपने राज्य को फैलाना जन्मसिद्ध अधिकार समझते थे। हिटलर का कहना था कि नार्डिक प्रजाति को सारे संसार पर शासन करने का अधिकार है।

(6) प्रजातिवादी—इस प्रकार अधिनायकतन्त्र ने प्रजातिवाद को सबसे अधिक भयंकर रूप में उपस्थित किया। जर्मनी में यहूदियों पर ऐसे अत्याचार किये गये जिनका उदाहरण विश्व के इतिहास मे कहीं भी नहीं मिल सकता।

(7) धर्म विरुद्ध—अधिनायकतन्त्र बहुधा धर्म विरुद्ध होता है। उदाहरण के लिये रूसी और चीनी अधिनायकतन्त्र धर्म का कट्टर शत्रु है।

(8) नैतिक पतन—बहुधा अधिनायकतन्त्र में नैतिक और मानवीय मूल्यों की कद्र नहीं की जाती जिससे देश का नैतिक पतन होता है।

(9) जनकल्याण के विरुद्ध—इस प्रकार अधिनायकतन्त्र में अधिनायकगण केवल अपनी स्वार्थ सिद्धि के लिये कार्य करते हैं। उन्हें जनकल्याण से कोई सरोकार नहीं होता। जनता तो उनके स्वार्थों की सिद्धि का साधन मात्र होती है।

(10) भ्रामक प्रचार पर आधरित—जर्मन गोबेल्स का कहना था, "प्रेस को एक ऐसा प्यानो बना दिया जाना चाहिये जिस पर प्रचार यन्त्र इच्छानुसार कोई भी धुन बजा सके।"[1] जर्मनी और इटली तथा आधुनिक काल में चीन के सर्वाधिकारी राज्य जनता को अंधेरे में रखने के लिये हर प्रकार का भ्रामक प्रचार करते रहे हैं।

---

1. "The press is to be developed into a piano upon which the propaganda machinery can play any tune it likes."
—Dr. Goebbels

अधिनायकतन्त्र के गुण

शासन के सर्वाधिकारी रूप के अवगुणों की उपरोक्त विवेचना से यह नहीं समझा जाना चाहिये कि इसमें कोई गुण ही नहीं है। यदि ऐसा होता तो आज संसार में अनेक देशों जैसे चीन, रूस, बर्मा, इण्डोनेशिया, पूर्वी जर्मनी, मिश्र इत्यादि में अधिनायकतन्त्र न होता। संक्षेप में अधिनायकतन्त्र के मुख्य लाभ निम्नलिखित हैं—

(1) **कुशल प्रशासन**—शासन शक्ति एक अथवा थोड़े व्यक्तियों के हाथों में केन्द्रित होने के कारण अधिनायकतन्त्र में प्रशासन कुशलतापूर्वक होता है।

(2) **कम खर्चीला साधन**—उपरोक्त कारण से ही अधिनायकतन्त्र में प्रशासन कार्य सरकार के अन्य रूपों की तुलना में कम खर्चीला होता है।

(3) **राष्ट्रीय भावना का विकास**—बहुधा अधिनायकतन्त्र राष्ट्रवादी होते हैं और उनके आधीन जनता में राष्ट्रीयता की भावना का तीव्र विकास होता है।

(4) **मनोवैज्ञानिक लाभ**—मनोवैज्ञानिक दृष्टि से शासन सत्ता एक या कुछ व्यक्तियों के हाथों में होने पर जनता में सुरक्षा की भावना अधिक रहती है। इससे जनता की वीर पूजा की भावना भी सन्तुष्ट होती है।

(5) **शीघ्र प्रगति**—आधुनिक काल में चीन और रूस इस बात के उदाहरण हैं कि अधिनायकतन्त्र से देश कुछ थोड़े से वर्षों में इतनी तेजी से आगे ले जाया जा सकता है जैसा कि किसी भी अन्य तन्त्र में सम्भव नहीं है, चाहे प्रगति की इस प्रक्रिया में कुछ व्यक्तियों पर कितना भी अधिक अत्याचार क्यों न हुआ हो। इन देशों के उदाहरणों से ही अनेक जनतन्त्रीय राज्यों में कुछ न कुछ नागरिक सदैव अधिनायकतन्त्र को ही देश की समस्याओं का एक मात्र उपकार मानते रहते हैं। फिर भी अधिकतर राजशास्त्रियों ने अधिनायकतन्त्र को दोषपूर्ण सरकार माना हैं।

संसदीय सरकार

संसदीय सरकार की परिभाषा करते हुये गार्नर ने लिखा है, ''संसदीय शासन प्रणाली के अन्तर्गत वास्तविक कार्यपालिका विधान मण्डल या उसके एक अंग के प्रति प्रत्यक्ष तथा कानूनी रूप से और निर्वाचकों के प्रति अपनी राजनैतिक नीतियों और कार्यों के लिये अन्तिम रूप से उत्तरदायी रहती है।'' संसदीय सरकार, जैसा कि इसके नाम स्पष्ट है, वह सरकार है जो संसद के सदस्यों द्वारा चलायी जाती है। ये सदस्य जनता के प्रतिनिधि होते हैं। इस प्रकार संसदीय सरकार एक प्रकार की प्रतिनिधि सरकार है। ये प्रतिनिधि वयस्क नागरिकों के द्वारा निर्वाचित किये जाते हैं। प्रतिनिधि सरकार के संसदीय रूप के अतिरिक्त उसका अन्य रूप अध्यक्षात्मक सरकार भी है। यह अध्यक्ष प्रत्यक्ष जनता द्वारा अथवा जनता के प्रतिनिधियों द्वारा निर्वाचित किया जाता है। संयुक्त राज्य अमरीका में प्रतिनिधि सरकार का अध्यक्षात्मक रूप पाया जाता है। भारतवर्ष में संसदीय सरकार है।

संसद की शक्तियाँ

यूँ तो लगभग सभी जनतन्त्रीय राज्यों में संसद होती है किन्तु कहीं पर उसकी सत्ता सर्वोच्च और कहीं सरकार के अन्य अंगों के अधीन होती है। इंगलैंड में संसद सर्वोच्च

है। अमरीका में राष्ट्रपति अथवा शासन का अध्यक्ष सर्वोच्च है। दोनों ही देशों में संसद व्यवस्थापिका सभा है। पहले में कार्यपालिका संसद के प्रति उत्तरदायी है जबकि दूसरे में यह अनिवार्य नहीं है। इस प्रकार विभिन्न देशों में संसदीय प्रणाली में संसद की शक्तियां भिन्न होती है। भारतवर्ष में यदि संसद संविधान की अवहेलना करके कानून बनाती है तो सर्वोच्च न्यायालय उसे निरस्त घोषित कर सकता है।

संसदीय प्रणाली की विशेषतायें

संसदीय प्रणाली की प्रकृति और स्वरूप उसकी निम्नलिखित विशेषताओं से भी स्पष्ट होते हैं–

(1) **नाम मात्र का अध्यक्ष**–संसदीय प्रणाली में कार्यपालिका के अध्यक्ष की शक्तियाँ अत्यधिक सीमित होती हैं यहां तक कि कभी-कभी वह केवल नाम मात्र का अध्यक्ष होता है। उदाहरण के लिये इंगलैंड का राजा वास्तविक प्रशासन में बहुत कम अधिकार रखता है। इसी प्रकार फ्रांस और भारत में राष्ट्रपति की शक्तियाँ अत्यन्त सीमित हैं।

(2) **प्रधानमन्त्री का नेतृत्व**–संसदीय शासन प्रणाली में संसद में बहुसंख्यक राजनैतिक दल का नेता प्रधान मन्त्री चुना जाता है। वह मन्त्रिमण्डल का चुनाव करता है और कार्यपालिका का नेतृत्व करता है। वही कार्यपालिका के सर्वोच्च पदाधिकारियों की नियुक्ति करता है। युद्ध और शान्ति में उसे व्यापक शक्तियां प्राप्त होती हैं। इंगलैंड और भारतवर्ष में प्रधान मन्त्री की यही स्थिति है।

(3) **मन्त्रिमण्डल का शासन**–प्रधान मन्त्री मन्त्रिमंडल के द्वारा प्रशासन चलाता है। इस मन्त्रिमण्डल के सदस्य संसद के सदस्यों में से चुने जाते हैं। यदि सरकार मिलीजुली होती है तो मन्त्रिमण्डल के सदस्य विभिन्न दलों से चुने जाते हैं अन्यथा वे बहुसंख्यक दल के सदस्य होते हैं। इस व्यवस्था से कार्यपालिका व्यवस्थापिका का अंग बन जाती है।

(4) **सामूहिक उत्तरदायित्व**–प्रधानमन्त्री और उसके मन्त्रिमण्डल का सरकार के कार्यों के लिये संसद के प्रति सामूहिक उत्तरदायित्व होता है। यदि संसद में किसी भी मन्त्री के प्रति अविश्वास का प्रस्ताव पास हो जाता है तो समस्त मन्त्रिमण्डल को त्याग पत्र देना पड़ता है। मन्त्रिमण्डल का संसद के प्रति उत्तरदायित्व होता है। किसी भी मन्त्री के विभाग के कार्यों के विषय में प्रश्न पूछे जा सकते हैं।

(5) **अनिश्चित कार्यकाल**–संसदीय सरकार का कार्यकाल तभी तक रहता है जब तक कि मन्त्रिमण्डल को संसद का विश्वास प्राप्त है। यह विश्वास प्राप्त रहते हुये मन्त्रिमण्डल अगले चुनाव तक सत्तारूढ़ रहता है। किसी भी समय पर उसके विरुद्ध अविश्वास का प्रस्ताव पास करके उसे हटाया जा सकता है।

(6) **निचले संसद का भंग होना**–कभी-कभी मन्त्रिमण्डल की सलाह से कार्यपालिका का अध्यक्ष अथवा वैधानिक प्रधान संसद के निचले सदन को भंग कर सकता है।

(7) मन्त्रियों के दोहरे कार्य—संसदीय शासन प्रणाली में मन्त्रिमण्डल के सदस्य दो कार्य करते हैं। एक तो वे सरकार की ओर से संसद में विधेयक उपस्थित करके कानून निर्माण करते हैं। दूसरी ओर वे संसद द्वारा पास किये गये विधेयक के नियमों को कार्यपालिका के द्वारा कार्यान्वित करते हैं। इस प्रकार वे व्यवस्थापिका और कार्यपालिका दोनों ही क्षेत्रों में सर्वोच्च कार्य करते हैं। अस्तु, उनकी शक्ति अत्यधिक व्यापक है।

(8) शक्तियों का पृथक्करण नहीं—इस प्रकार संसदीय सरकार में शक्तियों का पृथक्करण नहीं होता क्योंकि मन्त्रिमण्डल को व्यवस्थापिका और कार्यपालिका दोनों की ही सर्वोच्च शक्तियां मिली हुई होती हैं।

अध्यक्षात्मक शासन प्रणाली

अध्यक्षात्मक शासन प्रणाली से संसदीय सरकार की तुलना करने के लिये यहां पर इसकी विशेषताओं का भी उल्लेख करना उपयुक्त होगा। अध्यक्षात्मक शासन प्रणाली की परिभाषा करते हुये गार्नर ने लिखा है, "अध्यक्षात्मक शासन प्रणाली सरकार का वह रूप है जिसमें कार्यपालिका संवैधानिक रूप से अपनी नीतियों और कार्यों के लिये व्यवस्थापिका से स्वतन्त्र होती है।"[1] इस प्रणाली में, जैसा कि इसके नाम से स्पष्ट है, अध्यक्ष सर्वोच्च होता है और उस पर व्यवस्थापिका का नियन्त्रण नहीं होता। संविधान में शक्तियों का प्रथक्करण होता है और इसलिये अध्यक्ष व्यवस्थापिका के प्रति उत्तरदायी नहीं होता। अमरीका में इसी प्रकार की सरकार है। संक्षेप में, अध्यक्षात्मक शासन प्रणाली की मुख्य विशेषतायें निम्नलिखित हैं—

(1) अध्यक्ष का शासन—अध्यक्षात्मक शासन प्रणाली में, जैसा कि इसके नाम से स्पष्ट है, अध्यक्ष ही वास्तविक प्रशासक होता है। वह कार्यपालिका का प्रधान होता है। वह नाम मात्र का अध्यक्ष नहीं होता बल्कि सभी शक्तियां उसके हाथ में होती हैं। वह मन्त्रिमण्डल की नियुक्ति करता है, उनमें काम बाँटता है और उनको उनके पद से हटा भी सकता है। मन्त्रिगण संसद के प्रति नहीं बल्कि अध्यक्ष के प्रति उत्तरदायी होते हैं। ये राष्ट्रपति के राजनैतिक दल के सदस्य तो होते हैं किन्तु इनका संसद का सदस्य होना अनिवार्य नहीं हैं।

(2) अध्यक्ष का स्थायी पद—अध्यक्ष प्रत्यक्ष अथवा अप्रत्यक्ष चाहे जिस विधि से चुना जाये, उसका पद निश्चित अवधि के लिये स्थायी होता है। उसके पूर्व उसे हटाने के लिये महाभियोग सिद्ध करना पड़ता है। इस प्रकार साधारणतया उसे अवधि से पूर्व पद से नहीं हटाया जा सकता। अमरीका में यह अवधि 4 वर्ष रखी गयी है। इन वर्षों में अध्यक्ष की स्थायी सरकार होती है।

(3) शक्ति प्रथक्करण सिद्धान्त—अध्यक्षात्मक शासन प्रणाली शक्ति प्रथक्करण के सिद्धान्त पर आधारित होती है। इसमें व्यवस्थापिका, कार्यपालिका और न्यायपालिका

---

1. "Presidential government is that form in which the executive is constitutionally independent of the legislature as regards his policies and acts." —Garner

सभी को स्वतन्त्र अधिकार और शक्तियाँ मिली हुई होती हैं जिनका संविधान में स्पष्ट उल्लेख होता है।

(4) सर्वोच्च संविधान—अध्यक्षात्मक शासन प्रणाली में संविधान को सर्वोच्च माना जाता है। सरकार का कोई भी अंग उसका उल्लंघन नहीं कर सकता। उसमें संशोधन की प्रणाली भी जटिल होती है।

(5) सर्वोच्च स्वतन्त्र न्यायालय—संविधान की रक्षा का कार्य सर्वोच्च न्यायालय करता है। वह व्यवस्थापिका द्वारा अधिनियमित किसी भी ऐसे कानून को अवैध घोषित कर सकता है जो कि संविधान के विरुद्ध हो।

(6) अनुत्तरदायी कार्यपालिका—अध्यक्षात्मक शासन प्रणाली में अध्यक्ष अथवा उसकी कार्यपालिका व्यवस्थापिका के प्रति उत्तरदायी नहीं होती। संसद में उसके कार्यों के विषय में कोई भी प्रश्न नहीं पूछे जा सकते और न उसके कार्यों की निन्दा ही की जा सकती है। इस प्रकार कार्यपालिका व्यवस्थापिका से प्रथक होती है।

(7) कार्यपालिका और व्यवस्थापिका की प्रथकता—अध्यक्ष और उसका मन्त्रिमण्डल व्यवस्थापिका के सदस्य न होने के कारण वे कानून बनाने में भाग नहीं लेते। अध्यक्ष मौखिक अथवा लिखित रूप में समय-समय पर व्यवस्थापिका को संदेश भेजता रहता है।

संसदीय और अध्यक्षात्मक प्रणाली में अन्तर

संसदात्मक और अध्यक्षात्मक शासन प्रणाली की विशेषताओं के उपरोक्त विवरण से इनमें निम्नलिखित अन्तर स्पष्ट होता है—

(1) अध्यक्ष की शक्ति—संसदीय शासन प्रणाली में अध्यक्ष की शक्ति नाम मात्र की और अध्यक्षात्मक प्रणाली में अत्यधिक होती है।

(2) शक्ति प्रथक्करण—संसदीय शासन प्रणाली में कार्यपालिका और व्यवस्थापिका संयुक्त होती हैं जब कि अध्यक्षात्मक शासन प्रणाली में सरकार के तीन अंगों के विषय में शक्ति प्रथक्करण का सिद्धान्त अपनाया जाता है।

(3) कार्यकाल—संसदीय सरकार का कार्यकाल अनिश्चित और अध्यक्षात्मक सरकार का कार्यकाल निश्चित होता है।

(4) सरकार का उत्तरदायित्व—संसदीय सरकार संसद के प्रति उत्तरदायी और अध्यक्षात्मक सरकार अनुत्तरदायी होती है।

(5) व्यवस्थापिका और कार्यपालिका का सम्बन्ध—संसदीय प्रणाली में व्यवस्थापिका और कार्यपालिका अप्रथक तथा अध्यक्षात्मक प्रणाली में प्रथक होती हैं।

(6) सिद्धान्त और व्यवहार—संसदीय शासन प्रणाली में सिद्धान्त और व्यवहार में अन्तर पाया जाता है जब कि अध्यक्षीय शासन प्रणाली में यह अन्तर नहीं होता है।

(7) मुख्य कार्यपालक—संसदीय शासन प्रणाली में मुख्य कार्यपालक राज करता है शासन नहीं जब कि अध्यक्षीय शासन प्रणाली में वह राज्य और शासन दोनों ही करता है।

(8) मन्त्रिमण्डल के कार्य—संसदीय शासन प्रणाली में मन्त्रिगण विधि निर्माण और प्रशासन दोनों कार्य करते हैं जब कि अध्यक्षीय शासन प्रणाली में वे केवल प्रशासन का कार्य करते हैं।

(9) मन्त्रिमण्डल का उत्तरदायित्व—संसदीय शासन प्रणाली में मन्त्रिमण्डल संसद के प्रति और अध्यक्षीय शासन प्रणाली में अध्यक्ष के प्रति उत्तरदायी होता है।

(10) गुण और दोष—संसदीय और अध्यक्षात्मक प्रणाली के गुण और दोष अत्यधिक भिन्न हैं। इन दोनों की विशेषताओं के अन्तर से इनके गुण दोषों में भी अन्तर हो जाता है।

संसदीय प्रणाली के गुण

संसदीय प्रणाली के मुख्य गुण निम्नलिखित हैं—

(1) जनतन्त्रात्मक प्रणाली—सरकार के विभिन्न रूपों की तुलना मे संसदीय प्रणाली का सबसे बड़ा गुण यह है कि वह सबसे अधिक जनतन्त्रीय प्रणाली है क्योंकि उसमें सर्वोच्च सत्ता जनता द्वारा चुने हुए प्रतिनिधियों के ही हाथ में रहती है। सरकार इन प्रतिनिधियों के प्रति उत्तरदायी रहती है और इनका सरकार पर पूर्ण नियन्त्रण रहता है।

(2) जनमत का सम्मान—जबकि अध्यक्षात्मक सरकार में अध्यक्ष जनमत की अवहेलना भी कर सकता है, संसदीय प्रणाली में सरकार जनमत का आदर करती है क्योंकि मन्त्रिगण जनता द्वारा चुने हुए संसद के सदस्य होते हैं और मतदाताओं के प्रति उत्तरदायी होते हैं। स्वाभाविक है कि यह व्यवस्था अधिक जनकल्याणकारी सिद्ध होती है।

(3) उत्तरदायी सरकार—संसदीय प्रणाली उत्तरदायी सरकार की स्थापना करती है क्योंकि इसमें मन्त्रियों को संसद में अपने कार्यों के लिये जवाब देना पड़ता है। इस प्रकार सरकार व्यवस्थापिका और अन्त में जनता के प्रति अपने कार्यों के लिये उत्तरदायी होती है।

(4) नमनीयता—बेजहाट ने संसदीय प्रणाली के विषय में लिखा है, "इस प्रणाली के अधीन व्यक्ति अवसर के अनुकूल ऐसा शासन चुन सकते हैं जो राष्ट्रीय संकट में राज्य के जहाज को सफलतापूर्वक ले जाने में विशेष रूप से समर्थ हो।" उदाहरण के लिये इंगलैंड में द्वितीय विश्व महायुद्ध के काल में युद्ध प्रधानमन्त्री के रूप में चर्चिल को व्यापक शक्ति प्रदान की गयी थीं और उसने युद्ध काल मे राष्ट्र का सफल नेतृत्व किया। इस प्रकार संसदीय प्रणाली नमनीय है और उसमें अवसर के अनुकूल सरकार में परिवर्तन किया जा सकता है।

(5) निरंकुशता से मुक्त—संसदीय प्रणाली के उपरोक्त गुणों से स्पष्ट है कि इसमें सरकार कभी भी निरंकुश नहीं हो सकती क्योंकि संसद में सरकार के विरुद्ध अविश्वास का प्रस्ताव पास करके उसे चाहें जब हटाया जा सकता है। इस भय से मन्त्रिगण सदैव देखभाल कर कार्य करते हैं।

(6) नागरिकता का शिक्षण—संसदीय प्रणाली में राजनैतिक दल ही संसद में मन्त्रिमण्डल का निर्माण करता है। अस्तु, चुनाव जीतने के लिये प्रत्येक राजनैतिक दल

नाना प्रकार के प्रचार के साधनों के माध्यम से जनता को राजनैतिक शिक्षण देता है ताकि वह निर्वाचन के सम्बन्ध में मत निश्चित कर सके। चूंकि सरकार को बदलने को शक्ति सदैव जनता के हाथ में रहती है इसलिये नागरिक अपने अधिकारों के प्रति सजग रहते हैं और उनका भली प्रकार उपयोग करते हैं।

(7) योग्य और अनुभवी व्यक्तियों का शासन—संसदीय प्रणाली में निर्वाचन के समय अधिकतर राजनैतिक दल ऐसे व्यक्तियों को उम्मीदवार चुनते हैं जिनमें इतनी योग्यता और लोकप्रियता हो कि उन्हें जनता के वोट मिल सकें। जो व्यक्ति योग्य तथा लोकप्रिय नहीं होता उसे मत मिलना कठिन होता है। अस्तु, यदि किसी देश की जनता पर्याप्त रूप से सुशिक्षित है तो निश्चय ही अनुभवी और योग्य व्यक्तियों का ही चुनाव होता है और वे ही सरकार बनाते हैं।

अध्यक्षात्मक प्रणाली के दोष

चूंकि अध्यक्षात्मक शासन प्रणाली संसदीय प्रणाली से मूल रूप से भिन्न है इसलिये संसदीय प्रणाली के लाभ उसके दोष बन जाते हैं। संक्षेप में, अध्यक्षात्मक प्रणाली के मुख्य दोष निम्नलिखित हैं—

(1) जनमत की अवहेलना—कभी-कभी अध्यक्ष जनमत की अवहेलना करता है। उदाहरण के लिये अमरीकन राष्ट्रपति जनमत के विरुद्ध कितने ही वर्षों से वियेतनाम से घोर युद्ध छेड़े रहे।

(2) अजनतन्त्रीय—अध्यक्षात्मक शासन प्रणाली में अध्यक्ष का निर्वाचन तो जनता अवश्य करती है किन्तु फिर अध्यक्ष मन्त्रिमण्डल के जिन सदस्यों का चुनाव करता है उनका जनता द्वारा निर्वाचित होना आवश्यक नहीं होता। इस प्रकार अध्यक्ष के अतिरिक्त कार्यपालिका के निर्वाचन में जनता का कोई हाथ न होने के कारण यह प्रणाली अजनतन्त्रीय बन जाती है।

(3) अनुत्तरदायी सरकार—व्यवस्थापिका के प्रति उत्तरदायी न होने के कारण और मन्त्रिमण्डल के अध्यक्ष के प्रति ही उत्तरदायी होने के कारण इस प्रणाली में सरकार जनता के प्रति अनुत्तरदायी होती है।

(4) अनुकूलता का अभाव—राष्ट्रपति का पद स्थायी होने के कारण और उसको हटाने की प्रणाली अत्यधिक कठिन होने के कारण अध्यक्षात्मक सरकार कठोर हो जाती है और उसमें अवसर के अनुकूल परिवर्तन नहीं किया जा सकता। व्यवस्थापिका और कार्यपालिका के अलग होने का भी यही परिणाम होता है।

(5) निरंकुशता—राष्ट्रपति के हाथ में अत्यधिक शक्ति केन्द्रित हो जाने से वह निरंकुश शासक बन सकता है।

(6) सरकार के विभिन्न अंगों में गतिरोध—अध्यक्षात्मक प्रणाली में सरकार के विभिन्न अंगों की शक्तियाँ और अधिकार सर्वथा स्वतन्त्र होते हैं तथा दूसरी ओर उन्हें परस्पर गतिरोध और संतुलन के लिये कुछ अधिकार दिये हुए होते हैं। इसका परिणाम यह होता है कि उनमें सहयोग के स्थान पर संघर्ष के अवसर अधिक आते हैं जिससे धन और समय का अपव्यय होता है।

संसदीय प्रणाली के दोष

संसदीय प्रणाली के गुणों और अध्यक्षात्मक प्रणाली के तदनुरूप दोषों के उपरोक्त विवेचन से यह समझना अनुचित होगा कि संसदीय प्रणाली में कोई दोष ही नहीं है। संक्षेप में उसके दोष निम्नलिखित हैं–

(1) शक्तियों का केन्द्रीकरण–संसदीय शासन प्रणाली में व्यवस्थापिका और कार्यपालिका शक्तियाँ मन्त्रिमण्डल में ही केन्द्रित हो जाने के कारण शक्तियों का केन्द्रीकरण होता है जिसमें अनेक हानियाँ हैं।

(2) बहुसंख्यक दल की तानाशाही–इस शासन पद्धति में बहुसंख्यक दल का नेता प्रधानमन्त्री बनता है और वही मन्त्रिमण्डल का निर्माण करता है। इसके हाथों में व्यवस्थापिका और कार्यपालिका दोनों की सर्वोच्च शक्तियां होती हैं। इससे देश में बहुसंख्यक राजनैतिक दल की तानाशाही की स्थापना होती है।

(3) अस्थायित्व–संसदीय शासन प्रणाली में सरकार के विरुद्ध अविश्वास का प्रस्ताव पास करके उसे चाहे जब हटा देने की सम्भावना होने के कारण सरकार अस्थायी रहती है। अस्तु, सरकार के सदस्य अपनी सारी शक्ति अपनी सत्ता को बनाये रखने में लगाये रहते हैं। इस खींचातानी में देश के वास्तविक कल्याण की ओर कोई भी दल ध्यान नहीं देता। भारतवर्ष में यही स्थिति है।

(4) मन्त्रिमण्डल का अत्यधिक कार्य–इस प्रणाली में मन्त्रिमण्डल पर व्यवस्थापिका और कार्यपालिका दोनों का बोझ होने के कारण इतना अधिक कार्य भार आ जाता है कि वे उसे सुचारू रूप से नहीं कर पाते।

(5) आन्तरिक षड़यंत्र–मन्त्रिपरिषद की शक्ति अत्यधिक होने के क़ारण और प्रधानमन्त्री द्वारा अपनी इच्छा से मन्त्रियों का चुनाव होने के कारण मन्त्रिमण्डल और बहुसंख्यक राजनैतिक दल के प्रमुख सदस्यों के क्षेत्र में सब कहीं आन्तरिक षड़यन्त्रों की भरमार रहती है। नेता गण विपक्षियों के विरुद्ध प्रधानमन्त्री के कान भरने में लगे रहते हैं ताकि उन्हें भी मन्त्रिमण्डल में अवसर मिले और विपक्षी को निकाल दिया जाये। मन्त्रिमण्डल के सदस्यों का मुख्य लक्ष्य प्रधानमन्त्री को प्रसन्न करना रहता है क्योंकि उसी की प्रसन्नता से उनका पद बना रह सकता है। इस प्रकार मन्त्रिगण अथवा बहुसंख्यक दल के नेता देश के कल्याण की तुलना में प्रधानमन्त्री को खुश करने की ओर अधिक ध्यान देते हैं। इससे देश का भारी अकल्याण होता है। भारतवर्ष में वही स्थिति है।

(6) नौसिखियों की सरकार–चूँकि प्रधानमन्त्री द्वारा मन्त्रिमण्डल के चुनाव में कोई भी सिद्धान्त निहित नहीं होता इसलिये चाहे जिस व्यक्ति को चाहे जिस विभाग का मन्त्री बना दिया जाता है और विभागों में इच्छानुसार परिवर्तन कर दिया जाता है। एक ही व्यक्ति कभी प्रतिरक्षा विभाग तो कभी वित्त विभाग और कभी गृह मन्त्रालय का अध्यक्ष बना दिया जाता है। ऐसी स्थिति में उससे कार्य कुशलता की आशा करना नितान्त अनुचित है क्योंकि किसी भी व्यक्ति में इतने विभिन्न प्रकार के विभागों को चलाने की योग्यता अथवा ज्ञान होना सम्भव नहीं है। इसका परिणाम यह होता है कि संसदीय सरकार नौसिखियों की

सरकार बन जाती है और मन्त्रिगण सरकारी कर्मचारियों के हाथों में खेलते रहते हैं। आज भारतवर्ष में यही स्थिति है।

(7) संकटकाल के लिये अनुपयुक्त—संकटकाल में देश की समस्त शक्तियों को संकट का सामना करने के लिये केन्द्रित करने की आवश्यकता पड़ती है। संसदीय प्रणाली में राजनैतिक दलों की खींचा तानी, मन्त्रियों की स्वार्थसिद्धि तथा कार्यपालिका की लालफीताशाही के कारण संकट का सामना करने में बड़ी कठिनाई होती है। अस्तु यह प्रणाली संकटकाल के लिये अनुपयुक्त है।

(8) अकुशल शासन—उपरोक्त समस्त कारणों से संसदीय प्रणाली के आधार पर देश में अकुशल शासन की स्थापना होती है भले ही जनता को यह सन्तोष हो कि वह सरकार को चाहे जब हटा सकती है। होता यह है कि कुछ धनिक, चतुर और शक्तिशाली लोग जनता के वोटों को नाना प्रकार से खरीद कर और उसे अपने नारों से बहका कर राजसत्ता को हथियाते रहते हैं और उसका अपनी स्वार्थसिद्धि के लिये उपयोग करते हैं। व्यवस्थापिका, कार्यपालिका और न्यायपालिका सरकार के सभी अंगों में समय और धन का भारी अपव्यय होता है और जनता का शोषण होता रहता है तथा कोई सुधार नहीं हो पाता।

अध्यक्षात्मक प्रणाली के गुण

जैसा कि पीछे बतलाया जा चुका है, संसदीय प्रणाली में जो दोष अथवा कमजोरियाँ हैं उन्हीं के अनुरूप गुण अध्यक्षात्मक प्रणाली में पाये जाते हैं। संक्षेप में, अध्यक्षात्मक प्रणाली के मुख्य गुण निम्नलिखित हैं—

(1) शक्तियों का पृथक्करण—इस प्रणाली में सरकार के विभिन्न अंगों की शक्तियाँ अलग-अलग होने के कारण वे स्वतन्त्र रूप से अपना कार्य करते हैं।

(2) स्थायित्व—इसमें शासन के अध्यक्ष का पद स्थायी होता है और उसे हटाने की प्रणाली अत्यधिक कठिन होती है। अस्तु, सरकार में स्थायित्व होता है।

(3) श्रम का विभाजन—व्यवस्थापिका, कार्यपालिका और न्यायपालिका के कार्य पृथक-पृथक होने के कारण इस प्रणाली में श्रम का विभाजन बना रहता है और सरकार के किसी भी अंग पर आवश्यकता से अधिक बोझ नहीं पड़ता।

(4) योग्य व्यक्तियों की सरकार—चूँकि राष्ट्रपति के लिये यह आवश्यक नहीं है कि वह संसद के सदस्यों में से ही मन्त्रिमण्डल का चुनाव करें इसलिये वह मन्त्रिमण्डल के लिये योग्य और अनुभवी व्यक्तियों का चुनाव करता है। अमरीका में राष्ट्रपति बहुधा विभिन्न क्षेत्रों के विशेषज्ञों में से मन्त्रिमण्डल के सदस्यों का चुनाव करते हैं। इससे देश में योग्य व्यक्तियों की सरकार की स्थापना होती है।

(5) कुशल शासन—उपरोक्त कारणों से अध्यक्षात्मक प्रणाली में देश में कुशल शासन की स्थापना होती है।

(6) संकट काल में उपयुक्त—राष्ट्रपति के हाथ में व्यापक शक्तियाँ होने के कारण वह राष्ट्रीय संकट काल में अधिक तत्परता से अधिक शक्ति लगाकर कार्य कर

सकता है। इस प्रकार अध्यक्षात्मक शासन प्रणाली संकट काल के लिये अधिक उपयुक्त होती है।

(7) राष्ट्रीय एकता को प्रोत्साहन—अध्यक्षात्मक प्रणाली में विरोधी दल के लिये सरकार को पदच्युत करना कठिन होने के कारण राजनैतिक दल आगामी चुनाव तक लगभग चुप रहते हैं। इससे दलबन्दी और दलबदल को प्रोत्साहन नहीं मिलता और राष्ट्र में एकता बनी रहती है।

(8) नागरिक के अधिकारों की रक्षा—सरकार के विभिन्न अंगों में शक्ति का विभाजन होने के कारण अध्यक्षात्मक प्रणाली नागरिकों के अधिकारों की रक्षा के लिये अधिक उपयुक्त है। इस प्रणाली में न्यायालय को सर्वोच्च अधिकार प्राप्त होते हैं और वह संविधान की रक्षा करता है। संविधान में नागरिक के मूल अधिकारों का उल्लेख होता है। जब कभी किसी अधिकार पर आँच आती है तो नागरिक न्यायालय में जाकर न्याय प्राप्त कर सकता है। न्यायाधीशों पर सरकार के अन्य अंगों का कोई दबाव न होने के कारण न्याय मिलने में आसानी होती है।

संसदीय और अध्यक्षात्मक शासन प्रणाली की विशेषताओं और गुण-दोषों के उपरोक्त विवेचन से यह स्पष्ट होता है कि दोनों में बहुत कुछ अन्तर है। फिर भी किसी देश में संसदीय सरकार और किसी अन्य प्रगतिशील देश में अध्यक्षात्मक सरकार चलती है। ब्रिटेन, भारत, कनाडा, आस्ट्रेलिया और जापान में संसदात्मक सरकार है। संयुक्त राज्य अमरीका, लैटिन अमरीकी देश और पाकिस्तान में अध्यक्षात्मक सरकार है। सच तो यह है कि सरकार जो प्रणाली जिस देश की स्थानीय परिस्थितियों के अनुरूप हो वही सर्वोत्तम शासन प्रणाली है। पोप के शब्दों में, ''सरकारों के रूपों के लिये मूर्ख झगड़ते हैं, वही सर्वोत्तम शासन है जो सर्वोत्तम शासित हो।''[1]

एकात्मक (Unitary) शासन प्रणाली

एकात्मक सरकार की परिभाषा

एकात्मक शासन प्रणाली की परिभाषा करते हुए सी॰ एफ॰ स्ट्राँग ने लिखा है, ''एकात्मक सरकार में सरकार की समस्त शक्ति संविधान के द्वारा एक ही केन्द्रीय अंग या अंगों को मिली हुई होती है जिससे स्थानीय सरकारें अपनी शक्ति या स्वायत्तता और वास्तव में स्वयं अपना अस्तित्व भी ग्रहण करती हैं।''[2] इस प्रकार एकात्मक प्रणाली में, जैसा कि इसके नाम से स्प्ष्ट है, सरकार केन्द्रित होती है। यह आजकल इंगलैंड, फ्रांस, जापान, साम्यवादी चीन, पूर्वी जर्मनी, लंका, नेपाल, बर्मा, पाकिस्तान में प्रचलित है। इस प्रणाली मे केन्द्रीय सरकार को व्यापक अधिकार प्राप्त होते हैं। वह देश में बने हुये राज्यों

---

1. "For forms of Government let the fools contest. That which is best administered is the best."
—Pope

2. "In a Unitary government the whole power of government is conferred by the constitution upon a single central organ or organs, from which the local government derive authority or autonomy they may possess and indeed their very existence."
—Strong

और उपराज्यों तथा जिलों आदि की सीमा में परिवर्तन कर सकती है। वही उन्हें अधिकार प्रदान करती है और वह इन अधिकारों को समाप्त कर सकती है।

एकात्मक प्रणाली के लाभ

संक्षेप में एकात्मक शासन प्रणाली के मुख्य लाभ निम्नलिखित हैं–

(1) शक्तिशाली सरकार–अत्यधिक केन्द्रित होने के कारण एकात्मक प्रणाली शक्तिशाली सरकार की स्थापना करती है। सभी इकाइयाँ केन्द्र से सहयोग करती हैं क्योंकि किसी में भी उसका विरोध करने की क्षमता नहीं होती।

(2) प्रशासकीय एकता–इस प्रणाली मे सारे देश में प्रशासन केन्द्रीय सरकार से निर्देशित होने के कारण देश में प्रशासकीय एकता बनी रहती है जिससे प्रशासन सुदृढ़ और सुव्यवस्थित रहता है तथा सब कहीं एक-सी नीति पर अमल किया जा सकता है।

(3) व्यवस्थापक एकता–समस्त व्यवस्थापिका शक्ति केन्द्रीय सरकार में निहित होने के कारण सारे देश में एक से कानून लागू होते हैं और देश की कानूनी एकता बनी रहती है।

(4) समय और धन की बचत–समस्त देश के लिये एक ही व्यवस्थापिका कार्यपालिका और न्यायपालिका होने के कारण प्रशासन के कार्य में समय और धन की भारी बचत होती है। इसी प्रकार विधि निर्माण और न्याय के कार्य में भी समय और धन की बचत होती है।

(5) दोहरे शासन का अभाव–एकात्मक व्यवस्था में नागरिक दोहरे शासन से बचे रहते हैं क्योंकि सारे देश में कानून, प्रशासन और न्याय एक ही होते हैं।

(6) राष्ट्र भक्ति को प्रोत्साहन–देश में पृथक इकाइयाँ न होने के कारण नागरिकों की निष्ठाओं का विभाजन नहीं हो पाता जिससे राष्ट्र भक्ति को प्रोत्साहन मिलता है और विघटनकारी शक्तियां कमजोर होती हैं।

(7) अविलम्ब शासन–एकात्मक शासन में दोहरे शासन की तरह से व्यर्थ समय बरबाद न होने के कारण प्रशासन और न्याय अविलम्ब होता है।

(8) संकटकाल के लिये उपयुक्त–एकात्मक शासन प्रणाली अन्य प्रणालियों की तुलना में संकटकाल के लिये अधिक उपयुक्त है क्योंकि उसमें समस्त शक्ति केन्द्रित होने के कारण आन्तरिक और बाहरी संकट की परिस्थितियों का मुकाबला करने के लिये शीघ्र निर्णय लिया जा सकता है। अनेक एकात्मक संविधानों में कार्यपालिका का अध्यक्ष राष्ट्रपति युद्धकाल में सर्वोच्च सेनाध्यक्ष का कार्य करता है। इससे युद्धकाल में मुकाबला करने में आसानी होती है।

संघात्मक (Federal) शासन प्रणाली

संघात्मक प्रणाली के दोष

एकात्मक प्रणाली के गुण संघात्मक प्रणाली में नहीं पाये जाते। अस्तु, एकात्मक प्रणाली के गुणों के अनुरूप संघात्मक प्रणाली के दोष होते हैं। इनमें मुख्य निम्नलिखित हैं–

(1) शक्ति का विभाजन—संघात्मक प्रणाली में राज्य सत्ता केन्द्रीय और स्थानीय सरकारों में विभाजित होने के कारण शक्तिशाली सरकार की स्थापना नहीं हो पाती।

(2) प्रशासकीय विविधता—संघात्मक प्रणाली में केन्द्रीय और राज्य तथा जिले और ग्राम के स्तर पर प्रशासकीय विविधता पायी जाती है जिससे देश की एकता नहीं रह पाती।

(3) व्यवस्थापक विविधता—संघात्मक प्रणाली में केन्द्र और राज्य दोनों के स्तर पर कानून बनाये जाते हैं। विभिन्न राज्यों में भिन्न-भिन्न कानून बनाये जा सकते हैं जिससे सारे देश में एक से कानून लागू नहीं हो पाते।

(4) समय और धन का अपव्यय—उपरोक्त कारण से विभिन्न प्रकार के झगड़े निबटाने में समय और धन का भारी अपव्यय होता है। अनेक बार केन्द्र सरकार और राज्य सरकार में झगड़े उत्पन्न हो जाने से जनता की भारी हानि होती है।

(5) दोहरा शासन—संघात्मक प्रणाली मे व्यवस्थापिका, न्यायपालिका और कार्यपालिका के क्षेत्र में दोहरे प्रशासन के दोष दिखलायी पड़ते हैं।

(6) विघटनकारी शक्तियों को प्रोत्साहन—संघात्मक शासन में राज्यों की स्वतन्त्रता बहुत कुछ बनी रहने के कारण स्थानीय निष्ठा को प्रोत्साहन मिलता है और क्षेत्रवाद, भाषावाद आदि विघटनकारी प्रवृत्तियाँ बढ़ने से राष्ट्र की एकता को हानि पहुंचाती है।

(7) प्रशासन में विलम्ब—दोहरे शासन के कारण संघात्मक प्रणाली में प्रशासन और न्याय के क्षेत्र में हर काम में लम्बा समय लगता है।

(8) संकटकाल के लिये अनुपयुक्त—चूंकि संघात्मक प्रणाली में शक्तियाँ केन्द्र और राज्य सरकारों में बंटी रहती है इसलिये संकटकालीन परिस्थितियों में इससे शीघ्र कार्य नहीं हो सकता। अस्तु, यह प्रणाली संकटकाल के लिये अधिक उपयुक्त नहीं है।

संघात्मक प्रणाली के लाभ

संघात्मक प्रणाली के उपरोक्त दोषों से यह नहीं समझना चाहिये कि इसमें कोई लाभ नहीं है। इसके अनेक लाभों के कारण ही आज संसार के अनेक देशों में संघात्मक शासन पाया जाता है। संक्षेप में, संघात्मक प्रणाली के मुख्य लाभ निम्नलिखित हैं–

(1) स्वायत्त शासन का विकास—संघात्मक प्रणाली का सबसे बड़ा विकास राज्य की छोटी-छोटी इकाइयों में स्वायत्त शासन का विकास है।

(2) नागरिकता की शिक्षा—स्वायत्त शासन के विकास से जनता को नागरिकता के गुणों की शिक्षा मिलती है और उसको कर्त्तव्यों और अधिकारों का ज्ञान होता है।

(3) शक्ति विभाजन के लाभ—अधिकतर राजशास्त्रियों ने शक्ति विभाजन के सिद्धान्त के अनेक लाभ माने हैं। इससे केन्द्रीय सरकार निरंकुश नहीं हो पाती। इससे सरकार के विभिन्न अंगों में परस्पर सन्तुलन रहता है।

(4) निरंकुशता पर रोकथाम—अस्तु, संघात्मक प्रणाली में केन्द्रीय सरकार और राज्य सरकारें तथा सरकार के विभिन्न अंग परस्पर सन्तुलन और रोकथाम रखने के कारण कहीं भी कोई भी शक्ति निरंकुश नहीं हो पाती।

(5) राष्ट्र के वैभव में वृद्धि—अधिकतर राजदार्शनिक पूर्ण एकता की तुलना में विविधता में एकता को समृद्धि और वैभव के विकास के लिये अधिक उपयुक्त स्थिति मानते हैं। इस प्रकार संघात्मक प्रणाली राष्ट्र के वैभव के विकास के लिये अधिक उपयुक्त है।

(6) आर्थिक विकास—संघात्मक प्रणाली में छोटी-छोटी इकाइयों को भी आर्थिक प्रगति के लिये अधिकार और प्रोत्साहन मिलने के कारण अधिक स्थानीय विकास होता है जिससे सम्पूर्ण देश के आर्थिक विकास में सहायता मिलती है।

(7) राजनैतिक चेतना का विकास—संघात्मक प्रणाली में ग्राम, नगर, जिला और राज्य तथा अन्त में केन्द्र के स्तर पर निर्वाचित संस्थाओं के काम कने से जनता में राजनैतिक चेतना का विकास होता है और राजनैतिक दल अधिक सक्रिय हो जाते हैं।

(8) विश्वसंघ की ओर—संसार में यदि कभी भी विश्वसंघ की कोई भी कल्पना साकार होती है तो उनका रूप भी संघात्मक ही होगा क्योंकि इसी प्रणाली में विभिन्न देश अपनी स्वतन्त्रता बनाये रखते हुये विश्वसंघ के रूप में कार्य कर सकते है। संघात्मक प्रणाली की संस्था इसमें लाभदायक होगी।

एकात्मक प्रणाली के दोष

संघात्मक प्रणाली के उपरोक्त गुणों से एकात्मक प्रणाली के दोषों का आभास होता है। संक्षेप में एकात्मक प्रणाली के दोष निम्नलिखित हैं—

(1) स्वायत्त शासन के विकास में बाधा—इस प्रणाली में समस्त शक्ति केन्द्र के हाथों में होने के कारण स्वायत्त शासन का विकास नहीं हो पाता।

(2) नागरिकता की शिक्षा का अभाव—सरकार के कार्यों में अधिक लोगों को भाग न मिलने के कारण यह प्रणाली नागरिकता की शिक्षा के लिये उपयुक्त नहीं है।

(3) शक्ति विभाजन का अभाव—इस प्रणाली में शक्ति केन्द्रित होने के कारण देश को शक्ति विभाजन का लाभ नहीं मिल पाता।

(4) निरंकुश सरकार की सम्भावना—सत्ता के केन्द्रीकरण से देश में निरंकुश सरकार की सम्भावना बढ़ जाती है।

(5) राष्ट्रीय समृद्धि में बाधक—स्थानीय सरकारों का विकास न होने के कारण यह प्रणाली राष्ट्रीय समृद्धि में बाधक होती है।

(6) आर्थिक विकास में बाधक—देश के विभिन्न भागों में आर्थिक विकास के लिये अलग-अलग क्षेत्रों में स्थानीय आवश्यकताओं के अनुसार विकास की योजनायें बनायी जानी चाहियें। संघात्मक प्रणाली में यह सम्भव न होने के कारण यह देश के आर्थिक विकास के लिये अधिक उपयुक्त नहीं है।

(7) राजनैतिक चेतना का अभाव—सरकार को चलाने में अधिकतर जनता का कोई योगदान न होने के कारण इस प्रणाली में उसे राजनैतिक शिक्षा नहीं मिलती है।

(8) विश्वसंघ में बाधक—एकात्मक प्रणाली के आधार पर संसार में कभी भी विभिन्न राष्ट्रों का कोई संघ नहीं बनाया जा सकता। अस्तु, जो इस प्रणाली के समर्थक हैं वे विश्वसंघ की कल्पना नहीं कर सकते।

एकात्मक और संघात्मक सरकारों के रूपों के गुण दोषों के उपरोक्त विवेचन से यह पता चलता है कि इनमें से कोई भी प्रणाली सर्वगुणसम्पन्न नहीं हैं। वास्तव में प्रत्येक देश में विभिन्न काल में स्थानीय परिस्थितियों को ध्यान में रखते हुये वहां एकात्मक अथवा संघात्मक सरकार की स्थापना की जा सकती है। विकास के भिन्न-भिन्न स्तरों पर इनमें से एक अथवा दूसरी प्रणाली उपयोगी सिद्ध हो सकती है। संकटकालीन और सामान्य परिस्थितियों का अन्तर ध्यान में रखते हुये भी संविधान में इनमें से दोनों रूपों के आधार पर नियम बनाये जा सकते हैं। उदाहरण के लिये कुछ देशों में सामान्य रूप में संघात्मक सरकार होते हुये भी संकटकालीन परिस्थितियों में केन्द्र को एकात्मक प्रणाली जैसे शक्तियाँ मिली हुई होती हैं। अस्तु, उत्तम संविधान में इन दोनों ही प्रणालियों की विशेषताओं का समन्वय करने का प्रयास किया जाना चाहिये।

अभ्यास के लिए प्रश्न

1. अन्तरों के आधार पर वेबर किस प्रकार राजनैतिक व्यवस्थाओं का वर्गीकरण करता है।
2. महत्त्वपूर्ण राजनैतिक व्यवस्थायें क्या हैं? वे सामान्य सामाजिक व्यवस्थाओं से किस प्रकार सम्बन्धित हैं?
3. सत्ता के वेबर के वर्गीकरण का संकेत कीजिये और उनमें से किसी एक की विवेचना कीजिये।

4

राज्य की अवधारणा
(The Concept of State)

भिन्न-भिन्न विद्वानों ने भिन्न आधारों को लेकर राज्य की परिभाषायें उपस्थित की हैं। जहाँ कुछ लोगों ने राज्य को व्यक्तियों का समूह माना है वहां अन्य लोग उसे एक राजनैतिक समुदाय मानते हैं। कुछ लोग राज्य की परिभाषा करने में उसके विभिन्न आवश्यक तथ्यों को स्पष्ट करते हैं। विल्सन के शब्दों में, ''किसी निश्चित भूखण्ड में कानून के लिये संगठित लोग ही राज्य हैं।''[1] राजशास्त्र के प्रारम्भ में ग्रीक दार्शनिक अरस्तु मनुष्य को राजनैतिक प्राणी मानता था और राज्य को राजनैतिक समुदाय मानता था। उस समय ग्रीस में नगर राज्य होते थे। अरस्तु के अनुसार, ''राज्य एक पूर्ण और आत्मनिर्भर जीवन का लक्ष्य लिये हुए परिवारों और गांवों का एक संघ है।''[2] स्पष्ट है कि यह परिभाषा आज के राज्यों की व्याख्या नहीं करती। आधुनिक विद्वानों ने राज्य में निश्चित भूखण्ड के अतिरिक्त जनता, सरकार और सर्वोच्च प्रभुसत्ता को आवश्यक माना है। गार्नर के शब्दों में, ''राजनीति शास्त्र और सार्वजनिक विधि के एक प्रत्यय के रूप में राज्य मनुष्यों के उस न्यूनाधिक बहुसंख्यक समुदाय या संगठन को कहते हैं जो एक निश्चित भूभाग में रहता हो, जिसकी ऐसी संगठित सरकार हो जो बाहरी नियन्त्रण से पूरी तरह या प्राय: स्वतन्त्र हो और अधिकांश जनता स्वभाव से ही जिसकी आज्ञा का पालन करती हो।''[3] राज्य की यह परिभाषा अत्यन्त व्यापक है। इसी तरह की एक व्यापक परिभाषा लास्की ने भी उपस्थित

---

1. "A state is a people organised by law within a definite territory."
—Wilson.

2. "The state is a union of families and villages having for its end a perfect and self-sufficient life by which we mean happy and honourable life."
—Aristotle.

3. "The state, as a concept of political science and public law, is a community of persons more or less numerous, permanently occupying a definite portion or territory, independently or nearly so, of external control and possessing an organised government to which the great body of inhabitants render habitual obedience."
—Garner.

की है। उसके अनुसार, ''राज्य शासक शासितों में बंटा हुआ और अपने भौतिक क्षेत्र में दूसरी सब संस्थाओं पर आधिपत्य रखने वाला एक प्रादेशिक समाज है।''[1] संक्षेप में, राज्य की परिभाषा एक निश्चित भूभाग में रहने वाले सुसंगठित जनसमुदाय के रूप में की जा सकती है जिसकी एक सर्वोच्च सत्ता सम्पन्न सरकार हो।

राज्य के आधाभूत तत्त्व

राज्य की इस परिभाषा में उसके समस्त तत्त्वों का समावेश हो जाता है। राज्य के प्रमुख या आधारभूत तत्त्व निम्नलिखित हैं–

(1) जनसंख्या (Population)–किसी भी समुदाय को राज्य कहने के लिये सबसे पहले वहां एक जनसंख्या का होना आवश्यक है। प्राचीन ग्रीक दार्शनिक राज्य की जनसंख्या बहुत कम मानते थे क्योंकि उस समय राज्य नगर राज्यों तक ही सीमित होते थे। किन्तु इस सम्बन्ध में अरस्तु का यह कथन आज के राज्यों पर भी लागू हो सकता है कि, ''जनसंख्या इतनी अधिक होनी चाहिये कि वह आत्म निर्भर हो और इतनी कम होनी चाहिये कि वह ठीक प्रकार से शासित हो सके।''[2] आज भी यदि किसी समुदाय में जनसंख्या इतनी कम है कि लोग अपनी अधिकतर आवश्यकताओं को पूरा करने के लिये आत्म निर्भर नहीं हो सकते तो वहां राज्य बनाना कठिन होगा। इसी प्रकार यदि किसी राजनैतिक समुदाय की जनसंख्या इतनी अधिक है कि उसके शासन में कठिनाई होती है तो वहां पर राज्य स्थापित करने में कठिनाई होगी। किन्तु यातायात और संदेशवहन के आधुनिक साधनों से आज करोड़ों की जनसंख्या होने पर भी राज्य बनाने में कोई कठिनाई नहीं होती जबकि प्लेटो ने आदर्श राज्य के नागरिकों की संख्या 5000 मानी थी। आधुनिक राज्य में हर समय बहुत से विदेशी और बाहर से आने-जाने वाले लोग रहने के कारण जनता का निश्चित करना कठिन हो जाता है। फिर भी सामान्य रूप से अरस्तु द्वारा दी गयी कसौटी आज भी लागू होती है। जनसंख्या ही राज्य की प्रकृति को निश्चित करती है। अस्तु, अच्छे राज्य की स्थापना के लिये जनता भी शारीरिक, मानसिक, सांस्कृतिक सभी दृष्टि से उन्नत होनी चाहिये।

(2) निश्चित भूभाग (Definite territory)–जनसंख्या के समान ही राज्य का एक आधारभूत तत्त्व निश्चित भूभाग है क्योंकि जनसंख्या आखिर किसी भूखण्ड पर ही रहती है। अरस्तु ने कहा था कि राज्य का उद्देश्य आत्मनिर्भर और स्वावलम्बी जीवन है। यह तभी हो सकता है जबकि राज्य के पास अपनी भूमि हो। यह भूमि इतनी होनी चाहिये कि जनसंख्या आर्थिक रूप में आत्म निर्भर हो सके और सुरक्षित रह सके। भूमि तत्त्व में देश के खनिज पदार्थ, पर्वत, नदियां, समुद्र तट, खाड़ियां, जलवायु, रेगिस्तान और उपजाऊ

---

1. "The state is a territorial society divided into government and subject, claiming within its alloted physical area a supremacy over all other institutions."

—Prof. Laski.

2. "The number should be large enough to be self-sufficient and small enough to be well governed."

—Aristotle

भूमि, समस्त भौगोलिक प्रदेश सम्मिलित होता है। प्रत्येक राज्य के लिये प्रथक भूखण्ड आवश्यक है जब तक कि कुछ राज्यों ने मिलकर संघात्मक शासन न बना लिया हो। अस्तु, जेलीनेक ने ठीक ही लिखा है कि "एक ही प्रदेश पर दो या अधिक राज्यों का सह अस्तित्त्व हितों और अधिकार क्षेत्र के संघर्ष के कारण निरन्तर युद्ध की स्थिति उत्पन्न करता है।"[1] यह कथन कम से कम स्वतन्त्र राज्य के लिये अवश्य ही सही है।

(3) सरकार (Government)–राजशास्त्र में सरकार का विशेष रूप से अध्ययन किया जाता है क्योंकि सरकार राज्य का एक आवश्यक तत्त्व है। इसकी परिभाषा करते हुये गिलक्राइस्ट ने लिखा है, "सरकार राज्य की व्यावहारिक अभिव्यक्ति और उसके लिये आवश्यक संगठन है।"[2] सरकार ही राज्य को चलाती है। राज्य अदृश्य और सरकार मूर्त है। सरकार ही राज्य के उद्देश्यों को प्राप्त करने का साधन है। भिन्न परिस्थितियों के अनुसार देशों में भिन्न-भिन्न प्रकार की सरकार हो सकती है किन्तु शासन के लिये सरकार होना आवश्यक है। गार्नर के शब्दों में, "सरकार ही वह साधन अथवा यंत्र है जिसके द्वारा सामान्य नीतियां निश्चित की जाती हैं और उसके द्वारा सामान्य मामले नियमित किये जाते हैं तथा सामान्य हितों की उन्नति की जाती है.... सरकार के बिना जनसंख्या एक असमन्वित, असंगठित और अराजक जनसमूह होगा जिसके पास सामूहिक कार्य के लिये कोई भी साधन नहीं होगा।"[3]

(4) प्रभुसत्ता (Sovereignty)–सरकार प्रभुसत्ता सम्पन्न होनी चाहिये। राज्य कहलाने के लिये राजनैतिक समुदाय को आन्तरिक और बाहरी मामलों में पूर्ण प्रभुसत्ता प्राप्त होनी चाहिये। लास्की के अनुसार, "प्रभुसत्ता के अधिकार के कारण ही राज्य अन्य प्रकार की मानव समितियों से भिन्न माना जाता है।"[4] राज्य में जितनी भी समितियाँ और संस्थायें होती हैं उन सब पर राज्य का अधिकार होता है। किन्तु राज्य पर किसी का अधिकार नहीं होता, उसमें सर्वोच्च प्रभुसत्ता होती है। बोदाँ के शब्दों में, "यह नागरिकों और प्रजा के ऊपर परम शक्ति है जो कानून से नियमित नहीं है।" इसी बात को दूसरे शब्दों में रखते हुए गैटिल ने कहा है, "राजसत्ता ही राज्य का असली तत्त्व है। राज्य के अन्दर यह सबके ऊपर है। राज्य के बाहर इसका अर्थ है कि यह अन्य राज्यों के आधीन नहीं है।" इससे यह नहीं समझा जाना चाहिये कि राज्य पर आन्तरिक अथवा बाहरी किसी प्रकार का कोई

---

1. "The co-existence of two or more states on the same territory produces a continued state of war by reason of the conflict of interest and of jurisdiction."
—Jellinek.

2. "Government is the practical manifestation and organisation of the state and essential to it."
—Gilchrist.

3. "Government is the agency or machinery through which common policies are determined and by which common affairs are regulated and common interests promoted...without governments the population would be an incoherent, unorganised, anarchic mass with no means of collective action."
—Garner.

4. "It is by the possession of sovereignty that the state is distinguished from all other form of human association."
—Laski.

बन्धन नहीं होता। आन्तरिक दृष्टि से राज्य पर जनता के कल्याण का बन्धन होता है यद्यपि यह बन्धन उसने स्वयं अपने ऊपर लगाया है। इसी प्रकार बाहरी मामलों में भी राज्य पर अन्तर्राष्ट्रीय कानूनों और परम्पराओं का बन्धन होता है यद्यपि यह बन्धन भी विभिन्न राज्य परस्पर सहमति से लगाते हैं। आन्तरिक क्षेत्र में विदेशियों पर राज्य का सीमित नियन्त्रण होता है। बाहरी क्षेत्र में अन्तर्राष्ट्रीय कानून के अनुसार राज्य की प्रभुसत्ता सीमित होती है किन्तु इन आन्तरिक और बाह्य सीमाओं से राज्य की प्रभुसत्ता पर कोई विशेष प्रभाव नहीं पड़ता।

उपरोक्त चारों आधारभूत तत्त्वों के अतिरिक्त कुछ राजशास्त्रियों ने राज्य के लिये अन्य तत्त्व भी आवश्यक माने हैं। उदाहरण के लिये अन्य राज्यों द्वारा मान्यता मिले बिना कोई भी नवोदित राजनैतिक समुदाय राज्य नहीं कहलाता। इसी कारण बांगला देश बनने के बाद उसके लिये अन्य राज्यों द्वारा दी गयी मान्यता इतनी अधिक आवश्यक मानी गयी थी। इस मान्यता से नवोदित राज्य अन्तर्राष्ट्रीय कानूनों की दृष्टि में अन्य राज्यों के समान मान लिया जाता है। इसी प्रकार कुछ राजशास्त्री स्थायित्व को राज्य की एक आवश्यक विशेषता मानते हैं। स्मरण रहे कि सरकार बदलने के साथ राज्य नहीं बदलता। आधुनिक काल में राज्य स्थायी होता है।

राज्य और सरकार

फ्रांस का सम्राट लुई चौदहवाँ कहा करता था कि, "मैं राज्य हूं।" (I am the State) उसके इस कथन में राज्य और सरकार में अन्तर नहीं किया गया था। वास्तव में सरकार, चाहे वह राजतन्त्र हो जनतन्त्र, उसे राज्य नहीं कहा जा सकता। इसको समझने के लिये राज्य और सरकार में अन्तर करना आवश्यक है। संक्षेप में इन दोनों में मुख्य अन्तर निम्नलिखित हैं:—

(1) राज्य अमूर्त और सरकार मूर्त है—राज्य का कोई स्थूल रूप नहीं है, दूसरी ओर सरकार स्थूल संगठन है, उसका एक मूर्त रूप है।

(2) राज्य साध्य और सरकार साधन है—रूसो ने लिखा है "सरकार एक जीवित यन्त्र है जिसके माध्यम से राज्य का संकल्प निश्चित किया जाता है, अभिव्यक्त किया जाता है, और पूर्ण किया जाता है।"[1] इस प्रकार राज्य साध्य और सरकार साधन है। सरकार का लक्ष्य राज्य के उद्देश्यों को पूरा करना है।"[2]

(3) सरकार में राज्य से कम सदस्य होते हैं—राज्य की समस्त जनता सरकार में नहीं आती। उसमें केवल वे ही लोग गिने जाते हैं जिनका शासन से सम्बन्ध होता है। गार्नर के शब्दों में, "सरकार उस साधन, न्याय व्यवस्था, संगठन का सामूहिक नाम है जिसके द्वारा राज्य का संकल्प निश्चित किया जाता है, अभिव्यक्त किया जाता है और प्राप्त

---

1. "Government is a living tool by which the will of the state is formulated, expressed and realized."
—Rousseau.
2. "It exists to carry out the purposes of the state. It is not itself the supreme coercive power. It is simply the mechanism of administration which gives effect to the purpose of that power."
—Laski.

किया जाता है।"[1] स्पष्ट है कि सरकार के सदस्यों की संख्या राज्य से बहुत कम होती है। सरकार में शासक आते हैं जबकि राज्य में शासक और शासित दोनों होते हैं।

(4) राज्य के लिये भूभाग आवश्यक है किन्तु सरकार के लिये नहीं – राज्य के लिये एक निश्चित भूखण्ड आवश्यक है किन्तु सरकार इसके बिना भी हो सकती है। उदाहरण के लिये विदेशों में बनी सरकार के पास कोई निश्चित भूखण्ड नहीं होता।

(5) राज्य स्थायी और सरकार अस्थायी है—कहा गया है कि, "सरकार आती और जाती रहती है, परन्तु राज्य सदैव बने रहते हैं।" राज्य स्थायी और अमर होता है जबकि सरकार अस्थायी और परिवर्तनशील होती है। सरकार बदलने के साथ-साथ राज्य नहीं बदलते।

(6) परिवर्तनशीलता का अन्तर—उपरोक्त विवेचन से स्पष्ट है कि जब कि राज्य लगभग अपरिवर्तित रहता है, सरकार निरन्तर बदलती रहती है। प्रत्येक देश में ऐतिहासिक काल में सरकार बदलती रही है।

(7) शक्ति के स्वरूप का अन्तर—राज्य की शक्ति मौलिक होती है। उसमें सर्वोच्च प्रभुसत्ता होती है। सरकार को यह शक्ति राज्य से मिलती है। उसके पास अपनी कोई मौलिक शक्ति नहीं होती।

उपरोक्त विवेचन से राज्य और सरकार का अन्तर स्पष्ट होता है किन्तु इनसे इन दोनों का घनिष्ठ सम्बन्ध नहीं भुला देना चाहिये। वास्तव में यह अन्तर केवल सैद्धान्तिक अन्तर है, व्यवहार में सरकार राज्य का एक आवश्यक अंग है। दोनों में से कोई भी एक दूसरे के बिना नहीं रह सकते।

राज्य और समाज

राज्य और समाज में निम्नलिखित अन्तर से उनका भेद स्पष्ट होता है–

(1) व्यापकता का अन्तर—राज्य की तुलना में समाज अधिक व्यापक प्रत्यय है, यद्यपि प्लेटो और अरस्तु ने राज्य और समाज में अन्तर नहीं किया है। समाज में सामाजिक, आर्थिक, धार्मिक, सांस्कृतिक, राजनैतिक सभी प्रकार के मानव सम्बन्ध आ जाते हैं। उसमें शासक और शासित सभी सम्मिलित हैं। दूसरी ओर राज्य में केवल राजनैतिक सम्बन्ध आते हैं। इस प्रकार राज्य समाज से सीमित है और समाज राज्य से अधिक व्यापक है।

(2) संगठन के आधार में अन्तर—बारकर ने लिखा है, "समाज का क्षेत्र ऐच्छिक सहयोग है, उसकी शक्ति शुभ संकल्प है, उसकी प्रणाली लचीली है जब कि राज्य का क्षेत्र यांत्रिक कार्य का क्षेत्र है, उसकी शक्ति भौतिक है, उसकी प्रणाली कठोर है"[2]

---

1. "The government is the collective name for the agency, magistracy, organisation through which will of the state is formulated, expressed and realized." —Garner.
2. "The area of society is voluntary co-operation, its energy that of goodwill, its method that of elasticity while the area of the State is that of mechanical action, its energy force, its method rigidity." —Barker.

इस प्रकार राज्य और समाज के संगठन के आधार में स्पष्ट अन्तर दिखलायी पड़ता है। समाज का संगठन सामाजिक और राज्य का संगठन राजनैतिक होता है।

(3) **नियमों का अन्तर**—राज्य के नियम समाज के नियमों से भिन्न होते हैं। उनके पीछे दण्ड और कानून की व्यवस्था होती है। अस्तु, उनमें अधिक बाध्यता होती है। दूसरी ओर समाज के नियम बहुधा परम्पराओं और रीति-रिवाजों से बनते हैं। उनका पालन न करने से लोक-निन्दा का भय होता है परन्तु कोई दण्ड नहीं मिलता। जहाँ कुछ लोग निन्दा से डरकर समाज के नियमों का राज्य के नियमों से भी अधिक सम्मान करते हैं वहाँ अधिकतर लोग राज्य के नियमों से ही डरते हैं जब कि समाज के नियमों से नहीं डरते।

(4) **सत्ता सम्बन्धी अन्तर**—समाज में जनमत की सत्ता होती है जिसका कोई विशेष प्रभाव नहीं होता। दूसरी ओर राज्य के पास राजनैतिक शक्ति होती है जिससे वह नागरिकों को आज्ञा पालन करने के लिये मजबूर कर सकता है।

(5) **भूखण्ड सम्बन्धी अन्तर**—समाज के लिये भूखण्ड का निश्चित होना आवश्यक नहीं है। समाज लगभग सारे संसार में फैले हुये हैं, किन्तु राज्य के लिये निश्चित भूखण्ड आवश्यक है।

(6) **क्षेत्र सम्बन्धी अन्तर**—समाज के क्षेत्र में मनुष्य का समस्त जीवन आ जाता है जबकि राज्य का क्षेत्र इतना व्यापक नहीं है। व्यक्ति राज्य के बिना भी रह सकता है किन्तु वह समाज से अलग नहीं रह सकता।

(7) **काल सम्बन्धी अन्तर**—ऐतिहासिक काल की दृष्टि से समाज राज्य के पहले था। राज्य का जन्म होने से पहले भी मनुष्य किसी न किसी प्रकार के समाज में रहता था। मैकाइवर के शब्दों में, ''प्रारम्भिक अवस्थाओं में, शिकारियों, मछुओं और जड़ खोदने वालों अथवा फल एकत्रित करने वालों में ऐसे सामाजिक समूह थे जो कि राज्य के विषय में लगभग कुछ भी नहीं जानते थे। आज भी कुछ ऐसे सरल लोग हैं जैसे कि एस्किमो लोगों के कुछ समूह, जिनमें कोई भी ज्ञात राजनैतिक संगठन नहीं है।''[1]

(8) **निश्चित अर्थ सम्बन्धी अन्तर**—समाज शब्द को अनेक अर्थों में प्रयोग किया गया है जैसे आर्य समाज, शिष्ट समाज अथवा सामान्य समाज इत्यादि किन्तु दूसरी ओर राज्य शब्द का प्रयोग निश्चित और स्पष्ट अर्थों में ही होता रहा है। राज्य और समाज दोनों के अर्थों में स्पष्ट भेद है।

(9) **उद्देश्य सम्बन्धी अन्तर**—समाज के उद्देश्य राज्य से कहीं अधिक व्यापक होते हैं। उसमें सभी प्रकार के मानव सम्बन्ध आ जाते हैं किन्तु राज्य का उद्देश्य राजनैतिक ही होता है। राज्य का अधिकार क्षेत्र समाज से कहीं अधिक सीमित होता है।

---

1. "In the earliest phases, among hunters, fishers, root-diggers and fruit-gatherers there have been social groups which knew nothing or almost nothing for the state. Today there remain simple peoples, such as certain groups of Eskimos, which have no recognisable political organisation."

—MacIver.

(10) सदस्यता सम्बन्धी अन्तर—समाज की सदस्यता जान-बूझकर और इच्छानुसार प्राप्त की जाती है किन्तु प्रत्येक व्यक्ति के लिये किसी न किसी राज्य का सदस्य होना आवश्यक है। समाज एक ऐच्छिक और राज्य अनिवार्य संगठन है। पहले का आधार सहयोग और दूसरे का बल प्रयोग है।

(11) सदस्यता की प्रकृति का अन्तर—कोई भी मनुष्य चाहे वह दुनियाँ में कहीं भी रहे अपने समाज को नहीं छोड़ सकता। किन्तु लोग एक राज्य की नागरिकता प्राप्त कर सकते हैं।

(12) व्यापकता का अन्तर—एक राज्य में कई समाज हो सकते हैं जब कि बहुधा एक समाज मे कई राज्य नहीं होते।

उपरोक्त अन्तर के बावजूद राज्य और समाज दोनों एक दूसरे के लिये अत्यन्त आवश्यक हैं। बारकर ने लिखा है, ''समाज राज्य के द्वारा संगठित रहता है और यदि वह इस प्रकार संगठित न होता तो वह अस्तित्व में नहीं रह सकता था।'' राज्य और समाज का घनिष्ठ सम्बन्ध उनकी निम्नलिखित विशेषताओं से भी स्पष्ट होता है—

(1) राज्य और समाज दोनों ही मनुष्यों के समुदाय हैं।

(2) दोनों का उद्देश्य मनुष्यों का कल्याण साधन करना है।

(3) राज्य और समाज दोनों ही स्वाभाविक हैं।

(4) राज्य और समाज दोनों ही का इतिहास अत्यन्त प्राचीन है।

(5) राज्य और समाज दोनों क्रमशः विकास के परिणाम हैं।

राज्य और समुदाय

बहुत से लोग राज्य को एक समुदाय मान बैठते हैं। परन्तु राज्य समुदाय का केवल एक राजनैतिक संगठन है। समुदाय राज्य के अधिक व्यापक होता है। जी॰ डी॰ एच॰ कोल ने समुदाय की परिभाषा करते हुए लिखा है, ''समुदाय से मेरा तात्पर्य सामाजिक जीवन के एक जाल से है, एक ऐसा जाल जिसमे सामाजिक सम्बन्धों की व्यवस्थाओं में साथ-साथ रहने वाले, एक सामान्य, परन्तु लगातार बदलते हुए रूढ़ियों, प्रथाओं, परम्पराओं के समूह से आपस में बंधे हुये और कुछ सीमा तक सामान्य सामाजिक लक्ष्यों और हितों के प्रति चेतन बहुत से मानव प्राणी सम्मिलित हैं।''[1] राजनीतिशास्त्र के इसी विद्वान ने राज्य की परिभाषा इस प्रकार की है, ''राज्य एक साधन है जो विशेष मानव समाज को बाहरी तथा आन्तरिक दोनों सम्बन्धों में एक संश्लिष्ट निकाय (Corporate Body) के रूप में संगठित करता है।'' इस प्रकार वास्तव में राज्य समुदाय का एक साधन है। उनको समुदाय का अंग कहा जा सकता है। वह कुछ विशेष उद्देश्यों की पूर्ति के लिये बनाया जाता है।

---

1. "By Community I mean a complex of social life, a complex including a a number of human beings living together under conditions of social relationships, bound together by a common, however constantly changing stock of conventions, customs and traditions and conscious to some extent of common social objects and interest."
—G.D.H. Cole.

राज्य समुदाय की अपेक्षा बहुत अधिक सीमित है। यह सत्य है कि वह सामाजिक कार्यों और सम्बन्धों के एक बड़े भाग का नियन्त्रण करता है, परन्तु फिर भी मानव जीवन के बहुत से पक्ष उसके बाहर छूट जाते हैं। सामुदायिक जीवन नागरिक जीवन से कहीं अधिक विशाल है। समुदाय में व्यक्ति राज्य के अतिरिक्त अन्य भी बहुत-सी समितियों का सदस्य होता है। राज्य के नियम व्यक्ति के जीवन के बहुत थोड़े अंग का नियन्त्रण करते हैं। मैकाइवर ने लिखा है, "सामाजिक प्राणी होने के नाते हम केवल एक राज्य के नागरिक से बहुत अधिक हैं। हम बहुत-से सामाजिक सम्बन्ध स्थापित करते हैं, अनेक सामाजिक कार्य करते हैं और यह सब एक राज्य के सदस्यों के रूप में नहीं बल्कि सामाजिक प्राणियों के रूप में, चर्च के, क्लबों के अथवा अन्य समूहों के सदस्यों के रूप में करते हैं।"[1] आत्म चेतन प्राणी होने के नाते व्यक्ति स्वतन्त्र रूप से विचार करता है और आत्म विकास के प्रयत्न करता है। व्यक्ति नागरिक से अधिक सामाजिक प्रणी के रूप में रहता है। उसका यह आत्म चेतन स्वरूप ही सबसे अधिक व्यापक है।

वास्तव में राज्य एक समिति है यद्यपि उसमें और अन्य सामान्य समितियों में मौलिक भेद हैं। राज्य को यहाँ इस अर्थ में समिति कहा जा रहा है कि उसकी स्थापना कुछ निश्चित उद्देश्यों को लेकर की जाती है। उसके कुछ विशेष कार्य हैं। न वह सारे काम कर सकता है, न वह व्यक्ति पर सर्वाधिकार ही रखता है। राज्य के अतिरिक्त समाज में अन्य भी समितियाँ हैं जिनका स्थान राज्य नहीं ले सकता, जिनके कामों को करने के लिये राज्य न उपयुक्त है और न समर्थ ही है। जर्मनी तथा इटली आदि कुछ देशों में राज्य को सर्वाधिकार सौंप दिये गये थे परन्तु वह प्रयोग सफल न हो सका। मैकाइवर ने ठीक ही लिखा है कि, "राज्य केवल जीवन के बाहरी पक्ष की ही अच्छी तरह देखभाल कर सकता है। सब बातों के बावजूद वह किन्हीं भी दशाओं में ऐसे सांस्कृतिक संगठनों के स्थान की पूर्ति नहीं कर सकता जो समाज के विभिन्न समूहों के भिन्न-भिन्न विश्वासों, मतों, हितों और आदर्शों की अभिव्यक्ति करते हैं।"[2] वास्तव में राज्य एक राजनैतिक समिति (Political Association) है जिसका उद्देश्य समुदाय में शान्ति और सुव्यवस्था बनाये रखना और जीवन का स्तर ऊँचा उठाना है तथा ऐसी परिस्थितियाँ बनाये रखना है जिनमें प्रत्येक नागरिक का स्वतन्त्र सर्वांगीण विकास हो सके। धार्मिक, नैतिक, आर्थिक, सामाजिक तथा मनोवैज्ञानिक आदि ऐसे कितने ही काम हैं जिनको राज्य नहीं कर सकता। जर्मनी का सर्वाधिकारी राज्य भी चर्च का काम अपने हाथ में नहीं ले सका।

इस प्रकार राज्य स्वयं साध्य नहीं है। वह एक साधन है जिसको समाज और व्यक्ति की सेवा के लिये उस पर शासन करने के अधिकार दिये जाते हैं। जब राज्य व्यक्ति के

---

1. "As social beings, we are more than merely citizens of state. We enter into many relationships, we carry on many social activities, not as members of state but as social beings, as friends or lovers, as members of families, of churches, of clubs, or other groups."
—MacIver.

2. "The State can effectively supervise only the external aspects of life. Beyond all else, it cannot under any conditions be a substitute for those cultural organisations which express the variant beliefs, opinions of modern interests and ideals of the diversified groups of society.
—MacIver.

लिये उपयोगी न रह जायेगा तब उसकी आवश्यकता भी समाप्त हो जायेगी। इंगेल्स के अनुसार उस दशा में राज्य स्वयं समाप्त हो जायेगा। मार्क्स, इंगेल्स, गाँधी, क्रोपाटकिन, टालस्टॉय, श्री अरविन्द आदि कितने ही विचारकों ने समाज की आदर्श व्यवस्था में राज्य को व्यर्थ माना है। राज्य की उत्पत्ति के सिद्धान्त भी इस विचार का समर्थन करते हैं कि राज्य साधन है साध्य नहीं। साध्य व्यक्ति और समाज का सर्वांगीण विकास है। राष्ट्र को अधिकार व्यक्ति और समाज से मिलते हैं। वह इसलिये शासन करता है, क्योंकि उसको ऐसा करने के लिये ही बनाया गया है। वह राष्ट्रीय सम्पत्ति तथा प्राकृतिक सम्पत्ति का दुरुपयोग करने, व्यवस्था और शान्ति रखने, बाहरी आक्रमणों से देश की रक्षा करने, शिक्षा, स्वास्थ्य रक्षा, आवागमन और संचार के साधनों आदि का प्रबन्ध करने तथा ऐसे ही अन्य अनेक कार्यों के लिये बनाया जाता है। वह अन्य समितियों को समाप्त नहीं करता बल्कि उनको नियमित रखता और प्रोत्साहित करता है: रूस जैसे सर्वाधिकारी राज्य ने परिवार के कामों को बिल्कुल नहीं छुआ है। जर्मनी में राज्य चर्च पर कभी विजय नहीं पा सका। शूमैन ने लिखा है, "चर्च और चर्च में ही नाजी अधिनायकवाद ने अपने निरपेक्ष दावों में एक अजेय विघ्न पाया।"[1] वास्तव में अच्छा राज्य वही है जो कि समुदाय के हित को लक्ष्य बनाकर उसके साधन में लगा रहे। समुदाय का हित साधन न करने पर वह व्यर्थ है और राज्य क्रांतियों द्वारा उलट दिया जाता है। मैकाइवर के शब्दों में, "अधिक से अधिक इसको (राज्य को) समुदाय का एक साधन माना जा सकता है जिसके कार्य बहुत व्यापक और महत्त्वपूर्ण हैं, परन्तु फिर भी सीमित हैं।"[2] राज्य व्यक्ति और समाज के सर्वांगीण विकास का साधन है।

राज्य और देश

देश से तात्पर्य भौगोलिक सीमाओं में बंधे हुये भूखण्ड से है। उसमें भूखण्ड के पहाड़, जंगल, झील, नदी नाले, सागर आदि आते हैं। भारत एक देश है जिसके उत्तर में हिमालय, दक्षिण में हिन्द महासागर, पूर्व में बंगाल की खाड़ी और पश्चिम में अरब सागर है। देश में किसी प्रकार का संगठन होना अनिवार्य नहीं है। उसमें कई राज्य हो सकते हैं। राज्य में संगठन और प्रभुता पायी जाती है। इस प्रकार राज्य और देश में स्पष्ट अन्तर है। राज्य के निर्माण के लिये देश आवश्यक है किन्तु इसके अतिरिक्त उसमें जनता, सरकार और प्रभुसत्ता का होना भी आवश्यक है।

राज्य और संस्था

संस्था जन-रीतियों, रूढ़ियों और विधियों का एक संगठित रूप है जो एक प्रतीक और कुछ निश्चित उद्देश्य रखती है, जिसमें कुछ नियम और एक नियम-पद्धति होती है, जो मनुष्यों की सामूहिक क्रियाओं पर निर्भर है और उनको नियन्त्रित करने का एक अधिक

---

1. "In the church and in the church alone, the Nazi dictatorship has found an insuperable obstacle to its absolutistic pretensions." —Schuman, F.L.
2. "It is best conceived of as an agency of the community with very broad and important functions, but nevertheless limited." —MacIver.

स्थिर यद्यपि अमूर्त साधन है। संस्था की इस परिभाषा से स्पष्ट है कि उसमें कुछ निश्चित उद्देश्य, नियम पद्धति, सामूहिक क्रियायें, नियन्त्रण के साधन, आवश्यकताओं की पूर्ति और उद्देश्य पाये जाते हैं। इसका उदाहरण परिवार और विवाह की संस्थायें हैं। संस्था के सामाजिक महत्त्व के विषय में मैकाइवर ने लिखा है, "यह सांस्कृतिक तत्त्वों को एक पीढ़ी से दूसरी पीढ़ी को पहुंचाती है, मनुष्य के व्यवहारों में एकता लाती है, उसके आचरणों को नियंत्रित करती है तथा परिस्थितियों के अनुसार मनुष्य को निर्देशित करती है।" संस्था के सम्बन्ध में इस विवरण से राज्य से उसका अन्तर स्पष्ट अन्तर है। राज्य को राजनैतिक संस्था माना जाता है किन्तु अन्य संस्थाओं की तुलना में उसमें निश्चित भूखण्ड, सरकार और प्रभुसत्ता सम्बन्धी स्पष्ट अन्तर है। अन्य संस्थाओं में ये तत्त्व नहीं मिलते। राज्य समस्त संस्थाओं का नियन्त्रण करता है और उनमें परिवर्तन कर सकता है जब कि संस्थाओं के नियम राज्य को विशेष प्रभावित नहीं कर सकते।

राज्य की प्रकृति

भिन्न-भिन्न राजशास्त्रियों ने राज्य की प्रकृति के विषय में भिन्न-भिन्न विचार उपस्थित किये हैं। इनमें से अधिकतर विचार राज्य की प्रकृति को विशेष दृष्टिकोण से भी स्पष्ट करते हैं। किसी भी विचार से राज्य की सम्पूर्ण प्रकृति का पता नहीं चलता। संक्षेप में राज्य की प्रकृति के विषय में विभिन्न सिद्धान्त निम्नलिखित हैं—

(1) राज्य स्वयं ही एक साध्य है—सर्वाधिकारवादी (Totalitarians) राजशास्त्री राज्य को स्वयं साध्य मानते हैं। नाजी जर्मनी और फात्सी इटली में राज्य की प्रकृति के विषय में यही विचार प्रचलित था। मुसोलिनी के शब्दों में, "सब कुछ राज्य के अन्दर है, राज्य के बाहर कुछ नहीं है, राज्य के विरुद्ध कुछ नहीं हो सकता। व्यक्ति का कर्त्तव्य विश्वास करना, आज्ञा पालन करना और लड़ना है।"[1] इस प्रकार यह दृष्टिकोण राज्य को सर्वशक्तिमान मानता है। इससे व्यक्ति पर भारी अत्याचार होता है। आधुनिक विचारक राज्य की प्रकृति के विषय में इस दृष्टिकोण को नहीं मानते।

(2) राज्य एक शक्ति व्यवस्था है—मैकियावली राज्य को शक्ति मानता था। ट्रीटस्के ने लिखा हे, "राज्य शक्ति है, इसलिये उसके आगे झुको और उसकी पूजा करो।"[2] राज्य को शक्ति मानने से उसमें व्यक्ति के सहयोग का महत्त्व कम हो जाता है। इसीलिये टी० एच० ग्रीन ने ठीक ही कहा है कि "शक्ति नहीं बल्कि संकल्प ही राज्य का आधार है।"[3] आधुनिक विचारक राज्य को शक्ति नहीं मानते बल्कि उसे नागरिकों के स्वतन्त्र संकल्प का परिणाम मानते हैं। वह समुदाय के कल्याण का साधन है।

---

1. "All within the State, none outside the State, none against State. The duty of an individual is to believe, to obey and to fight."
—Mussolini.
2. "The State is power, therefore fall down and worship it."
—Trietsche.
3. "Will, not force, is the basis of the State." —T.H. Green.

(3) राज्य एक वर्ग संगठन है—ओपनहीमर ने राज्य को वर्ग संगठन माना है। कार्ल मार्क्स ने लिखा था, "राज्य अमीरों द्वारा गरीबों के शोषण के लिये एक साधन है।"[1] इस दृष्टिकोण से राज्य समाज में एक विशेष वर्ग की संस्था है और उसी के उद्देश्यों को पूरा करती है। आधुनिक विचारक राज्य की प्रकृति के विषय में इस दृष्टिकोण से सहमत नहीं हैं।

(4) राज्य एक आवश्यक बुराई है—व्यक्तिवादी विचारक राज्य को एक आवश्यक बुराई मानते हैं। उनके अनुसार राज्य कदम-कदम पर व्यक्ति की स्वतन्त्रता में बाधक है और इसलिये एक बुराई है किन्तु चूँकि राज्य की शक्ति के बिना नागरिक जीवन सम्भव नहीं है इसलिये पुलिस के सिपाही के रूप में उसका होना आवश्यक है। उसके कार्य बाहरी आक्रमण से रक्षा करना, आन्तरिक शान्ति बनाये रखना और न्याय की व्यवस्था करना है। व्यक्तिवादियों के इस दृष्टिकोण के विरुद्ध आधुनिक राजशास्त्री राज्य को सभ्य जीवन की प्रथम आवश्यकता मानते हैं।

(5) राज्य एक विशुद्ध बुराई है—अराजकतावादी विचारक राज्य को एक विशुद्ध और अनावश्यक बुराई मानते हैं। उनका कहना है कि राज्य सब प्रकार से हानिकारक है। इनमें से कुछ लोग राज्य को तुरन्त समाप्त कर देना चाहते हैं। अन्य लोगों का विचार है कि जैसे-जैसे मनुष्यों का नैतिक विकास होता जायेगा राज्य की आवश्यकता समाप्त होती जायेगी। रूसी विचारक प्रिंस क्रोपाटकिन ने इसी प्रकार के विचार उपस्थित किये हैं। राज्य की प्रकृति के विषय में यह दृष्टिकोण वास्तविकता पर आधारित नहीं है। आधुनिक राज्य कल्याणकारी राज्य है और इस लिये उसे बुराई नहीं कहा जा सकता।

(6) कल्याणकारी राज्य—आधुनिक विचारक राज्य की प्रकृति के विषय में जनतन्त्रीय आदर्शों से प्रभावित हैं। इस दृष्टि से राज्य कल्याणकारी राजनैतिक संस्था है।

राज्य और शिक्षा

राज्य के अधिकारों के सम्बन्ध में विभिन्न विचारधाराओं में कल्याणकारी राज्य की धारणा मध्य स्थान ग्रहण करती है। आधुनिक काल में राज्य कल्याणकारी माने जाते हैं अर्थात उनका उद्देश्य नागरिकों का सब प्रकार से कल्याण करना है। इसके लिए राज्य के द्वारा उच्च स्तर की शिक्षा का प्रबन्ध किया जाना चाहिए। जिन क्षेत्रों में जनता की ओर से विद्यालय न हों वहाँ पर राज्य की ओर से खोले जाने चाहिएं। नागरिकों के कल्याण के लिये राज्य को शिक्षा के क्षेत्र में कुछ नियन्त्रण करने का भी अधिकार है। उदाहरण के लिये वह माता-पिता को बालकों को अनिवार्य रूप से विद्यालय में भेजने के लिये बाध्य कर सकता है। सरकारी नियन्त्रण के साथ-साथ सरकारी सहायता भी आवश्यक है। राज्य की ओर से अनिवार्य और सार्वभौम प्रारम्भिक शिक्षा का प्रबन्ध होना चाहिए। विद्यार्थियों के लिये अच्छी पाठ्य पुस्तकों की पूर्ति का प्रबन्ध बनाए रखना चाहिये। राज्य शिक्षा व्यवस्था के खर्चे के लिए पैसा एकत्रित करने के हेतु जनता पर कर भी लगा सकता है।

---

1. "State is an agency for the exploitation of the poor by the rich."

—Karl Marx.

वह सरकारी और गैर सरकारी विद्यालयों के पाठ्यक्रम निर्धारित करने में भी हस्तक्षेप कर सकता है। शिक्षा के क्षेत्र में राज्य के इस योगदान का कुछ अराजकतावादी अथवा व्यक्तिवादी एकाँगी विचारक भले ही विरोध करें किन्तु वास्तविकता यह है कि राज्य की सहायता के बिना केवल जनता के प्रयास मात्र से शिक्षा का अभियान पूरा नहीं हो सकता। इस विषय में एक संतुलित निष्कर्ष उपस्थित करते हुए रेमाण्ट ने ठीक ही लिखा है, "हम देखते हैं कि एक सभ्य समुदाय में काम करने वाले अन्य उपयोगी प्रभावों के समान शिक्षा भी इन तीन में से किसी भी अथवा सभी साधनों से चलाई जा सकती है, पहले लाभ की दृष्टि से ऐच्छिक प्रयासों के द्वारा, दूसरे, परोपकारवादी अथवा धार्मिक प्रेरणाओं से उत्पन्न ऐच्छिक प्रयास के द्वारा, तीसरे, राज्य के साधन के द्वारा।"[1]

शैक्षिक नियन्त्रण की सीमा

शिक्षा के क्षेत्र में राज्य द्वारा नियन्त्रण अनिवार्य मान लेने के बाद अब एक प्रश्न यह रह जाता है कि राज्य द्वारा शैक्षिक-नियन्त्रण की क्या सीमा होनी चाहिए। ऐतिहासिक दृष्टि से लगभग प्रत्येक समाज में शिक्षा व्यवस्था अनेक प्रकार के साधनों के द्वारा होती रही है। एक ओर व्यावसायिक लाभ की दृष्टि से विद्यालय खोले जाते हैं तो दूसरी ओर अनेक दान संस्थायें और धर्मसंस्थायें भिन्न-भिन्न विद्यालयों की स्थापना करती हैं। इन विद्यालयों के अतिरिक्त लगभग सभी देशों में राज्य की ओर से स्थापित विद्यालय पाए जाते हैं। शिक्षा के क्षेत्र में राज्य के नियन्त्रण का विरोध करने वाले विचारक जे० एस० मिल ने भी यह माना है कि राज्य को आदर्श विद्यालय स्थापित करने के लिए जनता को इस क्षेत्र में प्रयास करने के लिए प्रोत्साहित करना चाहिए। मिल राज्य द्वारा शिक्षा के नियन्त्रण के इसलिये विरुद्ध है क्योंकि इससे राज्य अपनी विशिष्ट विचारधारा के अनुसार जनता के विचारों का नियन्त्रण करने का प्रयास करता है। मिल का यह विचार सर्वथा निराधार नहीं है। अनेक साम्यवादी देशों में शिक्षा के माध्यम से नई पीढ़ी के लोगों के मस्तिष्कों में बराबर साम्यवादी विचारधारा भरने का प्रयास किया जाता है। सर्वाधिकारवादी राज्यों में शासकगण विद्यालयों पर नियन्त्रण करके सरकारी विचारधारा को बालक-बालिकाओं के मन में भरने का प्रयास करते हैं। यह सर्वथा अनुचित है। वास्तव में शिक्षा के क्षेत्र में राज्य का नियन्त्रण होता ही इसलिये है कि उससे जनता की राजनैतिक और सामाजिक स्वतन्त्रता कायम रहे जोकि व्यक्ति के उन्मुक्त विकास के लिये आवश्यक है। दूसरे, राज्य के पास व्यापक आर्थिक साधन और शक्ति होती है जिससे वह बड़े पैमाने पर शिक्षा का प्रबन्ध कर सकता है। संक्षेप में, शिक्षा के क्षेत्र में राज्य का नियन्त्रण इस आदर्श से प्रेरित होना चाहिये कि नागरिकों की स्वतन्त्रता में कम से कम हस्तक्षेप हो। कल्याणकारी राज्य में इसी दृष्टि से शिक्षा की व्यवस्था की जाती है। इस प्रकार शिक्षा जनता की सेवा करने के लिये राज्य

1. "We observe that education, like the other beneficial influences at work in a civilised community, may be conducted by all or any of three means; first, by voluntary effort with a view to profit; secondly, by voluntary effort arising from philanthropic or religious motives; thirdly, by the agency of the state."

—T. Raymont.

का एक अनिवार्य साधन है। जनतन्त्रीय राज्यों की स्थापना के साथ-साथ शिक्षा का क्षेत्र भी बढ़ता जा रहा है और राज्य को इस दिशा में अधिक प्रयास करने पड़ते हैं। राज्य शिक्षा प्रदान करने के लिये जनता पर कर लगाता है और बालकों को विद्यालय में भेजने के लिये माता-पिता पर दबाव डालता है। वह गैर सरकारी विद्यालयों के प्रबन्ध की देख-रेख करता है और उन्हें आर्थिक सहायता देता है।

शिक्षा के क्षेत्र में राज्य के कार्य

राज्य के कार्यों की विवेचना करते हुए मैकाइवर और पेज ने लिखा है कि कुछ कार्य ऐसे हैं जिन्हें राज्य ही कर सकता है, कुछ ऐसे कार्य हैं जिनको करने के लिये राज्य अपेक्षाकृत अधिक सुयोग्य है, परन्तु कुछ कार्य ऐसे हैं जिनको राज्य न करे तो अच्छा है और साथ ही कुछ कार्य ऐसे हैं जिनको राज्य नहीं कर सकता अथवा जिनको सम्पन्न करने में राज्य अयोग्य है। शिक्षा की व्यवस्था इनमें से राज्य के पहले और दूसरे प्रकार के कार्यों में आती है। शिक्षा का प्रबन्ध करने के लिये न केवल राज्य अपेक्षाकृत अधिक अनुकूल है, बल्कि आजकल की व्यय साध्य शिक्षा और बढ़ी हुई जनसंख्या को देखते हुए केवल राज्य ही सार्वभौम शिक्षा की व्यवस्था कर सकता है। संक्षेप में, शिक्षा के क्षेत्र में राज्य के कार्य निम्नलिखित हैं—

(1) उपयुक्त विद्यालयों की व्यवस्था—राज्य को समाज में विभिन्न प्रकार के जैसे—प्राथमिक और माध्यमिक विद्यालयों और सार्वभौम तथा अनिवार्य शिक्षा का प्रबन्ध करना चाहिये जिससे नागरिकों की स्थानीय आवश्यकताओं की पूर्ति हो। इसके साथ ही साथ राज्य को इन विद्यालयों में परस्पर इस प्रकार सम्बन्ध स्थापित करना चाहिये कि शैक्षिक प्रयास व्यर्थ न जायें।

(2) प्राथमिक स्तर पर शिक्षा को अनिवार्य बनाना—राज्य को कम से कम प्राथमिक स्तर पर निःशुल्क, सार्वभौम, अनिवार्य शिक्षा का प्रबन्ध करना चाहिये। नागरिकों के विकास के लिये इस प्रकार की शिक्षा व्यवस्था अनिवार्य है। अस्तु, राज्य को माता-पिता को बालकों को प्रारम्भिक विद्यालयों में भेजने के लिये बाध्य करना चाहिये।

(3) शिक्षा में आर्थिक व्यय के लिये प्रबन्ध—राज्य को शिक्षा व्यवस्था में होने वाले आर्थिक व्यय के लिये पैसा जुटाने का प्रबन्ध करना चाहिये। कुछ लोग यह कहते दिखलाई पड़ते हैं कि यदि राज्य की ओर से निःशुल्क शिक्षा का प्रबन्ध किया जायेगा तो लोगों के मन में उसका महत्त्व कम हो जायेगा। यह बात ठीक भी है परन्तु जब निजी क्षेत्र में सबके लिये शिक्षा का प्रबन्ध नहीं किया जा सकता तो राज्य के लिये ऐसा करना आवश्यक हो जाता है। इसलिये आजकल अधिकतर सभ्य समाजों में प्रत्येक बालक-बालिका को प्राथमिक शिक्षा देना अनिवार्य माना जाता है। केवल प्राथमिक शिक्षा के स्तर पर ही नहीं बल्कि माध्यमिक तथा उच्च शिक्षा के स्तर पर भी सरकारी आर्थिक सहायता के बिना समुचित शिक्षा का प्रबन्ध नहीं हो सकता। इस लिये जहां राज्य की ओर से बहुत से माध्यमिक विद्यालय, विश्वविद्यालय और विभिन्न प्रकार की शिक्षा के उच्च संस्थान खोले जाते हैं, वहाँ तरह-तरह के वजीफों का प्रबन्ध करके निर्धन किन्तु मेधावी बालक-बालिकाओं

को आगे शिक्षा प्राप्त करने में सहायता दी जाती है। अनेक पश्चिमी देशों में तो विश्वविद्यालयों में पचास प्रतिशत से भी अधिक विद्यार्थी राज्य द्वारा किसी न किसी प्रकार की छात्रवृत्ति प्राप्त करते हैं। इस दृष्टि से भारत में अभी पर्याप्त प्रबन्ध नहीं है जिसके कारण अनेक निर्धन किन्तु मेधावी युवक उच्च शिक्षा प्राप्त करने से वंचित रह जाते हैं।

(4) सामान्य नियन्त्रण और निर्देशन—शिक्षा के क्षेत्र में राज्य का एक मुख्य कार्य विद्यालयों का सामान्य नियन्त्रण और निर्देशन है। शिक्षकों और विद्वानों की सहायता से राज्य कर्मचारी शिक्षा के विभिन्न स्तरों पर पाठ्यक्रम निर्धारित करते हैं। इसी प्रकार शिक्षा के क्षेत्र में अन्य बातों को राज्य अकेले नहीं बल्कि शिक्षकों और विद्वानों की सहायता से निश्चित करता है। जहाँ तक शिक्षण विधियों को निश्चित करने का प्रश्न है, इस क्षेत्र में राज्य का नियन्त्रण बहुत कम होना चाहिये। यह कार्य तो अनुभवी शिक्षकों, शोधकों और विद्वानों पर छोड़ दिया जाना चाहिये। शैक्षिक योग्यता के मूल्यांकन की विधियों को भी राज्य के द्वारा निश्चित नहीं किया जा सकता। यह कार्य भी शिक्षकों और शिक्षा शास्त्रियों का है। राज्य केवल यह अनिवार्य बना सकता है किसी न किसी प्रकार की मूल्यांकन व्यवस्था शिक्षा के विभिन्न स्तरों पर लागू होनी चाहिये और यह व्यवस्था ऐसी प्रमाणित तथा सुनिश्चित हो कि इसके परिणामों पर विश्वास करके पढ़े-लिखे व्यक्तियों को विभिन्न सेवाओं में भर्ती किया जा सके।

(5) कुशल शिक्षकों की व्यवस्था—सामान्य नियन्त्रण और निर्देशन के विवेचन से यह स्पष्ट होता है कि कुशल अध्यापकों के अभाव में अकेला राज्य शिक्षा के क्षेत्र में महत्त्वपूर्ण बातों के विषय में कुछ भी नहीं कर सकता। अस्तु, कुशल शिक्षकों की व्यवस्था राज्य का एक महत्त्वपूर्ण कर्त्तव्य है। राष्ट्रीय शिक्षा योजना बनाने में कितनी भी कुशलता से काम क्यों न किया गया हो, योग्य शिक्षकों के अभाव में उस पर अमल नहीं किया जा सकता। राज्य का कर्त्तव्य केवल विद्यालयों की इमारतें बनाने उन्हें विद्यार्थियों से भर देने और विद्यालय निरीक्षण व्यवस्था करने तक ही सीमित नहीं है, क्योंकि जैसा कि रेमाण्ट ने ठीक ही लिखा है, "शैक्षिक सफलता ईण्टों और गारे में नहीं रहती, न व्यापक उपकरणों में होती है, न कागजी पाठ्यक्रम में होती है, न किसी भी प्रकार की विस्तृत व्यवस्था में होती है, बल्कि उन विद्वान और सुसंस्कृत स्त्रियों और पुरुषों के प्रभाव में होती है जो कि वे अपने संरक्षण में आये विद्यार्थियों पर डालते हैं। एक अच्छा शिक्षक अपने कार्य से सहानुभूति रखते हुए और नौकरी की पर्याप्त रूप से उदार दशाओं में काम करते हुए एक खण्डहर में अधिक अच्छे परिणाम प्राप्त करेगा एक बुरे और असंतुष्ट शिक्षक के मुकाबले में जो कि सर्वोत्तम बाह्य परिस्थितियों में कार्य कर रहा है।"[1] अस्तु, राज्य को बराबर यह ध्यान देना चाहिये कि शिक्षकों को उनके कार्य में उपयुक्त प्रशिक्षण प्राप्त हो और उनकी

---

1. "Educational salvation lies, not in bricks and mortar, nor in sumptuous equipment, nor in paper curricula, nor in elaborate machinery of whatever kind, but in the subtle influence of informed and cultured men and women upon the pupils committed to their care. A good teacher, in sympathy with his work, and doing it under reasonably liberal condition of service, will achieve better things in a barn than a bad or dissatisfied one will achieve under the best of external circumstances."

—T. Raymont.

नौकरी की दशायें ऐसी हों जिससे वे सन्तुष्ट रहकर कार्य कर सकें। अध्यापकों के मानसिक आरोग्य पर ही शिक्षार्थियों का मानसिक आरोग्य निर्भर है। अनेक बार गैर सरकारी विद्यालयों में काम करने की परिस्थितियाँ, वेतनमान और उन्नति की दशायें ऐसी नहीं होतीं कि शिक्षक अपना मानसिक आरोग्य बनाये रख सके। राज्य को चाहिये कि इन परिस्थितियों की बराबर देखभाल करे और ऐसे नियम बनाये कि गैर सरकारी विद्यालयों में शिक्षकों में किसी भी प्रकार की ज्यादती न हो और उनके कार्य करने की दशायें उपयुक्त हों।

(6) नागरिकता का प्रशिक्षण—शिक्षा के क्षेत्र में राज्य का एक महत्त्वपूर्ण कार्य नई पीढ़ी के युवक-युवतियों को नागरिकता का प्रशिक्षण प्रदान करना है। इसके लिये राज्य को वैज्ञानिक, औद्योगिक, कृषि सम्बन्धी और आर्थिक प्रशिक्षण की संस्थाओं की व्यवस्था करनी चाहिए। नागरिकों के सांस्कृतिक प्रशिक्षण के लिए राज्य को संग्रहालयों तथा आर्ट गैलरियों, सांस्कृतिक समितियों तथा मनोरंजन के स्थानों आदि की व्यवस्था करनी चाहिए। आधुनिक काल में राज्य की ओर से विदेशों में सांस्कृतिक मण्डल भेजे जाते हैं। इसके अतिरिक्त विदेशी शिक्षा संस्थाओं से प्राध्यापकों और विद्यार्थियों का आदान-प्रदान करने में भी राज्य की सहायता आवश्यक है। जनतन्त्रीय समाज में स्वस्थ सामाजिक स्तर को बनाये रखना आवश्यक है। राज्य जनता के शारीरिक और मानसिक स्वास्थ्य तथा विकास की परिस्थितियाँ जुटाता है और इस दिशा में काम करने वाली गैर सरकारी संस्थाओं की सहायता करता है। जनतन्त्रीय देशों में जनता का राजनैतिक प्रशिक्षण अत्यन्त आवश्यक है। इसके अभाव में उपयुक्त नेताओं का चुनाव नहीं किया जा सकता। राज्य को चाहिये कि वह समाचार पत्रों, रेडियो, टेलीविजन, चलचित्र आदि सन्देशवहन और प्रसार के विभिन्न साधनों के द्वारा देश के प्रत्येक नर-नारी को राजनैतिक विचारधाराओं, आर्थिक और औद्योगिक प्रगति तथा नये-नये वैज्ञानिक विचारों से परिचित कराये। इस प्रकार जनतन्त्रीय राज्यों में जनता की राजनैतिक शिक्षा भी पूरी तरह से राज्य के सहयोग पर निर्भर होती है।

अभ्यास के लिये प्रश्न

1. राज्य की परिभाषा करो। उसका राष्ट्र और देश से अन्तर बताओ।
2. शिक्षा के क्षेत्र में राज्य के कर्त्तव्य और अधिकार बताइये।

5

राज्य की उत्पत्ति

(The Origin of the State)

राज्य की उत्पत्ति का आंगिक (Organic) सिद्धान्त

अत्यन्त प्राचीन काल से राज्य के संगठन की तुलना मानव शरीर से की जाती रही है। वेदों के अनुसार विभिन्न वर्ण समाज रूपी शरीर के विभिन्न अंग है और उन्हें अपना-अपना काम करना चाहिये। शुक्र नीति सार में अमात्य को राज्य रूपी शरीर की आँखें, मित्र को कान, कोष को मुख, सेना को मन तथा दुर्ग और जनपद को पैर कहा गया है। प्लेटो के अनुसार राज्य एक विशाल मनुष्य के समान है। सबसे उत्तम राज्य वह है जिसका संगठन मानव शरीर के गठन से मिलता जुलता हो। जिस तरह मानव शरीर में बुद्धि, बल और पेट है इसी प्रकार राज्य में शासक, सैनिक और उत्पादक होते हैं। सिसैरो ने लिखा था, "जिस प्रकार आत्मा मानव पर शासन करती है उसी प्रकार राजा राज्य रूपी शरीर पर शासन करता है।" किन्तु राज्य का आंगिक सिद्धान्त व्यवस्थित रूप में उन्नीसवीं शताब्दी में उपस्थित किया गया। ब्लंशली के "अनुसार, राज्य प्राणी शरीर का प्रतिरूप है जिसकी व्यवस्था प्राणी शरीर की व्यवस्था की प्रतिलिपि मात्र है।"

राज्य की जीवधारी से समानतायें

राज्य का आंगिक सिद्धान्त सबसे अधिक स्पष्ट रूप में हरबर्ट स्पैन्सर ने उपस्थित किया। उसने राज्य की जीवित शरीर से तुलना करते हुए इन दोनों में निम्नलिखित समानतायें बतलायीं–

(1) **रचना की समानता**–शरीर कोष्ठों से और समाज व्यक्तियों से बनता है। दोनों में ही इकाइयाँ सम्पूर्ण शरीर के विकास में योगदान देती हैं। जैसे शरीर में इन्द्रियाँ, शिरायें और मस्तिष्क होते हैं, वैसे ही राज्य में संस्थायें, कानून और विधान होते हैं।

(2) **जन्म सम्बन्धी समानता**–शरीर और राज्य दोनों ही विशेष देश काल में जन्म लेते हैं।

(3) विकास सम्बन्धी समानता—शरीर और राज्य दोनों के विकास में सरलता से जटिलता की ओर प्रगति दिखलाई पड़ती है।

(4) विनाश और मृत्यु—शरीर और राज्य दोनों में विनाश क्रम चलता रहता है। कुछ अंश नष्ट होते रहते हैं और उनका स्थान नये अंश लेते रहते हैं। शरीर में कोष्ठ और राज्य में व्यक्ति मरते रहते हैं और उनके स्थान पर क्रमशः नये कोष्ठ और नये व्यक्ति आ जाते हैं।

(5) अंगों की परस्पर निर्भरता—सावयव रचना का एक मुख्य लक्षण यह है कि उसमें विभिन्न अंग परस्पर निर्भर होते हैं। शरीर में अंगों और इन्द्रियों में परस्पर निर्भरता पायी जाती है। एक के रुग्ण होने से दूसरा भी रोगी हो जाता है। शरीर के स्वास्थ्य के लिये सभी अंगों का स्वस्थ रहना आवश्यक है। इसी प्रकार राज्य के विभिन्न अंग भी परस्पर निर्भर होते हैं। सम्पूर्ण राज्य के ठीक प्रकार से चलने के लिये उसके सभी अंगों का ठीक प्रकार से चलना आवश्यक है।

(6) अंग और शरीर में सावयव सम्बन्ध—जैसे शरीर के बाहर या उससे अलग होकर कोई अंग नहीं रह सकता वैसे ही राज्य का कोई अंग भी उससे बाहर रहकर या उससे अलग होकर नहीं रह सकता। इस प्रकार इन दोनों में ही सावयव रचना का यह तत्त्व पाया जाता है कि अंश पूर्ण पर निर्भर होता है और पूर्ण अंश पर निर्भर होता है।

(7) अंगों में सावयव सम्बन्ध—शरीर अलग-अलग अंगों का योग नहीं है, इन अंगों में सावयव सम्बन्ध आवश्यक है। सावयव सम्बन्ध से तात्पर्य पूर्ण का अंश पर, अंश का पूर्ण पर और अंशों का परस्पर निर्भर होना है। इसी प्रकार राज्य भी व्यक्तियों या संस्थाओं का योग नहीं है। राज्य बनने के लिये इनमें विशिष्ट प्रकार का राजनैतिक सम्बन्ध होना चाहिये।

(8) संगठन की समानता—हरबर्ट स्पैंसर ने राज्य के संगठन की जीवधारी के संगठन से तुलना की है। जीवधारी के शरीर में रक्तवाहिनियों के अनुरूप राज्य में आने जाने के साधन होते हैं। जीवधारी में जो काम मस्तिष्क करता है वह राज्य में सरकार से लिया जाता हैं। जोवधारी शरीर के स्वास्थ्य के लिये प्रत्येक अंग का स्वस्थ होना आवश्यक है। यही बात राज्य के विषय में भी सत्य है।

राज्य और जीवधारी में अन्तर

जीवधारी और राज्य में उपरोक्त समानताओं के बावज़ूद हरबर्ट स्पैंसर ने उनमें कुछ अन्तर भी माने हैं जिनमें मुख्य निम्नलिखित हैं—

(1) अगला अस्तित्व—शरीर के अंगों का शरीर से अलग कोई अस्तित्व नहीं होता किन्तु राज्य के अंगों का राज्य से अलग भी अस्तित्व रहता है।

(2) मस्तिष्क का अभाव—जीवधारी में चेतना के केन्द्र मस्तिष्क के समान राज्य में कोई मस्तिष्क नहीं होता। मस्तिष्क राज्य के नागरिकों में पाया जाता है।

(3) कोष्ठों और नागरिकों में अन्तर—कोष्ठों की प्रकृति नागरिकों से भिन्न होती है, वे पूरी तरह शरीर पर निर्भर रहते हैं। उनका कोई स्वतन्त्र अस्तित्व नहीं होता। उनमें कोई विचार करने अथवा स्वतन्त्र कार्य करने की शक्ति नहीं होती। शरीर से अलग वे जीवित नहीं रह सकते। उनका लक्ष्य शरीर को बनाये रखना है। दूसरी ओर राज्य के नागरिक स्वतन्त्र चेतनशील व्यक्ति होते हैं। राज्य से अलग भी उनका जीवन होता है। उनका लक्ष्य राज्य को बनाये रखना नहीं बल्कि स्वयं अपना जीवन व्यतीत करना होता है। इस प्रकार जीवधारी की इकाई कोष्ठ और राज्य की इकाई नागरिक में स्पष्ट अन्तर है।

(4) जन्म सम्बन्धी अन्तर—शरीर का जन्म बहुधा दो विपरीत शरीरों के संयोग से होता है। जैवकीय उत्पत्ति का यह नियम राज्य पर लागू नहीं होता यद्यपि दोनों की रचना में प्रगतिशील जटिलता होती है।

(5) विकास में अन्तर—राज्य और जीवधारी दोनों का विकास होता है किन्तु उनके विकास के नियमों में अन्तर है। राज्य का विकास उनके अंग नागरिकों के संकल्प और प्रत्ययों का परिणाम है। शरीर की वृद्धि सम्पूर्ण शरीर की क्रिया और पोषण से होती है।

(6) जीवन लीला सम्बन्धी अन्तर—जीवधारी की जीवन लीला राज्य से भिन्न होती है। जीवधारी की जीवन लीला में जन्म, शैशवावस्था, बाल्यावस्था, युवावस्था, वृद्धावस्था और अन्त में मृत्यु देखे जा सकते हैं। दूसरी ओर राज्य न जन्म लेता है और न मरता है।

राज्य के आंगिक सिद्धान्त में दोष

जीवधारी और राज्य के उपरोक्त अन्तर से बारकर के इस कथन की पुष्टि होती है कि "राज्य तथा मानव शरीर में सदृश्यता स्थापित करने का तात्पर्य राज्य और व्यक्ति के मध्य सम्बन्ध निश्चित करना नहीं हो सकता।" अस्तु, राज्य के आंगिक सिद्धान्त में मुख्य रूप से निम्नलिखित दोष हैं—

(1) व्यक्ति की अवहेलना—इस सिद्धान्त को मानने से व्यक्ति को समाज रूपी शरीर का कोष्ठ मान लिया जाता है। जिससे उसके स्वतन्त्र अस्तित्व की अवहेलना होती है।

(2) व्यक्ति का शोषण—इस सिद्धान्त से राज्य को व्यक्ति के शोषण का अधिकार मिल जाता है। संक्षेप में, जैसा कि गार्नर ने ठीक ही कहा है, "उसकी मुख्य दुर्बलता उसकी अतिश्योक्ति और इस तथ्य में है कि वह ऐसी तुलनाओं पर आधारित था जो कि बहुधा ऊपरी या झूठी थीं।"[1] इसीलिये जैलीनैक ने सुझाव दिया है कि, "बेहतर है कि हम इस सिद्धान्त को छोड़ दें ताकि इसमें सम्मिलित थोड़े बहुत सत्य के शुभ से अत्यधिक बढ़े हुए मात्रा में असत्य का खतरा न उठाना पड़े।"[2]

---

1. "Its chief weakness lay in its exaggeration and in the fact that it rested upon analogies which were often superficial or false." —Garner
2. "We had better to reject the theory lest the dangers from the large amount of falsity in the analogy should outweigh the good in the little truth which it contains." —Jellinek.

आंगिक सिद्धान्त का महत्त्व

उपरोक्त विवेचन से यह नहीं समझा जाना चाहिये कि आंगिक सिद्धान्त एकदम व्यर्थ है। जैसा कि उसके आलोचकों ने भी माना है, उसमें कुछ न कुछ सत्य अवश्य है। उसका महत्त्व निम्नलिखित है–

(1) यह सिद्धान्त राज्य की भौतिक एकता को स्थापित करता है।

(2) गैटिल के अनुसार यह राज्य के ऐतिहासिक सिद्धान्त पर प्रकाश डालता है और राजनैतिक संस्थाओं तथा नागरिकों की आत्म निर्भरता पर जोर देता है। इससे सामाजिक जीवन के लिये एकता का महत्त्व पता चलता है। इससे यह ज्ञात होता है कि मनुष्य स्वभावतया राजनैतिक प्राणी है। ब्लंशली के शब्दों में, "जिस प्रकार एक तैलचित्र बिन्दुओं के समुदाय से कुछ अधिक होता है, उसी प्रकार राज्य व्यक्तियों के समुदाय से कुछ अधिक होता है।"

दैवी उत्पत्ति का सिद्धान्त

ऐतिहासिक पृष्ठभूमि

राज्य की उत्पत्ति के सिद्धान्तों में सबसे अधिक प्राचीन सिद्धान्त दैवी उत्पत्ति का सिद्धान्त (Theory of Divine Origin) है। सबसे पहले इस सिद्धान्त का समर्थन यहूदी विचारकों ने किया था। बाइबिल में ओल्ड टैस्टामैन्ट (Old Testament) में ईश्वर को समस्त राजकीय सत्ता का स्रोत माना गया है। वही राजाओं के चुनाव, नियुक्ति और मृत्यु का कारण है। इस प्रकार के विचार महाभारत में भी पाये जाते हैं। महाभारत के अनुसार ब्रह्मा ने सबसे पहले मनु को शासक नियुक्त किया। गीता में श्रीकृष्ण ने कहा है, "मनुष्यों में राजा मैं हूं।" मनुस्मृति में राजा को विष्णु को अवतार माना गया है। चाणक्य के शब्दों में, "राजा यम तथा इन्द्र के समान है, उसका अपमान कदापि नहीं करना चाहिये।" प्लेटो ने लिखा था, "एक नगर की स्थापना भूमि के बिना सम्भव है किन्तु ईश्वर में विश्वास के बिना राज्य की स्थापना नहीं हो सकती।" मिश्र के राजा को सूर्य पुत्र और साक्षात ईश्वर माना जाता था। इस्लाम में राजा को दैवी दूत समझा जाता था। इंगलैंड में सोलहवीं और सत्रहवीं शताब्दियों में राजा के दैवी अधिकार का सिद्धान्त प्रचलित था। ईसाई धर्म के अनुसार ईश्वर ही राजा की नियुक्ति करता है। राज्य की उत्पत्ति के विषय में दैवी सिद्धान्त को स्पष्ट करते हुए ब्लंशली ने लिखा है, "राज्य ईश्वर की कृति है और पृथ्वी पर दैवी सरकार का सीधा प्रकाशन है।" सत्रहवीं शताब्दी में जेम्स प्रथम ने लिखा था, "राजाओं को देवता कहना उचित है क्योंकि पृथ्वी पर उनकी व ईश्वरीय शक्ति की समानता है।"

दैवी सिद्धान्त की मान्यतायें

संक्षेप में राज्य की उत्पत्ति के दैवी सिद्धान्त में निम्नलिखित बातें मानी जाती हैं–

(1) राजा ईश्वर का बनाया हुआ है।

(2) राजवंश में जन्म लेने पर ही व्यक्ति राज्य का उत्तराधिकारी बनता है।

(3) राजा अपने कार्य के लिये केवल ईश्वर के प्रति उत्तरादायी है।

(4) राजा की आज्ञा का उल्लंघन करना पाप है।

दैवी सिद्धान्त के लाभ

प्राचीन काल में राज्य के दैवी सिद्धान्त को मानने से निम्नलिखित लाभ होते थे–

(1) अनुशासन और शान्ति की स्थापना–इससे देवी प्रकोप के डर से नागरिकों में अनुशासन और शान्ति बने रहते थे। धार्मिक कारणों से लोग राजा की आज्ञा का पालन करते थे।

(2) धर्म और राज्य का सम्बन्ध–इससे राज्य का धर्म से घनिष्ठ सम्बन्ध स्थापित होता था जिससे धार्मिक कारणों से राज्य की आज्ञा का पालन किया जाता था। धार्मिक और राजनैतिक संस्थायें एक ही थीं।

(3) नागरिक की दृष्टि से महत्त्व–इस सिद्धान्त से नागरिकों में कानून के प्रति निष्ठा, आज्ञा पालन, सहयोग और उत्तरदायित्व की भावनायें उत्पन्न होती थीं।

(4) कल्याणकारी राज्य की स्थापना–दैवी उत्पत्ति के सिद्धान्त से कल्याणकारी राज्य की स्थापना होती थी क्योंकि राज्य में दैवी विधानों का पालन करना राजा का नैतिक उत्तरादायित्व था।

(5) राज्य का नैतिक आधार–प्राचीन काल में नैतिकता धर्म पर आधारित थी। अस्तु, दैवी उत्पत्ति के सिद्धान्त से राज्य को नैतिक आधार प्रदान होता था। उसका उद्देश्य नैतिक माना जाता था।

दैवी सिद्धान्त का पतन

उपरोक्त लाभों के बावजूद आज संसार में बहुत कम जगह इस सिद्धान्त को माना जाता है। सत्रहवीं सदी के बाद से ही दैवी उत्पत्ति के सिद्धान्त का पतन होना आरम्भ हो गया था और लोग यह मानने लगे थे कि राज्य एक मानवीय संस्था है तथा उसकी शक्ति का स्रोत जनता में है। गिलक्राइस्ट के अनुसार इस सिद्धान्त के पतन के निम्नलिखित कारण थे:–

(1) राज्य की उत्पत्ति के संविदा सिद्धान्त के विकास से राज्य को मनुष्यों के समझौते पर आधारित माना जाने लगा।

(2) यूरोप में राज्य और चर्च को अलग-अलग माने जाने से भी राज्य की उत्पत्ति के दैवी सिद्धान्त को छोड़ दिया गया।

(3) राष्ट्रवाद के उदय से भी इस सिद्धान्त को धक्का लगा क्योंकि यह राजाओं की निरंकुशता का समर्थन करता है।

दैवी सिद्धान्त की आलोचना

संक्षेप में राज्य की उत्पत्ति के दैवी सिद्धान्त की आलोचना में अग्रलिखित बातें कहीं जा सकती हैं:–

(1) **निराधार**—आज कल यह सिद्धान्त सर्वथा निराधार माना जाता है।

(2) **अनैतिहासिक**—यह सिद्धान्त अनुभव और इसलिये इतिहास के विरुद्ध है। इतिहास में राज्य के ईश्वरकृत होने का कोई प्रमाण नहीं मिलता।

(3) **राजा की मानवीयता की अवहेलना**—इस सिद्धान्त में राजा की मानवीयता की अवहेलना करके उसे सब प्रकार से पूर्ण मान लिया जाता है जो कि नितान्त भ्रामक विचार है। राजाओं में भी अन्य मनुष्यों के समान सब प्रकार के गुण-दोष देखे जाते हैं।

(4) **निरंकुशता का समर्थन**—धर्म की आड़ लेकर यह सिद्धान्त प्रजा पर राजा के निरंकुश अत्याचारों का समर्थन करता है।

(5) **धार्मिक सिद्धान्त**—यह सिद्धान्त राजनैतिक न होकर धार्मिक है और अन्धविश्वास पर आधारित है।

(6) **अनैतिक सिद्धान्त**—निरंकुशता का समर्थक होने के कारण यह सिद्धान्त सर्वथा अनैतिक है।

(7) **रुढ़िवादी सिद्धान्त**—व्यक्ति की स्वतन्त्रता को समाप्त करके यह सिद्धान्त प्रगति का विरोध करता है और रूढ़ियों को बनाये रखना चाहता है।

(8) **जनता के अधिकारों की उपेक्षा**—इस सिद्धान्त में केवल राजाओं के अधिकारों का वर्णन किया गया है, जनता के अधिकारों का कोई उल्लेख नहीं है।

(9) **काल्पनिक सिद्धान्त**—इस सिद्धान्त में राजा के चुनाव की कोई प्रणाली नहीं दी गयी है। अस्तु, यह सर्वथा काल्पनिक सिद्धान्त है।

(10) **आधुनिक भावनाओं के विरुद्ध**—अन्त में राज्य की उत्पत्ति का सिद्धान्त आधुनिक काल में जनता की जनतन्त्रीय भावनाओं के विरुद्ध है।

शक्ति सिद्धान्त

ऐतिहासिक पृष्ठभूमि

राज्य की उत्पत्ति के शक्ति सिद्धान्त की व्याख्या करते हुये लीकाक ने लिखा है, ''ऐतिहासिक रूप में इसका अभिप्राय है कि शासन मानव आक्रमण का परिणाम है। राज्य का जन्म एक मानव द्वारा दूसरे मानव को दास बनाने तथा एक दुर्बल कबीले पर एक सबल की विजय से हुआ। साधारणतया श्रेष्ठ भौतिक बल द्वारा जो स्वार्थपरायण आधिपत्य प्राप्त किया गया उसी से राज्य सत्ता का उदय हुआ। कबीले से राज्य और राज्य से साम्राज्य का क्रमिक विकास एक प्रकार से इसी प्रक्रिया का क्रम है।'' राज्य की उत्पत्ति का शक्ति सिद्धान्त भी दैवी सिद्धान्त के समान अत्यन्त प्राचीन है। प्राचीन काल में जिसकी लाठी उसकी भैंस का सिद्धान्त प्रचलित था। वाल्टेयर ने लिखा है, ''पहला राजा भाग्यशाली योद्धा था।''[1] अंग्रेजी में एक कहावत है कि War begot the king अर्थात् युद्ध से राजा का जन्म हुआ। संस्कृत में कहा गया है, 'वीर भोग्या वसुन्धरा'। चर्च के समर्थकों ने राज्य की संस्था को पशु बल से उत्पन्न माना है। ह्यूम ने लिखा है, ''राज्य की उत्पत्ति उस समय हुई होगी

---

1. "The first king was a fortunate warrior."

जब किसी मानव दल के नेता ने शक्तिशाली और प्रभावशाली होकर अपने अनुयायियों पर अधिकार जमाकर उन पर अपना शासन स्थापित किया होगा।" डार्विन के योग्यतम की विजय के सिद्धान्त से भी इस सिद्धान्त का समर्थन होता है। राज्य को शक्ति मूलक संस्था मानकर समाजवादी इसी सिद्धान्त का सर्मथन करते हैं। राज्य को तर्क से परे मानकर आदर्शवादी लेखक भी इस सिद्धान्त का समर्थन करते हैं। व्यक्तिवादी लेखक राज्य में शान्ति और व्यवस्था स्थापित करने के लिये राज्य को शक्ति पर आधारित मानते हैं। आधुनिक काल में इटली के फासिस्ट और जर्मनी के नाजी विचारकों ने राज्य की उत्पत्ति के इस सिद्धान्त का समर्थन किया। ट्रीटस्के ने लिखा है, "राज्य शक्ति है, एक राज्य के लिये दुर्बल होना पाप है। राज्य आक्रमण और सुरक्षा की सार्वजनिक शक्ति है।"[1] जर्मन ओपेनहीमर ने राज्य का मुख्य उद्देश्य निर्बलों का आर्थिक शोषण बतलाया है। अराजकतावादी विचारक शक्ति पर आधारित होने के कारण ही राज्य को नष्ट करना चाहते हैं। मैकियावली ने राज्य के लिये बल को आवश्यक माना है। गैलीकिंग ब्रेनस ने लिखा है, "समस्त कानूनों में सबसे अधिक प्राचीन वह है जो कि पशुओं से ईश्वर तक फैला हुआ है और दुर्बलों पर अधिक शक्तिशाली के शासन की स्थापना करता है।"[2] कार्ल मार्क्स के अनुसार राज्य शोषक वर्गों की कार्यपालिका समिति है। इंगेल्स ने लिखा है, "शक्ति और लौहवत निर्दयता के बिना इतिहास में कुछ भी प्राप्त नहीं किया गया है।"[3]

शक्ति सिद्धान्त की आलोचना

विभिन्न देशों के इतिहास में राज्य की स्थापना में शक्ति का महत्त्व रहते हुये भी आज कोई भी समझदार विचारक राज्य की उत्पत्ति की व्याख्या करने के लिये शक्ति सिद्धान्त का समर्थन नहीं करता। उसकी आलोचना में कही गयी कुछ बातें निम्नलिखित हैं–

(1) एकाँगी सिद्धान्त–राज्य की उत्पत्ति में शक्ति का महत्त्व हो सकता है। किन्तु उसे एक मात्र तत्त्व नहीं कहा जाना चाहिये। ब्लंशली के शब्दों में, "निस्संदेह बहुधा राज्यों की उत्पत्ति युद्धों से हुई परन्तु यह न भूलना चाहिये कि केवल बल प्रयोग से ही राज्यों की उत्पत्ति नहीं होती, उसके लिये अन्य तत्त्वों का होना भी आवश्यक है।" जैसा कि गार्नर ने लिखा है, "राजनीति के बहुत थोड़े से लेखक इस बात को मानते हैं कि राज्य की उत्पत्ति केवल बल प्रयोग से हुई।" लीकाक के अनुसार, "शक्ति का सिद्धान्त समाज के विकास में एक कारक को अत्यधिक बढ़ाकर एक मात्र नियंत्रणकारी शक्ति मानने की भूल करता है।"[4]

(2) राज्य के नैतिक आधार की अवहेलना–शक्ति सिद्धान्त का आधुनिक काल में सबसे अधिक विरोध इस कारण किया गया है क्योंकि वह राज्य के नैतिक आधार

1. "State is power, it is sin for a state to be weak. State is the public power of offence and defence." —Triestchke.
2. "The most ancient of all laws, which extends from the God to the beasts, gives to the stronger rule over the weaker." —Gallicking Brennus.
3. "Without force and iron ruthlessness nothing is achieved in history." —Engels.
4. "The theory of force errs in magnifying what has been only one factor in the evolution of society into the sole controlling force." —Leacock.

की अवहेलना करता है। गाँधी जी ने राज्य के आधार के लिये शक्ति से अधिक अहिंसा पर जोर दिया है। गिलक्राइस्ट के अनुसार शक्ति से तात्पर्य शारीरिक बल नहीं नैतिक बल लगाया जाना चाहिये। उसके शब्दों, में "बल राज्य की एक कसौटी है परन्तु उसका सार नहीं है। यदि वह राज्य का सार बन जाये तो राज्य का अस्तित्व उसी समय तक रह सकता है जब तक कि शक्ति बनी रहे। शक्ति का विवेकहीन प्रयोग सभी क्रान्तियों का पूर्वगामी रहा है। राज्य का स्थायी आधार नैतिक बल है।"

ग्रीन ने भी राज्य को एक नैतिक संस्था माना है। उसका कहना है, "शक्ति नहीं बल्कि संकल्प ही राज्य का आधार है। औचित्य के बिना शक्ति अधिक से अधिक अस्थायी हो सकती है, औचित्य के साथ शक्ति ही राज्य का स्थायी आधार है।"[1]

(3) व्यक्ति की स्वतन्त्रता का विरोधी—राज्य की उत्पत्ति का सिद्धान्त राज्य के हाथ में अत्यधिक शक्ति देकर व्यक्ति की स्वतन्त्रता छीन लेता है। यह तथ्य नाजी जर्मनी और फासिस्ट इटली के इतिहास में देखा जा सकता है।

(4) युद्ध का समर्थन—राज्य की उत्पत्ति का शक्ति सिद्धान्त युद्ध का समर्थन करता है। मुसोलनी ने कहा था "युद्ध एक जैवकीय आवश्यकता है और शान्ति का अर्थ पतन है।"[2] ये विचारक राज्य स्थापित करने और चलाने के लिये हिंसा और युद्ध का समर्थन करते हैं। आधुनिक विचारक युद्ध के विरुद्ध हैं। वे राज्य को नैतिकता पर आधारित करना चाहते हैं।

शक्ति सिद्धान्त का महत्त्व

शक्ति के सिद्धान्त की उपरोक्त आलोचना से यह नहीं समझा जाना चाहिये कि इसमें सत्य का कुछ भी अंश नहीं है। संक्षेप में, इसके पक्ष में निम्नलिखित बातें कही जा सकती हैं–

(1) ऐतिहासिक सत्य पर आधारित—यह तथ्य है कि राज्यों के निर्माण में सब कहीं शक्ति का अत्यधिक महत्त्व रहा है। शक्ति के बिना आज तक किसी भी प्रकार के राज्य की स्थापना नहीं हुई।

(2) व्यावहारिक—व्यावहारिक दृष्टि से यह सत्य है कि राज्य को चलाने के लिये शक्ति की आवश्यकता होती है। जैसा कि कांट ने लिखा है, "शैतानों की एक बस्ती भी सामान्य समझौते के द्वारा एक बल पर आधारित राज्य को स्थापित करना अपने लिये हानिकारक पायेगी।"[3]

(3) शक्ति का सिद्धान्त वर्तमान काल के तथ्यों से भी प्रमाणित होता है—यह देखा जाता है कि बड़े-बड़े राज्य बहुधा एक दूसरे के विरुद्ध बराबर शीत युद्ध छेड़े रहते हैं।

---

1. "Will, not force, is the basis of the state. Might, without right can at best be only temporary, might with right is a permanent basis for the state." —T.H. Green.
2. "As war is to man, so maternity is to woman, war was a biological necessity and peace meant decadence." —Mussolini.
3. "Even a population of devils would find it to their advantage to establish a coercive state by general consent." —Kant.

फिर भी निसन्देह यह कहा जा सकता है कि शक्ति का तत्त्व राज्य के निर्माण में अधिक से अधिक एक कारक मात्र है। उसको राज्य की उत्पत्ति का एक मात्र कारण नहीं कहा जाना चाहिये।

संविदा संविधान

ऐतिहासिक पृष्ठभूमि

राज्य की उत्पत्ति की व्याख्या करने वाला एक प्रसिद्ध सिद्धान्त संविदा सिद्धान्त (Theory of contract) के नाम से पुकारा जाता है। प्राचीन यूनान में सोफिस्ट विचारकों ने इसका समर्थन किया था। प्लेटो और अरस्तु ने भी इसका उल्लेख किया है। रोमन कानूनवादी इसको स्वीकार करते थे। इस सिद्धान्त को चर्च ने कभी भी स्वीकार नहीं किया और इसीलिये साम्राज्य तथा चर्च के बीच संघर्ष होने पर साम्राज्य के समर्थक यही सिद्धान्त उपस्थित करते थे। किन्तु संविदा सिद्धान्त का सबसे अधिक समर्थन सत्रहवीं और अट्ठारहवीं शताब्दियों में थामस हॉब्स, जॉन लॉक और जीन जैकस रूसो की रचनाओं में हुआ। उन्नीसवीं शताब्दी में इस सिद्धान्त का प्रभाव बहुत कम हो गया और आधुनिक काल में राजनैतिक विचारक इस सिद्धान्त को स्वीकार नहीं करते।

संविदा सिद्धान्त की विशेषतायें

यद्यपि हॉब्स, लॉक और रूसो ने संविदा सिद्धान्त को अलग-अलग प्रकार से उपस्थित किया है किन्तु वे सब निम्नलिखित बातों के विषय में एक मत हैं। इन बातों को ही संविदा सिद्धान्त की विशेषतायें कहा जा सकता है–

(1) संविदा पर आधारित राज्य—इन विचारकों के अनुसार राज्य की उत्पत्ति मनुष्यों के बीच जान-बूझकर किये गये सामाजिक समझौते का परिणाम है।

(2) विकासवाद के विरुद्ध—ये विचारक राज्य को क्रमशः विकास का परिणाम नहीं मानते। इनके अनुसार राज्य राजनैतिक चेतना के कारण एक निश्चित काल में जन्म लेता है। मनुष्यों ने निश्चित उद्देश्य को प्राप्त करने के लिये एक निश्चित समय में जान-बूझकर राज्य का निर्माण किया और इसलिये वे इसमें अपनी इच्छानुसार संशोधन कर सकते हैं।

(3) प्राकृतिक अवस्था और राजनैतिक दशा में अन्तर—ये सभी विचारक मानव इतिहास को दो भागों में बाँटते हैं। एक तो प्राकृतिक अवस्था का काल जिसमें कोई राज्य नहीं था। इस अवस्था का भिन्न-भिन्न लेखकों ने भिन्न प्रकार से वर्णन किया है। इसमें कोई कानून नहीं थे और न किसी प्रकार के अधिकारों की व्यवस्था थी। अनेक कारणों से मनुष्यों मे इस प्राकृतिक अवस्था को समाप्त करके राजनैतिक संगठन अर्थात् राज्य निर्माण करने का संकल्प किया और परस्पर समझौते से उसका निर्माण किया। यह राजनैतिक दशा प्राकृतिक दशा से सर्वथा भिन्न है। इसमें कानून पर आधारित व्यवस्था होती है।

(4) समझौते का स्वरूप—यद्यपि ये सभी विचारक राज्य को समझौते का परिणाम मानते हैं किन्तु समझौते के स्वरूप को लेकर इनमें अन्तर पाया जाता है। जब कि

कुछ लेखक समझौते को सामाजिक मानते हैं अन्य के अनुसार वह राजनैतिक था। कुछ अन्य उसे सामाजिक और राजनैतिक दोनों ही मानते हैं।

(5) प्रभुता का आधार—इन सभी लेखकों के अनुसार प्रभुता राज्य में एक आवश्यक तत्त्व है। किन्तु उसके आधार को लेकर इनमें मतभेद है। जब कि कुछ लोग प्रभुता को व्यक्ति में केन्द्रित करते हैं, कुछ अन्य उसे जनता में तथा अन्य विचारक जनता द्वारा निर्वाचित व्यक्तियों में मानते हैं।

हॉब्स, लॉक और रूसो के विचार

(1) प्राकृतिक दशा का वर्णन—थामस हॉब्स ने मनुष्यों की प्राकृतिक दशा का अत्यन्त ही स्पष्ट चित्र खींचा है। उसका कहना था, कि "इस काल में मनुष्य का जीवन एकाकी, दीन, अपवित्र, पाशिवक और अल्पकालीन था।"[1] इस काल में सामान्य सिद्धान्त यह था, "जिसको मार सकते हो मार डालो, और जो कुछ ले सकते हो ले लो। (Kill whom you can, take what you can)" हॉब्स के अनुसार प्राकृतिक अवस्था के इस चित्र से लॉक सहमत नहीं है। लॉक ने प्राकृतिक अवस्था का सुन्दर चित्र खींचा है। उसका कहना है कि, "प्राकृतिक दशा में मनुष्यों में झगड़े नहीं होते थे और वे मिल-जुल कर काम करते थे तथा उनका जीवन सुखी था।" रूसो ने भी लॉक के विचारों का समर्थन किया है। उसका कहना है कि "प्रकृति की दशा स्वर्गीय आनन्द का काल था और मनुष्य स्वतन्त्र तथा समान थे।"[2]

(2) मानव स्वभाव की व्याख्या—हॉब्स, लॉक और रूसो ने मानव स्वभाव की भिन्न-भिन्न प्रकार से व्याख्या की है। हॉब्स मनुष्य को स्वभाव से ही स्वार्थी मानता था। उसका कहना था कि कोई व्यक्ति दूसरे के लाभ के लिये कुछ नहीं करता। दूसरी ओर लॉक ने मनुष्य को सहयोगी, सामाजिक, नैतिक और अच्छे स्वभाव वाला माना है। रूसो का कहना है कि मनुष्य स्वभाव से ही स्वतन्त्र और समान होते हैं और उनमें स्वार्थ के साथ परार्थ की भावना मिलती है।

(3) समझौते की प्रकृति—सामाजिक समझौते की व्याख्या करने में हॉब्स ने केवल एक ही समझौता माना है जिसमें व्यक्तियों ने स्वेच्छा से अपने अधिकार एक व्यक्ति को देकर उसे शासक मान लिया। इस व्यक्ति ने बदले में जनता से कोई समझौता नहीं किया। दूसरी ओर लॉक के अनुसार राज्य की स्थापना में दो प्रकार के समझौते हुये। पहला समझौता सामाजिक था और उससे संगठित समाज का निर्माण हुआ। दूसरा समझौता राजनैतिक था और उससे सरकार का संगठन हुआ। पहला समझौता मनुष्यों के बीच हुआ था और दूसरा समझौता शासक और शासित के बीच हुआ। इस दूसरे समझौते से ही राज्य की उत्पत्ति हुई। इससे मनुष्यों ने एक अथवा कुछ व्यक्तियों को कुछ अधिकार सौंप कर उन पर बाकी अधिकारों की रक्षा करने का उत्तरदायित्व रख दिया। इस प्रकार राजनैतिक समझौते से सीमित राजतन्त्र का जन्म हुआ। रूसो ने एक ही समझौता माना है जो कि

---

1. "The life of man was solitary, poor, nasty, brutish and short." —Hobbes.
2. "The state of nature is a period of idyllic happiness; men being free and equal." —Rousseau.

व्यक्तिगत, मनुष्यों में और उनके सामूहिक संगठन के मध्य हुआ। इससे व्यक्तियों ने अपने व्यक्तिगत अधिकारों को अपने समूह के संगठन को सौंप दिया। इससे किसी भी व्यक्ति के अधिकार कम नहीं हुए क्योंकि व्यक्तिगत अधिकारों में वृद्धि हो गई। इस प्रकार रूसो के अनुसार राज्य जनता के सामान्य संकल्प का परिणाम है और प्रभुसत्ता इस जनता में ही रहती है।

(4) प्रभुसत्ता की प्रकृति—जब कि हॉब्स के अनुसार प्रभुसत्ता पूरी तरह शासक में ही रहती है, लॉक के अनुसार वह कुछ शासक में रहती है और कुछ शासित में किन्तु शासक ही जनता की प्रभुसत्ता का प्रयोग करता है। रूसो ने प्रभुसत्ता को जनता में मानकर प्रजातन्त्र की स्थापना की।

(5) राज्य और सरकार के प्रकार—इन विचारकों ने राज्य और सरकार के भिन्न-भिन्न प्रकारों का समर्थन किया है। जबकि हॉब्स निरंकुश राजतन्त्र का समर्थन करता है, लॉक वैधानिक अथवा सीमित राजतन्त्र को मानता है, रूसो लोकप्रिय जनतन्त्रीय सरकार का समर्थक है। इसी प्रकार हॉब्स ने राज्य और शासन में अन्तर नहीं किया है जबकि लॉक और रूसो इनमें अन्तर करते हैं। आधुनिक राजशास्त्रियों की दृष्टि से यह दूसरा मत ही अधिक उपयुक्त है।

(6) व्यक्तिगत स्वतन्त्रता और अधिकार—हॉब्स ने राज्य को और नागरिकों को केवल वैधानिक अधिकार दिये हैं। लॉक और रूसो नागरिकों के लिये प्राकृतिक अधिकार भी आवश्यक मानते हैं जो कि उनको जन्म लेते ही प्राप्त हो जाते हैं। इसके अनुसार जनता के अधिकार शासन पर आधारित नहीं है बल्कि जनता के सामान्य संकल्प पर आधारित है।

संविदा सिद्धान्त की आलोचना

आधुनिक राज्यशास्त्री संविदा सिद्धान्त को राज्य की उत्पत्ति की सही व्याख्या नहीं मानते। उस सिद्धान्त के विरुद्ध मुख्य तर्क निम्नलिखित हैं—

(1) अनैतिहासिक सिद्धान्त—ऐतिहासिक दृष्टि से ऐसा कोई उदाहरण नहीं मिलता जबकि किसी समझौते के द्वारा राज्य का उदय हुआ हो। अस्तु, संविदा सिद्धान्त अनैतिहासिक है। आदि काल में मानव समाज की इकाई व्यक्ति नहीं बल्कि परिवार था। अस्तु, व्यक्तियों में समझौते का प्रश्न ही नहीं उठता। ऐतिहासिक दृष्टि से मनुष्य आरम्भ से ही सामाजिक प्राणी है। इसलिये यह कहना उचित नहीं है कि सामाजिक संगठन का निर्माण किसी समझौते के कारण हुआ।

(2) समझौता और प्राकृतिक अवस्था में असंगति—यह समझना कठिन है कि प्राकृतिक अवस्था में रहने वाले लोगों ने समझौता कैसे किया। यदि हॉब्स का प्राकृतिक अवस्था का वर्णन माना जाये तो स्वार्थी व्यक्तियों के समझौते की बात तर्कयुक्त नहीं लगती। दूसरी ओर यदि, जैसा कि लॉक और रूसो ने कहा है, प्राकृतिक अवस्था में मनुष्यों में सहयोग और सद्भाव था तो फिर समझौते की आवश्यकता ही कैसे उत्पन्न हुई?

(3) कानूनी आपत्तियां—प्राकृतिक दशा में कोई कानून नहीं था। कानून के अभाव में समझौता कैसे हो गया? टी० एच० ग्रीन के शब्दों में, "ऐसा समझौता कभी

न्यायोचित और प्रामाणिक नहीं हो सकता जिसके द्वारा किसी राजनैतिक शक्ति की स्थापना की जाये क्योंकि ऐसी दशा में लोगों को समझौता करने का अधिकार ही नहीं है।" समझौता करने का अधिकार न होने से उनके उल्लंघन पर दण्ड भी नहीं दिया जा सकता। इसके अतिरिक्त कानूनी समझौता उन्हीं लोगों पर लागू होता है जो कि समझौता करते हैं। शासितों के मध्य हुआ समझौता शासकों पर कैसे लागू हो सकता है?

(4) निरंकुश राजतन्त्र का समर्थन—जो विचारक शासक को समझौते में शामिल नहीं मानते वे उसे निरंकुश शासक बना देते हैं।

(5) राज्य एक वैकल्पिक संस्था है—इस सिद्धान्त के अनुसार राज्य वैकल्पिक संस्था बन जाता है जिसको कोई भी व्यक्ति स्वेच्छा से ग्रहण करता है और स्वेच्छा से छोड़ सकता है। बार्कर के शब्दों में, "राज्य को मिर्च, कहवा या तम्बाकू के व्यापार या इसी प्रकार के किसी अन्य मामले के समान भागीदारी समझौते का ही एक बेहतर रूप नहीं माना जाना चाहिये।"[1]

(6) विकासवाद के विरुद्ध—संविदा सिद्धान्त राज्य को एक कृत्रिम संस्था मानता है जबकि आधुनिक विचारों के अनुसार वह क्रमशः विकास का परिणाम है।

(7) राज्य भक्ति की अनुचित व्याख्या—संविदा सिद्धान्त के अनुसार नागरिक में राज्य भक्ति इसलिये होनी चाहिये क्योंकि उसने स्वेच्छा से राज्य के आज्ञा पालन करने की स्वीकृति दी है। यह विचार न तो तथ्यों पर आधारित है और न उपयुक्त ही है। इससे राज्य भक्ति अनिवार्य भी नहीं बनती क्योंकि जिस प्रकार उसे स्वेच्छा से स्वीकार किया गया है वैसे ही उसे स्वेच्छा से छोड़ा जा सकता है।

(8) तर्कहीन सिद्धान्त—तर्क की दृष्टि से संविदा सिद्धान्त सर्वथा गलत सिद्ध होता है। प्राकृतिक अवस्था में राजनैतिक चेतना के बिना जंगली मनुष्य परस्पर समझौते के विचार को कैसे मस्तिष्क में ला सकते थे?

(9) प्राकृतिक अधिकार के सिद्धान्त में दोष—जो विचारक समाज और राज्य से अलग मनुष्य के कुछ प्राकृतिक अधिकार मानते हैं वे यह भूल जाते हैं कि अधिकार समाज में ही प्राप्त होते हैं। जैसा कि टी० एच० ग्रीन ने लिखा है, "समाज के सदस्यों में सामान्य हित की चेतना के बिना कोई भी अधिकार नहीं हो सकता।"[2]

(10) विद्रोह का पोषक—संविदा सिद्धान्त की आलोचना करते हुए ब्लंशली ने लिखा है, "यह राज्य और उसकी संस्थाओं को व्यक्तिगत निरंकुश इच्छा का परिणाम बना देता है।"[3] इससे यह भावना उत्पन्न होती है कि व्यक्ति ही राज्य को बनाते हैं और वे अपनी मर्जी से जब चाहे उसे समाप्त कर सकते हैं।

---

1. "....the state ought not to be considered anything better than a partnership agreement in a trade of pepper, coffee or tobacco or some other such low concern...to be dissolved by the fancy of the partners. It is to be looked on with reverence."
—Barker.

2. "There can be no right without a consciousness of common interest on the part of members of society."
—T.H. Green

3. "It makes the state and its institutions the products of individual caprice."
—Bluntschli.

उपरोक्त कारणों से विभिन्न राजशास्त्रियों ने राज्य की उत्पत्ति के संविदा सिद्धान्त को अनुपयुक्त माना है। बैथम ने इसे व्यर्थ की बकवास कहा है किन्तु इससे यह निष्कर्ष निकालना उचित नहीं होगा कि इस सिद्धान्त में सत्य का कोई अंश ही नहीं है। इस सिद्धान्त से राज्य की उत्पत्ति के दैवी सिद्धान्त और शक्ति सिद्धान्त का खण्डन हुआ। रूसो के विचारों से जनतन्त्र की स्थापना में बड़ी सहायता मिली। इन विचारकों के मत में यह सत्य अवश्य था कि अन्त में कोई भी राज्य तभी चल सकता है जबकि शासित अपनी मर्जी से कर्त्तव्यों का पालन करें और इन व्यक्तियों को अपने ऊपर लादा हुआ न मानें। दूसरी ओर शासक को भी शासितों के प्रति कर्त्तव्यों का पालन करना चाहिये।

विकासवादी सिद्धान्त
(Evolutionary Theory)

विकासवादी विचारकों के अनुसार, ''राज्य किसी एक समय में निर्मित नहीं हुआ बल्कि विकास का परिणाम है।'' ये राज्य की उत्पत्ति की व्याख्या में दैवी सिद्धान्त, शक्ति सिद्धान्त अथवा संविदा सिद्धान्त को नहीं मानते। इनके अनुसार, ''राज्य न तो ईश्वर की बनाई हुई रचना है, न किसी श्रेष्ठ तर्क शक्ति का परिणाम है, न किसी समझौते या सम्मेलन की उत्पत्ति है और न केवल परिवार का विस्तार है।'' जैसा कि प्रोफेसर बर्गेस ने विकासवादी सिद्धान्त को स्पष्ट करते हुये लिखा है, ''यह तर्क वाक्य कि राज्य इतिहास की उत्पत्ति है यह बतलाता है कि यह मानव समाज का क्रमशः और सतत् विकास है।''[1] इस प्रकार मानव समाज के क्रमशः विकास से राज्य की उत्पत्ति हुई। लीकाक के शब्दों में, ''जिस प्रकार भाषा पशुओं की अस्पष्ट बोली से विकसित हुई उसी प्रकार शासन का प्रारम्भ ही प्रायः ऐतिहासिक समाज की आदिम अवस्था में हुआ।''

राज्य के विकास में प्रमुख तत्त्व

राज्य के इस क्रमशः विकास में अनेक तत्त्वों का महत्त्वपूर्ण योगदान था जिनमें मुख्य निम्नलिखित हैं—

(1) रक्त सम्बन्ध—वास्तविक अथवा काल्पनिक सामान्य पूर्वज से बंधे हुये परिवारों और वंशों में रक्त सम्बन्ध की भावना से एकता की भावना बढ़ती है। इस प्रकार प्राचीन पितृमूलक परिवारों में प्रमुख अर्थात् कुलपति को सर्वोच्च सत्ता प्राप्त थी। अनेक परिवारों के मिलने से जो कबीला बना उसका मुखिया ही राजा का पूर्वगामी था। यही आगे चलकर राजा बना। यद्यपि विचारक इस विषय में एक मत नहीं हैं कि आदिम परिवार पितृमूलक थे या मातृमूलक किन्तु सभी विकासवादी विचारक राज्य को परिवारों के ही विकास का परिणाम मानते हैं। लीकाक के शब्दों में, ''कहीं पर पितृ प्रधान और कहीं पर मातृ प्रधान कुटुम्ब रहे होंगे। परन्तु इस तथ्य से इंकार नहीं हो सकता है कि परिवार ही राज्य का आधार है।''

---

1. "The proposition that State is a product of history means that it is a gradual and continuous development of human society." —Burgess.

(2) धर्म—राज्य के विकास में धर्म का महत्त्व बतलाते हुये गैटिल ने लिखा है, "राजनैतिक विकास के प्रारम्भिक और अत्यधिक कठिन कार्यों में एक मात्र धर्म ही बर्बरता-पूर्ण अराजकता का दमन कर सकता था और सम्मान करना तथा आज्ञा पालन सिखा सकता था। जिस अनुशासन पर सभी सफल सरकारें आधारित होती हैं उस अनुशासन और समर्पण को उत्पन्न करने के लिये हजारों वर्षों की आवश्यकता थी।"[1] इस प्रकार धर्म ने मनुष्य में एकता, आज्ञा पालन, समर्पण आदि ऐसे अनेक गुणों का निर्माण किया जो राज्य के लिये आवश्यक थे। अनेक राज्यों में धार्मिक मान्यता ही राज्य की प्रभुसत्ता का आधार होती है।

(3) शक्ति—विकासवादी विचारक राज्य के विकास में अन्य तत्त्वों के समान शक्ति को भी महत्त्वपूर्ण तत्त्व मानते हैं। इतिहास बतलाता है कि शक्ति के आधार पर ही पहले छोटे और फिर बड़े राज्य स्थापित हुये। इसी के आधार पर पुराने राज्यों को समाप्त करके नये राज्य स्थापित किये गये। इसी के द्वारा बड़े-बड़े साम्राज्यों की स्थापना हुई और इसी के आधार पर इन साम्राज्यों को समाप्त करके नये राज्य बनाये गये। आज भी संसार में अनेक राज्य मुख्य रूप से शक्ति पर ही आधारित राज्य हैं।

(4) राजनैतिक चेतना—राज्य के निर्माण में राजनैतिक चेतना का महत्त्व बतलाते हुये जैलीनेक ने लिखा है, "मानव जीवन की दैनिक आवश्यकताओं और सुरक्षा तथा शान्तिमय जीवन व्यतीत करने की इच्छाओं ने अवश्य ही मनुष्य को राजनैतिक संगठन स्थापित करने के लिये प्रेरित किया होगा।" राजनैतिक चेतना के विकास के साथ-साथ क्रमशः निरंकुश राजतन्त्र के स्थान पर सीमित राजतन्त्र और अन्त में प्रजातन्त्र की स्थापना हुई। इस प्रकार राजनैतिक चेतना के परिवर्तन के साथ-साथ राज्य के रूप भी बदलते रहे हैं।

(5) आर्थिक आवश्यकता—आधुनिक राज्यों के विकास पर दृष्टि डालने से उसमें आर्थिक आवश्यकताओं का महत्त्व स्पष्ट पता चलता है। आर्थिक संस्थाओं और समितियों के क्रमशः सरल से जटिल होते जाने के साथ-साथ नई आर्थिक समस्यायें उत्पन्न हुईं जिनको सुलझाने के लिये नये प्रकार के राज्यों की स्थापना हुई। गैटिल के अनुसार आर्थिक विकास के परिणामस्वरूप विभिन्न वर्गों का जन्म हुआ और इन वर्गों के परस्पर सम्बन्धों के आधार पर सरकार और राज्य बने। विभिन्न आर्थिक अवस्थाओं में राज्य के स्वरूप में अन्तर देखा जा सकता है।

(6) सामाजिक प्रवृत्ति—अन्त में राज्य के विकास के मूल में सबसे अधिक महत्त्वपूर्ण तत्त्व मनुष्य की सामाजिक प्रवृत्ति रही है। यह सामाजिक प्रवृत्ति ही पहले सामाजिक और फिर राजनैतिक चेतना के विकास का कारण है। राज्य इसी सामाजिक प्रवृत्ति पर आधारित रहते हैं।

---

1. "In the earliest and most difficult periods of political development religion alone could subordinate barbaric anarchy and teach reverence and obedience. Thousands of years were needed to create that discipline and submission to authority on which all successful government must rest." —Gettel

उपरोक्त तत्त्वों के योगदान से राज्य का क्रमशः विकास हुआ। इसलिये विकासवादियों के अनुसार, ''राज्य एक विकास है कृत्रिम रचना नहीं है।'' आधुनिक काल में अधिकतर विचारक इसी सिद्धान्त के आधार पर राज्य की उत्पत्ति की व्याख्या करते हैं। इस सिद्धान्त का एक विशेष महत्त्व यह भी है कि इसमें राज्य की उत्पत्ति के अन्य सिद्धान्त जैसे दैवी सिद्धान्त, शक्ति सिद्धान्त तथा संविदा सिद्धान्त के मूल तत्त्वों जैसे धर्म, शक्ति और सामाजिकं तथा राजनैतिक चेतना आदि को राज्य के विकास के महत्त्वपूर्ण कारक मान लिया गया है। इस प्रकार यह एक बहुतत्त्ववादी और वैज्ञानिक सिद्धान्त है।

स्पेन्सर के अनुसार सभ्य मानव समाज में राज्य सत्ता का उदय शक्तिशाली व्यक्तियों के भय के फलस्वरूप होता है। यहाँ यह स्पष्ट कर देना आवश्यक है कि धर्म की सत्ता का विकास मृत आत्माओं के भय द्वारा होता है। राज्य सत्ता के विकास से शक्तिशाली व्यक्तियों का आतंक छा जाता है। इनकी शक्ति से अन्य व्यक्ति भयभीत होने लगते हैं। इस भय के फलस्वरूप वे निर्बल होने लगते हैं तथा शक्तिशाली व्यक्ति उन पर नियन्त्रण रखने लगता है। यह नियन्त्रण राज्य सत्ता का प्रथम स्तर होता है। इसके बाद क्रमशः सामाजिक विकास एवं परिस्थितियों के परिवर्तन के फलस्वरूप राज्य सत्ता का विकास होता है। स्पेन्सर के अनुसार राज्य सत्ता के विकास के मुख्य तीन स्तर अथवा रूप होते हैं। ये रूप निम्नलिखित हैं–

(1) सैनिक राज्य (Military State)

(2) औद्योगिक राज्य (Industrial State)

(3) नैतिक राज्य (Ethical State)

अब इन तीनों प्रकार के राज्यों के विकास की विशेषताओं का संक्षिप्त विवरण प्रस्तुत किया जायेगा।

(1) सैनिक राज्य (Military State)–हरबर्ट स्पेन्सर के अनुसार राज्य-सत्ता का प्रधान रूप 'सैनिक राज्य' था। राज्य सत्ता के इस रूप को स्पष्ट करने के लिये स्पेन्सर ने अपने सामाजिक विकास के सिद्धान्त का सहारा लिया है। उसके अनुसार सामाजिक विकास के प्रारम्भिक स्तर पर समाज सरल, अनिश्चित तथा सजातीय था। इस स्तर पर समाज अविकसित तथा असंगठित था। इस काल में कोई स्पष्ट राज्य-सत्ता विकसित नहीं थी। कभी-कभी कुछ विभिन्न दलों अथवा समुदायों में आपसी युद्ध हो जाया करते थे। युद्ध के अवसर पर कुछ वास्तविक शूरवीर आगे आते थे तथा उन्हें सामयिक परिस्थितियों के लिये मुखिया अथवा नेता मान लिया जाता था। युद्ध के दौरान सब लोग उसकी आज्ञाओं का पालन करते थे तथा उसके नियन्त्रण को स्वीकार करते थे। इस स्तर पर युद्ध के अवसर कम थे। अतः कोई स्थाई मुखिया नहीं हुआ करता था। समय बीतने के साथ-साथ समाज विकसित हुआ तथा उसका रूप अपेक्षाकृत जटिल हो गया। इस समाज में युद्ध के अवसर अधिक आने लगे। इस स्थिति में एक स्थाई मुखिया की आवश्यकता अनुभव की गयी। अब परम्परा के रूप में मुखिया के मरने के बाद उसका पुत्र मुखिया बनने लगा। इस प्रकार मुखिया का पद पैतृकता द्वारा निर्धारित होने लगा। धीरे-धीरे इस सैनिक मुखिया की सहायता एवं सलाह-मशवरे के लिये कुछ व्यक्तियों की समिति बनायी जाने लगी जिनमें कुछ सदस्य

मुखिया द्वारा नामजद किये जाते थे तथा कुछ का चुनाव होता था। इन्हें जनता का प्रतिनिधि स्वीकार किया जाता था। इस प्रकार एक राज्य-सत्ता स्थापित हो गयी थी।

सैनिक राज्य का मुख्य उद्देश्य एवं कार्य युद्ध करना तथा आत्म-रक्षा करना था, जिसके लिये आक्रमण भी किये जाते थे। इस राज्य-व्यवस्था में सेनाओं का सर्वाधिक महत्त्व था तथा समाज की पूरी व्यवस्था सेनाओं के हित में होती थी। सेना का सर्वोच्च अधिकारी ही राज्य का प्रमुख अर्थात् राजा होता था। इस राज्य-व्यवस्था के अन्तर्गत सार्वजनिक सम्पत्ति पर राज्य का ही अधिकार था। सैनिक राज्य में राज्य महत्त्वपूर्ण था। उसके अधिकार एवं स्वतन्त्रता सर्वोच्च थी। व्यक्ति का महत्त्व नहीं था। व्यक्ति की स्वतन्त्रता का कोई स्थान नहीं था। कहने का आशय यह है कि व्यक्ति राज्य के लिये था, राज्य व्यक्ति के लिए नहीं था।

(2) औद्योगिक राज्य (Industrial State)—'सैनिक राज्य' के बाद 'औद्योगिक राज्य' का आरम्भ होता है। सैनिक राज्य में पूरे राज्य का उद्देश्य सैन्य बल को प्राप्त करना एवं बढ़ाना होता है। परन्तु केवल सैन्य बल को बढ़ाने तथा युद्ध करने से संतोष प्राप्त नहीं होता। मनुष्य औद्योगिक समृद्धि भी चाहता है। इस समृद्धि के लिए क्रमशः राज्य एवं जनता उद्योगों के विकास की ओर ध्यान देने लगते हैं। जैसे-जैसे सामान्य रुख उद्योगों की ओर होने लगता है वैसे ही वैसे राज्य-सत्ता का रूप बदलने लगता है। राज्य-सत्ता तब क्रमशः औद्योगिक राज्य में परिवर्तित होने लगती है। औद्योगिक राज्य में राज्य के लिए उद्योगों का विकास साध्य हो जाता है। औद्योगिक राज्यों में अन्य राज्यों पर आक्रमण करने की प्रवृत्ति भी कम हो जाती है। सैनिक राज्य के विपरीत औद्योगिक राज्य में व्यक्ति की स्वतन्त्रता तथा अधिकारों को भी महत्त्व दिया जाता है। औद्योगिक राज्य में व्यक्ति के व्यक्तिगत जीवन में राज्य का हस्तक्षेप कम हो जाता है। जनता के प्रतिनिधियों का राज्य प्रणाली में विशेष स्थान होता है। औद्योगिक राज्य में क्रमशः जन-तन्त्र का विकास होने लगता है तथा सार्वजनिक हितों की बात होने लगती है।

(3) नैतिक राज्य (Ethical State)—'नैतिक राज्य' का विचार हरबर्ट स्पेन्सर का काल्पनिक विचार है। 'सैनिक राज्य' तथा 'औद्योगिक राज्य' अस्तित्व में आ चुके हैं परन्तु नैतिक राज्य को अभी भविष्य में अस्तित्व में आना शेष है। यह स्पेन्सर की काल्पनिक धारणा है। स्पेन्सर के अनुसार औद्योगिक राज्य विकास कर रहा है। एक दिन इसका चरम विकास पूर्ण हो जायेगा। इस चरम विकास की स्थिति में मानव की भौतिक समृद्धि पूर्ण हो जायेगी। इस भौतिक समृद्धि की स्थिति में मानव की स्वार्थ की प्रकृति शान्त हो जायेगी। इस दशा में उसका व्यवहार नैतिकता के नियमों द्वारा परिचालित होगा? स्पेन्सर के अनुसार मनुष्य का अनैतिकतापूर्ण व्यवहार केवल भौतिक अभावों के कारण ही है। इस प्रकार जब व्यक्ति के भौतिक अभाव समाप्त हो जायेंगे तब राज्य का रूप नैतिक हो जायेगा। नैतिक राज्य वास्तव में पारस्परिक रूप में राज्य से भिन्न होगा। इस स्थिति में राज्य का उन्मूलन हो जायेगा, किसी बाहरी शासन की आवश्यकता ही नहीं रहेगी। इस स्थिति में मनुष्य अपनी नैतिकता से स्वशासित रहेगा। स्पेन्सर के अनुसार यह स्थिति सामाजिक विकास का लक्ष्य एवं आदर्श है और समाज इस लक्ष्य की ओर क्रमशः अग्रसर हो रहा है।

मानव समाज में राज्य का स्थान

हरबर्ट स्पेन्सर व्यक्तिवाद को महत्त्व देता था। उसके अनुसार व्यक्ति न कि समाज प्रधान है। यह सिद्धान्त उसके सामाजिक सावयवी सिद्धान्त से पुष्ट होता है। उसके अनुसार समाज के नष्ट हो जाने से व्यक्ति नष्ट नहीं हो जाता है। यह व्यक्ति की स्वन्त्रता का पक्षपाती था। व्यक्ति की स्वतन्त्रता को बनाये रखने के लिए स्पेन्सर ने एक नियम प्रस्तुत किया था जिसे 'समान स्वतन्त्रता का नियम' (Law of Equal Freedom) कहा गया। इस नियम के अनुसार समाज में रहने वाले प्रत्येक व्यक्ति को उतनी हद तक स्वतन्त्रता के उपभोग का अधिकार है जितनी स्वतन्त्रता वह दूसरों को देता है अथवा देने को तैयार रहता है। स्पेन्सर के अनुसार सामाजिक व्यवस्था में तथाकथित राज्य का उद्देश्य यही समान स्वतन्त्रता उपलब्ध कराना है। इस स्थिति में राज्य के अधिकार एंव कार्य काफी सीमित हो जाते हैं। स्पेन्सर राज्य को पूर्ण रूप से नष्ट करने के पक्ष में नहीं था। इसीलिए स्पेन्सर ने स्पष्ट रूप से राज्य के कार्यों को निर्धारित किया है तथा यह भी निर्धारित किया है कि राज्य को कौन-कौन से कार्य बिल्कुल नहीं करने चाहियें। स्पेन्सर के अनुसार राज्य द्वारा करने वाले तथा राज्य द्वारा न करने वाले कार्यों का विवरण निम्नलिखित है।

राज्य द्वारा करने वाले कार्य

स्पेन्सर ने राज्य द्वारा करने वाले कार्यों की सूची को काफी सीमित कर दिया है। उसके अनुसार राज्य का एक मात्र कार्य समाज में 'समान स्वतन्त्रता' उपलब्ध कराने में सहायक होना है। यह आवश्यकता इसलिये महसूस की गयी क्योंकि मानव स्वभाव ही स्वार्थी है। इस प्रवृत्ति के कारण वह सदैव अपने हित को प्रधानता देता है, अन्य व्यक्तियों के हित को ध्यान में नहीं रखता। स्पेन्सर समाज में संघर्ष को बुरा नहीं मानता अर्थात् अपने हितों को प्राप्त करने के लिए संघर्ष बुरा नहीं है परन्तु इस संघर्ष में भी कोई व्यवस्था होनी चाहिये। यह व्यवस्था केवल उच्छृंखलता को रोकने के लिए होनी आवश्यक है। मनुष्य जितनी स्वतन्त्रता चाहता है उसे उतनी स्वतन्त्रता देने के लिए तैयार रहना चाहिये। उसे प्रत्येक व्यक्ति की समान रूप से रक्षा करनी चाहिये। राज्य का कार्य किसी प्रकार का कानून बनाना नहीं है, उसे केवल देश की भीतरी और बाहरी शत्रुओं से रक्षा करनी है। इस प्रकार स्पष्ट है कि स्पेन्सर के अनुसार व्यक्तिवादी राज्य में कार्य केवल अनुचित संघर्ष को रोकना है, उचित संघर्ष को रोकना नहीं है।

राज्य द्वारा न किए जाने वाले कार्य

जहाँ एक ओर स्पेन्सर ने राज्य द्वारा किए जाने वाले सीमित कार्यों का विवरण प्रस्तुत किया है वहाँ दूसरी ओर उसने बिल्कुल स्पष्ट रूप से यह भी बतलाया है कि राज्य को क्या-क्या कार्य नहीं करने चाहियें। उसने राज्य के अनेक पारम्परिक कार्यों पर रोक लगाने का प्रस्ताव रखा है।

स्पेन्सर के अनुसार व्यक्ति का महत्त्व अधिक है। राज्य का महत्त्व कम है; व्यक्ति राज्य के लिए नहीं है। व्यक्ति साध्य है, राज्य साधन है। अतः व्यक्ति जो चाहता है उसे प्राप्त करने के लिए उसे स्वयं सोचना-विचारना तथा प्रयास करना है। राज्य को उसके प्रयासों में किसी प्रकार का दखल नहीं देना चाहिये। व्यक्ति को अपना कल्याण स्वयं करना

है। स्पेन्सर के अनुसार राज्य व्यक्ति का कल्याण कर भी नहीं सकता। उसके अनुसार राज्य वास्तव में किसी न किसी रूप से व्यक्ति का अकल्याण ही करता है। विकास के सिद्धान्त के अन्तर्गत स्पेन्सर यह मानता है कि शक्तिशाली व्यक्ति की जीत होती है और वह बना रहता है। मानव समाज में निरन्तर संघर्ष चलता रहता है। इसी संघर्ष के माध्यम से ही समाज का विकास होता है। राज्य यदि कल्याण करने के प्रयोजन से कुछ करता है तो उसके द्वारा समाज में होने वाला संघर्ष प्रभावित होता है। राज्य इस सामाजिक संघर्ष को दो प्रकार से प्रभावित कर सकता है। एक रूप में वह निर्बलों का साथ दे सकता है। स्पेन्सर के अनुसार इन दोनों प्रकारों से राज्य व्यक्ति का अकल्याण ही करता है। उसके अनुसार सामाजिक संघर्ष अंकुश रहित ही होना चाहिये। स्पेन्सर का कहना है कि यदि राज्य इस सामाजिक संघर्ष में निर्बलों का साथ दे अर्थात् उनकी सहायता करे तब भी समाज का विकास उचित नहीं होगा। इस दशा में पूरे समाज को दो प्रकार से हानि होगी। प्रथम तो स्वस्थ संघर्ष की परम्परा समाप्त हो जायेगी। दूसरे समाज में निर्बलों का अनुपात बढ़ जायेगा अर्थात् समाज में अधिक व्यक्ति मौलिक रूप से निर्बल होंगे। इससे समाज अशक्त हो जायेगा। सामान्य रूप से राज्य का यह कार्य अर्थात् निर्बलों का साथ देना, सामाजिक कल्याण का कार्य माना जाता है परन्तु स्पेन्सर का मत है कि राज्य की प्रवृत्ति वास्तव में पूरे समाज के स्तर को निम्न बनाने वाली तथा विकास की प्रक्रिया में बाधा डालने वाली है। इसके विपरीत दूसरा विकल्प है राज्य द्वारा सबल वर्ग की सहायता। इस सहायता के फलस्वरूप सामाजिक संघर्ष की गति एकाएक तीव्र हो जायेगी तथा निर्बल वर्ग शीघ्र समाप्त हो जायेगा जिससे समाज में संघर्ष का अन्त हो जायेगा। स्पेन्सर के अनुसार यह भी उचित नहीं है। संघर्ष के समाप्त हो जाने से समाज का विकास अवरुद्ध हो जायेगा। विकास की प्रक्रिया केवल संघर्ष के ही माध्यम से आगे बढ़ती है। इस पूरे विवेचन द्वारा स्पेन्सर यह कहता है कि तथाकथित सामाजिक कल्याण का कार्य राज्य को नहीं करना चाहिये। समाज का कल्याण एवं विकास तो स्वतन्त्र विकास की प्रक्रिया द्वारा ही सम्भव है। औद्योगिक क्षेत्र में भी राज्य का हस्तक्षेप उचित नहीं है। औद्योगिक क्षेत्र में संघर्ष प्रतिस्पर्धा (Competition) के रूप में होता है। स्पेन्सर औद्योगिक क्षेत्र में मुक्त प्रतिस्पर्धा का पक्षपाती है। उसके अनुसार यदि मुक्त स्पर्धा होती है तो कार्य शीघ्र एवं सस्ते होंगे। स्पेन्सर ने कुछ कार्यों के विषय में स्पष्ट रूप से नकारात्मक विचार प्रस्तुत किये हैं। ये कार्य इस प्रकार हैं—किसी भी प्रकार के व्यापारिक नियमों को निर्धारित नहीं करना चाहिए। कोई भी सामाजिक संस्था स्थापित नहीं करनी चाहिए। निर्बल वर्ग की रक्षा करने वाली सार्वजनिक संस्थाओं की सहायता करनी चाहिये। शिक्षा संस्थानों की स्थापना एवं परिचालन नहीं करना चाहिए। स्वास्थ्य केन्द्र जैसी संस्थायें नहीं खोलनी चाहियें। डाक-तार विभाग की स्थापना नहीं करनी चाहिये। स्पेन्सर का कहना था कि यदि राज्य ये सब कार्य करने लगता है तो सामाजिक संघर्ष की प्रक्रिया अवरुद्ध हो जाती है तथा सामाजिक संघर्ष के अभाव में समाज का विकास भी अवरुद्ध हो जाता है।

अभ्यास के लिये प्रश्न

1. राज्य की उत्पत्ति के संविदा सिद्धान्त का विवेचन करो।
2. राज्य की उत्पत्ति के प्रमुख सिद्धान्त बतलाइये।

6

राजनैतिक शक्ति का वितरण
(Distribution of Political Power)

शक्ति और प्रभाव

राजनैतिक समाजशास्त्र राजनैतिक शक्ति से सम्बन्धित है। वह राजनैतिक शक्ति के प्रभाव (Influence) और वितरण (Distribution) का विवेचन करता है। आधुनिक समाज में किसी भी व्यक्ति को उस सीमा तक समृद्ध माना जाता है जिस सीमा तक वह अन्य व्यक्तियों के व्यवहार को प्रभावित करता है। इस प्रकार शक्ति का निर्णायक प्रभाव है। प्रभाव से तात्पर्य किसी व्यक्ति में दूसरों के व्यवहार को प्रभावित करने की शक्ति है। यह प्रभाव दूसरों की इच्छा के अनुकूल होना आवश्यक नहीं है बल्कि बहुधा यह प्रतिकूल ही होता है। प्रभाव की प्रकृति की व्याख्या करते हुए हेरोल्ड डी० लासवैल और अब्राहम कपलान ने लिखा है, ''प्रभाव का वजन वह अंश है जहाँ तक नीतियाँ प्रभावित होती हैं; प्रभाव का क्षेत्र वे व्यक्ति हैं जिनकी नीतियाँ प्रभावित होती हैं, प्रभाव का क्षेत्र नीतियों में निहित मूल्य है।''[1] इस प्रकार प्रभाव का वजन इस बात से जाना जाता है कि प्रभावित व्यक्तियों में कहाँ तक परिवर्तन होता है। कभी-कभी प्रभाव से अनुकूलन अत्यधिक व्यापक होता है। ऐसी परिस्थिति में शक्तिमान व्यक्ति (Power holder) को प्रभाव उत्पन्न करने के लिये बहुत कम प्रयास करने की आवश्यकता होती है। इस प्रकार के प्रभाव का एक उदाहरण परिवार में पिता की शक्ति में मिलता है। यह स्वाभाविक (Spontaneous) प्रभाव का उदाहरण है। दूसरी ओर अन्य उदाहरणों में अनुकूलन बहुत कम होता है जिससे शक्ति प्रयोग में बल प्रयोग की आवश्यकता बढ़ जाती है। यह बलात् (Coercive) प्रभाव कहलाता है। साधारणतया राजनैतिक शक्ति बलात् प्रभाव कहलाती है। उसमें दूसरों को प्रभावित करने

---

1. "The weight of influence is the degree to which policies are affected; the domain of influence, the persons whose policies are affected; the scope of influence, the values implicated in the policies."
—Harold D. Lasswell & Abraham Kaplan, *Power and Society,* New haven, Yale University Press, 1961 p. 73.

के लिये धमकियों (Threats) और मान्यताओं (Sanctions) का प्रयोग किया जाता है। इन धमकियों के साथ दण्ड और पुरस्कार की सम्भावनायें बनी रहती हैं। जबकि दण्ड और आघात शक्ति के नकारात्मक मान्यतायें (Negative Sanctions) हैं, पुरस्कार विधायक (Positive) मान्यतायें हैं। इस प्रकार की शक्ति की परिभाषा नकारात्मक अथवा विधायक मान्यताओं के प्रयोग करने की धमकी के द्वारा दूसरों के व्यवहार को प्रभावित करने की सामर्थ्य (Capacity) के रूप में की जा सकती है।

शक्ति की प्रकृति

अस्तु, मूल रूप में शक्ति सम्बन्धात्मक (Relational) है। वह एक व्यक्तिगत गुण (Property) है। वह केवल दूसरों के सम्बन्धों में प्रयोग की जाती है। संक्षेप में शक्ति की प्रकृति की मुख्य विशेषतायें निम्नलिखित हैं—

(1) सामर्थ्य (Capacity)—वह दूसरों के व्यवहार को प्रभावित करने की सामर्थ्य है।

(2) व्यवहारात्मक (Behavioural)—वह व्यवहारात्मक है। वह दो कर्त्ताओं (Actors) के परस्पर व्यवहार में निहित है। व्यवहारात्मक होने के कारण शक्ति का मापन और तुलना सम्भव है। उसके प्रभाव के आधार पर उसका माप और मूल्यांकन किया जाता है।

(3) परिस्थितिजन्य (Situational)—शक्ति परिस्थिति जन्य है। उसको जानने के लिये उसे विशेष परिस्थिति से सम्बन्धित किया जाता है। शक्ति को एक विशिष्ट परिस्थिति में शक्तिमान के विशिष्ट कार्य भाग (Role) से जाना जाता है।

शक्ति सम्बन्धों का पता लगाने के साधन (Ways of Detecting Power Relations)

अपनी पुस्तक Modern Political Analysis में राबर्ट दहल (Robert A. Dahl) ने एक विशिष्ट परिस्थिति में शक्ति सम्बन्धों को पता लगाने के निम्नलिखित चार तरीके या साधन माने हैं। ये शक्ति की उपस्थिति और उपयोग के लक्षण हैं। इनके द्वारा शक्तित्व ज्ञात होता है।

(1) पद (Office)—शक्ति का मापन उस पद से सम्बन्धित करके किया जाता है। वह एक औपचारिक (formal) पद की सीमाओं के अन्तर्गत कार्य करती है। पद नहीं है तो शक्ति भी नहीं होती। दूसरी ओर जितना ही ऊँचा पद होता है उससे जुड़ी शक्ति भी उतनी ही अधिक होती है। शक्ति सम्बन्धों को पता लगाने की यह विधि अत्यन्त सरल है क्योंकि पदों का क्रमारोह (Heirarchy) आसानी से देखा जा सकता है। फिर भी, शक्ति का औपचारिक पदों से अनिवार्य सम्बन्ध नहीं है। ऐसे राजाओं को बनाने वाले (King makers) और अदृश्य दादा लोग देखे जा सकते हैं जिनका कोई औपचारिक पद नहीं होता किन्तु जो बड़े-बड़े पदासीनों को प्रभावित करते हैं। अस्तु, पद से अनिवार्य रूप से सम्बन्धित करके शक्ति का मापन उपयुक्त नहीं है।

(2) सुस्थित न्यायाधीशों के निरीक्षण (Observations of well placed judges)—सुस्थित न्यायाधीश वे हैं जो औपचारिक पदासीनों से घनिष्ठ सम्बन्ध में रहने का अवसर पाते हैं। अस्तु, वे औपचारिक पद के अन्तर्गत और चारों ओर शक्ति के कार्य की प्रक्रिया का निरीक्षण कर सकते हैं। शक्ति के साथ ही इस विधि का प्रमुख दोष यह है कि सुस्थित न्यायाधीशों के चुनाव के लिये कोई विश्वसनीय कसौटी बनाना लगभग असम्भव है। पुन: जैसा कि लासवैल और कपलान ने संकेत किया है, "सुस्थित निरीक्षक भी झूठे यश से धोखा खा सकते हैं। जहाँ शक्ति शून्य या बहुत कम है वहाँ उन्हें भारी शक्ति प्रतीत हो सकती है। तब क्या हमें न्यायाधीशों पर निर्णय देने के लिये और अधिक न्यायाधीशों की आवश्यकता है।"[1] इस प्रकार यह प्रणाली चक्कर कटाती रहती है।

(3) वास्तविक प्रक्रिया का विश्लेषण (Analysis of Actual Decision Making Process)—वास्तविक निर्णायक प्रक्रिया यह दिखलाती है कि लोग वास्तव में क्या करते हैं। इसके विश्लेषण से उनकी भागीदारी (Participation) की प्रकृति और स्तर का पता चलता है। स्पष्ट है कि निर्णय लेने की प्रक्रिया में जो सर्वाधिक प्रभावशाली है वही सबसे अधिक शक्तिशाली है। फिर भी निर्णय लेने की प्रक्रिया में भागीदारी की मात्रा को शक्ति का सूचक (Index) नहीं माना जा सकता। प्रशासक और उसका सचिव दोनों ही निर्णय लेने की प्रक्रिया में हिस्सा लेते हैं किन्तु दोनों की शक्ति में अन्तर स्पष्ट है।

(4) भागीदारों की क्रियाओं की तुलना (Comparison of Activities of the participants)—अस्तु केवल निर्णय लेने की प्रक्रिया में भागीदारों के निरीक्षण मात्र के स्थान पर उनकी क्रियाओं को तौला जाता है और उनकी शक्ति की प्रकृति और विस्तार का पता लगाने के लिये उनकी क्रियाओं की तुलना की जाती है। इस विधि की भी अपनी कठिनाइयाँ हैं। उदाहरण के लिये दो ऐसे भागीदारों की सापेक्ष शक्ति का अनुमान लगाना कठिन है जिनमें से एक प्रस्ताव को प्रस्तावित करता है और उसे आसानी से पास करा लेता है जबकि दूसरा उसे भारी विरोध के बावजूद पास करा लेता है।

विशिष्ट परिस्थितियों में शक्ति सम्बन्धों का पता लगाने की उपरोक्त चारों विधियों के गुण दोषों के उपरोक्त विवेचन से यह स्पष्ट होता है कि इनमें से प्रत्येक के अपने लाभ हैं। शक्ति को मापने के लिये उसके वजन (Weight), क्षेत्र (Scope) और राज्य (Domain) को जानना आवश्यक है। शक्ति के वजन से तात्पर्य निर्णायक प्रक्रिया में भागीदारी के अंश से है। शक्ति के क्षेत्र से तात्पर्य सम्बन्धित मूल्यों (Values) से है। शक्ति के राज्य से तात्पर्य उसके प्रभाव क्षेत्र में सम्मिलित व्यक्तियों की संख्या से है। अस्तु, शक्ति के मापन के लिये उपरोक्त सभी प्रविधियों के संयोजन (Combination) का प्रयोग किया जाना चाहिये।

---

1. "Even seemingly well placed observers can be misled by false reputation : They may attribute great power where little or non-exists. Do we need more judges, then, to judge the judges?"

—Ibid., p. 71.

शक्ति की परिभाषा
(Definition of Power)

राबर्ट दहल के अनुसार 'अ' की 'ब' पर उसी सीमा तक शक्ति मानी जा सकती है जहाँ तक वह 'ब' से कुछ ऐसा करा पाता है जो कि 'ब' अन्यथा नहीं करता।[1] यहाँ पर शक्तिमान की क्रियाओं और इरादों से ध्यान हटाकर शक्तिवाहक (Power Addressee) की क्रियाओं और इरादों (Intention) पर ध्यान लगाया जाता है। शक्ति सम्बन्ध के लिये यह आवश्यक है कि दूसरी ओर से उसका विरोध (Opposition) किया जाये। मान्यता शक्ति का सर्वाधिक महत्त्वपूर्ण लक्षण है। मान्यता की प्रभावोत्पादकता शक्ति की वास्तविक परीक्षा है। मान्यता का कोई अर्थ तभी हो सकता है जबकि वह शक्ति वाहक की स्थिति में कोई परिवर्तन उत्पन्न करे। परन्तु शक्ति की यह परिभाषा केवल आदर्श परिस्थितियों में ही लागू होती है। उदाहरण के लिये, एक राष्ट्र जो किसी शक्तिशाली राष्ट्र के प्रभाव से अपनी गतिविधि को परिवर्तित कर रहा है, कभी इस प्रभाव को स्वीकार नहीं करता और यह दावा किये ही जाता है कि यह परिवर्तन उसके अपने संकल्प के कारण है। ऐसी परिस्थितियों में, निश्चय ही दहल की शक्ति की परिभाषा को लागू करना अत्यन्त कठिन है।

शक्ति की एक अन्य महत्त्वपूर्ण परिभाषा हरबर्ट गोल्डहामर (Hebert Goldhamer) और एडवर्ड ए० शिल्स (Edward A. Shils) के द्वारा प्रस्तुत की गई है। इसके अनुसार "एक व्यक्ति में उसी सीमा तक शक्ति मानी जा सकती है जहां तक कि वह अपने इरादों के अनुरूप दूसरों के व्यवहार को प्रभावित करता है।"[2] यह परिभाषा शक्तिमान और उसके इरादों पर जोर देती है। इस प्रकार वह पहली परिभाषा से भिन्न है जिसमें कि शक्तिवाहक पर जोर दिया गया है। गोल्ड हामर और शिल्स द्वारा दी गई परिभाषा के अनुसार शक्ति का प्रकार पता लगाने के लिये शक्तिमान के इरादों का पता लगाया जाना चाहिये। यह पता लगाना आवश्यक है कि शक्तिवाहक खुले रूप में शक्ति को स्वीकार करता है या नहीं। निश्चय ही, शक्ति की यह परिभाषा पहली परिभाषा से श्रेष्ठ हैं किन्तु इसमें भी कुछ कठिनाइयाँ हैं। उदाहरण के लिये, यदि शक्तिमान अपने इरादों को प्रसारित नहीं करता है तो शक्ति सम्बन्ध स्थापित करना कठिन होगा। यह परिभाषा शक्तिमान और शक्तिवाहक के मध्य किसी न किसी प्रकार का संवाद प्रेषण (Communication) आवश्यक मानती है। इसी से शक्तिमान शक्तिशाली बनता है। संवाद प्रेषण के इस कार्य में बल प्रयोग (Coercion) होता है जो कि कोई भी रूप ग्रहण कर सकता है जैसे बल (Force), जोर जमाना (Domination) और प्रहस्थन (Manipulation) इत्यादि।

---

1. "A has power over B to the extent that he can get B to do something that B would not otherwise do."
—Robert A. Dahl, "The concept of power" in S. Sidney Ulmar (ed.), *Introductory Readings in Political Behaviour,* Chicago Rand Menally, 1962, p. 344.
2. "A person may be said to have power to the extent that he influences the behaviour of others in accordance with his own intentions."
—Herbert Goldhamer & Edward A Shils, "Types of Power and Status" in Ulmer, op.cit., p. 334.

बल प्रयोग के प्रकार
(Types of Coercion)

इस प्रकार शक्ति में बल प्रयोग शामिल है जो कि निम्नलिखित तीन प्रकार का हो सकता है–

1. **बल** (Force)–यह एक भौतिक क्रिया है जिसमें प्रत्यक्ष स्रोतों से काम किया जाता है।

2. **जोर जमाना** (Domination)–यह तब होता है कि जबकि कोई पात्र शक्तिवाहक को स्पष्ट रूप से अपना इरादा प्रेषित कर देता है।

3. **प्रहस्थन** (Manipulation)–इसमें दूसरों के व्यवहार को प्रभावित करने का प्रयास किया जाता है किन्तु शक्तिमान अपना इरादा स्पष्ट नहीं करता। इसे बहुधा राजनैतिक परिस्थितियों में प्रयोग किया जाता है जिनमें सर्वाधिक शक्तिशाली और वास्तविक शक्तिवाहक में प्रत्यक्ष संवाद प्रेषण से बचाव करना होता है।

बल प्रयोग के उपरोक्त तीनों प्रकारों में प्रथम सबसे अधिक सामान्य है क्योंकि शक्ति सम्बन्ध के लिये यह आवश्यक है कि शक्ति के आधार पर पता चल जाये।

शक्ति के आधार
(Power Bases)

शक्ति सम्बन्ध शक्ति के आधारों पर निर्भर होता है। शक्ति के आधार एक संस्कृति से दूसरी में और एक ही संस्कृति के विभिन्न स्तरों पर भिन्न-भिन्न होते हैं। ये शक्ति के आधार निम्नलिखित हो सकते हैं–

1. **धन** (Wealth)–धन पर अधिकार के कारण शक्ति होना यह दिखलाता है कि धन शक्ति का आधार है। यह मुख्य रूप से पूँजीवादी समाजों में देखा जाता है।

2. **साधनों पर नियन्त्रण** (Control over means)–सैनिक राज्यों में शक्ति का आधार हिंसा के साधनों पर नियन्त्रण होता है।

3. **कौशल** (Skill)–व्यक्तिगत कौशल एक ऐसा आधार है जो कि विभिन्न समाजों में शक्तिशाली व्यक्तियों में देखा जा सकता है।

4. **स्वयं शक्ति** (Power Itself)–किसी एक क्षेत्र में शक्ति दूसरे क्षेत्र में उसके विस्तार में सहायक होती है। अस्तु, ऐसे समाजों में शक्ति स्वयं शक्ति का आधार होती है।

शक्ति प्रयोग की योग्यता

शक्ति के आधार के अतिरिक्त उसको इस्तेमाल करने की कुशलता अथवा योग्यता भी होनी चाहिये ताकि शक्ति सम्बन्ध स्थापित हो सके। इस प्रकार शक्ति की परिस्थिति में शक्ति को प्रयोग करने की योग्यता, शक्ति का आधार और शक्ति सम्बन्ध, ये तीन घटक होते हैं। कुछ शक्ति क्रियाओं से शक्तिमान और शक्तिवाहक के मध्य अनुपातहीन (Assymetrical) सम्बन्ध स्थापित होता है। इस प्रकार के सम्बन्ध में माप और तुलना संभव नहीं हैं। इस प्रकार की परिस्थिति में हरबर्ट ए० साइमन (Herbert A Simon) ने यह सुझाव

उपस्थित किया है। "इस कठिनाई को इन दो तरीकों में से किसी से भी दूर किया जा सकता है: (1) हम यह विचार छोड़ सकते हैं कि सम्बन्ध अनुपातहीन है अथवा (2) हम पहले से विपरीत दिशा में क्रियाशील एक अनुपातहीन सम्बन्ध जोड़ सकते हैं। यदि प्रभाव की प्रक्रियायें समय में, और विशेष रूप से यदि दोनों सम्बन्धों से सम्बन्धित काल विलम्बना (Time Lag) भिन्न हैं, तो कम से कम से यह संभावना अवश्य है कि हम दोनों सम्बन्धों के प्रथम व्यावहारिक निरीक्षण कर सकते हैं। इस प्रकार, शक्ति को एक अनुपातहीन सम्बन्ध मानते हुए, हम 'अ' ओर 'ब' के बीच दो शक्ति सम्बन्धों को पृथक ले सकते हैं और यह नितान्त उचित है क्योंकि अधिकतर मामलों में शक्ति सम्बन्धों के इन दो सेटों के कार्य में काल विलम्बना होती है।"[1]

शक्ति शक्ति को सीमित करती है
(Power Limits Power)

शक्ति केवल मात्र शक्ति की ही खोज नहीं करती। शक्ति की खोज सफलता के पश्चात शक्ति बन जाती है। इसके लिये सामर्थ्य और संकल्प की भी आवश्यकता है। जब शक्ति एक बार प्राप्त हो जाती है तो शक्तिशाली उसकी सीमा बढ़ाने का प्रयास करता है। ऐसा इसलिये है क्योंकि शक्ति अपने साथ प्रसिद्धि, आस्था, आदर, प्रेम, सम्पत्ति तथा अनेक मूल्य लाती है। किन्तु इस शक्ति की खोज को शक्ति वाहक तथा शक्तिमान रोकने का प्रयास करते हैं। प्रत्येक मामले में शक्ति ही शक्ति को सीमित करती है। किन्तु यह आंशिक सत्य है क्योंकि शक्ति शक्तिमान के व्यक्तिगत लक्षणों और परिस्थिति के गुणों से भी सीमित होती है। जैसा कि लाइवैल और कपलान ने संकेत किया है, "शक्ति पर एक सीमा के रूप में सामाजिक व्यवस्था समान रूप से महत्त्वपूर्ण है। किसी भी समय रिवाज शक्ति के क्षेत्र के बाहर ऐसे व्यवहारों को रोक सकते हैं जैसे धर्म और यौन व्यवहार। कुछ समाजों में रिवाजों का स्वयं शक्ति से सीधा सम्बन्ध होता है, उदाहरण के लिये किसी भी प्रकार की व्यक्तिगत महत्त्वाकांक्षा अथवा आक्रामकता पर मान्यता लगाई जाती है।"[2]

---

1. "This difficulty can be handled in either of two ways: (1) we can give up the idea that the relation is assymetrical or (2) we can add an asymmetrical relation operating in the opposite direction from the first. If the processes of influence take time, and particularly if the time lags associated with the two asymmetrical relations are different, there is at least the possibility that we can make separate empirical observations of the two relations. Thus, taking power as an asymmetrical relation, we may take the power relations between A and B separately and this is quite justified since in most cases there is a time lag between the operation of these two sets of power relations."

—Herbert A. Simon, "Notes on the Observation and Measurement of Political Power" in W.D. Hawley & F.M. Wirt (eds.) *The Search For Community Power,* Prentice Hall, Inc, New Jersey, 1968, p. 25.

2. "The social order is equally important as a limitation on power. The mores at any given time may put outside the scope of power such practices as those of religion or sex. In some societies mores directly concern power itself, sanctions being applied, for example, to any sort of personal ambition or aggressiveness."

—Lasswell & Kaplan, op.cit., p. 96.

राजनैतिक शक्ति की प्रकृति
(Nature of Political Power)

राजनैतिक शक्ति मूल रूप से सम्बन्धात्मक है। वह शक्तिमान और शक्ति वाहक के मध्य सामाजिक सम्बन्ध पर आधारित होती है। शक्ति के आधार, शक्ति की मान्यता और शक्ति वाहक की प्रतिक्रियाओं इत्यादि के अतिरिक्त वह सामाजिक व्यवस्था के उस प्रकार पर आधारित होती है जिसमें सामाजिक सम्बन्ध होता है। उदाहरण के लिये नगरीय एवं ग्रामीण समाजों में से ये सब भिन्न होते हैं जिससे कि शक्ति का स्वरूप बदल जाता है। राजनैतिक शक्ति वह शक्ति है जो कि राज्य और उसकी सीमाओं के अन्तर्गत कार्य करती है। वह राज्य की शक्ति पर आधारित होती है। राज्य जेल और दंड की मान्यताओं से समर्थित सर्वाधिक शक्ति का प्रयोग करता है। फिर भी, राज्य की शक्ति की मूल प्रकृति समाज के किसी भी स्तर पर पाई जाने वाली शक्ति से भिन्न नहीं है। अस्तु शक्ति को सामाजिक चरों के परिप्रेक्ष्य में आंका जाता है। राजनैतिक शक्ति सामाजिक प्रक्रिया से प्रतिबद्ध (Conditioned) होती है। सामाजिक प्रक्रिया की प्रकृति और कार्य प्रणाली बदलने के साथ-साथ वह भी बदलती जाती है। दूसरी ओर सामाजिक संस्थायें सामाजिक परिवेश को प्रभावित करती हैं।

शक्ति का वितरण
(Distribution of Power)

राजनैतिक शक्ति के वितरण के अध्ययन के बिना राजनैतिक शक्ति की प्रकृति को पूरी तरह नहीं समझा जा सकता। राजनैतिक शक्ति का वितरण शक्तिमान का स्वरूप और कार्यभाग निर्धारित करता है। अस्तु, राजनैतिक समाजशास्त्र राजनीति शक्ति के वितरण के प्रतिमान की जाँच करता है।

वितरण के सिद्धान्त
(Theories of Distribution)

शक्ति का वितरण और उसके पीछे के कारणों की व्याख्या करने के लिये अनेक सिद्धान्त उपस्थित किये गए हैं। इन सिद्धान्तों को श्रेष्ठ वर्गीय तथा अश्रेष्ठवर्गीय (Non Elitist) वर्गों में बाँटा जा सकता है। श्रेष्ठ वर्गीय (Elitist) सिद्धान्त कार्ल मार्क्स के अश्रेष्ठ वर्गीय सिद्धान्त की प्रतिक्रिया में उपस्थित किये गए हैं।

कार्ल मार्क्स का सिद्धान्त
(Theory of Karl Marx)

मार्क्सवादी सिद्धान्त एक समाज में शक्ति के वितरण की व्याख्या करने के सबसे शुरू के प्रयासों में से एक है। कार्ल मार्क्स के अनुसार प्रत्येक समाज में राजनैतिक शक्ति असमान रूप से वितरित होती है। उत्पादन के साधनों पर एकाधिकार करके शासक वर्ग राजनैतिक सत्ता पर एकाधिकार स्थापित कर लेता है। इस प्रकार राजनैतिक नेता प्रभावी (dominant) वर्ग का प्रतिनिधित्व करता है। सामाजिक-आर्थिक कारक राजनैतिक शक्ति

के वितरण के निर्णायक हैं। किन्तु सामाजिक व्यवस्था के अन्तर्गत शासक और शासित वर्गों में लगातार संघर्ष होता रहता है। यह संघर्ष उत्पादक शक्तियों के विकास से प्रतिबद्ध होता है। यह संघर्ष ही पूँजीवादी और श्रमिक वर्गों में ध्रुवीयकरण (Polarisation) का मुख्य कारण है। इस संघर्ष की प्रकृति ही शक्ति के वितरण में परिवर्तन को निर्धारित करती है। इस प्रकार शक्ति का मार्क्सवादी सिद्धान्त आर्थिक निर्धारणवाद (Economic Determinism) है। वह वर्ग संघर्ष को तीव्र करता है। वह हिंसक क्रान्ति का उपदेश देता है। अस्तु, दूसरी दुनिया के विचारकों के लिये यह स्वाभाविक था कि वे मार्क्सवादी सिद्धान्त को चुनौती देते।

श्रेष्ठवर्गीय सिद्धान्त (Elitist Theories)

श्रेष्ठ वर्गीय सिद्धान्त मार्क्सवादी सिद्धान्त की निम्नलिखित पूर्व मान्यताओं को चुनौती देते हैं—

1. राजनैतिक संरचनायें सामाजिक-आर्थिक सम्बन्ध की प्रतिच्छाया मात्र हैं—इस मान्यता के विरुद्ध श्रेष्ठवर्गीय विचारक यह मानते हैं कि आर्थिक कारक शक्ति संरचना के एकमात्र निर्णायक नहीं है।

2. शासक वर्ग की अप्राप्यता (Inaccessibility) **शासक और शासित में ध्रुवीकरण उत्पन्न करती है**—इस मान्यता को चुनौती देते हुए श्रेष्ठ वर्गवादी यह सिद्धान्त उपस्थित करते हैं कि श्रेष्ठ वर्गों में लगातार प्रसारण होता रहता है।

3. भावी वर्गविहीन समतावादी समाज (Future Classless egalitarian society)—मार्क्स की इस मान्यता के विरुद्ध श्रेष्ठ वर्गीय विचारक समाज में संस्तरण युक्त संरचना को अनिवार्य व्यवस्था मानते हैं।

उपरोक्त मौलिक अन्तरों के बावजूद कुछ विचारकों ने मार्क्सवादी और श्रेष्ठ वर्गवादी दृष्टिकोणों में समन्वय करने का प्रयास किया है। इस प्रकार के सिद्धान्त का एक उदाहरण मार्च 1950 और जून 1950 के British Journal of Sociology में प्रकाशित रेमण्ड एरन (Raymond Aron) का सिद्धान्त है जिसका शीर्षक था Social Structure and the Ruling Class इस सिद्धान्त में मार्क्स और परेटो (Pareto) के विचारों में समन्वय करने का प्रयास किया गया है। यह समन्वय मार्क्सवादियों और श्रेष्ठ वर्गवादियों में इस मूल सहमति पर आधारित है कि किसी समाज में राजनैतिक शक्ति सदैव कुछ थोड़े से हाथों में सीमित रहती है। श्रेष्ठवर्गीय दृष्टिकोण निम्नलिखित चार भिन्न भागों में दिखलाया जा सकता है—

1. मोस्का और माईकेल्स का संगठनात्मक दृष्टिकोण

   (The Organisational Approach of Mosca and Micheles)

2. परेटो का मनोवैज्ञानिक दृष्टिकोण

   (The Psychological Approach of Pareto)

3. बर्नहाम का आर्थिक दृष्टिकोण
(The Economic Approach of Burnham)

4. राइट मिल्स का संस्थागत दृष्टिकोण
(The Institutional Approach of Wright Mills)

1. संगठनात्मक दृष्टिकोण—मोस्का के अनुसार समाज सदैव शासक और शासित में विभाजित पाया जाता रहा है। उसके अपने शब्दों में, "अत्यधिक अल्प विकसित समाजों में जिनमें केवल सभ्यता का उदय मात्र हुआ था उनसे लेकर अत्यधिक विकसित और शक्तिशाली समाजों तक सभी समाजों में लोगों के दो वर्ग दिखलाई पड़ते हैं—एक वर्ग जो कि शासन करता है और एक वर्ग जो कि शासित होता है। पहला वर्ग, जो कि सदैव अल्प संख्यक होता है, सभी राजनैतिक कार्यों को करता है, शक्ति पर एकाधिकार स्थापित करता है और कामों का आनन्द उठाता है जो शक्ति लाते हैं, जबकि दूसरा, बहुसंख्यक वर्ग, पहले के द्वारा कभी-न्यूनाधिक कानूनी, कभी न्यूनाधिक उच्छृंखल और कभी न्यूनाधिक हिंसक रूप में निर्देशित और नियन्त्रित किया जाता है।"[1] इस दृष्टिकोण से राजनैतिक वर्ग समाज पर शासन करता है। शासक श्रेष्ठ वर्ग और अल्प संख्यक होते हैं जिनमें आर्थिक, सैनिक और धार्मिक सत्ताओं पर अधिकार युक्त श्रेष्ठ व्यक्ति शामिल होते हैं। संगठित होने के कारण यह श्रेष्ठ अल्पसंख्यक वर्ग शक्ति पर अधिकार बनाये रखता है। अल्पसंख्यक वर्ग के अन्तर्गत सम्पर्क और सन्देशवहन सरल और तीव्र गति युक्त होता है। इसमें परस्पराधीनता (Solidarity) का स्तर अत्यन्त उच्च होता है। वह सन्देशवहन युक्त एक समूह के रूप में उपस्थित होता है। अस्तु, जैसा कि मोस्का ने ठीक ही लिखा है, "अल्पसंख्यक की शक्ति बहुसंख्या में प्रत्येक व्यक्ति के विरुद्ध अपराजेय होती है, जो कि अल्पसंख्या की संगठित समग्रता के सम्मुख अकेला खड़ा होता है।"[2] फिर भी शासन करने के लिये श्रेष्ठ वर्ग "राजनैतिक फारमूला" पर निर्भर होते हैं जिसका अर्थ होता है राजनैतिक श्रेष्ठ वर्ग के द्वारा स्वयं को एक नैतिक और वैधानिक शक्ति के प्रतिनिधि के रूप में दिखाने का प्रयास। शासन नैतिक दृष्टि से उचित न होने पर भी जनता द्वारा स्वीकार किया जा सकता है। किन्तु श्रेष्ठ वर्ग केवल शारीरिक बल प्रयोग से शासन नहीं कर सकता। उन्हें सदैव बहुसंख्यकों की इच्छाओं पर ध्यान देते रहना पड़ता है। किन्तु राजनैतिक वर्ग की स्थिति कभी भी स्थायी नहीं होती। वह समाज में नवीन रुचियों, नवीन विचारों,

---

1. "In all societies from societies that are very meagrely developed and have barely attained the dawnings of civilisation, down to the most advanced and powerful societies—two classes of people appear—a clas that rules and a class that is ruled. The first class, always the less numerous, performs all political functions, monopolises power and enjoys the advantages that power brings, whereas the second, the more numerous class, is directed and controlled by the first in a manner that is now more or less legal, now more or less arbitrary and violent."
—G. Mosca. *The Ruling Class* Mc. Graw Hill, New York, 1939, p. 50.
2. "The power of any minority is irresistible as against each single individual in the majority who stands alone before the totality of the organised minority."
—*Ibid,* p. 15.

नवीन आदर्शों एवं नवीन समस्याओं से प्रभावित होता रहता है। इन सबसे राजनैतिक वर्ग का स्वरूप बदलता रहता है। पैरी के शब्दों में, "नवीन समाज में नवीन शक्तियों के योग्यतम प्रतिनिधियों द्वारा वर्तमान श्रेष्ठ वर्ग नवजीवित और अनुप्राणित किया जायेगा। उसी समय नवीन तत्त्व भी श्रेष्ठ वर्ग के कुछ मूल्य ग्रहण कर लेते हैं।"[1]

मोस्का के समान राबर्टो माइकेल्स (Roberto Micheles) ने अपनी पुस्तक Political Parties में श्रेष्ठ वर्ग के नियन्त्रण की ओर संगठनात्मक दृष्टिकोण उपस्थित किया है। फिर भी इस समस्या का उसका विश्लेषण मोस्का से बहुत भिन्न है। उदाहरण के लिये मोस्का के अनुसार अल्प संख्यक अपनी सीमित संख्या के कारण संगठनात्मक कौशल से अपना शासन बनाये रखते हैं जबकि माइकेल्स का कहना है कि आधुनिक समाज की संरचना ही ऐसी है कि उसमें श्रेष्ठ वर्ग का शासन उत्पन्न होता है। माइकेल्स ने कहा है, "जो कोई संगठन की बात करता है वह अल्प संख्यक शासन की बात करता है।"[2] इस स्थिति के लिये माइकेल्स ने दो कारणों को विशेष रूप से जिम्मेदार ठहराया है–संगठनात्मक (Organisational) और मनोवैज्ञानिक (Psychological), संगठन बढ़ते जाने के साथ-साथ समाज में अल्पसंख्यक शासन आवश्यक हो जाता है। दूसरी ओर एक जनमानस (Mass Mind) के निर्माण के कारण जनता को कुछ व्यक्तियों के निर्देशन की आवश्यकता होती है। अस्तु वे अल्प संख्यकों के शासन के लिये सहर्ष तैयार हो जाते हैं। माइकेल्स के अनुसार यह अल्पसंख्यक शासन इतना सुदृढ़ होता है कि ऐसा होना असम्भव है कि कभी भी उच्च वर्ग का पूर्ण उन्मूलन करके निम्न वर्ग उसका स्थान ग्रहण कर ले। सफल क्रान्ति होने पर भी श्रेष्ठ वर्ग का शासन समाप्त नहीं हो जाता क्योंकि क्रान्ति के नेता स्वयं शासक बन जाते हैं जो कि जनता के नाम पर किन्तु एक अल्पसंख्यक संगठन के रूप में शासन करते हैं। नेता के अभाव में क्रान्ति नहीं हो सकती। क्रान्ति की सफलता के बाद ये नेता ही बुर्जुआ हो जाते हैं और तत्कालीन श्रेष्ठ वर्ग के स्थान पर एक सर्वहारा श्रेष्ठ वर्ग (Proletarion elite) शासन करने लगता है।

(2) परेटो का मनोवैज्ञानिक दृष्टिकोण–विल्फ्रेडो परेटो ने अपनी पुस्तक The Mind and Society में श्रेष्ठ वर्ग के नियन्त्रण में कुछ मनोवैज्ञानिक कारकों का हाथ दिखलाया है जो कि मानव इतिहास की प्रक्रिया में सदैव उपस्थित रहते हैं। परेटो के अनुसार श्रेष्ठ वर्ग उन व्यक्तियों से बनता है जो अपने क्रिया क्षेत्र में सर्वश्रेष्ठ लक्षण दिखलाते हैं। इस श्रेष्ठ वर्ग में भी दो प्रकार होते हैं–प्रशासक श्रेष्ठ वर्ग जिसमें सरकार में भाग लेने वाले व्यक्ति सम्मिलित होते हैं और गैर प्रशासक श्रेष्ठ वर्ग जिसमें वे गैर सरकारी श्रेष्ठ व्यक्ति आते हैं जिनके कार्यों का कोई राजनैतिक महत्त्व नहीं है। किन्तु व्यवहार में यह अन्तर इतना अधिक स्पष्ट नहीं होता। अस्तु, अन्त में परेटो केवल दो वर्ग मानता है–श्रेष्ठ वर्ग और

---

1. "The established elite would be renewed and invigorated by the ablest representatives of the new forces in the new society. At the same time the new elements in turn become imbued with certain of the values of the elite."
   —G. Parry, *Political Elites,;* George Allen & Unwin Ltd., London, 1970, p. 59.
2. "Who says organisation says oligarchy."
   —R. Michels, *Political Parties,* The Free Press, Glencoe, Illinois, 1958, p. 418.

अश्रेष्ठ वर्ग। उसके अनुसार मानव इतिहास सब कहीं इन्हीं दो वर्गों के परस्पर सम्बन्धों का इतिहास है। श्रेष्ठ वर्ग शासन करता है और अश्रेष्ठ वर्ग शासित होता है।

इस श्रेष्ठ वर्ग के नियन्त्रण के प्रश्न को लेकर परेटो अपना मनोवैज्ञानिक सिद्धान्त उपस्थित करता है। मानव क्रियायें दो वर्गों में बांटी जा सकती हैं—तार्किक (LogicaL) और अतार्किक (Non-logical)। तार्किक कार्य वे होते हैं जोकि प्राप्य लक्ष्यों की ओर निर्देशित होते हैं और उनके अनुरूप साधनों का प्रयोग करते हैं। अतार्किक कार्यों में ये दोनों लक्षण नहीं होते। परेटो के अनुसार मानव के अधिकांश कार्य अतार्किक होते हैं। किन्तु मानव बहुधा अपने अतार्किक कार्य को तार्किक के रूप में उपस्थित करने का प्रयास करता है। यह प्रयास दो तत्त्वों पर आधारित होता है—उद्भूत (Derivations) और अवशिष्ट (Residues)। अवशिष्ट स्थायी भावों (Sentiments) और मूल प्रवृत्तियों (Instincts) की अभिव्यक्तियाँ हैं। उद्भूत इन अवशिष्टों के विवेकीकरण (Rationalisation) हैं। अवशिष्ट 6 प्रकार के होते हैं यथा (1) संयोजनों (Combinations) के अवशिष्ट (2) सामग्री की निरन्तरता (Persistence of aggregates) के अवशिष्ट (3) सामाजिकता (Sociality) के अवशिष्ट (4) क्रिया (Activity) के अवशिष्ट (5) व्यक्ति की संकलनता (Integrity of the Individual) के अवशिष्ट और (6) यौन (Sex) के अवशिष्ट। इनमें से पहले दो वर्ग श्रेष्ठ वर्ग के नियन्त्रण के लिये महत्त्वपूर्ण हैं। पहले प्रकार के अवशिष्ट संस्थाओं को स्थापित करते हैं और दूसरे प्रकार के अवशिष्ट उन्हें सुदृढ़ता प्रदान करते हैं। परेटो के अनुसार कुछ मनुष्यों में पहले वर्ग के और कुछ में दूसरे वर्ग के अवशिष्ट अधिक प्रबल होते हैं। पहला प्रकार लोमड़ी (Fox) और दूसरा प्रकार सिंह (Lion) के चरित्र दिखलाता है। किसी भी श्रेष्ठ वर्ग के शासन की प्रणाली इस बात पर निर्भर है कि उस वर्ग में कितने लोमड़ियाँ और कितने सिंह हैं। पहले का लक्षण चालाकी और दूसरे का बहादुरी है। अस्तु, किसी प्रशासन में लोमड़ियाँ और किसी में सिंह हावी होते हैं। श्रेष्ठ वर्ग के इतिहास में कभी एक वर्ग और कभी दूसरा वर्ग हावी होता रहता है। इस प्रकार एक श्रेष्ठ वर्ग और दूसरे श्रेष्ठ वर्ग में स्थानान्तरण (Replacement) होता रहता है। स्थानान्तरण की यह प्रक्रिया दो रूप ग्रहण करती है—अनुप्रवेश (Infiltration) और हिंसक क्रान्ति (Revoluton), इस समस्त प्रक्रिया में शासक और शासित वर्ग में मनोवैज्ञानिक प्रकृतियों में परिवर्तन होता रहता है। इस परिवर्तन से समाज का वास्तविक रूपान्तरण नहीं होता। समाज मूल रूप से वही रहता है जिसमें श्रेष्ठ अल्प संख्यक वर्ग बहु संख्यक वर्ग पर शासन करता है।

(3) बर्नहाम का आर्थिक दृष्टिकोण (The Economic Approach of James Burnham)—अपनी पुस्तक The Managerial Revolution में बर्नहाम मार्क्सवादी निष्कर्ष का खण्डन करता है और यह मान्यता स्थापित करता है कि समतावादी समाज असंभव है और श्रेष्ठ वर्ग सदैव राज्य करेगा। फिर भी वह श्रेष्ठ वर्ग की शक्ति की व्याख्या करने के लिये मार्क्स के आर्थिक निर्णायकवाद के सिद्धान्त का उपयोग करता है। बर्नहाम के अनुसार, श्रेष्ठ वर्ग उत्पादन के साधनों का नियंत्रण करता है और इसलिये वस्तुओं के वितरण में वरिष्ठता प्राप्त करता है। इस आर्थिक नियंत्रण से उसको राजनैतिक शक्ति और सामाजिक सम्मान प्राप्त होते हैं जो कि श्रेष्ठ वर्ग के विशाल भवन के दो प्रमुख स्तंभ है।

किन्त पूँजीवादी समाज में श्रेष्ठ वर्ग के सम्मुख संकट उपस्थित होता है। उत्पादन की प्रक्रिया क्रमशः प्रबन्धक वर्ग के हाथों में चले जाने से पूँजीपति वर्ग में उत्पादन घट जाता है और क्रमशः वह एक अवकाशभोगी (Leisured) वर्ग मात्र रह जाता है। अन्त में यह प्रबन्धक वर्ग (Managerial Class) ही उत्पादन के साधनों का नियंत्रण करने लगता है और इस प्रकार विशिष्ट स्थान प्राप्त कर लेता है। इस प्रकार प्रबन्धक वर्ग क्रमशः पूँजीपति वर्ग का स्थान ग्रहण कर लेता है। अस्तु, बर्नहाम के अनुसार वर्तमान पतनोन्मुख पूँजीवादी समाजों में सरकार अन्त में प्रबन्धक श्रेष्ठ वर्ग के हाथों में चली जायेगी।

(4) सी॰ राइट मिल्स का संस्थावादी दृष्टिकोण (The Institutional Approach of C. Wright Mills)—मिल्स के अनुसार राजनैतिक शक्ति की संस्थागत होने की प्रवृत्ति होती है। राजनैतिक श्रेष्ठ वर्ग समाज की संस्थागत संरचना का परिणाम है। अपनी पुस्तक The Power Elite में मिल्स शक्ति श्रेष्ठ वर्ग (Power Elite) की परिभाषा उनसे करते हैं जो कि सामाजिक संरचनों में प्रमुख पदों पर आसीन होते हैं। ये व्यक्ति इन केन्द्रीय (Pivotal) संस्थाओं में सर्वोच्च पदों पर आसीन होते हैं जैसे अमरीकन समाज में सैनिक विशाल निगम (Corporation) और राजनैतिक प्रशासन (Political Executive) शक्ति श्रेष्ठ वर्ग को यह नाम इसलिये दिया जाता है क्योंकि वह समाज की इन प्रमुख संस्थाओं में सर्वोच्च पदों पर अधिकार रखता है। इन महत्त्वपूर्ण संस्थाओं में प्रसंग में ही श्रेष्ठ वर्ग का निर्माण होता है। ये नेता मिलकर एक संगठित समूह बनाते हैं। शक्ति श्रेष्ठ वर्ग एक चेतन और षड्यन्त्रकारी (Conspiratorial) समूह है।

उपरोक्त विवेचन से स्पष्ट है कि श्रेष्ठ वर्गीय सिद्धान्तों के अनुसार समाज में शक्ति के वितरण पर निम्नलिखित सिद्धान्त लागू होते हैं।

(1) अल्पसंख्यक वर्ग (Minority group)—शक्ति श्रेष्ठ वर्ग एक अल्पसंख्यक वर्ग होता है जिसके हाथ में राजनैतिक शक्ति केन्द्रित होती है। इस अल्पसंख्यक वर्ग में समाज के निर्देशन करने के लिये आवश्यक संगठनकारी शक्ति और मनोवैज्ञानिक विशेषतायें होती है। वह उत्पादन के साधनों का नियंत्रण करता है और समाज में केन्द्रीय संस्थाओं में प्रमुख पदों पर अधिकार रखता है।

(2) शक्तिशाली वर्ग—शक्ति श्रेष्ठ वर्ग एक शक्तिशाली अल्पसंख्यक वर्ग की सभी विशेषतायें दिखलाता है। वह एक आत्मचेतन, संगठित और षडयन्त्रकारी वर्ग होता है।

(3) सामूहिक शक्ति (Cumulative Power)—शक्ति और अधिक शक्ति उत्पन्न करती है। शक्ति श्रेष्ठ वर्ग अपने में सम्मिलित होने वाले अश्रेष्ठ वर्गीय व्यक्तियों का पूर्ण नियन्त्रण करता है। वह शक्ति को सामूहिक शक्ति मानता है।

श्रेष्ठ वर्गीय सिद्धान्तों की आलोचना

श्रेष्ठ वर्गीय सिद्धान्तों का पर्याप्त प्रचार हुआ किन्तु फिर उनकी आलोचना भी कम नहीं हुई इनमें से किसी भी सिद्धान्त को राष्ट्रीय स्तर पर लागू नहीं किया जा सका। अधिकतर सिद्धान्त समुदाय (Community) के स्तर पर ही लागू किये जा सके। किन्तु

फिर कुछ सामुदायिक अध्ययनों से भी श्रेष्ठ वर्गीय सिद्धान्तों का खण्डन हुआ। बहुतत्ववादी (Pluralist) विचारक श्रेष्ठ वर्गीय विचारकों के इस दावे को अस्वीकार करते हैं कि समाज पर सदैव अल्पसंख्यक शक्ति का शासन रहता है। वे यह तर्क करते हैं कि समाज में निर्णय की प्रक्रिया को श्रेष्ठ वर्ग एवं जनता के परस्पर सौदेबाजी (Bargaining) की प्रक्रिया के सन्दर्भ से अलग नहीं समझा जा सकता। अपने लेख A Critique of the Ruling Elite Model में. राबर्ट दहल (Robert Dahl) ने श्रेष्ठ वर्गीय सिद्धान्तों के विरुद्ध निम्नलिखित आक्षेप प्रस्तुत किये हैं–

1. यह सिद्धान्त सम्भावित (Potential) नियन्त्रण को वास्तविक (Actual) नियन्त्रण मान बैठते हैं और उनके अन्तर को भूल जाते हैं।

2. राजनैतिक समानता का अभाव अनिवार्य रूप से प्रशासक श्रेष्ठ वर्ग का अस्तित्व सिद्ध नहीं करता।

3. शक्ति के विभिन्न क्षेत्र हो सकते हैं और मूल क्षेत्र (Scope) में प्रभाव का उच्च स्तर अनिवार्य रूप से उसी व्यवस्था में भिन्न क्षेत्र में समान अंश का प्रभाव नहीं दिखलाता।

अपनी पुस्तक Who Governs ? में राबर्ट दहल संयुक्त राष्ट्र अमेरिका के एक क्षेत्र न्यू हैविन में राजनैतिक निर्णय की प्रक्रिया की जाँच करता है। अपनी जाँच के आधार पर वह यह दिखलाता है कि वास्तव में शक्ति का वितरण बहुतत्ववादी होता है। वह नगरीय विकास (Urban Development), सार्वजनिक विद्यालय (Public School) और राजनैतिक नामांकन (Political Nomination) इन तीनों विशिष्ट निर्णय के क्षेत्रों को चुनता है। वह तीन प्रकार के नेता छांटता है, राजनीतिज्ञ (Politicians), सामाजिक अग्रगण्य (Social Notables) और आर्थिक अग्रगण्य (Economic Notables), समस्त उपलब्ध आँकड़ों की परीक्षा करके वह इस निष्कर्ष पर पहुंचता है कि निर्णय करने की प्रक्रिया मूल रूप से बहुतत्ववादी है। न्यू हैविन में उसे एक नहीं बल्कि अनेक श्रेष्ठ वर्ग दिखलाई पड़ते हैं। ये श्रेष्ठ वर्ग कभी भी संगठित, चेतन और षड़यन्त्रकारी समूह नहीं बनाते। इनके साधन असमान रूप से वितरित होते हैं। किन्तु यह असमानता सदैव शक्ति को सामूहिक नहीं बनाती। इस प्रकार दहल के अनुसार समाज मूल रूप से बहुतन्त्र (Poliarchy) होता है। राजनैतिक शक्ति उर्ध्वोन्मुख नहीं बल्कि क्षैतिज (Horizontal) नेतृत्व से निर्धारित होती है। दहल के उपरोक्त सिद्धान्त के विरुद्ध निम्नलिखित आक्षेप उपस्थित किये गये हैं–

1. वह शक्ति को अनुचित रूप से यथार्थ निर्णयों में स्थापित करता है। शक्ति का प्रयोग केवल निर्णय करने की प्रक्रिया में ही नहीं होता बल्कि निर्णय करने के क्षेत्र को अपेक्षाकृत सुरक्षित मुद्दों (Issues) तक सीमित करने की योग्यता में भी होता है।

2. दहल का सिद्धान्त राजनैतिक क्षेत्र में महत्त्वहीन और महत्त्वपूर्ण मुद्दों में अन्तर करने में असफल रहता है।

श्रेष्ठ वर्गीय और बहुतत्त्ववादी सिद्धान्तों में शक्ति के वितरण के सम्बन्ध में उपरोक्त वाद-विवाद के मध्य यह स्मरणीय है कि ये दोनों ही यह मानते हैं कि राजनैतिक शक्ति सदैव असमान रूप से वितरित होती है। दूसरे, राजनैतिक निर्णय सबके द्वारा नहीं बल्कि

कुछ थोड़े से लोगों के द्वारा लिये जाते हैं। फिर भी श्रेष्ठ वर्गीय और बहुतत्त्ववादी विद्वानों में इस प्रश्न को लेकर मतभेद पाया जाता हैं कि वास्तव में कौन शक्तिशाली अल्पसंख्यक वर्ग बनाते हैं और वास्तव में वे उसे कैसे चलाते हैं।

अभ्यास के लिये प्रश्न

1. शक्ति क्या है? उसके वितरण के सिद्धान्त बतलाइये।
2. शक्ति सम्बन्ध क्या है? शक्ति के श्रेष्ठवर्गीय सिद्धान्त की विवेचना कीजिये।

7

नौकरशाही
(Bureaucracy)

नौकरशाही का अंग्रेजी पर्याय Bureaucracy शब्द, फ्रेंच शब्द Bureau से बना है जिसका अर्थ लिखने वाली मेज या डेस्क है। इसीलिए फाइनर ने ब्यूरोक्रेसी को डेस्क गवर्नमेंट (Desk Government) कहा है। ब्यूरो का दूसरा अर्थ पद होता है। इस दृष्टि से ब्यूरोक्रेसी से तात्पर्य अधिकारियों के शासन से है। हिन्दी में ब्यूरोक्रेसी के लिए अनेक शब्द प्रयोग किये गये हैं जैसे नौकरशाही, अधिकारी तन्त्र, सेवक तन्त्र इत्यादि। इन सब से तात्पर्य पदाधिकारियों द्वारा प्रशासन से है। आधुनिक काल में राज्य इतने बड़े होते हैं कि प्रत्यक्ष शासन सम्भव नहीं है। इसलिए राज्यों में नौकरशाही के माध्यम से शासन चलाना होता है।

ब्यूरोक्रेसी का सबसे पहला व्यवस्थित अध्ययन मैक्स वेबर ने किया था। मैक्स वेबर के काल में औद्योगीकरण बढ़ने के कारण उद्योग के क्षेत्र में नौकरशाही विकसित हो रही थी। मैक्स वेबर ने नौकरशाही को एक ऐसी प्रशासनिक व्यवस्था माना है जिसमें कर्मचारियों के उच्च और निम्न स्तर के कार्यों का इस प्रकार समन्वय किया जाता है कि औद्योगिक संगठन के उद्देश्यों को प्राप्त किया जा सके।

नौकरशाही की परिभाषा
(Definition of Bureaucracy)

नौकरशाही की निम्नलिखित परिभाषाओं से भी इसका अर्थ स्पष्ट होता है :–

(1) मैक्स वेबर द्वारा परिभाषा—मैक्स वेबर के अनुसार, "नौकरशाही विशेष योग्यता, निष्पक्षता और मानवता के अभाव के लक्षण युक्त प्रशासकीय व्यवस्था है।"[1] नौकरशाही की इस परिभाषा में उसे प्रशासनिक अवस्था का एक प्रकार माना गया है जिसमें एक ओर दक्षता, निष्पक्षता और दूसरी ओर मानवता का अभाव विशेष लक्षण है। मानवता

1. "Bureaucracy is a system of administration characterised by expertness, impartiality and absence of humanity."
—Max Weber, *Essays in Sociology,* (Eng. Trans.) O.U.P. pp. 197-198.

का अभाव इसलिये होता है क्योंकि नौकरशाही नियमों के आधार पर प्रशासन चलाती है, भले ही उससे मानव मूल्यों की क्षति होती हो। यह एक प्रकार का औपचारिक संगठन होता है और इसलिये इसमें लाल फीताशाही का बोल-बाला पाया जाता है। नौकरशाही की इसी विशेषता के कारण कुछ लोगों ने उसकी बड़ी आलोचना की है। उपरोक्त लक्षणों के अतिरिक्त मैक्सवेबर ने नौकरशाही की कुछ अन्य विशेषतायें भी मानी हैं जैसे पद सोपान का सिद्धान्त, अभिलेखों, फाइलों और लिखित दस्तावेजों पर आधारित, आधुनिक दफ्तरी प्रबन्ध के निर्णयों पर आधारित, कार्यालय प्रबन्ध के लिये सामान्य नियमों और व्यवहारों की व्यवस्था तथा इसके लिये अधिकारियों को नियमों और तकनीकियों का प्रशिक्षण देना।

(2) लास्की का मत—प्रो॰ लास्की के अनुसार, "यह एक व्यवस्था है जिसका नियंत्रण इस प्रकार अधिकारियों के हाथों में है कि उनकी शक्ति सामान्य नागरिक की स्वतन्त्रताओं को समाप्त कर देती है।"[1] लास्की द्वारा इस परिभाषा में नौकरशाही की व्याख्या से अधिक उसकी आलोचना की गयी है। लास्की ने राज्य में नागरिकों की स्वतन्त्रता को सबसे अधिक महत्त्वपूर्ण माना है। नि:सन्देह बहुधा नौकरशाही सामान्य व्यक्तियों की स्वतन्त्रता का अपहरण कर लेती है किन्तु यह उसकी अनिवार्य विशेषता नहीं है, इसकी सम्भावना अवश्य बनी रहती है।

(3) मर्टन का विचार—मर्टन ने नौकरशाही की परिभाषा करते हुए लिखा है, "नौकरशाही कुछ क्रियाओं को करने के लिये बनायी गयी द्वैतीयक समूह संरचना है जो कि प्राथमिक समूह कसौटी के आधार पर सन्तोषजनक रूप से नहीं किये जा सकते।"[2] नौकरशाही की इस परिभाषा में यह कहा गया है कि वह द्वैतीयक समूह रचना पर आधारित होती है। द्वैतीयक समूह की विशेषतायें जैसे औपचारिकता, सामाजिक अन्तर, परोक्ष सम्बन्ध इत्यादि नौकरशाही में देखे जा सकते हैं। मर्टन ने अपनी परिभाषा में यह भी स्पष्ट किया है कि नौकरशाही की रचना उन कामों के लिये की जाती है जो प्राथमिक समूह के आधार पर नहीं किये जा सकते। जैसा कि पीछे बतलाया जा चुका है, जब तक उद्योग छोटे पैमाने पर थे, उनमें नौकरशाही की आवश्यकता नहीं थी। कुटीर उद्योगों और ग्रामोद्योगों में नौकरशाही नहीं होती। नौकरशाही की आवश्यकता जो केवल उन्हीं उद्योगों में होती है जिनमें इतने अधिक लोग काम करते हैं कि उनमें प्राथमिक समूह के सम्बन्ध नहीं रह पाते और इसलिये द्वैतीयक समूह रचना को व्यवस्थित रूप से चलाने के लिये नौकरशाही ही आवश्यकता हो जाती है।

(4) लुइसकौसर और रौजेनबर्ग द्वारा परिभाषा—नौकरशाही की परिभाषा करते हुए इन्होंने लिखा है, "नौकरशाही को उतार-चढ़ाव के क्रम के संगठन के उस प्रकार

---

1. "A system, the control of which is so completely in the hands of officials that their power geoperdises the liberties of ordinary citizen."
—J.H. Laski in *Encyclopaedia of Social Sciences.*
2. "Bureaucracy is a secondary group structure designed to carry on certain activities which can not be satisfactorily performed on the basis of primary group criteria."
—Merton, R.K. Quoted by Coser and Rosenberg in *Sociological Theory,* Macmillan, 1957, p. 496.

के रूप में परिभाषित किया जा सकता है जो कि बड़े पैमाने पर प्रशासनिक कार्यों को करने में लगे बहुत से व्यक्तियों के कार्य के समायोजन को विवेकपूर्ण रूप से करने के लिये आयोजित किया जाता है।"[1] नौकरशाही की इस परिभाषा में उसे पद सोपान का एक संगठन कहा गया है जिसका लक्ष्य बड़े पैमाने के काम में लगे बहुत-से लोगों के कार्य को व्यवस्थित करना है। यह व्यवस्था विवेकपूर्ण होती है। स्पष्ट है कि नौकरशाही कोई अवांछित तत्त्व नहीं है जब तक कि उसमें भ्रष्टाचार आरम्भ न हो जाये। सच तो यह है कि आधुनिक बड़े उद्योगों को चलाने के लिये नौकरशाही का होना अनिवार्य है।

नौकरशाही के लक्षण
(Characteristics of Bureaucracy)

नौकरशाही की उपरोक्त परिभाषाओं से उसके निम्नलिखित लक्षण स्पष्ट होते हैं :-

(1) विशिष्ट व्यवस्था (Particular system)—नौकरशाही एक विशेष प्रकार की व्यवस्था है जिसका उद्देश्य बड़े उद्योगों को व्यवस्थित रूप से चलाना है।

(2) पद सोपान (Hierarchy)—नौकरशाही की पद्धति से उतार-चढ़ाव के क्रम में बहुत-से अधिकारी होते हैं और फाइल नीचे से ऊपर की ओर चलती है। प्रत्येक पद पर बैठा व्यक्ति नीचे से फाइल प्राप्त करता और उस पर अपना काम करके उसे अपने से ऊपर सरकाता है। इसमें किसी भी सोपान का उल्लंघन नहीं किया जा सकता और इसलिये कार्यालय के कामों में उचित मार्ग के द्वारा कार्य होने पर जोर दिया जाता है।

(3) अधिकारियों के कर्त्तव्यों की व्याख्या (Definition of duties of officers)—इस पद सोपान में जितने भी अधिकारी होते हैं उन सबके कर्त्तव्यों और अधिकारों की व्याख्या लिखित और स्पष्ट होती है। कोई भी अधिकारी अपने अधिकार क्षेत्र से बाहर का काम करने पर उसके लिये जवाबदेह माना जाता है और ऐसा करना अनुचित समझा जाता है। प्रत्येक अधिकारी अपने अधिकारों की सीमा में ही रह कर अपने कर्त्तव्यों का पालन करता है।

(4) विवेकीकरण (Specialisation)—नौकरशाही में विभिन्न पदों पर नियुक्त व्यक्तियों को विशेष प्रकार के कार्य करने पड़ते हैं जिनमें भिन्न-भिन्न प्रकार की विशेष योग्यताओं की आवश्यकता पड़ती है। प्रत्येक पद के लिये आवश्यक इन विशेष योग्यताओं को पद की मांग के साथ विज्ञापित कर दिया जाता है और पद पर आने वाले प्रार्थी इन योग्यताओं के होने पर ही प्राप्त पत्र भेजते हैं तथा इन सब प्रार्थियों में से ऐसे व्यक्ति का चुनाव किया जाता है जिसमें वे विशेष योग्यतायें सबसे अधिक हों। उद्योग के क्षेत्र में जहां तक चुनाव सही हो पाता है वहां तक सफलता मिलने की सम्भावना बढ़ जाती है।

(5) कर्त्तव्य पालन व्यवस्था (System of fulfilmenrt of duties)—इस प्रकार नौकरशाही में प्रत्येक व्यक्ति के विशिष्ट कर्त्तव्य होते हैं और उसे अपने कर्त्तव्य करने होते

---

1. "Bureaucracy may be defined as that type of hierarchial organisation which is designed rationally to coordinate the work of many individuals in the persuit of large scale administrative tasks." —Ibid, p. 963.

हैं। जब तक नौकरशाही के सभी सदस्य अपने-अपने कर्त्तव्य करते रहते हैं तब तक उसके माध्यम से बहुत अच्छा प्रशासन सम्भव हो पाता है।

(6) वरिष्ठता और योग्यता के आधार पर पदोन्नति (Promotion on Seniority and Ability)—नौकरशाही में पदोन्नति के दो आधार होते हैं—वरिष्ठता और योग्यता तथा बहुधा इन दोनों ही आधारों को ध्यान में रखकर पदोन्नति की जाती है क्योंकि यदि केवल वरिष्ठता के आधार पर पदोन्नति हो और उसमें योग्यता का ध्यान न रखा जाये तो योग्य व्यक्तियों को पर्याप्त प्रेरणा नहीं मिल पाती और उनके नौकरी छोड़कर अन्य उद्योगों में चले जाने का खतरा बना रहता है। अस्तु, नौकरशाही की सफलता पदोन्नति के उचित नियम पर बहुत कुछ निर्भर होती है।

(7) अभिलेखों और फाइलों पर आधारित (Based on Documents and Files)—नौकरशाही की कार्यवाही बहुधा अभिलेखों और फाइलों के माध्यम से चलायी जाती है। किसी भी संगठन में कर्मचारियों की नियुक्ति, वेतन, पदोन्नति, बोनस, पेंशन तथा कारखाने के आय-व्यय और अन्य सभी तत्त्वों के विषय में अभिलेख रखे जाते हैं। मूल फाइलों में पुराने रिकार्ड भी रखे जाते हैं। ये फाइलें क्रमवार लगायी जाती हैं और नौकरशाही का काम इन फाइलों को तेजी से निबटाना होता है। इन फाइलों के लाल फीते में बन्द रहने और इस प्रकार उनमें निबटाने में देर को ही लाल फीताशाही (Red Tapism) कहा जाता है।

(8) कार्यों की गोपनीयता (Secrecy of Functions)—नौकरशाही में प्रत्येक पद पर नियुक्त अधिकारी अपने कार्यों की गोपनीयता बनाये रखता है।

(9) कैरियर के लिये नौकरी (Service for Career)—नौकरशाही में प्रत्येक व्यक्ति ऊँचा पद प्राप्त करने के लिये ईमानदारी से काम करता है। दूसरी ओर जो लोग कठोर परिश्रम, कर्त्तव्यपरायणता और योग्यता से काम करते हैं उनको इसका फल अच्छे कैरियर के रूप में प्राप्त होता है। इसलिये बहुधा नौकरशाही में किसी व्यक्ति की योग्यता का अनुमान उसके कैरियर से लगा लिया जाता है किन्तु जब लोग कैरियर बनाने में भ्रष्ट साधन अपनाने लगते हैं तब इससे बड़ी हानि होती है।

(10) सिद्धान्त और व्यवहार में अन्तर (Difference in Theory and Practice)—नौकरशाही में बहुधा सिद्धान्त और व्यवहार में अन्तर दिखलायी पड़ता है। इसी कारण से कुछ लोगों में इसको मानवता के विरुद्ध माना है। किन्तु यह नौकरशाही की अनिवार्य विशेषता नहीं कही जा सकती, इसे दूर किया जा सकता है।

(11) प्रशिक्षण (Training)—यूं तो नौकरशाही में प्रत्येक पद पर पहले से ही प्रशिक्षित व्यक्ति लिये जाते हैं किन्तु दक्षता बढ़ाने के लिये समय-समय पर उन्हें नये प्रशिक्षण प्राप्त करने का भी अवसर दिया जाता है।

(12) नौकरशाही व्यक्तित्व (Bureaucrate Personality)—नौकरशाही की एक विशेषता यह बतलायी जाती है कि इसमें व्यक्ति का निजी व्यक्तित्व उसके कार्यालय के व्यक्तित्व से बहुत भिन्न हो जाता है और बहुधा उनमें संघर्ष भी होते हैं। यद्यपि ऐसा अधिकतर दिखलायी पड़ता है किन्तु इसे नौकरशाही की अनिवार्य विशेषता नहीं कहा जा

सकता। वास्तव में सफल अधिकारी होने के लिये यह आवश्यक नहीं है कि व्यक्ति अपने निजी व्यक्तित्व और पदाधिकारी व्यक्तित्व को अलग रखे। यदि वह उद्योग से पूर्णतया तादात्म्य कर लेता है तो इनमें कोई अन्तर नहीं होता। चूँकि बहुधा ऐसा नहीं हो पाता और ऐसा करने में बहुत-सी कठिनाइयाँ होती हैं, इसलिये यह कहा जाता है कि पदाधिकारी का अधिकारी व्यक्तित्व निजी व्यक्तित्व पर हावी होता है।

नौकरशाही के प्रकार
(Types of Bureaucracy)

नौकरशाही की उपरोक्त विशेषता स्थूल रूप से उसके सभी प्रकारों में पायी जाती है। नौकरशाही के प्रकारों को वास्तव में पद पर भरती की कसौटियों के अनुसार विभाजित किया जाता है। उदाहरण के लिये यदि भरती योग्यता के आधार पर होती है तो इसे योग्यता नौकरशाही (Merit Bureaucracy), यदि जाति के आधार पर होती है तो जातिगत नौकरशाही (Caste Bureaucracy) कहा जाता है। इसी प्रकार नौकरशाही का वर्गीकरण अधिकारियों के आचरण के आधार पर भी किया जाता है। यदि यह आचरण एक अभिभावक के व्यवहार के समान न्यायपूर्ण होता है और सामान्य जनता के हित को ध्यान में रखकर किया जाता है तो यह अभिभावक नौकरशाही (Guardian Bureaucracy) कहलाती है। दूसरी ओर यदि अधिकारी का व्यवहार अनुग्रह दिखलाता है और उसमें संरक्षक जैसा आचरण पाया जाता है तो इसे संरक्षक नौकरशाही (Patronage Bureaucracy) कहा जाता है। नौकरशाही के इन विभिन्न प्रकारों में जातिगत नौकरशाही की तुलना में योग्यता नौकरशाही और संरक्षक नौकरशाही की तुलना में अभिभावक नौकरशाही बेहतर है।

नौकरशाही के लाभ
(Merits of Bureaucracy)

नौकरशाही की विशेषताओं और प्रकारों के उपरोक्त विवेचन से उसके निम्नलिखित लाभ स्पष्ट होते हैं–

(1) व्यवस्थित प्रशासन (Systematic Administration)–जैसा कि नौकरशाही की विभिन्न परिभाषाओं से स्पष्ट होता है इसमें शासन को व्यवस्थित रूप से चलाया जाता है और इस व्यवस्था में दफ्तर पद्धति का प्रयोग किया जाता है।

(2) बड़े पैमाने पर उद्योग की सम्भावना (Possibility of large scale Industry)–अन्त में नौकरशाही का सबसे बड़ा लाभ यह है कि उसके माध्यम से उद्योग अत्यधिक बड़े पैमाने पर अन्तर्राष्ट्रीय स्तर पर चलाये जाते हैं। नौकरशाही में चाहे कितने ही दोष क्यों न हों किन्तु यह निश्चय है कि उसके अभाव में बहुत बड़े पैमाने पर उद्योग चलाना सम्भव नहीं हो पाता। अस्तु, आधुनिक काल में बड़े पैमाने के उद्योगों में नौकरशाही अनिवार्य रूप से पायी जाती है।

(3) प्रभावशाली नियन्त्रण (Effective Control)–नौकरशाही व्यवस्था नियमों के आधार पर प्रशासन चलाती है और इसमें व्यक्तिगत भावनाओं को कोई महत्त्व नहीं दिया

जाता। इस प्रकार भले ही यह किसी समय अमानवीय मालूम पड़े किन्तु इससे उद्योग के प्रत्येक क्षेत्र के कार्यों का प्रभावशाली नियंत्रण सम्भव हो पाता है तथा स्वेच्छाचारिता कम होती है।

(4) योग्य व्यक्तियों द्वारा प्रशासन (Administration by able persons)—नौकरशाही में प्रशासन के समस्त कार्य को कार्यों और उपकार्यों में बाँटकर विभिन्न पदों की व्यवस्था की जाती है और प्रत्येक पद के कार्यों की व्यवस्था करके उस पर काम करने के लिये उपयुक्त व्यक्ति की योग्यतायें निश्चित की जाती हैं। इन योग्यताओं का विज्ञापन करके प्रार्थना-पत्र प्राप्त किये जाते हैं और इसमें चुनाव करके साक्षात्कार पद्धति से पद पर नियुक्ति की जाती है।

नौकरशाही के दोष
(Demerits of Bureaucracy)

उपरोक्त लाभों के बावजूद विचारकों ने सब कहीं नौकरशाही की तीव्र आलोचना की है। लास्की के अनुसार यह सामान्य व्यक्तियों की स्वतन्त्रता का हनन करती है। बरनार्ड शा ने इसे सत्ता के उपासक उच्च अधिकारियों की सामन्तशाही कहा है। रेमजे म्योर ने तो यहाँ तक कह दिया है कि नौकरशाही अथवा सेवक तन्त्र अग्नि के समान है जो कि एक सेवक के रूप में बहुमूल्य सिद्ध होता है किन्तु जब वह मालिक या स्वामी बन जाता है तो घातक सिद्ध होता है।[1] प्रो० रोबसन ने नौकरशाही में नागरिकों के प्रति उदासीनता, विभागीय निर्णय में कठोरता, औपचारिकताओं का पालन और शासक तथा शासित में भारी अन्तर इत्यादि दोष दिखलाये हैं। संक्षेप में नौकरशाही में दिखलाये गये मुख्य दोष निम्नलिखित हैं—

(1) लाल फीताशाही (Red Tapism)—नौकरशाही का सबसे बड़ा दोष लाल फीताशाही बतलाया जाता है। इसमें फाइलें लम्बे कालों तक लाल फीते में बन्धी पड़ी रहती हैं और कभी-कभी उन पर इतनी देर में निर्णय लिया जाता है जिससे भारी हानि होती है। बहुधा सरकारी उद्योगों में ऐसा देखा गया है। किन्तु अधिकतर निजी उद्योगों में लाल फीताशाही को कम से कम करने का प्रयास किया जाता है।

(2) सत्तावादी मनोवृत्ति (Authoritative Tendency)—नौकरशाही में बहुधा पदासीन अधिकारी अपनी सत्ता का अधिक से अधिक कठोर रूप में प्रयोग करने का प्रयास करता है जिससे अमानवीयता बढ़ती है।

(3) दैनिकता पर जोर (Emphasis on Routine)—नौकरशाही में उद्योग की सर्वांगीण प्रगति को भूलकर बहुधा दैनिकता चलाने की औपचारिकता को ही कर्त्तव्य मान लिया गया है। सार्वजनिक क्षेत्र के उद्योगों में बहुधा ऐसा देखा जाता है।

(4) श्रेष्ठता भावना ग्रन्थि (Superiority Complex)—नौकरशाही में पदाधिकारियों में अहंकार की भावना पायी जाती है। सत्ता के घमण्ड में वे अपने को सामान्य कर्मचारियों

---

1. Ramsay Muir, *How Britain is Governed,* p. 53.

से बहुत ऊँचा समझने लगते हैं। इसका परिणाम कर्मचारियों पर कभी भी अच्छा नहीं पड़ता और वे अपमान अनुभव करते हैं।

(5) निर्वैयक्तिक सम्बन्धों पर जोर (Emphasis on Impersonal Relations)—बहुधा यह देखा जाता है कि अनेक अधिकारी जो निजी जीवन में बहुत सद्व्यवहार करने वाले हैं कुर्सी पर बैठ कर कठोरतापूर्ण पेश आते हैं। साधारणतया निर्वैयक्तिकता को नौकरशाही का एक अनिवार्य लक्षण माना जाता है और सीमा के अन्दर रहने पर यह बुरा नहीं है किन्तु जब वह इतना अधिक बढ़ जाता है कि अधिकारी कर्मचारियों को पहचानते भी नहीं और उनके निजी जीवन से कोई सरोकार नहीं रखते तो यह दोष बन जाता है।

(6) रुढ़िवादी (Conservative)—नौकरशाही रुढ़िवादी है और बराबरी का विरोध करती है। अधिकारी अपनी सत्ता जमाना चाहते हैं और अनुशासन के नाम पर किसी भी प्रकार के परिवर्तन और सुधार का विरोध करते हैं तथा सुझावों की ओर से कान बन्द रखते हैं। सत्ता के इस दुरुपयोग से उद्योग की हानि होती है और कर्मचारियों में बेचैनी फैलती है। औपचारिकता और तानाशाही से उद्योग में मानवीय सम्बन्ध नहीं रह पाते।

(7) वर्ग चेतना (Class Consciousness)—नौकरशाही में पदासीन व्यक्ति बहुधा अपने को सामान्य कर्मचारी से भिन्न वर्ग का मानने लगते हैं। इससे वर्गवाद बढ़ता है जो उद्योग के लिए नितान्त हानिकारक है।

(8) लकीर का फकीर (Circumlocution)—नौकरशाही में अधिकारी बहुधा लकीर के फकीर होते हैं और यह नहीं देखते कि इसमें मनुष्यों का कितना नुकसान हो जाता है। वे बहुधा फाइल में दिये हुए आंकड़ों और नोट के अनुसार चलना चाहते हैं चाहे इससे कम्पनी का नुकसान ही क्यों न होने लगे।

सुधार के लिये सुझाव
(Suggestions for Reform)

जैसा कि पीछे स्थान-स्थान पर कहा गया है, नौकरशाही के अधिकांश तथा कथित दोष या तो बहुत बड़े उद्योगों के दोष हैं या फिर सरकारी उद्योगों में पाये जाते हैं क्योंकि इनमें नौकरशाही के कार्यों पर नियन्त्रण नहीं रह पाता। वास्तव में यदि नौकरशाही के कार्यों पर नियन्त्रण रखा जाये, जैसा कि कुछ निजी उद्योगों में दिखलायी पड़ती है, तो उसके अधिकांश दोषों को दूर किया जा सकता है। इसके लिये निम्नलिखित सुझाव दिये जा सकते हैं—

(1) नियन्त्रण—नौकरशाही के अधिकारियों पर उद्योगपति या सरकार का निरन्तर नियन्त्रण रहना चाहिये और जहाँ कहीं उनका कार्य उद्योग के लिये हानिकारक सिद्ध हो वही उन्हें दंडित किया जाना चाहिये।

(2) अभिभावक की अभिवृत्ति—नौकरशाही में यथा सम्भव संरक्षक ही नहीं बल्कि अभिभावक की अभिवृत्ति विकसित करने का प्रयास किया जाना चाहिये जिससे वे अपने को उद्योग के कर्मचारियों का संरक्षक नहीं बल्कि अभिभावक मानें, उनकी कठिनाइयों को समझें और यथा सम्भव उनको दूर करने का प्रयास करें।

(3) भरती की सही पद्धति—नौकरशाही में अधिकांश दोष भरती की गलत पद्धति के कारण होते हैं। पदों पर नियुक्ति कभी भी योग्यता के अतिरिक्त किसी अन्य कसौटी ने नहीं की जानी चाहिये ताकि उद्योग में काम करने वाले सभी कर्मचारियों को यह पता चले कि यहाँ योग्यता की कद्र की जाती है और वे योग्यता बढ़ाने का प्रयास करें।

(4) शिकायत की स्वतन्त्रता—कर्मचारियों को नौकरशाही के किसी भी सदस्य के विरुद्ध शिकायत करने की पूरी स्वतन्त्रता दी जानी चाहिये और उनकी शिकायत को सुनने के लिये निष्पक्ष न्यायालयों की स्थापना की जानी चाहिये। इससे नौकरशाही में स्वेच्छाचारिता कम होगी।

(5) अनुसन्धान—नौकरशाही व्यवस्था को अधिक से अधिक सुधारने के अनुसन्धान किये जाने चाहियें।

मैक्स वैबर का सिद्धान्त

मैक्स वेबर ने 'नौकरशाही' की अवधारणा का विस्तृत विवेचन किया है। उसने यह विवेचन सामाजिक शक्ति तथा 'सत्ता' के विवेचन के सन्दर्भ में किया है। वास्तव में 'नौकरशाही' एक प्रकार की प्रशासनिक व्यवस्था है जिसमें 'सत्ता' का वितरण, वर्गीकरण तथा 'संस्तरण' एक विशिष्ट प्रकार का होता है। इसलिये 'नौकरशाही' की अवधारणा के विवेचन से पूर्व 'सत्ता' के अर्थ एवं प्रकारों को समझना आवश्यक है।

'सत्ता' का अर्थ एवं प्रकार

वेबर के अनुसार 'सत्ता' का सम्बन्ध शक्ति से है। 'वैध-शक्ति' (Legitimate-power) को सत्ता कहा जाता है। इस प्रकार 'वैध शक्ति' के विभिन्न रूप ही 'सत्ता' के विभिन्न प्रकार होंगे। वेबर के अनुसार 'सत्ता' द्वारा सामाजिक क्रिया का परिचालन होता है। 'सत्ता' द्वारा ही सामाजिक व्यवस्था का निर्धारण होता है। वेबर ने 'सत्ता' के तीन प्रकार माने हैं जिनका विवरण निम्नलिखित है—

(1) परम्परात्मक सत्ता (Traditional authority)—परम्परात्मक सत्ता एक विशिष्ट प्रकार की सत्ता होती है। इस सत्ता की वैधता परम्परा द्वारा पुष्ट होती है। भिन्न-भिन्न समूहों में भिन्न-भिन्न परम्परा के आधार पर इस सत्ता का रूप भी भिन्न-भिन्न होता है। परम्परात्मक सत्ता के अन्तर्गत किसी एक वर्ग को केवल इसलिये उच्च माना जाता है क्योंकि उस वर्ग को परम्परागत के रूप में उच्च माना जाता रहा है। यहाँ तर्क के लिये कोई स्थान नहीं है। कुछ वर्ग बिना तर्क ही केवल परम्परा के ही कारण निम्न माने ज़ाते हैं। भारतीय समाज में ब्राह्मणों की उच्च सत्ता को 'परम्परात्मक-सत्ता' की श्रेणी में रखा जा सकता है। ब्राह्मणों की उच्च सत्ता बिना तर्क के यूँ ही परम्परागत रूप से स्वीकार की जाती रही है। आधुनिक सभ्यता के प्रचार एवं प्रसार के फलस्वरूप अब विभिन्न समूहों में 'परम्परात्मक-सत्ता' का बोल-बाला कम हो रहा है।

(2) बुद्धिसंगत वैध सत्ता (Rational legal authority)--बुद्धिसंगत वैध सत्ता में व्यक्ति अथवा व्यक्तियों की सत्ता 'पद' के फलस्वरूप स्वीकार की जाती है। जिस व्यक्ति के पास कोई पद होता है उसके पास इस प्रकार की सत्ता होती है। आधुनिक प्रशासन में

सत्ता का यही प्रकार महत्त्वपूर्ण है। उदाहरण के लिये किसी भी निगम के अध्यक्ष पद पर जो व्यक्ति होता है उसके पास इस प्रकार की सत्ता होती है। वास्तव में यह सत्ता पद की सत्ता होती है न कि व्यक्ति विशेष की। सामान्य रूप से भी कहा जाता है कि कुर्सी में बड़ी ताकत है। बुद्धिसंगत वैध सत्ता से सम्बन्धित प्रशासन को 'नौकरशाही ' (Bureaucracy) कहा जाता है। इसका विशेष विवेचन नौकरशाही की विशेषताओं के प्रसंग में किया जायेगा।

(3) **अपूर्व सत्ता** (Charismatic authority)—इसे 'चमत्कारी सत्ता' भी कहा जाता है। इस सत्ता का महत्त्व एवं कारण बिल्कुल अलग ही होता है। इस सत्ता में न तो 'पद' का महत्त्व होता है और न ही 'परम्परा' का। इस सत्ता को प्राप्त करने के लिये सारा श्रेय व्यक्ति को ही होता है। अपूर्व सत्ता में व्यक्ति के व्यक्तित्व का विशेष महत्त्व होता है। पैगम्बर, धर्म-नेता, सामाजिक नेता आदि प्रभावशाली व्यक्तियों के पास अपूर्व सत्ता होती है। विश्व में इस प्रकार के अनेक नेता हुए। हिटलर, लेनिन, नेहरू आदि महान् व्यक्ति इसी श्रेणी के हैं। अपूर्व सत्ता वाले व्यक्तियों का सामान्य जनता पर विशेष प्रभाव होता है। वे अपनी मर्जी से जो चाहें कर तथा करवा सकते हैं।

'सत्ता' के प्रकारों के उपरोक्त विवेचन द्वारा स्पष्ट है कि 'बुद्धिसंगत सत्ता' से सम्बन्धित प्रशासन को नौकरशाही कहा जाता है। नौकरशाही व्यवस्था की संरचनात्मक विशेषताओं को भी जानना आवश्यक है।

नौकरशाही की संरचनात्मक विशेषतायें

मैक्स वेबर ने नौकरशाही की संरचना की सात विशेषतायें मानी हैं। इन विशेषताओं का संक्षिप्त वर्णन निम्नलिखित है—

(1) अवैयक्तिक नियमों का महत्त्व—नौकरशाही में सभी काम नियमों द्वारा होते हैं। ये नियम अवैयक्तिक तथा पक्षपात रहित होते हैं। इस प्रकार के प्रशासन में स्थायित्व एवं निरन्तरता रहती है। नौकरशाही में व्यक्ति विशेष को महत्त्व नहीं दिया जाता। सभी व्यक्तियों को निर्धारित नियमों का समान रूप से पालन करना पड़ता है। नौकरशाही के नियम तार्किक होते हैं; वे पम्परा पर आधारित नहीं होते।

(2) स्पष्ट एवं निश्चित कार्य-क्षेत्र—नौकरशाही के अन्तर्गत प्रत्येक सदस्य का अपना कार्य-क्षेत्र निश्चित होता है चाहे वह उच्च अधिकारी हो अथवा साधारण कर्मचारी हो। कहने का आशय यह है कि नौकरशाही में श्रम-विभाजन की स्पष्ट व्यवस्था होती है। श्रम-विभाजन का आधार कुशलता एवं दक्षता ही होती है। इसके साथ यह आवश्यक है कि व्यक्ति की सत्ता भी कुशलता के अनुरूप ही होती है।

(3) पदों का संस्तरण—नौकरशाही के अन्तर्गत उच्च एवं निम्न पद होते हैं जो कि एक लम्बवत् संगठन के रूप में संगठित रहते हैं। ये पद उच्च एवं निम्न होते हुए भी आपस में सम्बन्धित रहते हैं।

(4) नौकरशाही में नियन्त्रणकारी नियम होते हैं—नौकरशाही में श्रमिकों के नियन्त्रण के लिये कुछ नियम होते हैं। ये नियम प्राय: तकनीकी ज्ञान पर आधारित होते हैं। उच्च पदाधिकारी अपने निम्न अधिकारों पर नियन्त्रण रखता है, परन्तु यह नियन्त्रण

व्यक्तिगत नहीं होता। यह नियन्त्रण नियमों के आधार पर होता है। तकनीकी ज्ञान, योग्यता तथा प्रशिक्षण के आधार पर व्यक्ति को पद की सत्ता प्राप्त होती है तथा इसी सत्ता के माध्यम से नियन्त्रण होता है। वास्तविक नौकरशाही में योग्यता के अभाव में सत्ता नहीं चल सकती।

(5) पदाधिकारियों और स्वामित्व में पृथक्करण—नौकरशाही में प्रशासनिक अधिकारियों और स्वामित्व में अन्तर होता है। यह व्यवस्था इसलिये होती है क्योंकि इसके अभाव में तार्किकता एवं निष्पक्षता को पूर्णरूप से प्राप्त नहीं किया जा सकता।

(6) भारी नियन्त्रण का अभाव—नौकरशाही प्रशासन में प्रशासनिक संगठन ही सभी प्रकार के निर्णयों के लिये जिम्मेदार होता है। इस संगठन पर बाहरी दबाव अथवा अंकुश नहीं होना चाहिये।

(7) एकाधिकार का अभाव—नौकरशाही में किसी भी पद पर किसी व्यक्ति-विशेष का एकाधिकार नहीं होता। संगठन चाहे तो किसी भी व्यक्ति को स्थानान्तरित कर सकता है।

(8) नियम, आदेश तथा निर्णयों का लिखित रूप—नौकरशाही के अन्तर्गत सभी प्रकार के नियम, आदेश तथा निर्णय लिखित हुआ करते हैं। यह व्यवस्था प्रशासनिक कार्यवाहियों को सुझाव एवं पक्षापात रहित बनाने के लिये होती है। वेबर ने इस विशेषता को आवश्यक एवं लाभदायक माना है, परन्तु कुछ लोगों ने इसे मात्र 'कागजी कार्यवाही' कहकर निन्दित भी किया है।

नौकरशाही के अन्तर्गत अधिकारियों की विशेषतायें

मैक्स वेबर ने जहाँ एक ओर नौकरशाही की विशेषताओं का वर्णन किया है वहीं दूसरी ओर उसने नौकरशाही के अधिकारियों की विशेषताओं का भी विवरण उपस्थित किया है। इन विशेषताओं का संक्षिप्त विवरण निम्नलिखित है—

(1) नौकरशाही के अन्तर्गत सभी अधिकारी व्यक्तिगत क्षेत्र में पूर्ण स्वतन्त्र रहते हैं, परन्तु प्रशासन सम्बन्धी अवैयक्तिक मामलों में सदैव उच्च अधिकारियों का नियन्त्रण रहता है।

(2) सभी अधिकारी नौकरशाही के पदों की संस्तरण व्यवस्था से सम्बद्ध रहते हैं।

(3) प्रत्येक अधिकारी का निश्चित एवं सुपरिभाषित कार्य-क्षेत्र होता है।

(4) अधिकारियों की नियुक्ति योग्यता के आधार पर होती है। यह योग्यता परीक्षा अथवा योग्यता प्रमाण-पत्र द्वारा जाँची जाती है।

(5) प्रत्येक अधिकारी के पद के अनुसार वेतन दिया जाता है, पेन्शन आदि की भी व्यवस्था होती है। सामान्य रूप से नौकरी स्थायी होती है, परन्तु त्यागपत्र देकर अवकाश प्राप्त करने की व्यवस्था होती है।

(6) प्रत्येक अधिकारी को अनुशासन में रहना आवश्यक है।

(7) सभी अधिकारी प्रशासन सम्बन्धी साधनों में स्वामित्व से वंचित रहते हैं।

वेबर के नौकरशाही सिद्धान्त की आलोचना

मैक्स वेबर ने नौकरशाही के विषय में विस्तृत सिद्धान्त प्रस्तुत किया था। उस सिद्धान्त का जहां एक ओर स्वागत किया गया तथा प्रशंसा की गयी वहीं दूसरी ओर उस सिद्धान्त की आलोचना भी की गयी। ऐडजियोनी ने वेबर के इस सिद्धान्त की निम्नलिखित प्रकार से आलोचना की है—

(1) 'सत्ता' का स्पष्ट विभाजन सम्भव नहीं है—वेबर ने 'सत्ता' को स्पष्ट रूप से तीन विभागों में विभाजित किया है, परन्तु यह धारणा वास्तव में सही नहीं है। यथार्थ में सत्ता के ये तीनों प्रकार कई बार मिश्रित रूप में पाये जाते हैं। प्रायः कोई सत्ता शुद्ध रूप से परम्परात्मक अथवा अपूर्व अथवा बुद्धि संगत नहीं हुआ करती। प्राचीन मिश्र में अनेक ऐसे प्रशासनिक संगठन थे, जिनमें परम्परात्मक सत्ता तथा नौकरशाही सत्ता के तत्त्व एक साथ विद्यमान थे। प्राचीन चीन में भी सत्ता के मिश्रित रूपों में दर्शन होते थे।

(2) कोई भी 'सत्ता' निरन्तर नहीं रहती—वेबर के अनुसार प्रत्येक सत्ता निरन्तर रहती है, परन्तु यह सत्य नहीं है। समय-समय पर सत्ता की निरन्तरता में परिवर्तन आ सकते हैं। उदाहरण के लिये सामान्यतया सैनिक संगठन में नौकरशाही प्रशासन की विशेषतायें हुआ करती हैं अर्थात् सभी आदेश, निर्णय आदि लिखित रूप में हुआ करते हैं। परन्तु युद्ध-काल में यह नियम प्रायः भंग हो जाया करता है। युद्ध क्षेत्र में लड़ने वाली टुकड़ियों में कई बार 'अपूर्व सत्ता' की विशेषतायें भी आ जाया करती हैं। इस अवसर पर अनेक बार सेना का कोई अधिकारी अथवा सैनिक अपनी चमत्कारिक सत्ता से भी काम लेता है। इस प्रकार वेबर का सत्ता की निरन्तरता का सिद्धान्त गलत सिद्ध हो जाता है।

(3) वेबर का कहना है कि चमत्कारी अथवा अपूर्व सत्ता उच्चतम पद के व्यक्तियों के पास होती है। परन्तु यथार्थ में यह सही नहीं है। अनेक बार निम्न पद वाले विशेष व्यक्तियों में भी 'अपूर्व सत्ता' के दर्शन हो जाया करते हैं। यह सत्ता किसी भी व्यक्ति के असामान्य गुणों के कारण हो सकती है।

भारत में नौकरशाही
(Bureaucracy in India)

प्रत्येक आधुनिक राज्य में राज्यों का कार्य तीन भागों में विभाजित होकर चलता है—विधायिका, न्यायपालिका और प्रशासन। इनमें से प्रशासन का कार्य लगभग सब-कहीं सरकारी अफसरों और कर्मचारियों द्वारा चलाया जाता है । सरकारी कर्मचारियों और अफसरों की इस व्यवस्था को 'नौकरशाही' कहते हैं। भारतवर्ष में नौकरशाही की परम्परा लगभग 100 वर्ष पूर्व अंग्रेजों के शासन काल में आरम्भ हुई। अंग्रेजी शासन में भारत की सरकार कर्मचारियों के द्वारा चलाई जाती थी जबकि नीति का निर्धारण इंगलैंड में बैठे हुए कुछ अंग्रेज राजनीतिज्ञ करते थे। देश को स्वतन्त्रता मिलने के पश्चात् से नीति का निर्धारण देश के नेताओं के द्वारा किया जाता है किन्तु इसे कार्यरूप में परिणित करने का उत्तरदायित्व आज भी बहुत कुछ नौकरशाही पर ही निर्भर है। इस प्रकार भारतीय जनतन्त्र में नौकरशाही का अत्यधिक महत्त्व है। वास्तव में नौकरशाही को राजनीतिक नेताओं और जनता के मध्य

की कड़ी कहा जा सकता है। नेतागण जो नीति बनाते है उसे देश में सब कहीं ठीक प्रकार से लागू करने का उत्तरादायित्व नौकरशाही पर रहता है। अस्तु, नेताओं और नौकरशाही में घनिष्ठ और अनुकूल सम्बन्ध अत्यन्त आवश्यक है। इसके बिना देश के विकास की योजनायें पूरी नहीं की जा सकतीं।

नौकरशाही का संगठन

भारतवर्ष में प्रशासनिक व्यवस्था में प्रत्येक राज्य को बहुत से जिलों में बाँटा गया है। जबकि राज्य का प्रशासनिक प्रमुख गवर्नर अथवा राज्यपाल होता है जिले का प्रशासन जिलाधीश अथवा कलक्टर द्वारा चलाया जाता है। कलक्टर जिले को कई परगनों में विभाजित करके प्रत्येक परगने में प्रशासन का कार्य परगनाधीश को सौंप देता है जोकि जिलाधीश की देख-रेख में परगनों के क्षेत्र में सरकारी नीतियों पर अमल करते हैं। प्रत्येक परगने में बहुत-सी तहसीलें होती हैं जिनमें से प्रत्येक में प्रशासन का कार्य तहसीलदार के आधीन होता है। तहसीलदार की सहायता करने के लिये नायब तहसीलदार होते हैं। प्रत्येक तहसील में बहुत से गाँव होते हैं जिनमें से प्रत्येक में एक पटवारी रहता है जो कि प्रशासन के कार्यों की देखभाल करता है और उच्च अधिकारियों को इस सम्बन्ध में रिपोर्ट देता है। इस प्रकार पटवारी से लेकर जिलाधीश तक नौकरशाही व्यवस्था के द्वारा प्रशासन कार्य चलाया जाता है। प्रत्येक राज्य कई कमिश्नरियों में विभाजित होता है। प्रत्येक कमिश्नरी में कई जिले होते हैं। कमिश्नरी के सभी जिलों में प्रशासन की देख-रेख करने के लिये कमिश्नरी में एक कमिश्नर होता है। इस प्रकार प्रत्येक राज्य का प्रशासन कमिश्नरों और जिलाधीशों के द्वारा चलाया जाता है। ये आई॰ ए॰ एस॰ की प्रतियोगिता के माध्यम से चुने जाते हैं और अनुभव तथा योग्यता के आधार पर इनकी पद वृद्धि होती जाती है।

राज्य की राजधानी में प्रशासन का कार्य चलाने के लिए बहुत से सरकारी विभाग और सरकारी दफ्तर होते हैं। राज्य के मन्त्रिमण्डल में प्रमुख मुख्यमन्त्री होता है। मुख्यमन्त्री का अपना कैबिनेट होता है जिसमें अनेक मन्त्री होते हैं। प्रत्येक मन्त्री किसी एक अथवा अधिक प्रशासनिक विभागों को चलाता है। उसकी सहायता के लिए एक या अधिक उपमन्त्री होते हैं। ये सब मिलकर कैबिनेट द्वारा निर्धारित नीति को ध्यान में रखते हुए अपने विशेष विभाग में नीति निर्धारित करते हैं। इस नीति को कार्यरूप में परिणित करने का काम सचिवालय (Secretariat) का होता है। इस प्रकार प्रत्येक विभाग से लगा हुआ सचिवालय होता है। सचिवालय में मन्त्री के अधीन कार्य करने वाला सचिव (Secretary) होता है। सचिव नौकरशाही का सदस्य है और सर्वोच्च अधिकारी है। वह प्रशासन के कार्य में विभागीय मन्त्री को सलाह देने का कार्य करता है। उसके आधीन संयुक्त सचिव (Joint Secretary) होता है जोकि दफ्तर की कार्यवाही की देखभाल करता है। कहीं-कहीं पर मन्त्री को सलाह देने के लिए वित्तीय सलाहकार (Financial Adviser) भी होते हैं। वित्त मन्त्रालय के आदेश के अनुसार प्रत्येक विभाग में वित्तीय सलाहकार होना चाहिये। संयुक्त सचिव के आधीन उप सचिव (Deputy Secretary) होते हैं जोकि सचिव और संयुक्त सचिव को उनके कार्य में सहायता देते हैं। इनके आधीन सचिवालय का दफ्तर होता है जिसमें विभाग का अध्यक्ष (Head) तथा प्रशासन का निदेशक (Director) होते हैं। अध्यक्ष

के आधीन उपाध्यक्ष होते हैं और निदेशकों के आधीन उपनिदेशक (Deputy Director) रखे जाते हैं। उपनिदेशक के आधीन सैक्शन आफिसर (Section Officer) तथा लिपिक आदि दैनिक पत्र-व्यवहार तथा विभिन्न प्रकार की फाइलों के कार्य की देख-रेख करते हैं।

केन्द्रीय सचिवालय

राज्य के सचिवालयों का प्रतिमान बहुत-कुछ केन्द्रीय सचिवालय के अनुरूप होता है किन्तु केन्द्रीय सचिवालय का उत्तरदायित्व और शक्तियाँ बहुत अधिक बढ़ी हुई होती हैं। भारतीय प्रशासन में केन्द्रीय सचिवालय का अत्यधिक महत्त्व है, उसका प्रभाव सारे देश पर होता है। सचिवालय में ही भारत सरकार की नीतियों पर अमल करने के लिये नित्यप्रति के आदेश दिये जाते हैं। इस प्रकार सचिवालय एक ओर राजनैतिक नेताओं और दूसरी ओर जनता से सम्बन्धित होता है। संक्षेप में सचिवालय के मुख्य कार्य निम्नलिखित माने जाते हैं–

(1) मन्त्री को समय-समय पर और आवश्यकता होने पर नीति-निर्धारण तथा नीति परिवर्तन में सहायता करना।

(2) अधिनियम, नियम तथा उपनियम इत्यादि बनाना।

(3) नियोजन तथा कार्यक्रम निर्माण। इसमें मन्त्रिमण्डल से सम्बन्धित विभिन्न कार्यक्रमों का बजट बनाना और आय-व्यय का नियन्त्रण भी आता है। इसी के अन्तर्गत विभागीय कार्यक्रमों और आयोजनों के हेतु आर्थिक सहायता प्राप्त करना भी सम्मिलित है।

(4) प्रशासनिक विभागों अथवा अर्द्ध स्वाधीन (Semi Autonomous) ऐजेन्सियों के द्वारा राज्य की नीतियों और कार्यक्रम के चलाए जाने की देख-रेख नियन्त्रण तथा उनके कार्य का मूल्यांकन।

(5) नीतियों का समायोजन और उनकी व्याख्या तथा सरकार की अन्य शाखाओं को सहायता देना और राज्यों के प्रशासनों से सम्पर्क बनाए रखना।

(6) मन्त्रालय के विभागों और उसकी प्रशासनिक इकाइयों में व्यक्तियों और संगठनों में अधिक कार्यक्षमता बनाए रखने की विधियाँ निकालना।

(7) मन्त्री को संसदीय उत्तरदायित्वों को निभाने में सहायता करना।

इस प्रकार सचिवालय, विभिन्न मन्त्रालयों में समायोजन का कार्य करता है। संसद में मन्त्रालय से सम्बन्धित जो प्रश्न पूछे जाते हैं उनको सचिवालय के अधिकारी संसदीय लॉबी में बैठकर नोट करते हैं तथा उनका उत्तर जुटाने के लिये तथ्य और आंकड़े एकत्रित करते हैं। इन तथ्यों और आंकड़ों को लेकर वे उत्तर का ड्राफ्ट बनाते हैं और मन्त्री महोदय के सामने उपस्थित करते हैं। इस प्रकार सचिवालय के अधिकारीगण एक ओर नीति-निर्माण में भाग लेते हैं तो दूसरी ओर विरोधी दल तथा निहित स्वार्थों वाले समूहों और प्रेस की आलोचनाओं के विरुद्ध राज्य की नीति का बचाव करते हैं और उसका औचित्य स्थापित करने में सहायता करते हैं। इस प्रकार सचिवालय में जो कुछ होता है उसमें से अधिकतर का सरकार द्वारा समर्थन किया जाता है। कभी-कभी संसदीय जाँच समिति की स्थापना

होने पर उसके द्वारा की जाने वाली जाँच में भी सचिवालय सहायता करते हैं। संक्षेप में केन्द्रीय सचिवालय तीन प्रकार से कार्य करता है–

(1) जिन क्षेत्र में असचिवालय (Non-Secretariat) संगठन नहीं है उनमें कार्य करना।

(2) जहाँ असचिवालय संगठन हैं वहाँ कार्य करना।

(3) सेवा कार्य।

भारतवर्ष में देश को स्वतन्त्रता मिलने के पश्चात् से सचिवालय में विभागों और कर्मचारियों की संख्या बढ़ती ही गई है। सन् 1940 तक भारत सरकार में गृह, वित्त, विधि, शिक्षा, स्वास्थ्य और भूमि, वाणिज्य और श्रम, सन्देशवहन और प्रतिरक्षा विभाग थे। द्वितीय विश्वयुद्ध के पश्चात् कई विभाग बढ़ाए गए। प्रतिरक्षा और सन्देशवहन विभाग को तीन विभागों में बाँट दिया गया–युद्ध और प्रतिरक्षा, यातायात और सन्देशवहन तथा डाक विभाग। सन् 1947 में सचिवालय में 18 विभाग थे। सन् 1957 में इनकी संख्या बढ़कर 25 हो गई। वर्तमान समय में इनकी संख्या 40 है। इनके अतिरिक्त असचिवालय संगठनों की 569 इकाइयाँ है। सन् 1956 से आरम्भ होने वाले दशक में केन्द्र सरकार में कर्मचारियों की संख्या 51 प्रतिशत बढ़ी। सन् 1948 से 1967 तक सचिवों, अतिरिक्त सचिवों (Additional Secretaries), विशेष सविचों और संयुक्त सचिवों की संख्या 64 से बढ़कर 209 हो गई। उप सचिव 89 से बढ़कर 303 हो गए। आधीन सचिवों की संख्या 214 से 457 हो गई। सन् 1948 से 1965 तक केन्द्रीय सचिवालय में सैक्शन आफिसरों की संख्या 442 से बढ़कर 2493 हो गई। सन् 1939 में 9 सचिव थे जिनकी संख्या बढ़कर 41 हो गई। इसी प्रकार अन्य अधिकारियों की संख्या 1157 थी जिसमें 539 देशी और 608 ब्रिटिश अधिकारी थे। स्वतन्त्रता के पश्चात् भारतवर्ष में 451 आई॰ सी॰ एस॰ अधिकारी बचे जिनमें 418 भारतीय थे। वर्तमान समय में देश में आई॰ ए॰ एस॰ अधिकारियों की संख्या 2000 से भी ऊपर है।[1]

प्रशासनिक सुधार आयोग के अनुसार परिवर्तन

प्रशासनिक सुधार आयोग की रिपोर्ट के अनुसार स्वतन्त्रता के पश्चात् सचिवालय के कार्यों में भी बहुत-कुछ परिवर्तन दिखलाई पड़ता है। स्वतन्त्रता से पूर्व सचिवालय में नीति निर्माण का कार्य आई॰ सी॰ एस॰ अधिकारी करते थे जो कि कुछ सीमित कार्यकाल के लिये राज्यों के द्वारा केन्द्र में भेजे जाते थे। अब ये अधिकारीगण राज्यों से नहीं आते बल्कि केन्द्रीय सचिवालय सेवा तथा अन्य केन्द्रीय सेवाओं से आते हैं। इससे एक बड़ा लाभ यह हुआ कि क्योंकि इनका कार्यकाल सीमित नहीं होता, इसलिये कार्य में अधिक निरन्तरता बनी रहती है और इनका सहयोग सब समय प्राप्त होता रहता है। स्वतन्त्रता के पूर्व सचिवालय में नीति-निर्धारण का कार्य विशेषज्ञों की सलाह से नहीं किया जाता था। स्वतन्त्रता के पश्चात् से सचिवालयों में नीति-निर्धारण का कार्य करने में अर्थशास्त्रियों,

---

1. Bhambhri C.P., *Bureaucracy and Politics in India,* Vikas Publication, Delhi (1917), pp. 63-65.

वैज्ञानिकों सांख्यिकी के विशेषज्ञों आदि की सहायता से किया जाता है। स्वतन्त्रता के पूर्व किसी भी मन्त्रालय में कर्मचारियों की संख्या इतनी अधिक नहीं थी जितनी कि स्वतन्त्रता के बाद दिखलाई पड़ती है। पहले यह माना जाता था कि सचिवालय नीति-निर्धारण करता है जबकि उसको कार्यरूप में परिणित करने का कार्य असचिवालय संगठनों पर होता है। आजकल यह स्थिति भिन्न है। स्वयं सचिवालय में प्रशासन का बहुत-सा कार्य किया जाता है; दूसरी ओर अनेक असचिवालय संगठन सचिवालय के द्वारा नीति-निर्धारण के कार्य में भाग लेते हैं। इन असचिवालय संगठनों की संख्या और प्रकार में पहले से बहुत अधिक वृद्धि हुई है। उदाहरण के लिये आजकल प्रशासनिक असचिवालय संगठनों के अतिरिक्त सलाहकार, अनुसन्धानकर्त्ता, प्रशिक्षक तथा अन्य असचिवालय संगठन देखे जा सकते हैं।

नौकरशाही में भर्ती का प्रतिमान

भारत में नौकरशाही के संगठन की उपरोक्त रूपरेखा से यह स्पष्ट होता है कि इसे चलाने में आई॰ ए॰ एस॰ और आई॰ पी॰ एस॰ प्रतियोगिता के माध्यम से आने वाले अधिकारियों का विशेष महत्त्व होता है। जबकि आई॰ ए॰ एस॰ अधिकारी सिविल कार्यों को देखते हैं, आई॰ पी॰ एस॰ अधिकारी पुलिस का काम चलाते हैं। इन केन्द्रीय प्रतियोगिताओं में भर्ती होने वाले व्यक्तियों के गुणों और योग्यताओं पर देश का भविष्य बहुत कुछ निर्भर है। सरकार द्वारा बनाई गई नीतियों को सारे देश में कार्यरूप में परिणित करना इन्हीं का उत्तरदायित्व है। देश को स्वतन्त्रता मिलने के पूर्व इन सेवाओं में अधिकतर अधिकारी अंग्रेज सरकार द्वारा नियुक्त किये जाते थे। इसके बाद से इनका चुनाव केन्द्रीय लोक सेवा आयोग के द्वारा आयोजित प्रतियोगिताओं के माध्यम से किया जाता है। अनेक अध्ययनों के द्वारा यह पता चला है कि इन सेवाओं में आने वाले व्यक्तियों में बहुत कम ग्रामीण क्षेत्र से आते हैं, अधिकतर नगरीय क्षेत्र से आने वाले प्रतियोगी ही इन परीक्षाओं में सफल हो पाते हैं। सन् 1966-67 में 126 आई॰ ए॰ एस॰ अधिकारियों में से 27 ग्रामीण क्षेत्र से और 85 नगरीय क्षेत्र से आए थे। 1968-69 में चुने जाने वाले 111 आई॰ ए॰ एस॰ अधिकारियों में से 26 ग्रामीण क्षेत्र से आए थे और 85 नगीय क्षेत्र से चुने गये थे। क्षेत्र के इस अन्तर से यह बात स्पष्ट होती है कि अधिकतर आई॰ ए॰ एस॰ अधिकारियों को भारत में ग्रामीण जीवन का कोई प्रत्यक्ष अनुभव नहीं होता। ऐसी स्थिति में उन्हें सरकारी नीतियों को भारत के गांवों में कार्यरूप में परिणित करने में कठिनाई होना स्वाभाविक है। इस बात को ध्यान मे रखते हुए आजकल देश में सब कहीं सरकार की यह नीति है कि केवल जिला केन्द्रों में ही नहीं बल्कि परगना और तहसील केन्द्रों में भी आई॰ ए॰ एस॰ अधिकारियों को रखा जाये ताकि वे जनता के जीवन का प्रत्यक्ष अनुभव करके उनकी कठिनाइयों को समझ सकें और उनको दूर करने के लिये अधिक यथार्थ सुझाव दे सकें। ऐसा होने से सरकार के द्वारा उठाये गये अभियानों को देश के गाँवों में फैलाने में अधिक सहायता मिलेगी। क्रमशः देश में शिक्षा का विस्तार और विकेन्द्रीकरण बढ़ते जाने से अब ग्रामीण क्षेत्रों से आने वाले विद्यार्थी पहले से कहीं अधिक संख्या में आई॰ ए॰ एस॰ की प्रतियोगिता में बैठते हैं। यह प्रवृत्ति बढ़ते जाने पर प्रशासनिक सेवाओं में ऐसे लोगों की संख्या अवश्य बढ़ेगी जो गाँव के निवासी रहे हैं।

प्रशासनिक सेवाओं में चुने जाने के लिये प्रतियोगी को कम से कम स्नातक (Graduate) होना आवश्यक है किन्तु वास्तव में चुने जाने वाले अधिकांश प्रतियोगी इससे कहीं अधिक शिक्षा प्राप्त होते हैं। सन् 1966-67 में सफल होने वाले प्रतियोगियों में केवल 23 प्रतिशत स्नातक थे, शेष के पास स्नातकोत्तर डिग्री थी। इसी प्रकार यह देखा गया है कि इन परीक्षाओं में देश के सभी क्षेत्रों से समान संख्या में प्रतियोगी उत्तीर्ण नहीं हो पाते। किसी-किसी विश्वविद्यालय से तो कदाचित् ही कोई प्रतियोगी इन सेवाओं में आता हो। सन् 1966-67 के आंकड़ों के अनुसार चुने गये 126 अधिकारियों में 28 दिल्ली विश्वविद्यालय, 15 प्रयाग विश्वविद्यालय, 14 मद्रास विश्वविद्यालय तथा 11 कलकत्ता विश्वविद्यालय के थे, शेष अन्य विश्वविद्यालयों से आए थे। स्पष्ट है कि देश के सभी क्षेत्रों में से समान रूप में प्रतियोगी शिक्षा समाप्त करने के तुरन्त पश्चात् इन प्रतियोगिताओं में उत्तीर्ण नहीं हो पाते। अधिकतर उत्तीर्ण व्यक्ति किसी-न-किसी कार्य अथवा व्यवसाय का कुछ-न-कुछ अनुभव प्राप्त होते हैं। उदाहरण के लिये सन् 1966-67 में सफल हुए 126 अधिकारियों में 58 प्राध्यापक रह चुके थे और 25 किसी-न-किसी सरकारी नौकरी में कार्य कर चुके थे।

भारत में अधिकतर लोग कृषि सम्बन्धी व्यवसाय करते हैं किन्तु आई० ए० एस० की सेवाओं में कृषक परिवारों के बहुत कम प्रतियोगी सफल हो पाते हैं। सन् 1966-67 में सफल होने वाले प्रतियोगियों में केवल 21 कृषक परिवारों के थे जबकि 53 सरकारी अधिकारियों के पुत्र थे। अन्य प्रतियोगियों के पिता शिक्षक, इंजनीनियर, स्कूल इन्सपैक्टर, व्यवसायी, डॉक्टर या वकील इत्यादि थे। इससे स्पष्ट होता है कि इन अखिल भारतीय सेवाओं में अधिकतर मध्यम वर्ग के परिवारों के युवक आते हैं। इसीलिये इस वर्ग को समाज का प्रतिष्ठित वर्ग माना जाता है।

पीछे अखिल भारतीय सेवाओं में आने वाले अधिकारियों की पृष्ठभूमि का जो चित्र खींचा गया है वह केवल भारतवर्ष में ही हो, ऐसी कोई बात नहीं है। अनेक अन्य देशों में भी इसी प्रकार की प्रवृत्ति दिखलाई पड़ती है। अखिल भारतीय सेवा होने के नाते आई० ए० एस० परीक्षाओं में उत्तीर्ण होने वाले व्यक्तियों को प्रशासन चलाने के लिये केन्द्रीय सेवाओं के अतिरिक्त राज्य की सेवाओं में भेजा जाता है। यहाँ पर उनकी संख्या बराबर बढ़ती गई है। प्रत्येक वर्ष इनकी संख्या 40 के 110 तक बढ़ जाती है। इन्हें वरिष्ठ अधिकारियों और मन्त्रियों को सलाह देने की पूरी स्वतन्त्रता है। ये सरकार की नीतियों पर पूरी दृढ़ता से अमल करते हैं और राजनीतिक दृष्टि से काफी निष्पक्ष रहते हैं। आई० ए० एस० अधिकारियों के अतिरिक्त भारतवर्ष में लाखों सरकारी कर्मचारी हैं। यदि रेलवे, डाक और तार तथा प्रतिरक्षा मन्त्रालय के कर्मचारियों को छोड़ दिया जाये तो भी सरकारी कर्मचारियों की संख्या 37 लाख बैठती है। सन् 1966 में केन्द्रीय सरकार में कर्मचारियों की संख्या 27 लाख थी। राज्य सरकारों में 37 लाख से भी अधिक कर्मचारी थे। इस प्रकार देश के प्रशासन में सरकारी कर्मचारियों की बहुत बड़ी संख्या है। इन सरकारी कर्मचारियों को 4 वर्गों में विभाजित किया जाता है। पहले वर्ग में अखिल भारतीय सेवाओं के कर्मचारी आते हैं। चतुर्थ वर्ग में निम्नतम सेवाओं के कर्मचारी आते हैं। इसके बीच में अन्य दो वर्ग हैं। सरकारी

कर्मचारियों का यह वर्गीकरण उनके वेतनमानों के आधार पर किया गया है। अधिकतर केन्द्रीय पद, चाहे वे केन्द्र सरकार में हों या राज्य सरकारों में, प्रथम वर्ग के कर्मचारियों के ही अधीन होते हैं। ये कर्मचारी सचिवालय और उसके बाहर के क्षेत्र में प्रशासन का कार्य करते हैं। आई० ए० एस० के कर्मचारी सिविल और आई० पी० एस० के कर्मचारी पुलिस का काम करते हैं। इनके अतिरिक्त लेखाधिकारी, आय-कर अधिकारी, डाक तार विभाग, रेलवे तथा कस्टम और एक्साइज विभागों में केन्द्रीय सेवाओं के कर्मचारी लिये जाते हैं। तकनीकी पदों में भी प्रथम वर्ग में आने वाले कर्मचारी अखिल भारतीय सेवाओं के लिये जाते हैं। ये अधिकत इंजनीनियर का कार्य करते हैं।

नौकरशाही की आचार संहिता

देश की व्यवस्था को चलाने के लिये और सरकारी नीतियों को कार्यरूप में परिणित करने के लिये यह आवश्यक होता है कि नौकरशाही के आचार पर नियंत्रण रखा जाये। इसके लिये केन्द्रीय सेवाओं में कार्य करने वाले कर्मचारियों के लिये आचार के नियम निर्धारित किये गये हैं। सन् 1968 में बने एक अधिनियम के अनुसार केन्द्रीय सरकार को यह अधिकार दिया गया है कि वह अनिवार्य सेवाओं में होने वाली हड़तालों को रोक सकती है और अवैध घोषित की गई हड़तालों में भाग लेने वाले सरकारी कर्मचारियों को दण्डित कर सकती है। इस प्रकार की समितियों का निर्माण किया गया जो कि सार्वजनिक सेवाओं में काम करने वाले कर्मचारियों के हितों की रक्षा करें और इस सम्बन्ध में सुझाव दें। अखिल भारतीय सेवाओं में काम करने वाले कर्मचारियों का इस प्रकार का एक अखिल भारतीय संगठन है जिसका केन्द्र नई दिल्ली में है और जिसकी शाखा प्रत्येक राज्य में है। जैसा कि पीछे कहा जा चुका है, नौकरशाही के आचरण पर नियन्त्रण किये बिना प्रशासन का कार्य चलाना असम्भव है। अस्तु, इस सम्बन्ध में उनको राजनीति से अलग रखने के लिये व्यापक नियम बनाये गये हैं। अखिल भारतीय सेवाओं के लिये बनाये गये नियमों में निम्नलिखित उन्हें राजनीति से अलग रखने के लिये बनाये गये हैं—

(1) इन सेवाओं का कोई भी सदस्य किसी भी राजनीतिक दल अथवा राजनीति में भाग लेने वाले किसी भी संगठन का सदस्य नहीं होगा और न उससे किसी प्रकार से सम्बन्ध रखेगा। वह किसी भी राजनीतिक आन्दोलन में किसी भी प्रकार से भाग नहीं लेगा और न उसकी किसी भी प्रकार सहायता करेगा।

(2) इन सेवाओं के प्रत्येक सदस्य का यह कर्त्तव्य होगा कि वह अपने परिवार के सदस्यों को किसी भी ऐसे काम में भाग लेने से या ऐसे आन्दोलन की सहायता करने से रोके जो कि प्रत्यक्ष अथवा अप्रत्यक्ष रूप से सरकार के लिये हानिकारक हो। यदि वह कहीं ऐसा पाता है तो सरकारी अधिकारी का यह कर्त्तव्य हो जाता है कि वह इस सम्बन्ध में सरकार को रिपोर्ट करे।

(3) इन सेवाओं का कोई भी सदस्य विधान सभा अथवा स्थानीय समितियों के चुनावों में किसी भी तरह का भाग लेने, व्याघात उत्पन्न करने अथवा उन्हें प्रभावित करने का प्रयास नहीं करेगा।

(4) इन सेवाओं का जो सदस्य चुनावों में वोट देने का अधिकार रखता है उसे मतदान का अधिकार है किन्तु ऐसा करने में उसे किसी भी प्रकार से यह प्रकट नहीं करना चाहिये कि उसने मतदान किया है अथवा वह किसके पक्ष में मतदान दे रहा है।

(5) इन सेवाओं का कोई भी सदस्य रेडियो ब्राडकास्ट अथवा अपने नाम से या बिना नाम से प्रकाशित होने वाले किसी लेख अथवा किसी भी अन्य व्यक्ति के नाम से प्रेस को दिये हुए कोई भी वक्तव्य या सार्वजनिक भाषण में कोई भी ऐसी राय प्रकट नहीं करेगा जिसका केन्द्रीय सरकार अथवा राज्य सरकार की किसी नीति अथवा कार्य पर आन्दोलन का प्रभाव पड़ता हो, अथवा जो केन्द्रीय सरकार और राज्य सरकार के सम्बन्धों में किसी भी प्रकार से कठिनाई उत्पन्न करती हो अथवा जिससे केन्द्रीय सरकार और किसी विदेशी सरकार के सम्बन्धों में कोई कठिनाई उत्पन्न होती हो।

नौकरशाही का महत्त्व

सरकारी कर्मचारियों के आचरण के सम्बन्ध में उपरोक्त सरकारी नियमों के अवलोकन से यह स्पष्ट होता है कि सरकार इन कर्मचारियों को यथासम्भव राजनीति से अलग रखने का प्रयास करती है ताकि वे निष्पक्ष रूप से देश के प्रशासन को चलाते रहें, सरकार विरोधी कामों से दूर रहें और उनके कार्यों से सरकारी नीति को अमल में लाने में अधिक से अधिक सहायता मिले। वर्तमान समय में सरकार की विभिन्न नई नीतियों को कार्यरूप में परिणित करने का उत्तरदायित्व सबसे अधिक नौकरशाही पर ही है। इसके लिये वह आवश्यक है कि उन्हें जनसमुदाय की प्रवृत्तियों, समस्याओं और वर्तमान जीवन का प्रत्यक्ष अनुभव हो। ऐसा न होने पर वे जनता और नेताओं के मध्य की कड़ी के रूप में काम नहीं कर सकते। इस तथ्य को समझकर सरकार की ओर से सब-कहीं ये आदेश दिये गये हैं कि नौकरशाही के सदस्य जनता से अधिक से अधिक सम्पर्क रखें। सरकार की नीतियों को जनता को समझाने और नीतियों को कार्यरूप में परिणित करने में जनता का सहयोग प्राप्त करने के लिये यह सम्पर्क अत्यन्त आवश्यक है। दूसरी ओर नौकरशाही के सदस्यों को राजनीतिक नेताओं से भी प्रत्यक्ष सम्पर्क बनाये रखना होता है ताकि वे उन तक जनता की समस्याओं को पहुंचा सकें, उन्हें सलाह दे सकें और उनके निर्णयों को जनता में कार्य रूप में परिणित करा सकें। इस प्रकार एक ओर राजनीतिक नेताओं और दूसरी ओर जनता के मध्य की सशक्त और प्रभावशाली कड़ी के रूप में नौकरशाही का जनतन्त्र को आगे बढ़ाने में महत्त्वपूर्ण हाथ है।

अभ्यास के लिये प्रश्न

1. संक्षिप्त टिप्पणी लिखिये—ब्यूरोक्रेसी।
2. कर्मचारी तन्त्र की अवधारणा को स्पष्ट कीजिए एवं भारतीय समाज में इसके कार्य का वर्णन कीजिए ।
3. मैक्स वेबर की नौकरशाही की अवधारणा समझाइये।

8

राजनैतिक व्यवस्था

(Political System)

राजनैतिक व्यवस्था शब्द दो शब्दों से मिलकर बना है–राजनैतिक और व्यवस्था। यदि हम राजनैतिक शब्द की व्याख्या करने के लिए समकालीन साहित्य पर नजर डालें तो हमें अनेक परिभाषाएं दिखलाई पड़ती हैं। राजनैतिक व्यवस्था का प्रमुख लक्षण बल प्रयोग है। मैरियन लेवी (Marion Levy) के अनुसार राजनैतिक दायित्व (Political Allocation) की परिभाषा "शक्ति के वितरण के रूप में की जा सकती है। इसमें एक ओर बलपूर्वक मान्यताएं और दूसरी ओर उत्तरादायित्व सम्मलित है।"[1] उसे राज्य और राजनैतिक शक्ति की मान्यता प्राप्त होती है। डेविड एम० वुड के शब्दों में राजनैतिक व्यवस्था की परिभाषा इस प्रकार की जा सकती है, "वह राजनैतिक रूप से प्रासंगिक समझे जाने वाले चरों की व्यवस्था है, मानो कि वे अन्य चरों से अलग किये जा सकते हों जो कि राजनीति के लिये तत्काल रूप में प्रासंगिक नहीं हैं, उन परस्पर सम्बन्धित चरों की एक व्यवस्था है।"[2]

एस० एच० बियर और ए० बी० उलम ने यह दिखलाया है कि राजनैतिक व्यवस्था की धारणा, "समस्त सामाजिक व्यवहार की ओर देखने की एक व्यापक प्रणाली से उत्पन्न हुई है। उस परिप्रेक्ष्य से राजनैतिक व्यवस्था एक संरचना है जो कि किसी समाज के लिए

---

1. "As the distribution of power over and responsibility for the action of the various members of the concrete structure concerned, involving on the one hand coercive sanctions, of which force is the extreme form in one direction, and on the other, accountability to the members and in terms of the structure concerned, or to the members of other concrete structures."

—Levy : *The Structure of Society* (Princeton, Princeton Univ. 1952), p. 469.

2. "Political system thus becomes a set of interrelated variables conceived to be politically relevant and treated as if they could be separated from other variables not immediately relevant to politics."

—David M. Wood : "Comparative Governmental and Politics" in Stehen L. Wasby (ed.) *Political Science : The Discipline and Its Dimensions* (Calcutta : Scientific Book Agency, 1970), p. 492.

कोई कार्य करती है। कम से कम सम्भव शब्दों में, वह कार्य वैध नीति सम्बन्धी निर्णयों को करना है।''[1] आलमण्ड और पावले के शब्दों में ''राजनैतिक व्यवस्था एक समाज के अन्तर्गत राजनैतिक क्रियाओं के समस्त क्षेत्र की ओर ध्यान आकर्षित करती है, जिसमें इस बात को कोई महत्त्व नही दिया जाता कि ये क्रियायें समाज में कहाँ स्थित है।''[2] राजनैतिक व्यवस्था शब्द की परिभाषा करते हुए ये लेखक आगे कहते हैं, ''जब हम राजनैतिक व्यवस्था की बात करते हैं, तो हम उसमें उन समस्त अर्न्तक्रियाओं को सम्मिलित कर लेते हैं जो कि वैध भौतिक बल का प्रयोग अथवा प्रयोग करने की धमकियों को प्रभावित करती है। राजनैतिक व्यवस्था न केवल विधान सभाओं, न्यायालयों और प्रशासनिक साधनों जैसी सरकारी संस्थाओं को शामिल करती हैं, बल्कि समस्त संरचनाएं उनके राजनैतिक पहलुओं में शामिल करती हैं। इनमें परम्परागत संरचनायें जैसे नातेदारी के बन्धन और जाति समूह; अनोमी तथ्य जैसे हत्याएं, दंगे और प्रदर्शन; तथा औपचारिक संगठन जैसे दल, हित समूह और संदेश वहन के साधन भी सम्मिलित हैं।''[3]

जैसा कि इस शब्द को देखने से पता चलता है, राजनैतिक व्यवस्था शब्द में, व्यवस्था के समस्त प्रमुख लक्षण सम्मिलित होने चाहियें। अन्य सब वर्गों, संगठनों और तथ्यों से अलग करके व्यवस्था शब्द की परिभाषा, आलमण्ड और पावेल के अनुसार, निम्नलिखित कसौटियों के आधार पर की जा सकती है–

1. तत्त्वों की एक संरचना को विशिष्टता दी जा सकती है।

2. कम से कम कुछ तत्त्वों में पहचाने जाने योग्य सम्बन्धों को दिखलाया जा सकता है।

3. उच्च सम्बन्ध अन्य सम्बन्धों को शामिल करते हैं। काल आयाम को शामिल करके इस परिभाषा को गत्यात्मकता दी गई है।

4. किसी निश्चित काल में सम्बन्धों की एक जटिलता में बाद के काल में एक निश्चित जटिलता अथवा कई सम्भव जटिलताओं में से एक होनी चाहिए। अस्तु, व्यवस्था के एक गतिशील सिद्धान्त में यह जरूरी है कि वह एक दी हुई वर्तमान व्यवस्था से कुछ

---

1. "Political system has emerged as a part of the broad way of looking at all social behaviour. From that perspective, thc political system is a structure that performs a certain function for a society. In the fewest possible words, that function is to make legitimate policy decisions." —S.H. Beer and A.B. Ulam : *Patterns of Government,* (New York : Random House, 1968) 8th Ptg. p. 21.
2. "It directs attention to the entire scope of political activities within a society, regardless of where in the society such activities may be located." Almond and Powell : *Comparative Politics: A Developmental Approach* (Boston : Little Brown, 1966), p. 17.
3. "When we speak of the political system, we include all the interactions which affect the use or threat of use of legitimate physical coercion. The political system includes not only governmental institutioins such as legislatures, courts, and administrative agencies, but all structures in their political aspects. Among these are traditional structures such as kinship ties and caste groupings: and anomie phenomena such as assassinations, riots and demonstrations; as well as formal organisations like parties, interest groups and media of communications." —*Ibid,* p. 18.

भावी व्यवस्थाओं का निगमन करने योग्य बनाता हो।''[1] आलमण्ड के शब्दों में, ''एक व्यवस्था से तात्पर्य है, उसमें और उसके परिवेश में किसी प्रकार की सीमा रेखा और उसके अंगों में परस्पर निर्भरता सम्मिलित है।''[2] व्यवस्था व्यापक होती है। व्यापकता से तात्पर्य विभिन्न अन्तरसम्बन्धों और अन्तर-क्रियाओं को शामिल करने से है। आलमण्ड के शब्दों में, ''व्यापकता की कसौटी का राजनैतिक व्यवस्था के प्रसंग में यह अर्थ है कि उसमें वे सब अन्तरक्रियायें–आने वाली और जाने वाली–शामिल हैं जो कि भौतिक बल प्रयोग के इस्तेमाल या इस्तेमाल की धमकी को प्रभावित करते हैं।''[3] राजनैतिक व्यवस्था का एक अन्य लक्षण उसके अंगों की परस्पर निर्भरता है। इसकी व्याख्या करते हुए आलमण्ड ने लिखा है, 'तब, परस्पर निर्भरता से हमारा तात्पर्य यह है कि अन्तरक्रियाओं के एक उपखण्ड में परिवर्तन समस्त अन्य उपखण्डों में परिवर्तन करता है।''[4] राजनैतिक व्यवस्था का अन्तिम लक्षण सीमा रेखा है। इसका अर्थ बतलाते हुए आलमण्ड ने लिखा है, ''अन्त में, एक राजनैतिक व्यवस्था में सीमा रेखा के होने से हमारा तात्पर्य यह है कि कुछ ऐसे बिन्दु हैं जहाँ अन्य व्यवस्थायें समाप्त होती हैं और राजनैतिक व्यवस्था प्रारम्भ होती है।''[5] उपरोक्त विवेचन से यह स्पष्ट होता है कि ''जब कि राजनैतिक शब्द से तात्पर्य समाज में होने वाली उन अन्तरक्रियाओं को दूसरी अन्तरक्रियाओं से अलग करना है जिनमें राज्य अथवा राजनैतिक संस्थाओं की मान्यता से वैध बल प्रयोग किया जाता हो, व्यवस्था से तात्पर्य इन अन्तरक्रियाओं को कुछ विशेष लक्षण प्रदान करना है जिनके कारण से व्यवस्था में किसी एक अंग में परिवर्तन होने से दूसरे अंगों में भी परिवर्तन होता है।''[6]

---

1. "Political system, obviously must include the salient characteristics of system. The term 'system' is rigorously defined to single out from all classes, aggregates, or phenomena those which can satisfy the following criteria.
   (i) One can specify a set of elements.
   (ii) Among at least some of the elements, one can specify identifiable relations.
   (iii) Certain relations imply others...Dynamics is added (to this defintion) by including a time dimension.
   (iv) A certain complex of relations at a given time implies a certain complex (or one of serveral possible complexes) at a later time...A dynamic theory of a system is, therefore, one which enables us to deduce certain future states from a given present state." Anatol Rapoport : *"Some System Approaches to Political Theory"* in David Easton (ed.) : *Varieties of Political Theory,* pp. 129-30.
2. "According to Almond, a system "implies the interdependence of parts and a boundary of some kind between it and its environment." —Op. Cit. p. 19.
3. "The criterion of 'comprehensives' "means that when we speak of the political system, we include all the interactions-inputs as well as outputs-which affect the use of the threat or the use of physical coercion." —Ibid. p. 7-8.
4. Then, by 'interdependence' we mean that a change in one subset of interactions "produces changes in all the other subsets." —Ibid. p. 8.
5. "Finally, by the existence of a 'boundary' in a political system, we mean that there are points where other systems end and the political system begins." —Ibid.
6. "The result is that while the word political signifies an attempt to separate out a certain set of interactions in a society in order to relate it to other sets, by 'system' is meant 'attribution to a particular set of properties of these interactions." —Ibid, p. 7.

राजनैतिक व्यवस्था का प्रभाव

"राजनैतिक व्यवस्था समाज के लिये कुछ सुनिश्चित परिणाम उत्पन्न करती है। इनमें से सबसे प्रमुख परिणाम वैध नीति के सम्बन्ध में निर्णय करना है। राजनैतिक व्यवस्था ही वे लक्ष्य निश्चित करती है जिनको प्राप्त करने के लिए राज्य अथवा राजनैतिक संस्थायें प्रयास करती हैं। ये लक्ष्य इच्छा से अथवा अनिच्छा से, अल्प मत से अथवा बहुमत से मान्य हो सकते हैं, परन्तु उनको नीति सम्बन्धी निर्णय कहने का तात्पर्य इस बात पर जोर देना है कि समाज में उनके अनिवार्य परिणाम होते हैं। वे कानून से वैध निर्णय है और समाज को उन निर्णयों का पालन करना है।"[1]

राजनैतिक व्यवस्था के लक्षण

आलमण्ड ने राजनैतिक व्यवस्था के लक्षणों और विशेषताओं का विश्लेषण करके निम्नलिखित पाँच विशेषतायें बतलायी हैं–

(1) सार्वभौमिकता (Universality)–सार्वभौमिकता एक प्रकार से व्यापकता ही है। इससे तात्पर्य यह है कि राजनैतिक व्यवस्था आदिम अथवा आधुनिक, अविकसित अथवा विकसित सभी प्रकार के समाजों में पाई जाती है। सभी समाजों में आन्तरिक और बाहरी व्यवस्था बनाये रहने के लिये राजनैतिक व्यवस्था का प्रयोग किया जाता है। भिन्न समाजों में भिन्न-भिन्न राजनैतिक व्यवस्थायें पाई जाती हैं जिनका अध्ययन तुलनात्मक राजनीति में किया जाता है। इस प्रकार के अध्ययनों से यह देखा गया है कि यद्यपि भिन्न-भिन्न देशों में विभिन्न राजनैतिक व्यवस्थायें पाई जाती हैं किन्तु इनके निम्नलिखित चार लक्षण सार्वभौम हैं–(अ) सभी राजनैतिक व्यवस्थायें राजनैतिक संरचना रखती हैं, (ब) सभी राजनैतिक व्यवस्थायें एक से कार्य करती हैं यद्यपि ये कार्य विभिन्न साधनों और विभिन्न गति से किये जा सकते हैं, (स) समस्त राजनैतिक व्यवस्थायें विविध कार्यात्मक होती हैं, (द) सभी राजनैतिक व्यवस्थायें सांस्कृतिक अर्थों मे मिली-जुली हैं। वास्तव में विवेकशीलता (Rationality) के अर्थों में किसी भी संस्कृति अथवा संरचना को पूर्णतया आधुनिक नहीं कहा जा सकता। इस प्रकार किसी भी आदिम अथवा प्राचीन संस्कृति को पूर्णतया परम्परागत नहीं कहा जा सकता। संस्कृति के विषय में तत्त्वों में से कुछ प्राचीन और कुछ आधुनिक होते हैं। यही बात राजनैतिक संस्कृति के विषय में सत्य है।

(2) राजनैतिक संरचनाओं की सार्वभौमिकता (Universality of Political Structures)–समस्त राजनैतिक व्यवस्थाओं में कुछ ऐसी संरचनायें होती हैं जो कि

---

1. "In the end it may be remembered that the political system produces a certain ouput for the society : Legitimate policy decisions. The goals at which these decisions aim may be precise programmatic, or only value and general. They may be accepted readily or reluctantly, by many or by few. But to call them policy decisions is to stress that they do have consequences for the society, and to note their legitimacy is to draw attention to the main characteristics that make them political. Through the political system goals for the society are defined and carried out by legitimate policy decisions."

—Ibid.

विभिन्न अंशों में वही कार्य करती हैं। समाज में सन्देशवहन, संगठन इत्यादि के कार्य नातेदारी अथवा वंश की संरचना के द्वारा किये जाते हैं। राजनैतिक व्यवस्था का विश्लेषण करने से उसमें इन कार्यों को पाया जा सकता है। राजनैतिक संरचनाओं में अन्य प्रकार के कार्य भी इसी प्रकार से सुनिश्चित हैं। राजनैतिक चुनाव अवश्य होता है किन्तु वह राजनैतिक संरचनाओं के रूपों में होता है, कार्यों में चुनाव नहीं होता। यह सम्भव है कि किसी राजनैतिक व्यवस्था में कोई विशिष्ट राजनैतिक संरचना हो या न हो किन्तु उसके होने के बाद उसका कार्य लगभग सब कहीं एक-सा होता है।

(3) राजनैतिक कार्यों की सार्वभौमिकता (Universality of Political Function)—अस्तु, राजनैतिक संरचनाओं के कार्य सब कहीं एक से होते हैं। तुलनात्मक राजनीति का अध्ययन राजनैतिक संस्थाओं की संरचना के आधार पर नहीं बल्कि कार्यों के आधार पर किया जाना चाहिये। उदाहरण के लिये कार्यपालिका और विधान सभा का अध्ययन करने में उनके कार्यों सन्देशवहन (Communication) प्रतिनिधित्व, (Representation) वैधीकरण, (Validation) समर्थन, (Support) और व्याख्या (Interpretation) का भी अध्ययन किया जाना चाहिये। राजनैतिक संस्थाओं के अध्ययन में केवल सरकार के विभिन्न अंगों का ही नहीं बल्कि राज्य से बाहर की राजनैतिक संस्थाओं जैसे राजनैतिक दल और हित समूहों (Interest Groups) का भी अध्ययन किया जाना चाहिये। राजनैतिक समाजशास्त्र में यह जाँच की जानी चाहिये कि लोग राजनैतिक कार्य भागों को कैसे अदा करते हैं और उनमें विभिन्न राजनैतिक व्यवस्थाओं की ओर क्या रुख है? इस प्रकार के कार्यात्मक विश्लेषणों के लिये लासवैल (Lasswell) ने सात कसौटियाँ मानी हैं यथा बुद्धि, स्वीकृति, निदान, आविष्कार, व्यवहार, मूल्यांकन और निरस्तता। इन समस्त कसौटियों के आधार पर सरकारी और गैर सरकारी राजनैतिक संस्थाओं के कार्यों का अध्ययन किया जाना चाहिये। आलमण्ड ने आने वाले (In Put) और जाने वाले (Out Put) वर्गों को अलग करते हुए सात प्रकार की कसौटियाँ बतलायी हैं। इनमें आने वाले वर्ग में राजनैतिक सामाजीकरण, रुचि परिवर्तन, रुचि संगठन और राजनैतिक सन्देशवहन शामिल हैं। परिणाम के वर्ग में कानून बनाना, कानून को लागू करना और कानून के मूल्यांकन करने के कार्य सम्मिलित हैं।

(4) राजनैतिक संरचना की विविध कार्यात्मकता (Multifunctionality of Political Structure)—देशकाल के अन्तर को ध्यान में लेते हुए, समस्त राजनैतिक संरचनायें विविध कार्यात्मक होती हैं। पाश्चात्य राजनैतिक व्यवस्था में राजनैतिक संरचना की कार्यात्मक विशिष्टता पर अत्यधिक जोर दिया जाता है। परम्परागत चिन्तन में राजनैतिक और सामाजिक संरचना में विभेदीकरण नहीं किया जाता और समता पर अत्यधिक जोर दिया जाता है। इसमें से कोई भी एक दृष्टिकोण उचित नहीं है। तुलनात्मक राजनीति के विद्यार्थी को न्यायालयों के कार्यों के अध्ययन में यह ध्यान देना चाहिये कि वे केवल मूल्यांकन ही नहीं करते बल्कि विधान की व्याख्या भी करते हैं। इसी प्रकार नौकरशाही केवल कार्य ही नहीं करती बल्कि कानून भी बनाती है। इसी प्रकार विधान सभा कार्यपालिका और न्यायपालिका दोनों को प्रभावित करती है। राजनैतिक दल और दबाव

समूह राष्ट्रीय प्रशासन में, विधान निर्माण में और राजनैतिक सन्देशवहन में महत्त्वपूर्ण कार्यभाग अदा करते हैं। स्पष्ट है कि कार्यपालिका, न्यायपालिका और विधान सभा के कार्य नितान्त पृथक नहीं है। इनमें से काई भी एक अकेला कार्य न करके अनेक कार्य करती हैं। यह ठीक है कि आधुनिक राजनैतिक व्यवस्था में संरचनात्मक विभेदीकरण बढ़ता जा रहा है, नई-नई राजनैतिक संस्थायें उभर रही हैं जो कि राजनैतिक व्यवस्था में विशेष कार्य करती हैं। फिर भी राजनैतिक दल, न्यायालय, हितसमूह, नौकरशाही इत्यादि के कार्य विविध हैं और व्यापक हैं। राजनैतिक व्यवस्था परम्परा का उन्मूलन नहीं करती बल्कि उसे नियमित और नियन्त्रित करती है। कानून प्रथाओं के विरुद्ध नहीं होते बल्कि प्रथाओं को ही सुनिश्चित और मान्य रूप प्रदान करते हैं। अस्तु, राजनैतिक व्यवस्थाओं में परम्परा और आधुनिकता में पूर्णतया अन्तर है और इनमें से किसी एक का अकेला समर्थन सम्भव नहीं है।

(5) सांस्कृतिक मिला-जुला चरित्र (Culturally Mixed Character)—सांस्कृतिक अर्थों में सभी राजनैतिक व्यवस्थाओं में मिला-जुला चरित्र दिखलाई पड़ता है। कुछ राजनैतिक व्यवस्थायें जो आदिम समाजों में मिलती थीं वे आधुनिक समाजों में भी पाई जाती हैं। सभी राजनैतिक व्यवस्थाओं में औपचारिक और अनौपचारिक संरचनायें होती हैं। कोई भी राजनैतिक व्यवस्था पूर्णतया आधुनिक अथवा पाश्चात्य नहीं कही जा सकती। अस्तु, भौगोलिक, सांस्कृतिक अथवा देशकाल के आधार पर राजनैतिक व्यवस्थाओं को परस्पर विविध वर्गों में बांटना सम्भव नहीं है। अध्ययन की दृष्टि से यह सुविधाजनक हो सकता है कि राजनैतिक व्यवस्था को विकसित, विकासमान और अविकसित; प्राचीन पूर्व-आधुनिक और आधुनिक, कृषि प्रधान और औद्योगिक, पाश्चात्य और पौर्वत्य वर्गों में बाँटा जाये किन्तु यह ध्यान रखना आवश्यक है कि किसी भी वास्तविक राजनैतिक व्यवस्था को पूरी तरह से इनमें से किसी एक वर्ग में रखना उचित नहीं है।

राजनैतिक व्यवस्था के चर

उपरोक्त विवेचन से स्पष्ट है कि राजनैतिक व्यवस्था राजनैतिक समुदायों के लिए नीति निर्धारित करती है। विभिन्न राजनैतिक व्यवस्थाओं में विभिन्न राजनैतिक धारणाओं जैसे राजनैतिक दल, मतदाता, कार्यपालिका, न्यायपालिका, नौकरशाही इत्यादि का अर्थ भिन्न-भिन्न होता है। राजनैतिक समाजशास्त्र में उन धारणाओं का अध्ययन किया जाता है जो सभी राजनैतिक व्यवस्थाओं में पाई जाती हैं। इन धारणाओं को राजनैतिक व्यवस्था का विश्लेषण करने के चर (Variables) कहा जा सकता है। बियर और उलम ने चार प्रकार के चर माने हैं जो संसार की प्रत्येक राजनैतिक व्यवस्था में पाये जाते हैं। राजनैतिक व्यवस्था के लिए ये अनिवार्य चर निम्नलिखित हैं—

1. राजनैतिक संस्कृति का प्रतिमान (Pattern of Political Culture)—इसमें राजनैतिक व्यवस्था की ओर जनता के विश्वास, आस्थायें और अभिवृत्तियां सम्मिलित हैं। राजनैतिक व्यवस्था में सदस्यों के विश्वासों, मान्यताओं और मूल्यों का महत्त्वपूर्ण प्रभाव पड़ता है। ये कुछ कार्यों को महत्त्वपूर्ण और कुछ को व्यर्थ समझते हैं। वे व्यावहारिक ज्ञान के प्रकाश में प्रत्येक घटना का मूल्यांकन करते हैं। इन अभिवृत्तियों से राजनैतिक लक्ष्य

निर्धारित होते हैं। राजनैतिक व्यवस्था के सांस्कृतिक प्रतिमान ही यह निर्धारित करते हैं कि वह स्थायी होगी अथवा अस्थायी, उसमें सुव्यवस्था होगी अथवा क्रमशः अव्यवस्था फैल जायेगी।

2. शक्ति का प्रतिमान (Pattern of Power)—शक्ति के प्रतिमान से तात्पर्य साधनों की एक ऐसी व्यवस्था से है जिससे निर्णय लेने की प्रतिक्रिया प्रभावित होती है। शक्ति का एक रूप सत्ता (Authority) है। प्रत्येक समूह में शक्ति का कोई स्रोत होता है जो कि निर्णयों को प्रभावित करता है। प्रत्येक राजनैतिक दल में कुछ लोग राजनैतिक निर्णयों को निर्धारित करते हैं और विभिन्न राजनैतिक दलों में शक्ति के ये केन्द्र भिन्न-भिन्न होते हैं जिससे उनके कार्य करने की प्रणालियां, उनकी नीतियां, उनके निर्णय और गतिविधियां प्रभावित होती हैं।

3. रुचि का प्रतिमान (Pattern of Interest)—इसमें वे लक्ष्य सम्मिलित हैं जिनको व्यक्ति अथवा समूह प्राप्त करना चाहते हैं। इन लक्ष्यों को प्राप्त करने के लिए ही शक्ति की खोज की जाती है। शक्ति की खोज के लिए ही राजनैतिक दल और हित समूह कार्य करते हैं। विभिन्न राजनैतिक व्यवस्थाओं में इन लक्ष्यों को प्राप्त करने के अवसर एक से नहीं होते। रुचियां भी विधायक (Positive) अथवा नकारात्मक (Negative) विशिष्ट (Particular) अथवा सामान्य हो सकती हैं। प्रत्येक अवस्था में उनका महत्त्व है और वे सरकार की नीति को प्रभावित करती हैं।

4. नीति का प्रतिमान (Pattern of Policy)—राजनैतिक व्यवस्था में चौथा महत्त्वपूर्ण चर नीति का प्रतिमान है। इसमें साध्यों और साधनों, हितों और शक्तियों की परस्पर क्रिया के प्रतिमान सम्मिलित हैं। नीति निर्णयों पर आधारित प्रत्येक नीति निर्णयों में अभिव्यक्त होती है। निर्णयों को नीति के अनुरूप होना अनिवार्य है। निर्णय समस्त राजनैतिक प्रक्रिया का परिणाम हैं।

उपरोक्त चारों चर परस्पर निर्भर हैं। इनमें से किसी एक में परिवर्तन होने से अन्य में भी परिवर्तन होता है भले ही वह उसी अनुपात में न हो। इन चरों का अध्ययन करने से राजनैतिक व्यवस्था के कार्यात्मक पहलू स्पष्ट होते हैं। राजनैतिक व्यवस्था सामाजिक व्यवस्था का अंग है। अस्तु, उसका अध्ययन समाज के प्रसंग में ही किया जाना चाहिए। इसीलिए राजनैतिक व्यवस्था का समाजशास्त्रीय अध्ययन उपयोगी सिद्ध हुआ है।

राजनैतिक व्यवस्था की अवधारणा का लाभ—राजनैतिक व्यवस्था की अवधारणा से राजनैतिक तथ्यों के विश्लेषण में महत्त्वपूर्ण सहायता मिली है। इससे सूक्ष्म और व्यापक स्तर पर राजनैतिक तथ्यों का विश्लेषण सम्भव हो सका है। इससे हम राजनैतिक कार्यों और संस्थाओं के अर्थ समझ सकते हैं। इससे राजनैतिक व्यवस्था के विभिन्न अंगों के परस्पर सम्बन्धों और प्रभावों का पता चलता है। इससे राज्य और सरकार के प्रत्येक अंग के अधिकार और कर्त्तव्य तथा कार्य निश्चित होते हैं। इससे समाज और राजनीति का सम्बन्ध पता चलता है और यह ज्ञात होता है कि जनमत कहाँ तक सरकारी व्यवस्था को प्रभावित कर सकता है। इससे राजनैतिक संस्थाओं के स्थायित्व, संतुलन, अनुकूलन, संशोधन और परिवर्तन के विषय में महत्त्वपूर्ण ज्ञान मिलता है। किन्तु फिर भी

यह प्रतिक्रिया अथवा रुढ़िवादिता से पूर्णतया स्वतन्त्र नहीं है। इसमें राजनैतिक स्थायित्व के नाम पर कभी-कभी परिवर्तन को अत्यन्त मन्द कर दिया जाता है। इसमें क्रान्ति के लिये शायद ही कोई स्थान हो। यह सम्पूर्ण अवधारणा संस्कृति से सम्बन्धित हैं।

उपरोक्त आलोचनाओं के बावजूद इसमें कोई सन्देह नहीं है कि राजनैतिक व्यवस्था की अवधारणा ने राज शास्त्रियों और राजनैतिक समाजशास्त्रियों को अध्ययन और विश्लेषण का एक सर्वथा नवीन क्षेत्र प्रदान किया है। इसके महत्त्व का वर्णन करते हुये वासभी ने लिखा है, "व्यवस्था दृष्टिकोण जब तक विकसित नहीं हुआ था तक तक राजनीति वैज्ञानिक राजनीति अथवा सरकार के एक क्षेत्र का अध्ययन करते हुए कोई भी ऐसा उपाय नहीं जानते थे जिसमें अपने अध्ययन की सामग्री का प्रसंग स्थापित करें अथवा संस्थाओं को व्यवस्थित रूप से परस्पर सम्बन्धित करें। राजनैतिक व्यवस्था की अवधारणा ने न केवल राजनैतिक वैज्ञानिकों को परस्पर सम्बन्ध का पता लगाने के लिए प्रोत्साहित किया है, बल्कि राजनैतिक विश्व का एक व्यापक मानचित्र भी प्रदान किया है, ताकि अनुसंधानकर्त्ता यह देख सकें कि कौन से क्षेत्र बिना खोजे रह गये हैं।" वर्तमानकाल में राजनैतिक व्यवस्था की अवधारणा का समर्थन करने वाले विद्वान लोग यह दावा करते हैं कि इस अवधारणा से राजनीति विज्ञान में वास्तविक वैज्ञानिक दृष्टिकोण की स्थापना हो सकी है। समाजशास्त्र के क्षेत्र में राजनैतिक व्यवस्था की अवधारणा से समाज के राजनैतिक व्यवस्थाओं पर प्रभाव और राजनैतिक व्यवस्था के समाज पर प्रभाव का विवेचन करने का एक व्यापक प्रतिमान मिल गया है जिसमें स्थानीय अन्तरों को ध्यान में रखते हुए राजनैतिक व्यवस्था के औपचारिक रूप से उसके विभिन्न अंगों के लक्षणों और कार्यों का निगमन किया जा सकता है। वास्तव में सार्वभौम प्रतिमानों के अभाव में किसी भी व्यवस्था का अध्ययन सम्भव नहीं है। राजनैतिक व्यवस्था की अवधारणा वह सार्वभौम प्रतिमान उपस्थित करती है जिसको भली प्रकार समझने से विभिन्न राजनैतिक व्यवस्थाओं में विभिन्न अंगों के परस्पर सम्बन्धों को समझा जा सकता है, और विशिष्ट संशोधनों के द्वारा उनमें परिवर्तन की भविष्यवाणी की जा सकती है।

अभ्यास के लिये प्रश्न

1. राजनैतिक व्यवस्था क्या है? उसके लक्षण बतलाइये।
2. उलम के अनुसार राजनैतिक व्यवस्था के चरों की विवेचना कीजिये।

9

राजनैतिक सत्ता
(Political Authority)

प्रत्येक समाज में शक्ति सम्बन्ध पाये जाते हैं। इन सम्बन्धों में राजनैतिक शक्ति का विशेष महत्त्व होता है। राजनैतिक शक्ति पर आधारित सम्बन्धों में अधिक स्थायित्व पाया जाता है। राजनैतिक संस्थाएं सामाजिक संघर्षों को दूर करने में महत्त्वपूर्ण कार्य भाग अदा करती हैं। इस प्रकार राजनीति समाज में एक स्थाई तत्त्व है। किन्तु राजनैतिक शक्ति का स्थायित्व केवल पाश्विक शक्ति से नहीं आता। उसका आधार मान्यताएं हैं। इन मान्यताओं के कारण ही वह वैध मानी जाती है। इन्हीं से उसे बल प्रयोग की मान्यता मिलती है। अस्तु, सत्ता केवल भय पर आधारित नहीं होती। सामाजिक अथवा नैतिक दृष्टि से भय पर आधारित सत्ता वैध (valid) नहीं है। सत्ता के प्रति आत्म समर्पण करने वाले व्यक्तियों की स्वतन्त्र सहमति सत्ता का वैध आधार है। यही सामाजिक नियन्त्रण को वैध बनाता है। अस्तु, राजनैतिक समाजशास्त्र सत्ता के प्रति समर्पण को समर्पित व्यक्तियों के उस विश्वास पर आधारित करता है कि समर्पण के कुछ वैध कारण हैं और समर्पण करना उचित है। अस्तु, राजनैतिक शक्ति का स्थायित्व और प्रभाव वैधता के कारण है। राबर्ट दहल के शब्दों में, "यह विश्वास कि सरकार की संरचना, विधियाँ, कार्य, निर्णय नीतियाँ, अफसर अथवा नेता औचित्य का गुण रखते हैं अथवा नैतिक प्रभुत्व रखते हैं और इस गुण के कारण उन्हें मान्यता दी जानी चाहिए—विशिष्ट कार्य की मूर्त अन्तर्वस्तु चाहे कुछ भी हो, यहै विशिष्ट कार्य ही है जो कि हम वैधता से समझते हैं।"[1] स्पष्ट है कि वैधता का आधार सत्ता में जनता का विश्वास है। कोई भी शक्ति केवल तभी सत्ता बनती है जबकि उसे किसी न किसी प्रकार से वैधता प्रदान की जाती है। बरट्रेण्ड डी० जोवेनल के शब्दों में, "सत्ता

1. "Belief that the structure, procedures, acts, decisions, policies officials, or leaders of government possess the quality of 'rightness', propriety or moral goodness and should be accepted because of this quality—irrespective of the specific content of the particular act in question is what we mean by 'legitimacy".
—Robert A. Dahl, *Modern Political Analysis,* Prentice Hall of India (Pvt.) Ltd., New Delhi, 1965, p. 19

उत्पन्न करने वाली शक्ति है। सत्ता का अनुगमन एक वैकल्पिक कार्य है। जहाँ स्वतन्त्र सहमति समाप्त हो जाती है वहाँ सत्ता भी समाप्त हो जाती है।''[1]

सामाजिक और राजनैतिक सत्ता में अन्तर

राजनैतिक क्षेत्र में सत्ता का अत्यधिक महत्त्व है क्योंकि वही राजनैतिक व्यवस्था का ठोस आधार है। अस्तु, राजनैतिक क्षेत्र में राजनैतिक शक्ति को राजनैतिक सत्ता में बदलना पड़ता है। किन्तु सत्ता केवल राजनैतिक नहीं होती, वह तो सामाजिक जीवन के प्रत्येक स्तर पर पाई जाती है। किन्तु, सामाजिक और राजनैतिक सत्ता में अन्तर होता है। यह अन्तर निम्नलिखित है–

1. राजनैतिक सत्ता समाज के सभी क्षेत्रों पर लागू होती है। दूसरी ओर सामाजिक सत्ता विशिष्ट क्षेत्रों में ही लागू होती है। उदाहरण के लिए पिता की सत्ता पुत्र तक ही सीमित है, मौहल्ले के अन्य युवकों पर उसकी कोई सत्ता नहीं होती। दूसरी ओर राज्य की सत्ता सम्पूर्ण समाज पर होती है।

2. राजनैतिक सत्ता शक्ति के बिना नहीं होती जबकि सामाजिक क्षेत्र में शक्तिविहीन सत्ता भी पाई जाती है। पीछे दिये गये उदाहरण में उद्दण्ड पुत्र पर पिता की सत्ता तो है किन्तु शक्ति नहीं होती जबकि शक्तिविहीन राज्य सम्भव नहीं होता, वह समाप्त हो जाता है।

सत्ता की परिभाषा

शक्ति किसी न किसी प्रकार की मान्यता (Sanction) के आधार पर दूसरों के व्यवहार को प्रभावित करने की सामर्थ्य है। उससे शक्ति के आलम्बन व्यक्ति के व्यवहार में शक्तिशाली व्यक्ति की इच्छाओं के अनुकूल परिवर्तन दिखलाई पड़ता है। किन्तु सभी प्रकार की शक्ति वैध नहीं होती। वैधता के अभाव में यह सम्भव नहीं है कि लोग शक्ति को मान्यता दें अथवा शक्तिशाली के सम्मुख समर्पण करें। अस्तु, शक्ति प्रयोग के सम्बन्ध बनाये रखने के लिये शक्तिशाली होना मात्र ही माफी नहीं है, उससे भी अधिक आवश्यक यह है कि शक्ति को प्रयोग करने का अधिकार प्राप्त किया जाये। कभी-कभी यह अधिकार बलपूर्वक भी प्राप्त किया जाता है जैसा कि भारत में विदेशी आक्रमणकारी करते आये हैं। किन्तु इस प्रकार का अधिकारी स्थाई नहीं होता और न इस प्रकार की शक्ति ही स्थाई होती है। शक्ति स्थाई तब होती है जबकि उसके प्रति समर्पण केवल भय के कारण न हो बल्कि उसे उचित मान कर हो। इस प्रकार की शक्ति में वैधता होती है। वैध शक्ति को यह अधिकार है कि दूसरों का समर्पण प्राप्त करे। इस प्रकार की वैध शक्ति को ही सत्ता कहते हैं। अस्तु, सत्ता की परिभाषा शक्ति प्रयोग के मान्य अधिकार के रूप में की जा सकती है भले ही शक्तिशाली व्यक्ति उसका प्रयोग करे या न करे।

---

1. "Authority is the faculty of inducing assent. To follow an authority is a voluntary act. Authority ends where voluntary assents ends."

—Bertrand De Jouvenel, *Sovereignty*, Cambridge University Press, London. 1951, p. 33.

सत्ता के अनिवार्य तत्त्व

संक्षेप में सत्ता के अनिवार्य तत्त्व अथवा मूलाधार निम्नलिखित हैं :–

1. **शक्ति सम्बन्ध**—शक्ति सम्बन्ध से तात्पर्य एक ओर शक्तिशाली और दूसरी और शक्तिवाहक के सम्बन्ध से है जो कि शक्ति के वैध होने पर स्थायी रूप से स्थापित होता है।

2. **न्यूनतम साधनों का प्रयोग**—सत्ता की स्थापना के लिए शक्तिशाली के द्वारा न्यूनतम साधनों का प्रयोग आवश्यक है जैसे कि राज्य के होते हैं।

3. **मान्यतायें**—सत्ता का सबसे अधिक महत्त्वपूर्ण तत्त्व मान्यतायें हैं। ये मान्यतायें विधायक और निषेधात्मक दोनों ही प्रकार की होती हैं। विधायक मान्यताएं पुरस्कार के रूप में होती हैं और निषेधात्मक मान्यताएं दण्ड के रूप में होती हैं। शक्तिशाली व्यक्ति पुरस्कार और दण्ड दोनों के माध्यम से शासन करता है। यद्यपि प्राचीन काल में दण्ड को अधिक महत्त्वपूर्ण माना जाता था, वर्तमान दृष्टिकोण राबर्ट दहल के इस कथन से पता चलता है कि, "सत्ता के द्वारा शासन करना बल प्रयोग के द्वारा शासन करने से अधिक मितव्ययी है।"[1]

4. **संगठित प्रयास**—किन्तु वैधता सदैव स्वाभाविक रूप से प्राप्त नहीं होती वह प्राप्त की जाती है। इसके लिए शक्तिशाली को संगठित प्रयास करने पड़ते हैं। इन प्रयासों में अनेक साधन प्रयोग किये जाते हैं जिनमें प्रचार का विशेष महत्त्व है। विभिन्न सरकारें अपने क्षेत्रों में अपने अनुकूल विचारों और मूल्यों को प्रसारित करती हैं जो कि स्पष्ट और संगठित होकर विचारधारा का रूप ग्रहण कर लेती है।

5. **विचार धारा**—अस्तु, आधुनिक काल में राजनैतिक सत्ता का सबसे सुदृढ़ भावात्मक आधार विचार धारा (Ideology) है। राबर्ट ई० डाउस और जान ए० ह्यूगस के शब्दों में, "यदि यह मान लिया जाये कि मनुष्य अधिकतर परिस्थितियों में विवेकपूर्ण गणना करते हैं, तो भी विचार धारा उनको संवेगात्मक रूप से प्रभावित करके इस तथ्य का अतिक्रमण करने का साधन हो सकती है ताकि वे अस्थाई रूप से अपने तत्कालिक आत्महित को भूल जायें और वैचारिक आन्दोलन में लीन हो जायें।"[2] इसका एक उदाहरण साम्यवादी विचार व्यवस्था के प्रभाव के रूप में देखा जा सकता है। उन क्षेत्रों में इसकी और भी अधिक आवश्यकता पड़ती है जहाँ पर परिस्थितियाँ स्थाई हैं और सत्ता के वैधता अत्यन्त आवश्यक है। इस स्थायित्व से विचारधारा का संवेगात्मक प्रभाव शीघ्र उत्पन्न होता है। यही कारण है कि वैचारिक आन्दोलन सबसे अधिक विकासशील देशों में दिखलाई पड़ते

---

1. "It is far more economical to rule by means of authority than by means of coercion."
—Robert A. Dahl , *op. cit,* p. 20.
2. "That is to say; assuming that men are liable to be rational calculators in most situations, an ideology may be a device to transcend this fact by appealing to them so emotionally that they temporarily forget immediate self interest and become absorbed in the ideological movement."
—Robert E. Dowse & John A. Hughes, *Political Sociology,* John Wiley & Sons, London, 1972, p. 246.

हैं जबकि विकसित औद्योगिक समाजों में उनका प्रभाव लगभग समाप्त हो चुका है। यहां यह स्मरण रखना आवश्यक है कि जहाँ वैचारिक आन्दोलन सत्ता के पक्ष में होते हैं वहाँ विपक्ष में भी कम नहीं होते। वास्तव में कोई विचार धारा शक्ति और शक्तिवाहक दोनों के ही लिए नियामक व्यवस्था उत्पन्न करती है। जहाँ वह एक ओर शक्तिवाहक को आज्ञा पालन की ओर प्रेरित करती हैं वहां दूसरी ओर शक्तिशाली के लिए सत्ता का नियमानुकूल प्रयोग अनिवार्य ठहराती है। यदि कोई शक्तिशाली व्यक्ति उन मूल्यों की निरन्तर अवहेलना करता है जिन्होंने उसकी सत्ता को वैधता प्रदान की है तो यह स्वाभाविक है कि उसकी सत्ता खतरे में पड़ जाये और समाप्त हो जाये। पुनः कोई भी विचार धारा विरोधी विचार धारा का विकास सहन नहीं कर सकती जबकि विरोधी सब कहीं होते हैं। अस्तु, बहुधा एक विचार व्यवस्था के अन्तर्गत ही उसकी विरोधी विचार व्यवस्था के बीज विद्यमान रहते हैं जो कि कालान्तर में नवीन विचार धारा का रूप ले लेते हैं। यदि राजनैतिक सत्ता इन नवीन विचार व्यवस्थाओं कें अनुकूल संशोधन करती है तो वह अपनी वैधता को बनाये रख सकती है, किन्तु यदि वह ऐसा नहीं करती तो उसके अस्तित्व को खतरा उत्पन्न हो जाता है। यदि किसी देश में एक ही विचार व्यवस्था बलवान है तो वहाँ सरकार स्थाई रहती है। किन्तु यदि परस्पर विरोधी विचार व्यवस्थाओं में किसी की भी शक्ति दूसरों से बहुत कम नहीं है तो राजनैतिक क्षेत्र में निरन्तर परिवर्तन देखा जा सकता है और कभी एक विचार धारा तथा कभी दूसरी विचार धारा के अनुरूप सत्ता की स्थापना होती है। आधुनिक काल में विश्व के राजनैतिक क्षेत्रों में साम्यवादी और पूंजीवादी विचारधाराओं का विशेष प्रभाव देखा जा सकता है। जिन देशों में साम्यवादी विचारधारा हावी है वहाँ पूंजीवाद को जड़ से उखाड़ दिया गया है और उसके पक्ष में कोई भी विचार पलने नहीं दिया जाता। दूसरी ओर पूंजीवादी विचारधारा वाले राज्य पूंजीवाद के पक्ष में प्रचार करते है और साभ्यवाद को किसी भी शर्त पर स्वीकार नहीं करते। जिन देशों में इन दोनों परस्पर विरोधी विचारधाराओं से अलग कोई मध्यमार्गी विचारधारा पलती है वहाँ राजनैतिक सत्ता के द्वारा दमन की मात्रा कम हो जाती है और संघर्ष तीव्र नहीं होते। कुछ देशों में मुस्लिम धार्मिक विचारधारा ने राजनैतिक क्षेत्र में प्रभावी कार्यभार ले रखा है। इन देशों में इस्लाम विरोधी ही नहीं बल्कि इस्लाम से भिन्न सभी प्रकार के विचारों का कठोरता से दमन किया जाता है और समाज के सम्पूर्ण जीवन को शरीयत के अनुसार बलपूर्वक ढालने का प्रयास किया जाता है। वास्तव में यद्यपि एक राजनैतिक विचारधारा के हावी होने से सरकार का स्थायित्व बढ़ता है किन्तु विरोधी विचारधाराओं के दमन से अमानवीय परिस्थितियाँ उत्पन्न हो जाती हैं। इसीलिये जनतन्त्रीय राज्यों में परस्पर विरोधी विचारधाराओं को कुछ सीमाओं के अन्तर्गत प्रचार की स्वतन्त्रता दी जाती है। इसका एक उदाहरण भारतवर्ष में देखा जा सकता है यद्यपि इस उदारता से सरकार के कामों में कुछ ढीलापन अवश्य उत्पन्न हो जाता है किन्तु फिर जनतन्त्रीय मूल्यों के लिये यह कीमत चुकाना तो आवश्यक ही है।

सत्ता की वैधता के विषय में मैक्स वैबर (Max Weber) ने तीन स्रोत (Sources) बतलाये हैं—विवेकवादी स्रोत, परम्परागत स्रोत और करिश्मावादी स्रोत। सत्ता के इन तीनों स्रोतों के अनुरूप सत्ता के तीन प्रकार होते हैं—बौद्धिक-कानूनी सत्ता, परम्परागत सत्ता और करिश्मावादी सत्ता। इनका विवरण अग्रलिखित है—

(1) **बौद्धिक-कानूनी सत्ता** (Rational-Legal Authority)—सत्ता के इस प्रकार में किसी पद की वैधता सोच विचार कर बनाये हुए अधिकार और कर्त्तव्य विषयक नियमों की व्यवस्था के अन्तर्गत होती है। जनता द्वारा आज्ञा पालन किसी अधिकारी व्यक्ति के प्रति नहीं होता बल्कि कानूनी रूप से स्थापित व्यवस्था के प्रति होता है। सत्ता के इस प्रकार की परिभाषा करते हुए मैक्स वैबर ने लिखा है, "वह पद की सत्ता का प्रयोग करने वाले व्यक्तियों पर उस सीमा तक लागू होती है जहाँ तक कि वे अपने आदेशों को औपचारिक वैधता और पद की सत्ता के क्षेत्र के अन्तर्गत काम करते हैं।"[1] उदाहरण के लिये किसी भी देश के प्रधानमन्त्री की सत्ता उसकी व्यक्तिगत शक्ति में नहीं बल्कि राजनैतिक पद में होती है। संविधान के द्वारा सरकार के विभिन्न पदों के अधिकार निर्धारित होते हैं। इन अधिकारों की सीमा में ही कोई भी पदाधिकारी अपनी सत्ता का प्रयोग कर सकता है। इस प्रकार सरकारी आदेश निर्वैयक्तिक होता है। उसका आधार देश के कानून होते हैं। सत्ता का यह रूप सर्वोत्तम माना जाता है। आधुनिक समाजों में सत्ता के लिये यह आवश्यक है कि वह विवेकपूर्ण और कानूनी हो, तभी उसे मान्यता प्रदान की जा सकती है। वैधानिक सत्ता (Constitutional Authority) कहलाती हो। संविधान के नियम ही किसी भी पदाधिकारी के कार्य के उचित अनुचित की समीक्षा कर सकते हैं। आधुनिक काल में अधिकतर देशों में इसी प्रकार की सत्ता पाई जाती है। इनमें भी विकासशील देशों की तुलना में विकसित देशों में सत्ता का यह प्रकार आसानी से स्थापित होता है। भारतवर्ष में वर्तमान राजनैतिक सत्ता बहुत कुछ इसी प्रकार की है यद्यपि प्रधानमन्त्री इन्दिरा गांधी का नेतृत्व कानून से अधिक करिश्मावादी था। यही बात जवाहरलाल नेहरू के प्रधानमन्त्री पद के विषय में कही जा सकती है।

(2) **परम्परागत सत्ता** (Traditional Authority)—सत्ता के इस प्रकार में, जैसा कि इसके नाम से स्पष्ट है, सत्ता का आधार परम्परागत नियम होते हैं। उदाहरण के लिये जनजाति में सरकार का राजनैतिक पद परम्पराओं से मान्यता प्राप्त होता है। सरकार की आज्ञा का पालन परम्पराओं के सम्मान के कारण होता है। मैक्स वैबर के शब्दों में, "यहाँ आज्ञापालन की बाध्यता निर्वैक्तिक आदेश पर नहीं बल्कि परम्परागत कर्त्तव्यों के क्षेत्र के अन्तर्गत व्यक्तिगत आधीनता के रूप में होती है।"[2] स्पष्ट है कि इस प्रकार की राजनैतिक सत्ता बहुत ही अधिक अविकसित समूहों में पाई जाती है। इसका एक उदाहरण कुछ राज्यों में राजाओं के शासन हैं। प्राचीन काल में सत्ता का यह प्रकार सबसे अधिक प्रचलित था परन्तु वर्तमान काल में किसी भी सभ्य देश में सत्ता का यह प्रकार प्रचलित नहीं है।

(3) **करिश्मावादी सत्ता** (Charismatic Authority)—जैसा कि पीछे बतलाया जा चुका है, भले ही आज संसार के विकसित देशों में संविधान ही नेतृत्व प्रदान करता

---

1. "It extends to the persons exercising the authority of office under it only by virtue of the formal legality of their commands and only within the scope of authority of the office."

—Max Weber, *The Theory of Social and Economic Organisation,* edited by Talcott Parsons, The Free Press, Paperback, New York, 1966, p. 328.

2. "Here the obligation of obedience is not based on impersonal order, but is a matter of personal loyalty within the area of accustomed obligations." *Ibid*, p. 328.

हो किन्तु मानव समाजों में सब कहीं कुछ नेतागण अपने वैधानिक पद से भी अधिक अपने व्यक्तिगत गुणों के कारण लोगों में अनुगमन की प्रवृत्ति उत्पन्न करते हैं। यह करिश्मावादी सत्ता है। यह नेता के व्यक्तिगत गुणों पर आधारित है। मैक्स वैबर के शब्दों में, "करिश्मावादी गुण सम्पन्न नेता का सम्मान उसमें व्यक्तिगत आस्था और उसके द्वारा नायक के उदाहरण स्वरूप गुण की अभिव्यक्ति के कारण होता है जहाँ तक कि वे व्यक्ति के उसके करिश्मा में विश्वास के क्षेत्र के अन्तर्गत आते हैं।"[1] उदाहरण के लिये भारतवर्ष में पहले जवाहरलाल नेहरू और बाद में इन्दिरा गांधी के आदेशों का उनके अपने राजनैतिक दल में जो अनुशासित पालन दिखलाई पड़ता था और राजनैतिक क्षेत्र में उनके आदेश जैसे कानून की तरह मान लिये जाते थे, उसका कारण उनके व्यक्तिगत गुण अथवा विशेषतायें थीं, उनका राजनैतिक पद नहीं। यही कारण है कि किसी भी देश में एक ही पद पर क्रमशः आसीन होने वाले विभिन्न व्यक्तियों के राजनीतिक प्रभाव में स्पष्ट अन्तर देखा जा सकता है। उदाहरण के लिये भारतीय जनतन्त्र के अध्यक्ष के रूप में राजेन्द्र प्रसाद और वी० वी० गिरि के राजनैतिक महत्त्व में स्पष्ट अन्तर देखा जा सकता है। जबकि कोई प्रेजीडेंट प्रधानमन्त्री से अधिक शक्ति रखता है, अन्य केवल उसका रबर स्टाम्प होता है जैसा कि फखरूद्दीन अली अहमद के विषय में देखा जा सकता है। पद वही रहता है, उसके अधिकार और कर्त्तव्य वही रहते हैं किन्तु इनका प्रयोग व्यक्तिगत करिश्मा के साथ बदल जाता है।

इस प्रकार करिश्मावादी सत्ता में भी सत्ता बहुत कुछ व्यक्तिगत होती है। इस दृष्टि से सत्ता का यह प्रकार बौद्धिक कानूनी प्रकार की तुलना में परम्परागत प्रकार के अधिक निकट है। इसीलिये यह उचित नहीं माना जाता। जबकि बौद्धिक कानूनी प्रकार में किसी भी पद की शक्तियाँ सुनिश्चित होती हैं और उसके कार्य के विषय में भविष्यवाणी की जा सकती है, परम्परागत और करिश्मावादी नेता का व्यवहार सुनिश्चित नहीं होता, वह कब क्या करेगा यह पूर्व निर्धारित नहीं है। वह संविधान में बंधा हुआ नहीं होता। उसके अनेक कार्य स्वतन्त्र और व्यक्तिगत चुनाव पर आधारित होते हैं। करिश्मावादी सत्ता में तो ये लक्षण परम्परागत सत्ता से भी अधिक पाये जाते हैं। उसके अधिकारों की तो कोई सीमा ही नहीं होती, वह स्वयं ही अपनी सीमा निर्धारित करता है और यह निर्धारण उसकी अपनी आवश्यकताओं और अपने हितों के आधार पर होता है। स्पष्ट है कि करिश्मावादी सत्ता, सत्ता के अन्य दोनों प्रकारों से अधिक अस्थिर होती है। अन्य दोनों प्रकारों में व्यक्तित्व और सत्ता का स्रोत अलग-अलग होते हैं जबकि करिश्मावादी प्रकार में ये एक ही होते हैं। जबकि बौद्धिक कानूनी सत्ता में शक्ति पद से मिलती है जो कि व्यक्ति से बाहर होता है, करिश्मावादी सत्ता में शक्ति पद से नहीं मिलती है बल्कि व्यक्ति में स्वयं होती है, इसका परिणाम यह होता है कि पहले प्रकार का शासन वैध और स्थाई होता है भले ही जनतन्त्रीय प्रणाली में उसका कितना भी विरोध क्यों न किया जाये। इसी प्रकार परम्परागत सत्ता के क्षेत्र में भी नेता और सत्ता-अलग-अलग होने के कारण राजनैतिक अस्थायित्व का खतरा

1. "It is the charismatically qualified leader as such who is obeyed by virtue of personal trust in him and his revelation, his heroism or his exemplary qualities so far as they fall within the scope of the individual's belief in his charisma." —Ibid, p. 328.

नहीं होता किन्तु करिश्मावादी सत्ता में नेता स्वयं ही सत्ता का स्रोत और सत्ता का वाहक होता है। डब्लू० जी रुन्सीमन के शब्दों में, "इसका अर्थ यह होता है कि शासन का स्थायित्व उसकी लगातार सफलता पर आधारित होता है, व्यवस्था को चलाने वाले व्यक्तियों की कोई भी असफलता स्वयं व्यवस्था की असफलता होती है क्योंकि नेता और उसके एजेन्टों पर ही व्यवस्था की वैधता आधारित होती है।"[1]

इस समस्या को हल करने के लिये मैक्स वैबर ने यह दिखलाया है कि स्थापित होने के बाद करिश्मावादी सत्ता क्रमशः सत्ता के अन्य दो प्रकारों में परिवर्तित हो जाती है। रूपान्तर की इस प्रक्रिया को पार्सन्स ने, "करिश्मा का दैनिकीकरण" कहा है। उसके अपने शब्दों में, "दैनिकीकरण की प्रक्रिया में करिश्मावादी तत्त्व अनिवार्य रूप से अन्तर्ध्यान नहीं होता। वह व्यक्तिगत नेता के व्यक्तित्व से विलग हो जाता है और एक वस्तुगत संस्थागत संरचना में बंध जाता है, ताकि सत्ता के नये स्वामी उसको एक संस्थागत वैध पद के कारण से इस्तेमाल करें।"[2]

मैक्स वैबर के अनुसार सत्ता के उपरोक्त तीन प्रकार आदर्श प्रकार हैं और व्यवहार में बहुधा इनके मिश्रण ही उपलब्ध होते हैं। अस्तु, वेबर के अनुसार, "कानूनी सत्ता के मामले में वह कभी भी विशुद्ध रूप से कानूनी नहीं होती। कानूनी होने में विश्वास स्थापित हो जाता है और आदत बन जाता है, और इसका अर्थ यह है कि वह आंशिक रूप से परम्परागत है। परम्परा का उल्लंघन इसके लिये घातक तक हो सकता है। पुनः उसमें एक करिश्मावादी तत्त्व होता है, कम से कम निषेधात्मक अर्थ में यह कि लगातार और स्पष्ट सफलता के अभाव में किसी भी सरकार का पतन होने के लिये, उसका सम्मान घटाने के लिये और करिश्मावादी क्रान्ति के लिये रास्ता तैयार करने के लिये पर्याप्त है।"[3]

---

1. "This means that the durability of the regime is conditional on its continuing success: any failure by the agents of the system is a failure of the system itself, because the actions of the leader and his agents are all that the legitimacy of the system rests on."

—W.G. Runciman,
Social Science and Political Theory,
Cambridge University Press, Paperback, London 1971, p. 57.

2. "In the process of routinisation, charismatic element does not necessarily disappear. It becomes, rather, dissociated from the person of the individual leader and embodied in an objective institutional structure so that the new holders of authority exercise it at second move as it were, by virtue of an institutionally legitimised status or office."

—Talcott Parsons,Introduction, Max Weber's,
The Theory of Social Economic Organisation, p. 67.

3. "In the case of legal authority, it is never purely legal. The belief in legality comes to be established and habitual, and this means it is purely traditional, violation of the tradition may even be fatal to it. Further more, it has a charismatic element, at least in the negative sense that persistence and striking lack of success may be sufficient to ruin any government, to undermine its prestige, and to prepare the way for charismatic revolution."

—Max Weber, Op.cit, p. 382.

ग्रामीण समाज में सत्ता का स्वरूप

ग्रामीण समाजों में सत्ता के उपरोक्त परिवर्तन नगरीय समाजों से भिन्न दिखलाई पड़ते हैं। यह बात भारतीय परिस्थिति में विशेष रूप से ध्यान देने योग्य है। ग्रामीण परिस्थितियों में सन्देशवहन व्यापक नहीं होता है। शिक्षा का स्तर ऊँचा नहीं होता और जीवन का स्तर अपेक्षाकृत भिन्न होता है। अस्तु, जबकि नगरीय समाजों में बौद्धिक और वैधानिक सत्ता की स्थापना करना आसान होता है, ग्रामीण समाजों में राजनैतिक निष्क्रियता के कारण वह कठिन हो जाता है।[1] अस्तु, सत्ताधारी लोग करिश्मा का अधिक से अधिक उपयोग करते हैं और इसे सन्देशवहन का स्थानापन्न बना देते हैं। इससे कभी-कभी प्रशासक केवल करिश्मा के द्वारा ही प्रशासन करना चाहते हैं। चूँकि गाँवों में सामाजिक संस्कृति आर्थिक दृष्टि से सरल और संवेगात्मक होती है इसलिये यह आसान हो जाता है। किन्तु फिर नगरीय समाज की तुलना में ग्रामीण समाज कम परिवर्तनशील होते हैं। उनमें प्राचीन परम्पराओं और मूल्यों को हटाना आसान नहीं होता। ऐसी स्थिति में राजनैतिक सत्ता को बहुधा परम्परा का अनुगमन करना पड़ता है। भारतवर्ष में राजनैतिक सत्ता संवैधानिक दृष्टि से बौद्धिक-वैधानिक है। किन्तु, ग्रामीण समाज होने के कारण यहाँ पर राजनीति के क्षेत्र में करिश्मा और परम्परा का प्रयोग होता है। राजनीति के प्रत्येक स्तर पर करिश्मा का प्रयोग होता है। करिश्मा का प्रयोग केवल पूर्व प्रधानमन्त्री तक ही सीमित नहीं था, वर्तमान प्रधानमन्त्री भी उसका प्रयोग कर रहे हैं। इसी प्रकार भारतीय राजनीति में जातिवाद एक परम्परागत प्रमुख कारक है। यहाँ पर राजनैतिक साठगांठ, राजनैतिक पुरस्कारों का वितरण, राजनैतिक नेतृत्व, राजनैतिक गतिशीलता के प्रतिमान, राजनैतिक भागीदारी और यहाँ तक कि विभिन्न राजनैतिक दलों में विभिन्न स्तरों पर नेतृत्व बहुत कुछ जाति के आधार पर निर्धारित होता है। ये सब लक्षण ग्रामीण समाज में जनतन्त्रीय राजनीति चलाने के परिणाम है। चूँकि भारतीय ग्रामीण समाज का आधुनिकीकरण नहीं हुआ है इसलिए इस देश में पश्चिम के समाजों में प्रचलित जनतन्त्रीय राजनैतिक व्यवस्था को ज्यों का त्यों स्थापित करने की आशा कुछ काल पर्यन्त दुराशा मात्र है। फिर भी इस दिशा में भारी प्रयास करने से कुछ न कुछ प्रगति अवश्य की जा सकती है।

अभ्यास के लिये प्रश्न

1. सत्ता के आधारों की विवेचना कीजिये। आपकी राय में अधिक उपयुक्त आधार क्या है?
2. राजनैतिक सत्ता की व्याख्या कीजिये और उसकी वैधता के आधार बतलाइये।

---

1. Mukhopadhyaya, A.K. Authority in the Indian Political System, in A.K. Mukhopadhyaya, (ed.) *Society and Politics in Contemporary India,* Council for Political Studies, Calcutta 1974, p. 224.

10

राजनैतिक भागीदारी
(Political Participation)

प्रत्येक राजनैतिक व्यवस्था में एक आवश्यक तत्त्व राजनैतिक सहभागिता अथवा भागीदारी है। प्रत्येक समाज में राजनैतिक शक्ति कुछ थोड़े से लोगों के हाथ में होते हुए भी अधिक से अधिक लोगों को राजनैतिक व्यवस्था में भागीदार बनाने का प्रयास किया जाता है। इसका कारण यह है कि इससे राजनैतिक स्थायित्व बढ़ता है और राजनैतिक सत्ता को वैधता मिलती है। जिस समाज में राजनैतिक सहभागिता बहुत कम होती है अर्थात बहुत थोड़े से लोग राजनैतिक क्रियाओं में भाग लेते हैं, उनमें विस्फोट होने की सम्भावना बढ़ जाती है। यही कारण है कि जबकि जनतन्त्रीय देशों में सशस्त्र विद्रोह बहुत कम होते हैं, सैनिक राज्यों और राजतन्त्रों में सरकार पलटने के हिंसात्मक प्रयास एक साधारण बात है। आधुनिक काल में सैनिक राज्यों तक में यह प्रयास किया जाता है कि जनता को अधिक से अधिक भागीदारी महसूस हो चाहे वास्तव में उनको इसके कोई अधिकार न दिये गये हों। यह इसलिये किया जाता है ताकि जनता सरकार को अपनी सरकार माने। तानाशाह तक अकेले राज्य करने का प्रयास नहीं करते बल्कि उसमें अधिक लोगों को भागीदार बनाना चाहते हैं ताकि कम से कम समर्थन का आवरण तो बना ही रहे और जब कभी तख्ता उलट जाये तो अकेले वे ही दोषी न पाये जायें। फिर भी राजनैतिक भागीदारी की अवधारणा विशेष रूप से राजनैतिक व्यवस्था का अंग है।

राजनैतिक भागीदारी क्या है?

मैक्लोस्की के शब्दों में, "भागीदारी वह प्रमुख साधन है जिसके द्वारा किसी जनतन्त्र में सहमति दी जाती है अथवा हटा ली जाती है और शासकों को शासितों के प्रति जिम्मेदार बनाया जाता है।"[1] राजनैतिक भागीदारी की इस परिभाषा से स्पष्ट है कि इसमें सरकार

---

1. "Participation is the principal means by which consent is granted or withdrawn in a democracy and rulers are made accountable to the ruled."
—H.Mc.Closky, "Political Participation in *International Encyclopaedia of the Social Sciences,* Collier-Macmillan, New York, 1968, Vol. 12, p. 253.

की आलोचना शामिल है। इसी के कारण शासित सदैव यह ध्यान रखते हैं कि उनके कार्य जनमत के अनुकूल हों। इससे यह नहीं समझा जाना चाहिये कि आधुनिक जनतन्त्रों में वास्तव में ही राजनैतिक भागीदारी बहुत अधिक है। उदाहरण के लिये विश्व के सर्वाधिक शक्तिशाली जनतन्त्र संयुक्त राष्ट्र अमेरिका तक में आस्ट्रेलिया की तुलना में राजनैतिक भागीदारी की दर बहुत कम है। आस्ट्रेलिया, न्यूजीलैंड, ग्रेट-ब्रिटेन, नार्वे और स्वीडन में राजनैतिक भागीदारी की दर कहीं अधिक सन्तोषजनक है। इस अन्तर का प्रमुख कारण यह है कि राजनैतिक भागीदारी केवल किसी देश में जनतन्त्रात्मक राजनैतिक व्यवस्था होने पर ही निर्भर नहीं करती बल्कि उसे अनेक कारक प्रभावित करते हैं।

राजनैतिक भागीदारी की क्रियायें

राजनैतिक भागीदारी को प्रभावित करने वाले कारकों का अध्ययन करने से पहले यह जानना जरूरी है कि उसमें कौन सी क्रियायें (Activities) शामिल हैं। संक्षेप में ये क्रियायें निम्नलिखित हैं–[1]

(1) चुनावों में मतदान—जनतन्त्र में सबसे अधिक महत्त्वपूर्ण भागीदारी प्रत्येक वयस्क व्यक्ति को चुनावों में मतदान का अधिकार है। इस वयस्क मताधिकार के अभाव में जनतन्त्र सम्भव नहीं है। अस्तु, लगभग प्रत्येक जनतन्त्र मे 21 वर्ष से अधिक आयु के नर-नारियों को चुनावों में भाग लेने का अधिकार दिया जाता है। कहीं-कहीं इसकी आयु 18 वर्ष भी होती है।

(2) दबाव समूह की सदस्यता—राजनैतिक भागीदारी के अन्तर्गत एक महत्त्वपूर्ण क्रिया वयस्क व्यक्तियों के द्वारा राजनैतिक दबाव समूह में सक्रिय भाग लेना है। किसी भी कानून से इस पर रोकथाम लगाना सर्वथा अनुचित है और उसका जोरदार विरोध किया जाता है।

(3) विधायकों से सम्पर्क—आधुनिक जनतन्त्र अधिकतर अप्रत्यक्ष प्रणाली से चलते हैं क्योंकि जनता की संख्या इतनी बड़ी होती है कि लोग प्रत्यक्ष रूप से राजनैतिक क्रियाओं में भाग नहीं ले सकते। अस्तु, अधिकतर देशों में जनता के द्वारा विधान सभा के सदस्यों का चुनाव होता है। चुनाव के पहले ये नेता मतदाताओं से सम्पर्क बनाते हैं, उन्हें राजनैतिक शिक्षा देते हैं और उनसे वोट मांगते हैं। चुनाव के बाद यह आशा की जाती है कि ये संसद जनता से बराबर सम्पर्क बनाये रखेंगे। दूसरी ओर मतदाता भी संसदों से सीधा व्यक्तिगत सम्पर्क बनाये रखते हैं क्योंकि आखिर उन्होंने सांसदों को अपनी समस्यायें सुलझाने के लिये चुना है। इनमें बहुत से तो सांसदों को धमकाते भी रहते हैं कि यदि वे

1. "(1) Voting at the polls, (2) Supporting possible pressure groups by being a member of them, (3) personally communicating directly by legislators, (4) participating in political party activity and thus acquiring a claim on legislators and (5) engaging in habitual dissemination of political opinions through word-of-mouth communications to other citizens." —J.L. Woodword & F. Robert, 'Political Activity of American Citizens" In H. Eulau, S.J. Eldersveld & M: Janowitz (eds.) *Political Behaviour : A Reader in Theory and Research,* Amerind Publishing Co. Pvt. Ltd., New Delhi, 1972, p. 133.

उनकी सहायता नहीं करेगें तो वे अगले चुनाव में उनको जीतने नहीं देंगे। अस्तु, जीतने के बाद भी जनता की राजनैतिक भागीदारी समाप्त नहीं हो जाती बल्कि अगले चुनाव तक मतदाताओं और सांसदों और उनके बीच स्थानीय नेताओं के मध्य लगातार रानजैतिक क्रियायें चलती रहती हैं। जो सांसद ऐसा नहीं कर पाते अर्थात् जिनका जनसम्पर्क टूट जाता है उनके आगे जीतने की उम्मीद नहीं रहती।

(4) राजनैतिक दलों की सदस्यता—प्रत्येक जनतन्त्र में कम से कम दो या अधिक राजनैतिक दल होते हैं। प्रत्येक राजनैतिक दल विशिष्ट राजनैतिक विचारधारा का समर्थन करता है और इस विचारधारा का लगातार प्रसार करता है। यह प्रसार राजनैतिक कार्यकत्ताओं के द्वारा होता है जो कि राजनैतिक दल के सक्रिय सदस्य होते हैं। इनमें से बहुत से तो पूरे समय राजनैतिक दल का ही काम करते हैं। प्रत्येक राजनैतिक दल के कार्यकत्ताओं का जाल चुनाव क्षेत्र में गाँव-गाँव फैला होता है। राष्ट्रीय स्तर के राजनैतिक दल के कार्यकर्त्ता समस्त देश में फैले होते हैं। फिर, कुछ राजनैतिक दल क्षेत्रीय ही होते हैं जिनके कार्यकर्त्ता कुछ प्रभाव क्षेत्र में ही कार्य करते हैं। जनतन्त्र में जनता को यह खुली छूट होती है कि वह चाहें जो राजनैतिक दल बनायें और चाहें जिस राजनैतिक दल में सक्रिय भाग ले। साधारण जनता की तुलना में दल के सक्रिय सदस्य का सांसदों और राजनैतिक नेताओं पर निश्चय ही अधिक प्रभाव होता है यहाँ तक कि ये लोग अपने विशिष्ट क्षेत्रों की समस्याओं को संसद तक पहुँचाने में सफल होते हैं।

(5) राजनैतिक मतों का प्रचार—मतदान के बहुत पूर्व और लगभग प्रत्येक समय प्रत्येक दल अपनी विचारधारा का अधिक से अधिक प्रसार करता है। प्रत्येक दल को यह अधिकार होता है कि वह पत्र-पत्रिकाओं, भाषाओं तथा सन्देशवहन के विभिन्न माध्यमों से अपने विचारों का सब कहीं प्रसार करे। राजनैतिक जनमत का प्रसार दल के राजनैतिक नेताओं के भाषणों से होता है।

उपरोक्त विवेचन से स्पष्ट है कि राजनैतिक भागीदारी प्रत्येक राज्य में सब कहीं और प्रत्येक समय सदैव चलती रहती है। देश में सब कहीं कुछ न कुछ राजनैतिक गतिविधियाँ होती रहती हैं जिनसे रोज के अखबार भरे रहते हैं। फिर समय-समय पर लगभग प्रत्येक माह में राजनैतिक आन्दोलन छिड़ते रहते हैं और उनको लेकर राजनैतिक भागीदारी की क्रियायें होती रहती हैं। कोई भी राजनैतिक दल कभी भी चुप नहीं बैठता। जो लोग चुने जाकर संसदों में पहुंच जाते हैं वे तो सरकार का काम बँटाने में लगे रहते हैं किन्तु प्रत्येक राजनैतिक दल में गाँव से लेकर राष्ट्र तक प्रत्येक स्तर पर जो राजनैतिक नेता होते हैं वे लगभग हर समय राजनैतिक गतिविधियों में लगे रहते हैं और उनके चारों ओर हजारों, लाखों नर-नारी भागीदारी करते दिखलाई पड़ते हैं। भारतवर्ष में सब कहीं इसका उदाहरण देखा जा सकता है। चुनाव के कुछ माह पूर्व राजनैतिक भागीदारी की गति अत्यधिक बढ़ जाती है किन्तु समय-समय पर स्थानीय और राष्ट्रीय राजनैतिक प्रश्नों को लेकर भी बराबर सक्रियता रहती है। केवल राजनैतिक प्रश्नों पर ही नहीं बल्कि अराजनैतिक समस्याओं को भी राजनैतिक बनाकर आन्दोलन किये जाते हैं, सभायें होती हैं, जुलूस निकाले जाते हैं, ज्ञापन दिये जाते हैं और प्रदर्शन किये जाते हैं। यह राजनैतिक भागीदारी प्रत्येक नगर में लगभग हर समय किसी न किसी रूप में चलती रहती है।

राजनैतिक भागीदारी में सम्मिलित क्रियाओं को लैस्टर मिलब्राथ ने निम्नलिखित तीन वर्गों में विभाजित किया है:–[1]

(1) ग्लेडियेटर क्रियायें–इस वर्ग के अन्तर्गत वे क्रियायें आती हैं जो राजनैतिक दलों की गतिविधियों का अंग हैं जैसे राजनैतिक पदों के लिये चुनाव, विधान सभा के चुनावों में भाग लेना, दल के कोष के लिए चन्दा एकत्रित करना, दल के बढ़ाने के लिए आन्दोलन और दल की गतिविधियों के सम्पूर्ण क्षेत्र में लगातार सभाओं का आयोजन करते रहना इत्यादि।

(2) संक्रमणकारी क्रियायें–इनमें वे क्रियायें सम्मिलित हैं जो दल के सहायक अथवा शुभचिन्तक करते रहते हैं जैसे नेताओं के भाषणों को सुनना, दल के कोष में चन्दा देना तथा दल के नेताओं में सम्पर्क बनाये रखना इत्यादि।

(3) दर्शक क्रियायें–इनमें मतदान, दूसरों के मतों को प्रभावित करना, राजनैतिक वाद-विवादों में भाग लेना, राजनैतिक उत्तेजनाओं से प्रभावित होना अथवा राजनैतिक दलों के बिल्ले लगाना या इश्तहार बाँटना शामिल है।

लैस्टर मिलब्रेथ ने अनुमान लगाया है कि अमरीकन जनता में एक से तीन प्रतिशत तक लोग उपरोक्त पहले प्रकार की क्रिया में, सात से नौ प्रतिशत तक दूसरे प्रकार क्रियाओं में, और लगभग 60 प्रतिशत तक तीसरे प्रकार की क्रियाओं में भाग लेते हुए देखे जा सकते हैं। यह आवश्यक नहीं है कि कोई व्यक्ति उपरोक्त क्रियाओं के प्रकार में से सदैव किसी एक को ही करता रहता हो। व्यक्तियों की राजनैतिक भागीदारी सदैव बदलती है। मिलब्रेथ के अनुसार अमरीकन जनसंख्या में 1/3 को राजनैतिक क्रियाओं में कोई रुचि नहीं है। मिलब्रेथ के विश्लेषण से भागीदारी की प्रकृति पर प्रकाश पड़ता है।

राजनैतिक भागीदारी के प्रकार

उपरोक्त विश्लेषण से राजनैतिक भागीदारी के दो प्रकार स्पष्ट होते हैं–सक्रिय प्रकार और निष्क्रिय प्रकार। यह वर्गीकरण समाज में राजनैतिक भागीदारी में समय, शक्ति और साधनों के व्यय के आधार पर किया जाता है। सभी लोग राजनैतिक कार्यों में समय, शक्ति अथवा धन नहीं लगाना चाहते। ऐसे लोगों को सक्रिय भागीदार नहीं कहा जा सकता। इनको निष्क्रिय भागीदार कहा जाना चाहिए। दूसरे शब्दों में, यह सिर्फ तमाशबीन हैं जब कि राजनैतिक तमाशा करने वाले सक्रिय राजनैतिक भागीदार हैं।

राजनैतिक भागीदारी का एक अन्य वर्गीकरण उसके प्रयोजन के अनुसार किया गया है। प्रयोजन की दृष्टि से राजनैतिक भागीदारी के दो प्रकार हैं– साधनात्मक और अभिव्यंजक। पहले प्रकार में निश्चित लक्ष्यों को प्राप्त करने का उद्देश्य होता है जैसे राजनैतिक दल की चुनावों में विजय अथवा संसद में कोई विधेयक पास कराना अथवा विशिष्ट नेता का प्रभाव क्षेत्र बढ़ाना इत्यादि। दूसरी ओर अभिव्यंजक राजनैतिक भागीदारी

---

1. "Lester Milbrath brings these activities under the following three categories : "gladiatorial activities," "transitional activities" and "spectator activities."
—L. Milbrath, *Political Participation,* Rand, Mcnally, Chicago, 1965.

का उद्देश्य कोई निश्चित लक्ष्य प्राप्त करना नहीं होता बल्कि संतोष प्राप्त करना अथवा अनुभूति का अभिव्यंजन करना मात्र होता है। इस प्रकार कुछ लोग इसलिये वोट देते हैं क्योंकि उन्हें किसी को जिताना है जब कि अधिकांश मतदाता केवल अपने मतदान के अधिकार के प्रयोग के संतोष के लिये मतदान करते हैं। यहाँ यह याद रखना आवश्यक है कि राजनैतिक भागीदारी के ये प्रकार एक दूसरे से बिल्कुल अलग नहीं होते। यह कहना ठीक नहीं होगा कि जो व्यक्ति किसी दल का सक्रिय सदस्य नहीं है अथवा जिसका कोई स्पष्ट इरादा किसी को जिताना नहीं है वह चाहे जिसको वोट दे आता है। वास्तव में कोई भी मतदान केवल अभिव्यंजना मात्र तो हो ही नहीं सकता, उसमें कोई न कोई राजनैतिक उद्देश्य अवश्य छिपा रहता है। अस्तु, राजनैतिक भागीदारी के उपरोक्त प्रकार केवल भागीदारों में सापेक्ष अन्तर दिखलाने के लिये ही उपयुक्त हैं।

अलोकतंत्रीय व्यवस्थाओं में राजनैतिक भागीदारी

उपरोक्त विवेचन से यह निष्कर्ष निकालना उचित नहीं होगा कि राजनैतिक भागीदारी केवल लोकतन्त्र का ही लक्षण है। वास्तव में वह अलोकतन्त्रीय व्यवस्थाओं में भी किसी न किसी रूप में तो मिलती ही है। टी॰ जे॰ बैलोज, एस॰ ऐरिक्सन और एच॰ आर॰ विन्टर के शब्दों में, ''वह एक प्रकार की राजनैतिक निष्क्रियता है जो कि शासन को सहायता प्रदान करती है परन्तु व्यक्ति को अपने सम्पूर्ण सत के राजनीतिकरण की अवहेलना करने योग्य बनाती है। एक सुरक्षा यन्त्र के रूप में वह कुछ रीतियों से किसी न किसी प्रकार की व्यक्तिगत निजता और स्वायत्तता बनाये रहने का प्रयास करती है।''[1] यह निष्क्रियता लोकतंत्रीय निष्क्रियता से भिन्न है। लोकतन्त्र में दो प्रकार के लोग राजनैतिक निष्क्रिय कहे जा सकते हैं। कुछ लोग जानकारी के अभाव और राजनैतिक जगत में रुचि न होने के कारण राजनैतिक क्रियाओं में भाग नहीं लेते। यह निष्क्रियता वैकल्पिक नहीं कही जा सकती है। यह अधिकतर अशिक्षित, एकाकी और अत्यन्त निर्धन लोगों में दिखाई पड़ती है। जिन समाजों में पुरुषों का अत्यधिक प्रभाव होता है वहां स्त्रियों के मामलों में भी किसी प्रकार की निष्क्रियता देखी जा सकती है। किन्तु एक दूसरे प्रकार की राजनैतिक तटस्थता होती है जो जानबूझकर की जाती है। कुछ लोग राजनैतिक क्रियाओं में भाग न लेने का निश्चय करते हैं। वे या तो प्रतिक्रियावश ऐसा करते हैं अथवा उन्हें उसमें अधिक सुविधा दिखलाई पड़ती है। संक्षेप में, इस प्रकार की राजनैतिक तटस्थता के निम्नलिखित कारण बतलाये जा सकते हैं—

(1) पुरस्कार का अभाव—राजनैतिक तटस्थता का एक प्रमुख कारण यह होता है कि व्यक्ति को अन्य मानव क्रियाओं की तुलना में राजनैतिक क्रिया में बहुत कम पुरस्कार दिखलाई पड़ता है। उदाहरण के लिए परिवार अथवा मित्रों की सहायता करने अथवा भौतिक

1. "It is a type of political passivity, which provides support for the regime but enables the individual to avoid the politicisation of his whole being. As a defence mechanism, it seeks to preserve in one of the few ways possible some form of individual privacy and autonomy."
—T.J. Bellows, S. Erikson & H.R. Winter (ed.), *Political Science : Introductory Essays and Readings,* Duxbury Press, Belmont. California, 1971, p. 123.

सुख-भोग के साधन एकत्रित करने से जो संतोष प्राप्त होता है वह राजनैतिक भागीदारी से कहीं अधिक होता है। दूसरे शब्दों में, इस प्रकार का व्यक्ति राजनैतिक भागीदारी का बहुत कम मूल्य पाता है। यह अवमूल्यन दो कारणों से हो सकता है—मनोवैज्ञानिक और सामाजिक। मनोवैज्ञानिक दृष्टि से जो लोग जैवकीय और मनोवैज्ञानिक आवश्यकताओं को सन्तुष्ट करने पर अधिक जोर देते हैं उन्हें राजनैतिक क्रियाओं में रुचि नहीं रहती। सामाजिक कारणों से जिन समाजों में आर्थिक भेद अधिक नहीं होते वहां वर्ग संघर्ष नहीं पनपता और लोग राजनीति में रूचि नहीं लेते तथा जीवन के अन्य क्षेत्रों में रूचि लेते हैं।

(2) राजनैतिक असहायता का बोध—राजनैतिक भागीदारी के प्रति निष्क्रियता का अन्य महत्त्पूर्ण कारण लोगों द्वारा राजनैतिक असहायता का बोध है। आर॰ ए॰ दहल के शब्दों में, "जो नागरिक राजनैतिक घटनाओं को प्रभावित करने की अपनी सामर्थ्य के विषय में निराशावादी हैं वे इस आधार पर राजनीति से दूर रहते हैं कि वे जो करते हैं उसका कुछ भी महत्त्व नहीं होगा। मतदाता कभी-कभी मतदान की अवहेलना करते हैं क्योंकि वे यह अनुभव करते हैं कि एक मत परिणाम को परिवर्तित नहीं करेगा। नागरिक बहुधा सरकारी अफसरों को अपनी राय बतलाने में असफल होते हैं क्योंकि वे यह विश्वास करते हैं कि सरकारी अफसर उन जैसे लोगों की ओर ध्यान नहीं देगा।"[1] इस प्रकार जब कभी नागरिकों को यह अनुभव होता है कि राजनैतिक क्षेत्र में उनके किसी भी कार्य का कोई विशेष परिणाम नहीं होता तो वे कम से कम राजनैतिक भागीदारी करते हैं। इस प्रकार की स्थिति वर्तमान काल में भारतवर्ष में देखी जा सकती है। अनेक लोग यह जानते हैं कि राजनैतिक प्रभाव व्यक्ति की आय, सामाजिक स्थिति, राजनैतिक अनुभव, शैक्षिक सम्प्राप्ति और व्यक्तित्व पर निर्भर होता है। इनके अभाव में प्रभाव की आशा नहीं की जा सकती। अस्तु, निर्धन, अशिक्षित, निम्न वर्गीय तथा व्यक्तिगत गुणों के अभाव वाले लोग राजनीति से लगभग पूर्णतया तटस्थ रहते हैं क्योंकि उनका कुछ भी महत्त्व नहीं होता।

(3) राजनैतिक व्यवस्था से अत्यधिक संतोष—राजनैतिक भागीदारी के अभाव का एक कारण यह भी हो सकता है कि व्यक्ति राजनैतिक व्यवस्था से अत्यधिक सन्तुष्ट हो और उसे पूर्णतया कुशल तथा प्रभावशाली पाता हो। इस विश्वास से वह यह समझने लगता है कि चाहे वह कोई राजनैतिक कार्य करे या न करे, राजनैतिक व्यवस्था चलती ही रहेगी।

(4) राजनैतिक व्यवस्था से पूर्ण असन्तोष—उपरोक्त कारण के बिल्कुल विपरीत राजनैतिक व्यवस्था से पूर्णतया असन्तुष्ट होने पर भी लोग राजनीति में भाग लेना छोड़ देते हैं। वे सोचते हैं कि राजनैतिक व्यवस्था इतनी भ्रष्ट है कि उसमें सुधार सम्भव

---

1. "Citizens who are pessimistic about their capacity to influence political events may eschew politics on the ground that what they do won't matter anyway. Voters sometimes neglect to vote because they feel that one vote won't change the outcome, citizens often fail to press their views on public official because they believe that public officials won't pay attention to people like themselves."
—R.A. Dahl, *Modern Political Analysis,* Prentice-Hall of India (Pvt.) Ltd. New Delhi, 1965, p. 61.

नहीं है अथवा उसमें सुधार करने की उनमें सामर्थ्य नहीं है। अस्तु, वे यही बेहतर समझते हैं कि वे राजनीति से दूर रहकर स्वयं भ्रष्टाचार से बचे रहें। कभी-कभी यह राजनैतिक तटस्थता विचारधारा का रूप ले लेती है। उदाहरण के लिये नक्सलपंथी यह मानते हैं कि चुनाव से कभी भी जनता के राज्य की स्थापना नहीं की जा सकती और इसलिए वे राजनैतिक भागीदारी को व्यर्थ समझते हैं।

राजनैतिक भागीदारी के निर्णायक

उपरोक्त विवेचन से स्पष्ट है कि राजनीति एक जटिल तत्त्व है और उसमें अनेक कारक काम करते हैं। युग और देश के बदलने के साथ-साथ ये कारक भी बदलते रहते हैं। यही कारण है कि एक ही काल में भिन्न-भिन्न देशों में और एक ही देश में भिन्न-भिन्न काल में राजनैतिक भागीदारी बदलती रही है। इस परिवर्तन के निर्णायक प्रमुख कारक निम्नलिखित हैं–

(1) मनोवैज्ञानिक कारक–जैसा कि पीछे राजनैतिक निष्क्रियता के कारणों के विवेचन में बतलाया गया है, राजनैतिक भागीदारी सबसे अधिक मनोवैज्ञानिक कारकों से प्रभावित होती है।

(i) **एकाकीपन** (Loneliness)–आर० ई० लेन के शब्दों में, "सामान्य राजनैतिक विश्वास, सामान्य क्रोध, सहानुभूति और कष्ट के एक से संवेदन में भाग लेने का आधार तैयार करते हैं, सामान्य हित छोटी बातों के अवसर बढ़ाते हैं, सामान्य क्रियायें मैत्री के बन्धन उत्पन्न करती हैं। राजनीति एकाकी मनुष्य को अन्य लोगों से सहचर्य के अवसर प्रदान कर सकती है–राजनीति बहाना हो सकती है, आवश्यकता एकाकीपन का भय हो सकती है।"[1] अस्तु, लोग राजनीति में इस लिए भी भाग लेते हैं क्योंकि उन्हें अकेलापन खलता है और वे दूसरे से मिलना जुलना चाहते हैं। इसका उदारहण उन राजनैतिक कार्यकर्त्ताओं अथवा नेताओं के जीवन में देखा जा सकता है जो पहले कभी राजनीति में सक्रिय रहे हैं और किसी कारणवश अब उसमें असफल हैं। ऐसे लोग अत्यधिक एकाकीपन के शिकार हो जाते हैं। पहले जो उनके चारों ओर हर समय लोगों की भीड़ रहती थी वह अब कहीं दिखलाई नहीं पड़ती। इसी सामाजिक आवश्यकता के कारण राजनैतिक नेता मरने तक राजनैतिक कार्य नहीं छोड़ते क्योंकि छोड़ते ही वे अकेले हो जाते हैं जिसमें जीवन भार लगता है।

(ii) **अचेतन संघर्ष और तनाव** (Unconscious Conflicts and Tensions)– किन्तु अकेलेपन के अतिरिक्त राजनैतिक भागीदारी में अचेतन मनोवैज्ञानिक तत्त्वों का भी योगदान हो सकता है। उदाहरण के लिए, राजनीति अचेतन स्वर पर उत्पन्न होने वाले तनावों और मानसिक संघर्षों को अभिव्यक्त करने का महत्त्वपूर्ण साधन है। राजनीतिक भागीदारी

1. "Common political beliefs lay the groundwork for sharing equivalent emotions of anger, sympathy and distress, common interests improve the opportunities for small talk, common activities create bonds of friendship. Politics may offer to the lonely man new opportunities for association with others, the excuse may be politics, the need may be fear of isolation."

—R.E., Lane, *Political Life,* The Free Press of Glencoe, Inc., 1961, p. 198.

से तनाव दो प्रकार से दूर होते हैं, या तो उससे व्यक्ति आन्तरिक संघर्ष से हट जाता है अथवा वह आन्तरिक संघर्ष को अभिव्यक्त करने का माध्यम बन जाती है, दोनों ही हालतों में वह आन्तरिक तनाव निकालती है। वास्तव में राजनैतिक भागीदारी राजनैतिक नेता को जीवन का एक ऐसा तरीका देती है जिसमें वह आन्तरिक संघर्षों से दूर रहता है। उदाहरण के लिए ब्रिटिश प्रधानमन्त्री ए० बी० ला० प्रधानमन्त्री ने रहने पर भी अत्यधिक राजनैतिक सक्रिय रहते थे क्योंकि सन् 1909 में उनकी पत्नी की मृत्यु से उनको भारी आघात लगा था जिसके दर्द को भूल जाने के लिये उन्होंने अपने को राजनीति में झौंक दिया था।

(iii) **शक्ति की खोज** (Urge to Power)—संघर्ष और तनाव को दूर करने के अतिरिक्त राजनैतिक भागीदारी का एक महत्त्वपूर्ण कारक शक्ति की खोज है। मनुष्य सदैव शक्ति चाहता रहा है। उसे शक्तिशाली अनुभव होने में आनन्द मिलता है। बहुधा शक्ति की यह प्रेरणा अचेतन स्तर पर काम करती है। चेतन अथवा अचेतन रूप में राजनैतिक नेताओं का अहम् राजनैतिक कार्यों से सन्तुष्ट होता है। उन्हें गर्व की अनुभूति होती है, उन्हें सामाजिक सम्मान प्राप्त होता है। स्पष्ट है कि किसी भी समाज में राजनैतिक कार्यों को जितना ही अधिक मूल्य दिया जायेगा उतना ही वे लोगों को आकर्षित करेंगे। इसका उदाहरण भारतवर्ष में देखा जा सकता है। वर्तमान काल में राजनैतिक नेता की स्थिति, शक्ति, यश और सामर्थ्य तथा बहुधा धन भी जीवन के अन्य क्षेत्रों के नेताओं से बहुत अधिक होता है। अस्तु, स्वाभाविक है कि राजनैतिक क्षेत्र में आगे बढ़ने के लिये होड़ लगी रहती है। दूसरी ओर यदि किसी समाज में राजनैतिक कार्यों से घृणा की जाती हो तो स्वभाविक है कि बहुत ही कम लोग राजनीति में सक्रिय भाग लेंगे।

(2) सामाजिक कारक—मनोवैज्ञानिक कारकों के अतिरिक्त सामाजिक कारक भी राजनैतिक भागीदारी के निर्णय में महत्त्वपूर्ण भाग लेते हैं। सामाजिक कारक अनेक हैं और वे व्यक्ति के सामाजिक परिवेश के अंग हैं। इनका सामाजिक स्थिति पर प्रभाव पड़ता है। इनमें सर्वाधिक महत्त्वपूर्ण कारक हैं—शिक्षा, व्यवसाय, आय, आयु, आवास, गतिशीलता, लिंग, धर्म, प्रजाति और वर्ग इत्यादि। विभिन्न देशों में आधुनिक अनुसंधानों से राजनैतिक भागीदारी पर उपरोक्त कारकों का प्रभाव ज्ञात हुआ है तथा महत्त्वपूर्ण निष्कर्ष निकले हैं। उदाहरण के लिये यह देखा गया है कि उच्च शिक्षा, ऊँचा व्यवसाय, ऊंची आय, पुरुष लिंग, स्थायी आवास, प्रमुख धर्म और कभी-कभी अल्पमत, प्रमुख प्रजाति और उच्च वर्ग से सम्बन्धित व्यक्तियों का राजनैतिक प्रभाव अधिक होता है।

(i) **शिक्षा** (Education)—शिक्षा का प्रभाव इसलिये होता है कि वह मनुष्यों की रूचियों का क्षेत्र व्यापक कर देती है। शिक्षित व्यक्ति में नागरिक कर्त्तव्य, नागरिक उत्तरदायित्व के प्रति जागरूकता बढ़ जाती है। उसमें अधिक आत्मविश्वास और योग्यता होती है। अस्तु, उसमें राजनैतिक भागीदारी की अधिक कुशलता होती है और वह अपने विचारों को आसानी से प्रसारित कर सकता है। यही कारण है कि पश्चिम के जनतन्त्रों में अधिकतर राजनैतिक नेता उच्च शिक्षा प्राप्त होते हैं। किन्तु अन्य देशों में इसके विपरीत भी दिखलाई पड़ता है। जी० एम० कोनेरी और एच० एम० फील्ड के अध्ययनों से यह पता चलता है कि आय का अन्तर होने पर समान शिक्षा स्तर के लोगों में भिन्न-भिन्न राजनैतिक भागीदारी दिखलाई पड़ती है। दूसरी ओर जे० एफ० फौस्कट के अध्ययनों से यह पता चला

है कि समान आय वाले व्यक्तियों में शैक्षिक स्तर भिन्न होने पर राजनैतिक भागीदारी की मात्रा बदल दी जाती है। इन अध्ययनों से यह स्पष्ट होता है कि किसी भी एक कारक का राजनैतिक भागीदारी को सामाजिक निर्णायक नहीं कहा जा सकता निश्चय ही शिक्षा का राजनैतिक भागीदारी में महत्त्वपूर्ण योगदान है किन्तु अन्य कारकों का भी महत्त्व कम नहीं है। उदाहरण के लिए कुछ व्यवसायों में राजनैतिक भागीदारी के अवसर अधिक आते हैं। पढ़े लिखे लोग तो अधिक भागीदारी दिखलाते हैं किन्तु इनमें भी जिनकी शिक्षा राजनैतिक क्षेत्र के जितने ही अधिक निकट होती है वे उसमें उतना ही अधिक भाग लेते हैं।

(ii) **व्यवसाय** (Occupation)—व्यापारियों और टैकनीकल नौकरियों में लोगों को भी राजनीति पर ध्यान देना पड़ता है क्योंकि उनके व्यवसायों पर राजनीति का प्रभाव पड़ता है। कुछ व्यवसायों में लगे व्यक्तियों को परस्पर मिलने का अधिक अवसर आता है क्योंकि उन्हें बहुत कुछ एक सी समस्याओं को झेलना पड़ता है। ये लोग राजनीति में अधिक भाग लेते हैं। उदाहरण के लिये प्राध्यापक, सरकारी नौकर इत्यादि व्यवसायिक वर्गों के लोग लगभग प्रत्येक देश में सर्वाधिक भागीदारी दिखलाते हैं। जिन व्यवसायों में लोगों को इतना अधिक लगे रहना पड़ता है कि उन्हें राजनीति की ओर ध्यान देने का अवसर ही नहीं मिलता अथवा अवकाश बहुत कम मिलता है वे भी राजनैतिक भागीदारी से दूर हट जाते हैं। उदाहरण के लिए लिपिक वर्ग के सदस्यों से अधिक राजनैतिक भागीदारी की आशा नहीं की जा सकती। यही बात श्रमिक वर्ग के विषय में सत्य है। अस्तु, बहुधा इनके नेता पेशेवर राजनीतिज्ञ होते हैं।

(iii) **आय** (Income)—शिक्षा और व्यवसाय के अतिरिक्त आय का राजनैतिक भागीदारी पर महत्त्वपूर्ण प्रभाव पड़ता है क्योंकि ऊंची आय से अवकाश बढ़ता है, चिन्तायें नही रहतीं और व्यक्ति को राजनीति के सम्पर्क में आने का अधिक अवसर मिलता है। इसी कारण अधिकतर देशों में राजनैतिक नेता उच्च वर्ग से आते हैं। धनिक देशों में ऐसा ही होता है किन्तु निर्धन देश में मध्यवर्गीय और निम्नवर्गीय राजनैतिक नेताओं को भी आगे बढ़ते देखा जा सकता है। स्पष्ट है कि आय का राजनैतिक भागीदारी से अनिवार्य अथवा समानुपातिक (Proportionate) सम्बन्ध नहीं है। कैम्पबेल, बुरिन और मिलर के अध्ययनों से यह पता चला है कि अमेरिका में आय के बढ़ने के साथ-साथ राजनैतिक भागीदारी का स्तर नहीं बढ़ता। पुनः, जबकि व्यक्तिगत स्तर पर आय का भागीदारी पर महत्त्वपूर्ण प्रभाव पड़ता है, राष्ट्रीय स्तर पर यह प्रभाव अनिवार्य नहीं है। दूसरे शब्दों में, यह कहना उचित नहीं होगा कि राष्ट्रीय प्रति व्यक्ति आय बढ़ने के साथ-साथ राजनैतिक भागीदारी भी बढ़ती है। आर० ई० लैन के शब्दों में, ''अन्तर्साँस्कृतिक और अन्तर्राज्य आँकड़ों से इस मत के पक्ष में पता नहीं चलता कि राष्ट्रीय अथवा राज्य की सम्पत्ति और मतदान में भागीदारी संयुक्त राज्य अमरीका और समस्त संसार में उसी प्रकार से सम्बन्धित होते है जैसे कि व्यक्तिगत सम्पत्ति और राजनैतिक भागीदारी सम्बन्धित हैं।''[1]

---

1. "Cross cultural and cross-state data do not at all support the view that national or state wealth and electoral participation are related in the same way as individual wealth and participation in the United States and throughout the world."
—R.B. Lane, *Ibid,* 329.

(iv) **सामाजिक स्थिति** (Social Status)—उपरोक्त सामाजिक कारकों के अतिरिक्त सामाजिक स्थिति का भी राजनैतिक भागीदारी पर महत्त्वपूर्ण प्रभाव पड़ता है। सामान्य रूप में निम्न सामाजिक स्थिति के लोगों की तुलना में उच्च सामाजिक स्थिति के लोग अधिक राजनैतिक भागीदारी दिखलाते हैं। किन्तु इसमें लिंग और आयु का प्रभाव स्पष्ट दिखलाई पड़ता है क्योंकि पुरुषों की तुलना में स्त्रियों की और वयस्कों की तुलना में अवयस्कों की राजनैतिक स्थिति निम्न होती है और इसलिये उनमें राजनैतिक भागीदारी भी कम होती है। संयुक्त राष्ट्र अमरीका, ग्रेट-ब्रिटेन, इटली, फ्राँस, जर्मनी, मैक्सिको, स्वेडन, नार्वे और जापान तथा भारत में भी आंकड़ों से यह पता चलता है कि स्त्रियों की तुलना में पुरुष राजनीति में अधिक भागीदारी दिखलाते हैं। दूसरी ओर स्त्रियाँ अधिक रूढ़िवादी, राजनीति में कम रूचि रखने वाली और तटस्थ दिखलाई पड़ती है। इसका प्रमुख कारण यह है कि बहुधा स्त्रियाँ परिवार के कार्यों में अधिक संलग्न रहती हैं। इसका एक अन्य कारण यह भी है कि स्त्रियों में अधिक नैतिकता, अधिक स्थिरता, अधिक साँस्कृतिक मूल्य होने के कारण वे राजनीति में फिंट नहीं होतीं। स्त्रियों में भी विवाहित स्त्रियों की तुलना में अविवाहितों में राजनैतिक भागीदारी बहुत कम दिखलाई पड़ती हैं। अनेक अध्ययनों से यह ज्ञात हुआ है कि अविवाहित नर-नारियों की तुलना में विवाहित नर-नारियों में राजनैतिक भागीदारी अधिक होती है।

(v) **आयु** (Age)—आय और लिंग के प्रभाव के अतिरिक्त आयु का भी सामाजिक स्थिति पर प्रभाव पड़ता है। विभिन्न आयु में बालकों और वृद्धों की तुलना में मध्य आयु में अधिक सुरक्षा, स्थायित्व और योग्यता तथा उत्तरदायित्वशीलता पाई जाती है। अस्तु, संयुक्त राष्ट्र अमेरिका, ग्रेट-ब्रिटेन, फ्रांस इत्यादि विकसित देशों में किये गये अध्ययनों से पता चलता है कि बालकों, युवाओं और वृद्धों की तुलना में मध्य आयु के नर-नारी अधिक राजनैतिक भागीदारी दिखलाते हैं। अवकाश प्राप्त लोगों में जीवन के अन्य क्षेत्रों में सक्रियता भी कम हो जाती है। किन्तु राजनैतिक नेता इसके अपवाद हैं। यद्यपि अपनी आयु के अन्य लोगों के समान उनकी शारीरिक और मानसिक शक्ति भी घटती जाती है किन्तु राजनैतिक सम्मान और राजनैतिक प्रभाव तथा राजनैतिक शक्ति बढ़ती है। यह भी भारतवर्ष जैसे विकासशील देशों में देखा जाता है क्योंकि उनमें नौजवानों को आगे आने के अवसर बहुत कम होते हैं। किन्तु विकसित देशों में ऐसा नहीं है। वहां पर राजनैतिक नेताओं में भी कम आयु के लोग पाये जा सकते हैं। फिर भी अधिकतर विकसित देशों में भी बूढ़े राजनैतिक नेताओं का प्रभाव कम नहीं है। अस्तु, यह कहना नितान्त अनुचित होगा कि आयु का राजनैतिक नेतृत्व पर किसी भी प्रकार का बुरा प्रभाव पड़ता है यद्यपि नेतृत्व के अतिरिक्त अन्य प्रकार की भागीदारी में आयु बढ़ने के साथ-साथ रुचि कम हो जाती है। अवकाश प्राप्त व्यक्तियों की राजनैतिक भागीदारी के कम होने का एक अन्य कारण यह भी है कि अवकाश प्राप्त कर लेने के बाद वे व्यावसायिक समूह के सदस्य नहीं रहते। इससे उनका राजनैतिक संपर्क समाप्त हो जाता है। किन्तु जो लोग किसी भी समुदाय में व्यापक सम्पर्क बनाये रहते हैं उन्हें राजनैतिक भागीदारी का अधिक अवसर मिलता है।

(vi) **आवास** (Residence)—राजनैतिक भागीदारी को प्रभावित करने वाला एक अन्य सामाजिक कारक स्थायी आवास है। यह एक सामान्य बात है कि किसी भी गाँव, चुनाव क्षेत्र अथवा नगर में बाहर से आने वाले व्यक्ति को राजनैतिक नेतृत्व करने का अवसर नहीं मिल सकता। इसके लिये उसका विशिष्ट क्षेत्र में स्थायी आवास होना चाहिये। स्थायी आवास से वह स्थानीय राजनीति से भली-भांति परिचित हो जाता है और उसका लम्बे काल तक स्थानीय लोगों से घनिष्ठ सम्पर्क भी रहता है। उसकी आदतें और तौर-तरीके, चरित्र, भाषा, समस्यायें, आंकाक्षायें तथा सोचने समझने के ढंग आदि स्थानीय क्षेत्र के अनरूप होते हैं। अस्तु, उसे राजनैतिक भागीदारी का अधिक अवसर मिलता है। यह एक समान्य बात है कि नगरीय क्षेत्रों में ग्रामीण नेताओं अथवा ग्रामीण क्षेत्रों में नगरीय नेताओं का जम पाना सम्भव नहीं है। किसी भी क्षेत्र में नवागन्तुक को स्थानीय राजनीति में भाग लेने के अवसर स्वभावत: कम मिलते हैं। अस्तु न केवल आवासीय स्थिरता बल्कि व्यावसायिक स्थिरता भी सामाजिक भागीदारी को प्रभावित करती है। वास्तव में सामाजिक गतिशीलता का राजनैतिक भागीदारी पर अनुकूल प्रभाव नहीं पड़ता। जिन लोगों को बहुत जल्दी आवास बदलने पड़ते हैं अथवा जिनका व्यवसाय में स्थानान्तरण होता रहता है वे अपनी व्यक्तिगत समस्याओं को सुलझाने में ही इतने अधिक लगे रहते हैं कि उनकी राजनैतिक भागीदारी में बहुत कम रुचि रह जाती है। अस्तु, सामाजिक गतिशीलता राजनैतिक भागीदारी घटाती है।

(vii) **धर्म** (Religion)—अन्त में राजनैतिक भागीदारी के सामाजिक निर्णायकों में विशेषतया पश्चिम के देशों में धर्म और प्रजाति का भी महत्त्वपूर्ण योगदान देखा गया है। उदाहरण के लिये सन्ततिनियमन से सम्बन्धित मामलों में कानून बनाने की समस्या तथा कैथोलिक धर्म से सम्बन्धित अन्य महत्त्वपूर्ण मामलों के प्रश्न पर कैथोलिक मतदाताओं में अधिक राजनैतिक जागृति दिखलायी पड़ती है। भारतवर्ष में भी जब कभी जिस धर्म से सम्बन्धित कानून बनाने का प्रयास किया गया तब स्वभावतया उस धर्म के अनुयायियों ने अधिक राजनैतिक सक्रियता दिखलाई क्योंकि अधिकतर लोग अपने धार्मिक मामलों में किसी भी तरह का हस्तक्षेप सहन करना नहीं चाहते। अनेक बार तो धार्मिक क्षेत्र में सुरक्षा बनाये रखने के लिये ही कुछ राजनैतिक दलों की राजनैतिक गतिविधियां तीव्र की जाती हैं।

(viii) **प्रजाति** (Race)—पश्चिम के देशों में प्रजाति का भी राजनैतिक भागीदारी पर महत्त्वपूर्ण प्रभाव दिखलाई पड़ता है। गोरे और काले लोगों में रंग भेद करने वाले गोरे देशों में काले लोगों की तुलना में गोरे लोगों में अधिक राजनैतिक भागीदारी देखी जा सकती है दूसरी ओर रंग भेद का विरोध करने वाले लोग भी इस कार्य के लिये राजनीति में सक्रिय हो जाते हैं।

(ix) **समूह** (Group)—मनुष्य एक सामाजिक प्राणी है। वह राजनैतिक भागीदारी सीखता है। इसमें समूह की सदस्यता की विशेष योगदान है। समूह सदस्य की राजनैतिक गतिविधियों को व्यापक रूप से प्रभावित करता है। व्यक्ति को उचित और अनुचित की कसौटी तथा राजनैतिक निर्णय के आधार पर समूहों से ही प्राप्त होते हैं। समूह ही राजनैतिक और सामाजिक परिवेश बनाता है। समूह में स्थिति व्यक्ति की राजनैतिक स्थिति निर्धारित

करती है। सामाजिक नेता आसानी से राजनैतिक नेता बन जाते हैं। किन्तु कभी-कभी कोई व्यक्ति अपने आर्थिक वर्ग को छोड़कर किसी अन्य वर्ग से तादात्म्य करने लग जाता है। ऐसी स्थिति में उसका वास्तविक समूह नहीं बल्कि माना हुआ समूह ही उपरोक्त प्रभाव दिखलाता है।

(3) राजनैतिक कारक—सामाजिक कारकों के समान राजनैतिक कारक भी राजनैतिक भागीदारी के महत्त्वपूर्ण निर्णायक हैं। वे कारक निम्नलिखित हैं—

(i) **सरकार की अभिवृत्ति** (Attitude of the Govt.)—यदि किसी देश में राजनीति का क्षेत्र इतना लम्बा चौड़ा है कि विभिन्न भागों में पर्याप्त संदेशवहन और आवागमन सम्भव नहीं है तो राजनैतिक भागीदारी कम दिखलाई पड़ती है। इसका उदाहरण भारतवर्ष में देखा जा सकता है। दूसरी ओर किसी भी देश में शक्ति के लिये प्रतिद्वन्द्विता करने की जितनी ही अधिक खुली छूट होती है वहां राजनैतिक भागीदारी भी उतनी ही अधिक होती है। मतदान के नियम सरल होने पर अधिक लोग मतदान में भाग लेते हैं। यदि सरकार मतदाताओं को मतदान देने के लिये उकसाती है तो वे अधिक संख्या में मतदान करते हैं। किन्तु यदि सरकार लोगों को निरुत्साहित करती है तो उसमें राजनैतिक भागीदारी कम हो जाती है। सरकार में अविश्वास और सरकार में अतिविश्वास दोनों ही राजनैतिक भागीदारी को कम करते हैं। राष्ट्रीय अथवा अन्तर्राष्ट्रीय संकट राजनैतिक भागीदारी बढ़ाते हैं।

(ii) **राजनैतिक दल** (Political Parties)—राजनैतिक दलों का भी राजनैतिक भागीदारी में महत्त्वपूर्ण योगदान है। राजनैतिक दल जनता की आकांक्षाओं को सरकार तक पहुंचाते हैं। वे जनता की मांगों को अभिव्यक्त करने का साधन होते हैं। वे राजनैतिक शिक्षा प्रसारित करते हैं और लोगों को राजनीति में भाग लेने के लिये उकसाते हैं। वे राजनैतिक समस्याओं को उजागर करते हैं और उनके समाधान भी सुझाते हैं। चुनाव के अवसरों पर वे चुने जाने के लिये अपने प्रतिनिधि खड़े करते हैं, चुनाव क्षेत्रों में प्रचार करते हैं, चुनाव की प्रक्रिया समझाते हैं, राजनैतिक निर्णय लेने में सहायता करते हैं और चुनाव स्थल पर वास्तविक रूप में मतदान करने में भौतिक सहायता करते हैं। स्पष्ट है कि राजनैतिक भागीदारी का स्तर राजनैतिक दलों की गतिविधि के स्तर के साथ बढ़ता और घटता है। राजनैतिक दल समय-समय पर राजनैतिक आन्दोलन छेड़ते हैं जिनसे कभी-कभी अत्यधिक तटस्थ लोग भी सक्रिय हो जाते हैं। विभिन्न प्रकार के आन्दोलन विभिन्न वर्ग के व्यक्तियों में राजनैतिक भागीदारी बढ़ाते हैं। प्रत्येक राजनैतिक दल का एक व्यापक साहित्य होता है जिसे वह बहुत कम दामों पर अधिक से अधिक लोगों में प्रचार के लिये भी वितरित करता है। विभिन्न राजनैतिक दलों द्वारा प्रसारित साहित्य पढ़ने से जनता में राजनैतिक शिक्षा बढ़ती है।

(iii) **मतदान** (Election)—राजनैतिक दलों के अतिरिक्त मतदान की प्रणाली और प्रक्रिया का भी राजनैतिक भागीदारी पर महत्त्वपूर्ण प्रभाव पड़ता है। इनका सब कहीं समाजशास्त्रीय अध्ययन किया जा रहा है। यद्यपि इन अध्ययनों के आधार पर राजनैतिक भागीदारी के विषय में कोई सर्वमान्य सिद्धान्त नहीं बनाया जा सकता, फिर भी मतदान व्यवहार के अध्ययन से अनेक महत्त्वपूर्ण बातें ज्ञात हुई हैं। मतदान व्यवहार के अध्ययन

अनेक प्रकार के हैं। एस० जे० एलडर्सवैल्ड के अनुसार इन अध्ययनों को निम्नलिखित छः वर्गों में बांटा जा सकता है।[1]

(1) परिकल्पना (Hypothesis) **परीक्षण हेतु अध्ययन**—इस प्रकार के मतदान अध्ययन का एक उदाहरण स्टूअर्ट राइस का अध्ययन है। इसमें अनुसन्धानकर्त्ता अध्ययन के विषय में पहले से कोई परिकल्पना बना लेता है। अब इस परिकल्पना की जांच करने के लिये वह विशिष्ट चुनाव परिस्थिति से सम्बन्धित आंकड़े एकत्रित करके यह जांच करता है कि उसकी परिकल्पना सच है या झूठ है। स्वाभाविक है कि इस प्रकार के अध्ययन बहुत सीमित होते हैं। इनका क्षेत्र केवल एक ही चुनाव में विशिष्ट परिस्थितियों से सम्बन्धित होता है। इसमें विभिन्न चुनावों में अथवा विभिन्न परिकल्पनाओं के विषय में अनुसन्धान सम्भव नहीं है।

(2) एकल (Single) **परिकल्पना अध्ययन**—चुनाव अध्ययन की यह प्रणाली उपरोक्त प्रणाली से बेहतर है। इसमें अनुसन्धानकर्त्ता मतदान व्यवहार के किसी एक पहलू की व्याख्या के विषय में अकेली परिकल्पना बनाता है। अब वह इस परिकल्पना की प्रामाणिकता की जांच लम्बे काल तक चुनावों और अनेक चुनाव इकाइयों के अध्ययन के द्वारा करता है। किन्तु वह कभी भी एकल परिकल्पना की प्रामाणिकता की अन्य विकल्पों से जांच नहीं करता। अस्तु, इस प्रणाली की प्रामाणिकता कम हो जाती है।

(3) कारक विश्लेषण (Factor analysis) **द्वारा परिकल्पना विश्लेषण**—मतदान व्यवहार के अध्ययन की इस प्रणाली में एक निश्चित परिकल्पना अथवा कुछ निश्चित परिकल्पनाओं को लेकर प्रासंगिक सामग्री एकत्रित की जाती है। यह जांच एक विशिष्ट समुदाय में ही एक या दो चुनावों की अवधि में सीमित होती है। इस प्रकार वह एक सतत व्यवस्थित और गहरे अध्ययन का प्रयास है। वह एक विशेष काल में एक विशेष समुदाय में सीमित होती है। इस प्रकार के अध्ययनों के कुछ उदाहरण ई० एच० निवफील्ड तथा एन्डर्सन और पी० ई० डेवीसन के अध्ययन हैं। इन अध्ययनों में कई वैकल्पिक परिकल्पनाओं की जाँच की जाती है इनसे जहां यह पता चलता है कि मतदान व्यवहार क्या है वहाँ यह भी पता चलता है कि इस विषय में बहुत कुछ अभी अज्ञात ही है।[2]

(4) व्यापक सारणीयन (Tabulation)—चुनाव व्यवहार अध्ययन की इस विधि में कोई भी परिकल्पना नहीं बनाई जाती अथवा यदि बनाई भी जाती है तो वह कठोर नहीं होती। अनुसन्धानकर्त्ता एक विशिष्ट चुनाव इकाई के विभिन्न पहलुओं का एक या अधिक चुनावों में अध्ययन करता है और मतदान के सम्बन्ध में अधिकतम आँकड़े एकत्रित करता है। ये आँकड़े मतदान के रिकार्डों से लिये जाते हैं। सामग्री व्यापक होने के कारण यह

1. S.J. Eldersveld, "Theory and method in voting behaviour research" in H. Eulau, S.J. Eldersveld & M. Janowitz (eds.) *Political Behaviour : A Reader in Theory and Research,* Amerind Publishing Co. Pvt. Ltd., New Delhi, 1972, pp. 267-74.
2. "Yet studies of this type are but the beginning of knowledge and in no sense can they be used as a basis for dogmatic assertions concerning voting bahaviour. They have shown us what we should know, what we can know, and how to know, but also what we do not know." —*Ibid,* pp. 271.

प्रणाली महत्त्वपूर्ण हो जाती है किन्तु परिकल्पना के अभाव में इससे किसी बात की पुष्टि नहीं होती। अस्तु, उसका केवल एक विशिष्ट काल में एक विशिष्ट समुदाय के विशिष्ट अध्ययन के रूप में मूल्य होता है। उसके आधार पर व्यापक सामान्यीकरण सम्भव नहीं है।

(5) तुलनात्मक सांख्यिकी सर्वेक्षण (Comparative statistical survey) —मतदान व्यवहार अध्ययन के इस प्रकार में विभिन्न राज्यों अथवा राष्ट्रों में मतदान की प्रवृत्तियों को प्रभावित करने वाले कारकों का अध्ययन किया जाता है। इसका उदाहरण हावर्ड-टिंग्सटन का राजनैतिक व्यवहार का अध्ययन है। इस प्रणाली में भी कोई परिकल्पना नहीं बनाई जाती और इसलिये इसका मूल्य विशिष्ट और सीमित होता है। इसके आधार पर मतदान व्यवहार के विषय में सामान्य सिद्धान्त बनाना सम्भव नहीं है।

(6) सामुदायिक गतिविज्ञान (Community dynamics)—मतदान व्यवहार के अध्ययन के इस प्रकार में व्यापक सारणीयन और आंकड़े एकत्रित करने होते हैं। इसमें परस्पर सम्बन्धित अनेक परिकल्पनाओं से आरम्भ किया जाता है। इसमें मापन और सर्वेक्षण की नवीनतम प्रणालियों के द्वारा विभिन्न चरों (Variables) में सम्बन्ध का अध्ययन किया जाता है। इसमें समाजशास्त्री यह मानकर चलता है कि राजनैतिक व्यवहार एक सम्पूर्ण परिस्थिति है जिसमें एक समुदाय संलग्न है और इसलिये उस पर अनेक कारकों का प्रभाव होगा। मतदान व्यवहार के अध्ययन की यह प्रणाली सुनिश्चित रूप में मतदान व्यवहार की व्याख्या नहीं करती। अस्तु, वर्तमान काल में यह प्रश्न उठाया गया है कि मतदान के अध्ययन अधिक से अधिक कुछ भविष्यवाणी के आधार हो सकते हैं, उनके आधार पर सही विश्लेषण सम्भव नहीं है। डब्लू॰ जी॰ रून्सीमैन के शब्दों में, "कोई व्यक्ति अपने निर्णय किसी अस्पष्ट और निराधार कारण के आधार पर बना सकता है और धैर्यवान परीक्षणकर्त्ता द्वारा निकाले गये अन्तिम चर के द्वारा नहीं बनाता है।"[1] अस्तु मतदान व्यवहार के अध्ययन सामाजिक मनोवैज्ञानिक और राजनैतिक कारकों को स्पष्ट नहीं करते।[2] दूसरी ओर कुछ समाजशास्त्रियों ने यह दिखलाने का प्रयास किया है कि मतदान व्यवहार अध्ययन मतदान में भाग लेने के विषय में महत्त्वपूर्ण जानकारी देते हैं। वर्तमान राजनैतिक समाजशास्त्र में इन अध्ययनों की उपयोगिता स्वीकार की गयी है। इनसे मतदाताओं, मतदान की प्रक्रिया एवं मतदान की सम्भावनाओं के विषय में महत्त्वपूर्ण बातें ज्ञात होती हैं।

अभ्यास के लिए प्रश्न

1. राजनैतिक भागीदारी क्या है? उसके प्रकारों का वर्णन कीजिये।
2. लोकतन्त्र में राजनैतिक भागीदारी के निर्णायकों की विवेचना कीजिये।

---

1. "A man might make his decision for some anomalous and even arbitrary reason and not for the final variable isolated by the patient experimenter."
—W.G. Runciman, *Social Science and Political Theory*, Cambridge University Press, 1971, p. 95.
2. "There is nothing, in a sense, that needs to be explained about a south wales miner voting labour or an executive of general motors voting republican. The simplest model of rational self-interest is enough to explain these cases." —*Ibid.* p. 94.

11

राजनैतिक संस्कृति (Political Culture)

आधुनिक काल में राजनैतिक विकास का समाजशास्त्रीय विवेचन करने में राजनैतिक संस्कृति की अवधारणा का विकास हुआ। अमरीका में इस प्रत्यय का व्यापक प्रसार करने में उलम (Ulam), बीयर (Beer) और आलमण्ड (Almond) का विशेष योगदान रहा है। लुसियन पाई (Lucian Pye) के अनुसार वर्तमान काल में यह विचार माना जाने लगा है कि किसी भी समाज में राजनैतिक व्यवहार को निर्धारित करने वाली अभिवृत्तियाँ, स्थायीभाव और संज्ञान (Cognition) "केवल अनियमित समष्टियां नहीं हैं बल्कि समीचीन प्रतिमानों का प्रतिनिधित्व करती हैं जो कि मिलकर फिर एक हो जाते हैं और परस्पर अनुप्राणित करते हैं, कि प्रत्येक विशिष्ट समुदाय में एक सीमित और विशिष्ट राजनैतिक संस्कृति होती है जो कि राजनैतिक प्रक्रिया को अर्थ, भविष्य कथन की योग्यता और रूप प्रदान करती है, कि प्रत्येक व्यक्ति को अपने ऐतिहासिक प्रसंग में अपने लोगों और उसके समुदाय की राजनीति के विषय में ज्ञान और अनुभूतियों को स्वयं अपने व्यक्तित्व में सम्मिलित करना सीखना चाहिये।"[1] इस कथन से राजनैतिक संस्कृति का उद्‌गम स्पष्ट होता है।

---

1. "The idea is being popularised these days that the attitudes, sentiments and cognitions that inform and govern political behaviour in any society are not just random congeries but represent coherent patterns which fit together and are mutually reinforcing, that in any particular community there is a limited and distinct political culture which gives meaning, predictability and form to the political process, that each individual must, in his own historical context learn and incorporate into this own personality the knowledge and feelings about the politics of his people and his community."

—Lucian W. Pye : "Introduction : Political Culture and Political Development" in Pye and Sydney Verba (eds). *Political Culture and Political Development* (Princeton, 1965), p. 7.

राजनैतिक संस्कृति क्या है?

राजनैतिक संस्कृति की परिभाषा करते हुए आलमण्ड और पावेल ने लिखा है "राजनैतिक संस्कृति एक राजनैतिक व्यवस्था के सदस्यों में राजनीति की ओर उन्मुखताओं के रूप में व्यक्तिगत अभिवृत्तियों का प्रतिमान है।"[1] ए० आर० बाल (A.R. Ball) के शब्दों में, "एक राजनैतिक संस्कृति राजनैतिक व्यवस्था और राजनैतिक प्रश्नों से सम्बन्धित समाज की अभिवृत्तियों, विश्वासों, संवेगों और मूल्यों से बनती है।"[2] बीयर और उलम (Bear and Ulam) ने लिखा है, "समाज की सामान्य संस्कृति के कुछ पहलू इस बात से सम्बन्धित होते हैं कि सरकार कैसे चलाई जानी चाहिये और वह क्या करने का प्रयास करेगी। संस्कृति के इस अंग को हम राजनैतिक संस्कृति कहते हैं।"[3] लूसियन पाई के शब्दों में, "राजनैतिक संस्कृति उन लक्षणों, विश्वासों और स्थायी भावों का समग्र है जो कि एक राजनैतिक व्यवस्था को क्रम और अर्थ प्रदान करते हैं और जो कि अन्तर्निहित मान्यतायें और नियम प्रदान करते हैं, जो कि राजनैतिक आदर्शों और राजतन्त्र के कार्यात्मक नियमों को सम्मिलित करती है। इस प्रकार राजनैतिक संस्कृति राजनीति के मनोवैज्ञानिक और आत्मगत आयामों की संगठित रूप में अभिव्यक्ति है। एक राजनैतिक संस्कृति एक राजनैतिक व्यवस्था और उस व्यवस्था के सदस्यों के जीवन इतिहासों दोनों का सामूहिक इतिहास है, और इस प्रकार वह समान रूप से सार्वजनिक घटनाओं और निजी अनुभव में जमी होती है। संक्षेप में, राजनैतिक संस्कृति राजनैतिक व्यवस्था के लिये वही है जो संस्कृति सामाजिक व्यवस्था के लिये है।"[4] इस लम्बे उद्धरण से यह भली प्रकार स्पष्ट हो जाता है कि राजनैतिक संस्कृति क्या है।

---

1. "Political cultue is the pattern of individual attitudes as orientations towards politics among the members of a political system."
—G.A. Almond and Powell : *Comparative Politics : A Developmental Approach* (Boston : Little Brown, 1966), p. 50.

2. "A political culture is composed of the attitudes, beliefs, emotions and values of society that relate to the political system and to political issues."
—A.R. Ball : *Modern Politics and Government,* London, Macmillan, 1971, p. 56.

3. "Certain aspects of the general culture of a society are especially concerned with how government ought to be conducted and what it shall try to do. This sector of culture we call political culture." —Bear and Ulam : *Petterns of Government,* New York : Random House, (1962), 8th Ed., p. 32.

4. "It is the set of attitudes, beliefs and sentiments that give order and meaning to a political process and that provides underlying assumptions and rules that encampasses both the political ideals, and the operating norms of a political culture is thus the manifestation of ideals, and the operation norms of a political culture is thus the manifestation in aggregate form of the psychological and subjective dimension of politics. A political culture is the product of both the collective history of a political system and the life histories of the members of that system, and thus it is rooted equally in public events and private experience. In brief political, culture is to the political system that culture is to the social system."
—Lucian W. Pye, "Aspects of political Development", in Pye and Sydney Verba (eds.), *Political Culture and Political Development* (Princeton, 1965), pp. 104-105.

राजनैतिक संस्कृति के घटक और आयाम
(Components and Dimensions of Political Culture)

राजनैतिक संस्कृति की उपरोक्त परिभाषा से स्पष्ट है कि उसकी प्रकृति आत्मगत, मनोवैज्ञानिक और मूल्यात्मक है। उसके घटक निम्नलिखित हैं–

(1) व्यक्तिगत उन्मुखतायें (Individual Orientations)–राजनैतिक संस्कृति राजनीति का आत्मगत अथवा व्यक्तिगत पहलू है। इसमें समाज के व्यक्तियों की उन्मुखतायें अथवा सुझाव सम्मिलित हैं। आलमण्ड और पावेल के अनुसार ये उन्मुखतायें निम्नलिखित तीन प्रकार की होती हैं।[1]

(i) **संज्ञानात्मक उन्मुखतायें** (Cognitive Orientations)–इनमें राजनैतिक व्यवस्था का यथार्थ अथवा अन्य प्रकार का ज्ञान सम्मिलित है।

(ii) **भावात्मक उन्मुखतायें** (Affective Orientations)–इनमें राजनैतिक लक्षणों की ओर स्नेह, संलग्नता, परित्याग इत्यादि अनुभूतियाँ (feelings) सम्मिलित हैं।

(iii) **मूल्यांकन उन्मुखतायें** (Evaluative Orientations)–इनमें राजनैतिक वस्तुओं के विषय में निर्णय और मत सम्मिलित हैं जिनमें साधारणतया राजनैतिक वस्तुओं और घटनाओं पर मूल्यात्मक कसौटियाँ लागू की जाती हैं।

(2) राजनैतिक मूल्य (Political Values)–साधारण रूप से जन समुदाय में राजनैतिक घटनाओं और व्यवहार के विषय में कुछ मूल्य प्रचलित होते हैं जैसे कि यह माना जाता है कि चुनाव निष्पक्ष और समय से होने से चाहियें, निर्वाचकों का विश्वास न मिलने पर निर्वाचितों को पदों से त्यागपत्र देने चाहियें, किसी भी नागरिक पर मुकदमा चलाकर अपराध सिद्ध किये बगैर उसे दण्ड नहीं दिया जाना चाहिये इत्यादि।

(3) राजनैतिक विश्वास (Political beliefs)–राजनैतिक संस्कृति की परिभाषा करते हुए सिडनी वर्बा (Sidney Verba) ने लिखा है, "उसका निर्देश जो कुछ राजनैतिक जगत में हो रहा है उससे नहीं होता, बल्कि उससे होता है जो कि इन घटनाओं के विषय में लोगों का विश्वास है और ये विश्वास कई प्रकार के हो सकते हैं। वे इस विषय में व्यावहारिक विश्वास हो सकते हैं कि राजनैतिक जीवन की वास्तविक स्थिति क्या है। वे लक्ष्यों अथवा मूल्यों के विषय में विश्वास हैं जिनका राजनैतिक जीवन में अनुसरण किया जाना चाहिये। और इन विश्वासों का एक महत्त्वपूर्ण अभिव्यक्तिमय अथवा संवेगात्मक

---

1. "Such individual orientations involve three components—(i) cognitive orientations implying knowledge, accurate or otherwise, of the political system, (ii) affective orientations implying feelings of attachment, involvement, rejection, and the like about political objects, and (iii) evaluative orientations implying judgments and opinions about the political objects, which usually involve applying value standards to political objects and events."

—G.A. Almond, and Powell : *Comparative Politics : A Developmental Approach* (Boston : Little Brown, 1966), p. 50.

आयाम है।"[1] इस प्रकार राजनैतिक संस्कृति में राजनैतिक मूल्यों से लगे हुए महत्त्वपूर्ण घटक राजनैतिक विश्वास आलमण्ड और पावेल के अनुसार राजनैतिक संस्कृति में राजनैतिक विश्वासों का महत्त्व इस तथ्य से ज्ञात होता है कि "जिन विचारों का पहली नजर में राजनीति से कोई सरोकार नजर नहीं आता वे राजनैतिक संस्कृति की विश्वास व्यवस्था के कारण उससे घनिष्ठ रूप में सम्बन्धित हो सकते हैं।"[2]

(4) संवेगात्मक अभिवृत्तियाँ (Emotional Attitudes)–किसी भी देश का भूतकालीन लम्बा इतिहास उसके जनसमुदाय की संवेगात्मक अभिवृत्तियाँ निर्धारित करता है जो कभी-कभी वर्तमान राजनैतिक व्यवस्था के सुचारू रूप से चलने में बाधक सिद्ध होती हैं। उदाहरण के लिये भारतवर्ष में लम्बे काल तक सफल राजे राज करते रहे हैं। अस्तु यहाँ की जनता जनतन्त्र में भी नेताओं में राजसी गुण तलाश करती है। देश में लम्बे काल तक वंश परम्परा पर आधारित शासन चलते रहने के कारण जनता में भारी बहुमत को जनतन्त्र में वंश परम्परागत शासन में कुछ भी अनोखा नहीं लगता।

राजनैतिक संस्कृति के आधार
(Foundations of Political Culture)

राजनैतिक संस्कृति की प्रकृति के विश्लेषण में उसके घटकों के विश्लेषण के साथ-साथ उसके आधारों अथवा नीवों का विश्लेषण भी आवश्यक है। संक्षेप में, राजनैतिक संस्कृति के मूलाधार निम्नलिखित हैं–

(1) ऐतिहासिक मूलाधार (Historical foundations)–किसी भी देश में किसी ऐतिहासिक काल में चलने वाली राजनैतिक संस्कृति के विरुद्ध राजनैतिक संस्थाओं की स्थापना नहीं की जा सकती। जिन देशों में शताब्दियों तक राजाओं का शासन रहा है वहाँ एकदम नये सिरे से जनतन्त्रीय शासन की स्थापना नहीं की जा सकती। उदाहरण के लिये भारतवर्ष में आज भी लोकतन्त्र के रूप में कुलीनतन्त्र देखा जा सकता है क्योंकि यहाँ सदैव राजतन्त्र अथवा कुलीनतन्त्र रहा है। वर्तमान राजनैतिक संस्कृति में लोकतान्त्रिक मूल्य प्राचीन भारत में नहीं बल्कि देश के अंग्रेजी पढ़े लिखे लोगों पर योरोपीय और ब्रिटिश इतिहास के प्रभाव के कारण आया है। जिन देशों में पुराने मूल्यों का नए राजनैतिक मूल्यों

---

1. "It refers not to what is happening in the world of politics, but what people believe about those happenings and these beliefs can be of several kinds : they can be empirical beliefs about what the actual state of political life is; they can be beliefs as to the goals or values that ought to be pursued in political life; and these beliefs may have an important expressive or emotional dimension."
—Sidney Verba, "Comparative Political Culture" in L. Pye & S. Verba (eds.), *Political Culture and Political Development,* Princeton, paper back edition, 1972, p. 516.
2. "The significant cause of the beliefs should also be traced in this fact that ideas that do not appear at first glance to have relevance to politics may be intimately connected within through the belief system of the political culture."
—Beer and Ulam, op.cit., p. 41.

के साथ निरन्तर सात्मीकरण होते रहता है वहां राजनैतिक परिवर्तन और प्रगति के लिये क्रान्ति की आवश्यकता नहीं पड़ती। इसका एक उदाहरण इंग्लैंड में देखा जा सकता है। इससे बिल्कुल उल्टी प्रवृत्ति फ्रांस के इतिहास में दिखलाई पड़ती है।

(2) **भौगोलिक मूलाधार** (Geographical foundations)—राजनैतिक संस्कृति की नींव रखने में भौगोलिक कारकों का महत्त्वपूर्ण योगदान रहा है। उदाहरण के लिये योरोप महाद्वीप से अलग रहने के कारण इंगलैंड में विदेशी आक्रमण अथवा विदेशी प्रजातियों के प्रवेश की समस्या बहुत कम रही है। यही कारण है कि वहां रंगभेद की प्रवृत्ति बहुत कम नहीं है। दूसरी ओर भारत में अति प्राचीन काल से ही अनेकानेक प्रजातियां आती रही हैं और विदेशियों के आक्रमण होते रहे हैं अस्तु यहाँ प्रजातीय अन्तर के बावजूद समतावादी समाज स्थापित हो सकता है। किन्तु फिर दूसरी ओर जो भारतीय आज भी आर्य और अनार्य, राजपूत और मुगल आदि प्रजातियों में अन्तर करते हैं वे साम्प्रदायिकता फैलाते हैं। इसी प्रकार जिन देशों की सीमा पार करना आसान है वहाँ की राजनीति पर पड़ौसी देशों का हस्तक्षेप बराबर देखा जा सकता है। उदाहरण के लिये भारत में नागा विद्रोहियों को समय-समय पर पड़ौसी विदेशियों से सैनिक सहायता मिलती रही है।

(3) **सामाजिक-आर्थिक आधार** (Social-Economic foundations)—ए॰ आर॰ बाल (A.R. Ball) ने लिखा है "एक अधिकांश नगरीय औद्योगिक समाज एक अधिक जटिल समाज है जो कि तीव्र संदेशवहन पर विशेष जोर देता है। ग्रामीण समाज परिवर्तन और आविष्कार के अनुकूल नहीं होते और अधिकतर कृषक जनसंख्या वाले राज्य अधिक रूढ़िवादी होते हैं।"[1] अर्थ व्यवस्था में परिवर्तन से व्यापक राजनैतिक परिवर्तन होते हैं। कार्ल मार्क्स ने राजनैतिक संस्थाओं पर आर्थिक परिवर्तनों के प्रभाव को स्पष्ट किया है। पूँजीवादी और साम्यवादी तथा समाजवादी अर्थतन्त्रों ने सर्वथा भिन्न राजनैतिक संस्थाओं को जन्म दिया है। इनसे राजनैतिक संस्कृति में व्यापक अन्तर देखा जा सकता है। उद्योगों के विकास के साथ-साथ अर्थव्यवस्था में व्यापक परिवर्तन होते हैं जिनके कारण राजनैतिक परिवर्तन आवश्यक हो जाते हैं। पूँजीवादी देश अपने अर्थतन्त्र का जाल सारे संसार में फैलाते हैं। व्यापार और आर्थिक लक्ष्यों को लेकर आधुनिक युग में सब कहीं साम्राज्यवाद ने पैर फैलाये। अंग्रेजी साम्राज्यवाद के मूल में व्यापारिक लक्ष्य था। अन्य योरोपीय राज्यों ने भी संसार में सब कहीं उपनिवेशों की स्थापना की। आज भी व्यापारिक लक्ष्यों के कारण संयुक्त राष्ट्र अमरीका संसार में सब कहीं स्थानीय राजनीति में हस्तक्षेप करता है और साम्यवाद को सब कहीं रोकने का प्रयास करता है। दूसरी ओर साम्यवादी देश भी अपना प्रभाव लगातार बढ़ाते चले जा रहे हैं। वास्तव में पिछले दो विश्व युद्धों के पीछे आर्थिक कारकों की महत्त्वपूर्ण भूमिका रही है।

---

1. "A predominantly urban industrialised society is a more complex society, putting a premium on rapid communications. Educational standards are higher, groups proliferate, and participation in the decision-making process is, by necessity wider. Rural societies are not geared to change and innovation, and states with a predominantly peasant population are more conservative."
—Ball, A.R. *Modern Politics and Government,* London, Macmillan, (1971), p. 61.

विचारतन्त्र और राजनैतिक संस्कृति
(Ideology and Political Culture)

विचारतन्त्र के उदाहरण पूँजीवाद, साम्यवाद, समाजवाद, गाँधीवाद इत्यादि हैं। ये राजनैतिक संस्कृति से घनिष्ठ रूप से सम्बन्धित हैं। ए० आर० बाल के अनुसार, "विचारतन्त्र और राजनैतिक संस्कृति में विभाजक रेखा बहुत पतली है।"[1] किन्तु यहाँ पर विचारतन्त्र और राजनैतिक संस्कृति में अन्तर जानना अत्यन्त आवश्यक है, प्रमुख अन्तर निम्नलिखित हैं–

(1) विचारतन्त्र अधिकतर पूर्व निर्धारित होता है। राजनैतिक सत्ता बहुधा विचारतन्त्र की घोषणा करती है। दूसरी ओर राजनैतिक संस्कृति पूर्व निर्धारित नहीं होती। उसका क्रमशः विकास होता है।

(2) अस्तु विचारतन्त्र पूर्णतया अभिव्यक्त, समन्वित और समीचीन होता है। दूसरी ओर राजनैतिक संस्कृति अनभिव्यक्त, बहुतत्त्ववादी और अस्पष्ट होती है।

(3) अस्तु, विचारतन्त्र को आसानी से पहचाना जा सकता है और दूसरे विचारतन्त्रों से अलग किया जा सकता है। दूसरी ओर व्यक्तिगत और सामाजिक सम्बन्धों में सूक्ष्म रूप से उपस्थित राजनैतिक संस्कृति को पहचानना इतना आसान नहीं है।

(4) विचारतन्त्र कठोर और राजनैतिक संस्कृति नमनीय होती है। आलभण्ड और पावेल के शब्दों में, "विचारतन्त्र संघर्षशील सूचनाओं से बन्द, राजनैतिक जीवन की एक कठोर प्रतिमा उपस्थित करता है और अधिकांश परिस्थितियों के लिये एक विशिष्ट व्याख्या और राजनैतिक आकार की विशिष्ट आचार संहिता प्रदान करता है।"[2] दूसरी ओर राजनैतिक संस्कृति निरन्तर परिवर्तनशील होती है। इस प्रकार राजनैतिक व्यवस्था का वैचारिक पहलू कठोर और सांस्कृतिक पहलू नमनीय होता है। राजनैतिक व्यवस्था सांस्कृतिक परिवर्तनों के साथ निरन्तर अनुकूलन करती है जिससे उसका स्वरूप बदलता रहता है।

(5) विचारतन्त्र क्रियान्मुख (Action oriented) होता है। उसका प्रचार मात्र ही काफी नहीं होता, उस पर अमल किया जाना चाहियें। उसके अनुयायी उसके साक्षात्कार के लिये लगातार प्रयत्नशील रहते हैं। इन प्रयत्नों को जाने बिना किसी विचारतन्त्र को समझना सम्भव नहीं है। दूसरी ओर राजनैतिक संस्कृति का सक्रिय होना आवश्यक नहीं है। उसमें स्वयं राजनैतिक कार्य नहीं बल्कि इन कार्यों के विषय में विश्वास, मूल्य और संवेग सम्मिलित हैं।

---

1. "The dividing line between ideology and political culture is a thin one."
—*Ibid,* p. 36.

2. "The ideology provides an inflexible image of political life, closed to conflicting information, and offers a specific explanation and code of political conduct for most situations."
—G.A. Almond & G.B. Powell, Jr.
Comparative Politics: A Developmental Approach,
Amerind Publishing Co., New Delhi, 1972, p. 61.

राष्ट्रीय चरित्र और राजनैतिक संस्कृति
(National Character and Political Culture)

पीछे कहा जा चुका है कि राजनैतिक संस्कृति की प्रकृति आत्मगत (Subjective) है। वह राजनीति का आत्मगत पहलू है। यहाँ पर राष्ट्रीय चरित्र और राजनैतिक संस्कृति में अन्तर करना आवश्यक है। राजशास्त्रियों ने राष्ट्रीय चरित्र को राष्ट्र की राजनीति में एक महत्त्वपूर्ण कारक माना है। किन्तु फिलिप्स अब्राम्स का यह कथन उचित नहीं है कि, "राजनैतिक समाजशास्त्री जो कुछ कर रहे हैं उसमें से अधिकतर उसकी व्यवस्थित व्याख्या के प्रयास से अधिक कुछ नहीं है जिसको एक पुरानी पीढ़ी राष्ट्रीय चरित्र की बात करते समय दिमाग में रखती थी।"[1] राष्ट्रीय चरित्र की व्याख्या स्पष्ट है जबकि राजनैतिक संस्कृति की व्याख्या के विषय में ऐसा नहीं है। फिर, राष्ट्रीय चरित्र की अनुभवाधारित जाँच सम्भव नहीं है। अस्तु, उसे राजनैतिक व्यवस्था की प्रकृति का अनुमान लगाने का वस्तुगत आधार नहीं बनाया जा सकता। दूसरी ओर राजनैतिक संस्कृति के क्षेत्र में अनुभवात्मक खोज सम्भव है। इसमें यह पता लगाया जा सकता है कि जनसमाज में किन राजनैतिक वस्तुओं की ओर कौन सी उन्मुखतायें कहां तक पायी जाती हैं।

राजनैतिक संस्कृति का विकास
(Development of Political Culture)

युग बदलने के साथ-साथ जनसमुदायों के संवेग, विश्वास और अभिवृत्तियाँ भी बदलती रहती हैं। अस्तु, राजनैतिक संस्कृति में सांस्कृतिक उन्मुखताओं के निरन्तर विशिष्टीकरण की ओर प्रवृत्ति देखी जा सकती है। उदाहरण के लिये जनता में ग्राभ्यता (Parochialisin) से लौकिकता की ओर विश्वासों का परिवर्तन होता है। क्रमशः लौकिकीकरण (Secularisation) से राजनैतिक भागीदारी, राजनैतिक वैधता तथा राजनैतिक शक्ति के वितरण का अर्थ स्पष्ट होता जाता है। जन समाज में राजनैतिक व्यवस्था और उसमें व्यक्तियों के कार्यभाग के प्रति जागरूकता बढ़ती जाती है। इससे राजनैतिक सौदेबाजी के क्षेत्र में आकार के नियमों की स्थापना होती है। इससे राजनैतिक व्यवस्था में मूल्यों का महत्त्व बढ़ता है।

राजनैतिक संस्कृति और सामान्य संस्कृति
(Political Culture and General Culture)

उपरोक्त विवेचन से स्पष्ट है कि राजनैतिक संस्कृति सामान्य संस्कृति का एक अंग है। उसका अध्ययन सामान्य संस्कृति के संदर्भ में ही किया जाना चाहिये। राजनैतिक

---

1. "Much of what political sociologists are doing is little more than an attempt to explain systematically what an older generation had in mind when they spoke of national character."
—Philip Abrams, "The sociology of political life" in T.R. Fyvel (ed.), *The Frontiers of Sociology,* Routledge & Kegan Paul, London, 1964, p. 54.

संस्कृति सामान्य संस्कृति का केवल ऊपरी अंश दिखलाती है। अस्तु सामान्य संस्कृति में मनुष्यों की प्रकृति, परिवेश और साथियों के प्रति अभिवृत्तियाँ, उनकी मानव प्रकृति की अवधारणा एवं कार्य की ओर उनकी उन्मुखतायें सम्मिलित हैं। इन सबका ध्यान रखे बगैर किसी भी देश की राजनैतिक संस्कृति का अध्ययन सम्भव नहीं है। उदाहरण के लिये भाग्यवादी संस्कृति में सरकार के प्रति अधीनता अधिक दिखलाई पड़ती है। यह भारत में देखा जा सकता है। दूसरी ओर फ्रांस में सामाजिक सम्बन्धों में अधिक अविश्वास सरकार के प्रति अविश्वास में अभिव्यक्त होता है। इंगलैंड में समायोजन की प्रवृत्ति सामाजिक सम्बन्धों के साथ-साथ सरकार के प्रति रुख को भी निर्धारित करती है।

यहां पर स्मरणीय है सामान्य संस्कृति और राजनैतिक संस्कृति में सदैव अनुकूलता नहीं होती बल्कि कभी-कभी विरोध भी दिखलाई पड़ता है। सिडनी वर्बा के शब्दों में, "यह हो सकता है कि राजनैतिक विश्वास अन्य विश्वासों से तीव्र रूप में अनिरन्तर और असमीचीन हों। एक ऐसे समाज की कल्पना की जा सकती है जिसमें सन्देहवाद राजनीति के लिये ही सुरक्षित हो और अन्य सामाजिक अन्तर्क्रियाओं में न फैलता हो। एक अधिक सामान्य परिस्थिति वह है जिसमें राजनैतिक क्षेत्र में जोर दिये जाने वाले औपचारिक मूल्य सामाजिक जीवन के अन्य क्षेत्रों में प्रचलित मूल्यों से समीचीन न हों।"[1] उदाहरण के लिये भारतवर्ष में जनतन्त्रीय राजनैतिक संस्थाओं की स्थापना हो चुकी है परन्तु परम्परागत ग्रामीण समाज की सामान्य संस्कृति इससे भिन्न है। इससे राजनैतिक व्यवस्था में भारी तनाव उत्पन्न हो रहा है। जातिवाद, धर्मवाद, साम्प्रदायिकता, क्षेत्रवाद, भाषावाद आदि सामान्य भारतीय संस्कृति के अंग हैं जिनसे देश में जनतन्त्रीय राजनैतिक संस्थाओं की स्थापना में भारी बाधा उत्पन्न हो रही है। यहाँ पर यह याद रखना आवश्यक है कि केवल सामान्य संस्कृति ही राजनैतिक संस्कृति को प्रभावित नहीं करती बल्कि राजनैतिक संस्कृति भी सामान्य संस्कृति को प्रभावित करती है। उदाहरण के लिये लोकतन्त्र, समाजवाद, पूँजीवाद और साम्यवाद के राजनैतिक विश्वासों से केवल राजनैतिक क्षेत्र में ही नहीं बल्कि व्यापक सामाजिक क्षेत्र में, समाज के प्रत्येक पहलू में दूरगामी प्रभाव देखा जा सकता है।

राजनैतिक संस्कृति और राजनैतिक व्यवस्थायें
(Political Culture and Political Systems)

आलमण्ड का कहना है कि राजनीति के विद्यार्थी को, "यदि उसका विश्लेषण राजनीति व्यवस्था पर यथावत् प्रत्यक्ष रूप से लागू होना है तो उसे पारिवारिक बन्धनों, भीड़ों, निर्वाचकों, आकस्मिक और निरन्तर समूहों तथा शक्ति के सभी केन्द्रों और राजनैतिक

---

1. "It may be that political beliefs are sharply discontinuous or in some way inconsistent with other beliefs. One can conceive of a society in which cynicism is reserved for politics but does not pervade other social interactions. A more usual situation would be one in which the formal values stressed in the political realm were not consistent with those stressed in other areas of social life."

—Sidney Verba, *op. cit.*, p. 524.

प्रक्रिया में प्रभाव को ध्यान में रखना चाहिये।''[1] अस्तु, राजनैतिक संस्कृति सम्बन्धी अध्ययनों में बड़ी हद तक अराजनैतिक प्रसंगों का अध्ययन निहित है। आलमण्ड के अनुसार इस अध्ययन में वैधानिक-संस्थागत (Legal-Institutional) दृष्टिकोण से अधिक निष्कर्ष नहीं प्राप्त किये जा सकते। अस्तु वह समाजशास्त्र और मानवशास्त्र से अवधारणायें उधार लेते हुए राजनैतिक व्यवस्थाओं की विधिवत् तुलनाओं के लिये एक योजना तैयार करता है। इससे वह इस निष्कर्ष पर पहुंचता है कि, ''आजकल विश्व में जो प्रमुख राजनैतिक व्यवस्थायें उपस्थित हैं उनका कुछ सामान्य वर्गों के आधार पर वर्गीकरण किया जा सकता है।''[2] आलमण्ड के अनुसार, ''एक राजनैतिक व्यवस्था कार्य की एक व्यवस्था है जिसके विषय में जानकारी प्राप्त करने में कोई कठिनाई नहीं है अर्थात् राजनैतिक व्यवहार एक निरीक्षणीय व्यवहार है।''[3]

आलमण्ड के अनुसार राजनैतिक संस्कृति का वर्गीकरण इस आधार पर किया जा सकता है कि विशिष्ट समाज के सदस्य राजनैतिक प्रक्रिया में सक्रिय अथवा निष्क्रिय भाग अदा करते हैं। प्रश्न यह है कि क्या वे सरकारी कार्य से वास्तविक कल्याण प्राप्त करने के इरादे से कार्य करते हैं अथवा उन्हें राजनैतिक निर्णय की प्रक्रिया का ज्ञान नहीं है और इसलिये वे राजनैतिक शक्ति में भाग लेने की कोई आशा न करते हुए निष्क्रिय रहते हैं। आलमण्ड के अनुसार राजनैतिक संस्कृति और राजनैतिक संरचना में घनिष्ठ सम्बन्ध हैं। एक दूसरे को प्रभावित करता है और उनमें परस्पर प्रतिबद्धता (Conditioning) पाई जाती है। राजनैतिक संस्कृति और राजनैतिक संरचना के सम्बन्ध की व्याख्या करने के लिये आलमण्ड राजनैतिक कार्य (Political action) में कार्यभाग (Roles) और उन्मुखताओं (Orientations) की धारणायें उपस्थित करता है। राजनैतिक व्यवस्था अन्तर्क्रियात्मक कार्य भागों का एक प्रतिमान है। वह कार्य भागों की एक संरचना है जिसमें प्रत्येक व्यक्ति अथवा समूह राजनैतिक अभिनेता (Political Actor) का कार्यभाग अदा करता है। प्रत्येक व्यक्ति का अभिनय बहुआयामी (Multidimensional) होता है। उदाहरण के लिये एक ही व्यक्ति राजनैतिक क्षेत्र में विधायक, दलगत नेता और सरकार में मन्त्री का कार्यभाग अदा करता है।

बहुआयामी कार्यभाग के अतिरिक्त आलमण्ड की दूसरी मान्यता यह है कि एक राजनैतिक व्यवस्था को अर्थों के प्रतिमानों, राजनैतिक क्रिया की ओर उन्मुखताओं के प्रतिमान का नाम दिया जा सकता है। उसके अध्ययन में एक राजनैतिक अभिनेता के ज्ञान

---

1. The student of politics, "must take into account the parts played by family ties, mobs, electorates, casual and persistent groupings, and all foci of power and influence in the political process if his analysis is to be directly relevant to political system as they are."

—Morton R. Davies and Vaughan A. Lewis : *Models of Political Systems.* (Delhi : Vikas, 1971), p. 112.

2. The major political systems which, "exist in the world of today can be classified according to a common set of categories." —*Ibid.*
3. A political system, "is a system of action about which there is no difficulty in gaining information, that is political activity is empirically observable behaviour." —*Ibid.*

और जानकारी की आवश्यकता पड़ती है। आलमण्ड के अनुसार, "राजनैतिक संस्कृति सामान्य राजनैतिक व्यवस्था के प्रति विभिन्न प्रकार की ज्ञानात्मक, भावात्मक और मूल्यात्मक उन्मुखताओं की आवृत्ति उसके अन्तरंग और बहिरंग पहलुओं और राजनैतिक अभिनेता के रूप में 'स्व' से निर्धारित होती है।"[1] इस कथन के अनुसार राजनैतिक संस्कृति की विषय वस्तु निम्नलिखित है–

(1) सम्पूर्ण राजनैतिक व्यवस्था–इसमें सम्पूर्ण राजनैतिक व्यवस्था, उसका ऐतिहासिक विकास, आकार, स्थिति, शक्ति और संवैधानिक लक्षण शामिल हैं।

(2) अन्तरंग प्रक्रिया (Input process)–इसमें वे शक्तियाँ आती हैं जो कि राजनैतिक निर्णय की प्रक्रिया को प्रभावित करती हैं जैसे राजनैतिक दल, दबाव समूह और संदेशवहन के साधन इत्यादि।

(3) बहिरंग प्रक्रिया (Output process)–इसमें कानून निर्माण, कानून पर अमल और कानून की व्याख्या से सम्बन्धित विभाग सम्मिलित हैं।

(4) स्व (Self)–इसमें व्यक्ति का राजनैतिक क्षेत्र में अपनी क्रियाओं के विषय में आत्म मूल्यांकन सम्मिलित है।

आलमण्ड ने विषयी–भागीदार (Subjects-participants) आधार पर राजनैतिक संस्कृतियों का वर्गीकरण किया है। वह राजनैतिक संस्कृतियों के अन्तर के आधार पर राजनैतिक व्यवस्थाओं का वर्गीकरण करता है। राजनैतिक संस्कृतियों के उसके वर्गीकरण की कसौटी नागरिकों अथवा भागीदारों का राजनैतिक व्यवस्था में कार्यभाग है। विषयी अथवा प्रयोज्य (Subjects) से तात्पर्य उन व्यक्तियों से है जो कि राजनैतिक व्यवस्थाओं तथा उनके परिणामों जैसे कल्याण योजनाओं और कानूनों इत्यादि के उनके जीवन पर प्रभावों के प्रति जागरूक हैं कि जो आन्तरिक निर्णय प्रक्रियाओं में भाग नहीं लेना चाहते हैं। दूसरी ओर भागीदार (Participants) वे व्यक्ति हैं जो कि आन्तरिक संरचनाओं और प्रक्रियाओं से सम्बन्धित हैं तथा जो कि मांगों और निर्णयों को निधारित करने में भाग लेते हैं अथवा भाग लेना चाहते हैं। वे प्रयोज्य अथवा भागीदार ही किसी राजनैतिक संस्कृति की प्रकृति को निर्धारित करते हैं। आलमण्ड के अनुसार राजनीति की ओर उन्मुखताओं में व्यक्ति की अपने विषय में राजनैतिक अभिनेता के रूप में धारणा सम्मिलित है। इस कसौटी के आधार पर आलमण्ड ने राजनैतिक संस्कृतियों को निम्नलिखित तीन वर्गों में बाँटा है–

(1) ग्राम्य राजनैतिक संस्कृति (Rural Political Culture)–ग्राम्य राजनैतिक संस्कृति सरल परम्परागत समाजों में पाई जाती है। इन समाजों में विशिष्टीकरण बहुत कम होता है। इनमें प्रत्येक व्यक्ति एक ही साथ राजनैतिक, आर्थिक और धार्मिक कार्यभाग अदा करता है। इस प्रकार इनमें अविशिष्ट कार्यभाग संरचना पाई जाती है। उदाहरण के लिये

---

1. "In this way, political culture is determined by the frequency of different kinds of cognitive, affective and evaluative orientations towards the political system in general, its input and output aspects, and the self as a political actor."
—G.A. Almond and Sidney Verba : *The Civic Culture,* (Princeton Univ. Press, 1963), p.17.

इनमें एक ही सरदार प्रशासक, पुजारी, अर्थशास्त्री इत्यादि के कार्यभाग अदा करता है। इसके सदस्य राजनैतिक व्यवस्था के प्रति किसी प्रकार की जागरूकता नहीं दिखलाते यद्यपि उनमें सम्पूर्ण समुदाय के प्रति जागरूकता पाई जाती है। हो सकता है कि विश्वास के कारण इनमें से कुछ व्यक्तियों को केन्द्रीय राजनैतिक सत्ता का ज्ञान हो जाये किन्तु उनकी राजनैतिक व्यवस्था के प्रति अनुभूतियाँ और मूल्यांकन इतने विकसित नहीं होते कि वे इस व्यवस्था से अपने सम्बन्ध निर्धारित करने के लिये संयम और मानदण्ड बना सकें।

(2) विषयी राजनैतिक संस्कृति (Subject Political Culture)–विषयी राजनैतिक संस्कृति उन समाजों में पाई जाती है जिनमें सम्पूर्ण व्यवस्था और विशेष रूप से उसके उत्पादक पहलुओं की ओर उन्मुखताओं में ऊँची आवृत्ति दिखलाई पड़ती है। इसका एक उदाहरण औपनिवेशिक समाज हैं जिनमें उनकी राजनैतिक व्यवस्था की ओर या तो गर्व अथवा विद्रोह की भावनायें पाई जाती हैं। दूसरे शब्दों में, या तो वे अपने शासकों के निर्णयों को वैध मान लेते हैं अथवा आत्म निर्धारण के नाम पर उसके विरुद्ध संघर्ष करते हैं। आलमण्ड ने यहाँ पर जनता द्वारा राजनैतिक व्यवस्था की अन्धी स्वीकृति पर आवश्यकता से अधिक जोर दिया है। दूसरी ओर वह उस विरोध को भूल जाता है जो सत्ता के विरुद्ध आन्दोलनों का रूप ग्रहण कर लेता है जिनमें उनके कानून काले कानून कहे जाते है और पूर्ण स्वराज्य की मांग की जाती है। इसका उदाहरण अंग्रेजी राज्य में भारतवर्ष में देखा जा सकता है। आरम्भ में भारतवासियों ने अंग्रेज सरकार के कानूनों को स्वीकार किया और यह आशा की कि वे देश का कल्याण करेंगे। किन्तु शीघ्र ही प्रबुद्ध भारतीयों की आँखें खुलने लगीं और क्रमशः अंग्रेज सरकार के कानून काले कानून कहे गये। उनके विरुद्ध आन्दोलन छिड़ा जिसमें पहले आत्म निर्धारण और क्रमशः पूर्ण स्वराज्य की मांग की गई।

(3) सहभागी राजनैतिक संस्कृति (Participant Political Culture)–सहभागी राजनैतिक संस्कृति अत्यधिक विकसित समाजों में दिखलाई पड़ती है। इसमें व्यक्ति स्वयं को राजनैतिक दलों के सक्रिय सदस्य मानते हुए राजनीति में सक्रिय रूप से भाग लेते हैं। उनमें अपने अधिकारों और कर्त्तव्यों के प्रति जागरूकता पाई जाती है। डेविज और लिविस के शब्दों में, "व्यवस्था का मूल्यांकन और आलोचना सभी स्तरों पर उपस्थित होते हैं और साधारणतया वह स्पष्ट रूप से मान लिया जाता है कि राजनैतिक क्रिया समाज के अन्तर्गत व्यक्तियों और समूहों द्वारा सूक्ष्म जाँच के आधीन होनी चाहिये।"[1] आलमण्ड यहां यह स्पष्ट कर देता है कि जैसे-जैसे राजनैतिक संस्कृतियाँ अधिक समरस होती जाती हैं उसके साथ-साथ व्यक्तियों में राजनैतिक क्रियाओं की ओर एक सी उन्मुखताओं की कल्पना नहीं की जानी चाहिये।

संस्कृति में विषयी और भागीदार प्रकारों के अन्तर की कसौटी के अतिरिक्त आलमण्ड ने राजनैतिक संस्कृति में दो अन्य चरों (Variables) को भी महत्त्वपूर्ण माना है। ये हैं सांस्कृतिक मिश्रण और सांस्कृतिक परिवर्तन। पहले के अनुसार राजनैतिक

---

1. "Evaluation and criticism of the system exist at all levels, and it is generally accepted as discernible that political activity should be under the close scrutiny of individuals and groups within society." —Devis and Lewis, op. cit. p. 117.

संस्कृतियों के उपरोक्त शुद्ध रूपों से भी अधिक व्यवस्थित रूप से मिश्रित राजनैतिक संस्कृतियाँ पाई जाती हैं। दूसरे, राजनैतिक संस्कृतियाँ और राजनैतिक संरचनायें कभी भी स्थिर नहीं रहतीं। वैज्ञानिक और प्राविधिक परिवर्तनों के कारण कालावधि में उनमें निरन्तर परिवर्तन होता रहता है। इस परिवर्तन में केन्द्रभिमुखता (Congruence) और केन्द्र विमुखता (Incongruence) देखी जा सकती है। इनमें से कोई भी प्रवृत्ति पूर्णरूप से हावी नहीं होती। सम्भव है कि साँस्कृतिक प्रतिमान पूर्ण समीचीनता के बिन्दु से पूर्व ही रुक जायें जिसमें कि व्यक्तियों को राजनैतिक व्यवस्था की सही जानकारी हो और वे उसे सहन करने को भी तैयार हों किन्तु उसके विषय में उनमें अनुकूल और विधायक मत न हों और वे उसमें शामिल न हों। दूसरी ओर विकास का एक ऐसा प्रतिमान स्थापित हो सकता है जिसमें मन्द साँस्कृतिक परिवर्तनों के साथ-साथ मन्द संरचनात्मक परिवर्तन देखा जा सके ताकि उन दोनों में एक सन्तुलन बन सके जो कि कभी भी पूर्ण समीचीनता के लक्ष्य पर नहीं पहुँचता। विकास का यह प्रतिमान विशेष तौर से उन समाजों में दिखलाई पड़ता है जिनमें व्यक्तियों में आन्तरिक प्रक्रिया की ओर विधायक अभिवृत्तियाँ पाई जाती हों अर्थात् जिनमें जनमत की शक्ति अनुभव की जा सकती हो अथवा जिसमें जनमत का राजनैतिक प्रभाव हो जो कि परस्पर विरोधी नेतृत्व में दिखलाई पड़ता हो।

राजनैतिक संस्कृतियों के प्रकार
(Types of Political Culture)

राजनैतिक संस्कृतियों के प्रकारों का आलमण्ड का वर्गीकरण निम्नलिखित चार्ट से समझा जा सकता है। इसका विश्लेषण पीछे किया जा चुका है।

नागरिक संस्कृति
(Civic Culture)

- अमिश्रित राजनैतिक संस्कृति (Unmixed Political Culture)
  - ग्राम्य राजनैतिक संस्कृति (Parochial Political Culture)
  - विषयी राजनैतिक संस्कृति (Subject Political Culture)
  - भागीदारी राजनैतिक संस्कृति (Participant Political Culture)
- मिश्रित राजनैतिक संस्कृति (Mixed Political Culture)
  - ग्राम्य विषयी राजनैतिक संस्कृति (Parochial Subject Political Culture)
  - विषयी भागीदार राजनैतिक संस्कृति (Subject Participant Political Culture)
  - ग्राम्य भागीदार राजनैतिक संस्कृति (Parochial Participant Political Culture)

राजनैतिक व्यवस्थाओं के प्रकार
(Types of Political Systems)

राजनैतिक संस्कृतियों के प्रकारों के आधार पर आलमण्ड ने राजनैतिक व्यवस्थाओं को निम्नलिखित वर्गों में विभाजित किया है—

(1) आंग्ल अमरीकी व्यवस्थायें (Anglo American Systems)—राजनैतिक संविधानों का यह प्रकार ब्रिटेन और अमरीका में दिखलाई देता है। इसके प्रमुख लक्षण निम्नलिखित हैं—

(i) **बहुमूल्यात्मक राजनैतिक संस्कृति**—इन संविधानों में बहुमूल्यात्मक (Multi Valued) राजनैतिक संस्कृति पाई जाती है जिसमें समरसता और निरन्तरता होती है तथा राजनैतिक साधनों और साध्यों के विषय में सहमति पाई जाती है।

(ii) **राजनीति खेल है**—इनमें राजनीति एक खेल (Game) की तरह होती है जिसमें परस्पर विरोधी खिलाड़ी अपना कार्य भाग अदा करते हैं किन्तु वे कभी भी अपने मतभेदों को लेंकर खेल के मैदान को युद्धस्थल नहीं बनाते।

(iii) **राजनीति बाजार स्थल है**—इनमें राजनीति एक बाजार स्थल बन जाती है जिसमें नेता लोग अपने कार्यकलापों को जनता के वोट अथवा समर्थन प्राप्त करने के लिये विनिमय के रूप में उपस्थित करते हैं। इस प्रकार शासित, निर्वाचक और निर्वाचित, नेता और अनुगामी में सौदेबाजी होती रहती है।

(iv) **बहुरंगी समाज**—इनमें समाज बहुवर्गीय और बहुरंगी होता है जिनमें विविध निहित स्वार्थों को लेकर विविध राजनैतिक दल और हित समूह कार्य करते हैं तथा निर्णय करने की प्रक्रिया को प्रभावित करते हैं।

(v) **शक्ति और प्रभाव का विस्तार**—इनमें शक्ति और प्रभाव फैले हुए होते हैं। नियन्त्रणों और सन्तुलनों की भरमार होती है। व्यापक सन्देशवहन और सार्वभौम शिक्षा से सर्वाधिकारी शासन की सम्भावना लगभग समाप्त हो जाती है।

(vi) **भिन्न कार्य भागों का स्थायित्व**—विभिन्न संस्थायें सुचारु और नियमित रूप से अपना कार्य करती हैं। वे दूसरी संस्थाओं के कार्य भी ग्रहण कर लेती हैं। अस्तु, प्रशासक एक ओर विधायक और दूसरी ओर न्यायाधीश बन जाते हैं अथवा नौकरशाही विधायकों और न्यायधीशों का कार्य भाग भी अदा करती है।

(2) महाद्वीपीय यूरोपीय राजनैतिक व्यवस्थायें (Continental European Political Systems)—राजनैतिक संविधान का यह प्रकार यूरोप के पश्चिमी जनतन्त्रों जैसे—फ्रांस, इटली, स्वेडन, नार्वे इत्यादि देशों में पाये जाते हैं। इन संविधानों की प्रमुख विशेषतायें निम्नलिखित हैं—

(i) **विभाजित राजनैतिक संस्कृति**—इन देशों में समाज के विभिन्न वर्गों में भिन्न-भिन्न संस्कृति विकसित होने के कारण समाज में विभाजित (Fragmented) संस्कृति दिखलाई पड़ती है। इस प्रकार सम्पूर्ण राजनैतिक संस्कृति में अनेक उपसंस्कृतियाँ (Sub-Cultures) पाई जाती हैं जिनकी भिन्नता का कारण नवीन वैज्ञानिक अथवा प्राविधिक

आविष्कार अथवा विजित देश की संस्कृति पर विजेता देश का प्रभाव आदि हो सकते हैं। एक ओर भूतकालीन सामन्तवादी संस्कृति का प्रभाव बना रहता है तो दूसरी ओर आधुनिक प्रगतिशील देशों का प्रभाव दिखलाई पड़ता है।

(ii) **कार्यभागों की पृथक उप-व्यवस्था**—प्रत्येक राजनैतिक उप-संस्कृति में कार्यभागों की पृथक् उपव्यवस्था (Sub-System) दिखलाई पड़ती है। इस प्रकार विभिन्न संस्कृतियाँ सम्पूर्ण उप-व्यवस्था का पृथक प्रतिबिम्ब उपस्थित करती है। अस्तु, वैधानिक संस्थागत प्रतिमान का अध्ययन करने के पश्चात आन्तरिक संरचना (Inftra Structure) का अध्ययन करना आवश्यक होता है।

(iii) **राजनीति खेल नहीं होती**—इन व्यवस्थाओं में खेल जैसी शान्तिपूर्ण सौदेबाजी की राजनीति नहीं दिखलाई पड़ती। उसके स्थान पर यह देखा जाता है कि विभिन्न उपसंस्कृतियों में संघर्ष होता रहता है जिनमें से कुछ अपने को श्रेष्ठ घोषित करती हैं और अन्य पर अपने नियमों के लादने का प्रयास करती है। इस प्रकार सौदेबाजी का स्थान शक्ति की प्रतिद्वन्द्विता का युद्ध ले लेता है।

(3) उद्योग-पूर्व अथवा अर्ध-औद्योगीकृत राजनैतिक व्यवस्थायें (Pre-Industrialised or Partially Industrialised Political Systems)—इस वर्ग में उन देशों के राजनैतिक संविधान आते हैं जो लम्बे काल तक उपनिवेशिक परतन्त्रता के अधीन रहे हैं। इन नवोदित संविधानों में राजनैतिक संस्कृति पर विजेताओं का स्पष्ट प्रभाव दिखलाई पड़ता है। राजनैतिक संस्कृति के इस वर्ग की प्रमुख विशेषतायें निम्नलिखित हैं—

(i) **विजेता राजनैतिक संस्कृति का प्रभाव**—इनमें विजेता देशों की राजनैतिक संस्कृति का स्थानीय राजनैतिक संस्कृति पर प्रभुत्व दिखलाई पड़ता है। इसका परिणाम यह होता है कि स्थानीय राजनैतिक संस्कृति क्षीण होती चली जाती है और विदेशी राजनैतिक संस्कृति उस पर हावी हो जाती है।

(ii) **प्राचीन और नवीन में समन्वय**—इन देशों में नेतागण प्राचीन और नवीन मूल्यों में समन्वय करके राजनैतिक व्यवस्था को एक नया आधार प्रदान करने का प्रयास करते हैं। कभी-कभी जब करिश्मावादी नेतृत्व का प्रभाव नहीं रहता अथवा उसका स्थान अन्य करिश्मावादी नेतृत्व ले लेता है तब यह भी दिखलाई पड़ता है कि भूतकाल से विरोधी प्रवृत्तियाँ जन्म लेती हैं जिससे सम्पूर्ण राजनैतिक व्यवस्था अस्थायी हो जाती है।

(iii) **दो या अधिक राजनैतिक संस्कृतियाँ**—इन उदाहरणों में बहुधा दो या अधिक राजनैतिक संस्कृतियाँ कार्यभागों की एक ही संरचना में भाग लेती दिखलाई पड़ती हैं। उदाहरण के लिये प्राचीन परम्पराओं के प्रभाव से भारतवर्ष में प्रभावशाली जातियां दिखलाई पड़ती हैं जबकि दूसरी ओर संस्कृति के अल्प पहलुओं में पश्चिमी संस्कृति का अनुकरण भी दिखलाई देता है।

(4) सर्वाधिकारवादी राजनैतिक व्यवस्थायें (Totalitarian Political Systems)— अन्त में आलमण्ड ने सोवियत रूस अथवा चीन जैसी सर्वाधिकारवादी राजनैतिक व्यवस्था को एक अलग वर्ग माना है। इसकी मुख्य विशेषतायें अग्रलिखित हैं—

(i) **कृत्रिम वैधता**—इनमें राजनैतिक संविधान में वैधता (legitimacy) कृत्रिम रूप से उत्पन्न की जाती है। इनमें सत्ता केन्द्रीय नियन्त्रण के प्रति अनुरूपता अथवा विरोध की प्रवृत्तियों का संयोजन करती है। सन्देशवहन के साधनों अथवा हिंसा के साधनों की ओर भी यही प्रवृत्ति दिखलाई पड़ती है।

(ii) **दबाव**—इन उदाहरणों में दबाव (Coercion) सत्ता के प्रयोग का प्रमुख लक्षण है। सभी संगठनों में एक सर्वसत्ताधिकारी राज्य के दबाव से परिचालित भय का परिवेश दिखलाई पड़ता है।

(iii) **शक्ति का केन्द्रीयकरण**—शक्ति का पूर्ण केन्द्रीयकरण (Concentration) दिखलाई पड़ता है। इससे प्रसार की प्रवृत्ति शून्य हो जाती है। शक्तिशाली वर्ग नौकरशाही, पुलिस अथवा सेना की सहायता पर विशेष रूप से निर्भर होता है।

राजनैतिक संस्कृति और राजनैतिक संविधान के परस्पर घनिष्ठ सम्बन्ध को स्पष्ट करते हुए एस॰ पी॰ वर्मा ने ठीक ही कहा है, ''राजनैतिक संस्कृति केवल राजनीति के प्रति अभिवृत्तियाँ, राजनैतिक मूल्य, विचारतन्त्र, राष्ट्रीय चरित्र और सांस्कृतिक आधार को ही सम्मिलित नहीं करती बल्कि राजनीति की प्रणाली, प्रकार और वस्तुगत रूप भी शामिल करती है।''[1] इसी कारण किसी भी देश में अनेक राजनैतिक उपसंस्कृतियाँ दिखलाई पड़ती हैं।

सैनिक कार्यभाग के आधार पर वर्गीकरण—प्रोफेसर फाइनर ने देश के राजनैतिक जीवन में सेना के प्रभाव के आधार पर राजनैतिक संस्कृतियों को निम्नलिखित तीन वर्गों में विभाजित किया है—

(1) परिपक्व राजनैतिक संस्कृति (Mature Political Culture)—इसके उदाहरण अमरीका, आस्ट्रेलिया और नीदरलैण्ड में देखे जा सकते हैं। इसमें राजनैतिक सहमति और संगठन का स्तर काफी ऊँचा होता है। अस्तु, सरकार को सेना की सहायता पर न्यूनतम निर्भर होना पड़ता है। लम्बे काल तक इसी प्रकार की व्यवस्था रहने से सामान्य जनता और सेना दोनों ही नागरिक सत्ता के सिद्धान्त में विश्वास करने लगते हैं।

(2) विकसित राजनैतिक संस्कृति (Developed Political Culture)—इन समाजों में जनता अत्यधिक संगठित होती है। किन्तु समय-समय पर संविधानों अथवा विधियों की वैधता अथवा इनके परिणाम स्वरूप पदासीन होने वाले व्यक्तियों की वैधता का लेकर परस्पर विरोधी ध्रुव दिखलाई पड़ते हैं। बहुधा नागरिकों तथा नागरिक सरकारों पर सेना का दबाव देखा जाता है। या तो जनता को सैनिक शक्ति से शान्त रखा जाता है अथवा उनको राजनैतिक परकीकरण (Political Alienatin) का शिकार देखा जाता है। इस प्रकार के उदाहरण मिस्र, अल्जीरिया और क्यूबा में दिखलाई पड़ते हैं।

---

1. Political Culture, "includes, not only the attitudes to politics, political values, ideologies, national character and cultural ethos, but also the style, manner and substantive form of politics."

—S.P. Varma; *Modern Political Theory* (Delhi : Vikas, 1975), p. 292.

(3) निम्न राजनैतिक संस्कृति (Low Political Culture)—इनमें जनता संकीर्ण और असंगठित होती है। राज्य की वैधता के प्रश्नों पर बहुधा उसमें मतभेद दिखलाई पड़ता है। जनमत अत्यन्त दुर्बल और असंगठित होता है। अस्तु, वह सर्वसत्ताधिकारी राज्य के विरुद्ध कोई आवाज नहीं उठा पाता। इस प्रकार की राजनैतिक संस्कृति के उदाहरण दक्षिणी वियतनाम, सीरिया, बर्मा, ईराक, इण्डोनेशिया आदि में देखे जा सकते हैं।

राजनैतिक संस्कृति का महत्त्व
(Value of Political Culture)

राजनैतिक संस्कृति के समर्थकों के अनुसार इस सिद्धान्त ने आधुनिक राजनैतिक सिद्धान्त के विकास में महत्त्वपूर्ण योगदान दिया है। आलमण्ड और पावेल के शब्दों, "वह हमें एक मूल्यवान प्रत्ययात्मक यन्त्र प्रदान करता है जिसके द्वारा हम राजनैतिक सिद्धान्त में विभु (Macro) और अणु (Micro) के मध्य खाई को पाट सकते हैं।"[1] किन्तु साथ ही आलमण्ड ने यह भी माना है कि "राजनैतिक संस्कृति का सावधानीपूर्वक विश्लेषण अभी भी कोई सुनिश्चित निदेशक नहीं प्रदान करता, किसी भी मामले में व्यक्तिगत व्यवहार के विषय में भविष्यवाणी करने के लिये अधिक से अधिक वह सम्भावित निर्देशक मात्र है। कभी-कभी व्यक्तिगत कार्यों का राजनैतिक व्यवस्था के कार्य पर भारी प्रभाव पड़ता है, किन्तु यह सम्भव नहीं है कि किसी भी हार्वे आसवाल्ड के व्यवहार के विषय में संयुक्त राष्ट्र अमरीका की राजनैतिक संस्कृति के विश्लेषण के द्वारा कोई भविष्यवाणी की जा सके। न ही घाना की राजनैतिक संस्कृति के विश्लेषण से किसी नक्रूमा के कार्यों की व्याख्या की जा सकती है।"[2]

अभ्यास के लिये प्रश्न

1. राजनैतिक संस्कृति क्या है? उसके आयाम और आधार बतलाइये।
2. विचारतन्त्र और राजनैतिक संस्कृति में क्या सम्बन्ध है? राजनैतिक संस्कृति राजनैतिक व्यवस्थाओं को कहां तक प्रभावित करती है?

---

1. "It may provide us with a valuable conceptual tool by means of which we can bridge the micro-macro gap in political theory."

—Almond and Powell, op. cit., p. 51.

2. "Political culture still provides no sure guide, perhaps at best a probabilistic one, for the prediction of individual behaviour in a given case, Individual actions can at times have great impact on the performance of the political system, but it is unlikely that any analysis of the political culture of the United States could have predicted the behaviour of a Lee Harvey Oswald. Nor can a consideration of the political culture of Ghana fully explain the actions of Nkrumah."

—Almond and Powell, Ibid, p. 51.

12

राजनैतिक सामाजीकरण
(Political Socialization)

राजनैतिक सामाजीकरण राजनैतिक विकास का मनोवैज्ञानिक पहलू है। लुसियन पाई के शब्दों में,"राजनैतिक सामाजीकरण वह प्रक्रिया है जिसके द्वारा राजनैतिक संस्कृतियाँ बनी रहती हैं और परिवर्तन होती हैं। इस कार्य को करने के द्वारा व्यक्तियों को, उसके रूखों को राजनैतिक संस्कृति में लाया जाता है और राजनैतिक वस्तुओं की ओर उन्मुख किया जाता है।"[1] इस प्रकार राजनैतिक सामाजीकरण वह प्रक्रिया है जिसके द्वारा राजनैतिक व्यवस्था में आचार और व्यवहार के नियम एक पीढ़ी से दूसरी पीढ़ी को पहुंचायें जाते हैं। अस्तु, राजनैतिक सामाजीकरण अचेतन प्रक्रिया है जो कि लगातार चलती रहती है।

राजनैतिक सामाजीकरण की प्रकृति

गेब्राइल आलमन्ड और जी० बी० पावेल के उपरोक्त मत का समर्थन करते हुए राबर्ट सीगल ने राजनैतिक सामाजीकरण की व्याख्या करते हुए कहा है कि वह, "एक उपस्थित राजनैतिक व्यवस्था में मान्य नियमों, अभिवृत्तियों और व्यवहार को क्रमशः सीखना है।"[2] स्टीफेन एल० वास्बी के शब्दों में, "वह एक प्रक्रिया है जिसके द्वारा लोग न केवल सक्रिय राजनैतिक भागीदारी के दौरान, बल्कि बाह्य राजनैतिक क्रिया में लगने के पूर्व के काल

---

1. Political socialisation "is the process by which political cultures are maintained and changed. Through the performance of this function individuals are inducted into the political culture, their orientations towards political objects are formed."
—Gabriel A. Almond and G.B. Powell Jr., *Comparative Politics. A Developmental Approach* (Boston : Little Brown, 1966), p. 64.
2. "It is the gradual learning of the norms, attitudes and behaviour acceptable to an on-going political system."
—Roberta Sigel : "Assumptions about the Learning of Political Values" *in the Annals of the American Academy of Political and Social Science,* Philadelphia, Vol. 361, Sept., 1965, p. 1.

में राजनैतिक मूल्य ग्रहण करते हैं।''[1] स्पष्ट है कि राजनैतिक सामाजीकरण में औपचारिक तथा अनौपचारिक, नियोजित और अनियोजित, अभिव्यक्त और अनभिव्यक्त सभी प्रकार का सीखना सम्मिलित है जो कि राजनैतिक व्यवहार को प्रभावित करता है। यहाँ पर राजनैतिक सामाजीकरण और सीखने की प्रक्रिया में अन्तर को याद रखना भी आवश्यक है। यह अन्तर दिखलाते हुए फ्रांसिस जी० केसिल्स ने लिखा है, ''सीखने को एक ऐसी वस्तु समझा जाता है जो कि तब होती है जहाँ कि सीखना प्रसारित करने का कोई चेतन प्रयास होता है। परन्तु अनेक कार्यों में हमारा प्रवेश किसी भी प्रकार से किसी चेतन प्रक्रिया से नहीं होता। छोटे बालक को स्पष्ट रूप से उसके लिंग से सम्बन्धित सामाजिक कर्त्तव्य सिखाये नहीं जाते, बल्कि वह तो अपने परिवार समूह में अन्तर-क्रिया के दौरान सामान्य अवस्था में उन्हें अर्जित करता है।''[2] इस प्रकार राजनैतिक सामाजीकरण सीखने मात्र की क्रिया नहीं है। उसको अधिकांश संस्कार रूप में ग्रहण किया जाता है और ये संस्कार परिवार, पड़ौस, समुदाय सब कहीं अर्जित किये जाते हैं।

राजनैतिक सामाजीकरण में सबसे बड़ी विशेषता यह है कि उसके माध्यम से पीढ़ी दर पीढ़ी राजनैतिक मूल्यों का प्रसारण होता रहता है। इससे राजनैतिक व्यवस्था को बनाये रखने में सहायता मिलती है। यह एक व्यापक प्रक्रिया है। इरविन एल० चाइल्ड के शब्दों, ''राजनैतिक सामाजीकरण उस सम्पूर्ण प्रक्रिया को शामिल करता है जिसके द्वारा असीम विस्तार की व्यवहारगत सम्भावनाओं को लेकर पैदा हुआ एक व्यक्ति, एक अधिक सीमित समय क्षेत्र में वास्तविक व्यवहार को विकसित करने की ओर ले जाया जाता है जिसका विस्तार प्रथागत है और उसके समूह के विद्यार्थियों के अनुसार उसको मंजूर है।''[3] राजनैतिक सामाजीकरण इस धारणा पर आधारित है कि राजनैतिक नियमों और मूल्यों के व्यक्तियों के अन्तरंग की स्वीकृति मिले बिना राजनैतिक व्यवस्था बनाये रखना सम्भव नहीं है।

राबर्ट सीगल के शब्दों में, ''राजनैतिक सामाजीकरण का लक्ष्य व्यक्तियों को इस प्रकार प्रशिक्षित अथवा विकसित करना है कि वे एक राजनैतिक समाज के भली प्रकार कार्य करने वाले सदस्य बन जायें क्योंकि वर्तमान राजनैतिक मूल्यों और राजनैतिक व्यवस्था

---

1. "Thus the subject-matter of this concept is the process by which people acquire political values not simply during active political participation, but also in the period before they engage in an explicitly political activity."
—Stephen L. Wasby : *Political Science : The Discipline and Its Dimensions* (Calcutta : Scientific Book Agency, 1970), p. 330.

2. "Learning is thought of as something that takes place when there is a conscious effort to convey information. But our induction into many roles is by no means an conscious process. The young child is not explicitly taught the social obligations attached to his gender, but....acquires them in the ordinary course of interaction with his family group." —Francis G. Castles, *Politics and Social Insight,* Routledge & Kegan Paul, London, 1971, pp. 30-31.

3. "Political socialisation thus covers the whole process by which an individual born with behavioural potentialities of immense range, is led to develop actual behaviour which is confined with a much narrower range—the range of which is customary and acceptable for him according to the students of his groups."
—Irwin, L. Child : "Socialisation" in —G. Lindzey (ed.) *Handbook of Social Psychology,* (Camb, Mass, 1954), Vol., 2, p. 655.

से जनसमुदाय के इस समन्वय के बिना उसके चलते रहने और सुरक्षापूर्वक बने रहने में परेशानी उत्पन्न होगी। और अन्त में अस्तित्व राजनैतिक सावयव का उसी प्रकार प्रधान लक्ष्य है जैसे कि वह व्यक्तिगत जीवधारी का लक्ष्य है।''[1] इस प्रकार राजनैतिक सामाजीकरण का उद्देश्य उन मूल्यों, नियमों, अभिवृत्तियों, प्रथाओं और परम्पराओं को बनाये रखना है जो कि राजनैतिक व्यवस्था का आधार है। नागरिक के जीवन में राजनैतिक सामाजीकरण के लक्ष्य को बतलाते हुए माइकेल रश और फिलिप अल्ताफ ने लिखा है, ''राजनैतिक सामाजीकरण की परिभाषा एक ऐसी प्रक्रिया के रूप में की जा सकती है जिसके द्वारा व्यक्ति राजनैतिक व्यवस्था में परिचित होता है और जो कि राजनैतिक घटनाओं की ओर उसकी प्रतिक्रियाओं को निर्धारित करती है। उसमें व्यक्ति और उसकी राजनैतिक अभिवृत्तियों और मूल्यों की समाज के सामाजिक, आर्थिक और साँस्कृतिक परिवेश के प्रभाव की पृष्ठभूमि में परीक्षा की जाती है। राजनैतिक सामाजीकरण, सामाजिक और राजनैतिक व्यवस्थाओं में सर्वाधिक महत्त्वपूर्ण कड़ी है, किन्तु वह एक व्यवस्था से दूसरी व्यवस्था में पर्याप्त रूप से परिवर्तित हो सकता है। राजनैतिक दृष्टिकोण से राजनैतिक सामाजीकरण एक ऐसी प्रक्रिया के रूप में अत्यधिक महत्त्वपूर्ण है जिसके द्वारा व्यक्ति विभिन्न अंशों में राजनैतिक व्यवस्था और राजनैतिक भागीदारी में भाग लेते हैं।''[2]

राजनैतिक सामाजीकरण का विकास

मानव शिशु के समान भी क्रमशः विकासमान प्रक्रिया है। बालक क्रमशः सामाजीकरण के द्वारा वयस्क व्यवहार तक पहुंचता है। राजनैतिक सामाजीकरण तभी आरम्भ हो जाता है जबकि बालक पर चारों ओर के परिवेश का प्रभाव पड़ने लगता है। परिवार में ही बालक की सत्ता के प्रति अभिवृत्ति, आज्ञा पालन, विरोध, सहयोग अथवा असहयोग का बीज पड़ता है। बाल्यावस्था में राजनैतिक सामाजीकरण की प्रक्रिया में ईस्टन और डेनिस ने निम्नलिखित चार अवस्थायें मानी हैं।[3] (1) माता-पिता, पुलिस के आदमी और देश के अध्यक्ष जैसे विशिष्ट व्यक्तियों में सत्ता की मान्यता। (2) सार्वजनिक और निजी सत्ता में अन्तर।

---

1. "The goal of political socialisation is to so train or develop individual that they become well-functioning members of the political society...for without a body politic so in harmony with the on-going political values and the political system would have trouble functioning smoothly and perpetuating itself safely. And survival, after all, is a prime goal of the political organism just as it is of the individual organism."
—Sigel, *op. cit.*, p. 2.
2. "Political socialisation may thus be defined as the process by which the individual becomes acquainted with the political system and which determines his reactions to political phenomena. It involves the examination of the social, economic or cultural environment of society upon the individual and upon his political attitudes and values. Political socialisation is the most important link between the social and political systems, but may vary considerably from one system to another. From a political point of view, political socialisation is extremely important as the process by which individual becomes involved to varying degrees in the political system in political participation."
—Michal Rush and Philip Althoff : *An Introduction to Political Sociology,* (London : Nelson, 1971), pp. 13-14.
3. Easton and Dennis : *Children in Political systems : Origins of Political Legitimacy* (New York, 1969), part 3.

(3) निर्वैयक्तिक राजनैतिक संस्थाओं जैसे राष्ट्रीय विधान सभा, न्यायपालिका और व्यवहार की मान्यता तथा (4) राजनैतिक संस्थाओं और इन संस्थाओं से लगे हुए कार्यों में संलग्न व्यक्तियों में अन्तर करना ताकि विशिष्ट व्यक्तियों जैसे कि राष्ट्राध्यक्ष अथवा कांग्रेस जन की आदर्श प्रतिमायें इन पदों से हस्तान्तरित हों। इस प्रकार बाल्यावस्था में राजनैतिक सामाजीकरण की नींव पड़ जाती है। किन्तु इसका अर्थ यह नहीं है कि वयस्क जीवन का राजनैतिक व्यवहार पूरी तरह बाल्यावस्था से निर्धारित होता है। इस सम्बन्ध में चेतावनी देते हुए रश और अल्ताफ ने कहा है, "बाल्यावस्था और किशोरावस्था में अर्जित ज्ञान, मूल्य और अभिवृत्ति वयस्क जीवन के अनुभवों की पृष्ठभूमि में मापी जायेंगी; अन्यथा सुझाव देना एक स्थिर राजनैतिक व्यवहार का सुझाव है। यदि वयस्क सामाजीकरण की प्रक्रिया बाल्यावस्था और किशोरावस्था की प्रक्रिया को पुष्ट करती है तो परिवर्तन का अंश आयु के साथ बढ़ने वाली रूढ़िवादिता तक सीमित हो सकता है, किन्तु जब संघर्ष उत्पन्न होता है, तब राजनैतिक व्यवहार में तीव्र परिवर्तन उत्पन्न हो सकते हैं। इस प्रकार के संघर्ष की जड़ें प्रारम्भिक राजनैतिक सामाजीकरण में हो सकती है, किन्तु वह बाद के सामाजीकरण के अनुभवों के कारण भी हो सकता है।"[1] वास्तव में, जैसा कि आलमण्ड और वर्बा ने संकेत किया है, राजनैतिक सामाजीकरण का प्रभाव विविध दिशाओं में होता है। राजनैतिक सामाजीकरण की प्रक्रिया लगभग सारे जीवन चलती है। संयुक्त राष्ट्र अमेरिका का उदाहरण देते हुए आलमण्ड और वर्बा ने कहा है, "इस देश में राजनैतिक जनतन्त्र की प्रथा के कारण लोग विद्यालयों, दुकानों और गिरजाघरों में जनतन्त्र के अभ्यास की मांग करते हैं। चूँकि यह माँग अधिकतर मान ली जाती है इसलिए व्यवहार, वाद-विवाद और निर्णय लेने में स्कूल के बालक, कर्मचारी तथा अन्य इसे ग्रहण लेते हैं। ये अनुभव पुनः उन योग्यताओं के विकास में सहायता करते हैं जिनसे कि राजनैतिक परिवर्तन उत्पन्न करने अथवा स्वीकार करने तथा राजनैतिक जीवन में भाग लेना होता है। इस प्रकार सामाजीकरण की प्रक्रिया न केवल समाज के राजनैतिक स्थायित्व में योगदान देती है बल्कि उसे परिवर्तन करने तथा परिवर्तनों को आसान बनाने में भी सहायता देती है।"[2]

---

1. "The knowledge, values and attitudes acquired during the childhood and adolescence will be measured against the experience of audlt life; to suggest otherwise is to suggest a static political behaviour. If the process of adult socialisation tends to reinforce those of childhood and adolescence, the degree of change may be limited to that of increasing conservatism with age, but where conflict occurs, then radical changes in political behaviour may result; such conflict may have its roots in early political socialisation, but it may also be attributable to the experiences of later socialisation." —Rush and Althoff, *op. cit.* p. 47.
2. "The poeple owing to the practice of political democracy in the country "subsequently demand the practice of democracy in schools, shops and churches. Since the demand is often met, school-children, workers and others acquire in articulation, debate and decision-making. These experiences, in turn, help them towards developing the skills with which to participate in political life and either to help bring about or to accept political change. Thus the socialisation process contributes not only to a society's political stability but also to change and to the strain at ease with which change takes place." —G.A. Almond and Sidney Verba : *The Civic Culture,* (Princeton University Press, Princeton, 1963), Ch. XI.

राजनैतिक सामाजीकरण के कार्य

उपरोक्त विवेचन से राजनैतिक सामाजीकरण के निम्नलिखित तीन कार्य स्पष्ट होते हैं—

(1) राजनैतिक संस्कृति को बनाये रखना—यह कार्य राजनैतिक संस्कृति को एक पीढ़ी से दूसरी पीढ़ी में प्रसारित करके किया जाता है। स्थायी दशाओं में यह एक महत्त्वपूर्ण कार्य है। किन्तु चूँकि राजनैतिक क्षेत्र में बहुधा उथल-पुथल होती रहती है इसलिए राजनैतिक सामाजीकरण केवल राजनैतिक संस्कृति को बनाये रखने का ही कार्य नहीं करता।

(2) राजनैतिक संस्कृति का रूपान्तरण—अस्तु, राजनैतिक सामाजीकरण का एक प्रमुख कार्य राजनैतिक संस्कृति का रूपान्तरण है। यह पहलू परिवर्तन से उसके सम्बन्ध से स्पष्ट होता है।

(3) राजनैतिक संस्कृति को उत्पन्न करना—नवीन राजनैतिक व्यवस्थाओं की स्थापना के साथ-साथ प्रत्येक समाज में नवीन राजनैतिक संस्कृति उत्पन्न करने की आवश्यकता होती है। यह कार्य राजनैतिक सामाजीकरण की प्रक्रिया के माध्यम से होता है।

उपरोक्त तीनों कार्यों में से किस समय राजनैतिक सामाजीकरण के द्वारा कौन-सा कार्य होता है यह देश की ऐतिहासिक अवस्था, राष्ट्रीय और अन्तर्राष्ट्रीय परिवेश, परम्पराओं और राजनीति का सम्बन्ध तथा नेताओं और नागरिकों के साध्यों और साधनों से निर्धारित होता है। बहुधा ये राजनैतिक सामाजीकरण के उपरोक्त तीनों ही कार्य करते हैं। यह कार्य सभी नागरिकों के जीवन में सभी क्षेत्रों में और सभी अवस्थाओं में होता रहता है।

राजनैतिक सामाजीकरण और परिवर्तन

उपरोक्त विवेचन से स्पष्ट है कि राजनैतिक सामाजीकरण निरन्तरता और परिवर्तन दोनों ही दिशाओं में कार्य करता है। उसमें उखाड़ पछाड़ और रूपान्तर लगातार होता रहता है। फिर भी इस परिवर्तन में भी एक स्थायित्व होता है। कभी यह प्रक्रिया तीव्र और अत्यधिक मन्द होती है। इसके अत्यधिक तीव्र और अत्यधिक मन्द होने पर राजनैतिक क्षेत्र में स्पष्ट परिणाम दिखलाई पड़ते हैं। इसमें राज्य की नीति का भी विशेष प्रभाव पड़ता है। कुछ राज्यों में सरकार की ओर से इस दिशा में स्पष्ट प्रयास किये जाते हैं जो कि अन्य में ऐसा नहीं होता।

राजनैतिक सामाजीकरण और सामाजिक व्यवस्था

उन्मुक्त समाजों में मतभेद और विरोध को पर्याप्त अवसर होता है। दूसरी ओर समष्टिवादी समाज मतभेद और विरोध स्वीकार नहीं करते। इस प्रकार का राज्य अपने पक्ष में लगातार प्रचार करता है और किसी भी प्रकार का विरोध स्वीकार नहीं करता। दूसरी ओर जनतन्त्रीय समाजों में परम्पराओं को बनाये रखने पर इतना अधिक जोर नहीं पड़ता। अस्तु, सामाजिक व्यवस्थायें जितनी ही अधिक कठोर होंगी राजनैतिक सामाजीकरण भी

उतनी ही कठोरता से लागू किया जायेगा। दूसरी ओर सामाजिक व्यवस्थायें जितनी नमनीय होंगी उनमें राजनैतिक सामाजीकरण उतना ही परिवर्तनशील होगा। किन्तु दोनों ही प्रकार के समाजों में राजनैतिक सामाजीकरण का कार्य वर्तमान प्रतिमानों को बनाये रखना है।

राजनैतिक सामाजीकरण के प्रकार

राजनैतिक सामाजीकरण के निम्नलिखित दो प्रमुख प्रकार हैं–

(1) प्रत्यक्ष (Direct) **अथवा अभिव्यक्त** (Manifest)–इस प्रकार से तात्पर्य स्पष्ट रूप से राजनैतिक सूचनाओं, मूल्यों और अनुभूतियों के प्रसारण से है। इसमें विशिष्ट राजनैतिक विचारधारा को परिवार, विद्यालय और समाज सब कहीं श्रेष्ठ ठहराया जाता है। किन्तु यह सोचना गलत होगा कि सामाजीकरण का यह प्रकार संकल्पात्मक (Voluntary) मात्र है, इसमें वैकल्पिक (Involuntary) प्रक्रियायें भी सम्मिलित हैं। यह साधारणतया अनुकरण, प्रत्याशा, राजनैतिक शिक्षा अथवा राजनैतिक अनुभव के माध्यम से होता है। साधारणतया बालक अपने माता पिता के राजनैतिक विचारों का अनुकरण (Imitation) करते हैं। इसी प्रकार ग्रामीण लोग नगरीय जनों का अनुकरण करते हैं। दूसरे, प्रत्याशा (Expectation) भी व्यक्त राजनैतिक सामाजीकरण में एक प्रमुख तत्त्व है। उदाहरण के लिये कालिजों और विश्वविद्यालयों में बहुत से विद्यार्थी भावी राजनैतिक महत्त्वाकांक्षाओं के कारण पहले से ही नेता जैसा व्यवहार करने लगते हैं। इसी प्रकार अन्य विद्यार्थी अच्छे नागरिकों जैसा व्यवहार करने लगते हैं। राजनैतिक शिक्षा (Political Education) जो कि परिवार, विद्यालय, सरकार अथवा राजनैतिक दलों के द्वारा दी जाती है, प्रत्यक्ष राजनैतिक सामाजीकरण का प्रमुख माध्यम है। इसमें सब प्रकार का प्रचार शामिल है जो बहुधा झूठा भी हो सकता है। अन्त में प्रत्यक्ष राजनैतिक सामाजीकरण का एक प्रमुख माध्यम राजनैतिक अनुभव (Political experience) भी है। जैसा राजनैतिक अनुभव होगा वैसा ही राजनैतिक व्यवहार होगा किन्तु इसमें बहुत कुछ परोक्ष तत्त्व भी शामिल हैं।

(2) परोक्ष (Indirect) **अथवा अनभिव्यक्त** (Non-manifest) **राजनैतिक सामाजीकरण**–जैसा कि इसके नाम से स्पष्ट है, राजनैतिक सामाजीकरण का यह प्रकार परोक्ष अथवा अनभिव्यक्त रूप से होता है। इसका अर्थ यह नहीं है कि यह सदैव अनचाहे होता रहता है। इसमें व्यवितयों के अपने संकल्प का भी महत्त्व है। यह निम्नलिखित तीन प्रकार से कार्य करता है।

(i) **परस्पर हस्तान्तर** (Transference)–इसमें एक व्यक्ति से दूसरे व्यक्तियों को मूल्यों और विचारों का हस्तान्तरण होता है। उदाहरण के लिये परिवार में कठोर सत्ता के प्रति समर्पण करने वाला बालक सरकार की ओर भी समर्पण की अभिवृत्ति बना लेता है। दूसरी ओर जनतन्त्रीय परिवारों में बालकों में राजनैतिक सत्ता की ओर जनतन्त्रीय अभिवृत्तियाँ उत्पन्न होती हैं।

(ii) **काम सीखना** (Apprenticeship)–इसमें राजनैतिक क्रियाओं के उपयुक्त कार्यों, आदतों और व्यवहारों को सीखना शामिल है। यह सीखना राजनैतिक क्षेत्र में पुरस्कार

और लाभ के कारण से होता है। इसमें किसी का प्रत्यक्ष अनुकरण न होकर व्यक्ति के अपने अनुभव का महत्त्व होता है। इसमें अराजनैतिक क्रियाओं का भी महत्त्व है क्योंकि उनसे भी बहुत-सी राजनैतिक क्रियायें सीखी जाती हैं। उदाहरण के लिये परिवार, विद्यालय अथवा नौकरी का अनुभव अनेक राजनैतिक कार्यों के अनुरूप काम सीखने में सहायता करता है।

(iii) **सामान्यीकरण** (Generalisation)—परोक्ष राजनैतिक सामाजीकरण की एक प्रक्रिया सामान्य सामाजिक मूल्यों से राजनैतिक लक्ष्यों पर पहुंचने में सामान्यीकरण की प्रक्रिया है। जो लोग सन्देह का जीवन दर्शन अपनाते हैं वे समाज में ही नहीं बल्कि सरकार में भी सन्देह करते हैं। भारतीय जीवन दर्शन का भाग्यवाद जनता को अपने को सरकार के भरोसे छोड़ देने को प्रेरित करता है।

राजनैतिक सामाजीकरण में अनिरन्तरता

अनिरन्तरता (Discontinuity) का अर्थ बतलाते हुए रिचार्ड ई० डाउसन और कैनेथ प्रिविट ने लिखा है, "अनिरन्तरता से हमारा तात्पर्य उन दशाओं से है जिनमें सामाजीकरण के साधन और अवसर वयस्क राजनैतिक पदों से लगे हुए व्यवहार और अभिवृत्तियों की सही प्रकार से प्रत्याशा नहीं करते और बुद्धिमान व्यक्ति को उनके लिये तैयार नहीं करते, साथ ही वे परिस्थितियाँ जिनमें कोई व्यक्ति सामाजीकरण के कुछ साधनों से एक प्रकार के राजनैतिक मूल्य सीखता है और अन्य साधनों से भिन्न प्रकार के राजनैतिक मूल्य सीखता है।"[1] यह अनिरन्तरता प्रत्येक समाज में पाई जाती है। राजनैतिक सामाजीकरण की कोई भी प्रक्रिया इससे सर्वथा मुक्त नहीं होती यद्यपि यह कहा जा सकता है कि यह स्थाई समाज में अधिक पाई जाती है। इससे विरोध और संघर्ष बढ़ता है। इसका उदाहरण एक ओर व्यक्ति के विचारों और विश्वासों तथा दूसरी ओर राजनैतिक जगत की यथार्थताओं और आवश्यकताओं में पाया जाने वाला भारी अन्तर है। परिवर्तनशील समाजों में परिवर्तन की तीव्रता के साथ-साथ यह व्यवधान भी बढ़ता जाता है। आरम्भ का सामाजीकरण कभी भी इतना पूर्ण नहीं हो सकता कि वह बालक को वयस्क जीवन में राजनैतिक क्षेत्र की सभी क्रियाओं के लिये पूर्णतया तैयार कर दे। यह एक समान्य बात है कि युवा आशाओं और यथार्थ जगत में भारी अन्तर पाया जाता है। राजनैतिक सामाजीकरण के साधनों में भी भारी अन्तर पाया जाता है। उदाहरण के लिये परिवार, विद्यालय और बाहर के समाज में व्यक्ति को राजनीति के विषय में सदैव एक सी ही बात सुनाई नहीं पड़ती बल्कि उनमें भारी अन्तर होता है, विद्यालय में बहुधा राजनीतिज्ञों की महानता का बखान किया जाता है। ऐसा प्रत्येक समाज

---

1. "By discontinuity we mean conditions in which socialisation agencies and experiences do not correctly anticipate the attitudes and behaviour associated with adult political positions and do not prepare the maturing individuals for them, as well as situations in which an individuals learns one type of political values from some agencies of socialisation and different values from other agents."
—Richard E. Dawson & Kenneth Prewit, *Political Socialisation,* Little Brown & Co. Boston, Paperback, Fourth Printing, 1969, p. 81.

में होता है किन्तु जो समाज जितनी तेजी से परम्परा से आधुनिकता की ओर प्रगति करता है उसमें यह कहीं ज्यादा होता है।

राजनैतिक सामाजीकरण में अनिरन्तरता के प्रमुख कारण निम्नलिखित हैं—

(1) **काल विलम्बना** (Time lag)—राजनैतिक सामाजीकरण और राजनैतिक कार्यभागों का पालन समय के व्यवधान से होता है और इनमें पर्याप्त काल विलम्बना पाई जाती है। बचपन में हुए सामाजीकरण और वयस्क अवस्था में व्यवहार में कितने ही वर्षों का अन्तर होने के कारण अनिरन्तरता होना स्वाभाविक है। इस बीच में राजनीति का प्रतिमान भी बहुत कुछ बदल जाता है जिससे पहले के विश्वास और विचार पिछड़ जाते हैं। अस्तु, अनिरन्तरता का एक प्रमुख कारण यह है कि बाल्यावस्था के राजनैतिक सामाजीकरण और वयस्कावस्था में राजनीति में भाग लेने में बहुत से वर्षों का व्यवधान होता है।

(2) **सामाजीकरण के साधनों की बहुल्यता**—समाज की जटिलता के बढ़ते जाने के साथ-साथ सामाजीकरण के साधन भी बढ़ते जाते हैं। साधनों की बहुलता से उनमें परस्पर संघर्ष होता है और वे व्यक्ति को विभिन्न और कभी-कभी विरोधी दिशाओं में प्रेरित करते हैं। उदाहरण के लिये प्राथमिक और द्वैतीयक समूहों का राजनैतिक सामाजीकरण अत्यधिक भिन्न होता है क्योंकि पहला व्यक्तिगत और प्राथमिक तथा दूसरा औपचारिक और द्वैतीयक सामाजिक सम्बन्धों पर जोर देता है। जिस समाज में अनेक संस्कृतियाँ पाई जाती हैं उनमें यह विविधता और भी बढ़ जाती है।

(3) **सामाजिक और भौगोलिक गतिशीलता** (Mobility)—सामाजिक संस्तरण में ऊपर उठने के लिये व्यक्तियों को अपनी अभिवृत्तियाँ और मूल्य भी बदलने पड़ते हैं। इसी प्रकार भौगोलिक गतिशीलता जैसे गाँव से शहर में अथवा एक भौगोलिक और राजनैतिक क्षेत्र से दूसरे भौगोलिक और राजनैतिक क्षेत्र में जाने के लिये विचारों और मूल्यों में परिवर्तन होता है। जनसंख्या में एक सभूह से दूसरे समूह में पहुंचने पर अथवा सामाजिक या आर्थिक वर्गों में एक वर्ग से दूसरे वर्ग में जाने पर राजनैतिक सामाजीकरण में अनिरन्तरता होना स्वाभाविक है। जब कोई व्यक्ति गाँव से शहर पहुँचता है या कस्बे से महानगर में जाता है अथवा निर्धन वर्ग से धनिक वर्ग में प्रवेश करता है तो उसे नई परिस्थितियों के अनुरूप जो विचार और व्यवहार बनाने पड़ते हैं वे पहले विचारों और व्यवहारों से निश्चय ही भिन्न होते हैं।

(4) **राजनैतिक परिवर्तन**—सरकार की संरचना और प्रक्रिया में तीव्र और व्यापक परिवर्तन से सामाजीकरण की प्रक्रिया में भारी उथल-पुथल उत्पन्न होती है। इसका उदाहरण भारतवर्ष में आपातकाल के पश्चात सरकार की स्थापना और फिर उसके पतन के पश्चात् पुन: कांग्रेसी सरकार की स्थापना से विश्वासों, मूल्यों तथा व्यवहार के प्रतिमानों में होने वाले भारी अन्तर में देखा जा सकता है। तीव्र राजनैतिक परिवर्तन से राजनैतिक सामाजीकरण की पूर्व प्रक्रिया से सीखे हुए मूल्य और प्रतिमान पुराने पड़ जाते हैं और उनमें तथा वर्तमान परिस्थितियों में आवश्यक मूल्यों और व्यवहार के प्रतिमानों में भारी अनिरन्तरता दिखलाई पड़ती है।

राजनैतिक सामाजीकरण के प्रमुख साधन

राजनैतिक सामाजीकरण की प्रक्रिया अनेक साधनों के माध्यम से काम करती है। व्यक्ति की राजनैतिक अभिवृत्तियाँ और मूल्य परिवार, विद्यालय, निकट समूह, धार्मिक संस्थाओं, सार्वजनिक सम्बन्धों तथा यातायात और सन्देशवहन के साधनों से प्रभावित होते हैं। जैसा कि बाल ने ठीक ही कहा है, ''राजनैतिक सामाजीकरण बाल्यावस्था के प्रभाव योग्य वर्षों तक ही सीमित कोई प्रक्रिया नहीं हैं, बल्कि ऐसी प्रक्रिया है जो कि सम्पूर्ण वयस्क जीवन में चलती रहती है।''[1] संक्षेप में, राजनैतिक सामाजीकरण के प्रमुख साधन निम्नलिखित हैं–

(1) परिवार (Family)–बाल के शब्दों में, ''परिवार का वर्णन बालक की बाह्य जगत पर पहली खिड़की के रूप में किया जाना चाहिये, वह बालक का सत्ता से पहला सम्पर्क है।[2]'' राबर्ट लेन ने परिवार के द्वारा राजनैतिक विश्वासों के प्रसारण की तीन विधियाँ मानी हैं। सबसे पहले यह स्पष्ट और अस्पष्ट रूप से राजनैतिक सिद्धान्तों के प्रसारण से होता है। दूसरे, इसमें बालक को एक विशिष्ट सामाजिक परिवेश में रखा जाता है। तीसरे, यह बालक के व्यक्तित्व में रूपान्तर से सम्भव होता है। इस प्रकार व्यक्ति का अधिकतर राजनैतिक व्यक्तित्व वास्तविक राजनीति में उसके भाग लेने से बहुत वर्ष पूर्व परिवार में निर्धारित होता है। परिवार में पिता सत्ता का प्रतीक होता है और उसके प्रति बालक का व्यवहार वयस्क जीवन में सत्ता के प्रति उसके राजनैतिक व्यवहार को प्रभावित करता है। संयुक्त राष्ट्र अमेरिका में बड़े पैमाने पर अनुसंधान से यह ज्ञात हुआ कि किसी भी पीढ़ी में तीन चौथाई से अधिक बालक अपने माता-पिता के राजनैतिक मूल्यों को ग्रहण करते हैं यद्यपि दोनों पीढ़ियों में सामाजिक आर्थिक परिवेश में पर्याप्त अन्तर देखा जा सकता है।

राजनैतिक सामाजीकरण में परिवार के इस महत्त्व के कई कारण हैं। एक तो बहुत लम्बे काल तक परिवार ही बालक की सब प्रकार की आवश्यकताओं की पूर्ति करता है जिसके कारण वह परिवार पर अत्यधिक निर्भर हो जाता है और इसलिये उस पर परिवार के राजनैतिक विश्वासों और अभिवृत्तियों का प्रभाव पड़ना स्वाभाविक है। दूसरे, बालकों में माता-पिता का अनुकरण करने की स्वाभाविक प्रवृत्ति होती है। लड़की के लिये उसकी माता और पुत्र के लिये उसका पिता व्यवहार के आदर्श प्रतिमान उपस्थित करते हैं। आयु बढ़ने के साथ-साथ माता-पिता का यह महत्त्व घटने लगता है और बालक परिवार से बाहर भी बहुत कुछ सीखते हैं किन्तु माता-पिता का प्रभाव मस्तिष्क से कभी भी नहीं मिटता और कम पढ़े लिखे तथा कम बुद्धिमान व्यक्तियों में तो यह सदैव बना रहता है। तीसरे, परिवार के सभी सदस्य एक ही परिवेश में रहने के कारण उनमें एक से राजनैतिक विचार, मूल्य और व्यवहार प्रसारित होना स्वाभाविक है। राजनैतिक सामाजीकरण में परिवार के

---

1. "Political socialisation is not a process confined to the impressionable years of childhood, but one that continues throughout adult life."
—Ball, op. cit. p. 68.
2. R.E. Lane : "Fathers and Sons : The Foundations of political beliefs."
—*American Sociological Review,* Vol. 1959, pp. 502-511.

योगदान के विषय में यह याद रखना आवश्यक है कि बहुधा इसमें भारी रूढ़िवादिता पाई जाती है। समाज में परिवार रूढ़ियों और परम्पराओं को बनाये रखने के प्रमुख साधन होते हैं और इसलिये वे सामाजिक ओर राजनैतिक परिवर्तन में सबसे बड़ी बाधा उत्पन्न करते हैं। स्वाभाविक है कि जिन समाजों में परिवार का नियन्त्रण और प्रभाव जितना ही अधिक होगा उनमें सामाजिक और राजनैतिक परिवर्तन में उतनी ही अधिक कठिनाई होगी। इसका उदाहरण भारतीय समाज में देखा जा सकता है। इस प्रकार परिवार सामाजिक और राजनैतिक प्रगति को बहुधा पीछे खींचते हैं।

(2) **निकट समूह** (Peer groups)—परिवार के पश्चात् समाज में प्राथमिक सम्बन्धों पर आधारित क्रीड़ा समूह, मैत्री समूह, वंश समूह इत्यादि पाये जाते हैं जिनको निकट समूह कहा जाता है। इनका भी राजनैतिक सामाजीकरण पर महत्त्वपूर्ण प्रभाव पड़ता है। बहुधा इनमें सदस्यों की स्थिति समान होती है अर्थात् इनमें परिवार जैसा ऊँचा-नीचा सम्बन्ध नहीं पाया जाता। बहुधा इनमें समान आयु, समान कार्य, समान आर्थिक स्थिति देखी जाती है। इससे यह नहीं समझा जाना चाहिये कि इन समूहों में नेता नहीं होते किन्तु इन नेताओं को वह सत्ता नहीं दी जाती जो परिवार में माता-पिता को दी जाती है। जैसे बाल्यावस्था में बालक के सामाजीकरण पर परिवार का विशेष प्रभाव पड़ता है वैसे ही किशोरावस्था में उस पर क्रीड़ा समूह अथवा मैत्री समूह का विशेष प्रभाव पड़ता है और परिवार का प्रभाव कम होने लगता है। इस आयु में राजनैतिक परिवर्तनों की व्याख्या और उनमें भाग लेने की आवश्यकता पड़ती है। निकट समूह सामाजीकरण के द्वारा व्यक्ति को राजनैतिक अनुभव के लिये तैयार करते हैं। यह कार्य परिवार के द्वारा नहीं हो सकता क्योंकि इसमें जटिल और निर्वैयक्तिक सम्बन्धों की आवश्यकता पड़ती है। किन्तु परिवार और निकट समूहों में संघर्ष नहीं होता, बल्कि सहयोग होता है। जैसा कि रोबर्टा एस॰ सीगल ने लिखा है, "कोई भी समाज जितना ही अधिक स्तरित और स्थिर होता है, उसमें निकट समूह की राजनैतिक दृष्टि से परिवार से संघर्ष की उतनी ही कम सम्भावना होती है।"[1] राजनैतिक सामाजीकरण में निकट समूह के महत्त्व का एक प्रमुख कारण यह है कि उसमें सदस्यों में स्वभावतया परस्पर क्रियायें होती हैं और उसमें औपचारिकता नहीं होती। सदस्य उसकी ओर अत्यधिक ध्यान देते हैं। दूसरे, परिवार की तरह इसमें भी अत्यधिक घनिष्ठ और संवेगात्मक परस्पर सम्बन्ध पाये जाते हैं जिससे सामाजीकरण होता है। जिन समाजों में व्यक्ति पर परिवार का नियन्त्रण जितना ही अधिक और दीर्घकालीन होता है उनमें निकट समूहों का योगदान उतना ही कम और अल्पकालीन होता है। दूसरी ओर जिन समाजों में परिवार का नियन्त्रण शीघ्र ही समाप्त हो जाता है उनमें राजनैतिक सामाजीकरण में निकट समूह का विशेष योगदान होता है। मार्टिन लेवी के अनुसार व्यक्तियों में निकट समूहों में बहुमत को मान्यता देने की प्रवृत्ति पाई जाती है।

---

1. "The more stratified or the more static the society, the less the peer group will probably conflict politically with the family."
—The Peer Group : Introduction, Roberta S. Sigel (ed.) *Learning About Politics; A Reader in Political Socialisation,* Random House, New York, 1970, p. 413.

(3) शिक्षा संस्थायें (Educational institutions)—परिवार और निकट समूहों से निकलकर व्यक्ति शिक्षा संस्थाओं के सम्पर्क में आता है। उस पर विद्यालयों, कालिजों और विश्वविद्यालयों का महत्त्वपूर्ण प्रभाव पड़ता है। वास्तव में यह कहना अनुचित नहीं होगा कि शिक्षा संस्थाओं का राजनैतिक सामाजीकरण में परिवार से भी अधिक प्रभाव होता है। इसी कारण अनेक देशों में सरकारें, विद्यालयों को अपने हाथ में लेने का प्रयास करती हैं। विश्वविद्यालयों पर तो लगभग सब कहीं आर्थिक सहायता तथा अन्य प्रयासों से राजनैतिक नियन्त्रण का प्रयास किया जाता है। इससे सरकार को अपने अनुकूल राजनैतिक संस्कृति प्रसारित करने में सहायता मिलती है। साम्यवादी देशों में शिक्षा संस्थाओं को सरकारी राजनैतिक विचार, मूल्य और व्यवहार प्रतिमान फैलाने का सबसे बड़ा साधन माना जाता है। शिक्षा संस्थाओं के विभिन्न प्रकारों का राजनैतिक सामाजीकरण में न्यूनाधिक भिन्न योगदान होता है। स्कूलों में पाठ्यक्रम सीधा सामाजीकरण करता है क्योंकि उसमें राष्ट्रीय मूल्यों, राष्ट्रीय इतिहास, राष्ट्रीय साहित्य, प्रथाओं और परम्पराओं तथा राजनैतिक नेताओं और राजनैतिक व्यवस्था के प्रति सम्मान और विश्वास स्थापित किया जाता है। इस प्रक्रिया में अध्यापक भी सहायक होते हैं। स्कूलों में ही अनुशासन के नाम पर विद्यार्थियों को सत्ता के प्रति समर्पण करने का पाठ पढ़ाया जाता है जो कि बाद में नागरिक जीवन में सहायक होता है। कहना न होगा कि स्कूलों में अनुशासन जितनी अधिक कठोरता से लागू किया जायेगा राजनैतिक क्षेत्र में उतना ही अधिक दमन सम्भव हो सकेगा। दूसरी ओर यदि विद्यार्थियों को सत्ताधारियों के कार्यों की आलोचना का अधिकार दिया जाता है तो वे आगे चलकर सरकार की आलोचना से भी पीछे नहीं हटते। यह कार्य कालिज और विश्वविद्यालय की शिक्षा के द्वारा विशेष रूप से सम्भव हो पाता है। ये विद्यार्थियों में नवीन मूल्य और नवीन राजनैतिक अभिवृत्तियाँ उत्पन्न करते हैं। आधुनिक काल में विभिन्न राजनैतिक दल कालिजों और विश्वविद्यालयों में अपनी विचारधारा का प्रत्यक्ष और परोक्ष प्रसार करते हैं भारतवर्ष में लगभग प्रत्येक बड़े राजनैतिक दल की युवा शाखायें कालिजों और विश्वविद्यालयों में फैली हुई हैं और लगभग सब कहीं प्राध्यापकों में राजनैतिक दलों के सक्रिय सदस्य पाये जाते हैं। विभिन्न विश्वविद्यालयों में विभिन्न राजनैतिक विचारधाराओं का जोर देखा जा सकता है। विद्यार्थियों के संगठनों को राजनैतिक दलों से आर्थिक तथा नैतिक सहायता प्राप्त होती है। विश्वविद्यालयों और कालिजों में राजनैतिक कार्य का प्रशिक्षण और अनुभव नेताओं को आगे चलकर वास्तविक राजनैतिक क्षेत्र में नेतृत्व करने में सहायता देता है। वर्तमान समय में तो कालिज और विश्वविद्यालय राजनैतिक सामाजीकरण के लगभग सबसे बड़े साधन कहे जा सकते हैं। यही कारण है कि सरकारी और अन्य विरोधी राजनैतिक दल सभी शिक्षकों और विद्यार्थियों में अपने पक्षधरों की संख्या बढ़ाने में सतत प्रयत्नशील रहते हैं। भारतवर्ष में श्री जयप्रकाश नारायण ने अपना आन्दोलन चलाने में कालिजों और विश्वविद्यालयों को ही प्रमुख आधार बनाया था। विश्व के बहुत से देशों में विद्यार्थी वर्ग महत्त्वपूर्ण राजनैतिक शक्ति माना जाता है और उनके द्वारा सशक्त क्रान्ति की सदैव सम्भावना बनी रहती है।

(4) द्वैतीयक समूह (Secondary groups)—द्वैतीयक समूहों का महत्त्व सरल और अविकसित समाजों में कम और जटिल तथा अत्यधिक विकसित समाजों में अधि

होता है। समाज में जटिलता और विकास बढ़ते जाने के साथ-साथ यह महत्त्व भी बढ़ता जाता है। इसका प्रमुख कारण यह है कि राजनैतिक जगत में वे ही सम्बन्ध पाये जाते हैं जो कि द्वैतीयक समूहों में होते हैं। दूसरे, कुछ द्वैतीयक समूह जैसे राजनैतिक दल और राजनैतिक युवा दल स्पष्ट रूप से राजनैतिक लक्ष्यों को प्राप्त करने के लिये, राजनैतिक विचारों और मूल्यों के प्रसारण के लिए, नये राजनैतिक नेता बनाने के लिये और आवश्यकता पड़ने पर राजनैतिक कार्य के लिए बनाये जाते हैं। ये समूह अभिव्यक्त सामाजीकरण के अंग हैं। किन्तु फिर कुछ अन्य द्वैतीयक समूह स्पष्ट रूप से राजनैतिक नहीं होते। इनके उदाहरण श्रमिक संघ, विद्यार्थी संघ तथा लगभग सब कहीं पाये जाने वाले कर्मचारी संघ हैं। इनका उद्देश्य अपने विशिष्ट वर्ग अथवा कार्य क्षेत्र में अपने सदस्यों के लिये सामूहिक सौदेबाजी करना है। किन्तु इन समूहों में भी विभिन्न राजनैतिक विचारों से प्रभावित नेता नेतृत्व करते हैं। इनमें से अधिकतर तो विशिष्ट राजनैतिक दल के सक्रिय सदस्य होते हैं। अस्तु, परोक्ष रूप से इनके उद्देश्य भी राजनैतिक होते हैं। ये अपने सदस्यों को राजनैतिक शिक्षा देते हैं और समय-समय पर सक्रिय राजनीति में भाग लेते हैं। किन्तु फिर कुछ द्वैतीयक समूह ऐसे भी होते हैं जिनको राजनैतिक नहीं कहा जा सकता भले ही उनमें होने वाला सामाजीकरण राजनैतिक क्षेत्र में सामायोजन और सफलता में सहायता देता हो। भारतवर्ष में स्वायत्त संगठन अनेक क्षेत्रों में पाये जाते हैं जिनमें से अनेक को सरकारी सहायता मिलती है। सरकारी सहायता के साथ-साथ सरकार के पक्ष में राजनैतिक प्रचार भी आता है। कम से कम उनसे सरकार के समर्थन की तो आशा की ही जाती है। इसके अभाव में इन्हें कोई सरकारी सहायता नहीं दी जाती। अस्तु, यह कहा जा सकता है कि देश में सरकारी सहायता प्राप्त जितने भी संगठन हैं उन सबका कुछ न कुछ राजनैतिक लाभ सरकार को मिलता है। जिन देशों मे सार्वजनिक क्षेत्र ही सब कुछ है वहाँ तो सब कहीं सरकार के पक्ष में ही सामाजीकरण दिखलाई पड़ता है। किन्तु जिन देशों में निजी क्षेत्र भी पर्याप्त रूप से विकसित है वहाँ पर अनेक संगठन स्पष्ट रूप से सरकार की आलोचना का कार्य करते हैं।

(5) जनसम्पर्क के साधन (Mass communication media)—राजनैतिक सामाजीकरण में सबसे अधिक आधुनिक, सबसे अधिक व्यापक और प्रभावशाली साधन सम्पर्क के साधन हैं। इनमें रेडियो, टेलीविजन, समाचार-पत्र और पत्रिकायें आदि सम्मिलित हैं। आधुनिक काल में इन साधनों में अत्यधिक तकनीकी विकास होने के कारण इनका महत्त्व बहुत बढ़ गया है। यहाँ यह याद रखना आवश्यक है कि इनका प्रभाव उस समाज की प्रकृति और स्तर पर भी निर्भर है जहाँ प्रचार किया जा रहा है। दूसरे, इनके द्वारा प्रसारित विचार और मूल्य इनमें काम करने वाले व्यक्तियों के नहीं होते बल्कि उनके आदेश कहीं और से आने हैं। अधिकतर राज्यों में इन पर सरकार का नियन्त्रण होने के कारण इनके द्वारा प्रसार सरकार के पक्ष में होता है। कम से कम वह सरकार के विरुद्ध नहीं हो सकता। अस्तु, इनको राजनैतिक सामाजीकरण के साधन न कहकर उसके यन्त्र कहना अधिक उपयुक्त होगा। ये जनता को प्रत्यक्ष रूप से प्रभावित नहीं करते। इनके द्वारा प्रसारित मत, विचार और मूल्य इनके दर्शकों और पाठकों को प्रभावित करते हैं जिनसे वे और भी बड़े क्षेत्र में फैल जाते हैं। ये स्वयं कोई मूल्य अथवा विचार स्थापित नहीं करते बल्कि

अन्य प्रकार से प्रसारित विचारों या मूल्यों को सबल या निर्बल बनाते हैं। बहुधा ये यथा स्थिति का समर्थन करते हैं और इसलिये इन्हें परिवर्तन के अग्रदूत नहीं कहा जा सकता किन्तु जिन देशों में विभिन्न राजनैतिक दल स्वतन्त्र रूप से फलते-फूलते हैं और लोग सम्पर्क के साधनों का प्रयोग करने में स्वतन्त्र हैं वहाँ बहुधा ये परिवर्तन के अग्रदूत बन जाते हैं। यहाँ यह भी स्मरणीय है कि ये इन यन्त्रों के अनुकूल होते हैं। जनमत के प्रतिकूल होने पर उनका विरोध किया जाता है और उनका प्रभाव कम हो जाता है।

(6) राजनैतिक दल (Political parties)—यद्यपि राजनैतिक दलों को द्वैतीयक समूहों में गिना जा सकता है किन्तु राजनैतिक सामाजीकरण में उनका योगदान इतना अधिक है कि उनकी अलग से चर्चा करना आवश्यक है। राजनैतिक दल ही सरकार बनाते हैं। विभिन्न अवसरों पर विभिन्न राजनैतिक दलों की सरकार होती है। जिस समय जिस राजनैतिक दल की सरकार होती है उस समय वह लोक सम्पर्क के सभी साधनों को विद्यालयों, विश्वविद्यालयों तथा अन्य संस्थाओं को अपने पक्ष में राजनैतिक प्रचार करने का साधन बनाती है और दूसरे राजनैतिक दलों के विकास में बाधा डालती है। अन्य राजनैतिक दल भी अवसर की ताक में रहते हैं और कभी अकेले तथा कभी गठबन्धन करके अपनी शक्ति बढ़ाने में लगे रहते हैं ताकि अवसर मिलने पर सरकार का विकल्प उपस्थित कर सकें। अस्तु, वे भी पूरी शक्ति से अपने पक्ष में और बहुधा सरकार के विपक्ष में राजनैतिक प्रचार करते रहते हैं। इस विरोधी प्रचार की गति सामान्य होने पर परिवर्तन सामान्य रूप से होता है। किन्तु इसमें गलाकाट प्रतियोगिता हो जाने पर हिंसक क्रांतियाँ भी होती हैं।

(7) सामाजिक संस्थायें (Social Institutions)—परिवार के अतिरिक्त धार्मिक, साँस्कृतिक तथा अन्य सामाजिक संस्थायें भी राजनैतिक सामाजीकरण में महत्त्वपूर्ण योगदान देती हैं। इनमें विशेषतया मुस्लिम देशों में, धार्मिक संस्थाओं का विशेष प्रभाव है। बहुजातीय और बहुप्रजातीय समाजों में युवा आन्दोलन राष्ट्रीय संकलन में सहायता देते हैं। विभिन्न व्यवसायों में व्यावसायिक हितों को लेकर बनी समितियाँ, संघ और संगठन भी राजनैतिक सामाजीकरण करते हैं।

राजनैतिक सामाजीकरण के उपरोक्त विभिन्न साधन परस्पर पूरक हैं। जिस सीमा तक ये परस्पर पूरक रहते हैं उसी सीमा तक ये राजनैतिक व्यवस्था को स्थाई बनाने में सफल होते हैं। किन्तु जब इनमें विरोध बढ़ जाता है तो राजनैतिक व्यवस्था में भारी उथल पुथल होती है। राजनैतिक सामाजीकरण की दृष्टि से इन दोनों में कोई विरोध नहीं है क्योंकि वह एक निरन्तर प्रक्रिया है और उससे एक से चलने की आशा नहीं की जा सकती। राजनैतिक सामाजीकरण की अवधारणा से राजनैतिक व्यवस्था को स्थायी बनाने और परिवर्तन करने के साधन स्पष्ट हुए हैं। इससे यह पता चलता है कि वर्तमान व्यवस्था में कहाँ तक और कैसे संशोधन किया जा सकता है। किन्तु यह कहना उपयुक्त नहीं होगा कि यह परम्परा को बनाये रखने का साधन मात्र है अथवा एकांगी विचारधारा को मजबूत करने का माध्यम है। मार्क्सवादी विचारक इस अवधारणा को बुर्जुआ मस्तिष्क की उपज मानते हैं। अमरीकी समाजशास्त्री इसको विशेष रूप से महत्त्वपूर्ण ठहराते हैं। तृतीय वर्ग में आने वाले देशों के लिये भी इसका महत्त्व कम नहीं है।

वास्तव में राजनैतिक सामाजीकरण का महत्त्व आंकने के लिये यह कसौटी उपयुक्त नहीं है कि उसका कहाँ तक उपयोग अथवा दुरुपयोग किया गया है। यह ठीक है कि उसका उपयोग यथा स्थिति को बनाये रखने के लिये किया जाता है किन्तु कोई भी परिवर्तन लाने के बाद उसको समाज में फैलाने और जनता द्वारा स्वीकार करवाने के लिये भी राजनैतिक सामाजीकरण ही एकमात्र साधन है। इसके अभाव में सरकार बलपूर्वक किसी भी सुधार को लाद नहीं सकती, कभी न कभी जनता उसे उखाड़ फेंकेगी। अन्त में यह कहा जा सकता है कि राजनैतिक सामाजीकरण राजनैतिक परिवर्तन को सम्भव बनाने की जनतन्त्रीय और मनोवैज्ञानिक प्रणाली है। यह प्रणाली राजनैतिक संस्कृति का निर्माण करती है और उसमें आवश्यकता के अनुरूप परिवर्तन उत्पन्न करती है। इससे नई पीढ़ी को राजनैतिक उत्तरदायित्व तथा कार्य भागों को अपनाने का साधन उपलब्ध होता है। इससे सरकार और जनता में सहयोग बढ़ता है।

अभ्यास के लिये प्रश्न

1. राजनैतिक सामाजीकरण की प्रकृति की व्याख्या कीजिये। उसके प्रकार बतलाइये।
2. राजनैतिक सामाजीकरण में अनिरंतरता की व्याख्या बतलाइये।

13

राष्ट्र और राष्ट्रीय चरित्र
(The Nation and National Character)

राष्ट्र की परिभाषा

भिन्न-भिन्न विद्वानों ने राष्ट्र की भिन्न-भिन्न प्रकार से परिभाषा की है। इनमें कुछ मुख्य परिभाषायें निम्नलिखित हैं–

(1) लार्ड ब्राइस का मत–"एक राष्ट्र एक राष्ट्रीयता है जिसने अपने को या तो स्वतन्त्र या स्वतन्त्र होने की इच्छा रखने वाले एक राजनैतिक समूह में संगठित कर लिया है।"[1] राष्ट्र की इस परिभाषा में उसे राष्ट्रीयता ही मान लिया गया है जो कि वास्तव में राष्ट्र के निर्माण में केवल एक यद्यपि सम्भवत: सबसे महत्त्वपूर्ण तत्त्व है।

(2) हक्सले और हड्सन का मत–"एक राष्ट्र एक सामान्य देश रखने वाले, एक सामान्य इतिहास, सामान्य भावना और परम्परायें, सामान्य सामाजिक संगठन और बहुधा सामान्य भाषा से बंधे हुए मनुष्यों का एक समूह है।"[2] राष्ट्र की यह परिभाषा पर्याप्त रूप से विस्तृत है परन्तु इसमें स्वतन्त्रता के तत्त्व पर स्पष्ट जोर नहीं दिया गया है।

(3) मैक्स वेबर का मत–"एक राष्ट्र भावनाओं का एक समुदाय है जो कि अपने ही राज्य में अपने को भली प्रकार अभिव्यक्त कर सकता है। अत: एक राष्ट्र एक समुदाय है जो कि साधारणतया स्वयं अपना राज्य उत्पन्न करता है।"[3] इस परिभाषा में राष्ट्र को समुदाय मान लिया गया है।

---

1. "Nation is a nationality which has organised itself into a political body, either independent or desiring to be independent."

—Lord Bryce, *South America,* p. 24.

2. "A nation is a group of people with a common tract of country bound together in a common state by a common history of common sentiments and traditions, common social organisation and usually by common language."

—Huxley and Huddon.

3. "A nation is a community of sentiment which would adequately manifest itself in a state of its own, hence a nation is a community which normally tends to produce a state of its own."

—Max Weber

(4) रैमजे म्योर का मत—"अस्थाई रूप में राष्ट्र की परिभाषा ऐसे लोगों के समूह के रूप में की जा सकती है जो अपने को स्वाभाविक रूप से कुछ ऐसे लगावों से बंधा पाते हैं जो कि उनके लिये इतने दृढ़ और वास्तविक हैं कि वे आनन्दपूर्वक साथ-साथ रह सकते हैं, अलग होने पर दुःखी होते हैं और उन लोगों की आधीनता नहीं सहन कर सकते जो इन बन्धनों में हिस्सा नहीं लेते।"[1] राष्ट्र की इस परिभाषा में उसके भावात्मक पक्ष पर विशेष जोर दिया गया है।

(5) सिडनी हरबर्ट का मत—"राष्ट्र समूह के ऐतिहासिक भूत से प्रेरित परम्पराओं से उत्पन्न होने वाली एक निश्चित अनुभूति से प्रत्यक्ष रूप से सम्बन्धित एक समान प्रकार की चेतना से बंधा एक सामाजिक समूह है।"[2] राष्ट्र की इस परिभाषा में राष्ट्र के लोगों में राष्ट्र की चेतना पर जोर दिया गया है। सिडनी हरबर्ट के अनुसार समान परम्परायें और एक सामान्य भौगोलिक प्रदेश राष्ट्र के सबसे अधिक महत्त्वपूर्ण तत्त्व हैं।

(6) डॉ॰ मैक्डूगल का मत—"एक राष्ट्र एक जनसमूह या जनसंख्या है जो कुछ अंश में राजनैतिक स्वतन्त्रता का उपयोग करता है और एक राष्ट्रीय मस्तिष्क और चरित्र रखता है, तथा इसलिये, राष्ट्रीय विचार विनिमय और राष्ट्रीय संकल्प के लिये समर्थ है।"[3] राष्ट्र की इस परिभाषा में संगठन के मानसिक तत्त्व पर जोर दिया गया है।

इस प्रकार "राष्ट्र की परिभाषा एक ऐसे जन-समूह के रूप में की जा सकती है जो एक भौगोलिक सीमाओं से निश्चित देश में रहता हो, समान परम्पराओं समान हितों और समान भावनाओं से बँधा हो और जिसमें एकता के सूत्र में बंधने की उत्कण्ठा तथा समान राजनैतिक महत्त्वाकांक्षायें पाई जाती हों।"[4] कहना न होगा कि राष्ट्र की इस परिभाषा में उपरोक्त सभी परिभाषाओं के मूल तत्त्व आ जाते हैं।

राष्ट्रीयता की भावना

राष्ट्रीयता क्या है ?—राष्ट्र के निर्णायक तत्त्वों में राष्ट्रीयता की भावना सबसे अधिक महत्त्वपूर्ण है। अतः यहाँ उसका विस्तृत विवेचन प्रासंगिक होगा। राष्ट्रीयता की भावना किसी राष्ट्र के सदस्यों में पाई जाने वाली सामुदायिक भावना है जो उनका संगठन सुदृढ़ रखती है। राष्ट्रीयता एक सांस्कृतिक और प्रजातीय शब्द है। उसका लक्षण आध्यात्मिक

---

1. "Nation may be provisionally defined as a body of people who feel themselves to be naturally linked together by certain affinities which are so strong and real for them that they can live happily together, are distressed when disunited, and can not tolerate subjection to people who do not share these ties." —Ramsay Muir.
2. "Nation is a social group bound together by a consciousness of kind which springs from the traditions evoked by the group's historic past and is directly related to a definite home country." —Sidney Herbert.
3. "A nation is a people or population enjoying some degree of political independence and possessed of national mind and character, and therefore capable of national deliberation and national volition." —Mcdougall.
4. "A nation can be defined as a body of people which lives in a country limited by geographical boundries, is bound by common traditions, common interests and common feelings and in which are found a desire to be bound in a bond of unity and common political ambitions." —The author.

है। उससे लोगों में एकता की भावना का संचार होता है। वह समान इतिहास, समान भाषा, समान धर्म तथा समान संस्कृति वाले और एक ही भूभाग में रहने वाले लोगों की हम भावना है। हेज के शब्दों में "राष्ट्रीयता एक ऐसा समूह है जो लगभग एक ही भाषा या अत्यधिक सम्बन्धित भाषायें बोलता हो, जो सामान्य ऐतिहासिक परम्पराओं को मानता हो और इस प्रकार एक विशेष सांस्कृतिक समाज बनाता हो ... एक राष्ट्रीयता, राजनैतिक एकता और स्वतन्त्र प्रभुता प्राप्त करके एक राष्ट्र बन जाती है।"[1] रोज (Rose) ने लिखा है, "राष्ट्रीयता वह जनसमूह है जो कि अभी तक राजनैतिक दृष्टि से संगठित न हुआ हो," आदर्श रूप में "वह एक संगठित राष्ट्रीय अस्तित्व की ओर एक प्रेरणा है।"[2] इस प्रकार राजनैतिक संगठन मिल जाने से राष्ट्रीयता राष्ट्र का रूप धारण कर लेती है।

राष्ट्रीयता और राज्यत्व—राष्ट्रीयता और राज्यत्व में अन्तर बतलाते समय जिमेरिन ने राष्ट्रीयता की प्रकृति पर अच्छा प्रकाश डाला है। वे लिखते हैं, "राष्ट्रीयता धर्म के समान आत्मगत है। राज्यत्व वस्तुगत है, राष्ट्रीयता मनोवैज्ञानिक हैं, राज्यत्व राजनैतिक है, राष्ट्रीयता मन की एक दशा है, राज्यत्व विधि की एक अवस्था है, राष्ट्रीयता एक आध यात्मिक सम्पत्ति है, राज्यत्व बाधित किया जाने वाला कर्त्तव्य है, राष्ट्रीयता एक सोचने का, अनुभूति का और रहने का ढंग है, राज्यत्व रहने के सब समान तरीकों से अविच्छेद्य एक दशा है।"[3]

राष्ट्रीयता के इस विस्तृत वर्णन से राष्ट्रीयता की भावना स्पष्ट हो गयी होगी। इस प्रकार राष्ट्रीयता की भावना राष्ट्र अथवा राज्य की भावना से भिन्न नहीं है। उसके लिये राजनैतिक संगठन तथा राजनैतिक स्वतन्त्रता और प्रभुता आवश्यक नहीं है। "वह समान परम्पराओं, समान रीति-रिवाजों, समान अतीत की स्मृतियों और समान भविष्य की आकाक्षाँओं पर आधारित एक मानसिक अवस्था और एक आध्यात्मिक दशा है।"[4] वह मनोवैज्ञानिक है। वह राष्ट्र के व्यक्तियों के मन में है। वह उनके सोचने, विचारने, अनुभव करने और रहन-सहन में अभिव्यक्त होती है। राष्ट्रीयता की भावना राष्ट्र की नींव है। उसी के आधार पर राष्ट्र टिका रहता है। उसकी अनुपस्थिति में राष्ट्र की कल्पना नहीं की जा सकती।

---

1. "Nationality is a group of people who speak either the same language or closely related dialects, who cherish common historical traditions and thus constitute a distinct cultural society...a nationality by acquiring political unity and sovereign independence becomes nation state."

—Hayes, *Essay in Nationalism* (1962), p. 5.

2. "Nationality is a people which has not yet become organised "politically." In an ideal sense, "it is an inspiration towards united national existence." —Rose.
3. "Nationality like religion is subjective, statehood is objective, nationality is psychological, statehood is political; nationality is a condition of mind, statehood is a condition of law; nationality is a spiritual possession, statehood is an enforceable obligation; nationality is a way of thinking, feeling and living, statehood is a condition inseparable from all civilized ways of living." —Zimmerin.
4. "It is a mental state, a spiritual condition based upon common traditions, common customs, common reminiscences of the past and common future aspirations."

—The Author.

राष्ट्रीयता की भावना के रूप—राष्ट्रीयता की भावना दो रूपों में मिलती है—स्वस्थ और विकृत। विकृत रूप में वह उग्र राष्ट्रवाद और साम्राज्यवाद के रूप में प्रकट होती है जो कि अन्तर्राष्ट्रीय व्यवस्था के लिये अत्यन्त हानिकारक है। पिछले दोनों महायुद्ध उग्र राष्ट्रीयता का ही परिणाम थे। परन्तु स्वस्थ राष्ट्रीयता का अन्तर्राष्ट्रीय व्यवस्था की आवश्यकताओं से कोई विरोध नहीं है। अन्तर्राष्ट्रीय व्यवस्था की यह माँग है कि सभी राष्ट्रों को शान्तिपूर्वक रहना चाहिये। शक्तिशाली राष्ट्रों को निर्बल राष्ट्रों की सहायता करनी चाहिये। इस प्रकार शान्तिपूर्ण सहअस्तित्व और परस्पर सहायता अथवा अन्तर्राष्ट्रीय भ्रातृत्व अन्तर्राष्ट्रीय व्यवस्था की आवश्यकतायें हैं। राष्ट्रीयता की भावना से इन आवश्यकताओं का सामंजस्य करने के लिये अन्तर्राष्ट्रीय कानून पर्याप्त नहीं है। इसके लिये अन्तर्राष्ट्रीयता की भावना के विकास की आवश्यकता है जो कि स्वस्थ राष्ट्रीयता के विस्तार से हो सकता है। संयुक्त राष्ट्रसंघ इस दिशा में एक महत्त्वपूर्ण कदम है और उसकी विभिन्न शाखाओं से विभिन्न राष्ट्रों को विभिन्न विषयों में परस्पर सहयोग का अवसर मिलता है। परन्तु इन प्रयत्नों की सफलताओं के लिये अन्तर्राष्ट्रीयता की भावना के जबर्दस्त प्रचार की आवश्यकता है।

पंचशील द्वारा समन्वय—28 जून 1954 को भारत और चीन के प्रधान मन्त्रियों ने "पंचशील" की घोषणा की जिसको बाद में अप्रैल 1954 में बाण्डुग कान्फ्रेंस में 29 राष्ट्रों ने स्वीकार किया। 1955 में जेनेवा अधिवेशन में "चार बड़ों" ने भी इन सिद्धान्तों का समर्थन किया। ये सिद्धान्त निम्नलिखित हैं—

(1) एक दूसरे की प्रादेशिक एकता और प्रभुता के लिये परस्पर आदर (Mutual respect for each other's territorial integrity and sovereignty)।

(2) आक्रमण न करना (Non Aggression)।

(3) एक दूसरे के आन्तरिक मामलों में हस्तक्षेप न करना (Non interference in each other's internal affairs)।

(4) समानता और परस्पर हितलाभ (Equality and mutual benefit)।

(5) शान्तिपूर्ण सह-अस्तित्व (Peaceful coexistence)।

राष्ट्रीयता और अन्तर्राष्ट्रीयता का समन्वय—जैसा कि पंचशील के इन सिद्धान्तों को देखने से स्पष्ट मालूम पड़ता है, पंचशील से राष्ट्रीयता और अन्तर्राष्ट्रीय व्यवस्था में सामंजस्य उपस्थित किया जा सकता है। पंचशील के सिद्धान्तों ने अन्तर्राष्ट्रीय तनाव को कम करने और परस्पर महत्त्वपूर्ण भावनाओं को बढ़ाने में बड़ा महत्त्वपूर्ण योगदान दिया है परन्तु कोरे वायदों से लोगों के मन नहीं बदल सकते। चीन जो भारत के साथ मिलकर पंचशील की घोषणा करने वालों में पहला था, उसी ने सबसे पहले पंचशील के नियमों को तोड़कर भारत की उत्तरी सीमा पर आक्रमण किया और कुछ क्षेत्र पर अधिकार भी कर लिया। चीन के इस उदाहरण से इसमें सन्देह होता है कि राष्ट्र अपने स्वार्थों के सामने इन सिद्धान्तों की कुछ भी परवाह करेंगे। परन्तु अन्तर्राष्ट्रीय राजनीति की समस्यायें इतनी जटिल हैं कि उनको सुलझाने के लिये किसी स्थायी रूप से लाभदायक व्यवस्था का बनाना सरल नहीं है। वास्तव में मूल समस्या हृदय परिवर्तन की है। हृदय परिवर्तन का

कार्य कुछ वर्षों में नहीं हो सकता। इसमें सदियाँ लगेंगी, तब तक पंचशील जैसे प्रयत्नों से उस दिशा में कुछ न कुछ प्रगति अवश्य होगी।

राष्ट्रीय चरित्र

राष्ट्रीय चरित्र की परिभाषा करते हुए हर्ज ने लिखा है, "राष्ट्रीय चरित्र की परिभाषा परम्पराओं, अभिरूचियों और आदर्शों के संग्रह के रूप में की जा सकती है जो कि राष्ट्र में इतने व्यापक और प्रभावशाली होते हैं कि वे उस राष्ट्र के और अन्य राष्ट्र के मस्तिष्क में उसकी छाप अंकित कर देते हैं।"[1] प्रत्येक देश के राष्ट्रीय चरित्र का अनेक प्रकार से वर्णन किया गया है। सबसे पहले यूनानी लेखकों ने विभिन्न यूनानी नगर राज्यों के राष्ट्रीय चरित्र पर विचार किया था। स्पार्टा के व्यक्तियों को क्रियाशील और शक्तिशाली तथा ऐथेन्स के लोगों को अधिक बात करने वाले समझा जाता था। डी॰ टौकविले ने एक शताब्दी पूर्व अमरीकी राष्ट्रीय चरित्र का अध्ययन किया था। आधुनिक अध्ययनों में ए॰ सीगफ्राइड की America Comes of age और डी॰ डब्लू॰ ब्रोगन की The American Character नामक पुस्तकें उल्लेखनीय हैं। लिन यूटाँग ने My Country and My People में चीन के राष्ट्रीय चरित्र का वर्णन किया है। विभिन्न देशों के राष्ट्रीय चरित्र का विशेष प्रतीक के रूप में वर्णन किया गया है जैसे अमरीका का Uncle Sam के रूप में, इंगलैंड का जॉन बुल के रूप में तथा रूस का भालू के रूप में। यूरोप के विभिन्न राष्ट्रों में भिन्न-भिन्न राष्ट्रीय गुण माने जाते हैं। साधारणतया अंग्रेजों को भावशून्य, जर्मनों को अनुशासनबद्ध तथा फ्रेंच को अस्थिरमति समझा जाता है। भारतवर्ष में बंगालियों को कलाप्रेमी और पंजाबियों को भौतिकवादी तथा राजपूतों को बहादुर समझा जाता है।

क्या राष्ट्रीय चरित्र होता है? इस प्रश्न पर अनेक विद्वानों ने विचार किया है। मान्टेस्क ने लिखा है कि एक राष्ट्र की विशेषतायें ही उस राष्ट्र के चरित्र को प्रकट करती हैं और इन पर जलवायु, संस्कृति, सरकार और कानून के स्वरूप, रीति-रिवाज तथा धर्म का प्रभाव पड़ता है। इसके परिणामस्वरूप प्रत्येक राष्ट्र के व्यक्तियों में विशेष प्रकार की भावनायें, इच्छायें, विचार, क्रियायें आदि पाई जाती हैं। राष्ट्रीय चरित्र पर विचार करने वाले अन्य लेखकों में मैक्डूगल, हर्ज, मोरिस गिन्सबर्ग तथा ब्लैकबर्न उल्लेखनीय हैं।

मैक्डूगल ने The Group Mind नामक अपनी पुस्तक में राष्ट्रीय चरित्र का वर्णन किया है। उसके अनुसार प्रत्येक स्थानीय समूह की अपनी प्रतिभा होती है और उसी के अनुकूल उसका राष्ट्रीय चरित्र होता है। भौगोलिक विशेषतायें, प्रजाति की शुद्धता और यातायात की स्वतन्त्रता का राष्ट्रीय चरित्र पर बड़ा प्रभाव पड़ता है। मैक्डूगल के अनुसार विभिन्न प्रजातियों में जन्मजात मानसिक अन्तर होते हैं और ये अन्तर स्थायी होते हैं तथा राष्ट्रीय चरित्र को प्रभावित करते हैं। इस प्रकार हब्शी मस्त और भाग्यवादी होते हैं और

---

1. "National character may be defined as the totality of traditions, interests, ideals and aspirations which are so wide-spread and influential in a nation that they mould its image both in the mind of the nation concerned and in that of others."

—Hertz.

अनियन्त्रित, संवेगात्मक हिंसा प्रदर्शित करते हैं। आयरिश कवितामय और उत्साही तथा अंग्रेज अनुभववादी हैं। फ्रांसीसी निगमनात्मक होते हैं। एशियावादी भाग्यवादी हैं। भारतवासी अत्यन्त बौद्धिक और नैतिक हैं।

मैक्डूगल के विचार से ऐसा मालूम होता है जैसे राष्ट्रीय चरित्र स्थायी हो परन्तु व्यवहार में ऐसा देखने में नहीं आता। इसमें सन्देह नहीं कि विभिन्न राष्ट्रों के व्यक्तियों में सामूहिक रूप से भी कुछ अन्तर पाये जा सकते हैं और राष्ट्रीय चरित्र है अवश्य, परन्तु यह स्थायी नहीं है और न किसी राष्ट्र के सभी व्यक्तियों में एकसा पाया जाता है। यह ठीक है कि साधारणतया बंगाली पंजाबियों की अपेक्षा अधिक कलाप्रिय हैं और राजपूत अन्य जातियों की अपेक्षा अधिक दिलेर होते हैं परन्तु इसका अर्थ यह नहीं हो सकता है कि सभी बंगाली कलाप्रिय और सभी राजपूत दिलेर होते हैं। सामान्य रूप से भारत के लोग अमरीकनों से अधिक धार्मिक हैं परन्तु फिर भी अमरीकनों में भी धार्मिक और भारतीयों में भी नास्तिक मिल सकते हैं। इस दृष्टि से विचार करने पर राष्ट्रीय चरित्र के विषय में मौरिस गिन्सबर्ग का यह कथन ठीक प्रतीत होता है, ''राष्ट्रीय चरित्र कोई ऐसी वस्तु नहीं है जिसको सदा के लिये दे दिया गया हो, वह सदैव बनता रहता है।''[1]

राष्ट्रीय चरित्र बनाने में भूगोल, आर्थिक स्थिति, संस्कृति, राजनैतिक संगठन, वर्गीय ढाँचा, धर्म और भाषा, सभी का प्रभाव पड़ता है। इस प्रकार राष्ट्रीय चरित्र अस्थायी और नमनीय होता है।

प्रजाति और राष्ट्र में अन्तर

प्रजाति और राष्ट्र में मुख्य अन्तर निम्नलिखित हैं—

(1) प्रकृति का अन्तर—प्रजाति एक जैवकीय विचार है जबकि राष्ट्र एक राजनैतिक और मनोवैज्ञानिक धारणा है।

(2) भूभाग की आवश्यकता का अन्तर—प्रजाति के लिये निश्चित भूभाग आवश्यक नहीं है जैसे गोरी जाति के लोग संसार में सब सभ्य देशों में मिल सकते हैं। राष्ट्र के लिये सामान्यतया एक निश्चित भूभाग आवश्यक है। भारत, इंगलैंड, रूस सभी राष्ट्रों का एक निश्चित भू-प्रदेश है।

(3) राष्ट्र के लिये राष्ट्रीयता की भावना आवश्यक है—राष्ट्र के लिये राष्ट्रीयता की भावना आवश्यक है, प्रजाति के लिये इस प्रकार की किसी भावना की आवश्कता नहीं है।

(4) उत्पत्ति के कारकों का अन्तर—राष्ट्र का जन्म अनेक सामाजिक प्रतिक्रियाओं जैसे भाषा, धर्म, नस्ल, रीति-रिवाजों, परम्पराओं आदि की समानता से होता है। प्रजाति का जन्म प्राकृतिक क्रियाओं जैसे प्रवरण, उत्परिवर्तन आदि से होता है।

---

1. "National character is not something given once for all, it is always in the making."
—M. Ginsberg.

(5) सदस्यता की परिवर्तनशीलता का अन्तर—एक राष्ट्र के सदस्य अपनी राष्ट्रीयता बदलकर दूसरे राष्ट्र के सदस्य हो सकते हैं परन्तु कोई व्यक्ति अपनी पीली या काली प्रजाति बदलकर गोरी प्रजाति में सम्मिलित नहीं हो सकता।

(6) राष्ट्र की सदस्यता के लिये देश में निवास आवश्यक है—राष्ट्र का सदस्य बने रहने के लिये बहुत अधिक समय तक राष्ट्र के बाहर नहीं रहा जा सकता परन्तु कोई भी व्यक्ति कहीं भी रहते हुए अपनी प्रजाति बनाये रख सकता है। मंगोल जीवन भर अमरीका में रह कर भी मंगोल रहेगा परन्तु वह चीन राष्ट्र का सदस्य नहीं रह सकता।

(7) भेद के आधार पर अन्तर—प्रजाति में भेद शारीरिक लक्ष्य के आधार पर किया जाता है, राष्ट्र में भेद राष्ट्रीयता के आधार पर किया जाता है। इस प्रकार प्रजाति का भेद बाह्य लक्षणों से होता है और राष्ट्र का भेद आन्तरिक राष्ट्रीयता की भावना से होता है।

(8) शुद्धता का अन्तर—आजकल कोई भी प्रजाति शुद्ध रूप में नहीं मिलती। सभी प्रजातियाँ वर्णसंकर हो चुकी हैं परन्तु राष्ट्र शुद्ध रूप में मिलते हैं। साधारणतया प्रत्येक राष्ट्र के नागरिक अपने ही राष्ट्र के प्रति राष्ट्रीयता की भावना रखते हैं।

(9) उत्पत्ति में मनुष्य की सामर्थ्य का अन्तर—प्रजाति को मनुष्य उत्पन्न नहीं कर सकते क्योंकि उसकी उत्पत्ति प्राकृतिक कारणों से होती है। राष्ट्र को मनुष्य उत्पन्न कर सकते हैं जैसे पिछले महायुद्ध के बाद यहूदियों ने इजराईल में यहूदी राष्ट्र की स्थापना की।

(10) मानसिक आधार पर भेद का अन्तर—प्रजातियों में मानसिक आधार पर भेद नहीं होता, राष्ट्रों में मानसिक आधार पर भेद किया जाता है। राष्ट्रों का चरित्र एक दूसरे से भिन्न होता है।

(11) प्रजाति भौतिक क्रिया का परिणाम है, राष्ट्र मनोवैज्ञानिक क्रिया का परिणाम है।

(12) प्रजाति की उत्पत्ति एक ही पूर्वज से मानी जा सकती है, राष्ट्र के सदस्यों की उत्पत्ति एक ही पूर्वज से मानना कठिन है।

अभ्यास के लिये प्रश्न

1. राष्ट्रीयता की भावना का विश्लेषण कीजिये। उन घटकों की सूची दीजिये जो उसके निर्माण में सहायक होते हैं।
2. जाति, राष्ट्र और राज्य में भेद स्पष्ट कीजिये। भारतीय उदाहरण दीजिये।

14

भारत में राष्ट्रवाद
(Nationalism in India)

राष्ट्र की परिभाषा एक ऐसे जन-समूह के रूप में की जा सकती है जो कि एक भौगोलिक सीमाओं से निश्चित देश में रहता हो, समान परम्परा, समान हितों और समान भावनाओं से बंधा हो और जिसमें एकता के सूत्र में बंधने की उत्कंठा तथा समान राजनैतिक महत्वाकांक्षायें पायी जाती हों। राष्ट्र के निर्णायक तत्त्वों में राष्ट्रीयता की भावना सबसे अधिक महत्त्वपूर्ण है। राष्ट्रीयता की भावना किसी राष्ट्र के सदस्यों में पायी जाने वाली सामुदायिक भावना है जो उनका संगठन सुदृढ़ रखती है। भारत में अंग्रेजों के शासनकाल में राष्ट्रीयता की भावना का विशेष रूप से विकास हुआ। इस विकास में विशिष्ट बौद्धिक वर्ग का योगदान महत्त्वपूर्ण है। भारत में अंग्रेजी शिक्षा के प्रसार से एक ऐसे विशिष्ट वर्ग का निर्माण हुआ जो स्वतन्त्रता का मूल्य समझता था और जिसमें अपने देश को अन्य पाश्चात्य देशों के समकक्ष लाने की प्रेरणा थी। पाश्चात्य देशों का इतिहास पढ़कर उसमें राष्ट्रवादी भावनाओं का विकास हुआ। इसका तात्पर्य यह नहीं है कि भारत के प्राचीन इतिहास से नयी पीढ़ी को राष्ट्रवाद की प्रेरणा नहीं मिली है, किन्तु आधुनिक काल में नवोदित राष्ट्रवाद अधिकतर अंग्रेजी शिक्षा का ही परिणाम है। देश में अंग्रेजी शिक्षा प्राप्त किये हुये नव्योत्क्रान्त विशिष्ट वर्ग ने ही राष्ट्रीयता का झण्डा उठाया।

भारतीय राष्ट्रवाद का उदय

भारतीय राष्ट्रवाद एक आधुनिक तत्त्व है। ब्रिटिश शासनकाल में अनेक वस्तुगत और आत्मगत शक्तियों की क्रिया-प्रतिक्रियाओं से और अनेक अन्तर्राष्ट्रीय परिस्थितियों के दबाव से भारत में राष्ट्रवाद का उदय हुआ। इस राष्ट्रवाद का अध्ययन अनेक दृष्टिकोणों से महत्त्वपूर्ण है। राष्ट्रवाद के उदय की प्रक्रिया अत्यन्त जटिल और बहुमुखी रही है। भारत में अंग्रेजों के आने से पहले देश में ऐसी सामाजिक संरचना थी जो कि संसार के किसी अन्य देश में शायद ही कहीं पाई जाती हो। वह पूर्व-मध्यकालीन योरुपीय समाजों से आर्थिक दृष्टि से भिन्न थी। भारत विविध भाषा-भाषी और अनेक धर्मों की अनुयायी विशाल जनसंख्या का देश है। सामाजिक दृष्टि से हिन्दू समाज जो कि देश की जनसंख्या का सबसे बड़ा भाग है विभिन्न जातियों और उपजातियों में विभाजित रहा है। स्वयं हिन्दू-धर्म

भी किसी विशिष्ट प्रकार के कर्मकाण्ड या पूजा-पद्धति का नाम नहीं है, बल्कि उसमें कितने ही प्रकार के दर्शन और पूजा-पद्धतियां सम्मिलित हैं। इस प्रकार हिन्दू समाज अनेक सामाजिक और धार्मिक विभागों में बंटा हुआ है। भारत की सामाजिक, आर्थिक और राजनैतिक संरचना तथा विशाल आकार के कारण यहाँ पर राष्ट्रीयता का उदय अन्य देशों की तुलना में अधिक कठिनाई से हुआ है, किन्तु जैसा कि पीछे देश की सांस्कृतिक विविधता में एकता के विवेचन के प्रसंग में बतलाया जा चुका है, सामाजिक, आर्थिक और सांस्कृतिक दृष्टि से देश में इतनी अधिक विविधता पायी जाते हुए भी भारत में सांस्कृतिक जीवन-शक्ति किसी भी अन्य देश से कम नहीं रही है। भारतीय राष्ट्रवाद की एक दूसरी विशेषता यह है कि यह देश में अंग्रेजों के शासनकाल में उदय हुआ। अंग्रेजों ने अपने विशिष्ट हितों के लिये देश में आर्थिक संरचना में व्यापक परिवर्तन किये, एक केन्द्रीय राज्य का निर्माण किया, आधुनिक शिक्षा का प्रसार किया, यातायात और संदेशवहन के साधन बढ़ाये तथा सभी संस्थाओं में व्यापक परिवर्तन किये। इससे एक ऐसे नये विशिष्ट वर्ग का निर्माण हुआ जिसने राष्ट्रवाद का झण्डा ऊँचा उठाया, जिन्होंने ब्रिटिश साम्राज्यवाद से टक्कर ली और भारतीय राष्ट्रवाद के विकास को प्रेरणा दी। इस प्रकार भारतीय राष्ट्रवाद के विकास की सामाजिक पृष्ठभूमि अत्यन्त जटिल और बहुरूपी रही है।

पूर्व-ब्रिटिश सामाजिक पृष्ठभूमि

भारतीय राष्ट्रवाद को समझने के लिये उसकी सामाजिक पृष्ठभूमि को समझना आवश्यक है। भारत में अंग्रेजों के आने से पहले भारतीय ग्राम आत्मनिर्भर समुदाय थे। वे छोटे-छोटे गणतन्त्रों के समान थे जो प्रत्येक बात में आत्मनिर्भर थे। इस प्रकार भारतीय सामन्तवाद योरुपीय सामन्तवाद से भिन्न रहा है। ब्रिटिश-पूर्व भारत में ग्रामीण अर्थ-व्यवस्था कृषि और कुटीर उद्योगों पर आधारित थी और सदियों से ज्यों की त्यों चली आ रही थी। कृषि और उद्योग में तकनीकी स्तर अत्यन्त निम्न था। सामाजिक क्षेत्र में जाति पंचायत और ग्रामीण पंचायत सामाजिक नियन्त्रण का कार्य करते थे। नगरीय क्षेत्र में कुछ नगर राजनैतिक, कुछ धार्मिक और कुछ व्यापार की दृष्टि से महत्त्वपूर्ण थे। अधिकतर राज्यों की राजधानी किसी न किसी नगर में थी। नगरों में अधिकतर लघु-उद्योग प्रचलित थे। इन उद्योगों को राजकीय सहायता प्राप्त होती थी। अधिकतर ग्रामों और नगरों में परस्पर साँस्कृतिक आदान-प्रदान बहुत कम होता था, क्योंकि यातायात और सन्देशवहन के साधन बहुत कम विकसित थे। इस प्रकार राजनैतिक परिवर्तनों से ग्रामों की सामाजिक स्थिति पर बहुत कम प्रभाव पड़ता था। विभिन्न ग्रामों और नगरों के एक दूसरे से अलग रहने के कारण देश में कभी अखिल भारतीय राष्ट्र की भावना उत्पन्न नहीं हो सकी। भारत में जो भी राष्ट्रीयता की भावना थी, वह अधिकतर धार्मिक और आदर्शवादी (Idealogical) एकता की भावना थी, वह राजनैतिक और आर्थिक एकता की भावना नहीं थी। लोग तीर्थ-यात्रा करने के लिये पूर्व से पश्चिम और उत्तर से दक्षिण भारत का दौरा अवश्य करते थे और इससे देश की धार्मिक एकता की भावना बनी हुयी थी, किन्तु सम्पूर्ण देश परस्पर संघर्षरत छोटे-छोटे राज्यों में बंटा हुआ था, जिनमें बराबर युद्ध होते रहते थे। दूसरी ओर ग्रामीण समाज इन राजनैतिक परिवर्तनों से लगभग अछूते रहते थे। भारतीय संस्कृति मुख्य

रूप से धार्मिक रही है। उसमें राजनैतिक और आर्थिक मूल्यों को कभी भी इतना अधिक महत्त्व नहीं दिया गया, जितना कि आधुनिक संस्कृति में दिया जाता है। अस्तु, भारतीय संस्कृति की एकता भी धार्मिक आदर्शवादी एकता है। उसमें राष्ट्रीय भावना का अधिकतर अभाव ही दिखलाई पड़ता है।

कृषि व्यवस्था में परिवर्तन

भारत में अंग्रेजों की विजय के पश्चात् भारतीय समाज में व्यापक रूपान्तर हुआ। ब्रिटिश साम्राज्य की स्थापना का कारण मुगल साम्राज्य का पतन और देश का अनेक छोटे-छोटे राज्यों में विभाजित होना था। ब्रिटिश शासन पूर्व मुस्लिम शासकों से अनेक बातों में भिन्न था। भारतीय लोगों की तुलना में अंग्रेजों में राष्ट्रीयता की भावना, अनुशासन, देश-भक्ति और सहयोग कहीं अधिक दिखलाई पड़ते थे। उनके इन गुणों ने भारतीय विशिष्ट वर्ग को भी प्रभावित किया। अंग्रेजी शासन से भारत की आर्थिक संरचना पर दूरवर्ती प्रभाव पड़े। उससे एक ओर देश में प्राचीन एशियायी समाज को आघात पहुँचा और दूसरी ओर पाश्चात्य समाज की स्थापना हुई। उससे देश में राजनैतिक एकता का निर्माण हुआ। उसके प्रभाव से देश में राष्ट्रीयता के आन्दोलन का विकास हुआ। उससे देश की कृषि-व्यवस्था में आमूलचूल परिवर्तन हुआ। अंग्रेजों के आने से पहले भूमि राजा की नहीं समझी जाती थी उसे जोतने वाले राजा को कर दिया करते थे, अस्तु, भूमि निजी सम्पत्ति भी नहीं मानी जाती थी। अंग्रेजों के आने से भूमि पर ग्रामीण समुदाय का अधिकार नहीं रहा, बल्कि यह व्यक्तियों की निजी सम्पत्ति बन गयी। इस प्रकार देश के कुछ भागों में जमींदारों और अन्य भागों में किसानों का भूमि पर अधिकार हो गया। लार्ड कार्नवालिस के राज्यकाल में बंगाल, बिहार और उड़ीसा में जमींदार वर्ग का उदय हुआ। इससे ग्रामीण अर्थव्यवस्था में दूरवर्ती परिवर्तन हुये। देश के अन्य भागों में रैयतवाड़ी प्रबन्ध से किसानों को अपने द्वारा जोती गई भूमि पर अधिकार दे दिया गया। सर टॉमस ने मद्रास के गवर्नर के रूप में सन् 1820 ई॰ में रैयतवाड़ी व्यवस्था प्रारम्भ की। इससे देश में व्यापक सामाजिक, राजनैतिक, सांस्कृतिक और मनोवैज्ञानिक परिवर्तन हुये। लगान देने की नयी व्यवस्था में ग्रामीण पंचायत नहीं बल्कि जमींदार और किसान सीधे सरकार को कर देने लगे। इस प्रकार कृषि-व्यवस्था व्यापार की स्थिति में आयी और परम्परागत भारतीय ग्रामीण-व्यवस्था का विघटन हुआ। क्रमशः कृषि-व्यवस्था का रूपान्तर होने लगा। भूमि पर निजी अधिकार स्थापित होने से भूमि के छोटे-छोटे टुकड़े बढ़ने लगे। इस अपखण्डन (Fragmentation) से खेती पर बुरा प्रभाव पड़ा। लगान वसूल करने की नयी प्रणाली से सरकारी कर्मचारियों के नवीन वर्ग का निर्माण हुआ, जिसका दूरवर्ती राजनैतिक महत्त्व है। देश की आर्थिक दशा बिगड़ने लगी, गरीबी बढ़ने लगी। गाँवों में लोगों पर कर्ज बढ़ने लगा, जिससे क्रमशः भूमि खेती करने वालों के हाथ से छिन कर खेती न करने वाले भू-स्वामियों के हाथों में जाने लगी। इससे भू-दासों के एक नवीन वर्ग का निर्माण हुआ, जिसके हित भू-स्वामियों के हितों के विरुद्ध थे। कृषि के क्षेत्र में एक ओर सर्वहारा भू-दास और दूसरी ओर परोपजीवी जमींदार वर्ग का निर्माण हुआ, जिनमें परस्पर संघर्ष और तनाव बढ़ने लगा। इन वर्गों के निर्माण से व्यापक सामाजिक, आर्थिक और राजनैतिक परिवर्तन हुये।

नगरीय अर्थव्यवस्था में परिवर्तन

ब्रिटिश शासनकाल में नगरीय अर्थव्यवस्था में भी व्यापक परिवर्तन हुये। कुटीर उद्योगों को धक्का लगा। विदेशी शासन में उनके हितों पर कुठाराघात हुआ, उनके माल की खपत कम होती गयी, जिससे क्रमशः परम्परागत उद्योग समाप्त होने लगे। दूसरी ओर ग्रामीण उद्योगों का भी पतन हुआ। कारीगरों का सामाजिक स्तर गिरने लगा और वे कारीगरी के काम छोड़कर अन्य व्यवसायों में लगने लगे। विदेशों से आये हुये बने-बनाये माल के मुकाबले में देशी माल की खपत घटने लगी, जिसके परिणामस्वरूप भारत अधिकतर कच्चा माल उत्पादन करने का स्रोत बन गया और देश के बाजार विदेशी माल से भर जाने लगे। इस पृष्ठभूमि का देश में आधुनिक उद्योगों के विकास में अत्यधिक महत्त्व है। अंग्रेजों ने अपने लाभ के लिये देश में यातयात और संदेशवहन के साधन बढ़ाये। उन्होंने नये-नये उद्योगों की स्थापना की। इन सबसे क्रमशः राष्ट्रीयता की भावना के विकास में सहायता मिली। अंग्रेजी पढ़े-लिखे नये लोगों ने अंग्रेजों की आर्थिक नीति की कटु आलोचना की। देश में उद्योगों के विकास से पूँजीपति वर्ग बढ़ने लगा। अनेक पूँजीपति कारखानेदार नहीं थे, बल्कि केवल आर्थिक व्यवस्था करते थे। अधिकतर भारतीय उद्योगों में विदेशी पूँजी लगी हुयी थी। इस प्रकार देश की अर्थव्यवस्था देश के लिये हानिकारक और अंग्रेजों के लिये लाभदायक थी, दूसरी ओर व्यापार और उद्योग के क्षेत्र में एकाधिकार बढ़ रहा था।

यातायात और संदेशवहन का विकास

पूर्व ब्रिटिश भारत में यातायात और संदेशवहन के साधन अत्यन्त अविकसित थे। अंग्रजों ने सारे देश में रेलों का जाल बिछा दिया जिससे व्यापक सामाजिक, आर्थिक और राजनैतिक परिवर्तन हुये। यातायात के साधनों का भी विकास हुआ।

शिक्षा का प्रसार

अंग्रेजों ने देश में एक ऐसे वर्ग के निर्माण के लिये अंग्रेजी शिक्षा का प्रचार किया जोकि उन्हें शासन में सहायता दे सके। पूर्व ब्रिटिश भारत में अधिकतर शिक्षा धार्मिक शिक्षा थी जो संस्कृत पाठशालाओं या मुस्लिम मदरसों के माध्यम से दी जाती थी। ईसाइयों ने देश में आधुनिक शिक्षा का प्रसार किया, यद्यपि उनकी शिक्षा का एक उद्देश्य देश में ईसाइयों की संख्या बढ़ाना था, किन्तु उससे लौकिकीकरण, पश्चिमीकरण तथा आधुनिकीकरण की प्रक्रियाओं को भी प्रोत्साहन मिला। अंग्रेजों ने सामान्य शिक्षा के अतिरिक्त विभिन्न प्रकार की प्राविधिक शिक्षा और विशिष्ट व्यावसायिक शिक्षा देने के लिये भी विद्यालय खोले। पाश्चात्य शिक्षा के प्रभाव से देश में एक ऐसे विशिष्ट वर्ग का निर्माण हुआ जिसने राष्ट्रीय शिक्षा की ओर ध्यान दिया। यह वर्ग शिक्षा के महत्त्व को भली प्रकार जानता था। इसमें देशमुख, चिपलूणकर, आगरकर, मगनभाई, कर्मचन्द, कर्वे, तिलक, गोखले, मालवीय और गाँधी जैसे महापुरुषों ने राष्ट्रीय शिक्षा-व्यवस्था की ओर विशेष ध्यान दिया। ब्रह्म समाज, आर्य समाज, रामकृष्णमिशन और अलीगढ़ आन्दोलन ने शिक्षा को प्रोत्साहित किया। बनारस में हिन्दू-विश्वविद्यालय और अलीगढ़ में मुस्लिम-विश्वविद्यालय की स्थापना हुई। देश में सब-कहीं दयानन्द ऐंग्लो-वैदिक विद्यालयों और कॉलिजों की स्थापना हुई। अंग्रेजी

शिक्षा के प्रसार से जहाँ एक ओर काले अंग्रेजों का वर्ग बढ़ा जो कि केवल जन्म से भारतीय और अन्य सब प्रकार से अंग्रेज थे, वहाँ दूसरी ओर ऐसे पढ़े-लिखे लोगों का भी निर्माण हुआ जो कि देश की प्राचीन परम्पराओं पर गर्व करते थे। इन्हीं लोगों ने देश में राष्ट्रीय आन्दोलनों का सूत्रपात किया। भारत में अंग्रेजी शिक्षा-प्रणाली की चाहे जो भी आलोचना की जाये यह निश्चित है कि उससे देश में राष्ट्रीय आन्दोलनों का सूत्रपात हुआ। उससे राष्ट्रीयता, जनतन्त्रवाद और समाजवाद की लहर उत्पन्न हुयी, किन्तु भारतीय राष्ट्रवाद केवल अंग्रेजी शिक्षा का परिणाम नहीं है। भारतीय राष्ट्रीय आन्दोलन अंग्रेजी साम्राज्यवाद और शोषण-व्यवस्था के विरुद्ध विद्रोह था। आधुनिक शिक्षा ने उसको प्रेरणा अवश्य दी।

अंग्रेजी शिक्षा का विकास

अंग्रेजी शिक्षा से जनतन्त्रीय, वैज्ञानिक और विवेकवादी सांस्कृतिक मूल्यों का प्रसार हुआ। अंग्रेजी जनतन्त्रीय साहित्य को पढ़कर पढ़े-लिखे भारतीयों में प्रतिक्रियावादी सामाजिक संस्थाओं के प्रति विद्रोह उत्पन्न हुआ। विश्व संस्कृति के ज्ञान से जहाँ एक ओर भारतीयों का ज्ञान बढ़ा वहाँ दूसरी ओर उनका दृष्टिकोण भी व्यापक हुआ। उससे उनमें विश्व विकास की एकता की भावना बढ़ी। उससे उन्होंने अपनी परम्परागत सामाजिक संस्थाओं, रीति-रिवाजों और संरचना की समीक्षा की तथा उसके गुण दोषों को पहचाना। राष्ट्रीय विशेषताओं पर ध्यान देते हुए उन्होंने यह भी पता लगाया कि जो नियम अन्य देशों पर लागू होते हैं, वे ही नियम बड़ी सीमा तक भारतीयों पर भी लागू होते हैं। नवीन राजनैतिक और आर्थिक व्यवस्था ने नव्योत्क्रान्त विशिष्ट वर्ग के सामने देश की समस्याओं को नये रूप में उपस्थित किया। रानाडे, गोखले, गाडगिल तथा के॰ टी॰ शाह जैसे अर्थशास्त्रियों ने भारतीय अर्थशास्त्र की समीक्षात्मक विवेचना की। उन्होंने वह देखा कि देश की आर्थिक समस्याओं को चाणक्य और व्यास की रचनाओं से नहीं बल्कि आदम स्मिथ, रिकार्डो, लिस्ट या मार्क्स के विचारों से अधिक आसानी से सुलझाया जा सकता है। विभिन्न विज्ञानों का ज्ञान प्राप्त करके बुद्धिजीवी वर्ग ने उसे समाज के अन्य वर्गों में फैलाना शुरू किया। पाश्चात्य ग्रन्थों का भारतीय भाषाओं में बड़ी संख्या में अनुवाद हुआ। इस प्रकार वैज्ञानिक, साहित्यिक, कलात्मक, राजनैतिक, आर्थिक और समाजशास्त्रीय महत्त्व के ग्रन्थों के भारतीय अनुवाद प्रकाशित हुए। इन अनुवादों के अतिरिक्त विभिन्न विषयों पर स्वतन्त्र ग्रन्थों की भी रचना की गयी। विभिन्न देशी भाषाओं में नवीन साहित्य के विकास से जनता में सामाजिक, आर्थिक, राजनैतिक और सांस्कृतिक तथ्यों का ज्ञान बढ़ने लगा। इस प्रकार बुद्धिजीवियों ने अपने लेखों, भाषणों और बातचीत के द्वारा जनता में जागृति उत्पन्न की और उनके दृष्टिकोण को विस्तृत बनाया। अंग्रेजी भाषा ने देश के भिन्न-भिन्न भागों से आने वाले विद्वानों को परस्पर विचार-विमर्श का साधन उपलब्ध कराया। इस प्रकार राष्ट्रीय स्तर पर विभिन्न सामाजिक, राजनैतिक और वैज्ञानिक विषयों पर विचार-विमर्श किया जाने लगा। इससे राष्ट्रीय सम्मेलन और अनेक राष्ट्रीय समितियों के अधिवेशन सम्भव होने लगे। भारत में राष्ट्रीय आन्दोलन के विकास में अंग्रेजी शिक्षा के योगदान को इसी तथ्य से समझा जा सकता है कि आर्थिक, राजनैतिक, सामाजिक, धार्मिक और साँस्कृतिक सभी क्षेत्रों में अंग्रेजी पढ़े-लिखे लोग ही विभिन्न आन्दोलनों के नेता थे।

ब्रिटिश शासन में एकता

पूर्व ब्रिटिश भारत में भौतिक, राजनैतिक और प्रशासनिक एकता का सर्वथा अभाव था। अंग्रेजों ने समस्त देश में राजनैतिक और प्रशासनिक दृष्टि से सामान्य व्यवस्था स्थापित की। उन्होंने समस्त राज्य में कानून के राज्य की स्थापना की और इन कानूनों को अधिनियमों का रूप दिया गया। ये कानून समस्त राज्य के प्रत्येक नागरिक पर लागू किये गये और इनको लागू करने के लिये देश में एक जटिल न्याय व्यवस्था का निर्माण हुआ। राज्य द्वारा नियुक्त न्यायाधीश कानूनों की व्याख्या करते थे और राज्य के अधिनियमों को नागरिकों पर लागू करते थे। सम्पूर्ण देश में नीची अदालतों, जिला अदालतों, उच्च न्यायालयों और संघीय न्यायालयों की स्थापना हुई जिसकी अपील प्रिवी कौंसिल में की जा सकती थी। इस प्रकार कानून रीति-रिवाजों पर आधारित न होकर अधिक निश्चित बन गये। कानून का राज्य स्थापित होने से स्थानीय पंचायतों के अधिकार कम हो गये तथा न्याय-व्यवस्था में एकरूपता की स्थापना हुई। अंग्रेजों के आने से पहले के भारत में और अंग्रेजी राज्य में कानूनी व्यवस्था में भारी अन्तर दिखलायी पड़ता है। जबकि पूर्व-ब्रिटिश कानून अधिकतर धार्मिक स्वीकृतियों पर आधारित था, ब्रिटिश कानून अधिनियम और जनतन्त्रीय मूल्यों पर आधारित था। उसमें जाति, वर्ग, प्रजाति, वर्ण, लिंग आदि के भेदभाव के बिना राज्य के प्रत्येक नागरिक को समान अधिकार प्राप्त थे। इस प्रकार ब्रिटिश शासनकाल में भारतीय इतिहास में पहली बार जनता में जनतन्त्रीय आधार पर एकता स्थापित हुई।

प्रशासनिक एकता

कानूनी एकता के अतिरिक्त ब्रिटिश शासन में प्रशासनिक एकता की भी स्थापना हुई। नगरीय, जिलों की और सूबों की प्रशासनिक व्यवस्था समस्त देश में एक ही प्रकार की थी। लगान की व्यवस्था में व्यापक परिवर्तन होने से समस्त देश में भूमि-सम्बन्धी कानून-व्यवस्था की स्थापना हुयी, जिससे भूमि के क्रय-विक्रय तथा रेहन रखने के सम्बन्ध में समस्त देश में एक से कानूनों का प्रसार हुआ। आर्थिक क्षेत्र में ब्रिटिश सरकार ने समस्त देश में एक से सिक्कों का प्रसार किया, जिससे व्यापार और क्रय-विक्रय में अभूतपूर्व आसानी हुयी।

राष्ट्रीय एकता का अभाव

इस प्रकार अंग्रेजी शासन में भारत में राजनैतिक, वैधानिक और प्रशासनिक एकता की स्थापना हुयी, किन्तु यह एकता राष्ट्रीयता न थी, इसमें अनेक दोष थे। सन् 1918 में रानी विक्टोरिया की घोषणा के द्वारा भारत में अंग्रेजी राज्य में और अधिक देशी राज्यों को शामिल करने पर रोक लगा दी गयी। इससे देश में सैंकड़ों छोटे-बड़े देशी राज्य ब्रिटिश भारत से अलग रह गये और एकता के मार्ग में बाधा उत्पन्न हुयी। दूसरे, अंग्रेजी राज्य में जो कानून और शासन-व्यवस्था भारत में लागू की गयी वह भारतीयों द्वारा बनायी गयी नहीं थी बल्कि इंगलैंड की सरकार द्वारा लादी गयी थी। वास्तव में, भारत में अंग्रेजी राज्य का मूल उद्देश्य अंग्रेजी पूँजीवाद के राजनैतिक, आर्थिक और अन्य हितों की देखभाल करना था और इसके लिये उन्होंने देश का सब प्रकार से शोषण किया। अंग्रेजों की इस

शोषण-नीति के प्रति विद्रोह के रूप में राष्ट्रीय आन्दोलनों का विकास हुआ। ज्यों-त्यों भारतीयों में राजनैतिक चेतना बढ़ने लगी, उन्होंने प्रशासनिक सुधारों, सेवाओं के भारतीयकरण, विभिन्न संस्थाओं में भारतीय प्रतिनिधित्व, प्रजातीय भेद के उन्मूलन, वोट देने और चुने जाने के अधिकार, असैनिक स्वतन्त्रताओं और देश के संविधान तथा भारतीय जनता के प्रति उत्तरदायी धारासभाओं की माँग उपस्थित की। इस प्रकार भारतीय राष्ट्रवादी आन्दोलन मूलरूप से जनतन्त्रीय आन्दोलन था। इन जनतन्त्रीय आदर्शों को प्राप्त करने के लिये राजनैतिक नेताओं ने देश को अंग्रेजों के शासन से मुक्त कराने का नारा बुलन्द किया।

नये वर्गों का उदय

अंग्रेजों के शासनकाल में नवीन सामाजिक और आर्थिक-व्यवस्था तथा नवीन प्रशासनिक-प्रणाली और नयी शिक्षा के विस्तार से नये वर्गों का उदय हुआ। ये वर्ग प्राचीन भारतीय समाज में नहीं पाये जाते थे। ये अंग्रेजी शासनकाल में पूँजीवादी व्यवस्था से उत्पन्न हुये। किन्तु देश के विभिन्न भागों में इन नवीन वर्गों का एक ही प्रकार से उदय नहीं हुआ। इसका कारण यह था कि देश के विभिन्न भागों में एक ही साथ अंग्रेजी शासन की स्थापना नहीं हुयी और न उनमें एक ही साथ सुधार लागू किये गये। सबसे पहले बंगाल में अंग्रेजी शासन की स्थापना हुयी और वहीं से सबसे पहले जमींदार वर्ग उत्पन्न हुआ। इसी प्रकार बंगाल और बम्बई में सबसे पहले बड़े उद्योगों की स्थापना की गयी और वहां पर उद्योगपतियों और श्रमिकों के वर्ग निर्माण हुये। अन्त में, जब सम्पूर्ण देश में अंग्रेजी शासन की स्थापना हुयी तो सब कहीं राष्ट्रीय स्तर पर नये सामाजिक वर्ग दिखलाई पड़ने लगे। इन नये सामाजिक वर्गों के निर्माण में पूर्व-ब्रिटिश सामाजिक व आर्थिक संरचना का भी महत्त्वपूर्ण योगदान था। उदाहरण के लिये, अंग्रेजों के आने के पहले बनियों में व्यापार और उद्योग अधिक था और अंग्रेजी शासनकाल में भी इन्हीं लोगों ने सबसे पहले पूंजीपति वर्ग का निर्माण किया। इसी प्रकार ब्राह्मण प्राचीन काल से ही अध्ययन अध्यापन का कार्य करते चले आ रहे थे, ब्रिटिश शासनकाल में इन्होंने ही आधुनिक बुद्धिजीवी वर्ग का निर्माण किया। हिन्दुओं की तुलना में मुस्लिम जनसंख्या में शिक्षा का प्रसार कम होने के कारण उनमें बुद्धिजीवी मध्यम वर्ग और बुर्जवा वर्ग हिन्दू समुदाय की तुलना में बहुत बाद में दिखलायी दिया। इस प्रकार अंग्रेजी शासकाल में जमींदार वर्ग, भूमि जोतने वाले, भू-स्वामी वर्ग, कृषि-श्रमिक, व्यापारी वर्ग, साहूकार वर्ग, पूँजीपति वर्ग, मध्यम वर्ग, छोटे व्यापारी और दुकानदार वर्ग, डाक्टर, वकील, प्रोफेसर, मैनेजर, क्लर्क आदि व्यवसायी वर्ग और विभिन्न कारखानों, खानों और बागीचों में काम करने वाले श्रमिक वर्गों का उदय हुआ। इनमें से अनेक वर्गों के हित परस्पर विरुद्ध थे और उन्होंने अपने-अपने हितों की रक्षा करने के लिये अनेक नवीन आन्दोलन छेड़े।

अभ्यास के लिये प्रश्न

1. संक्षिप्त टिप्पणी लिखो—राष्ट्रवाद।
2. भारत में राष्ट्रवाद का विकास दिखलाइये।

15

अभिजात वर्ग की अवधारणा
(The Concept of Elites)

अंग्रेजी भाषा का शब्द Elite शाब्दिक रूप में 'श्रेष्ठ' वस्तुओं के लिए प्रयोग होता है। समाजशास्त्र के क्षेत्र में इस शब्द का प्रयोग सर्वप्रथम परेटो ने किया था। Elite शब्द का अनुवाद 'श्रेष्ठ जन' 'विशिष्ट जन' तथा अभिजात वर्ग आदि रूप में किया गया है।

अभिजात वर्ग का अर्थ

परेटो ने अभिजात वर्ग (Elites) की अवधारणा का मौलिक ढंग से विवेचन किया गया है। उसने मुख्य रूप से शासन सम्बन्धी अभिजात वर्ग का वर्णन किया है। परेटो का मत था कि सभी व्यक्ति समान नहीं होते। व्यक्तियों की क्षमताओं, योग्यताओं एवं कुशलताओं में अन्तर होता है। इस अन्तर के कारण समाज में स्तरीकरण हो जाता है। इस स्तरीकरण के कारण विभिन्न श्रेणियों का गठन हो जाता है। कुछ व्यक्ति उच्च और कुछ निम्न श्रेणी में रखे जाते हैं। सर्वोच्च योग्यता वाले व्यक्ति अन्य सामान्य व्यक्तियों से भिन्न होते हैं तथा इनका वर्ग पृथक् ही होता है। इसी वर्ग को परेटो ने 'अभिजात वर्ग' कहा है। उसने इस अवधारणा की परिभाषा इस प्रकार की है, "किसी विशिष्ट कार्य क्षेत्र में सर्वोच्च योग्यता रखने वाले व्यक्तियों के वर्ग को हम 'अभिजात जन' की संज्ञा प्रदान कर सकते हैं।"[1] इस कथन से स्पष्ट है कि प्रत्येक सामाजिक क्षेत्र में एक वर्ग ऐसा होना सम्भव है जिसे अभिजात वर्ग कहा जा सके। परेटो ने हर क्षेत्र में अभिजात वर्ग का विस्तृत विवेचन नहीं किया। परेटो ने मुख्य रूप से केवल शासन के क्षेत्र से सम्बन्धित वर्ग की व्याख्या की है। इस प्रकार स्पष्ट है कि शासक वर्ग वास्तव में अभिजात वर्ग ही होता है।

अभिजात वर्ग के विभाग

परेटो ने अभिजात वर्ग को दो भागों में विभाजित किया है। ये भाग अग्रलिखित हैं—

---

1. "So let as us make a class of people who have the highest indices in their branch of activity, and to that class give the name of elite." —Pareto

(1) **शासक अभिजात वर्ग** (Governing Elites)—इस वर्ग में केवल वे व्यक्ति सम्मिलित किये जाते हैं जो प्रत्यक्ष अथवा अप्रत्यक्ष रूप से शासन तन्त्र को चलाते हैं। इनका महत्त्व सबसे अधिक होता है।

(2) **अशासक अभिजात वर्ग** (Nongoverning Elites)—इस वर्ग में वे अभिजात व्यक्ति सम्मिलित रहते हैं जो शासन के अतिरिक्त अन्य क्षेत्रों में सर्वोच्च योग्यता वाले होते हैं। ये अभिजात व्यक्ति शासन तन्त्र में भाग तो नहीं लेते परन्तु ये किसी न किसी प्रकार से शासन तन्त्र को प्रभावित अवश्य ही करते हैं।

अभिजात वर्ग के आधार

परेटो ने अभिजात वर्ग के विभाजन के अतिरिक्त उन आधारों का भी विवेचन किया है जिन पर यह अवधारणा आधारित है। ये आधार दो हैं—

(1) **योग्यतायें**—परेटो का विचार है कि बुद्धि, योग्यता, गणित के प्रति रुचि, संगीत तथा नैतिकता के स्तर आदि के आधारों पर किये गये विभाजन का यदि अवलोकन किया जाये तो वह धन के स्तर पर आधारित विभाजन के ही अनुकूल होता है अर्थात् वही व्यक्ति धनवान होते हैं जो अन्य योग्यताओं से भी युक्त होते हैं।

(2) **धन**—राजनैतिक एवं सामाजिक शक्ति वाले व्यक्ति धन की शक्ति से भी उसी अनुपात में युक्त होते हैं।

इस विषय में परेटो का यह कथन उचित ही है, "तथाकथित उच्च वर्ग एक अभिजात वर्ग (Elite) का प्रतिनिधित्व करते हैं।"[1]

अभिजात वर्ग के मुख्य लक्षण

(i) अभिजात वर्ग के दो प्रकार हैं, प्रथम शासक अभिजात वर्ग तथा द्वितीय अशासक अभिजात वर्ग, इन दोनों वर्गों के अतिरिक्त अन्य व्यक्ति अनाभिजात वर्ग (Nonelite) कहलाते हैं।

(ii) अभिजात वर्ग के व्यक्ति राजनैतिक शक्ति को या तो खुलकर इस्तेमाल करते हैं या वे इस इस्तेमाल को प्रभावित करते हैं।

(iii) परेटो के अनुसार, 'अभिजात वर्ग' सार्वभौम हैं अर्थात् विश्व के प्रत्येक देश में यह वर्ग होता है। शासन प्रणाली चाहे किसी भी प्रकार की हो यह वर्ग सदैव सर्वोच्च शक्ति सम्पन्न रहा करता है। यही वर्ग अभिजात वर्ग हुआ करता है।

अभिजात वर्ग के परिभ्रमण

परेटो ने 'अभिजात वर्ग' के परिभ्रमण की अवधारणा की भी व्याख्या की है। इस व्याख्या के अनुसार एक वर्ग से दूसरे वर्ग में व्यक्तियों का आना-जाना सम्भव है अर्थात् एक समय में उच्च वर्ग किसी अन्य समय में निम्न वर्ग में परिवर्तित हो सकता है। शासक

---

1. "The so-called upper classes are also usually the richest. These classes represent an elite...." —Pareto.

वर्ग शासित वर्ग बन सकता है तथा शासित वर्ग शासक वर्ग का रूप ले सकता है। वर्ग परिभ्रमण की यह प्रक्रिया परेटो के अनुसार निरन्तर रूप में तथा चक्रिक क्रम में चलती रहती है। परेटो का मत है कि उच्च वर्ग वाले सदैव इस बात का प्रयास करते रहते हैं कि निम्न वर्ग के व्यक्ति किसी भी प्रकार से उनके वर्ग में सम्मिलित न हो पायें। इस उद्देश्य के लिए वे कारावास, घूंस, भ्रष्टाचार, निष्कासन तथा निम्न वर्ग के नेताओं का निरसन आदि हथकण्डों को इस्तेमाल किया करते हैं। इसके अतिरिक्त उच्च वर्ग के व्यक्ति अपनी स्थिति को बनाये रखने के लिये कभी-कभी सहृदयता से भी काम लिया करते हैं।

परेटो के अनुसार अभिजात वर्ग के परिभ्रमण की प्रक्रिया दो प्रकार से चलती है। प्रथम प्रक्रिया के अन्तर्गत पूरा का पूरा अभिजात वर्ग परिवर्तित हो जाता है तथा दूसरा वर्ग उसका स्थान ले लेता है। इस प्रक्रिया में स्वाभाविक है कि अभिजात वर्ग ही अभिजात वर्ग का रूप ग्रहण करता है। दूसरी प्रक्रिया के अन्तर्गत अभिजात वर्ग के कुछ सदस्य अथवा सदस्यों के परिवार अनाभिजात वर्ग में उतर आते हैं। यह उतार पतन के फलस्वरूप होता है। इसी प्रक्रिया के दूसरे पहलू के अनुसार कुछ अनभिजात वर्ग में सम्मिलित हो जाया करते हैं। वास्तव में अभिजातों के परिभ्रमण की ये दोनों प्रक्रियायें आपस में घनिष्ठ रूप से सम्बन्धित हैं तथा एक दूसरे की गति को प्रभावित करती हैं। इस तथ्य को परेटो ने इस कथन द्वारा स्पष्ट किया, "व्यक्तियों के चक्रिक आदान-प्रदान की गति मन्द हो जाने के फलस्वरूप शक्ति सम्पन्न वर्गों में अयोग्य तत्त्वों की संख्या में भी वृद्धि हो सकती है तथा दूसरी ओर उसके परिणामस्वरूप आधीन वर्गों में योग्य तत्त्वों की संख्या में भी वृद्धि हो सकती है। ऐसी स्थिति में सामाजिक सन्तुलन अस्थिर बन जाता है... तथा तनिक सा आघात भी उस सन्तुलन को नष्ट कर सकता है। विजय या क्रान्ति एक उथल-पुथल मचा देती है तथा वह एक नये अभिजात जन की शक्ति प्रदान कर देती है और इस प्रकार फिर से एक नया सन्तुलन स्थापित कर देती है।"[1]

परेटो के विचार से प्रभावित उसकी एक शिष्य मैरी कोलाबिन्साका ने अभिजातों के परिभ्रमण की प्रक्रिया को कुछ भिन्न प्रकार से स्पष्ट किया है। उसके अनुसार इस प्रक्रिया के तीन पहलू होते हैं। प्रथम, शासक अभिजात वर्ग के ही अन्दर विभिन्न वर्गों अथवा व्यक्तियों का पारस्परिक परिवर्तन होता है। द्वितीय, अभिजात वर्ग के व्यक्तियों का किसी प्रकार से अभिजात वर्ग में सम्मिलित हो जाना तथा तृतीय निम्न वर्ग के व्यक्तियों द्वारा एक नये अभिजात वर्ग का निर्माण तथा पहले से सत्ता सम्पन्न अभिजात वर्ग से शक्ति को छीन लेना। शक्ति छीनने में संघर्ष अनिवार्य होता है।

परेटो ने अभिजातों में होने वाले इस चक्रिक परिभ्रमण की विवेचना मुख्य रूप से मनोवैज्ञानिक आधारों पर की थी। उसके अनुसार अभिजातों तथा अनाभिजातों में होने वाले

---

1. "......a showing down of this circulation (of individuals) may result in a considerable increase of the degenerate elements in the classes which still hold power, and on the other hand, in an increase of elements of superior quality in the subject classes. In such a case the social equilibrium becomes unstable....and the slightest shock will destroy it. A conquest or a revolution produces an upheaval which brings a new elite to power and establishes a new equilibrium..." —Pare

परिवर्तन वास्तव में कुछ मनोवैज्ञानिक लक्षणों के फलस्वरूप होते हैं। परेटो का कहना था कि, "अभिजात जन केवल संख्या में ही नहीं बल्कि गुणों में भी पतनोन्मुख होते हैं।" इस कथन का संकेत इस बात की ओर है कि अभिजात जन में उन गुणों की कमी हो जाती है अथवा अभाव हो जाता है जिनके कारण वे शक्ति सम्पन्न थे तथा अभिजात वर्ग के सदस्य बन पाये थे। इन्हीं गुणों के अभाव के कारण वे अभिजात स्तर से गिर जाते हैं। इसके विपरीत अनाभिजात वर्ग के सदस्य जब कुछ आवश्यक गुण अर्जित कर लेते हैं तो वे क्रमशः अभिजात वर्ग में सम्मिलित हो जाते हैं। इस प्रकार निरन्तर आदान-प्रदान चलता रहता है।

परेटो ने उन गुणों का विवरण भी प्रस्तुत किया है जिन्हें प्राप्त करके कोई व्यक्ति अभिजात वर्ग का सदस्य बन जाता है तथा उन्हें खोकर निम्न वर्ग में सम्मिलित हो जाता है। इस प्रसंग में परेटो ने केवल शासक अभिजात वर्ग की ही विवेचना की है। शासक अभिजात वर्ग के लिये मुख्य रूप के कई गुण आवश्यक होते हैं। ये गुण हैं—धूर्तता तथा बल। कुछ शासन तन्त्र 'धूर्तता' पर आधारित होते हैं तथा कुछ 'बल' पर। इस स्थिति में इन गुणों को पाने और खोने के परिणाम-स्वरूप अभिजातों का चक्रीय परिभ्रमण होता रहता है।

परेटो के सिद्धान्त की आलोचना

परेटो के सिद्धान्त की बोटोमोर ने कटु आलोचना की है। उसके द्वारा की गई आलोचना के मुख्य तर्क निम्नलिखित हैं—

(1) परेटो के अनुसार अभिजातों के दो गुण 'धूर्तता' तथा 'बल' मुख्य एवं आवश्यक हैं। परन्तु परेटो ने इन दोनों गुणों की कोई वैज्ञानिक व्याख्या प्रस्तुत नहीं की। इससे अर्थ स्पष्ट नहीं हो पाता।

(2) परेटो के अनुसार अभिजातों का चक्रीय परिभ्रमण कुछ मनोवैज्ञानिक लक्षणों के परिवर्तन के साथ होता है। परन्तु इतना कहने से कोई अर्थ स्पष्ट नहीं होता। यहाँ यह भी बतलाना आवश्यक है कि इन मनोवैज्ञानिक लक्षणों में परिवर्तन क्यों और कैसे होता है। क्या इन परिवर्तनों का सामान्य सामाजिक परिवर्तन से कोई सम्बन्ध है?

(3) परेटो द्वारा प्रस्तुत विवरण पर्याप्त उदाहरणों द्वारा सिद्ध नहीं होता। उसकी व्याख्या इटली की राजनीति तथा प्राचीन रोम के कुछ दृष्टान्तों तक ही सीमित है। इतने थोड़े दृष्टान्त पर्याप्त नहीं हैं।

(4) परेटो ने अभिजातों के चक्रीय परिभ्रमण के दो प्रकारों का वर्णन किया है परन्तु इन दोनों प्रकारों के पारस्परिक सम्बन्ध को स्पष्ट नहीं किया।

वेबलन का विलासी वर्ग का सिद्धान्त

थार्स्टीन वेबलन (Thorstein Weblen) की प्रथम पुस्तक विलासी वर्ग के सिद्धान्त पर लिखी गयी थी। यह पुस्तक उसकी सबसे अधिक प्रसिद्ध कृतियों में से एक है। इसमें समाज के आर्थिक पहलू का समाज-शास्त्रीय विश्लेषण करके सामाजिक वर्गों की उत्पत्ति और वर्ग संघर्ष के कारकों पर प्रकाश डाला गया है।

वेबलन के सिद्धान्त के अनुसार प्रत्येक समाज में दो प्रकार की संस्थायें पायी जाती हैं, एक तो वे जिनका लक्ष्य सम्पत्ति का संचय है और दूसरी वे जिनका उद्देश्य सम्पत्ति का अपहरण है। दूसरे वर्ग की संस्थायें अनुत्पादक हैं जबकि पहले वर्ग की संस्थायें उत्पादक हैं। अपहरण करने वाला वर्ग सदैव अपने स्वार्थ को महत्त्व देता है और दूसरों की उपेक्षा करता है। वह दूसरों को हानि पहुंचाकर भी अपना उल्लू सीधा करता है। वह अपनी पूँजी, बुद्धि, स्वामित्व आदि के बल पर समस्त उत्पादन व्यवस्था पर अधिकार जमा लेता है और स्वयं अनुत्पादक बनता जाता है। वह बिना कुछ किये विलासितापूर्ण जीवन व्यतीत करता है। इस विलासिता को बनाये रखने के लिये वह अधिक से अधिक औद्योगिक संस्थानों पर अधिकार करता है और इसमें उचित व अनुचित की कोई परवाह नहीं करता। वह वस्तुओं की पूर्ति और उनके मूल्य पर नियन्त्रण करता है। स्वाभाविक है कि विलासी वर्ग के इन कामों से श्रमिक वर्ग के हितों को चोट पहुंचती है और इससे दोनों वर्गों में संघर्ष आरम्भ हो जाता है।

विलासी वर्ग शोषक वर्ग है। वह उत्पादक वर्ग अथवा व्यापारी वर्ग नहीं है। वाणिज्य में बड़े पैमाने पर उद्योग, वित्त और कोष आदि आता है। विलासी वर्ग उद्योगों का शोषक है और वह शोषण पूँजी, मुद्रा और स्वामित्व के द्वारा किया जाता है। जितनी ही अधिक सम्पत्ति किसी के पास होती है वह उतना ही अधिक शोषण कर पाता है। विलासी वर्ग अपनी सत्ता को बनाये रखने के लिये सदैव प्रयत्नशील रहता है। वेबलन ने समाज के किसी भी क्षेत्र में अनुत्पादक श्रम करने वाले व्यक्तियों को विलासी वर्ग में माना है। इस प्रकार मानसिक श्रम करने वाले लोग भी इस वर्ग में आ जाते हैं। कहना न होगा कि विलासी वर्ग बेकार लोगों का नहीं है और न वह अकुशल लोगों का वर्ग है। इस वर्ग के लोगों में उच्च शिक्षा, शिष्ट व्यवहार और उत्सवों का आयोजन करने की योग्यता पायी जाती है। मध्यम वर्ग के लोग उनका अनुकरण करते हैं, यद्यपि वे इनकी सभी वस्तुओं को नहीं अपना पाते। अपनी आवश्यकताओं की पूर्ति के लिये इनकी उपभोग्य वस्तुओं की सीमा नहीं होती और इसमें आवश्यकता का कोई मानदण्ड नहीं होता। इस वर्ग में जन्म लेने वाले बालक भी विशिष्ट सुविधाओं का उपभोग करते हैं और इसलिये इनमें विलासी वर्ग की आदतें बन जाती हैं दूसरे शब्दों में, इनको विलासितापूर्ण जीवन उत्तराधिकार में मिलता है। सामाजिक ढाँचे में विलासी वर्ग की स्थिति सर्वोच्च होती है। अपना यह स्थान बनाए रखने के लिये वे अपने आदर्शों, व्यवहार प्रतिमानों और जीवन की योजनाओं को विशिष्ट रूप में बनाये रखने का प्रयास करते हैं।

विलासी वर्ग में भी ऊँचे-नीचे का सामाजिक संस्तरण पाया जाता है। इसमें शिखर पर उच्चतम विलासी वर्ग होता है। इसके नीचे सम्पत्ति और जन्म में कमजोर वर्ग होते हैं। प्रत्येक वर्ग के विलासी व्यक्ति अपने से ऊँचे वर्ग का अनुकरण करने का प्रयास करते हैं। समाज के आर्थिक पहलू के अन्तर्गत विलासी वर्ग प्राविधिक ज्ञान का अधिकाधिक प्रयोग करता है। इससे प्रौद्योगिक उन्नति होती है। एक ओर वाणिज्य तो दूसरी ओर उद्योग बढ़ता है। ये दोनों ही संस्थायें आधुनिक आर्थिक संस्कृति की महत्त्वपूर्ण विशेषतायें हैं। ये ही आर्थिक क्रियाओं का केन्द्र है। वर्तमान मानव संस्कृति का जन्म इन्हीं संस्थाओं के विकास से हुआ है।

वेबलन के सिद्धान्त

समाजशास्त्र में वेबलन के विचार कुछ नियमों पर आधारित हैं जिनको उसने केनन्स (Canons) कहा है। ये नियम निम्नलिखित हैं—

(1) आर्थिक प्रतिस्पर्धा का सिद्धान्त (Canon of Pecuniary Emulation)—इस नियम के अनुसार समाज के सदस्य पैसा जमा करने के लिये परस्पर प्रतिस्पर्धा करते हैं। क्योंकि सम्मान पैसे से मिलता है। सम्पत्ति के स्वामित्व से सामाजिक स्थिति आंकी जाती है। इसलिये लोग एक दूसरे की अपेक्षा अधिक धनिक बनने की इच्छा रखते हैं। इससे आर्थिक प्रतिस्पर्धा का जन्म होता है।

(2) आर्थिक सौन्दर्य का नियम (Canon of Pecuniary Beauty)—इस नियम के अनुसार समाज में पैसे का मूल्य बढ़ने के साथ-साथ आर्थिक सौन्दर्य की धारणा प्रचलित हो जाती है। इस धारणा के अनुसार लोग यह मानने लगते हैं कि जो वस्तु जितनी ही अधिक मूल्य वाली होती है वह उतनी ही सौन्दर्य मुक्त भी होती है। इस प्रकार मूल्य और सौन्दर्य में सहसम्बन्ध स्थापित हो जाता है और एक के बढ़ने से दूसरा भी बढ़ता है तथा दूसरी ओर एक के कम होने से दूसरा कम होता है। कहना न होगा कि आर्थिक सौन्दर्य की धारणा उपयुक्त नहीं है।

(3) उत्कृष्ट उपभोग का नियम (Canon of Conspicuous Consumption)— इस नियम के अनुसार समाज में विलासी वर्ग के लोग अपनी सम्पत्ति और वैभव का प्रदर्शन करने के लिये उत्कृष्ट उपभोग अर्थात् खान-पान, वेषभूषा इत्यादि में ऊँचे स्तर दिखाने का प्रयास करते हैं। समाज में इस प्रकार के उपभोग का सम्मान होता है और जो व्यक्ति जितना ही अधिक उत्कृष्ट उपभोग दिखलाता है वह उतना ही बड़ा आदमी समझा जाता है।

(4) उत्कृष्ट अवकाश का नियम (Canon of Conspicuous Leisure)—धनिक व्यक्तियों को अन्य लोगों से अधिक अवकाश होता है। अधिक अवकाश दिखलाना भी धनी होने का एक चिन्ह माना जाता है। अस्तु, समृद्ध व्यक्ति उत्पादक श्रम नहीं करते और अपना अधिकांश समय विलासितापूर्ण कार्यों में व्यतीत करते हैं। ये विलासी और बेकार जीवन को ही आनन्दमय मानते हैं और ऐसा करने में अपनी आर्थिक क्षमता का प्रदर्शन मानते हैं। विलासी वर्ग के स्त्री-पुरुष अपने जीवन से सम्बन्धित कार्यों को भी स्वयं नहीं करते बल्कि नौकरों द्वारा कराते हैं। कहीं-कहीं तो जिस व्यक्ति के पास जितने ही अधिक नौकर होते हैं और इस प्रकार उसे जितना अधिक अवकाश होता है उसी से उसका सामाजिक स्तर ऊँचा माना जाता है।

(5) विलासी वर्ग के अनुदारवाद का नियम (Canon of Leisure Class Conservatism)—विलासी वर्ग सामाजिक परिवर्तन का विरोध करता है और यथास्थिति को बनाये रखना चाहता है क्योंकि इसी में उसका हित है। अस्तु, इस वर्ग के लोग अनुदार और रूढ़िवादी होते हैं। चूँकि परिवर्तनों का उनके आर्थिक हितों पर प्रतिकूल प्रभाव पड़ता है और उनकी सामाजिक स्थिति गिरने की आंशका हो जाती है इसीलिए विलासी वर्ग में अनुदारता पायी जाती है।

(6) आर्थिक कुशलता का नियम (Canon of Pecuniary Efficiency)–इस नियम के अनुसार धन कमाने की क्षमता से व्यक्ति की कुशलता आंकी जाती है। जिस व्यक्ति को जितनी ही अधिक आय होती है वह उतना ही अधिक कुशल माना जाता है। यह आर्थिक कुशलता का नियम है। अस्तु, सभी लोग कम से कम मेहनत करके अधिक से अधिक धन कमाना चाहते हैं।

(7) आर्थिक शिक्षा का नियम (Canon of Pecuniary Education)–इस नियम के अनुसार आर्थिक सफलता प्राप्त करने के लिए मनुष्य को इस प्रकार की शिक्षा प्राप्त करना आवश्यक है जो उसमें उपरोक्त गुण उत्पन्न करे। आर्थिक शिक्षा का उद्देश्य आर्थिक कुशलता बढ़ाना है। शिक्षा ऐसी होनी चाहिए जिसमें शिक्षित व्यक्ति को धन कमाने में अधिक से अधिक सहायता मिले। यह व्यावहारिक शिक्षा है।

(8) आर्थिक चिन्तन का नियम (Canon of Pecuniary Thinking)–इस नियम के अनुसार मनुष्य को केवल आर्थिक मामलों पर ही चिन्तन करना चाहिये, क्योंकि ये ही एकमात्र महत्त्वपूर्ण विषय हैं। अस्तु, विलासी वर्ग के व्यक्ति केवल सम्पत्ति और धन सम्बन्धी मामलों का ही चिन्तन करते हैं।

(9) यॉंत्रिक चिन्तन का नियम (Canon of Machine Process Thinking)–इस नियम के अनुसार मनुष्य का चिन्तन यन्त्रवत होना चाहिये क्योंकि परिवर्तन अनावश्यक है। विलासी वर्ग का व्यक्ति मशीन के समान काम करता है। उसकी चिन्तन की प्रक्रियायें सदैव एक-सी होती हैं। आर्थिक क्षेत्र में मशीनों से अत्यधिक घिरा होने के कारण वह स्वयं मशीन बन जाता है। मशीन की एक विशेषता यह होती है कि वह नीति निरपेक्ष होती है अर्थात् उसके कामों पर उचित अनुचित का निर्णय नहीं दिया जाता है। इसी प्रकार विलासी वर्ग के व्यक्ति भी उचित-अनुचित, पाप-पुण्य का कोई अन्तर न करते हुये केवल आर्थिक लाभ के लिए यन्त्रवत चिन्तन करते हैं और यन्त्रवत जीवन व्यतीत करते हैं।

युद्ध का समर्थन

अन्त में विलासी वर्ग अपने स्वार्थ सिद्ध करने के लिए युद्ध का समर्थन करता है। अपनी समृद्धि दिखाने के लिये यह आवश्यक वस्तुओं को नष्ट करने से नहीं हिचकता। आर्थिक लाभ के लिए वह हथियार बनाता और बेचता है।

उपरोक्त नियमों से वेबलन ने यह दिखलाया है कि पूँजीवादी व्यवस्था अथवा विलासी वर्ग कैसे बनता है और किन नियमों के अनुसार चलता है। वेबलन ने यह देखा कि पूँजीवादी व्यवस्था सर्वथा अमानवीय है। मनुष्य स्वाभाविक रूप से सृजन करना और निर्माण करना चाहता है। शिक्षा-दीक्षा, समाज व्यवस्था आदि ऐसी होनी चाहिए जिससे उसकी सृजनात्मक प्रवृत्ति को अभिव्यक्त होने का अधिक से अधिक अवसर मिले। इसी से उसमें मनुष्यता बढ़ेगी। इसी से यह पशु के स्तर से ऊँचा उठकर मनुष्य के स्तर पर पहुंचेगा। अस्तु, वेबलन ने उन समस्त नियमों का स्पष्टीकरण किया है जो विलासी वर्ग को बनाये रखते हैं। वह आर्थिक मनुष्य की धारणा के विरुद्ध था क्योंकि वह वास्तविक मनुष्य नहीं है। उसने

विलासी वर्ग के उपरोक्त नियमों की कटु आलोचना की। वह समकालीन समाज में कभी भी प्रसिद्धि नहीं प्राप्त कर सका, किन्तु फिर भी उसके विचारों का बौद्धिक वर्ग पर प्रभाव पड़ा। पूँजीवादी व्यवस्था के विरोधाभासों को स्पष्ट करके उसने लोगों को नये सिरे से सोचने को विवश किया। यही उसकी सफलता दिखलाता है।

प्रौद्योगिक निर्धारणवाद

सामाजिक परिवर्तन के क्षेत्र में वेबलन ने जो सिद्धान्त उपस्थित किया वह प्रौद्योगिक निर्धारणवाद (Technological Determinism) कहलाता है। जैसा कि इसके नाम से स्पष्ट है, इस सिद्धान्त के अनुसार प्रौद्योगिकी को सामाजिक परिवर्तन का एक-मात्र निर्धारक कारक माना जाता है। मार्क्स के अनुसार सामाजिक परिवर्तन का एक मात्र कारण आर्थिक व्यवस्था है। इसलिए उसका सिद्धान्त आर्थिक निर्धारणवाद (Economic Determinism) कहलाता है। उसके अनुसार प्रौद्योगिक विकास की अवस्थायें आर्थिक सम्बन्धों को निर्धारित करती हैं और इन आर्थिक सम्बन्धों के द्वारा सामाजिक परिवर्तन प्रभावित और निर्धारित होते हैं। परन्तु मार्क्स ने प्रौद्योगिकी के महत्त्व को नहीं माना है। दूसरी ओर वेबलन ने प्रौद्योगिक कारकों को ही सामाजिक परिवर्तन का निर्धारक माना है। उसके अनुसार, "किसी भी समुदाय को एक औद्योगिक या आर्थिक तन्त्र के रूप में देखा जा सकता है, जिसकी रचना आर्थिक संस्थाओं से बनी होती है। ये संस्थायें समुदाय की जीवन प्रक्रिया को चलाने वाली आदतन विधियाँ हैं जो कि उस भौतिक परिवेश के सम्पर्क में काम करती हैं जिसमें कि वह रहता है।"[1]

मनुष्य आदतों द्वारा संचालित होता है। उसकी क्रियायें उसकी आदतों का परिणाम हैं। सामाजिक संरचना बदली हुई परिस्थिति के अनुरूप परिवर्तित, विकसित और अनुकूलित होती है। यह सब समुदाय के अनेक वर्गों के चिन्तन की आदतों में परिवर्तन से होता है। अथवा यह समुदाय को बनाने वाले व्यक्तियों के चिन्तन की आदतों में परिवर्तन से होता है। समाज का विकास परिस्थितियों के दबाव के कारण व्यक्तियों के अनुकूलन की प्रक्रिया के माध्यम से होता है। इसमें पुरानी चिन्तन की आदतें बदलती हैं और नवीन परिस्थितियों के अनुसार चिन्तन के नये प्रतिमान जन्म लेते हैं। यह अनुकूलन अत्यन्त मन्द गति से होता है और इसमें परिस्थितियों का दबाव आवश्यक है। बाह्य दबाव के कारण ही संस्थाओं और चिन्तन की आदतों में परिवर्तन होता है। जो लोग जितना अधिक अनुकूलन कर पाते हैं उनमें सामाजिक विकास की उतनी ही अधिक शक्ति पायी जाती है। यह इस बात पर निर्भर है कि व्यक्ति परिवेश से कितना अधिक प्रभावित होते हैं। यदि समाज का कोई वर्ग परिवेश के प्रभाव से अछूता रहता है तो वह बदलती हुई परिस्थितियों के साथ नहीं बदलता और रूढ़िवादी हो जाता है तथा सामाजिक परिव्रर्तन को रोकता है। आर्थिक

1. "Any community may be viewed as an industrial or economic mechanism, the structure of which is made up of what is called its economic institutions. These institutions are habitual methods of carrying on the left process of the community in contact with the material environment in which it lives."
—Veblan, T., *The Theory of Leisure Class,* pp. 192-193.

शक्तियों की छत्रछाया में विलासी वर्ग पर परिवेश का प्रभाव नहीं होता और इसलिए आधुनिक औद्योगिक समुदायों में विलासी वर्ग सामाजिक परिवर्तन को रोकता है।

इस पर वैबलन ने यह सिद्ध करने का प्रयास किया है कि ज्यों-ज्यों भौतिक परिवेश अथवा प्रौद्योगिक परिस्थितियाँ बदलती जाती हैं त्यों-त्यों समाज में आदत, विचार, संस्थायें और संस्कृति आदि में भी परिवर्तन होता है। सबसे पहले भौतिक परिवेश यह निर्णय करता है कि मानव जीवन के कार्य किस प्रकार से किये जायेंगे। इससे आदतें बदलती हैं और आदतों के बदलने से सामाजिक परिवर्तन होते हैं। वेबलन के शब्दों, ''मनुष्य वह है जो कि वह करता है जैसा कि वह करता है, वैसा ही वह अनुभव करता और सोचता है।''[1] अस्तु, सामाजिक संगठन चिन्तन में परिवर्तन से परिवर्तित होता है। इसी सिद्धान्त के आधार पर वैबलन ने सामाजिक उद्विकास की व्याख्या की है। भौतिक परिवेश अथवा प्रौद्योगिकी में यह परिवर्तन सदैव होता रहता है और इससे अनुकूलन की प्रक्रिया भी सदैव चलती रहती है तथा इस अनुकूलन के परिणामस्वरूप सामाजिक ढाँचे में सदैव परिवर्तन होता रहता है।

अपने उपरोक्त सिद्धान्तों के आधार पर वैबलन ने मानव समाज की वर्तमान स्थिति की व्याख्या की है और भविष्य का अनुमान किया है। अपनी पुस्तक आधुनिक संस्कृति में विज्ञान का स्थान में वैबलन ने यह दिखलाया है कि आधुनिक औद्योगिक समाज की रचना कैसे हुई। वैबलन के अनुसार जीवन का निर्णायक तत्त्व दैनिक जीवन में प्रयोग और अभ्यास है। हो सकता है कि भौतिक आवश्यकताओं के साथ अनुरूपता में कुछ विलम्ब लगे किन्तु अन्त में यह होना अनिवार्य है।

आधुनिक भारतीय विशिष्ट वर्ग का उदय

विशिष्ट वर्ग (Elite) के प्रत्यय में मुख्य रूप से बुद्धिजीवी (Intellectual) वर्ग की गणना की जाती है, किन्तु बुद्धिजीवी वर्ग ही एक मात्र विशिष्ट वर्ग नहीं है। विशिष्ट वर्ग में सामाजिक-आर्थिक दृष्टि से उच्च वर्ग भी सम्मिलित होता है। इस प्रकार विशिष्ट वर्ग में बुद्धिजीवी तथा सामाजिक, आर्थिक और राजनैतिक दृष्टि से उच्च वर्ग के लोग सम्मिलित होते हैं। यह विशिष्ट वर्ग ही प्रत्येक देश की प्रगति का मूल आधार होता है। इसी में से विभिन्न क्षेत्रों के नेता उत्पन्न होते हैं। यही देश की समृद्धि को आगे बढ़ाता है। इसी से राजनैतिक, आर्थिक, धार्मिक, साहित्यिक और सांस्कृतिक प्रगति सम्भव हो पाती है। इस विशिष्ट वर्ग के निर्माण के बिना कोई भी देश आगे नहीं बढ़ सकता और जिन देशों ने संसार में अभूतपूर्व प्रगति की है उनकी प्रगति का श्रेय उनके विशिष्ट वर्गों को ही होता है। प्राचीन भारत में विशिष्ट वर्ग ने ही विभिन्न क्षेत्रों में देश को आगे बढ़ाया। मध्यकाल मे देश में विशिष्ट वर्ग बहुत कमजोर हो गया था। वर्तमान काल में देश में राष्ट्रीय आन्दोलन का उदय और विकास विशिष्ट वर्ग के माध्यम से ही हुआ और स्वतन्त्र भारत में देश की प्रगति विशिष्ट-वर्ग पर ही निर्भर है। अब इस विशिष्ट-वर्ग के विभिन्न उपवर्गों के विषय में अधिक विस्तार से जान लेना उचित होगा।

---

1. "Man is what he does. As he acts, so he feels and thinks."
—Veblan., T., *The Instinct of Workmanship,* p. 192.

बुद्धिजीवी वर्ग

जैसा कि पीछे बतलाया जा चुका है, बुद्धिजीवी-वर्ग विशिष्ट-वर्ग में सबसे अधिक महत्त्वपूर्ण है। आधुनिक भारत में पाश्चात्य संस्कृति के प्रभाव से विवेकवाद (Rationalism), जनतन्त्रवाद, विज्ञानवाद आदि मूल्यों को लेकर नये बौद्धिक वर्गों का उदय हुआ। इनमें राजा राममोहनराय और उनके द्वारा स्थापित ब्रह्मसमाज का बौद्धिक वर्ग अग्रणी थे। उन्नीसवीं शताब्दी के पहले दस वर्षों में भारत में शिक्षित भारतीयों की संख्या बहुत कम थी। देश में नये-नये विद्यालयों, कालिजों और विश्वविद्यालयों की स्थापना से क्रमशः पढ़े-लिखे लोगों का वर्ग बढ़ने लगा और उन्नीसवीं शताब्दी के द्वितीय अर्द्ध भाग से देश में एक विशाल बुद्धिजीवी वर्ग का निर्माण हुआ। इस बुद्धिजीवी वर्ग ने आधुनिक भारतीय राष्ट्रीय विकास में महत्त्वपूर्ण योगदान दिया है। उन्होंने देश में अनेक प्रगतिशील समाज सुधार और धर्म-सुधार आन्दोलन प्रारम्भ किये। सभी राजनैतिक और राष्ट्रीय आन्दोलन बुद्धिजीवियों द्वारा ही प्रारम्भ किये गये और वे ही उनके नेता थे। इस वर्ग के लोगों ने राष्ट्रीयता और स्वतन्त्रता की भावना को शिक्षा प्रचार के माध्यम से समस्त देश में फैलाया। उन्होंने विभिन्न देशी भाषाओं के माध्यम से विशाल साहित्य का निर्माण किया और उसके द्वारा राष्ट्रवाद और जनतन्त्र के मूल्यों का प्रसार किया। इसी वर्ग में से महान् वैज्ञानिकों, कवियों, इतिहासकारों, समाजशास्त्रियों, दार्शनिकों और अर्थशास्त्रियों का उदय हुआ। इन लोगों ने पाश्चात्य संस्कृति, सामाजिक, आर्थिक और राजनैतिक संरचना का अध्ययन किया और उसके आधार पर भारतीय राष्ट्रीय समस्याओं को सुलझाने का प्रयास किया। सन् 1851 और सन् 1884 के मध्य देश में बुद्धिजीवी वर्ग की अनेक समितियों की स्थापना हुई। इन संगठनों ने सरकारी सेवाओं के भारतीयकरण की माँग उपस्थित की। सन् 1857 के बाद देश में अनेक विश्वविद्यालयों की स्थापना होने से शिक्षित भारतीयों की संख्या तेजी से बढ़ने लगी। इनमें राष्ट्रीय चेतना तीव्र रूप में उपस्थित थी। अस्तु, सन् 1884 में देश में पहले राष्ट्रीय राजनैतिक-संगठन के रूप में भारतीय राष्ट्रीय काँग्रेस (Indian National Congress) की स्थापना हुयी। कांग्रेस की कार्यवाही अंग्रेजी के माध्यम से ही होती थी, क्योंकि अंग्रेजी पढ़े-लिखे लोग ही उसके नेता थे। इसके बाद से भारत में राष्ट्रवाद का इतिहास मुख्य रूप से भारतीय राष्ट्रीय कांग्रेस का ही इतिहास रहा है। कांग्रेस का संगठन क्रमशः मध्यम-वर्ग और साधारण जनसमाज में फैलने लगा किन्तु इस आन्दोलन के नेता सदैव बुद्धिजीवी-वर्ग के ही लोग रहे हैं। उग्रवादी और उदारवादी दोनों ही प्रकार के नेता बुद्धिजीवी थे। उग्रवादी नेताओं में बाल गंगाधर तिलक, बी० सी० पाल, अरविन्द घोष, लाला लाजपत राय तथा उदारवादी बौद्धिक नेताओं में गोपालकृष्ण गोखले, दादाभाई नौरोजी, एस० बनर्जी एम० जी० रानाडे और फीरोजशाह मेहता के नाम उल्लेखनीय हैं। सन् 1918 के बाद राष्ट्रीय आन्दोलन का विशेष रूप से विस्तार हुआ और उसकी बागडोर महात्मा गाँधी, चितरंजनदास, मोतीलाल नेहरू, विट्ठल भाई पटेल, चक्रवर्ती राजगोपालाचारी, राजेन्द्रप्रसाद, जवाहरलाल नेहरू, सुभाषचन्द्र बोस और समाजवादी तथा साम्यवादी बुद्धिजीवियों के हाथ में आयी।

भारतीय राष्ट्रीय कांग्रेस के अतिरिक्त हिन्दू, मुस्लिम और अन्य समुदायों में सामाजिक, धार्मिक और राजनैतिक सुधार के विभिन्न आन्दोलनों में भी बुद्धिजीवी लोग

ही नेता थे। उदाहरण के लिये भीमराव अम्बेडकर पिछड़े वर्गों में सामाजिक और राजनैतिक सुधार और शिक्षा के नेता थे। इस प्रकार अंग्रेजी शासन में सामाजिक, राजनैतिक और सांस्कृतिक सभी क्षेत्रों में बुद्धिजीवी वर्ग के लोगों ने ही जनता का नेतृत्व किया। अकेले भारत में ही नहीं, किन्तु संसार के सभी देशों में बुद्धिजीवियों ने ही सभी प्रगतिशील आन्दोलनों का नेतृत्व किया है। इस प्रकार भारत में बुद्धिजीवियों का उदय विश्व के बुद्धिजीवी वर्ग के एक अंग के ही रूप में था। वर्तमान काल में भी देश का भविष्य बुद्धिजीवियों, डॉक्टरों, प्रोफेसरों, इन्जीनियरों, वकीलों, पत्रकारों, राज-कर्मचारियों, विद्यार्थियों तथा साहित्यकारों पर ही निर्भर है। आजकल विद्यार्थियों में सामाजिक परिवर्तन की जो लहर उठी है उसका देश के भावी विकास में भारी महत्त्व है।

पूंजीपति बूर्जुआ वर्ग

बुद्धिजीवी वर्ग के अतिरिक्त विशिष्ट वर्ग में एक महत्त्वपूर्ण अंग पूंजीपति बूर्जुआ-वर्ग भी है। ये लोग व्यापार और उद्योग के क्षेत्र में नेता होते हैं। ये आर्थिक शक्तियों को नियन्त्रित करते हैं। भारत में इस वर्ग का उदय व्यापार, वाणिज्य, उद्योग और बैंक के विस्तार के द्वारा हुआ। प्रारम्भ में इन संस्थाओं पर योरोपियनों का अधिकार था, किन्तु क्रमशः इनका भारतीयकरण होता गया। उन्नीसवीं शताब्दी में, देश में बूर्जुआ-वर्ग का संगठित रूप दिखलायी दिया। सन् 1834 में कलकत्ते में प्रथम यौरोपीय चैम्बर ऑफ कॉमर्स की स्थापना हुयी। बम्बई और मद्रास में सन् 1836 में इसी तरह के चैम्बरों की स्थापना हुयी। सन् 1887 में पहली भारतीय चैम्बर ऑफ कॉमर्स और बंगाल राष्ट्रीय चैम्बर ऑफ कॉमर्स की स्थापना हुयी। सन् 1907 में भारतीय व्यापारी चैम्बर की बम्बई में स्थापना हुयी। सन् 1925 में व्यापारियों और उद्योगपतियों के हितों की देखभाल करने के लिए इण्डियन चैम्बर ऑफ कॉमर्स की स्थापना हुयी। क्रमशः देश के विभिन्न भागों में इसकी शाखाओं की स्थापना हुई। इस बूर्जुआ-वर्ग ने देश के औद्योगिक और आर्थिक विकास में महत्त्वपूर्ण भाग लिया है और राष्ट्रीय आन्दोलन को भी समय-समय पर आर्थिक सहायता प्रदान की है।

सामाजिक वर्ग का राष्ट्रीय चरित्र

आधुनिक भारत में उपरोक्त नये सामाजिक वर्ग राष्ट्रीय चरित्र रखते हैं। वे एक ही राज्य के अन्तर्गत हैं और राष्ट्रीय अर्थ-व्यवस्था के अभिन्न अंग हैं। इस प्रकार प्रत्येक नवीन सामाजिक वर्ग के सदस्यों में अखिल-भारतीय-स्तर पर लक्षणों और हितों की समानता दिखलायी पड़ती है। इससे राष्ट्रीय-स्तर पर वर्ग संगठन बनने में सहायता मिली है और समान हितों को लेकर राष्ट्रीय-स्तर पर आन्दोलन छेड़े जा सके हैं। पूर्व ब्रिटिश भारत में ऐसी बात नहीं थी। समान हितों की चेतना बढ़ने से प्रत्येक वर्ग में अपने हितों की रक्षा करने के लिए राष्ट्रीय-स्तर पर संगठन बनाने की प्रवृत्ति बढ़ी है। इस प्रकार बुद्धिजीवी-वर्ग, व्यावसायिक-वर्ग, दुकानदार-वर्ग, मिल-मालिक वर्ग और विभिन्न प्रकार के औद्योगिक संस्थानों में काम करने वाले श्रमिक वर्गों के राष्ट्रीय स्तर पर संगठन बने हैं ज़ोकि अपने वर्गगत हितों की देखभाल करते हैं। कभी-कभी इन वर्गों में परस्पर संघर्ष भी दिखलायी पड़ता है। इसका मुख्य कारण यह है कि सभी वर्ग समान रूप से जनतन्त्रीय आदर्शों को

नहीं मानते। उदाहरण के लिए पूंजीवादी वर्ग में प्रतिक्रियावादी प्रवृत्तियाँ दिखलायी पड़ती हैं, जबकि दूसरी ओर श्रमिक वर्ग में साम्यवाद का प्रचार बढ़ रहा है।

राष्ट्रीय नेतृत्व के परिवर्तनशील प्रतिमान

भारत में राजनैतिक आन्दोलनों का भारतीय राष्ट्रवाद की अभिव्यक्ति के रूप में उदय हुआ। आधुनिक राजनैतिक राष्ट्रवाद भारत में विदेशी शासन की प्रतिक्रिया के रूप में उत्पन्न हुआ, क्योंकि अंग्रेज हर प्रकार से देश का शोषण कर रहे थे और भारतीयों के हित उनके हितों के विरुद्ध थे। भारतीय राष्ट्रवाद सबसे पहले सन् 1822 में ब्रह्म-समाज के रूप में प्रकट हुआ। सन् 1843 में ब्रिटिश इण्डिया सोसायटी की स्थापना हुयी। सन् 1851 में ब्रिटिश इण्डियन एसोसियेशन के रूप में विभिन्न राजनैतिक दलों का संगठन हुआ। सन् 1857 ई० में समस्त देश में अंग्रेजों के विरुद्ध स्वतन्त्रता का संग्राम लड़ा गया। यह अंग्रेजी शोषण के विरुद्ध तीव्र प्रतिक्रिया की अभिव्यक्ति थी। इस संघर्ष को पूरी तरह से राष्ट्रीय संघर्ष नहीं कहा जा सकता क्योंकि इसमें भाग लेने वाले अनेक नेता अपने व्यक्तिगत स्वार्थों के लिए लड़ रहे थे किन्तु अनेक नेताओं का लक्ष्य देश को विदेशियों की आधीनता से स्वतन्त्र करना था। अस्तु, इस आन्दोलन ने देशभक्ति की भावना जगायी। इसने सबसे पहले यह सिद्ध किया कि हिन्दू और मुस्लिम मिलकर अंग्रेजी शासन के विरुद्ध लड़ सकते हैं। इससे भारत में इन दो समुदायों को मिलाकर एक राष्ट्र बनाने की कल्पना में विश्वास स्थापित हुआ। अंग्रेजों ने इस बात को समझकर सदैव हिन्दू-मूस्लिम समुदायों में संघर्ष बनाये रखा और 'फूट डालो तथा राज्य करो' की नीति अपनायी। बाद में, अंग्रेजों की इसी नीति के परिणामस्वरूप देश का विभाजन हुआ। सन् 1861 में अंग्रेजों ने वहाबी आन्दोलन का दमन किया। सन् 1870 में कृषि की दशा बहुत खराब थी। सन् 1867 और सन् 1880 के बीच देशों में अनेक भयंकर अकाल पड़े जिनमें सन् 1887 का अकाल अत्यधिक भयंकर था। इसमें बम्बई, मद्रास और देश के अन्य भागों में तीन करोड़ छः लाख लोग प्रभावित हुये। कृषि के क्षेत्र में इन घटनाओं से आर्थिक-व्यवस्था छिन्न-भिन्न हो गयी और अनेक स्थानों पर किसानों में दंगे हुये। देश की इस दयनीय स्थिति के समय सन् 1877 में दिल्ली में रानी विक्टोरिया के दरबार लगाने से देश में असन्तोष की आग और भी भड़क उठी। सन् 1878 के वर्नाक्यूलर प्रेस एक्ट और सन् 1879 के आर्म्स एक्ट ने असन्तोष को और भी भड़काया। सन् 1882 में सरकार ने लंकाशायर के कपड़ा उद्योग की सहायता करने के लिए भारत में कपड़ा आयात पर से कर में और भी कमी कर दी। इससे अंग्रेजी राज्य के विरुद्ध असन्तोष बढ़ा और यह सिद्ध हुआ कि वे अंग्रेजों के हितों को प्राप्त करने के लिए भारतीयों का शोषण कर रहे हैं।

इन सब घटनाओं से देश के पढ़े-लिखे वर्ग में अंग्रेजों के प्रति असन्तोष उत्पन्न हुआ। विभिन्न देशों के स्वतन्त्रता आन्दोलनों के इतिहास का अध्ययन करने से और टॉमस पेन, स्पेन्सर, बर्क, वाल्टेयर और मेजिनी के विचारों से प्रेरणा पाकर भारतवर्ष में पढ़े-लिखे लोगों में राष्ट्रीय चेतना जागृत हुयी। सन् 1870 से सन् 1885 के बीच छपे साहित्य में अंग्रेजों के प्रति जनता का असन्तोष स्पष्ट दिखलायी पड़ता है। यह असन्तोष सन् 1883 में विस्फोटक रूप ग्रहण कर चुका था।

बुद्धिजीवी नेताओं का योगदान

जैसा कि पीछे बतलाया जा चुका है, भारतीय राष्ट्रीय आन्दोलन के विकास में बुद्धिजीवी विशिष्ट-वर्ग ने महत्त्वपूर्ण योगदान दिया। सन् 1885 से सन् 1905 तक भारतीय राष्ट्रीय आन्दोलन की बागडोर उदारवादी बुद्धिजीवी नेताओं के हाथों में थी, इनमें डब्ल्यू॰ सी॰ बनर्जी, आनन्दमोहन बोस, लालमोहन बोस, एन॰ सी॰ मजूमदार, रासबिहारी घोष, सुरेन्द्रनाथ बनर्जी और रमेशचन्द्र दत्त इत्यादि बंगालियों तथा बम्बई के दादाभाई नौरोजी, फीरोजशह मेहता, बदरूद्दीन तैयब जी, आप्टे, आगरकर, तैलंग, रानाडे, गोखले, दिनशावाचा, मालाधारी और चन्दबरकर, मद्रास के पी॰ आर॰ नायडू, सुब्रमन्यम अय्यर, आनन्द चारलू, बी॰ राघवचारियर के नाम उल्लेखनीय हैं। इनके अतिरिक्त केशव पिल्ले, मदनमोहन मालवीय तथा पण्डित धर और अंग्रेजों में ह्यूम, वेडरबर्न तथा हैनरी कॉटन के नाम उल्लेखनीय हैं। भारतीय राष्ट्रीय कांग्रेस में बुद्धिजीवियों, शिक्षित वर्ग तथा पूंजीपति बूर्जुआ-वर्ग के ही प्रतिनिधियों ने आन्दोलन को आगे बढ़ाया। इन सभी को भारतीय विशिष्ट-वर्ग कहा जा सकता है। इस प्रकार अन्य देशों के समान भारतीय राष्ट्रीय आन्दोलन भी विशिष्ट-वर्ग के हाथ में ही था।

राजनैतिक आन्दोलन का विकास

उदारवादी नेताओं के मार्गदर्शन में कांग्रेस ने प्रशासिनक सुधारों की माँग की, जिनमें सरकारी सेवाओं में भारतीयों को अधिकार, सेवाओं का भारतीयकरण, देश की आर्थिक दशा के सुधार तथा सैनिक खर्चे को कम करने आदि की मांगें मुख्य हैं। कुटीर उद्योगों को प्रोत्साहित करने की माँग की गयी। सन् 1918 तक कांग्रेस की अधिकतर माँगों में बहुत कम पूरी हो सकी थीं। दूसरी ओर अंग्रेज सरकार राष्ट्रीय आन्दोलन को दबाने के लिये बराबर प्रयत्नशील थी। इसके लिये अंग्रेजी सरकार ने अनेक अधिनियम पारित किये, जिनसे भारतीयों की स्वतन्त्रता पर बहुत कुछ रोकथाम लग गयी। इससे उदारवादी नेताओं की आँखें खुली और अंग्रेजों की न्यायप्रियता पर से विश्वास उठ गया। इससे कांग्रेस में उग्रवर्ग की सत्ता बढ़ने लगी। सन् 1905 में कांग्रेस अधिवेशन में उग्रवादी नेताओं ने अपनी शक्ति का प्रदर्शन किया। लाजपत राय, लोकमान्य तिलक तथा अन्य उग्रवादी नेताओं ने स्वेदशी और बायकाट का नारा लगाया। सन् 1906 में मुसलमानों के हितों की रक्षा करने के लिये भारत में मुस्लिम लीग की स्थापना हुयी। कांग्रेस के बाहर दर्जनों क्रान्तिकारियों ने अंग्रेजी राज्य के विरुद्ध संघर्ष बनाये रखा। बंगाल के विभाजन से संघर्ष की यह आग और भी भड़क उठी और स्वराज्य, विदेशी बायकाट तथा राष्ट्रीय शिक्षा के नारे बुलन्द किये गये। सभी राष्ट्रीय नेताओं ने विदेशी सत्ता का बायकाट करने का आदेश दिया। स्थान-स्थान पर सभाओं, जुलूसों और हड़तालों का बाजार गर्म हुआ। अनेक दैनिक और साप्ताहिक समाचार-पत्रों ने आन्दोलन को प्रोत्साहित किया। बंगाल, महाराष्ट्र और पंजाब में क्रान्तिकारियों की बाढ़-सी आ गयी। सन् 1907 के सूरत अधिवेशन में कांग्रेस में उदारवादी और राष्ट्रवादी नेताओं में फूट दिखलायी पड़ी। सन् 1908 के बाद से सरकारी दमन-चक्र और भी तेजी से चलने लगा। सन् 1908 में अरविन्द घोष पर मुकदमा चलाया गया। इसी वर्ष लोकमान्य तिलक को माण्डले में छः वर्ष के लिये कारावास में बन्द कर दिया गया। पंजाब में

लाजपतराय और अजीतसिंह को पंजाब से बाहर निकाल दिया गया। सन् 1918 में उदारवादियों ने कांग्रेस को छोड़कर लिबरल फैडरेशन की स्थापना की। इसके बाद से कांग्रेस में तीव्र राष्ट्रवादी प्रवृत्तियां बढ़ने लगीं। देश में सब कहीं और विदेश में भी क्रान्तिकारी आन्दोलन जोर पकड़ता गया। इन क्रान्तिकारियों में मदनलाल ढींगरा, सावरकर बन्धु, बारीन्द्र घोष, श्री अरविन्द, हरदयाल, रासबिहारी, अमीचन्द, भगतसिंह और चन्द्रशेखर आजाद के नाम उल्लेखनीय हैं। 13 अप्रैल, सन् 1920 में अमृतसर में जलियान वाला बाग का हत्याकाण्ड हुआ, जिससे सारे देश में जबर्दस्त प्रतिक्रिया हुयी।

इसके बाद से कांग्रेस के राष्ट्रीय आन्दोलन की बागडोर गाँधी जी ने सम्भाल ली और उन्हीं के नेतृत्व में देश को स्वराज्य प्राप्त हुआ। गाँधी जी के नेतृत्व में राष्ट्रीय आन्दोलन का विभिन्न पहलुओं में विकास हुआ। उन्होंने स्त्रियों की दशा सुधारने, अश्पृश्यता उन्मूलन, साम्प्रदायिकता दूर करने इत्यादि समाज-सुधार की विभिन्न दिशाओं में महत्त्वपूर्ण आन्दोलनों का सूत्रपात किया। सन् 1920 में अंग्रेजों के विरुद्ध असहयोग आन्दोलन छेड़ा गया। सन् 1923 में स्वराज्य पार्टी की स्थापना हुयी जिसकी शक्ति सन् 1925 में बहुत बढ़ गयी। इसके साथ-साथ देश में समाजवादी और साम्यवादी विचारों का प्रभाव बढ़ता रहा। सन् 1928 में साइमन कमीशन का बायकाट किया गया। 23 सितम्बर, सन् 1929 को गांधी, मोतीलाल नेहरू, जिन्ना और सप्रू ने वाइसराय से मिलकर भारत को पूर्ण डोमिनियन स्टेटस देने की मांग की। इसके बाद लाहौर कांग्रेस में पूर्ण स्वराज्य की मांग का प्रस्ताव स्वीकार हो गया। 26 जनवरी, सन् 1930 को पहला स्वतन्त्रता दिवस मनाया गया। इसी वर्ष नागरिक अवज्ञा आन्दोलन प्रारम्भ हुआ और विदेशी कपड़े तथा शराब का बायकाट किया गया। सन् 1936 में लखनऊ कांग्रेस में जवाहरलाल नेहरू के सभापतित्व में राष्ट्रीय आन्दोलन को अधिक व्यापक बनाने की मांग की गयी। कांग्रेस के अन्तर्गत ही समाजवादी दल की स्थापना हुयी। कांग्रेस के बाहर अनेक किसान संगठनों ने कृषि के क्षेत्र में विभिन्न सुधारों की मांग की। मार्च, सन् 1937 में कांग्रेस ने विभिन्न सूबों में मन्त्रिमण्डल में भाग लेना स्वीकार कर लिया। सन् 1939 में कांग्रेस में दक्षिण-पन्थी और वाम-पन्थी वर्गों में संघर्ष हुआ और गांधी जी तथा सुभाषचन्द्र बोस में मतभेद दिखलाई दिया। इसके बाद सुभाषचन्द्र बोस ने कांग्रेस के सभापतित्व से इस्तीफा देकर फारवर्ड ब्लाक की स्थापना की।

जब इस प्रकार एक ओर राष्ट्रीय आन्दोलन बराबर आगे बढ़ रहा था, दूसरी ओर अनेक मुस्लिम नेता मुसलमानों के हितों को बनाये रखने के लिये साम्प्रदायिक विचार फैला रहे थे। अंग्रेजों ने भी इस प्रवृत्ति को प्रोत्साहित किया। मुस्लिम लीग ने भारत में मुसलमानों का भारत से अलग राष्ट्र घोषित किया। इस प्रकार देश में दो राष्ट्र का सिद्धान्त प्रचलित हुआ। इसी दो राष्ट्र के सिद्धान्त से आगे चलकर सन् 1947 में देश का बँटवारा हुआ और पाकिस्तान का जन्म हुआ।

भारतीय राष्ट्रीय आन्दोलन में विभिन्न सोपान

भारत में राष्ट्रवाद के विकास की उपरोक्त संक्षिप्त रूपरेखा से उसके अनेक सोपान स्पष्ट होते हैं। संक्षेप में, भारतीय राष्ट्रीय आन्दोलन में अग्रलिखित सोपान देखे जा सकते हैं–

(1) सन् 1885 से पहले का राष्ट्रीय आन्दोलन—इसमें राजा राम मोहनराय और अन्य पढ़े-लिखे भारतीयों ने देश में प्रेस की स्वतन्त्रता तथा प्रशासनिक सुधार आदि जनतन्त्रीय अधिकारों की मांग की और सामाजिक तथा सुधार-आन्दोलन छेड़े।

(2) सन् 1885 से सन् 1905 तक—इस काल में उदारवादी बुद्धिजीवियों ने भारतीय राष्ट्रीय आन्दोलन का नेतृत्व किया। इन नेताओं में बुद्धिजीवियों के अतिरिक्त बूर्जुआ वर्ग के लोग भी थे। देश में आधुनिक शिक्षा के प्रसार से इस युग में राष्ट्रीय आन्दोलन का क्षेत्र व्यापक हो गया था। देश में उद्योगों का विस्तार होता जा रहा था, जिससे स्वदेशी आन्दोलन को सहायता मिली। इस युग में अधिकतर राष्ट्रीय आन्दोलन भारतीय राष्ट्रीय कांग्रेस के नेतृत्व में आगे बढ़ा।

(3) सन् 1905 से सन् 1918 तक—इस युग में राष्ट्रीय आन्दोलन की बागडोर उदारवादियों के हाथ से निकल कर उग्रवादी नेताओं के हाथ में आ गयी। चूंकि कुछ नेताओं ने राष्ट्रीय आन्दोलन को हिन्दू-दर्शन पर आधारित करने की कोशिश की, इसलिये प्रतिक्रियात्मक मुसलमानों में साम्प्रदायिक प्रवृत्तियाँ बढ़ीं और मुस्लिम लीग की स्थापना हुई।

(4) सन् 1918 से सन् 1934 तक—राष्ट्रीय आन्दोलन के इस युग में वह जनसाधारण में फैल गया और उसे जनता का सहयोग प्राप्त हुआ। इस काल में भारतीयों में राष्ट्रीय जागृति देखी जा सकती है, क्योंकि प्रथम विश्व-महायुद्ध के बाद अंग्रेजों की पोल खुल चुकी थी और भारतीयों का उन पर से विश्वास उठ गया था। इस युग में अनेक अन्तर्राष्ट्रीय घटनाओं से भारतीय स्वतन्त्रता आन्दोलन को प्रोत्साहन मिला। देश में अनेक पूँजीपूति अपनी स्थिति मजबूत बना चुके थे। इन्होंने कांग्रेस के स्वतन्त्रता आन्दोलन को सहायता दी, क्योंकि स्वदेशी और बायकाट के नारों से उद्योगपतियों को लाभ था। गाँधी जी ने वर्ग-संघर्ष के सिद्धान्त के स्थान पर विभिन्न वर्गों में सहयोग की बात की, जिससे उनके नेतृत्व में बूर्जुआ-वर्ग ने राजनैतिक नेताओं की सहायता की। इस युग में देश में समाजवादी और साम्यवादी समूहों का महत्त्व बढ़ा और राष्ट्रीय-स्तर पर अनेक श्रमिक आन्दोलन प्रारम्भ हुए। सन् 1930 से सन् 1934 तक कांग्रेस ने गांधी जी के नेतृत्व में नागरिक अवज्ञा आन्दोलन चलाया जिसमें देश के युवक-युवतियों ने व्यापक रूप से भाग लिया।

(5) सन् 1934 से सन् 1939 तक—इस युग में सुभाषचन्द्र बोस ने फारवर्ड ब्लाक की स्थापना की। मुस्लिम लीग की शक्ति पहले से अधिक बढ़ गयी। विद्यार्थियों, किसानों और श्रमिकों में साम्यवादी दल का प्रसार बढ़ने लगा। किसानों और श्रमिकों में अनेक स्वतन्त्र राजनैतिक दलों की स्थापना हुई और कांग्रेस ने इनका समर्थन किया। इस प्रकार किसानों और श्रमिकों में राष्ट्रीय चेतना का विकास हुआ, दूसरी ओर विभिन्न सामाजिक वर्गों मे वर्ग संघर्ष बढ़ने लगा।

(6) सन् 1939 से सन् 1947 तक—इस युग में राष्ट्रीय आन्दोलन का बहुमुखी विकास हुआ और 15 अगस्त, सन् 1947 को देश अंग्रेजों के शासन से स्वतन्त्र हो गया।

इसके बाद देश में एक ओर राष्ट्रीय प्रवृत्तियाँ बढ़ी हैं तो दूसरी ओर विभिन्न वर्गों और व्यक्तियों तथा राजनैतिक दलों ने अपने-अपने निहित स्वार्थों को सिद्ध करने के लिये विघटनकारी शक्तियों को प्रोत्साहन दिया है। वर्तमान स्थिति किसी भी प्रकार से सन्तोषजनक नहीं कही जा सकती। जैसा कि अगले अध्याय में बतलाया जायेगा, देश में राजनीतिकरण बढ़ता जा रहा है। एक ओर जनतन्त्रीय मूल्यों का प्रचार बढ़ रहा है तो दूसरी ओर कुछ राजनैतिक दल फात्सीवादी और साम्यवादी प्रवृत्तियों को भी प्रोत्साहन दे रहे हैं। इन सब विभिन्न प्रवृत्तियों में देश का भविष्य क्या होगा यह निश्चित रूप से नहीं कहा जा सकता किन्तु यह निश्चित है कि देश के भविष्य को बनाने में बुद्धिजीवी विशिष्ट वर्ग सबसे अधिक महत्त्वपूर्ण योगदान देगा।

अभ्यास के लिये प्रश्न

1. संक्षिप्त टिप्पणी लिखो—विलासी वर्ग।
2. भारत में वर्तमान अभिजात वर्ग के विकास का विश्लेषण कीजिये।
3. अभिजात वर्ग के विकास के विषय में परेटो का सिद्धान्त बतलाइये।

16

चुनाव तथा राजनैतिक संस्थाओं में प्रतिनिधित्व
(Election and Representation in Political Institutions)

आजकल जनतन्त्रीय शासन प्रणाली में जनता के चुने हुए प्रतिनिधि ही सरकार बनाते हैं। इन प्रतिनिधियों का चुनाव दो प्रकार से किया जाता है—प्रत्यक्ष अथवा अप्रत्यक्ष। प्रत्यक्ष निर्वाचन में जनता स्वयं अपने प्रतिनिधियों का निर्वाचन करती है। अप्रत्यक्ष निर्वाचन में जनता निर्वाचक मण्डल का चुनाव करती है और यह निर्वाचक मण्डल प्रतिनिधियों का चुनाव करता है। पहले प्रकार की निर्वाचन प्रणाली उन देशों में प्रचलित है जहाँ जनसंख्या थोड़ी है। बड़े-बड़े देशों में अप्रत्यक्ष निर्वाचन प्रणाली ही अपनायी जाती है। संयुक्त राज्य अमरीका में सीनेट का चुनाव प्रत्यक्ष और राष्ट्रपति का अप्रत्यक्ष होता है।

अप्रत्यक्ष निर्वाचन प्रणाली के लाभ—प्रत्यक्ष निर्वाचन प्रणाली की तुलना में अप्रत्यक्ष निर्वाचन प्रणाली के मुख्य लाभ निम्नलिखित हैं—

(1) विशाल देश के लिये उपयुक्त—भारत जैसे विशाल देश में प्रत्यक्ष निर्वाचन सम्भव नहीं है। इसके लिये अप्रत्यक्ष प्रणाली ही उपयुक्त है।

(2) उत्तरदायी निर्वाचन—प्रत्यक्ष निर्वाचन पक्षपातपूर्ण और भावावेश में हो सकता है जबकि अप्रत्यक्ष निर्वाचन में इनका अवसर नहीं रहता और इसलिये वह अधिक जिम्मेदार होता है।

(3) सार्वजनिक मताधिकार के दोषों का निराकरण—इस प्रणाली में सार्वजनिक मताधिकार के दोषों का निराकरण होता है, इसमें सबसे बड़ा दोष यह है कि सभी व्यक्तियों को वोट देने का एक सा अधिकार होने के कारण उपयुक्त व्यक्तियों का चुनाव नहीं हो पाता। निर्वाचक मण्डल सामान्य जनता से निश्चय ही अधिक योग्य व्यक्तियों का होता है। अस्तु, उसके द्वारा निर्वाचन अधिक अच्छा होगा।

अप्रत्यक्ष निर्वाचन की हानियाँ—अप्रत्यक्ष निर्वाचन प्रणाली के उपरोक्त गुणों के बावजूद उससे निम्नलिखित हानियाँ बतलायी जाती हैं—

(1) **भ्रष्टाचार**—जनता में सभी लोगों को भ्रष्टाचार के पक्ष में करना सम्भव नहीं होता। निर्वाचन मण्डल में थोड़े लोग होने के कारण भ्रष्टाचार की सम्भावना बढ़ जाती है।

(2) **राजनैतिक शिक्षा का अभाव**—चूँकि इसमें प्रत्येक व्यक्ति को स्वयं निर्वाचन का अधिकार नहीं मिलता इसलिये जनता को राजनैतिक शिक्षा प्राप्त नहीं होती। अतएव इसके आधार पर सच्चे जनतन्त्र की स्थापना नहीं हो सकती।

(3) **जनतन्त्र विरुद्ध**—अस्तु, अप्रत्यक्ष निर्वाचन प्रणाली जनतन्त्र के मूल तत्त्वों जैसे समानता और स्वतन्त्रता तथा शासन में जनता के योगदान के विरुद्ध है।

(4) **अनुत्तरदायी शासन**—अप्रत्यक्ष निर्वाचन में निर्वाचित व्यक्ति समस्त जनता के प्रति नहीं बल्कि निर्वाचक मण्डल के प्रति ही उत्तरदायी होते हैं और उसे अपने पक्ष में करके अनुत्तरदायी हो सकते हैं।

(5) **दलबन्दी को प्रोत्साहन**—इस प्रणाली में चुने हुए प्रतिनिधि दलबन्दी करके अपने स्वार्थ सिद्ध करने का प्रयास करते हैं क्योंकि निर्वाचकों की संख्या थोड़ी होने के कारण वे उन्हें अपने पक्ष में कर लेते हैं।

प्रत्यक्ष निर्वाचन प्रणाली के लाभ और हानियाँ—अप्रत्यक्ष निर्वाचन प्रणाली के जो लाभ हैं उसी के अनुरूप हानियाँ प्रत्यक्ष निर्वाचन प्रणाली में दिखलाई पड़ती हैं। इस प्रकार प्रत्यक्ष निर्वाचन प्रणाली विशाल देश के लिये उपयुक्त नहीं होती। उसमें निर्वाचित व्यक्ति सामान्य जनता के प्रति उत्तरदायी नहीं होते। उसमें सार्वजनिक मताधिकार के दोष रहते हैं। उसमें योग्य, अयोग्य, मूर्ख और बुद्धिमान सभी व्यक्तियों को निर्वाचन का अधिकार मिल जाता है। किन्तु दूसरी ओर प्रत्यक्ष निर्वाचन प्रणाली में वे दोष नहीं हैं जो अप्रत्यक्ष निर्वाचन प्रणाली में दिखलाई पड़ते हैं। इस प्रकार उसमें भ्रष्टाचार की सम्भावना कम हो जाती है। उससे जनता को राजनैतिक शिक्षा मिलती है और अपने अधिकारों तथा कर्त्तव्यों का ज्ञान होता है। उसमें जनतन्त्र की मूल भावना का विकास होता है। उसमें जनता के चुने हुए प्रतिनिधि जनता के प्रति ही उत्तरदायी होते हैं। उसमें दलबन्दी को प्रोत्साहन नहीं मिलता क्योंकि केवल उसी के आधार पर चुनावों में विजय सम्भव नहीं होती।

आधुनिक काल में जनतन्त्रीय देशों में वयस्क व्यक्तियों को निर्वाचन का अधिकार दिया जाता है। यह सार्वजनिक मातधिकार (Universal Franchise) कहलाता है। वयस्क होने की आयु भिन्न-भिन्न देशों में अलग-अलग मानी गयी है। जबकि भारत, रूस और इंगलैंड में यह 18 वर्ष है, फ्रांस और अमरीका में यह 21 वर्ष है। कुछ देशों में यह इससे भी अधिक है। नार्वे में 23, फिनलैंड में 24 और स्पेन और हालैंड में यह 25 वर्ष मानी जाती है।

मताधिकार की योग्यतायें

किन्तु अधिकतर राजशास्त्री बिना किसी शर्त के सभी लोगों को समान रूप से मताधिकार देने के पक्ष में नहीं है। भिन्न-भिन्न राजशास्त्रियों ने मताधिकार के प्रयोग के लिये व्यक्ति में भिन्न-भिन्न योग्यतायें आवश्यक मानी हैं। संक्षेप में, ये योग्यतायें निम्नलिखित हैं–

(1) शिक्षा–जान स्टुअर्ट मिल ने लिखा है, ''मताधिकार को सार्वजनिक बनाने से पहले शिक्षा को अनिवार्य करना नितान्त आवश्यक है। मैं इस बात को सर्वथा अमान्य समझता हूँ कि किसी ऐसे व्यक्ति को मतदान का अधिकार दिया जाये जो सामान्य रूप से लिखना पढ़ना और अंकगणित भी न जानता हो।'' इस प्रकार अनेक राजशास्त्री शिक्षा को मताधिकार के लिये आवश्यक योग्यता मानते हैं। जो लोग इस शर्त के विरुद्ध हैं उनका कहना है कि शिक्षा की परिभाषा करना बड़ा कठिन है और यह भी आवश्यक नहीं है कि शिक्षित व्यक्ति अधिक बुद्धिमान भी हो। कभी-कभी अनुभव का महत्त्व शिक्षा से अधिक होता है। फिर मतदान स्वयं एक शिक्षा है। अस्तु, मताधिकार के लिये शिक्षा की शर्त उचित नहीं है। इस आलोचना में सत्य का अंश होते हुये भी अधिकतर राजशास्त्री इस बात से सहमत हैं कि जनतन्त्र में मतदाताओं को अधिक से अधिक शिक्षा दी जानी चाहिये। मतदान की सफलता इसी पर निर्भर है।

(2) आर्थिक स्थिति–कुछ राजशास्त्री सम्पत्ति को मताधिकार के लिये आवश्यक शर्त मानते हैं। सम्पत्तिवान व्यक्ति राज्य को कर देता है और उस पर नये कानूनों का प्रभाव पड़ता है, इसलिये वह उनके विषय में सोच-विचार करता है। सम्पत्तिहीन व्यक्ति उनके विषय में कुछ भी नहीं सोचता। इसीलिये मान्टेस्क्यू ने कहा था, ''प्रतिनिधियों के निर्वाचन में सभी निवासियों को मताधिकार प्राप्त होना चाहिये, केवल ऐसे मनुष्यों को यह अधिकार नहीं होना चाहिये जो ऐसी हीन दशा में हैं कि उनके बारे में यह समझा जाता है कि उनकी इच्छा ही नहीं है।'' परन्तु सम्पत्ति को मताधिकार की शर्त बनाना उचित नहीं है। साम्यवादी देशों में इसे आवश्यक नहीं माना जाता क्योंकि देखा गया है कि अधिक सम्पत्ति होने से चरित्र भ्रष्ट होता है। निर्धनता से चरित्र का स्तर गिरना आवश्यक नहीं है और न आर्थिक स्थिति उठने के साथ वह उठता है। अस्तु, सम्पत्ति या आर्थिक स्थिति को मताधिकार की आवश्यक योग्यता मानना उचित नहीं है।

(3) लिंग–उन्नीसवीं शताब्दी में अनेक देशों में मताधिकार के लिये पुरुष होना आवश्यक माना जाता था। स्त्रियों को मताधिकार नहीं मिला हुआ था। विचारकों का कहना था कि उनका क्षेत्र राजनीति नहीं है और उनको मताधिकार देने से परिवार में संघर्ष होने लगेगा। वे देश की रक्षा में भाग नहीं लेतीं और स्त्रियोचित गुण मताधिकार के उपयुक्त नहीं हैं। आज ये विचार पुराने हो चुके हैं। बीसवीं शताब्दी में संसार के अधिकतर देशों में स्त्रियों को भी मताधिकार दिया गया है। कहा गया है कि प्रकृति ने स्त्री, पुरुष को समान बनाया है। मताधिकार के अभाव में स्त्रियां अपने अधिकारों की रक्षा नहीं कर सकेंगी। जनतन्त्र में समानता के तत्त्व के पोषण के लिये स्त्रियों को मताधिकार देना आवश्यक है। मताधिकार से उनमें राजनैतिक चेतना, राष्ट्रीयता की भावना, अधिकारों और कर्त्तव्यों का

ज्ञान तथा व्यापक दृष्टिकोण उत्पन्न होते हैं। अस्तु, आधुनिक विचारक एकमत से स्त्रियों को मताधिकार देने के पक्ष में हैं।

सार्वजनिक मताधिकार की सीमायें—मताधिकार के प्रयोग के लिये उपरोक्त योग्यताओं के अतिरिक्त कुछ अन्य योग्यतायें भी आवश्यक मानी जाती हैं जैसे सही मानसिक स्थिति, अपराधी न होना, निर्णय करने की योग्यता, विदेशी न होना इत्यादि। इसीलिये आजकल लगभग सभी देशों में जहाँ सार्वजनिक मताधिकार हैं, पागलों, विकृत मस्तिष्कवालों, विदेशियों आदि को यह अधिकार नहीं मिलता। आधुनिक राजशास्त्री जनतन्त्रीय भावना के अनुसार सार्वजनिक मताधिकार के पक्ष में हैं और यह ठीक ही है किन्तु फिर भी किसी भी देश में नाबालिगों, पागलों, विदेशियों, समाजद्रोहियों और राष्ट्रद्रोहियों को मताधिकार देना उचित नहीं होगा। अस्तु, सार्वजनिक मताधिकार देते हुये भी इस अधिकार का प्रयोग करने के लिये कुछ योग्यताओं का निर्धारण आवश्यक है।

सानुपातिक प्रतिनिधित्व
(Proportional Representation)

मिल ने लिखा है, ''जनतन्त्र के लिये यह आवश्यक है कि अल्प संख्यकों को पर्याप्त रूप से प्रतिनिधित्व दिया जाये।''[1] यद्यपि जनतन्त्र में बहुसंख्यक दल का शासन होता है किन्तु सही अर्थों में जनतन्त्र तभी हो सकता है जबकि उसमें अल्पसंख्यकों को भी उचित मात्रा में प्रतिनिधित्व दिया जाये। कभी-कभी तो बहुसंख्यक दल केवल एक प्रतिशत मत अधिक प्राप्त करने के कारण ही बहुसंख्यक होता है। ऐसी स्थिति में शेष 49 प्रतिशत को प्रतिनिधित्व दिये बिना किसी भी प्रकार से जनतन्त्रीय शासन की स्थापना नहीं हो सकती। अस्तु, आधुनिक राजशास्त्री इस बात पर जोर देते हैं कि अल्पसंख्यकों को शासन प्रणाली में समुचित प्रतिनिधित्व दिया जाना चाहिये। इसके लिये मुख्य रूप से निम्नलिखित प्रणालियाँ अपनायी जाती हैं।

(1) सीमित मत प्रणाली (Limited Vote System)—इसमें समस्त देश को बहुसदस्य निर्वाचन क्षेत्रों में विभाजित कर दिया जाता है। अब प्रत्येक क्षेत्र में निर्वाचित सदस्यों को संख्या से कम मत प्रदान करने का अधिकार प्रत्येक निर्वाचक को दिया जाता है। उदाहरण के लिये यदि निर्वाचितों की संख्या 3 है तो प्रत्येक निर्वाचन केवल 2 ही मत दे सकता है। ऐसी स्थिति में कम से कम एक सदस्य अल्प संख्यकों में से निर्वाचित हो जाता है।

(2) समग्र मतदान प्रणाली (Cumulative Vote System)—मतदान की इस प्रणाली में प्रत्येक निर्वाचक को उतने ही मत देने का अधिकार होता है जितनी संख्या निर्वाचित सदस्यों की होती है। उसे यह भी अधिकार दिया जाता है कि वह चाहे तो अपने मतों को उम्मीदवारों में बांट दे या सारे मत एक ही उम्मीदवार को दे दे। इसका परिणाम

---

1. It is an essential part of democracy that minorities should be adequately represented."
—Mill.

यह होता है कि अल्पसंख्यक मतदाता अपने मत इकट्ठे अपने ही प्रतिनिधि को दे देते हैं जिससे उनका निर्वाचन सम्भव हो जाता है किन्तु इस प्रणाली में भी अल्पसंख्यकों के साथ पूरा न्याय नहीं हो पाता।

(3) आनुपातिक प्रतिनिधित्व प्रणाली (Proportional Representation System)—इस प्रणाली की व्याख्या करते हुये प्रोफेसर स्ट्रांग ने लिखा है, ''प्रतिनिधित्व प्रणाली प्रतिनिधि अथवा डिपुटी से जनता की सेवा में लगे रहने की स्वतन्त्रता मांगती है जो बहुधा साधारण नागरिक को नहीं मिली हुई होती।''[1] इस प्रणाली में निर्वाचन क्षेत्र बहुसदस्य होने चाहियें जिनमें से कम से कम 3 या अधिक सदस्यों का निर्वाचन हो। उम्मीदवार के निर्वाचित होने के लिये उसे सम्पूर्ण वोट संख्या का एक निश्चित अनुपात प्राप्त करना आवश्यक होना चाहिये। इस प्रणाली का सबसे अधिक महत्त्वपूर्ण लक्षण यह है कि इसमें निर्वाचकों को उनकी जनसंख्या के अनुपात में विधान सभा में प्रतिनिधित्व दिया जाता है। उदाहरण के लिये यदि देश में उनकी जनसंख्या 40 प्रतिशत है तो विधान सभा में भी उन्हें 40 प्रतिशत स्थान दिये जायेंगे।

आनुपातिक प्रतिनिधित्व प्रणाली को व्यावहारिक रूप देने के लिये निम्नलिखित दो विधियाँ अपनायी जाती हैं—

(अ) एकल संक्रमणीय मत प्रणाली (Single transferable vote system)—इस प्रणाली को थॉमस हेयर (Thomas Hare) ने सन् 1851 में अपनी पुस्तक प्रतिनिधित्व का यन्त्र (The Machinery of Representation) में उपस्थित किया। इसलिये यह हेयर प्रणाली (Hare System) भी कहलाती है। सन् 1855 में डेनमार्क के तत्कालीन मन्त्री श्री आंद्रे (Andrae) ने इस प्रणाली को अपने देश में लागू किया था। इसलिये यह आंद्रे योजना भी कहलाती है। इसको एकल प्रणाली कहने का कारण यह है कि इसमें निर्वाचक का एक ही मत गणना में आता है। इसको संक्रमणीय प्रणाली कहने का अर्थ यह है कि इसमें मतों का संक्रमण सम्भव होता है। प्रत्येक मतदाता विभिन्न निर्वाचितों को प्रथम, द्वितीय अथवा तृतीय प्राथमिकता के क्रम में मतदान देता है। यदि किसी उम्मीदवार को पर्याप्त मत प्राप्त नहीं होते तो उसके मतों को अन्य उम्मीदवारों को हस्तांतरित कर दिया जाता है ताकि कोई भी मत व्यर्थ न हो। यह क्रिया तब तक चलती रहती है जब तक कि उम्मीदवारों को निश्चित मत संख्या प्राप्त न हो जाये। चुनाव में सफल होने के लिये उम्मीदवार को कितने मत मिलने चाहियें इसका पता दो प्रकार से लगाया जाता है। आंद्रे योजना के अनुसार समस्त मतों की संख्या को उम्मीदवारों की संख्या से विभाजित करके न्यूनतम आवश्यक मतों की संख्या निकाल ली जाती है। उदाहरण के लिये यदि डाले हुए मत 100 हैं और उम्मीदवारों की संख्या 4 है तो चुने जाने के लिये प्रत्येक उम्मीदवार को कम से कम 25 मत अवश्य प्राप्त होने चाहियें। हेयर योजना के अनुसार डाले हुए मतों की संख्या को उम्मीदवारों की संख्या में एक और जोड़कर वह संख्या निकाल ली जाती है जितने मत प्रत्येक उम्मीदवार को सफल

---

1. "The representative system demands from the representative or deputy a freedom to devote himself to the public service which is often lacking to the ordinary citizen."
—C. F. Strong.

होने के लिये अवश्य प्राप्त होने चाहिये। उदाहरण के लिये कुल डाले हुए मत 100 हैं और उम्मीदवारों की संख्या 4 है तो 4 में 1 जोड़ कर 5 से 100 भाग कर देने पर जो 20 संख्या आती है उसमें एक जोड़कर 21 एक ऐसी संख्या है जितने मत प्राप्त करना प्रत्येक सफल उम्मीदवार के लिये आवश्यक है। यदि इस प्रकार भाग करने पर भाजक के आधे से अधिक शेष बचता है तो भागफल में 1 जोड़ दिया जाता है और यदि भाजक के आधे से कम शेष बचता है तो उसे छोड़ दिया जाता है।

आनुपातिक प्रणाली में मतगणना के लिये सबसे पहले सब उम्मीदवारों को मिले हुए प्राथमिक मतों की गणना कर ली जाती है और जिस सदस्य को न्यूनतम संख्या में मत प्राप्त हो जाते हैं उसे निर्वाचित घोषित कर दिया जाता है। अब उसे न्यूनतम संख्या में जितने वोट मिले हैं उन्हें द्वितीय प्राथमिकता के अनुसार अन्य उम्मीदवारों को बांट दिया जाता है। यदि इस प्रकार भी सब सदस्यों का निर्वाचन नहीं हो पाता तो सबसे कम मत प्राप्त करने वाले उम्मीदवार के मतों को अन्य उम्मीदवारों में द्वितीय प्राथमिकता के अनुसार बाँट दिया जाता है। यह प्रक्रिया उस समय तक चलायी जाती है जब तक कि आवश्यक संख्या में सदस्य निर्वाचित नहीं हो जाते हैं। परिणाम यह होता है कि द्वितीय, तृतीय और चतुर्थ प्राथमिकता के उम्मीदवार भी निर्वाचित हो जाते हैं और डाला हुआ कोई भी मत व्यर्थ नहीं जाता। भारतवर्ष में राष्ट्रपति, राज्य सभा के सदस्य और विधान परिषदों के सदस्यों का चुनाव एकल संक्रमणीय मत प्रणाली के द्वारा किया जाता है।

(ब) सूची प्रणाली (List System)—उपरोक्त प्रणाली के अतिरिक्त आनुपातिक चुनाव प्रणाली का एक दूसरा प्रकार सूची प्रणाली है। इसमें, जैसा कि इसके नाम से स्पष्ट है, प्रत्येक राजनैतिक दल प्रत्येक निर्वाचन क्षेत्र के लिये अपने उम्मीदवारों की सूची बना लेता है जिसमें उतने ही नाम हो सकते हैं जितनी संख्या उस क्षेत्र के कुल निर्वाचकों की हो। अब मतदाता अलग-अलग उम्मीदवारों को मत न देकर विशिष्ट राजनैतिक दल की सूची को ही मतदान करते हैं। इस सम्पूर्ण सूची को जितने मत मिलते हैं उस संख्या को निश्चित संख्या से भाग देकर जो भागफल आता है उस राजनैतिक दल के उतने ही सदस्य निर्वाचित हो जाते हैं। उदाहरण के लिये यदि किसी चुनाव में 3 राजनैतिक दल भाग ले रहे हैं और एक की सूची को 10,000, दूसरे की सूची को 6000 और तीसरे की सूची को 2000 मत मिले हैं तो कुल निर्वाचित सदस्यों की संख्या 10 होने पर इन तीनों के क्रमश: 5, 3 और 2 उम्मीदवार चुन लिये जायेंगे। निर्वाचन की यह सूची प्रणाली बेल्जियम, डैनमार्क, नार्वे और स्वेडन तथा स्वीटरजरलैंड और फ्रांस में प्रयोग की जाती है। हिसाब लगाने में आधे से कम राशि को छोड़ दिया जाता है और आधे से अधिक राशि को पूरा मान लिया जाता है।

आनुपातिक प्रणाली के गुण—आनुपातिक प्रतिनिधित्व प्रणाली में अनेक गुण दोष बतलाये गये हैं। संक्षेप में उसके मुख्य गुण निम्नलिखित हैं—

(1) समस्त वर्गों का प्रतिनिधित्व—इस प्रणाली के द्वारा देश के सभी वर्गों को संसद में अपना प्रतिनिधि भेजने का अवसर मिल जाता है।

(2) अल्प संख्यकों की सुरक्षा—जॉन स्टुअर्ट मिल ने जनतन्त्र की सफलता के लिये अल्पसंख्यकों का उचित प्रतिनिधित्व आवश्यक माना है। आनुपातिक प्रणाली से यह सम्भव हो पाता है जिससे अल्पसंख्यक सुरक्षा अनुभव करते हैं।

(3) राजनैतिक शिक्षा—मतदान की यह प्रणाली समझने के लिये इस पर ध्यान देना पड़ता है और उम्मीदवारों में चुनाव करना पड़ता है। इसलिये प्रत्येक व्यक्ति इस प्रणाली को समझकर विभिन्न राजनैतिक दलों के गुण दोषों पर विचार करता है और यह चिन्तन करता है कि देश के लाभ के लिये उनमें से किसको वोट दिया जाना चाहिये। इस सब प्रक्रिया से मतदाताओं को राजनैतिक शिक्षा मिलती है।

(4) समस्त मतों का उपयोग—एकलसंक्रमणीय आनुपातिक प्रणाली में कोई भी मत व्यर्थ नहीं जाता। सभी मतों का उपयोग होता है। इससे प्रतिनिधित्व अधिक अच्छा बन पड़ता है।

(5) जनतन्त्रीय प्रणाली—इस प्रकार से आनुपातिक प्रणाली अत्यधिक जनतन्त्रीय है। इसमें प्रत्येक व्यक्ति का मत समान माना जाता है और प्रत्येक को शासन प्रणाली में भाग लेने का अवसर मिलता है क्योंकि किसी का भी मत व्यर्थ नहीं जाता।

(6) पसन्दगी का व्यापक क्षेत्र—इस प्रणाली में मतदाता अनेक उम्मीदवारों को पसन्दगी के क्रम में वोट देता है। इससे उसकी पसन्दगी का क्षेत्र अत्यन्त व्यापक हो जाता है।

(7) जनतन्त्रीय व्यवस्थापिका—आनुपातिक प्रणाली के द्वारा राज्य के सभी वर्गों के प्रतिनिधियों को संसद में स्थान मिलने के कारण संसद को सच्चा जनतन्त्रीय रूप प्राप्त होता है।

(8) स्वतन्त्रता की रक्षा—शूल्जे के अनुसार, "इस प्रणाली से जहाँ एक ओर हर मतदाता को अपनी पसन्द के उम्मीदवार चुनने में स्वतन्त्रता मिली होती है वहाँ दूसरी ओर यदि मतदाता अपनी पसन्द के राजनैतिक दल के उम्मीदवारों का अधिकतम मूल्य देता है तो, उन्हें आनुपातिक प्रतिनिधित्व प्राप्त हो जाता है।" इस प्रकार आनुपातिक प्रणाली मतदाताओं की स्वतन्त्रता की रक्षा करती है।

राजनैतिक दलों का महत्त्व—आनुपातिक प्रणाली के एक प्रकार सूची प्रणाली में मतदाता राजनैतिक दलों की सूचियों का मतदान करते हैं। इसके लिये वह आवश्यक है कि वे विभिन्न राजनैतिक दलों के सिद्धान्तों और नीतियों का विश्लेषण करें और उनके गुण दोषों पर विचार करें। इस प्रकार राजनैतिक दलों का महत्त्व बढ़ जाता है। वोट व्यक्ति को नहीं बल्कि उसके राजनैतिक दल को प्राप्त होते हैं।

आनुपातिक प्रणाली के दोष—उपरोक्त गुणों के बावजूद आनुपातिक प्रणाली में हमें अनेक दोष बतलाये गये हैं। इनके मुख्य दोष निम्नलिखित हैं—

(1) राजनैतिक दलों को प्रोत्साहन—जैसा कि पीछे बतलाया जा चुका है आनुपातिक प्रणाली राजनैतिक दलों को प्रोत्साहित करती है। सूची प्रणाली में तो राजनैतिक दल की हार जीत होती है किसी व्यक्ति की नहीं। अस्तु, आनुपातिक प्रणाली के कारण

देश राजनैतिक दलों का अखाड़ा बन जाता है जिससे व्यक्तियों का कोई महत्त्व नहीं रहता और प्रत्येक दल जनता को अपने पक्ष में करने के लिये हर प्रकार से प्रयास करता है।

(2) अस्थायी सरकार—इस प्रणाली से सभी वर्गों और गुटों का प्रतिनिधित्व मिलना सम्भव होने के कारण संसद में किसी भी विशेष दल की बहुसंख्या नहीं हो पाती। इससे सरकार बहुधा अस्थायी रहती है।

(3) संसद का राष्ट्रीय स्वरूप नष्ट—आनुपातिक प्रणाली में संसद का राष्ट्रीय स्वरूप नहीं रह पाता। उसमें छोटे-छोटे बहुत से गुट बन जाते हैं जिनमें बराबर संघर्ष होता रहता है। प्रोफेसर एजमीन के शब्दों में, ''यह मन्त्रिमण्डल और संसदीय शासन को अस्थायी बनाकर उसका स्वरूप नष्ट कर देती है।''

(4) अल्पसंख्यकों की रक्षा में असमर्थ—यद्यपि आनुपातिक प्रणाली विशेष रूप से अल्पसंख्यकों की रक्षा करने के लिये बनायी गयी है किन्तु जैसे कि रेनों ने कहा है, ''यह प्रणाली अल्पसंख्यकों की समस्याओं को और अधिक उग्र कर देती है और विभाजनकारी समूहों के निर्माण को प्रोत्साहन देती है।'' इस प्रकार इनमें अल्पसंख्यकों की रक्षा नहीं हो पाती।

(5) साम्प्रदायिकता को प्रोत्साहन—स्ट्रॉंग के अनुसार, ''अल्पसंख्यक विचारधारा समाज के स्वस्थ वातावरण के लिये हानिकारक सिद्ध होती है।'' इस प्रकार आनुपातिक प्रणाली साम्प्रदायिकता को प्रोत्साहित करके देश की एकता के लिये खतरा बढ़ाती है।

(6) उपचुनाव सम्भव नहीं—इस प्रणाली में उपचुनाव सम्भव नहीं हो पाते। इसलिये यह जनतन्त्र के लिये उपयुक्त नहीं मानी जाती।

(7) बहुल राजनैतिक दलों को प्रोत्साहन—चूँकि इस प्रणाली के सूची प्रकार में राजनैतिक दल को ही वोट प्राप्त होते हैं इसलिये छोटा-मोटा प्रत्येक वर्ग संसद में स्थान पाने के लिये राजनैतिक दल बना लेता है। इससे देश में छोटे-छोटे बहुत से राजनैतिक दल बन जाते हैं और ध्रुवीकरण (Polarization) सम्भव नहीं हो पाता।

(8) जटिल प्रणाली—अन्त में आनुपातिक प्रणाली अत्यधिक जटिल प्रणाली होती है। सामान्य मतदाता के लिये तो इसे समझना भी बड़ा कठिन रहता है।

आनुपातिक प्रणाली के उपरोक्त दोषों के कारण अनेक राजशास्त्री इसकी उपयोगिता को सन्देहास्पद मानते हैं। लास्की के शब्दों में, ''आधुनिक राज्य की समस्यायें निर्वाचन पद्धति के संशोधन से नहीं सुलझ।यी जा सकतीं। इसका समाधान सामान्य जनता के बौद्धिक स्तर को ऊँचा करना तथा आर्थिक स्थिति में संशोधन करना न कि जनता के अनुपात के अनुसार मतदान का अधिकार है।''

साम्प्रदायिक प्रतिनिधित्व प्रणाली

अल्संख्यकों के हितों की रक्षा करने के लिये आजकल एक अन्य प्रणाली अपनायी जाती है जो कि साम्प्रदायिक प्रतिनिधित्व प्रणाली (Communal Representation System) कहलाती है। इस प्रणाली में, जैसा कि इसके नाम से स्पष्ट है, देश के भिन्न-भिन्न

सम्प्रदायों को उनकी संख्या के अनुसार संसद में प्रतिनिधित्व दिया जाता है। भारतवर्ष में सन् 1909 में लार्ड मिन्टो ने साम्प्रदायिक आधार पर देश के भिन्न-भिन्न सम्प्रदायों की अलग-अलग संख्या निश्चित की और प्रत्येक सम्प्रदाय के सदस्यों को मत देने का अधिकार दिया गया। इससे विभिन्न सम्प्रदायों में संघर्ष और वैमनस्य बढ़ा। यह अंग्रेजों की, "फूट डालो और राज्य करो" (Divide and Rule) की नीति का परिणाम थी। जैसा कि तत्कालीन भारत सचिव मौर्ले ने स्वयं स्वीकार किया था, इस प्रणाली के द्वारा देश में अजगर के दांत (Dragon's teeth) बोये गये जिनकी कड़वी उपज सन् 1947 में देश के विभाजन के रूप में दिखलाई पड़ी। अस्तु, आधुनिक विचारक अल्पसंख्यकों के प्रतिनिधित्व की साम्प्रदायिक प्रणाली के पक्ष में नहीं हैं। यह राष्ट्रीय हितों के लिये घातक सिद्ध होती है। इससे राष्ट्र की एकता खतरे में पड़ जाती है।

व्यावसायिक प्रतिनिधित्व प्रणाली

व्यावसायिक प्रतिनिधित्व क्या है ?—अनेक आधुनिक राजशास्त्रियों ने संसद में विभिन्न व्यवसायों के प्रतिनिधियों को भेजे जाने पर जोर दिया है। मिराबो ने कहा था, "एक व्यवस्थापिका सभा समाज के समस्त विविध हितों का एक छोटा दर्पण होना चाहिये जैसे कि पृथ्वी का आकार बतलाने वाला नक्शा भूमि के भिन्न भागों को अभिव्यक्त करता है।"[1] फ्रेंच विचारक मिराबो के अतिरिक्त ब्रोधन, जी॰ डी॰ एच॰ कोल और ड्यूगिट आदि अनेक विचारकों ने व्यावसायिक प्रतिनिधित्व पर जोर दिया है। कोल ने अपने गिल्ड समाजवाद (Guild Socialism) के सिद्धान्त में सरकार में विभिन्न व्यवसायों के गिल्डों के प्रतिनिधियों को सम्मिलित करना आवश्यक माना है। इस सिद्धान्त के अनुसार संसद में प्रतिनिधित्व निर्वाचन क्षेत्रों के आधार पर नहीं बल्कि व्यवसायों के आधार पर होना चाहिये क्योंकि देश की प्रगति व्यवसायों पर ही निर्भर होती है। कोल के शब्दों में, "वास्तविक जनतन्त्र किसी भी अकेली सर्वशक्तिमान सभा में नहीं बल्कि व्यावसायिक प्रतिनिधि समूहों की समन्वित व्यवस्था में पाया जाता है।"[2] ब्रोधन और ड्यूगिट के शब्दों में, "राष्ट्रीय जीवन में सभी शक्तियों उद्योग, सम्पत्ति, वाणिज्य, निर्माण, व्यवसाय, विज्ञान और धर्म सभी का प्रतिनिधित्व होना चाहिये।"[3] इस प्रकार अनेक विचारक यह मानते हैं कि देशों में वास्तविक जनतन्त्र की स्थापना करने के लिये प्रतिनिधियों का चुनाव भूमि के क्षेत्रों अथवा जनसंख्या की इकाइयों के आधार पर नहीं बल्कि व्यवसाय के समूहों के आधार पर होना चाहिये।

---

1. "A legislative assembly ought to be a sort of reduced mirror of all the varied interests of society some what as a topographical map reveals the configurations of land." —Mirabeau.
2. "Real democracy is to be found not in a single omnipotent assembly but in a system of co-ordinated functional representative bodies." —Cole
3. "All the great forces of national life ought to be represented, industry, property, commerce, manufacturing, professions, science and religion." —Broughan and Duguit.

व्यावसायिक प्रतिनिधित्व की पद्धति का अनेक देशों में प्रयोग किया गया है। रूस में खानों में काम करने वाले मजदूरों, लोहे के कारखानों के कर्मचारियों, किसानों और अन्य सभी व्यवसायों के अलग-अलग प्रतिनिधियों को सर्वोच्च व्यवस्थापिका में स्थान दिया जाता है। इटली के सीनेट और डिप्टियों के चेम्बर (Chamber of Deputies) में विभिन्न सामाजिक, औद्योगिक और सांस्कृतिक समूहों के प्रतिनिधियों को स्थान दिया जाता है। यूगोस्लाविया, पोलैंड, पुर्तगाल और स्पेन तथा इटली में राष्ट्रीय स्तर पर पूंजीपतियों, श्रमिकों, ग्राहकों आदि विभिन्न वर्गों की समितियाँ बनायी जाती हैं और इनके प्रतिनिधियों को व्यवस्थापिका में स्थान दिया जाता है।

व्यावसायिक प्रतिनिधित्व के लाभ—व्यावसायिक प्रतिनिधित्व के सिद्धान्त के पक्ष में निम्नलिखित बातें कहीं जाती हैं—

(1) व्यवसाय का प्रतिनिधित्व—भूमि क्षेत्र अथवा जनसंख्या के आधार पर निर्वाचन होने से व्यवसायों का प्रतिनिधित्व नहीं हो पाता। इस प्रणाली से व्यवसायों का प्रतिनिधित्व सम्भव हो पाता है।

(2) व्यवसायों की प्रगति—प्रत्येक व्यवसाय की कुछ अपनी समस्यायें होती हैं। उसे आगे बढ़ाने के लिये कुछ विशेष साधनों की आवश्यकता होती है। अस्तु, उसके प्रतिनिधि को संसद में अवश्य स्थान दिया जाना चाहिये क्योंकि तभी संसद को उस व्यवसाय की आवश्यकताओं और कठिनाइयों का पता चल सकता है। व्यावसायिक प्रतिनिधित्व से यह सम्भव हो पाता है और इस प्रकार प्रत्येक व्यवसाय की प्रगति होती है।

(3) समस्त वर्गों का प्रतिनिधित्व—जनतन्त्र की सफलता तभी सम्भव है जबकि व्यवस्थापिका में सभी वर्गों के प्रतिनिधियों को स्थान दिया जाये। सामान्य निर्वाचन प्रणालियों के द्वारा व्यावसायिक समूहों को प्रतिनिधित्व नहीं मिल पाता। बहुधा प्रतिनिधित्व राजनैतिक दलों के आधार पर होता है। इस प्रणाली से व्यावसायिक वर्गों का प्रतिनिधित्व सम्भव होने के कारण व्यवस्थापिका सभी वर्गों का प्रतिनिधित्व कर पाती है। वास्तव में अनेक राजशास्त्रियों ने इस प्रणाली को अकेले नहीं बल्कि निर्वाचन की अन्य प्रणालियों के साथ प्रयोग करने की सलाह दी है।

व्यावसायिक प्रतिनिधित्व के दोष—व्यावसायिक प्रतिनिधित्व प्रणाली की मुख्य आलोचनायें निम्नलिखित हैं—

(1) एक ही व्यवसाय में मतभेद—इस प्रणाली में यह मान लिया गया है कि एक व्यवसाय करने वालों में संगठन होता है और अनेक बातों में वे एक मत रखते हैं। यह धारणा भ्रमपूर्ण है। वास्तव में कहीं-कहीं तो समान व्यवसाय करने वाले व्यक्तियों में जितना अधिक संघर्ष और वैरभाव दिखलाई पड़ता है वैसा भिन्न व्यवसाय करने वालों में दिखलायी नहीं पड़ता। अस्तु, व्यवसाय के आधार पर प्रतिनिधियों का चुनाव उचित नहीं कहा जा सकता।

(2) संघर्ष को प्रोत्साहन—प्रत्येक व्यवसाय का प्रतिनिधि अपने ही हितों की रक्षा करेगा और यदि संसद में अनेक व्यवसायों में प्रतिनिधियों को प्रोत्साहन दिया जायेगा तो

वे अपने निहित स्वार्थों को सिद्ध करने के लिये झगड़ते रहेंगे। परिणाम यह होगा कि संसद राष्ट्रीयता के सिद्धान्त पर न चल सकेगी।

(3) व्यवसायों के वर्गीकरण में कठिनाई—व्यावहारिक दृष्टि से किसी भी देश में समस्त व्यवसायों की सूची बनाना सम्भव नहीं है। कहीं-कहीं तो छोटे-बड़े हजारों व्यवसाय होते हैं। इन सब व्यवसायों के प्रतिनिधियों को संसद में एक सा प्रतिनिधित्व देना अनुचित होगा। यदि किसी व्यवसाय में कम और किसी में अधिक प्रतिनिधि रखे जायें तो इसकी कसौटी क्या होगी और ऐसा करने पर बड़े-बड़े व्यवसाय के प्रतिनिधि अधिक संख्या में होने के कारण छोटे व्यवसायों के अहित के कार्य करेंगे।

उपरोक्त विवेचन से स्पष्ट है कि व्यावसायिक प्रतिनिधित्व प्रणाली निर्वाचन की पूर्णतया सन्तोषजनक प्रणाली नहीं है। फिर भी इसमें कोई सन्देह नहीं कि देश की प्रगति के लिये प्रमुख व्यवसायों के प्रतिनिधियों को संसद में अवश्य स्थान दिया जाना चाहिये।

जनतन्त्र में चुनाव

चुनावों से तात्पर्य जनतन्त्रीय राज्य में प्रशासन में भाग लेने की प्रक्रिया से है जिसके द्वारा जनता अपने मत को अभिव्यक्त करती है और इसके लिये मत पत्र के माध्यम से व्यक्तियों और प्रश्नों के विषय में अपनी राय देता है। मतदान के द्वारा चुनाव जनतन्त्रीय वर्ग संघर्ष को अभिव्यक्त करते हैं। अनेक चुनाव संरक्षणों के द्वारा विभिन्न आयु समूहों, वर्गों, शैक्षिक, धार्मिक और प्रजातीय समूहों के राजनैतिक विचारों में अन्तर का पता चला है। व्यक्ति के जीवन के अनुभवों का उसके मतदान पर सीधा प्रभाव पड़ता है।

प्रत्येक आधुनिक जनतन्त्र में विभिन्न समूहों में संघर्ष राजनीतिक दलों के माध्यम से अभिव्यक्त होता है जो कि मूल रूप से वर्ग संघर्ष का एक जनतन्त्रीय अनुवाद है, यद्यपि अनेक राजनैतिक दल वर्ग संघर्ष के सिद्धान्त को नहीं मानते। उनकी अपीलों के विश्लेषण से भी यह पता चलता है कि सार्वभौम स्तर पर वे विभिन्न वर्गों के हितों का प्रतिनिधित्व करते हैं। इसमें यह सामान्यीकरण किया जा सकता है कि राजनैतिक दल मूल रूप से या तो निम्न वर्ग में या मध्य वर्ग या उच्च वर्ग पर आधारित होते हैं। अमरीकन जनतन्त्र में इतिहास के आरम्भ से ही समाज के निम्न स्तर से अधिक सहायता मिलती रही है। चुनावों के अध्ययनों से यह पता चलता है कि संयुक्त राष्ट्र अमरीका में श्रमिक दल डेमोक्रेटिक दल के लिये और श्वेतकालर कर्मचारी तथा धनिक वर्ग और स्त्रियाँ अधिकतर रिपब्लिक पार्टी के लिये जोर देते रहे हैं। मतदाताओं के व्यवहार के विश्लेषण से यह पता चलता है कि डेमोक्रेटिक पार्टी की आर्थिक, सामाजिक और राजनैतिक नीतियाँ अन्य नीतियों की तुलना में निम्न आय के समूहों से विशेष अपील करती हैं। आधुनिक भारत में चुनावों के अध्ययनों से यह पता चला है कि कांग्रेस पार्टी निम्न आय के वर्गों की दशा सुधारने पर जोर देती है। इस प्रकार विभिन्न समूह और सामाजिक वर्ग अपने हितों को लेकर राजनैतिक दलों में जुट जाते हैं और उन राजनैतिक दलों का समर्थन करते हैं जो कि उनकी विचारधाराओं के प्रतिनिधि होते हैं। चूँकि मतदान के द्वारा विभिन्न चुनाव विचारधाराओं

में चुनाव का अवसर देते हैं इसलिये इन्हें वर्ग संघर्ष की जनतन्त्रीय अभिव्यक्ति कहा जा सकता है। भारतवर्ष में चुनाव बहुधा जाति, धर्म, क्षेत्र, भाषा और संस्कृति के आधार पर लड़े जाते हैं। इस प्रकार जहाँ देश में कांग्रेस जैसी धर्म निरपेक्ष पार्टी है वहाँ दूसरी ओर मुस्लिम लीग जैसे साम्प्रदायिक दल और डी॰ एम॰ के॰ जैसे क्षेत्रीय दल भी हैं। सन् 1972 के चुनाव में तमिलनाडु में डी॰ एम॰ के॰ ने मध्य वर्गीय तथा निम्न वर्गीय अब्राह्मण मतदाताओं के विशाल बहुमत को तमिल भाषा और संस्कृति पर जोर देकर अपील करते हुए सत्ता प्राप्त की थी। किसी भी समाज में वर्ग संरचना ही एक ऐसा आधार है जो राजनैतिक दल को सहायता देता है। जिस देश में एक से अधिक धर्म होते हैं वहाँ धार्मिक मतभेदों ने एक अथवा दूसरे दल को सहायता देने में योगदान दिया है। इसी प्रकार देशों के अन्तर्गत प्रजातीय अथवा राष्ट्रीय विभाग विभिन्न समूहों में अभिव्यक्त होते हैं जो कि विशेष दलों में जुड़े हुये होते हैं अथवा जो कि प्रजातीय अथवा राष्ट्रीय दलों का निर्माण करते हैं। किन्तु धार्मिक और प्रजातीय अन्तरों का सामाजिक, आर्थिक विभागों से सम्बन्ध पाया जाता है जिससे वर्ग संरचना और प्रजातीय अन्तर का मिश्रण हो गया है। संयुक्त राष्ट्र अमरीका, कनाडा, ग्रेट ब्रिटेन और आस्ट्रेलिया में अनुदार दलों को समाज के अधिक समृद्ध वर्ग से तथा ऐतिहासिक रूप से प्रमुख धर्मों से सहायता मिलती रही है। भारतवर्ष में प्रत्येक क्षेत्र में विशिष्ट राजनैतिक दल ऐतिहासिक रूप से विशेष शक्तिशाली बना रहा है—जैसे पंजाब में अकाली दल जिसने कि पंजाबी भाषा भाषी जनता के लिए पृथक् राज्य की माँग की है। सामान्य रूप से युवा वर्ग और कृषक वर्ग क्रान्तिकारी दलों का समर्थन करते हैं। अनेक दल जो कि सामाजिक वर्ग नहीं हैं दलगत संघर्ष में भाग लेते हैं किन्तु इससे इस तथ्य का खण्डन नहीं होता कि दलगत व्यवस्था का आधार दक्षिण अथवा वाम मतों का परस्पर समझौता हैं। मैकाइवर के अनुसार दक्षिण पंथी बहुधा उच्च अथवा प्रभावशाली वर्गों से लगे हुये होते हैं और केन्द्रीय विचारधारा के लोग मध्य वर्ग का समर्थन करते हैं। अनुदार रूप के दक्षिण पन्थी दल विशिष्ट वर्गों के विशेषाधिकारों और शक्तियों का समर्थन करते हैं। दूसरी ओर वामपन्थी दल समाज में समानता की स्थापना करना चाहते हैं। जनतन्त्रीय समाजों में वर्गों के नाम पर आक्रमण और बचाव नहीं होते बल्कि सिद्धान्तों के नाम पर होते हैं किन्तु यथार्थ स्थिति में सिद्धान्तों का संघर्ष स्थूल रूप से विभिन्न वर्गों के संघर्ष के अनुरूप होता है। उदाहरण के लिये इंग्लैण्ड में लेबर पार्टी, वामपन्थी तथा अनुदार दल दक्षिण पन्थी है तथा लिबरल पार्टी इन दोनों के मध्य में है। भारतवर्ष में मार्क्सिस्ट कम्युनिस्ट पार्टी वामपन्थी राजनैतिक विचारधारा का समर्थन करती है और नगरों में श्रमिक वर्ग से समर्थन प्राप्त करती है।

आधुनिक भारत में चुनाव व्यवहार के विश्लेषण से यह पता चलता है कि परम्परागत मूल्यों और आधुनिकीकरण की प्रक्रिया से उत्पन्न मूल्यों में बराबर संघर्ष हो रहा है। इस संघर्ष से विभिन्न वर्गों और जातियों के मतदान प्रतिमानों पर निश्चित प्रभाव पड़ा है। विभिन्न सामाजिक वर्गों का प्रतिनिधित्व करने वाले दलों में होने वाला संघर्ष जनतन्त्रीय राज्य में निम्न वर्गों अथवा उच्च जातियों के संघर्ष का प्रतिनिधित्व करता है।

मतदान व्यवहार को प्रभावित करने वाले कारक

किसी भी जनतन्त्र में मतदान मतैक्य दिखलाने का साधन है। आधुनिक जनतन्त्रीय समाजों में मतदान व्यवहार पर अनेक कारकों का प्रभाव पड़ता है। लिपसैट ने चार महत्त्वपूर्ण सामाजिक कारकों का उल्लेख किया है जो कि संसार के सभी जनतन्त्रों में मतदान व्यवहार को प्रभावित करते हैं। ये कारक निम्नलिखित हैं—

(1) व्यक्ति के लिये सरकारी नीतियों का महत्त्व।

(2) जानकारी प्राप्त करने में सुविधायें।

(3) मतदान पर समूहों का दबाव।

(4) अनुप्रस्थ दबाव अथवा परस्पर विरोधी दबाव।

(1) सरकारी नीतियाँ—सरकार के द्वारा निर्धारित और व्यवहार में लायी जाने वाली नीतियों का जनतन्त्रीय समाज में जनता के सभी वर्गों में समान महत्त्व नहीं होता। यद्यपि यह सत्य हैं कि समाज का प्रत्येक सदस्य सरकारी नीतियों से प्रभावित होता है किन्तु ऐसे समूह भी है जो अन्य समूहों की तुलना में सरकारी नीतियों से अधिक प्रभावित होते हैं और इन समूहों से चुनाव के दिनों में बहुत बड़ी संख्या में मतदान प्राप्त करने की आशा की जा सकती है। उदाहरण के लिये प्रत्येक जनतन्त्रीय समाज में सरकारी कर्मचारी सरकार की राजनैतिक, आर्थिक और सामाजिक नीतियों से सबसे अधिक प्रभावित होते हैं। उनका सम्पूर्ण आर्थिक और व्यावसायिक जीवन इनमें परिवर्तन से परिवर्तित हो जाता है। अस्तु, संयुक्त राष्ट्र अमरीका और यूरोप के अधिकतर देशों में स्थानीय और राष्ट्रीय चुनावों के विश्लेषण में यह दिखलायी पड़ा है कि अन्य किसी भी व्यावसायिक वर्ग की तुलना में सरकारी कर्मचारी चुनावों में अधिक भाग लेते हैं। भारतवर्ष से उदाहरण लिया जाये तो यहाँ पर मुद्रा स्फीति (Inflation) और बीस सूत्रीय कार्यक्रम का प्रभाव सबसे अधिक सरकारी कर्मचारियों और निम्न वर्गों पर पड़ा है। राष्ट्रीय अथवा अन्तर्राष्ट्रीय बाजारों के लिये उत्पादन करने वाले किसान जैसे गेहूं, गन्ना, कपास और तिलहन उगाने वाले वर्ग सरकारी नीतियों से समान रूप से अत्यधिक प्रभावित होते हैं। उदाहरण के लिये संयुक्त राष्ट्र अमरीका में गेहूँ का उत्पादन करने वाले किसान सरकारी नीतियों से सबसे अधिक प्रभावित होते हैं और इसलिये उनमें मतदान का अनुपात बहुत अधिक है। संसार के अधिकतर देशों में किसान संगठित हैं और वे उत्पादन की कीमतों, कृषि बीमा तथा बैंक से ऋण की व्यवस्था इत्यादि सुविधाओं का उपभोग करते हैं। दूसरी ओर अनेक बार ऐसा देखा जाता है कि आर्थिक आवश्यकता अत्यधिक होने पर भी राजनैतिक क्षेत्र में कम भाग लिया जाता है। संसार के अधिकतर देशों में व्यवसायी वर्ग सरकारी आर्थिक नीतियों से विशेष रूप से प्रभावित होता है। उन्नीसवीं शताब्दी में पुराने सरकारी नियन्त्रणों को दूर किया जाना था। बीसवीं शताब्दी में सरकार फिर से व्यवसायों पर नियन्त्रण का सबसे बड़ा स्रोत बन गयी है और टैक्स सम्बन्धी नियम व्यवसायों को प्रभावित करने वाले सबसे अधिक महत्त्वपूर्ण कारक हैं। ऐसे मामलों में मतदान की दर पर निषेधात्मक प्रभाव पड़ता है। संयुक्त राष्ट्र अमरीका में नाजीवाद के प्रति प्रतिक्रिया के कारण पिछले कुछ वर्षों में यहूदी लोगों में मतदान का

प्रतिशत बढ़ा है। इसी प्रकार साम्यवादी दल से धर्म को खतरा उत्पन्न होने के कारण कैथोलिक मतदाता बड़ी संख्या में आगे आये हैं। संयुक्त राष्ट्र अमरीका तथा यूरोप के देशों में नैतिक प्रश्नों को लेकर महिलायें बड़ी संख्या में मतदान करती हैं। भारतवर्ष में आपात स्थिति के दौरान परिवार नियोजन के लिये कठोर कदम उठाये जाने से सवर्ण हिन्दुओं और स्त्रियों के मतदान के अनुपात पर विपरीत प्रभाव पड़ा था। नये कार्यक्रमों के सरकारी प्रस्ताव भी प्रभावित समूहों में मतदान की दर बढ़ा देते हैं। संयुक्त राष्ट्र अमरीका में जबकि राष्ट्र के सन्मुख सामाजिक, आर्थिक और राजनैतिक व्यवस्थाओं में संकट के कारण व्यापक परिवर्तन का प्रश्न उपस्थित था मतदाताओं ने रूजवैल्ट को सत्ता सौंप दी। इस प्रकार संकट के दिनों में मतदाता राजनीति में विशेष रूप से रुचि लेते हैं। उदाहरण के लिये भारत में बांगला देश के युद्ध में भारत की जीत के पश्चात् मतदाताओं ने कांग्रेस पार्टी के पक्ष में मतदान किया और इसके पश्चात् आपात स्थिति के बाद मतदान होने पर उन्हीं मतदाताओं ने बहुत बड़ी संख्या में कांग्रेस के विरुद्ध वोट दिये।

(2) जानकारी प्राप्त होना—यह दुःख की बात है कि बहुधा यह देखा जाता है कि समाज के जिन वर्गों पर, जैसे कि श्रमिक और निर्धन वर्ग तथा बेरोजगार लोग और किसान पर आर्थिक कष्ट का सबसे अधिक प्रभाव पड़ता है वे ही मतदान में सबसे कम भाग लेते हैं। इसका कारण उनके पास पर्याप्त जानकारी का अभाव है। जिन लोगों को देश में होने वाले राजनैतिक, आर्थिक और सामाजिक विकास के विषय में बहुत कम ज्ञान होता है वे निर्धन और पिछड़े वर्ग मतदान में बहुत कम भाग लेते हैं। जानकारी की न्यूनता उनमें सामाजिक प्रश्नों को समझने की योग्यता कम कर देती है। इन लोगों में परस्पर सन्देशवहन का अत्यन्त अभाव होता है। सरकारी कर्मचारियों पर सरकार की नीतियों का स्पष्ट प्रभाव पड़ता है। इसी प्रकार सरकार की कृषि सम्बन्धी नीतियाँ किसानों को प्रभावित करती हैं। दूसरी ओर सरकार की आर्थिक नीति का प्रभाव अफसर अथवा क्लर्क पर छिपे हुए या परोक्ष रूप से पड़ता है। उन प्रभावों को दिखलाने के लिये राजनीति के क्षेत्र में पर्याप्त प्रशिक्षण की आवश्यकता है। उदाहरण के लिये जटिल सामाजिक समस्याओं के विषय में प्रत्यक्षीकरण शिक्षा का कारण बन सकता है। पुनः उच्च व्यावसायिक समूहों में न केवल अधिक शिक्षा होती है बल्कि उनकी व्यावसायिक गतिविधियों से उनका बौद्धिक विकास होता है। इस दृष्टिकोण से गृहस्वामिनियाँ बहुत घाटे में रह जाती हैं जिसके कारण उनमें मतदान की दर बहुत निम्न होती है। सामाजिक स्थिति कहाँ तक राजनैतिक चेतना में योगदान देती है, इसको जानने का एक और तरीका उन लोगों में सम्पर्क बढ़ाना है जिनकी न्यूनाधिक रूप से समान समस्यायें होती हैं। समान हितों पर आधारित संगठनों का जन्म और विकास राजनैतिक जागृति उत्पन्न करने और मतदान को प्रोत्साहित करने में सहायक होता है।

(3) मतदान पर सामूहिक दबाव—अनेक बार यद्यपि लोग मतदान में व्यक्तिगत रुचि का पता नहीं रखते किन्तु अनेक सामाजिक समूहों के सामाजिक दबाव से सामाजिक बाध्यता की आन्तरिक अनुभूति होने के कारण वे मतदान करने के लिये बाध्य अथवा प्रेरित हो जाते हैं। मतदान व्यवहार, जो कि सामाजिक, आर्थिक वर्गों से सम्बन्धित हैं, उसे भी

विभिन्न समाजों में प्रभावशाली मानदण्डों से विभिन्न अंशों में सहमति के द्वारा समझाया जा सकता है। उदाहरण के लिये संयुक्त राष्ट्र अमरीका में न्यून आय वाले समूहों में मतदान की दर भी निम्न होती है। इसी प्रकार वहाँ पर चुनावों में नीग्रो लोगों के कम भाग लेने का कारण उनमें एक समूह के रूप में सामाजिक अनुरूपता (Social Confirmity) का अभाव है, क्योंकि उन्हें अनुरूपता का पुरस्कार प्राप्त नहीं होता। प्रत्येक जनतन्त्रीय समाज में अनेक हित और दबाव समूह होते हैं जो कि यह मान सकते हैं कि उनके समूह के हित के मामलों पर वोट देने के लिये लोग आगे आयेंगे। उदाहरण के लिये भारतवर्ष में परिवार और जाति का इसी प्रकार का प्रभाव पड़ता है। यूरोप में श्रमिक वर्ग का चुनावों में अधिक बड़ी संख्या में भाग लेना श्रमिक संघों जैसे समूहों के अस्तित्व पर आधारित है। संयुक्त राष्ट्र अमरीका में निर्धन नगरीय क्षेत्रों में राजनैतिक दल प्रजातीय तथा धार्मिक सामूहिक संगठन को अपील करके मतदान पर दबाव डालते थे। यह एक मनोरंजक बात है कि अनुरूपता के तौर पर वोट डालने के लिये दबाव सबसे अधिक उन देशों में पाया जाता है जहाँ पर वोट देने का महत्त्व सबसे कम होता है जैसा कि तानाशाही राज्यों के चुनावों में देखा जा सकता है। इसी प्रकार यदि किसी समाज को बाहरी सत्ता से आक्रमण का खतरा बढ़ जाता है तो उससे वर्तमान राजनैतिक तन्त्र के प्रति स्वामिभक्ति दिखलाने के लिये बहुत बड़ी संख्या में वोट दिये जाने की आशा की जा सकती है। कुछ मामलों में समूहों का दबाव मतदान के विरुद्ध प्रभाव डालता है। उदाहरण के लिये संसार के सभी देशों में स्त्रियों के मतदान का अनुपात कम होने का प्रमुख कारण यह परम्परागत विश्वास है कि राजनैतिक क्षेत्र में स्त्रियों का स्थान पुरुषों से गौण होता है। जनमत गणनाओं में, जिनमें कि कोई भी विकल्प बड़े पैमाने पर मतदान न पाने के योग्य नहीं समझा जाता है, कभी-कभी मतदान को राजनैतिक मत अभिव्यक्त करने के लिये प्रभावशाली साधन के रूप में प्रयोग किया जाता है।

(4) अनुप्रस्थ दबाव (Cross Pressures) **अथवा विरोधी दबाव**—परस्पर विरोधी दबावों के विषय में यह कहा जा सकता है कि व्यक्तियों अथवा समूहों को विपरीत दिशाओं में प्रभावित करने वाले दबाव जितने अधिक होंगे इतनी ही उनमें रुचि के घटने और मतदान में भाग लेने की प्रवृत्ति देखी जा सकती है। इस प्रकार श्रमिक संघ के चुनाव में साम्यवादी और कैथोलिक समूहों के द्वारा मतदान के लिये परस्पर विरोधी दबाव डाले जाने का यह परिणाम देखा गया कि अधिकतर लोगों ने मतदान में भाग नहीं लिया। परस्पर विरोधी दलों का विभिन्न समूहों में मतदान की दर पर भिन्न-भिन्न प्रभाव देखा जाता है। उदाहरण के लिये परस्पर विरोधी अथवा अनुप्रस्थ दबाव उपस्थित होने पर श्रमिक वर्ग में कम मतदान की प्रवृत्ति होती है जबकि मध्यम वर्ग और उच्च वर्ग में यह प्रवृत्ति नहीं होती क्योंकि उनमें प्रेस, रेडियो और विद्यालयों के माध्यम से परस्पर विरोधी दबाव और अनुभव आते ही रहते हैं। इस तथ्य से इस बात की भी व्याख्या होती है कि महिलायें सब कहीं मतदान में बहुत कम भाग लेती हैं। गतिशीलता का भी मतदान पर प्रभाव पड़ता है। जैसा कि युवा मतदाताओं के बारे में देखा गया है, सामाजिक गतिशीलता बढ़ने से परस्पर विरोधी दबाव की स्थितियाँ बढ़ जाती हैं जिससे निम्न वर्गों में मतदान की दर कम होती है किन्तु

शिक्षित वर्गों में मतदान की दर बढ़ जाती है। भारतवर्ष में विद्यार्थी वर्ग में परस्पर विरोधी चुनाव प्रचार से मतदान की दर कम नहीं होती जबकि निम्न वर्ग, अशिक्षित वर्ग और दरिद्र वर्ग में ऐसा देखा जा सकता है। फिर भी मतदान व्यवहार के विषय में अन्तिम रूप से कहने से पहले किसी भी समाज में लम्बे समय तक मतदान व्यवहार का अध्ययन किया जाना चाहिये।

अभ्यास के लिये प्रश्न

1. प्रत्यक्ष निर्वाचन प्रणाली के हानि तथा लाभों पर प्रकाश डालिये। इस प्रणाली की सफलता के लिये कौन सी बातें आवश्यक हैं ?
2. मताधिकार के प्रयोग के लिये किन बातों का होना आवश्यक है ?
3. संक्षिप्त टिप्पणी लिखो–
   (अ) वयस्क मताधिकार।
   (ब) समानुपातिक प्रतिनिधित्व।
   (स) व्यावसायिक प्रतिनिधित्व।
4. जनतन्त्रीय वर्ग संघर्ष की अभिव्यक्ति के रूप में चुनाव की विवेचना कीजिये।
5. उन कारकों का विश्लेषण कीजिये जो मतदान में अन्तर उत्पन्न करते हैं।
6. आधुनिक जनतन्त्रीय समाज में मतदान व्यवहार को प्रभावित करने वाले कारकों की व्याख्या कीजिये।

17

जनतन्त्र
(Democracy)

अंग्रेजी का डेमोक्रेसी शब्द दो ग्रीक शब्दों से बना है डेमोस (Demos) और क्रेशिया (Kratia) जिसका अर्थ जनता तथा शक्ति अर्थात् जनता की शक्ति है। इस प्रकार शाब्दिक अर्थों में डेमोक्रेसी से तात्पर्य जनता की शक्ति पर आधारित शासन से है। सीले के शब्दों में जनतन्त्र एक सरकार है जिसमें प्रत्येक का हिस्सा है।''[1] डायसी ने लिखा है, ''जनतन्त्र सरकार का एक प्रकार है जिसमें प्रत्येक शासक वर्ग सम्पूर्ण राष्ट्र का तुलनात्मक रूप से एक बड़ा अंश है।''[2] इस प्रकार जनतन्त्र वह सरकार है जिसमें अन्य प्रकार की सरकारों की तुलना में अधिक लोग भाग लेते हैं। लिंकन ने ठीक ही लिखा है, ''जनतन्त्र जनता की, जनता के लिये और जनता के द्वारा सरकार है।''[3] किसी भी देश में अधिकतर जनता निर्धन, अज्ञानी और अयोग्य हो तो वहाँ पर सरकार उन्हीं के द्वारा बनायी जायेगी। लैकी के शब्दों में, ''जनतन्त्र अधिकतम निर्धन, अज्ञानी और अयोग्य व्यक्तियों की सरकार है जो कि अनिवार्य रूप से बहुत अधिक हैं।''[4] जनतन्त्र की इन समस्त परिभाषाओं में लिंकन द्वारा दी हुई परिभाषा निश्चय ही अधिक उपयुक्त है।

राजनैतिक, सामाजिक और आर्थिक जनतन्त्र

किन्तु जनतन्त्र का तात्पर्य केवल सरकार से नहीं होता। राजशास्त्रियों ने लोकतन्त्रीय समाज की भी कल्पना की है। इसी प्रकार आर्थिक लोकतन्त्र की भी कल्पना की गई है। लोकतन्त्रीय समाज के विषय में डायसी ने लिखा है, ''लोकतन्त्र वह समाज है जिसमें अधिकारों की साधारण समानता तथा अवसर, विचारों, भावनाओं और आदर्श की एकता

---

1. "Democracy is a government in which every one has a share." —Seeley.
2. "Democracy is a form of government in which governing body is comparatively a large fraction of the entire nation." —Dicey.
3. "Democracy is a government of the people, for the people and by the people." —Lincoln.
4. "Democracy is a government by the poorest, the most ignorant and most incapable who are necessarily numerous." —Prof. Leckey.

पायी जाती हो।'' हर्नशा के शब्दों में, ''लोकतन्त्रीय समाज वह है जिसमें समानता के विचार की प्रबलता हो तथा जिसमें समानता का सिद्धान्त प्रचलित हो।'' इस प्रकार के समाज में भेदभाव के बिना सभी सदस्यों को समान अवसर प्राप्त होता है। आधुनिक काल में यह माना जाता है कि आर्थिक लोकतन्त्र के अभाव में सामाजिक और राजनैतिक लोकतन्त्र सम्भव नहीं है। जैसा कि जे॰ बी॰ क्रोजियर ने लिखा है, ''जनतन्त्र का मूल तत्त्व मनुष्यों की भौतिक और सामाजिक दशा में समानता है।''[1] नैतिक दृष्टि से जनतन्त्रीय समाज में बैन्थम का यह सिद्धान्त प्रचलित होता है, ''प्रत्येक व्यक्ति को एक गिनना चाहिये और किसी को भी एक से अधिक नहीं।''[2] जैफरसन ने लिखा है, ''लोकतन्त्रीय शासन इस विश्वास पर आधारित है कि जनता का अधिकांश भाग स्वशासन की योग्यता रखता है और साधारण व्यक्ति के अन्दर भी इतनी योग्यता होती है कि वह ऐसे शासकों का निर्वाचन करे जो सामाजिक हित को दृष्टि में रखकर कार्य करें।''[3]

जनतन्त्र के उपरोक्त सामाजिक, आर्थिक और नैतिक तथा राजनैतिक स्वरूपों में राजनैतिक स्वरूप ही सबसे अधिक प्रचलित अर्थ है। साधारणतया राजनैतिक लोकतन्त्र में आर्थिक और सामाजिक लोकतन्त्र की स्थापना का भी प्रयास किया जाता है। अन्त में लोकतन्त्र की एक उपयुक्त परिभाषा हर्नशा के इन शब्दों में पायी जा सकती है, ''एक लोकतन्त्रीय राज्य का अर्थ है कि सम्पूर्ण समाज सर्वोच्च प्रभुसत्ता रखता है और सभी मामलों पर सर्वोच्च नियन्त्रण स्थापित करता है। राज्य के एक प्रकार के रूप में जनतन्त्र केवल सरकार की नियुक्ति, नियन्त्रण और बरखास्त करने का प्रकार है।''[4] जनतन्त्र में यह सब जनता करती है।

जनतन्त्र के प्रकार

समाजशास्त्रियों ने जनतन्त्र के अनेक प्रकार बतलाये हैं जिनमें मुख्य प्रकार निम्नलिखित हैं–

(1) प्रत्यक्ष जनतन्त्र (Direct Democracy)–प्रत्यक्ष जनतन्त्र वह शासन व्यवस्था है जिसमें जनता प्रत्यक्ष रूप से किसी एक विशेष बैठक में सम्मिलित होकर राज्यों की इच्छा प्रकट करती है। इस प्रकार का प्रत्यक्ष जनतन्त्र प्राचीन यूनानी नगर राज्यों में प्रचलित था। इन राज्यों में क्षेत्रफल और जनसंख्या अत्यन्त सीमित होते थे। दास प्रथा के

---

1. "The essence of democracy is the equality of man's material and social conditions."
—Dr. J. B. Crozior.
2. "Everyone to count for one and no one to count for more than one."
—Bentham.
3. "Democratic government rests on the confidence in the self-governing capacity of the great mass of the people and in the ability of the average man to select rulers who will govern in the interest of society."
—Jefferson.
4. "A democratic state means that the community as a whole possesses sovereign authority and maintains ultimate control over affairs. Democracy as a form of state is merely a mode of appointing, controlling and dismissing a government.
—Hern Shaw.

कारण नागरिकों को राजनैतिक कार्यों में भाग लेने के लिये पर्याप्त अवकाश मिल जाता था। किन्तु आजकल के विशाल राज्यों में यह प्रत्यक्ष जनतन्त्र सम्भव नहीं है। परन्तु किसी न किसी रूप में आज के लोकतन्त्रों में भी प्रत्यक्ष जनतन्त्र का प्रयोग किया जाता है। इस प्रकार के कुछ यन्त्र निम्नलिखित हैं—

(i) **प्रेषण** (Referendum)—कभी-कभी कोई विधेयक संसद द्वारा पास किये जाने के बाद जनता की स्वीकृति के लिये उपस्थित किया जाता है। यह प्रक्रिया प्रेषण की प्रक्रिया कहलाती है।

(ii) **उपक्रमण** (Initiative)—किसी-किसी राज्य में जनता को यह अधिकार मिला होता है कि यदि नागरिक कोई कानून बनवाना चाहते हैं तो वे एक निश्चित संख्या में हस्ताक्षर एकत्रित करके अपने प्रस्तावों को संसद के सामने उपस्थित कर सकते हैं। ये प्रस्ताव जनता के सामने प्रेषण के लिये रखे जाते हैं और यदि जनता इन्हें स्वीकार कर लेती है तो ये कानून का रूप ले लेते हैं। चूँकि कानून बनाने की इस प्रक्रिया में पहल जनता की ओर से होती है इसलिये यह उपक्रम कहलाता है।

(iii) **लोक निर्णय** (Plebiscite)—जनतन्त्र में कभी-कभी विवादग्रस्त विषय पर जनता का मत जानने के लिये जनता के सामने राय देने के लिये उपस्थित किया जाता है। यह प्रक्रिया लोक निर्णय कहलाती है।

(iv) **आवर्तन** (Recall)—किसी-किसी देश में जब जनता किसी प्रतिनिधि के कार्यों से सन्तुष्ट नहीं होती तो वह उसे वापस बुलाकर उसके स्थान पर दूसरा प्रतिनिधि भेज सकती है। यह प्रक्रिया आवर्तन कहलाती है।

(2) अप्रत्यक्ष लोकतन्त्र (Indirect Democracy)—लोकतन्त्र का यह प्रकार प्रतिनिधिवादी लोकतन्त्र (Representative Democracy) भी कहलाता है। इसकी व्याख्या करते हुए ब्लंशली ने लिखा है, ''एक प्रतिनिधिवादी लोकतन्त्र में नियम है कि जनता अपने अधिकारियों के द्वारा शासन करती है और अपने प्रतिनिधियों के द्वारा कानून बनाती तथा प्रशासन का नियमन्त्रण करती है।''[1] आधुनिक लोकतन्त्रों में उसका यही प्रकार प्रचलित है। अप्रत्यक्ष लोकतन्त्र के आजकल कई प्रकार पाये जाते हैं जैसे, संसदात्मक (Parliamentary) जिसमें कि संसद प्रधान होती है, अध्यक्षात्मक (Presidential) जिसमें कि अध्यक्ष को विशेष अधिकार मिले होते हैं, एकात्मक (Unitary) जिसमें एक ही सरकार होती है और संघात्मक (Federal) जिसमें अनेक राज्यों की सरकारें मिलकर एक संघ सरकार बनाती हैं और राज्य सरकार तथा संघ सरकार दोनों के काम बँटे हुए होते हैं। अनेक लोगों ने लोकतन्त्र के इस प्रकार पर यह आक्षेप लगाया है कि चुने हुए प्रतिनिधि जनता के वास्तविक प्रतिनिधि नहीं होते और इसलिये उनकी सरकार को जनता की सरकार नहीं कहा जा सकता।

---

1. "In a representative democracy the rule is that the people govern through its officials while it legislates and controls the administration through its representatives."
—Bluntschli.

जनतन्त्र के गुण अथवा लाभ

आधुनिक काल में संसार के विभिन्न देशों में सरकार के भिन्न-भिन्न प्रकार प्रचलित हैं। फिर भी अधिकतर देशों में लोकतन्त्रीय सरकार पायी जाती है। यहाँ पर जनतन्त्रीय शासन के गुणों और दोषों का विवेचन किया जायेगा।

लोकतन्त्रीय शासन के मुख्य गुण निम्नलिखित हैं–

(1) **स्वतन्त्रता और समानता**–लोकतन्त्र का सबसे बड़ा योगदान जनता को स्वतन्त्रता और समानता के अधिकार देना है। स्वतन्त्रता से व्यक्तियों को विकास का अधिक से अधिक अवसर मिलता है और समानता से सब व्यक्तियों को विकास का समान अवसर मिलता है। वे कानून के सामने समान माने जाते हैं और राज्य उनमें किसी प्रकार का भेदभाव नहीं करता। उनका शोषण नहीं होता और उनको विकास के पूरे अवसर दिये जाते हैं।

(2) **जनता को सार्वजनिक शिक्षण**–जनतन्त्र जनता का शासन है। इसकी सफलता के लिये जनता का शिक्षित होना अत्यन्त आवश्यक है। यह शिक्षण स्वशासन से मिलता है। इस प्रकार जनतन्त्र स्वयं नागरिकों की शिक्षा का सबसे बड़ा साधन है। सी॰ डी॰ बर्न के शब्दों में, ''समस्त सरकार शिक्षा की एक प्रणाली है, परन्तु सर्वोत्तम शिक्षा आत्म शिक्षा है, इसलिये सर्वोत्तम सरकार स्वशासन है, जोकि जनतन्त्र है।''[1]

(3) **देश भक्ति का विकास**–स्वशासन होने के कारण जनतन्त्र में नागरिकों में देशभक्ति का विकास होता है। मिल ने लिखा है, ''जनतन्त्र देश के लिए प्रेम को मजबूत बनाता है क्योंकि नागरिक यह अनुभव करते हैं कि सरकार स्वयं उनकी सृष्टि है और न्यायाधीश उनके मालिक न होकर नौकर हैं।''[2]

(4) **लोकप्रिय शासन**–जनतन्त्रीय सरकार लोकप्रिय होती है क्योंकि वह जनता के ही द्वारा चुनी जाती है।

(5) **क्रान्ति का भय नहीं**–लोकतन्त्र में क्रान्ति का भय नहीं रहता क्योंकि वह जनता की सरकार है। गिलक्राइस्ट के शब्दों में, ''लोकप्रिय सरकार स्वभाव से ही सामान्य सहमति द्वारा सरकार है, और इसीलिये वह क्रान्तिकारी नहीं हो सकती।''[3]

(6) **नैतिक आधार**–मिल ने ठीक ही कहा है, ''अन्य किसी शासन प्रणाली की अपेक्षा जनतन्त्रीय शासन राष्ट्रीय चरित्र में अधिक विकास करता है।'' स्वतन्त्रता, समानता और भ्रातृत्व पर आधारित होने के कारण जनतन्त्र शासन का सबसे अधिक नैतिक रूप है।

---

1. "All government is a method of education, but the best education is self education; therefore the best government is self-government which is democracy."
—C. D. Burn
2. "Democracy strengthens the love for country because citizens feel that the government is their own creation and the magistrates are their servants rather than masters."
—J. S. Mill.
3. "Popular government is a government by common consent from its very nature, therefore it is not likely to be revolutionary."
—Gilchrist.

(7) मनोवैज्ञानिक सन्तोष—जनतन्त्र में जनता को यह मनोवैज्ञानिक सन्तोष रहता है कि सरकार उसी के द्वारा चुनी हुई है और वह उसे चाहे जब हटा सकती है।

(8) कानून का स्वेच्छापूर्वक पालन करना—जनता की सरकार होने के कारण जनतन्त्र में जनता कानून का स्वेच्छापूर्वक पालन करती है क्योंकि ये कानून जनता के प्रतिनिधियों द्वारा बनाये जाते हैं।

(9) स्वशासन—लीवले ने ठीक ही लिखा है कि, "फ्रेंच जनता ने केवल फ्रेंच क्रान्ति के बाद ही फ्रांस से प्रेम करना आरम्भ किया जबकि उन्हें देश के प्रशासन में अवसर प्राप्त हुआ।"[1] स्वशासन होने के कारण जनता लोकतन्त्रीय शासन में रुचि लेती है।

(10) शासकों का नियन्त्रण—लोकतन्त्र में शासन पर जनता का नियन्त्रण रहता है और वह जब चाहे बहुमत से शासन में परिवर्तन कर सकती है।

(11) उपयोगितावादी—लोकतन्त्र उपयोगितावादी सरकार है क्योंकि इसमें अधिकतम व्यक्तियों के अधिकतम सुख की ओर ध्यान दिया जाता है और शासन शासितों के प्रति उत्तरदायी होता है।

(12) कुशल सरकार—लोकतन्त्रीय सरकार कुशल सरकार होती है क्योंकि जनता के जागरुक होने पर वह ऐसे ही प्रतिनिधियों में चुनाव करती है जो प्रशासन के काम में अधिक कुशल हों।

लोकतन्त्र के दोष अथवा हानियाँ

उपरोक्त गुणों के कारण आज संसार के एक बड़े क्षेत्र में जनतन्त्रीय सरकारें दिखलायी पड़ती हैं किन्तु इससे उसके दोषों को नहीं भुला देना चाहिए जिनके कारण राजशास्त्रियों ने उसकी कटु आलोचना की है। संक्षेप में लोकतन्त्र के प्रमुख दोष निम्नलिखित हैं—

(1) भीड़ का शासन—अनेक विचारकों ने लोकतन्त्र को भीड़ का शासन बतलाया है क्योंकि इसमें बहुमत शासन करता है और इसलिये भीड़ का मनोविज्ञान काम करता है।

(2) असम्भव शासन—सच्चे अर्थों में जनतन्त्र असम्भव है क्योंकि न तो कोई व्यक्ति जनता का प्रतिनिधित्व कर सकता है और न जनता में सभी लोग सही विवेक से निर्वाचन में भाग लेते हैं।

(3) राजनैतिक दलबन्दी—लोकतन्त्र में राजनैतिक दलों के आधार पर चुनाव लड़े जाते हैं। इससे दलबन्दी बढ़ती है। राजनैतिक दल सब प्रकार के भ्रष्ट उपायों का सहारा लेकर सत्ता पर अधिकार करने का प्रयास करते हैं।

(4) खर्चीला शासन—लोकतन्त्र में बार-बार होने वाले चुनाव में प्रचार और जनमत संग्रह में अपार धन खर्च होता है और इस प्रकार यह एक खर्चीली शासन प्रणाली है।

---

1. "The French people began to love France only after French revolution when they got a share in the administration of the country."

—Leveleye.

(5) अयोग्यता का सिद्धान्त—यदि जनता अनभिज्ञ और मूर्ख होती है तो जैसा कि हेनरी मेन ने लिखा है, "लोकतन्त्र अनभिज्ञों और मूढ़ों की सरकार है।"

(6) संख्या पर बल—लोकतन्त्रीय शासन के निर्माण में गुणों से अधिक संख्या पर बल दिया जाता है जिससे गधे-घोड़े सभी बराबर हो जाते हैं।

(7) उत्तरदायित्व का अभाव—यूं तो जनतन्त्र उत्तरदायी शासन माना है किन्तु जैसा कि ब्राइस ने ठीक ही बतलाया है लोकतन्त्र में राजनीति व्यवसाय बन जाती है। एक बार चुने हुए व्यक्ति चुने जाने के बाद जनता की कोई परवाह नहीं करते और मनमानी करने लगते हैं।

(8) अकुशल सरकार—जनतन्त्र में कुशलता के निम्न स्तर का संकेत करते हुए जोड ने लिखा है, "प्रतिनिधिवादी सरकार ऐसे मनुष्यों की सरकार है जो कि प्रत्येक वस्तु के बारे में केवल इतना ही जानते हैं जिससे कि वे प्रत्येक वस्तु को बुरी तरह करने के योग्य होते हैं और किसी भी वस्तु के विषय में इतना पर्याप्त नहीं जानते जिससे कि वे कुछ भी अच्छी तरह करने के योग्य बन सकें।[1]

(9) नेतृत्व का निम्न स्तर—बारकर ने लिखा है कि, "लोकतन्त्र में कुछ ऐसे चालाक व्यक्तियों का शासन होता है जो बड़ी सफलता से जनता के मतों को अपने पक्ष में कर लेते हैं।" इस प्रकार जनतन्त्र में नेतृत्व का स्तर अत्यन्त निम्न होता है।

(10) यथार्थ में कुलीनतन्त्र—अधिकतर जनतन्त्र केवल नाम के ही जनतन्त्र होते हैं और वास्तव में चुने हुए लोगों के कुलीनतन्त्र बन जाते हैं। टेलीसैंड के शब्दों में, "लोकतन्त्र भ्रष्ट रक्षकों का एक कुलीनतन्त्र है।"[2]

(11) अस्थायी नीति—लौर्ड ब्रोहम का कहना है कि जनतन्त्र में, "न तो विदेशी और न आन्तरिक मामलों में किसी स्थायी और समीचीन नीति की सुरक्षा होती है।"[3] सरकारें बदलती रहती हैं और उनके साथ-साथ आन्तरिक और बाहरी नीतियाँ भी बदलती रहती हैं जिससे जनता को अत्यधिक कष्ट होता है।

(12) झूठी समानता—जनतन्त्र में समानता एक झूठा सिद्धान्त है क्योंकि प्रकृति से मनुष्य समान नहीं होते और उनको समान माना जाना अनुचित है।

(13) ज्ञान के विकास के विरुद्ध—जनतन्त्र में व्यक्ति का विशेष महत्त्व नहीं होता और भीड़ का महत्त्व होता है। इसमें राजनैतिक नेता विद्वानों से अधिक शक्तिशाली होते हैं। अस्तु, लोकतन्त्र में ज्ञान के विकास के लिये उपयुक्त परिस्थिति नहीं होती। लार्ड ब्रोहम के शब्दों में, "जनतन्त्र ज्ञान की वृद्धि के लिये अमैत्रीपूर्ण है।"[4]

---

1. "Representative government is a government by men who know just enough about everything to enable them to do everything badly and not enough about everthing to enable them to do anything well." —C. E. M. Joad
2. "Democracy is an aristocracy of black-guards." —Talleysand.
3. "There is no security for steady and consistent policy, either in foreign or domestic affairs." —Lord Broham.
4. "Democracy is unfriendly to the growth of knowledge." —Lord Broham.

(14) निकम्मी सरकार—जनतन्त्र में सत्तारूढ़ दल के व्यक्ति हर समय अपनी सत्ता की शक्ति को बनाये रखने का प्रयास करते रहते हैं। इससे भ्रष्टाचार बढ़ता है। शासन दुर्बल और असुरक्षित बना रहता है। विज्ञान तथा कला का विकास नहीं हो पाता और सरकार देश के विकास के लिये हर प्रकार से निकम्मी साबित होती है।

जनतन्त्र का महत्त्व

उपरोक्त आलोचनाओं के आधार पर फात्सीवादी और साम्यवादी विचारक लोकतन्त्र के विरुद्ध हैं। साम्यवादी तो उसे एक प्रकार से पूंजीपतियों का ही शासन मानते हैं। लुडोविसी ने कहा है, "अतः जनतन्त्र का अर्थ मृत्यु है।"[1] किन्तु उपरोक्त दोषों के बावजूद अधिकतर विचारक आज भी जनतन्त्र के पक्षपाती हैं क्योंकि इन दोषों के कारण उसे छोड़ा नहीं जा सकता। मिल ने ठीक ही लिखा है, "लोकतन्त्र के विरुद्ध ठोस आधार वाले तरीकों को पूरा वजन देने के बाद मैं बिना किसी संकोच के उसी पक्ष में निश्चय करता हूँ।"[2] सी० डी० बर्न के शब्दों में, "कोई भी इस तथ्य से इन्कार नहीं करता कि वर्तमान प्रतिनिधि सभायें दोषपूर्ण हैं परन्तु एक स्वचालित गाड़ी यदि ठीक प्रकार से काम नहीं करती तो उसे छोड़कर बैलगाड़ी की ओर लौट जाने की बात रोमांटिक होते हुये भी मूर्खतापूर्ण है।"[3] अस्तु, उपरोक्त दोषों के बावजूद अधिकतर देशों में लोकतन्त्रीय सरकार पायी जाती है। वास्तव में कुछ न कुछ दोष तो सरकार के सभी प्रकारों में होते हैं। किन्तु लोकतन्त्र सबसे कम दोषपूर्ण है। फिर उसके दोषों को शिक्षा, सतर्कता, नागरिकता की भावना, सहिष्णुता लिखित संविधान, आर्थिक समानता और स्वायत्त शासन के द्वारा दूर किया जा सकता है। अस्तु, यह कहना अतिश्योक्ति नहीं होगी कि, "प्रजातन्त्र सर्वोच्च शासन प्रणाली है।"

जनतन्त्र में कठिनाइयाँ

परन्तु जहाँ जनतन्त्र की प्रशंसा की गई है वहाँ उसकी आलोचना भी कम नहीं हुई। ऑस्कर वाइल्ड (Oscar Wilde) ने तो यहाँ तक लिख दिया है कि "जनतन्त्र का अर्थ केवल जनता को जनता के लिये डण्डों से पीटना है।" जनतन्त्र की यह आलोचना अतिश्योक्तिपूर्ण है और तथ्यों से सिद्ध नहीं होती। फिर भी इसमें कोई सन्देह नहीं कि जनतन्त्र में कुछ मौलिक कठिनाइयाँ हैं। इन कठिनाइयों को निम्नलिखित वर्गों में रखा जा सकता है—

(अ) निर्वाचन सम्बन्धी कठिनाइयाँ।

(ब) प्रतिनिधित्व सम्बन्धी कठिनाइयाँ।

(स) मनोवैज्ञानिक कठिनाइयाँ।

---

1. "Democracy, therefore, means death." —Ludovici
2. "After giving full weight to all that appeared to me well grounded in the arguments against democracy, I unhesitatingly decide in its favour." —J. S. Mill.
3. "No one denies that existing representative assemblies are defective, but even if an automobile does not work well it is foolishness to go back to a farm cart, however romantic." —C. D. Burn

(अ) निर्वाचन सम्बन्धी कठिनाइयाँ—जनतन्त्र में निर्वाचन सम्बन्धी कठिनाइयाँ निम्नलिखित हैं—

(1) राजनैतिक दल सम्बन्धी कठिनाइयाँ—जनतन्त्रीय पद्धति में देश एक से अधिक राजनैतिक दल होते हैं। इनमें से हर एक दल अपने-अपने दलीय स्वार्थों को लेकर जनता में झूठा सच्चा प्रचार करता है और कभी-कभी इसमें जनता के हानि लाभ की भी परवाह नहीं करता। राजनैतिक दलबन्दियों के कारण कभी-कभी तो भयंकर हत्याकांड तक हो जाते हैं। राजनैतिक स्वार्थों को प्राप्त करने के लिये साधनों के अच्छे-बुरे होने का कोई ध्यान नहीं रखा जाता और बुरे से बुरे साधन भी अपना लिये जाते हैं।

(2) चुनाव के उद्देश्यों को भुला देना—वास्तव में जनतन्त्रीय चुनावों में राजनैतिक दलबन्दी के कारण लोग चुनावों में मुख्य उद्देश्य को भूलकर केवल राजसत्ता प्राप्त करने के हेतु चुनाव लड़ते हैं। न तो चुनाव लड़ने वाले ही चुनाव के उद्देश्यों को ध्यान में रखते हैं और न मतदाता ही उन पर विशेष जोर देते हैं। एक ओर तो जनतन्त्र का उद्देश्य जनता में समानता और भाईचारा स्थापित करना है, परन्तु दूसरी ओर चुनावों के दिनों में परस्पर द्वेष, प्रतिद्वन्द्विता, वैमनस्य आदि ही अधिक दिखलाई पड़ता है। जाति, कुल और रिश्तेदारों के नाम पर वोट मांगे जाते हैं और मिलते भी हैं। पैसे के जोर से सब कहीं बहुत से वोट खरीद लिये जाते हैं। अन्य बहुत से लोगों के वोट अन्य प्रकार की सुविधायें दिलाने का लालच देकर ले लिये जाते हैं। इस प्रकार क्षुद्र स्वार्थों को लेकर राष्ट्रीय हित को तिलांजलि दे दी जाती है, सामूहिक तनाव बढ़ते हैं और वर्ग संघर्ष और भी तीव्र हो जाता है।

(3) प्रचार का कुप्रभाव—जनतन्त्रीय पद्धति के विचारों को फैलाने के लिये उनका प्रचार किया जाता है। प्रचार जनशिक्षा का एक अत्यन्त उत्तम साधन है। परन्तु जब चुनाव के मुख्य उद्देश्यों को ही भुला दिया जाता है तब चुनाव के समय के प्रचार से जनता शिक्षित होने की अपेक्षा पथ भ्रष्ट ही अधिक होती है। इस प्रचार में हर प्रकार के झूठ का सहारा लिया जाता है। जनता को अपने पक्ष में मोड़ने के लिये हर तरह के झूठे प्रचार किये जाते हैं। इससे जहाँ एक ओर ऐसे लोग चुन लिये जाते हैं जो नितान्त अयोग्य और भ्रष्ट हैं वहाँ दूसरी ओर योग्य व्यक्ति सफलता से वंचित रह जाते हैं। चुनाव के समय प्रचार में जनता को समझाने की अपेक्षा उसके संवेगों और पक्षपातों को उत्तेजित करने की ओर अधिक ध्यान दिया जाता है।

(4) धन शक्ति का दुरुपयोग—जैसा कि पीछे बतलाया जा चुका है, जनतन्त्रीय चुनाव में बहुत से वोटों को पैसे के जोर पर खरीद लिया जाता है। इस प्रकार जनतन्त्रीय सरकार बहुधा पूँजीपतियों के हाथ की कठपुतली बन जाती है और वे लोग अपना स्वार्थ सिद्ध करने के लिये जनता का शोषण किये जाते हैं।

(5) चुनाव से अधिक बहिष्कार—वास्तव में, जैसा कि एच० जी० वैल्स ने ठीक ही लिखा है, "जनतन्त्र में हम चुनाव नहीं पाते बल्कि बहिष्कार पाते हैं।" होता यह है कि मतदाता उम्मीदवारों में चुनाव से अधिक बहिष्कार करता है। अर्थात् वह यह नहीं सोचता कि इनमें से उपयुक्त व्यक्ति कौन सा है बल्कि यह देखना शुरू करता है कि किस-किस

में क्या-क्या खराबियाँ हैं, किसकी उससे क्या दुश्मनी है, किससे उसे नुकसान पहुंचने की सम्भावना है, कौन दूसरी जाति का है इत्यादि ? इस प्रकार वह एक के बाद एक का बहिष्कार करता चलता है और अन्त में जिसके विरुद्ध कोई विशेष बात नहीं मिलती या जिससे थोड़े भी लाभ की आशा होती है उसको चुन लेता है। इस प्रकार निर्वाचन में चुनाव कम और बहिष्कार अधिक होता है।

(ब) प्रतिनिधित्व सम्बन्धी कठिनाइयाँ—उपरोक्त निर्वाचन सम्बन्धी कठिनाइयों के अलावा जनतन्त्र में प्रतिनिधित्व सम्बन्धी कुछ कठिनाइयाँ हैं। इनमें से मुख्य कठिनाई उपयुक्त प्रतिनिधित्व न होने की है। आजकल राष्ट्र बड़े-बड़े होते हैं। करोड़ों की जनता में प्रत्यक्ष निर्वाचन नहीं हो सकता। इसलिये अप्रत्यक्ष निर्वाचन होता है। फिर इसमें भी सन्देह है कि कोई व्यक्ति अन्य व्यक्तियों का कहाँ तक प्रतिनिधित्व कर सकता है। स्पष्ट है कि समाज में कुछ लोग शासक और कुछ शासित बन जाते हैं। तब फिर जनता की सरकार कहाँ रही ? कभी-कभी ऐसा भी होता है कि सबसे अधिक प्रभावशाली दल का नेता ही शासन की बागडोर संभालता है। इस प्रकार जनतन्त्रीय शासन व्यावहारिक रूप में जनतन्त्र से भिन्न नहीं रहता। सोचने की बात यह है कि जो नेता लोग आम जनता से ऊँचे वर्ग से आये हैं, जिनको आम जनता से मिलने का चुनाव के दिनों के अलावा बहुत ही कम अवसर आता है, वे आम जनता के प्रतिनिधि कैसे हो सकते हैं ? यदि वे अपने चुनाव क्षेत्र की समस्याओं की ओर ध्यान भी देते हैं तो वह केवल मतों को सुरक्षित करने के लिये।

कोल की योजना

प्रतिनिधित्व की कठिनाइयों को ध्यान में रखते हुए जी० डी० एच० कोल (G. D. H. Cole) ने उद्देश्यात्मक प्रतिनिधित्व की चर्चा की है। कोल की योजना में समाज में भिन्न-भिन्न उद्देश्यों को प्राप्त करने के लिये भिन्न-भिन्न संघ बनाये जाने चाहियें। हर एक संघ अपना-अपना प्रतिनिधि चुने जो कि उसके स्वार्थों की रक्षा कर सके। अब ये प्रतिनिधि मिलकर जनतन्त्रीय सरकार बनायें। कोल के इस संघ समाजवाद (Guild Socialism) में कई कठिनाइयाँ हैं जिनमें से मुख्य निम्नलिखित हैं—

(1) जब सरकार में हर एक प्रतिनिधि अपने-अपने संघ के स्वार्थ की ओर ही ध्यान देगा तब राष्ट्रीय हित के विषय में कौन सोचेगा ? ऐसी दशा में प्रत्येक प्रतिनिधि अपना अलग दल बनाता दिखाई पड़ेगा। इससे सामूहिक शक्ति और भी अधिक छिन्न-भिन्न हो जायेगी।

(2) कोल की योजना में प्रतिनिधि की अपनी स्वतन्त्रता समाप्त हो जाती है, क्योंकि वह जनता द्वारा चुना हुआ व्यक्ति न होकर किसी विशेष संघ का प्रतिनिधि मात्र रह जाता है। उसे राष्ट्र के हित की ओर ध्यान न देकर उस विशेष संघ के हित की ओर ध्यान देना है।

(3) कोल की योजना में यह बात भुला दी गई है कि देश में विभिन्न संघों के उद्दश्यों में एक दूसरे से परस्पर घनिष्ठ सम्बन्ध होता है। देश के समान हितों को प्राप्त करने से ही विभिन्न संघों के हितों को प्राप्त किया जा सकता है। अतः वास्तव में जनतन्त्र में जनता

के प्रतिनिधियों को राष्ट्रीय हितों को प्राप्त करने के लिये प्रयास करने चाहिये। इसी से जनता के प्रत्येक वर्ग और देश के प्रत्येक संघ को वास्तविक लाभ हो सकता है।

(स) मनोवैज्ञानिक कठिनाइयाँ—जैसा कि पीछे संकेत किया गया है, जनतन्त्र में कुछ मनोवैज्ञानिक कठिनाइयाँ भी हैं। इनमें से मुख्य निम्नलिखित हैं—

(1) जनता में सार्वजनिक समस्याओं को समझने की अक्षमता—जनता कभी भी इतनी समझदार और शिक्षित नहीं होती कि वह सार्वजनिक समस्याओं को भली प्रकार समझ सके। इसलिये लोग जनता को मूर्ख बनाकर अपना उल्लू सीधा करते रहते हैं। लिंकन ने ठीक ही लिखा है कि आप कुछ लोगों को कुछ समय तक मूर्ख बना सकते हैं परन्तु सब लोगों को सब समय तक मूर्ख नहीं बना सकते। यह ठीक है कि कोई भी नेता लम्बे समय तक जनता की आँखों में धूल नहीं झोंक सकता परन्तु कुशल लोग धूल झोंकने के लिये कुछ लोगों को तरह-तरह के लालच देकर पहले से ही अपने साथ लगा लेते हैं।

(2) सार्वजनिक कार्यों में अरुचि—सार्वजनिक समस्याओं को समझने के लिये जनता में अयोग्यता ही नहीं होती बल्कि अरुचि भी होती है। अधिकतर लोगों को अपने जीवन संघर्ष में इतना अवकाश नहीं मिलता कि वे सार्वजनिक समस्याओं की ओर ध्यान दे सकें। दूसरे, सार्वजनिक सुधारों से उनको सीधे-सीधे निजी लाभ अधिक नहीं होता और यदि होता है तो वह उनकी समझ में नहीं आता। इसलिये अधिकतर लोग सार्वजनिक कार्यों में रुचि नहीं लेते। केवल चुनाव के दिनों में थोड़े समय के लिये कुछ रूर-गर्मी दिखलायी पड़ती है और उसके बाद अगले चुनाव तक अधिकतर लोग मानो सो जाते हैं।

(3) शक्ति की चाह—प्रसिद्ध मनोवैज्ञानिक एल्फ्रेड एडलर ने लिखा है कि मनुष्य में सबसे अधिक बलवती इच्छा शक्ति की चाह (Urge to power) है। यह शक्ति की चाह चाहे अन्य क्षेत्रों में अधिक स्पष्ट न दिखाई पड़ती हो परन्तु राजनैतिक क्षेत्र में एकदम स्पष्ट देखी जा सकती है। विभिन्न दल और विभिन्न दलों के विभिन्न उम्मीदवार शक्ति प्राप्त करने के लिये ही राजनैतिक क्षेत्र में संघर्ष करते हैं और चुनाव लड़ते हैं। इस दौड़ में हर तरह के साधनों को अन्धे होकर अपनाया जाता है।

(4) सत्तारूढ़ नेताओं में परिवर्तन—चुनाव लड़ने के समय उम्मीदवार लोग ऐसा दिखाते हैं कि मानो मतदाताओं में से हर एक उनका भाई हो, उनका दोस्त हो और उनका रिश्तेदार हो। वे हर एक को पहचानते हैं और हर एक के सामने हाथ जोड़ते हैं। वे नम्रता के पुतले हैं और सच्चे देशभक्त हैं। वे हर व्यक्ति की हर समस्या को सुलझाने का वायदा करते हैं और जनता से जनता की सेवा करने के लिये वोट माँगते हैं परन्तु चुने जाने के बाद उनकी एक दूसरी ही तस्वीर सामने आती है। अब वे सत्तारूढ़ नेता हैं वे किसी को नहीं पहचानते। वे सबसे बड़े हैं और सब उनसे छोटे हैं। चौराहे पर ड्यूटी देने वाला सिपाही भी अगर उनको सलाम न करे तो वे उस पर हाथ छोड़ सकते हैं। किसी की क्या मजाल जो उनसे बेअदबी करे। वे चाहे जिसको जो भी बना सकते हैं, किसी को परमिट दिला दें, किसी को जेल करा दें, किसी का घर बसा दें, किसी का उजड़वा दें। अब वे सामान्य जनता की समस्याओं को एक ओर रखकर अपने और अपने रिश्तेदारों के स्वार्थ

सिद्ध करने में लग जाते हैं। उनकी जिन्दगी दिन रात दावतें खाते, षड्यन्त्र रचते, भाषण देते तथा शिलान्यास करते कटती है। उनके चारों ओर किराये के टट्टुओं में खुशामदियों का गिरोह रहता है जो उन्हें अपने पिछले वायदों और अपनी वर्तमान जिम्मेदारियों का आभास ही नहीं होने देता। यह संतोष की बात है कि सत्तारूढ़ नेता की यह भद्दी तस्वीर देश के अधिकतर नेताओं पर लागू नहीं होती। परन्तु फिर इसमें कोई सन्देह नहीं कि जनतन्त्र में सत्तारूढ़ नेताओं में इस चित्र के अनुरूप व्यक्तित्व सब राज्यों में देखे जा सकते हैं।

(5) जनता में वीर पूजा की प्रवृत्ति—जनतन्त्र में एक अन्य मनोवैज्ञानिक कठिनाई जनता में वीर पूजा की प्रवृत्ति से उत्पन्न होती है। इस प्रवृत्ति के कारण जनता अपने जनतन्त्रीय अधिकारों का उपयोग नहीं करती और अन्धी होकर नेताओं की हर बात को मान लेती है। जनतन्त्र उसी देश में सम्भव है जहाँ पर अधिकाँश नागरिक सुशिक्षित, स्वतन्त्र और विचारवान हैं, जो अपने अधिकार को समझते हैं और उनका पूरी तरह उपयोग करते हैं। जिस देश में जनता अशिक्षित, निर्धन और नेता में अन्ध श्रद्धा रखने वाली हो वहाँ जनतन्त्र के भेष में राजतन्त्र और अधिनायकवाद पलता है। भारत में इन दोनों परिस्थितियों में से बीच की स्थिति है। यद्यपि जनता में नेताओं के आलोचक भी कम नहीं हैं परन्तु फिर अन्धे भक्त भी बहुत हैं जिसके कारण नेता लोग मनमानी करते हैं।

जनतन्त्र की सफलता की परिस्थितियाँ

जनतन्त्र की उपरोक्त कठिनाइयों को किसी सीमा तक अवश्य दूर किया जा सकता है। प्रतिनिधित्व सम्बन्धी कठिनाइयों को चुनाव के क्षेत्रों का योग्य आधार पर विभाजन करके दूर किया जा सकता है। चुनाव की कठिनाइयाँ सार्वजनिक शिक्षा और जागृति से दूर की जा सकती है। विभिन्न समस्याओं को सुलझाने के लिये कुशल व्यक्तियों की कमेटियाँ बनाकर संसद में विचार विमर्श के समय में बचत की जा सकती है। सत्तारूढ़ नेताओं में अवांछित परिवर्तन को जनता स्वयं रोक सकती है। राष्ट्रीय चरित्र और सहयोग की भावना का विकास करके बहुत से मनोवैज्ञानिक दोषों को दूर किया जा सकता है। स्थूल रूप से जनतन्त्र की सफलता के लिये निम्नलिखित परिस्थितियों की आवश्यकता है।

(1) सामान्य शिक्षा का उच्च स्तर—जनतन्त्र की सफलता के लिये साक्षरता की नहीं बल्कि सामान्य शिक्षा के उच्च स्तर की जरूरत है। जब तक देश के लोग नागरिक जीवन के विषय में ऊँची कल्पना नहीं रखेंगे तब तक वे जनतन्त्रीय सरकार को सफलतापूर्वक नहीं चला सकते। यह शिक्षा दो प्रकार से हो सकती है—लोक शिक्षा और व्यावहारिक शिक्षा। लोक शिक्षा में बोलने की और समुदाय बनाने की स्वतन्त्रता के साथ-साथ समाचार पत्रों का विशेष महत्त्व है। स्वतन्त्र, जानकार और निष्पक्ष समाचार-पत्र लोक शिक्षा के अग्रदूत हैं। देश के प्रत्येक नागरिक को छोटी आयु से ही सामूहिक जीवन के तत्त्वों के सम्बन्ध में शिक्षित करना आवश्यक है। जनतन्त्र की व्यावहारिक शिक्षा जनतन्त्रीय संस्थाओं, पंचायतों, नगरपालिकाओं तथा राजकीय संसदों और विधान सभाओं के चुनाव में भाग लेने से मिलती है।

(2) **समानता**—जनतन्त्र की सफलता के लिये जनतन्त्र में सामाजिक, राजनैतिक और आर्थिक जीवन में समानता की आवश्यकता है। सामान्य रूप से जनतन्त्र में किसी भी व्यक्ति अथवा वर्ग को विशेष अधिकार नहीं दिये जाने चाहियें। परन्तु समानता का तात्पर्य यह नहीं है कि योग्यताओं तथा अन्य बातों के आधार पर कोई भेद ही नहीं किया जाना चाहिये। वास्तव में समानता का असली रूप अवसर की समानता है। समानता के नाम पर लोगों में तरह-तरह के भेद नहीं हटाये जा सकते। हल्डेन (Lord Haldane) ने ठीक ही लिखा है कि, "आप सब आदमियों को समान नहीं बना सकते क्योंकि प्रकृति बहुत अधिक शक्तिशाली है। एक स्त्री सुन्दर उत्पन्न होती है और दूसरी कुरूप और इससे बड़ा भारी अन्तर पड़ जाता है। एक आदमी बड़ी बुद्धि लेकर पैदा होता है और दूसरा उसके बगैर। एक का स्वास्थ्य बुरा है और दूसरे का स्वास्थ्य अच्छा—समानता के उस अपूर्व विचार को निकाल दीजिये—वह एक पुरानी धारणा है जो अनेक लोगों पर छाई रही है।" जनतन्त्र में कुछ वर्गों को कुछ समय के लिये विशेषाधिकार दिये जा सकते हैं। परन्तु ये अपवाद ही होने चाहिये। इस प्रकार राज्य में सभी पद उन सब लोगों के लिये खुले होने चाहियें जिनमें आवश्यक सामर्थ्य और योग्यतायें हैं। मतदान का अधिकार सभी वयस्कों को होना चाहिये। आर्थिक क्षेत्र में प्रत्येक व्यक्ति को काम मिलना चाहिये और काम से एक उत्तम मानव जीवन व्यतीत करने के योग्य वेतन मिलना चाहिये, बेरोजगारी, भुखमरी और जीवन की अस्वास्थ्यकर दशायें जनतन्त्र के लिये घातक हैं।

(3) **स्वतन्त्रता**—स्वतन्त्रता जनतन्त्र में सफलता की एक मौलिक शर्त है। जान स्टुअर्ट मिल (J. S. Mill) व्यक्ति की स्वतन्त्रता को सबसे अधिक मूल्यवान मानता है। परन्तु स्वतन्त्रता का अर्थ यही नहीं है कि कोई भी व्यक्ति चाहे जो कुछ करे। स्वतन्त्रता निरंकुशता न होकर आत्म-नियन्त्रण है। व्यक्ति की स्वतन्त्रता के हामी मिल ने व्यक्ति पर उन सब मामलों में नियन्त्रण करने का जोर दिया है जिनका सम्बन्ध दूसरों से या समाज से है। स्वतन्त्रता का अर्थ यह है कि व्यक्ति अपने आत्म (Self) का पूर्ण विकास कर सकता है और उसका साक्षात्कार करने में उस पर कोई बन्धन नहीं है। सबकी स्वतन्त्रता के लिये यह आवश्यक है कि किसी के हाथ में असीम अधिकार न हों और कोई अपने अधिकारों का दुरुपयोग न कर सके।

(4) **भ्रातृत्व**—जनतन्त्र की सफलता के लिये मनोवैज्ञानिक कठिनाइयों को दूर करने के लिये जनतन्त्र के सर्वश्रेष्ठ आदर्श भ्रातृत्व को प्राप्त करना सबसे अधिक जरूरी है। असली समस्या जनतन्त्रीय सरकार की नहीं बल्कि जनतन्त्रीय समाज की स्थापना है। जनतन्त्रीय सरकार जनतन्त्रीय समाज की स्थापना में एक साधन मात्र है। जनतन्त्रीय समाज का सबसे मुख्य लक्षण भ्रातृत्व है। सहकारिता जनतन्त्रीय समाज में लोगों के कार्य करने का मुख्य आधार है। जनतन्त्रीय समाज की स्थापना के लिये जनता में हर तरह से भाईचारा बढ़ाने की चेष्टा की जानी चाहिये।

जनतन्त्र के स्वरूप की कठिनाइयों और सफलता के उपायों के विवेचन से स्पष्ट है कि यद्यपि उसमें अन्य पद्धतियों की अपेक्षा प्रगति मन्द होती है परन्तु फिर भी अन्त में वही सबसे अधिक लाभ पहुंचाती है।

भारत में जनतन्त्र

अब्राहम लिंकन ने जनता द्वारा, जनता के लिये, जनता की सरकार के रूप जनतन्त्र की परिभाषा की है। जनतन्त्र की अन्य भी अनेक परिभाषायें की गई हैं, परन्तु इससे अधिक उपयुक्त परिभाषा दूसरी नहीं है। जनतन्त्र में जनता का राज्य होता है, बहुधा वयस्क मताधिकार द्वारा जनता के प्रतिनिधियों का चुनाव किया जाता है और ये प्रतिनिधि ही सरकार चलाते हैं। जनतन्त्र के आदर्श स्वतन्त्रता, (Liberty), समानता (Equality) और भ्रातृत्व (Fraternity) हैं। जनतन्त्र राजनैतिक, आर्थिक और सामाजिक समानता स्थापित करता है। उसमें प्रत्येक व्यक्ति को विचार प्रकट करने, समितियाँ बनाने और किसी भी प्रकार के वैधानिक चुनाव में शामिल होने का अधिकार होता है। जनतन्त्र का अन्तिम उद्देश्य केवल सरकार की सफलता नहीं बल्कि एक ऐसे आदर्श समाज को स्थापित करना है, जिसमें लोगों में भाई-चारे का अधिक से अधिक विकास हो सके। जनतन्त्र ऐसी परिस्थिति उपस्थित करता है जिसमें मानव के व्यक्तित्व का अधिकतम और सर्वोच्च विकास हो सके। सन् 1776 ई० की अमरीका की आजादी की घोषणा में जनतन्त्र के सिद्धान्त को निम्नलिखित शब्दों में व्यक्त किया गया है–

"हम इन सत्यों को स्वयंसिद्ध मानते हैं कि सब मनुष्य समान बनाये गये हैं, कि उनको रचियता ने कुछ हस्तान्तरित न किये जाने वाले अधिकार दिये हैं, कि इनमें जीवन, स्वतन्त्रता और आनन्द की खोज भी है, इन अधिकारों को प्राप्त करने के लिये सरकारें बनायी गयी हैं, जो अपने न्यायोचित अधिकार शासितों की सहमति में प्राप्त करती हैं।"

"मनुष्य अपने अधिकारों के विषय में समान उत्पन्न हुए हैं और रहेंगे। राजनैतिक समाज का लक्ष्य मनुष्य के प्राकृतिक और अप्रत्यक्ष अधिकारों की रक्षा करना है। ये अधिकार हैं–स्वतन्त्रता, सम्पत्ति, सुरक्षा और अत्याचार का विरोध।"

"समस्त सत्ता का तत्त्व मूल रूप से राष्ट्र में निहित है। कोई भी संगठन, कोई भी व्यक्ति किसी ऐसी शक्ति का प्रयोग नहीं कर सकता जोकि उसे स्पष्ट रूप में प्राप्त न हुई हो।"

यद्यपि जनतन्त्र को बहुमत की सरकार कहा जाता है, किन्तु उसमें अल्पमतों के अधिकारों की रक्षा करना अत्यन्त आवश्यक है। इस बात पर जोर देते हुए प्रोफेसर दहल ने लिखा है, "जनतन्त्र को अधिनायकवाद से अलग करने वाली प्रक्रियाओं के बारे में कुछ भी कहने के लिये उन्हें बहुमत की सरकार और अल्पमत की सरकार के मध्य अन्तर में नहीं दिखाया जा सकता। इन दोनों में अन्तर अल्पमत की सरकार और अल्पमतों की सरकार के अन्तर के निकट दिखलाया जा सकता है।"[1] वास्तव में जनतन्त्र केवल साध्य ही नहीं

1. "If there is anything to be said for the processes that actually distinguish democracy (or polyarchy) from dictatorship, it is not discoverable in the clearest distinction between government by a majority and government by a minority. The distinction comes much closer to being one between government by a minority and government by minorities."
—RobertDahl.
A Preface to Democratic Theory, University of Chicago Press 1956, p. 133.

बल्कि साधन भी है। विलियम एम॰ डेविड के अनुसार, "जनतन्त्र सरकार का एक प्रकार है, वहाँ पर जनता के संकल्प पर तुरन्त और सूक्ष्म रूप में अमल किया जाता है।"[1]

भारत में जनतन्त्र की उपयुक्तता

अंग्रेजों ने भारत को जनतन्त्र के उपयुक्त नहीं माना था। उनका कहना था कि भारतीयों की सुरक्षा के लिये भारत का ब्रिटिश साम्राज्य में रहना आवश्यक है और भारतीय समाज इतना विकसित नहीं है कि उसमें जनतन्त्रीय संस्थाओं का विकास हो सके। इस समाजशास्त्रीय दृष्टिकोण को जे॰ एस॰ मिल ने प्रतिनिधिवादी सरकार पर अपने निबन्ध में स्पष्ट किया है। अंग्रेजों के अनुसार, भारत इतना अधिक बहुसंख्यक और विशाल देश है कि वहाँ पर प्रत्यक्ष निर्वाचन सम्भव नहीं है, और स्थानीय समितियों में भी अप्रत्यक्ष निर्वाचन करना पड़ेगा। सन् 1887 से 1917 तक, डफरिन से माण्टेग्यू के शासन तक अंग्रेजों की यह सामान्य धारणा थी कि भारत संसदीय जनतन्त्र के योग्य नहीं है, और इसकी प्रगति के लिये उदार राजतन्त्र की आवश्यकता है। देश में सामाजिक भेदभाव और पिछड़ापन जनतन्त्र के अयोग्य होने के लिये तर्क के रूप में दिखलाया जाता था। अंग्रेजी पढ़े-लिखे भारतवासियों ने अंग्रेजों के इस विचार की आलोचना की। उन्होंने यह दावा किया कि भारत में क्रमशः संसदीय जनतन्त्र की स्थापना की जा सकती है। क्रमशः इस प्रकार के जनतन्त्र की तुरन्त स्थापना किये जाने की माँग की गयी। विद्वान् भारतीयों ने यह दिखलाया कि जनतन्त्र का विचार भारत के लिये कोई नया नहीं है। महादेव गोविन्द रानाडे, दादा भाई नौरोजी और गोपाल कृष्ण गोखले ने भारत में जनतन्त्र की स्थापना पर जोर दिया। विभिन्न राजनैतिक अधिवेशनों में देश में जनतन्त्र की स्थापना के विषय में प्रस्ताव पास किये गये। नेताओं का कहना था कि भारत में कोई भी ऐसी विशेष बात नहीं है, जिससे उसे जनतन्त्र के अयोग्य कहा जाये, उसकी स्थिति किसी भी प्रकार से पाश्चात्य देशों से भिन्न नहीं है, जहाँ जनतन्त्र की स्थापना हो चुकी है। उन्होंने दावा किया कि भारत में जनतन्त्र की स्थापना देशवासियों का जन्म-सिद्ध अधिकार है, और इसके समर्थन के लिये किसी प्रकार के तर्क देने की आवश्यकता नहीं है, तर्क उन लोगों को समझाने के लिये दिये जाते हैं, जो देश को जनतन्त्र के योग्य नहीं समझते।

भारत में संसदीय जनतन्त्र का विकास

सन् 1947 के बाद अंग्रेजों ने भारत में प्रतिनिधिवादी संस्थाओं को क्रमशः विकसित करने की नीति अपनाई। जिन भारतीयों ने इन संस्थाओं में भाग लिये वे स्वतन्त्र भारत में नेता नहीं बने, और न इन संस्थाओं से भारतीयों को निर्वाचन का प्रशिक्षण ही मिला, फिर भी अंग्रेजी शासन ने देश में अनेक प्रकार के सुधारों के द्वारा जनतन्त्रीयकरण की पृष्ठ-भूमि निर्माण की। आधुनिक जनतन्त्र उन्नीसवीं शताब्दी के योरुपीय उदारवाद और आधुनिक भारतीय नेताओं के विचारों के समन्वय का परिणाम है। पढ़े-लिखे भारतीयों ने पाश्चात्य

1. ".....Democracy is a form of government wherein the will of the people is promptly and accurately excuted."

—Wm. M. David and G.S. Halappa (ed.) *Dilemmas of Democratic Politics in India,* Manaktalas, Bombay (1966) p. 230.

राजनैतिक विचारों के अध्ययन करके भारत में राजनैतिक परिवर्तनों की आवश्यकताओं का अनुभव किया। अंग्रेजों के आने से पहले अधिकतर भारतीय जनता राजनैतिक परिवर्तनों की ओर कोई ध्यान नहीं देती थी। एक राज्य के बाद दूसरा राज्य आता था, साम्राज्य बनते और बिगड़ते थे, किन्तु सामान्य व्यक्ति इसकी ओर से बिल्कुल तटस्थ रहता था। अंग्रेजों के शासन काल में अंग्रेजी शिक्षा और प्रतिनिधिवादी संस्थाओं के प्रभाव से शिक्षित मध्यम-वर्ग में राजनैतिक चेतना उत्पन्न हुई। भारतीयों ने एडमण्ड बर्क और जॉन स्टुअर्ट मिल की जनतन्त्रीय रचनाओं का अध्ययन किया। राजा राम मोहन राय से लेकर महात्मा गाँधी तक सभी भारतीय राजनैतिक नेता पाश्चात्य राजनैतिक विचारकों के विचारों से परिचित थे। उन्होंने पाश्चात्य नेताओं के कार्यों से प्रेरणा ली थी। उन्होंने जनतन्त्रीय मूल्यों का महत्त्व पहचाना और इसलिये जब उन्हें अवसर दिया गया तो उन्होंने देश में जनतन्त्र की स्थापना की।

भारतीय जनतन्त्र के लक्षण

देश के स्वतन्त्र होने के पश्चात् 26 जनवरी, सन् 1948 को भारतीय संविधान में देश को पूर्ण स्वतन्त्र सत्ताशील लोकतन्त्र घोषित किया गया। इस पूर्ण सत्तावादी जनतन्त्रीय लोकतन्त्र का आदर्श समस्त देशवासियों को सामाजिक, आर्थिक और राजनैतिक न्याय, विचार, अभिव्यक्ति, विश्वास, आस्था और पूजा की स्वतन्त्रता, स्थिति और अवसर की समानता देना और सभी नागरिकों में व्यक्ति के सम्मान और राष्ट्र की एकता को बनाये रखते हुए भ्रातृत्व का प्रसार करना है। इस प्रकार स्वतन्त्र भारत के संविधान के द्वारा देश में जनतन्त्र की स्थापना हुई। आन्तरिक भेद-भावों और अन्तर्राष्ट्रीय समस्याओं के होते हुए भी भारत में इस जनतन्त्रीय प्रयोग की ओर समस्त विश्व की आँखें लग गयीं। भारतीय संविधान ने भारतीय जनतन्त्र का विशेष रूप निश्चित किया है। संविधान के अनुसार उसके मुख्य लक्षण निम्नलिखित हैं–

(1) सर्वाधिकारी जनतन्त्रीय लोकतन्त्र–लोकतन्त्र तानाशाही सरकार के विपरीत शासन है। लोकतन्त्र एक ऐसी सरकार है, जो प्रत्यक्ष अथवा अप्रत्यक्ष रूप में सामान्य जनता से शक्ति ग्रहण करती है और उसे चलाने वाले लोग तभी तक अपने पदों पर बने रह सकते हैं, जब तक कि उनको सामान्य जनता का विश्वास प्राप्त है। इस प्रकार लोकतन्त्रीय सरकार जनतन्त्रीय सरकार है। यह सरकार जनता द्वारा निर्वाचित होती है। इसमें शासक परम्परा से नहीं बनते, बल्कि जनता द्वारा निर्वाचित होते हैं।

(2) संघीय शासन–भारतीय जनतन्त्र की एक अन्य विशेषता संघीय शासन है। लार्ड ब्राइस ने संयुक्त राष्ट्र अमरीका की सरकार को लोकतन्त्रों का लोकतन्त्र (Republic of Republics) कहा है। यही बात भारतीय लोकतन्त्र के विषय में कही जा सकती है। भारतीय संविधान की धारा 1 में भारत को राज्यों का संघ (Union of States) कहा गया है। संविधान के अनुसार, देश में विभिन्न राज्यों को विशेष क्षेत्रों में स्वतन्त्र अधिकार प्राप्त हैं, जबकि अन्य क्षेत्रों में वे केन्द्रीय सरकार पर निर्भर हैं। यह ठीक है कि भारतीय संविधान में केन्द्र सरकार को राज्य की सरकारों से कहीं अधिक अधिकार दिये गये हैं, किन्तु यह विधान देश की एकता बनाये रखने के लिये किया गया है, और नवोदित जनतन्त्र के लिये

यह उचित भी है जिससे कि उसकी उदारता से लाभ उठाकर असामाजिक तत्त्व जनतन्त्र को ही खतरे में न डाल दें।

(3) शासन का दोहरा यंत्र—संघीय सरकार और राज्य सरकार दो प्रकार की सरकारें होने से देश में द्वैध-शासन की स्थापना हुयी है। संघीय सरकार में भी प्रशासन, विधान और न्याय के कार्य अलग-अलग शाखाओं को सौंपे गये हैं। राज्य और केन्द्र दोनों में ही उत्तरदायी सरकार की स्थापना की गयी है, जिसमें प्रशासक धारासभाओं के प्रति उत्तरदायी हैं। प्रशासन के क्षेत्र में सर्वोच्च सत्ता राष्ट्रपति के अधिकार में है और मन्त्रि-मण्डल शासन के कार्य में राष्ट्रपति की सहायता करता है और सलाह देता है। यह मन्त्रि-मण्डल धारा सभाओं के प्रति भी उत्तरदायी है। संविधान की धारा 77 के अनुसार प्रशासन में सभी कार्य राष्ट्रपति के नाम से किये जायेंगे। वही यह निश्चित करता है कि उसकी आज्ञाओं को किस प्रकार से लागू किया जायेगा।

(4) सामूहिक उत्तरदायित्व—भारतीय जनतन्त्र में मन्त्रि-मण्डल धारा सभा के प्रति सामूहिक उत्तरदायित्व (Collective Responsibility) रखता है, इसलिये किसी एक मन्त्री के त्याग-पत्र देने पर समस्त मन्त्रि-मण्डल के त्याग-पत्र देने का अवसर उपस्थित हो जाता है। कोई भी मन्त्री व्यक्तिगत रूप से उत्तरदायी नहीं ठहराया जा सकता। प्रत्येक कार्य के लिये सम्पूर्ण मन्त्रि-मण्डल सामूहिक रूप से उत्तरदायी होता है।

(5) प्रशासनिक विषयों की तीन सूचियाँ—भारतीय संविधान में प्रशासनिक विषयों की तीन सूचियाँ बनाई गई हैं। संघीय सूची जिसमें 97 विषय सम्मिलित हैं, संघ सरकार के आधीन विषयों की सूची है। राज्य सूची, जिसमें 66 विषय सम्मिलित हैं, राज्य के अधिकारों के अन्तर्गत विषयों की सूची है। इन दोनों सूचियों के अतिरिक्त 47 विषयों की एक अन्य सूची है, जो कि केन्द्र और राज्य दोनों के ही अधिकार में आती है। इन विषयों में राज्य अथवा केन्द्र दोनों में धारासभाओं को अधिनियम बनाने का अधिकार है, और यदि इन अधिनियमों में संघर्ष हो तो संघीय अधिनियम को राज्य के अधिनियम से ऊपर माना जायेगा। इस प्रकार भारतीय जनतन्त्र केन्द्रवादी है। केन्द्रीय सरकार को संकटकालीन स्थिति में नागरिकों के मौलिक अधिकारों का भी अपहरण कर लेने का अधिकार है। संघीय सरकार की अनेक समितियाँ राज्यों के मुख्य-मन्त्रियों और अन्य मन्त्रियों के कार्य पर नजर रखती हैं। चूँकि भारत में अधिकतर राज्यों और केन्द्र में भारतीय राष्ट्रीय कांग्रेस की ही सरकारें बनी रही हैं, इसलिये भारतीय जनतन्त्र और भी अधिक केन्द्रवादी हो गया है।

भारतीय संविधान में स्थापित जनतन्त्र अधिकतर पश्चिमी नमूने पर आधारित हैं, किन्तु उसमें जनता की विशेष आवश्यकताओं के अनुसार स्थान-स्थान पर संशोधन भी किया गया है। भारत में अति प्राचीन काल में जनतन्त्रीय संस्थायें थीं, किन्तु उन्होंने आधुनिक जनतन्त्र का नमूना उपस्थित नहीं किया था। भारत में आधुनिक जनतन्त्र पश्चिमी जनतन्त्रों पर आधारित है, क्योंकि आधुनिक परिस्थितियों में पूर्व से पहले पश्चिम में जनतन्त्र की स्थापना हुयी, यद्यपि ऐतिहासिक काल में भारत में अति प्राचीन काल से ही जनतन्त्रीय संस्थायें रही हैं।

भारतीय संविधान द्वारा जनतन्त्रीयकरण

पीछे भारतीय संविधान में नागरिकों की जिन स्वतन्त्रताओं का उल्लेख किया गया है, वे देश में जनतन्त्र को ठोस आधार प्रदान करती हैं। संविधान के तीसरे भाग में धारा 12 से 35 तक नागरिकों के मूल अधिकारों की घोषणा की गयी है। इन अधिकारों का उद्देश्य मानव व्यक्तित्व के सम्मान की स्थापना करना है। संविधान में इन अधिकारों की सुरक्षा के उपायों की भी चर्चा की गयी है। धारा 32 के अनुसार व्यक्ति को अपने अधिकारों की रक्षा के लिये सर्वोच्च न्यायालय तक अपील करने का अधिकार है। सर्वोच्च न्यायालय को नागरिकों के मौलिक अधिकारों की रक्षा करने के लिये सब प्रकार के आदेश और निषेध जारी करने का अधिकार है। व्यक्तिगत स्वतन्त्रता सच्चे जनतन्त्र का आधार होती है। जनतन्त्र समानता और भ्रातृत्व के अतिरिक्त स्वतन्त्रता पर आधारित होता है। यह स्वतन्त्रता देश में कानून का राज्य होने से स्थापित होती है और न्याय पालिकायें इसकी रक्षा करती हैं। भारतीय संविधान की धारायें 14, 19, 21, 22 और 23 व्यक्ति की स्वतन्त्रता का समर्थन करती हैं। धारा 14 के अनुसार प्रत्येक नागरिक को कानून के सम्मुख समानता प्राप्त है और वह कानून से सुरक्षा प्राप्त कर सकता है। इस प्रकार इस धारा के अनुसार सभी भारतीयों को कानून के सामने सभान स्थिति प्रदान की गयी है, धारा 19 में भाषण और अभिव्यक्ति की स्वतन्त्रता, संगठन बनाने, एकत्रित होने, गतिविधि, आवास, सम्पत्ति, व्यवसाय, व्यापार आदि के विषय में स्वतन्त्रताओं का उल्लेख किया गया है। वास्तव में किसी भी जनतन्त्र में व्यक्तियों को अनिश्चित स्वतन्त्रतायें नहीं दी जा सकतीं, इसलिये भारतीय संविधान में भी विभिन्न धाराओं से नागरिकों की उन स्वतन्त्रताओं पर रोक लगाई गई है जिनसे जनता में व्यवस्था अथवा नैतिकता को खतरा हो या न्यायालयों का अपमान किया जाये। इक्कीसवीं और बाईसवीं धारा व्यक्ति की व्यक्तिगत स्वतन्त्रता की स्थापना करती है। धारा 21 के अनुसार किसी भी व्यक्ति को सिवाय कानून के द्वारा स्थापित प्रविधि के अतिरिक्त अन्य किसी भी प्रकार से उसके जीवन या व्यक्तिगत स्वतन्त्रता से वंचित नहीं किया जायेगा। धारा 21 का उद्देश्य प्रशासन पर रोक लगाना है, जिससे कि वह किसी व्यक्ति के जीवन या स्वतन्त्रता में हस्तक्षेप न कर सकें। धारा 22 में गिरफ्तार किये जाने और जेल में बन्द किये जाने के विरुद्ध नागरिकों को सुरक्षा प्रदान की गई है। इसके साथ ही साथ राज्य को देश की सुरक्षा के लिये कुछ लोगों को कुछ समय तक बिना मुकदमा चलाये ही नजर बन्द करने का अधिकार है। इसी तरह राष्ट्रपति को धारा 19 और 32 को समाप्त करके आपत्ति काल में नागरिकों की सभी स्वतन्त्रताओं को छीन लेने का अधिकार है और केवल वे ही स्वतन्त्रतायें छोड़ी जायेंगी जिनकी अत्यधिक आवश्यकता है। स्वतन्त्रता पर इस रोकथाम की बहुत-से विचारकों ने कटु आलोचना की है, किन्तु यह रोकथाम देश के हित के लिये आवश्यक समझी गयी है जिससे कि असामाजिक तत्व संविधान का लाभ उठाकर नवोदित जनतन्त्र का गला न घोंट दें। भारतीय जनतन्त्र के राष्ट्रीय लक्ष्य नागरिकों के मौलिक अधिकारों की घोषणा और राज्य के नीति निर्देशक सिद्धान्तों के विवरण में दिये गये हैं।

वयस्क मताधिकार द्वारा जनतन्त्रीयकरण

आधुनिक भारत में जनतन्त्रीयकरण का आधार वयस्क मताधिकार (Adult Franchise) है। वयस्क मताधिकार के द्वारा प्रत्येक वयस्क व्यक्ति को स्थानीय और राज्य के स्तर के चुनावों में मत देने का अधिकार है। इस अधिकार से वैधानिक रूप से जनतन्त्रीयकरण की प्रक्रिया चालू कर दी गयी है। इसके द्वारा प्रत्येक व्यक्ति को समान अधिकार मिलते हैं और वोट देने की स्वतन्त्रता मिलती है। इसके द्वारा प्रत्येक नागरिक शासन-कार्य में भाग लेता है। किन्तु शिक्षा के अभाव में केवल वयस्क मताधिकार से जनतन्त्रीयकरण सम्भव नहीं है, इसीलिए इस अधिकार के बावजूद देश में सब कहीं जातिवाद, साम्प्रदायिकता, क्षेत्रवाद, भाषावाद तथा सामाजिक और आर्थिक शोषण दिखलायी पड़ते हैं। वयस्क मताधिकार से तभी लाभ हो सकता है जबकि जनता को व्यापक राजनैतिक शिक्षा दी जाये। भारत में यह कार्य राजनैतिक दलों ने नहीं किया है। राजनैतिक अविद्या का अशिक्षा से घनिष्ठ सम्बन्ध है और भारत में अशिक्षा और निर्धनता दोनों ही है। राष्ट्रीय प्रेम ने जनता में राजनैतिक शिक्षा फैलाने की दिशा में महत्त्वपूर्ण कार्य किया है और कर रहा है, किन्तु उसका उपयोग केवल शिक्षित वर्गों में ही हो सकता है। अशिक्षा का उन्मूलन किये बिना देश प्रेम से भी विशेष लाभ नहीं उठाया जा सकता। अस्तु, देश के जनतन्त्रीयकरण में सबसे बड़ी बाधा अशिक्षा है, इसलिये विभिन्न विचारकों ने सबसे पहले देश में शिक्षा के प्रसार को आवश्यक माना है। किन्तु शिक्षा के प्रसार से भी तभी लाभ हो सकता है जबकि शिक्षा-व्यवस्था के उन दोषों को दूर किया जाये जिनकी ओर भारतीय शिक्षा शास्त्री बार-बार संकेत करते रहे हैं।

राजनैतिक सत्ता का विकेन्द्रीकरण

भारत में जनतन्त्रीयकरण का एक अन्य आधार राजनैतिक सत्ता का विकेन्द्रीकरण है। भारत के गाँवों में पंचायतों की स्थापना करके और उन्हें सामाजिक तथा आर्थिक क्षेत्र में व्यापक अधिकार देकर स्वतन्त्र भारत में फिर से ग्रामीण जनतन्त्रों की स्थापना की गयी है। इससे जनता को शासन की समस्याओं का पता चलेगा और वे प्रत्यक्ष रूप से शासन में भाग ले सकेंगे। अंग्रेजों ने भी भारतीय ग्रामों में पंचायतों के योगदान की सराहना की थी। भारतीय जनतन्त्र में पंचायतों के महत्त्व का अनेक विद्वानों द्वारा विवेचन किया जा चुका है, किन्तु निकट भूतकाल में अनेक जाँच-समितियों ने पंचायत-राज्य के अनेक दोषों की ओर ध्यान दिलाया है। भारत में राजनीतिकरण सबसे अधिक पंचायतों में देखा जा सकता है। वर्तमान पंचायतों में अधिकतर गतिविधियाँ गाँव की प्रगति को ध्यान में रखकर नहीं बल्कि पंचों के राजनैतिक हितों को ध्यान में रखकर की जाती हैं। राजनैतिक आधार पर ही पंचायतों के चुनाव लड़े जाते हैं और राजनैतिक उद्देश्य को सिद्ध करने के लिये ही पंचायतों की गतिविधियाँ चलायी जाती हैं। इस प्रकार भारतीय ग्रामों में पग-पग पर राजनीतिकरण देखा जा सकता है। यह राजनीतिकरण जातिवाद से और भी बढ़ गया है, क्योंकि अधिकतर चुनाव जाति के नाम पर लड़े जाते हैं और जाति के सदस्यों से खुले आम जाति के नाम पर वोट माँगे जाते हैं। चुने जाने के बाद चुने हुये सदस्य अपनी कुर्सियाँ बनाये रखने के लिए जातिवाद को प्रोत्साहित करते हैं और बनाये रखते हैं। इसी प्रकार

सम्प्रदायवाद, क्षेत्रवाद, भाषावाद आदि विभिन्न सामाजिक समस्यायें राजनीतिकरण का ही परिणाम हैं। गाँधी ने पंचायत-राज्य के आधार पर देश में जिस लोकतन्त्र की स्थापना का स्वप्न देखा था वह किसी भी प्रकार से पूरा होता नहीं दिखलायी पड़ रहा है। जैसा कि पीछे बतलाया जा चुका है, इस असफलता का मुख्य कारण अशिक्षा अथवा पर्याप्त शिक्षा का अभाव है। विकेन्द्रीकरण निश्चय ही जनतन्त्रीयकरण की प्रक्रिया को आगे बढ़ाता है, किन्तु उससे तभी लाभ हो सकता है जबकि उन लोगों के हाथ में सत्ता सौंपी जाये जो उसका महत्त्व समझते हों और वे उसे जनतन्त्रीय लक्ष्यों को प्राप्त करने में ही प्रयोग करें।

भारत में सरकार केवल राजनैतिक क्षेत्र में ही नहीं बल्कि आर्थिक क्षेत्र में भी जनतन्त्रीयकरण करने के पक्ष में रही है। इस प्रकार देश में समाजवादी जनतन्त्र की स्थापना करने का लक्ष्य उठाया गया है। किन्तु आर्थिक विकास के अभाव में किसी भी प्रकार का जनतन्त्र सफल नहीं हो सकता। आर्थिक समानता के अभाव में केवल राजनैतिक समानता का कोई विशेष अर्थ नहीं है। इस आर्थिक समानता को प्राप्त करने के लिए भारत में पंचवर्षीय योजनाओं के रूप में नियोजित विकास का प्रयास किया जा रहा है। ग्रामीण पंचायत, जिला परिषद्, खण्ड समितियाँ, राज्य सरकारें और केन्द्रीय सरकार सभी देश में समाजवादी आधार पर आर्थिक विकास के लिए प्रयत्नशील हैं। खेद की बात है कि पंचायतों, खण्ड-समितियों और जिला परिषदों में सरकारी अधिकारियों को अनावश्यक महत्त्व दिया जाता है, जबकि इनमें वास्तव में जनता के द्वारा चुने हुये प्रतिनिधियों को ही अधिक महत्त्व दिया जाना चाहिये। पंचायत राज्य की असफलता का एक कारण अशिक्षा है तो दूसरा कारण गरीबी है। इन दोनों से ही जातिवाद, सम्प्रदायवाद, क्षेत्रवाद जैसी सामाजिक समस्याओं को प्रोत्साहन मिलता है, किन्तु ये समस्यायें राजनैतिक दलों द्वारा उत्पन्न की गयी हैं, यद्यपि राजनैतिक दलों को किसी भी स्तर पर चुनावों में भाग लेने से नहीं रोका जा सकता। अस्तु, सबसे पहली आवश्यकता राजनैतिक दलों के प्रशिक्षण की है। उनके जनतन्त्रीय मूल्य ग्रहण करने पर ही देश में जनतन्त्रीयकरण बढ़ सकता है।

संसदीय जनतन्त्र की सफलता के साधन

जनतन्त्र की सफलता के लिए कुछ विशेष साधनों की आवश्यकता होती है। इनमें मुख्य निम्नलिखित हैं–

(1) निर्वाचन–जनतन्त्र में निर्वाचन का सबसे अधिक महत्त्वपूर्ण स्थान है। इसके लिये नागरिकों को पर्याप्त शिक्षा और पूर्ण स्वतन्त्रता दी जानी चाहिये। राज्य की ओर से यह देखभाल की जानी चाहिये कि चुनाव पूरी तरह न्यायोचित हों और उनमें किसी भी तरह के अनुचित उपाय न अपनाये जायें। कहीं भी किसी भी तरह के दबाव के द्वारा मत प्राप्त किये जाने का सबूत मिलने पर राज्य को ऐसे निर्वाचन को अवैध करार देना चाहिये। भारत में ऐसी व्यवस्था है। इसीलिए अनेक निर्वाचनों को न्यायालयों में चुनौती दी जाती है और कभी-कभी वे अवैध भी घोषित कर दिये जाते हैं।

(2) नागरिक स्वतन्त्रतायें–जनतन्त्र की सफलता के लिए बोलने, लिखने, एकत्रित होने, समिति बनाने आदि की नागरिक स्वतन्त्रतायें आवश्यक हैं। जैसा कि पीछे

बतलाया जा चुका है, भारतीय संविधान में ये नागरिक सुलभ स्वतन्त्रतायें स्पष्ट शब्दों में बतलायी गयी हैं।

(3) **शिक्षा**—शिक्षा के अभाव में जनतन्त्रीयकरण सम्भव नहीं है। अशिक्षित जनतन्त्र, आत्मविरोधी बात है, क्योंकि इसमें शक्ति उन लोगों के हाथ में होगी जो कि मतों पर नियन्त्रण कर सकते हैं। अस्तु, जनतन्त्र की सफलता के लिये मतदाताओं, सरकारी अधिकारियों और नेताओं तथा समस्त जनता को जनतन्त्रीय मूल्यों और प्रक्रियाओं की शिक्षा देना आवश्यक है। जैसा कि पीछे बतलाया जा चुका है, भारत में इस दिशा में स्थिति किसी भी प्रकार से सन्तोषजनक नहीं कही जा सकती।

(4) **यातायात और सन्देशवहन के साधनों का विकास**—मतदाताओं को शिक्षित करने के लिये प्रेस, रेडियो, सिनेमा, टेलीविजन इत्यादि सन्देशवहन के विभिन्न साधनों की आवश्यकता होती है। इसी प्रकार नेताओं के आने जाने, सभाओं आदि के लिए यातायात के साधन आवश्यक हैं। अस्तु, जनतन्त्र की सफलता के लिए यातायात और सन्देशवहन के साधनों का विकास अत्यन्त आवश्यक है। इनमें एक अन्य प्रकार से भी जनतन्त्रीयकरण की प्रक्रिया आगे बढ़ती है। इनसे लोगों के मिलने जुलने और परस्पर विचार विमर्श के अवसर अधिक आने के कारण जातिवाद, सम्प्रदायवाद, भाषावाद और क्षेत्रवाद जैसी प्रवृत्तियाँ कमजोर होती हैं।

(5) **स्वतन्त्र न्यायपालिका**—जनतन्त्र की सफलता के लिये देश में स्वतन्त्र न्यायालयों की आवश्यकता है, जिनमें अधिकारों पर आघात होने पर अपील की जा सके और न्याय प्राप्त किया जा सके। भारतवर्ष में न्यायपालिका (Judiciary) को प्रशासन और धारा सभाओं के नियन्त्रण से स्वतन्त्र रखा गया है। पिछले दिनों सर्वोच्च न्यायालय में एक सामान्य नागरिक के समान उपस्थित होकर तत्कालीन राष्ट्रपति वी॰ वी॰ गिरि ने भारतीय न्यायालय की सर्वोच्च्च सत्ता को मान्यता प्रदान की थी।

(6) **उत्तरदायी प्रशासनिक सेवा**—जनतन्त्र में लोकतन्त्रीय सरकार होती है, लोकतन्त्रीय सरकार में सभी प्रशासनिक सेवायें और पुलिस इत्यादि जनता के प्रति उत्तरदायी होते हैं। उनका कार्य जनता की सेवा करना होता है। भारतवर्ष में इस दृष्टि से अभी बहुत कमी है। जहाँ एक ओर धारासभाओं में जनता के चुने हुये प्रतिनिधि प्रशासन के कार्य में अनावश्यक हस्तक्षेप करते हैं वहाँ दूसरी ओर बहुत से कर्मचारी जनता की कोई परवाह नहीं करते। जैसा कि पीछे बतलाया जा चुका है, पंचायतों, विकास-खण्डों और जिला परिषदों में कभी-कभी जनता के चुने हुये प्रतिनिधियों की तुलना में सरकारी नौकरों को ऊंचा स्थान दिया जाता है। यह जनतन्त्र की भावना के सर्वथा विरुद्ध है। वास्तव में, भारत में अंग्रेजों के शासन काल में विभिन्न सरकारी कर्मचारियों के व्यवहार की जो परम्परायें निश्चित हो चुकी थीं, वे कुछ हद तक स्वतन्त्र भारत में अब भी चल रही हैं। शिक्षा के प्रसार से और जनता में अपने अधिकारों के प्रति चेतना जागृत होने से अब यह प्रवृत्ति कम हो रही है, किन्तु फिर भी जहाँ कहीं शिक्षा का अभाव है और जनता को अपने अधिकारों का पता नहीं है, वहाँ स्थिति अभी भी बहुत कुछ ऐसी ही है।

(7) मध्यम वर्ग का विकास—जनतन्त्र की सफलता के लिए देश में सुदृढ़ मध्यम वर्ग का विकास आवश्यक होता है। यह मध्यम वर्ग ही जनतन्त्र के सब प्रकार के विकास को आगे बढ़ाता है। भारतवर्ष में इस प्रकार के मध्यम वर्ग का क्रमशः विकास हो रहा है, किन्तु अभी प्रगति सन्तोषजनक नहीं कही जा सकती।

(8) राजनैतिक दल बनाने की स्वतन्त्रता—जनतन्त्र की सफलता के लिए जनता को अपनी राजनैतिक मांगें उपस्थित करने और उनके लिये राजनैतिक दल बनाने की स्वतन्त्रता होनी चाहिये। भारत में जनता को यह स्वतन्त्रता प्राप्त है। आधुनिक काल में कांग्रेस के अतिरिक्त अनेक दक्षिण पन्थी और वाम-पन्थी दल भिन्न-भिन्न वर्गों की मांगों को जनता के सामने उपस्थित करते हैं। भारतीय जनता पार्टी, जनता दल, साम्यवादी दल इत्यादि विभिन्न राजनैतिक दल अपनी-अपनी विचारधाराओं को जनता के सामने उपस्थित करके जनतन्त्र की सफलता के लिए अपने-अपने कार्यक्रम उपस्थित करते हैं। यह ठीक है कि भारत में अभी सरकार के विरुद्ध कोई सुदृढ़ विरोधी दल नहीं बन सका है, किन्तु जनतन्त्र की सफलता के लिये विरोधी दल का होना अनिवार्य नहीं है। यदि सत्तारूढ़ दल को जनता के एक बड़े भाग का समर्थन प्राप्त है तो देश में एक ही दल होने पर भी प्रगति हो सकती है। दूसरी ओर देश में राजनैतिक दल बनाने की अनियन्त्रित स्वतन्त्रता नहीं है। उदाहरण के लिये, कोई भी ऐसा राजनैतिक दल नहीं बनाया जा सकता, जिससे देश को विघटन का या साम्प्रदायिक वैमनस्य का खतरा हो, इसीलिये समय-समय पर भारत सरकार विभिन्न दलों की राजनैतिक गति-विधि में हस्तक्षेप करती रहती है। साम्प्रदायिक दलों पर रोक लगाने का आयोजन किया जाता है, यद्यपि किसी भी दल को साम्प्रदायिक सिद्ध करना आसान नहीं होता। कुछ लोग राजनैतिक दल बनाने में इस प्रकार के हस्तक्षेप की आलोचना करते हैं, किन्तु आंतरिक और बाहरी शत्रुओं से देश की रक्षा के लिए यह प्रतिबन्ध आवश्यक है।

वयस्क मताधिकार की समस्या

भारतीय जनतन्त्र के अनेक आलोचक वयस्क मताधिकार की आलोचना करते हैं। स्वतन्त्रता प्राप्त करने के पूर्व देश में कुछ सीमित वर्गों को ही मत देने का अधिकार था। देश में जनतन्त्र की स्थापना होने के बाद देश के सभी वयस्क नर-नारियों को मत देने का अधिकार प्राप्त हो गया। इस प्रकार कुछ शिक्षित और सम्पत्तिशाली वर्गों में सीमित जनतन्त्रीय अधिकार सामान्य जनता को प्राप्त हो गये। नवीन जनतन्त्र वयस्क मताधिकार सिद्धान्त पर आधारित है। भारतीय स्वतन्त्रता आन्दोलन में राष्ट्रवादियों ने वयस्क मताधिकार को सदैव आवश्यक माना था और इसीलिये स्वतन्त्रता प्राप्त करने के पश्चात् जनता को यह अधिकार दिया जाना आवश्यक था। वयस्क मताधिकार की स्थापना से कुछ लाभ हुये। उदाहरण के लिए इससे प्रशासनिक निरंकुशता पर बहुत कुछ रोकथाम हुयी, दूसरी ओर इससे अनुशासनहीनता बढ़ी और देश में औसत व्यक्तियों का शासन स्थापित हुआ। इसीलिए कुछ लोगों का यह विचार है कि जब तक देश की समस्त जनसंख्या को पर्याप्त शिक्षा और प्रशिक्षण प्राप्त न हो तब तक वयस्क मताधिकार से कोई लाभ नहीं है, बल्कि हानि ही है। अनेक लोगों का यह कहना है कि स्त्रियों को मत देने का अधिकार बहुत बाद में

दिया गया है। जो लोग वयस्क मताधिकार की इतनी कटु आलोचना नहीं करते उनका कहना है कि यह अधिकार क्रमशः दिया जाना चाहिये, जिससे उसका सही उपयोग किया जा सके। वयस्क मताधिकार के समर्थक लोग इसे बुद्धिमानी का कदम मानते हैं। उनका कहना है कि इससे वामपन्थी राजनैतिक प्रगति की रोकथाम होती है और जनतन्त्र को सहायता मिलती है। वास्तव में, वयस्क मताधिकार स्वयं में नितान्त आवश्यक अधिकार है, किन्तु उसकी सफलता की कुछ दशायें है, जिनकी अनुपस्थिति में उसका उल्टा प्रभाव पड़ता है। भारत में अशिक्षा, राजनैतिक शिक्षा का अभाव, चुनाव में धन, जोर जबर्दस्ती और विभिन्न दलबन्दियों का प्रभाव और परम्परागत संस्थाओं का प्रभाव आदि वयस्क मताधिकार के मार्ग में बाधायें हैं। इनको दूर किये बिना इनसे लाभ नहीं उठाया जा सकता। वर्तमान काल में हमारे सामने यह कठिनाई है कि यदि वयस्क मताधिकार का उन्मूलन कर दिया जाये तो जनतन्त्र नहीं बचता और यदि उसे बनाये रखा जाये तो भी जनतन्त्र नहीं बचता, क्योंकि अशिक्षा, गरीबी और राजनैतिक अपरिपक्वता के कारण वयस्क मताधिकार का गलत उपयोग किया जाता है। इस कठिनाई का एकमात्र सुलझाव यही है कि देश में शिक्षा को प्रोत्साहित किया जाये और बड़े पैमाने पर जनता को राजनैतिक शिक्षा प्रदान की जाये। पिछले दिनों कांग्रेस के दो दलों में विभाजित हो जाने से संसद में सुदृढ़ विरोधी दल की स्थापना हुयी। यह परिस्थिति जनतन्त्र के लिए लाभदायक ही है, क्योंकि इससे जहाँ एक ओर सरकार की नीतियों की कटु आलोचना की जायेगी और उसके कार्यों पर बराबर नजर रखी जायेगी, वहाँ दूसरी ओर सरकार भी बराबर यह कोशिश करेगी कि जनता उसके काम से सन्तुष्ट रहे। कांग्रेस के विभाजन के बाद जो घटनाएं हुयी हैं, उनसे यह आशा पुष्ट होती है।

वर्तमान संसदीय जनतन्त्र में बाधायें

भारत में जनतन्त्रीयकरण के मार्ग में बाधाओं का सर्वेक्षण करने से यह पता चलेगा कि इसकी सफलता के लिए कौन-कौन से उपाय अपनाये जाने चाहियें। संक्षेप में ये बाधाएं निम्नलिखित हैं–

(1) अशिक्षा–जैसा कि पीछे बतलाया जा चुका है, शिक्षा के अभाव में नर-नारी जनतन्त्रीय मूल्यों और जनतान्त्रीय अधिकारों और कर्त्तव्यों को नहीं समझ सकते। राजनैतिक शिक्षा के अभाव में वे अपने राजनैतिक अधिकारों का सही उपयोग नहीं कर पाते, जिससे गतल लोग चुने जाते हैं और जनतन्त्र के लक्ष्य प्राप्त नहीं होते।

(2) निर्धनता–जनतन्त्र के मार्ग में एक बड़ी बाधा निर्धनता है। निर्धनता के कारण लोगों को इतनी फुर्सत नहीं मिलती कि वे देश की समस्याओं की ओर ध्यान दें। निर्धनता से उनकी नीत्तिमत्ता निम्न रहती है, उनके वोट पैसे से खरीद लिये जाते हैं। वे आर्थिक समस्याओं को सबसे अधिक महत्त्वपूर्ण मान बैठते हैं, उनमें वर्गवादी प्रवृत्तियाँ उत्पन्न होती हैं और वामपन्थी दलों को प्रोत्साहन मिलता है। अनेक देशों में साम्यवाद की सफलता का एकमात्र कारण जनता की व्यापक गरीबी रही है। यदि भारत में आर्थिक समस्याओं को न सुलझाया गया और जनता की गरीबी दूर नहीं हुयी तो जनतन्त्र का भविष्य उज्ज्वल नहीं है।

(3) जनसंख्या का बोझ—किन्तु देश की बढ़ती हुई जनसंख्या को देखते हुये आर्थिक समस्याओं को सुलझाना आसान नहीं लगता। परिवार-नियोजन के साधनों के व्यापक प्रचार के बावजूद फरवरी सन् 1971 में देश में जनसंख्या में सन् 1961 से लगभग 12 करोड़ की वृद्धि हुई थी इस प्रकार जबकि सन् 1961 में जनसंख्या 44,26,50,000 थी। सन् 1981 के मध्य तक देश की जनसंख्या 69,76,70,000 होने का अनुमान था। इसका अर्थ यह है कि सन् 1961 से सन् 1981 में देश की जनसंख्या लगभग 50 प्रतिशत बढ़ गई। सन् 1971 से सन् 1981 के मध्य जनसंख्या में 13.44 करोड़ की वृद्धि हुई। जनसंख्या के इन तेजी से बढ़ते हुये आंकड़ों के सामने आर्थिक समस्याओं को सुलझाना आसान नहीं है। यद्यपि भारत सरकार समय-समय पर देश के सभी नर-नारियों को रोजगार देने का वायदा करती रही है, किन्तु इस वायदे का पूरा होना किसी भी प्रकार से सम्भव नहीं दिखलायी पड़ता।

(4) पूंजी की कमी—देश में औद्योगिक विकास की गति संतोषजनक नहीं है। इसका मुख्य कारण पूंजी की कमी है। औद्योगिक विकास के बिना बढ़ी हुयी जनसंख्या का पेट नहीं भरा जा सकता। इससे जनतन्त्र को खतरा उपस्थित होता है।

(5) निम्न उत्पादकता—यद्यपि अनेक उपायों से भारत में कृषि की दशा में उन्नति करने का भरसक प्रयास किया जा रहा है, किन्तु अभी उत्पादन की दर अन्य प्रगतिशील देशों की तुलना में बहुत कम है। इसका परिणाम यह है कि गरीबी बढ़ती ही जाती है।

(6) विदेशी पूंजी और सहायता की समस्या—आजकल भारत में साम्यवादी और पूंजीवादी दोनों ही विचारधाराओं के देशों की पूंजी और सहायता प्राप्त हो रही है। यह सहायता निःस्वार्थ भाव से नहीं दी जाती, इसके साथ राजनैतिक स्वार्थ लगे रहते हैं। यदि देश के नेता इन स्वार्थों के प्रति सचेत नहीं रहे तो इससे नवोदित जनतन्त्र को हानि पहुँच सकती है। देश की विदेश-नीति पर इस आर्थिक सहायता से अत्यधिक प्रभाव नहीं पड़ना चाहिये।

(7) नैतिक संकट—जनतन्त्र को सबसे बड़ा खतरा जनता के गिरते हुये नैतिक स्तर से है और भारत में पिछले वर्षों में नैतिक-स्तर इतना अधिक गिर गया है कि उसे देखते हुये जनतन्त्र का भविष्य अत्यधिक अन्धकारमय दिखलायी पड़ता है। देश के अनेक नेता भ्रष्टाचार के लिये बदनाम हैं और उनकी देखा-देखी जनता का नैतिक स्तर भी नीचे गिरता है। राजनैतिक दल चुनाव के लिये अपना प्रतिनिधि चुनते समय उसके चरित्र से अधिक उसकी आर्थिक हैसियत और सामाजिक स्थिति का ध्यान रखते हैं। सब कहीं भ्रष्टाचार का बोलबाला है और यह बात किसी से भी छिपी नहीं है। अन्य क्षेत्रों की तो बात ही क्या, स्वयं शिक्षा के क्षेत्र में अनेक शैक्षिक समस्यायें राजनैतिक-स्तर पर सुलझायी जाती हैं। सत्तारूढ़ लोग येन केन प्रकारेण अपनी सत्ता बनाये रखने के लिए प्रयत्नशील हैं। पश्चिमी भौतिकवाद के प्रभाव से भी नैतिक स्तर गिरा है। इस प्रकार आज देश में नैतिक संकट उपस्थित हो गया है। नई पीढ़ी को नेताओं से सही मार्ग-दर्शन नहीं मिलता, बल्कि उल्टे अनैतिक दिशाओं में ही प्रोत्साहन मिल रहा है। इस स्थिति में सुधार हुये बिना देश में जनतन्त्र की सफलता असम्भव है।

(8) विघटनकारी शक्तियाँ—भारत में आजकल अनेक विघटनकारी शक्तियाँ कार्य कर रही हैं, जिनमें भाषावाद, साम्प्रदायिकता, क्षेत्रवाद, राजनीतिकरण आदि प्रमुख हैं। अनेक लोग क्षुद्र स्वार्थों को उभार कर अपनी राजनैतिक महत्त्वाकांक्षायें पूरा करने का प्रयास कर रहे हैं। अनेक व्यक्ति राष्ट्र विरोधी कार्यों में लगे हुये हैं। कुछ राजनैतिक दल विदेशी राजनैतिक दलों से प्रेरणा और आर्थिक सहायता प्राप्त करते हैं। देश के भिन्न-भिन्न भागों में भाषा, साहित्य, आचार-विचार, सामाजिक संस्थाओं आदि में इतना अधिक अन्तर पाया जाता है कि उसको देखते हुए राष्ट्रीय एकता बनाये रखना एक समस्या बन गयी है।

(9) बाहरी खतरे—उपरोक्त आन्तरिक खतरों के अलावा नवोदित भारतीय जनतन्त्र को अनेक विदेशी शक्तियों से बराबर खतरा बना हुआ है। जहाँ कुछ विदेशी देश में बराबर साम्प्रदायिकता और फूट का जहर फैलाते हैं, वहाँ अन्य विदेशी राष्ट्र यदा कदा हमारी सीमा के हजारों वर्गमील क्षेत्र पर अधिकार का दावा करते रहते हैं। भारत को उत्तर पश्चिम से बराबर युद्ध का खतरा बना हुआ है। ये विदेशी राष्ट्र अपनी कूटनीतिक चालों से देश में ऐसे वर्ग बनाये हुए हैं जो उनके विचारों का समर्थन करते हैं। पिछले वर्षों में अनेक राजनैतिक दलों के विदेशी सरकारों से आर्थिक और अस्त्र-शस्त्र के रूप में सहायता प्राप्त करने के प्रमाण मिले हैं। इन सब बातों से जनतन्त्र को खतरा उपस्थित हो गया है।

भारत में संसदीय जनतन्त्र का भविष्य

उपरोक्त चुनौतियों के बावजूद देश में जनतन्त्र का भविष्य अन्धकारमय नहीं कहा जा सकता। यह ठीक है कि उपरोक्त आन्तरिक और बाहरी चुनौतियों का मुकाबला करना बड़ा कठिन कार्य है और किसी भी समय कोई भी समस्या उत्पन्न हो सकती है। देश में अलगाववाद बराबर बढ़ रहा है और कुछ दलों की हिंसात्मक कार्यवाहियाँ बढ़ती जा रही हैं। अनेक राजनैतिक दल भाषावाद, सम्प्रदायवाद और क्षेत्रवाद आदि विघटनकारी प्रवृत्तियों को बढ़ावा दे रहे हैं। कुछ लोग वर्तमान संसदीय जनतन्त्र के आलोचक हैं। उनका कहना है कि इसके स्थान पर राष्ट्रपतिवादी नमूने (Presidential model) या नियन्त्रित जनतन्त्र (Controlled Democracy) या दलहीन जनतन्त्र (Partyless Democracy) की स्थापना की जानी चाहिये। जनतन्त्र के इन विभिन्न वैकल्पिक नमूनों के पक्ष-विपक्ष में अनेक तर्क दिये जाते हैं।

देश में जनतन्त्र के वर्तमान और भविष्य के उपरोक्त सर्वेक्षण से केवल यह स्पष्ट होता है कि भारत में जनतन्त्र की सफलता में अनेक जटिल समस्यायें निहित हैं। फिर भी इतने बड़े देश में पिछले 50 वर्षों से बराबर जनतन्त्रीय विधि से जनतन्त्रीय सरकारें बनती आ रही हैं। किसी भी अवसर पर किसी भी क्षेत्र में जनतन्त्रीय परम्पराओं की अवहेलना नहीं की गई। बिना किसी हिंसात्मक उपाय के देश में बड़े पैमाने पर वयस्क मताधिकार का शान्तिपूर्वक प्रयोग होता रहा है। भारत में चुनावों को आशातीत सफलता प्राप्त हुई है। देश के नेताओं ने जनतन्त्रीय परम्पराओं के पालन में ऊँचे आदर्श रखे हैं। निकट भूतकाल में कांग्रेस के दो दलों में विभाजित हो जाने से संसद में बलवान विरोधी दल की स्थापना

हुई है जिससे सरकार के कामों पर और भी कड़ी नजर रखी जायेगी और सरकार भी अपनी ओर से अधिक अच्छा कार्य करने का प्रयास करेगी। इन सब बातों को देखते हुए यह कहा जा सकता है कि भारत में जनतन्त्र का भविष्य अन्धकारमय नहीं है।

अभ्यास के लिये प्रश्न

1. जनतन्त्र क्या है ? उसकी शर्तें बतलाइये।
2. भारत में वर्तमान संसदीय जनतन्त्र की क्या कठिनाइयाँ हैं ? उन्हें कैसे हल किया जा सकता है।

18

भारत में राजनीतिकरण

(Politicization in India)

राजनीतिकरण की प्रवृत्ति

राजनीतिकरण से तात्पर्य जीवन के विभिन्न क्षेत्रों में राजनीति का अत्यधिक प्रवेश है। देश को स्वतन्त्रता मिलने के बाद से और जनतन्त्र की स्थापना होने के कारण तथा राजनीतिक नेताओं के हाथ में अत्यधिक सत्ता केन्द्रित हो जाने से और प्रशासन के कार्यों में उनके अत्यधिक हस्तक्षेप की सम्भावना से राजनीतिक शक्ति का आकर्षण बढ़ता जा रहा है। वर्तमान भारतीय समाज में राजनीति सत्ता का सबसे अधिक प्रभावशाली रूप है। इसलिये भिन्न-भिन्न वर्गों में प्रभावशाली लोग हर प्रकार से राजनीतिक सत्ता प्राप्त करने का प्रयास कर रहे हैं। राजनीतिक नेता का देश में जो सम्मान है और उसे जो व्यापक अधिकार प्राप्त हैं वह विज्ञान, साहित्य, कला, दर्शन, संस्कृति किसी भी क्षेत्र के नेता को प्राप्त नहीं है। राजनीतिक नेता की मृत्यु पर सारे देश में जो शोक मनाया जाता है, उसके कहीं पर पहुँचने पर उसका जो स्वागत किया जाता है, उसके जुलूस निकाले जाते हैं और जय-जयकार किया जाता है उसको देखकर देश के सभी विचारवान नर-नारियों के हृदय में राजनीतिक सत्ता प्राप्त करने का आकर्षण उत्पन्न होता है। संसार के किसी भी प्रगतिशील देश में राजनीतिक नेताओं को इतना अधिक महत्व नहीं दिया जाता। राजनीतिक नेताओं को और राजनीतिक समाचारों को इतना अधिक महत्त्व देना यह सिद्ध करता है कि जनता सांस्कृतिक लक्ष्यों की ओर इतना ध्यान नहीं देती जितना राजनीति की ओर देती है। समाचार-पत्रों की खपत और क्षेत्र बराबर बढ़ता जा रहा है। राजनीतिक समाचारों में इतनी अधिक रुचि राजनीतिकरण की प्रक्रिया दिखलाती है।

सामाजिक क्षेत्र में राजनीतिकरण

इस प्रकार सामाजिक क्षेत्र में सब कहीं राजनीतिकरण बढ़ रहा है जो विभिन्न सामाजिक संस्थाओं में देखा जा सकता है। भारत में एक ओर जातिवाद कम हुआ है तो दूसरी ओर राजनीतिक कारणों से जातिवाद बढ़ा है। नेताओं ने जाति के लाभ के लिये नहीं, बल्कि जातिवाद को उभारने से होने वाले राजनीतिक लाभ के लिये जातियों के संगठन बनाये हैं और जातिवाद को प्रोत्साहन दिया है। इसी प्रकार साम्प्रदायिकता, भाषावाद या क्षेत्रवाद

के पीछे यह तथ्य नहीं है कि इनको उभारने वाले नेता लोग किसी सम्प्रदाय, भाषा अथवा क्षेत्र के हित को आगे बढ़ाने में रुचि रखते हैं, बल्कि केवल यह तथ्य है कि इनसे लगी हुई भावनाओं को उभारकर वे अपना राजनीतिक लक्ष्य सिद्ध करना चाहते हैं। केवल जाति संगठनों में ही नहीं, बल्कि परिवार और विवाह की संस्थाओं में भी राजनीतिकरण बढ़ता जा रहा है। नगरीय क्षेत्रों में अधिकतर पूँजीपति धन एकत्रित करने के पश्चात् दूसरा काम राजनीतिक सत्ता प्राप्त करना समझते हैं। म्युनिसपैलिटियों और कारपोरेशनों में अधिकतर चुनाव राजनीतिक लक्ष्यों से लड़े जाते हैं और चुनाव जीत जाने के बाद जनता की सेवा करने के स्थान पर विशिष्ट राजनीतिक दलों के स्वार्थों को सिद्ध करने की ओर अधिक ध्यान दिया जाता है।

सरकारी नौकरियों में राजनीतिकरण

सरकारी नौकरियों के क्षेत्रों में भी बढ़ता हुआ राजनीतिकरण देखा जा सकता है। अनेक स्थानों पर विभिन्न राजनीतिक विचारधाराओं के प्रभाव से शक्तिशाली लोग अपने ही दलों को सरकारी नौकरियों में भरने का प्रयास करते हैं। किसी भी नये दल के मंत्रिमण्डल बना लेने के बाद मुख्य मंत्री तथा अन्य मंत्रीगण सबसे पहले सारे राज्य में प्रमुख स्थानों पर अपने ही दल के लोगों को भरने का प्रयास करते हैं। भिन्न राजनीतिक विचारधारा के अधिकारियों के तबादले कर दिये जाते हैं या उन्हें नौकरी से अवकाश लेने पर मजबूर किया जाता है। पुलिस तथा ऐसे ही अन्य महत्वपूर्ण विभागों में सत्तारूढ़ दल के विश्वासपात्र लोग भरे जाते हैं। इस प्रकार सरकारी सेवाओं का व्यापक राजनीतिकरण होता है।

शिक्षा के क्षेत्र में राजनीतिकरण

शिक्षा के क्षेत्र में कालिजों और विश्वविद्यालयों में अनेक नियुक्तियाँ शैक्षिक योग्यता के आधार पर नहीं, बल्कि राजनीतिक गठबंधन के आधार पर की जाती है। बहुधा विश्वविद्यालयों में उपकुलपतियों का चुनाव करते समय व्यक्तियों की योग्यताओं को न देखकर उनके राजनीतिक विचारों पर ध्यान दिया जाता है। उच्च अधिकारियों के चुनाव में इस राजनीतिकरण के कारण शिक्षक वर्ग में और विद्यार्थियों में भी राजनीतिकरण फैलता है जिसके परिणामस्वरूप उप-कुलपति और विद्यार्थियों तथा विद्यार्थियों और शिक्षकों में संघर्ष बढ़ते हैं और विश्वविद्यालय में शिक्षा का स्तर गिरता जाता है। राजनीतिकरण भारत में विद्यार्थी समस्या का एक मूल कारण है और इसके उत्तरदायी विद्यार्थी नहीं, बल्कि राजनीतिक नेतागण हैं जो शिक्षा संस्थाओं को सब कहीं अपने निहित स्वार्थों के लिए प्रयोग करते रहते हैं। कालिजों में विभिन्न प्रबन्धक दलों की स्थापना के साथ-साथ शिक्षकों और विद्यार्थियों में राजनीतिक गतिविधि बढ़ती रहती है। विद्यार्थी संघ तो राजनीतिक गतिविधियों के केन्द्र ही हैं। इस प्रकार शिक्षा के क्षेत्र में राजनीतिकरण व्यापक रूप से बढ़ रहा है।

आर्थिक क्षेत्र में राजनीतिकरण

भारत में आर्थिक क्षेत्र में निजी और सार्वजनिक विकास में राजनीतिकरण का प्रभाव देखा जा सकता है। निजी क्षेत्रों में विभिन्न उद्योगों में अधिकतर ऊँचे-ऊँचे पद मालिकों के नाते रिश्तेदारों को दिये जाते हैं। उद्योगों से सम्बन्धित सभी बातें श्रमिकों के कल्याण

की दृष्टि से नहीं, बल्कि मालिकों के स्वार्थ सिद्ध करने की दृष्टि से निर्धारित की जाती हैं। किन्तु सबसे अधिक राजनीतिकरण सार्वजनिक क्षेत्र में है। अभी पिछले कुछ वर्षों में इस्पात तथा अन्य भारी उद्योगों के कारखानों को स्थापित करने के प्रश्न को लेकर देश के विभिन्न राज्यों में प्रदर्शन, सभायें और भूख हड़तालें हुयीं। कहीं-कहीं पर रक्तपात और दंगे भी हुये। प्रत्येक राज्य के नागरिकों ने केन्द्रीय सरकार पर यह जोर डालने का प्रयास किया कि भारी उद्योगों के कारखाने उन्हीं के क्षेत्र में लगायें जायें। इन सब प्रदर्शनों के पीछे राजनीतिक दलों का हाथ था और वे इस प्रकार जनता की सहानुभूति प्राप्त करना चाहते थे। स्पष्ट है कि इनका मूल लक्ष्य जन-कल्याण नहीं, बल्कि राजनीति था। इसीलिये यह विचार किये बिना कि कौन-सा उद्योग किस क्षेत्र में अधिक आसानी से और अधिक लाभ उठाकर स्थापित किया जा सकता है और कहाँ उससे अधिक लाभ होगा, सभी राज्यों ने अपनी-अपनी माँगों पर जोर दिया। दूसरी ओर इन उद्योगों को स्थापित करने में केन्द्रीय सरकार ने भी कई बार आर्थिक कारकों पर अधिक ध्यान दिया। इस प्रकार केन्द्र और राज्य दोनों में ही राजनीतिक दलों की गतिविधि के कारण सार्वजनिक क्षेत्र में उद्योगों की स्थापना में राजनीतिकरण दिखलाई पड़ता है।

राज्यों की सीमा निर्धारण में राजनीतिकरण

देश के स्वतन्त्र होने के बाद से भारत में विभिन्न राज्यों की सीमा को कई बार बदला गया है। कई राज्यों के क्षेत्र कम किये गये हैं और कुछ अन्य के क्षेत्र बढ़ाये गये हैं। अनेक नये राज्यों की स्थापना की गयी है। पश्चिमी पंजाब को हरियाणा से अलग कर दिया गया और इस प्रकार पहले पंजाब राज्य के स्थान पर दो नये राज्यों की स्थापना की गई। पूर्वी सीमा पर नागालैण्ड का पृथक् राज्य बना। उत्तरी पहाड़ी प्रदेश के अनेक जिलों को लेकर हिमाचल प्रदेश की रचना की गयी तथा बाद में मेघालय की रचना हुई। विभिन्न राज्यों की सीमा में इस परिवर्तन के पीछे प्रशासन की सुविधा, जनकल्याण या इसी प्रकार का कोई अन्य लक्ष्य नहीं है, बल्कि अधिकतर स्थानीय राजनीतिक नेताओं को संतुष्ट करने या राजनीतिक आन्दोलनों को शान्त करने के लिए नये राज्य बनाये गए हैं। दूसरी ओर जिन राजनीतिक दलों ने नये राज्यों की स्थापना की माँग की थी उनके सामने भी जन-कल्याण का लक्ष्य नहीं था, बल्कि उन्होंने अपने राजनीतिक स्वार्थों को सिद्ध करने के लिये ये माँगें उठाई थीं। इसी कारण आज भी देश में अनेक स्थानों पर ऐसी मांगें बनी हुई हैं और नई-नई मांगें बढ़ती जाती हैं। पिछले दिनों पंजाब और हरियाणा के मध्य चण्डीगढ़ को लेकर जो विवाद उत्पन्न हुआ था उसके कारण राजनीतिक ही थे। स्पष्ट है कि राज्यों की सीमा में परिवर्तन और नये राज्यों के निर्माण के पीछे मुख्य कारण राजनीतिकरण है।

सांस्कृतिक क्षेत्र में राजनीतिकरण

भारत में राजनीतिकरण इतना अधिक बढ़ गया है कि सांस्कृतिक क्षेत्र में सब कहीं उसका बोलबाला दिखलाई पड़ता है। अनेक अन्तर्राष्ट्रीय खेल प्रतियोगिताओं में भाग लेने वाले खिलाड़ियों में चुनाव कई बार खेल के दृष्टिकोण से नहीं, बल्कि राजनीतिक कारणों

से किया जाता है। कई बार उपयुक्त न होने पर भी टीमें बाहर खेलने भेज दी जाती हैं और कभी-कभी मुकाबले के उपयुक्त होने पर भी बाहर नहीं जा पातीं। कोई व्यक्ति अच्छा खिलाड़ी होने पर भी छूट जाता है और उसके स्थान पर ऐसा व्यक्ति टीम में शामिल कर लिया जाता है जो अच्छा खिलाड़ी नहीं है। इस प्रकार खेल के क्षेत्र में अनेक स्थानों पर राजनीतिकरण दिखलाई पड़ता है। यही बात विदेशों में जाने वाले कला मण्डलों के बारे में कही जा सकती है। जिन कलाकारों की राजनीतिक नेताओं तक पहुँच है वे ही कला मण्डलों के सदस्य बन कर बाहर जाते हैं जबकि अनेक बड़े-बड़े कलाकारों को कोई नहीं पूछता क्योंकि वे किसी के दरबार में सलाम नहीं झुकाते। यही बात देश के कलाकारों को मिलने वाली सरकारी सहायता के बारे में देखी जा सकती है। देश को आजादी मिलने के बाद राज्य की ओर से बहुत-से कलाकारों को वजीफे और आर्थिक सहायता दी गई। इनमें बड़ी संख्या उन लोगों की थी जो सरकार तक पहुँच रखते हैं। अनेक अन्य कलाकारों को केवल तभी सहायता दी गई जबकि उसके लिये बड़ा शोर मचा।

पुनर्वास में राजनीतिकरण

देश में विभाजन के बाद भारत के सामने बाहर से आये हुए शरणार्थियों के पुनर्वास की समस्या थी। न्याय की दृष्टि से सभी को पुनर्वास की सुविधा दी जानी चाहिये थी किन्तु इस क्षेत्र में राजनीतिकरण का प्रभाव हुआ। जिन लोगों को किसी राजनीतिक नेता का समर्थन प्राप्त हो सका उन्हें भारी सरकारी सहायता मिली जबकि अन्य अनेक उससे वंचित रहे। धारा सभाओं में चुने जाने पर अधिकतर लोगों ने अपने सहायकों और दल के लोगों की जेबें भरने का प्रयास किया। चुने हुए प्रतिनिधियों का एक बड़ा काम अपने मिलने-जुलने वालों को सरकारी परमिट दिलाना था। यह भ्रष्टाचार इतना अधिक बढ़ा कि अनेक लोग कांग्रेसी राज्य को 'परमिट राज्य' कहने लगे क्योंकि परमिटों का लालच दिलाकर राजनीतिक नेताओं ने भारी मात्रा में धन संग्रह किया और उस धन की सहायता से चुनाव जीते। इस प्रकार पूँजीपतियों और राजनीतिज्ञों की सांठ-गांठ से श्रमिकों का शोषण होता रहा।

सामाजिक क्षेत्र में देश को आजादी मिलने के पहले सुधार आन्दोलनों की जो धूम थी वह आजादी मिलने के बाद बहुत धीमी पड़ गयी। इधर पिछले कुछ वर्षों में तो राजनीतिक दलों में आदर्शवाद इतना कम हो गया है और सत्ता के लिए आग्रह इतना बढ़ गया है कि वे समाज सुधार की ओर कोई ध्यान नहीं देते, बल्कि उल्टे भ्रष्टाचार के ऐसे उदाहरण उपस्थित करते हैं जिससे सामान्य नैतिक स्तर नीचे गिरता है। अनेक राजनीतिक दलों ने विद्यार्थियों को अपने स्वार्थ के लिए राजनीतिक दाँव-पेचों की कठपुतली बना रखा है और उन्हें देश के भविष्य की कोई चिन्ता नहीं है।

भारत में विभिन्न क्षेत्रों में फैले हुए राजनीतिकरण के उपरोक्त सर्वेक्षण से स्पष्ट है कि इस पर रोकथाम की जानी कितनी अधिक जरूरी है। भारत में आने वाले विदेशी इस बात पर आश्चर्य प्रकट करते हैं कि इस देश में राजनीतिक नेताओं को कितना अधिक सम्मान दिया जाता है तथा राजनीतिक समाचार कितने अधिक ध्यानपूर्वक सुने जाते हैं और

उन पर कितनी अधिक बहस की जाती है जबकि दूसरी ओर विकासमान देशों में एक बहुत बड़ा वर्ग राजनीतिक गतिविधियों से तटस्थ रहकर वैज्ञानिक, कलात्मक, साहित्यिक, सांस्कृतिक और आर्थिक विकास के कार्यक्रमों में लगा रहता है। राजनीतिकरण का यह रोग तभी दूर हो सकता है जबकि देश का विशिष्ट वर्ग व्यापारी, उद्योगपति, प्रोफेसर, डाक्टर, इन्जीनियर, कलाकार, साहित्यकार, वैज्ञानिक और विद्यार्थी अपने-अपने विशिष्ट क्षेत्रों में अपने कार्यों की ओर अधिक ध्यान देंगे, इससे देश में राजनीतिक समाचारों और गतिविधियों तथा नेताओं का महत्त्व कम हो जायेगा। इसके लिए राजनीतिक नेताओं की शक्ति पर रोकथाम करना भी आवश्यक है। उदाहरण के लिए उन्हें प्रशासनिक मामलों में अनावश्यक हस्तक्षेप करने का कोई अधिकार नहीं होना चाहिए। इस प्रकार राजनीतिक सत्ता पर रोकथाम लगाने से ही राजनीतिकरण दूर हो सकता है और तभी राष्ट्र विभिन्न दिशाओं में विकसित होगा और प्रगतिशील देशों में सम्मानित स्थान प्राप्त कर सकेगा।

अभ्यास के लिए प्रश्न

1. संक्षिप्त टिप्पणी लिखो—भारत में राजनीतिकरण।

19

जनमत का निर्माण और माप
(Formation and Gauging of Public Opinion)

जनमत का शाब्दिक अर्थ जनता का मत है। परन्तु जनमत को केवल जनता का मत कहने मात्र से उसका स्वरूप स्पष्ट नहीं होता। उसका अर्थ जानने के लिये उसकी कुछ शास्त्रीय परिभाषाओं को देखना भी लाभदायक होगा। कुछ मुख्य परिभाषायें निम्नलिखित हैं:–

(1) **किम्बाल यंग**–"जनमत में एक विशेष समय जनता द्वारा मानी जाने वाली रायें सम्मिलित हैं।"[1]

(2) **कूले**–"जनमत को किसी समस्या के विषय में सहमति की एक अवस्था मात्र न समझकर एक अवयवीय प्रक्रिया समझना चाहिये।"[2]

(3) **अकोलकर**–"जनमत से तात्पर्य केवल विचारों के उस पुँज से है जिसको कि किसी विशेष समस्या के विषय में लोग रखते या अभिव्यक्त करते हैं।"[3]

जनमत की प्रकृति

जनमत की उपरोक्त परिभाषाओं से स्पष्ट है कि जनमत में विशेष समस्याओं के विषय में जनता का मत, विचार, निर्णय आदि सम्मिलित होते हैं। यहाँ यह आवश्यक नहीं है कि लोगों में से सभी व्यक्ति एक से ही विचार रखते हों। वास्तव में जनमत, बहुमत और प्रभावशाली मत का प्रतिनिधित्व करता है। जनता में कुछ न कुछ लोग तो उसके विरुद्ध

---

1. "Public opinion consists of the opinions held by public at a certain time."
--K. Young, *Hand Book of Social Psychology*, (1951) p. 431.
2. "Public opinion..........should be regarded as an organic process, and not merely as a state of agreement about some questions of the day."
--C. H. Cooley, *Social Process*, (1918) p. 378.
3. "Public opinion simply refers to that mass of ideas which people have or express on a given issue."
--V. V. Akolkar, *Social Psychology*, (1959) p. 244.

होते हैं परन्तु उससे जनमत में कोई परिवर्तन नहीं आता। यह भी आवश्यक नहीं है कि जनमत बहुसंख्यक लोगों का ही मत हो। वास्तव में जैसा कि लावेल ने संकेत किया है जनमत संख्या की बहुलता न दिखाकर प्रभाव की बहुलता दिखाता है। किसी विषय में जनमत से यह मालूम पड़ता है कि कौन-सा विचार अधिक प्रभावशाली है। मैक्डूगल ने जनमत को जनता की नैतिक धारणायें माना है।[1] परन्तु जैसा कि व्यवहार में दिखलाई पड़ता है, जनमत केवल नैतिक समस्याओं के विषय में ही नहीं होता बल्कि राजनैतिक अथवा शासन सम्बन्धी बातों के विषय में भी होता है। उदाहरण के लिये जनतन्त्रीय सरकार जनमत का प्रतिनिधित्व करने वाली मानी जाती है।

जनमत और व्यक्ति

मैक्डूगल के अनुसार जनमत व्यक्तियों के मत से श्रेष्ठ होता है। साधारणतया लोग यह मानते हैं कि व्यक्ति को जनमत के अनुसार चलना चाहिये। परन्तु वास्तव में यह मत उचित नहीं प्रतीत होता। कभी-कभी जनमत भारी गलतियां भी कर बैठता है। उदाहरण के लिये कोई भी विचारवान व्यक्ति जनमत से सुकरात को जहर दिये जाने की घटना को नैतिक नहीं कहना चाहेगा। इस प्रकार कभी-कभी कुछ महान् व्यक्तियों के विचार जनमत के विरुद्ध होते हुये भी अधिक ऊंचे होते हैं और कभी-कभी इतने प्रभावशाली भी होते हैं कि क्रमशः जनमत उसके पक्ष में भी हो जाता है।

जनमत की विशेषतायें

गिन्सबर्ग ने जनमत में निम्नलिखित विशेषताओं का होना आवश्यक माना है।[2] इनसे भी जनमत की प्रकृति पर प्रकाश पड़ता है।

(1) जनमत उसी मत को कहा जा सकता है जो सर्वमान्य है। सर्वमान्य होने के लिये उसको केवल बहुसंख्या का होना ही पर्याप्त नहीं है बल्कि समूह की रुचि के अनुरूप होना भी जरूरी है।

(2) जनमत किसी एक व्यक्ति का विश्वास न होकर समूह के सभी सदस्यों का सम्मिलित मत होता है।

(3) जनमत समूह के द्वारा समान स्वीकृति से बनता है।

(4) जनमत के लिये समूह के सदस्यों में सामाजिक और सांस्कृतिक एकता होनी जरूरी है।

(5) जनमत के निर्माण के लिये समूह के सदस्यों में परस्पर विचारों का आदान-प्रदान होने की सुविधा होनी चाहिए।

(7) वही मत जनमत कहलाता है जिसमें जनता का अगाध विश्वास हो।

---

1. Wm. Mcdougall, *The Group Mind*, pp. 198-199.
2. M. Ginsberg, *The Psychology of Society*, (1951), p. 141.

जनमत निर्माण

जनमत के निर्माण की प्रक्रिया बड़ी जटिल होती है। जनमत कभी भी एक दम नहीं बन जाता, बल्कि क्रमशः बनता है। जनमत के बनने में नेताओं के मत का हाथ होता है। जनमत के निर्माण में सबसे पहले कुछ लोग अन्य लोगों का ध्यान किसी विशेष समस्या की ओर आकर्षित करते हैं और उसके महत्त्व पर जोर देते हैं तथा उसके विषय में अपने-अपने मत उपस्थित करते हैं। इस प्रकार के मतों का तुलनात्मक अध्ययन करने से जो निष्कर्ष निकलता है वही जनमत है। इसमें शासन का भी प्रभाव पड़ता है, परन्तु यह आवश्यक नहीं है कि जनमत में सरकारी अधिकारियों का हाथ अवश्य हो। जनमत के निर्माण के विषय में कुछ मनोवैज्ञानिकों का विचार है कि वह समाज के विभिन्न व्यक्तियों की क्रिया प्रतिक्रिया से होता है। दूसरी ओर अन्य लोगों के अनुसार जनमत का मूल आधार व्यक्तियों का निष्पक्ष विचार विमर्श और तर्क वितर्क है। अन्य विचारकों के अनुसार जनमत के निर्माण के आधार बौद्धिक न होकर संवेगात्मक होते हैं और समूह मनोविज्ञान पर आधारित होते हैं। कुछ लोगों ने जनमत को समूह मन से भी समझाने की चेष्टा की है। वास्तव में जनमत का निर्माण मनुष्य के मूल प्रेरकों के द्वारा ही होता है। वह सोच विचार अथवा नैतिक मापदण्डों के आधार पर नहीं बनता। इसमें अचेतन इच्छाओं और उलझे हुये विचारों का भी महत्वपूर्ण हाथ है। इसी कारण कुछ चतुर नेता लोग जनमत को बड़ी आसानी से मोड़ देते हैं। जनमत के निर्माण में प्रेरणाओं के अलावा अनुकरण का महत्वपूर्ण योगदान है। अन्य लोगों को किसी विशेष समस्या के विषय में कुछ विचारों को मानते देखकर बाकी लोग भी वैसा ही करने लगते हैं क्योंकि वे यह समझते हैं कि जब इतने लोग यह मानते हैं तो अवश्य ही उसमें कुछ न कुछ सत्य होगा। इस प्रकार बहुसंख्यक मत होने से किसी भी मत का जनमत हो जाना सम्भव हो जाता है। जैसा कि पीछे बतलाया जा चुका है, जनमत के निर्माण की प्रक्रिया में कुछ नेता लोग उसका निर्देशन करते हैं। उन नेताओं में प्रचारात्मक नेताओं की अपेक्षा विषय के विशेषज्ञों का अधिक प्रभाव होता है। इसके अलावा जनमत के निर्माण में आत्म-गौरव की भावना का भी बड़ा महत्त्व है। आलपोर्ट ने इस पर बड़ा जोर दिया है। आत्म-गौरव की भावनायें व्यक्तियों को सामूहिक रूप से प्रभावित करके जनमत की स्थापना में योग देती हैं। इसके साथ-साथ जनमत में जन समस्या और जन विश्वास का भी बड़ा महत्त्व है। जन समस्या की ओर जन विश्वास ही जनमत बन जाता है।

जनमत के निर्माण में महत्त्वपूर्ण कारक

जनमत के निर्माण में भाग लेने वाले महत्त्वपूर्ण कारकों को दो वर्गों में विभाजित किया जा सकता है—व्यक्तिगत कारक और सामाजिक कारक।

व्यक्तिगत कारक

यूं तो सामाजिक प्रक्रियाओं में सामाजिक परिस्थितियों का ही अधिक प्रभाव पड़ता है परन्तु कुछ प्रभावशाली व्यक्तियों का भी जनमत के निर्माण में महत्त्वपूर्ण हाथ होता है। ये महापुरुष दूसरों के आदर्श बन जाते हैं और अन्य लोग उनका अनुकरण तथा अनुगमन करते हैं।

सामाजिक कारक

जनमत के निर्माण के सामाजिक कारकों में मुख्य कारक निम्नलिखित हैं।

(1) **अनुप्रस्थ दबाव** (Cross Pressures)—अनुप्रस्थ दबाव से तात्पर्य यह है कि समाज में लोगों के विश्वासों और मान्यताओं पर भिन्न-भिन्न संस्थाओं और दशाओं का अनुप्रस्थ दबाव पड़ता है। इन विश्वासों और मान्यताओं से ही जनमत का निर्माण होता है। स्पष्ट है कि अनुप्रस्थ दबाव के कारण जनमत के निर्माण की प्रक्रिया जटिल हो जाती है और यह कहना कठिन है कि इस दबाव में किसका कितना हाथ है।

(2) **आर्थिक और व्यावसायिक संस्थायें** (Economic and Professional Institutions)—जनमत के निर्माण के सामाजिक कारकों में आर्थिक और व्यावसायिक संस्थायें भी महत्वपूर्ण हैं। इन्हीं के अन्तर से विभिन्न आर्थिक वर्गों के जनमत में अन्तर दिखाई पड़ता है। जनमत के निर्माण में आर्थिक स्वार्थों का महत्त्वपूर्ण स्थान होता है। समाज की विभिन्न समस्याओं की ओर भिन्न-भिन्न आर्थिक और व्यावसायिक स्वार्थों के कारण विभिन्न वर्गों में भिन्न-भिन्न जनमत देखे जा सकते हैं।

(3) **जाति और धर्म** (Caste and Religion)—जनमत को प्रभावित करने वाले मुख्य सामाजिक कारकों में जाति और धर्म की भी गिनती है। यद्यपि आजकल अधिकतर राज्य धर्म निरपेक्ष होते हैं फिर भी सामाजिक जीवन में विशेषतया ग्रामीण सामाजिक जीवन में धर्म का प्रभाव अब भी बना हुआ है। उदाहरण के लिये, भारतवर्ष में विभिन्न सामाजिक और राजनैतिक समस्याओं के विषय में जनमत धार्मिक विश्वासों से बहुत अधिक प्रभावित होता है। धर्म के साथ-साथ जाति भी भारत में जनमत के निर्माण में एक महत्वपूर्ण कारक है। यद्यपि जाति व्यवस्था में बराबर परिवर्तन हो रहा है परन्तु निहित स्वार्थों के कारण देश में जातिवाद बढ़ता जा रहा है। सामाजिक और राजनैतिक दोनों ही क्षेत्रों में विभिन्न प्रश्नों के प्रति विभिन्न जातीय स्वार्थों के कारण जनमत में अन्तर देखा जा सकता है। कहना न होगा कि यह स्थिति जनतन्त्र के लिये नितान्त अवांछनीय है।

(4) **विशिष्ट सामाजिक घटनाओं का प्रभाव** (Effect of Particular Social Phenomena)—जनमत के निर्माण में उपरोक्त सामाजिक कारकों के अलावा अनेक विशिष्ट सामाजिक घटनाओं का भी प्रभाव पड़ता है। इस सम्बन्ध में किम्बाल यंग ने सात प्रकार की घटनाओं का उल्लेख किया है—(i) विशिष्ट आर्थिक घटनायें, (ii) अन्य विशिष्ट घटनायें, (iii) अन्तर्राष्ट्रीय स्थिति को प्रभावित करने वाली घटनायें, (iv) विशिष्ट घटनाओं के द्वारा व्यक्तियों का मार्ग परिवर्तन (v) बौद्धिक दृष्टिकोण से सम्बन्धित सामाजिक घटनायें, (vi) स्थिरता प्रदान करने वाली घटनायें, (vii) विवेकीकरण (Rationalisation) से सम्बन्धित भ्रमोत्पादक घटनायें। इन सभी घटनाओं का जनमत के निर्माण में महत्त्वपूर्ण प्रभाव पड़ता है।

(5) **शिक्षा** (Education)—जनमत के निर्माण में शिक्षा का अत्यधिक महत्व है। शिक्षा के द्वारा जनमत बनता है और शिक्षा से ही जनमत में परिवर्तन किया जा सकता है। सामान्य रूप से ग्रामीण जनता की अपेक्षा नगरीय जनता अधिक शिक्षित होती है। अतः ग्रामीण जनमत और नगरीय जनमत में अन्तर दिखाई पड़ता है। सामान्यतया ग्रामीण जनमत रूढ़िवादी और नगरीय जनमत प्रगतिशील होता है।

नेता का महत्त्व

जैसा कि पीछे संकेत दिया जा चुका है, जनमत के निर्माण में नेता का बड़ा महत्त्व होता है। नेता अपने प्रभाव से जनमत को परिवर्तित करता है। इसका तात्पर्य यह नहीं है कि वह स्वयं जनता से प्रभावित नहीं होता है। वास्तव में जनमत के निर्माण में नेता और जनता के विचारों की क्रिया प्रतिक्रिया होती है। नेता अन्य लोगों के सामने एक आदर्श के रूप में होता है, इसलिये उसके विचारों को अन्य लोग भी ग्रहण कर लेते हैं। नेता के विचार अन्य लोगों की अपेक्षा अधिक स्पष्ट और सुलझे हुये होते हैं तथा वह भाषणों के द्वारा अपने विचारों को जनता में फैलाता भी है। बहुधा नेता विशेष क्षेत्रों में विशेषज्ञ भी होता है। उदाहरण के लिये राजनैतिक नेता राजनैतिक क्षेत्र में, कलाकार नेता कला के क्षेत्र का और विचारक नेता दर्शन के क्षेत्र का विशेषज्ञ होता है। अतः हर एक समस्या में उसकी राय सबसे अधिक महत्वपूर्ण मानी जाती है और दूसरे लोग सामान्यतया उसी को मानकर चलते हैं। नेताओं के विषय में कहा जाता है कि वे अपने युग के प्रतिनिधि होते हैं। वे जनता के अपने विचारों और अनुभूतियों को व्यक्त करते हैं। दूसरे शब्दों में, जनता के विचार और अनुभूतियाँ जन नेता के द्वारा अभिव्यक्ति पाते हैं। नेता जनता के मनोविज्ञान से भली भांति परिचित होता है। इसीलिए वह जनता के विचारों और अनुभूतियों को अपनी इच्छा अनुसार मोड़कर जनमत को अपने पक्ष में कर लेता है। सभी क्रान्तियों के अग्रदूत नेता ही होते हैं। वे ही क्रान्ति की ज्वाला भड़काते हैं। दूसरे लोग उनका अनुगमन करते हैं। एक ही समाज में एक ही समस्या की ओर जो भिन्न-भिन्न मत दिखाई पड़ते हैं उसका कारण भी नेता का प्रभाव ही है। बहुधा हर एक समाज में हर एक क्षेत्र में एक से अधिक नेता होते हैं जो कि जनता को अपनी ओर खींचने का प्रयास करते रहते हैं। फलस्वरूप जनता में एक ही क्षेत्र में एक ही समस्या की ओर विभिन्न मत दिखाई पड़ते हैं। इससे जनमत के निर्माण की प्रक्रिया जटिल हो जाती है। परन्तु इससे यह लाभ है कि परस्पर विरोधी मत एक दूसरे को सन्तुलित करते रहते हैं और निष्पक्ष विचारक विभिन्न मतों को देखकर वस्तु स्थिति का और भी अच्छा अनुमान लगा सकता है। यूं तो जनतत्र में जनमत का संगठित होना आवश्यक है, परन्तु विशेष समस्याओं के विषय में अनेक जनमत होने से जनतन्त्र को कोई हानि नहीं पहुँचती, जब तक कि वे एक दूसरे के प्रति सहिष्णु और उदार रहें। जनमत के निर्माण में नेता के प्रभाव पर ध्यान देते समय यह याद रखना आवश्यक है कि जनता भी नेता को प्रभावित करती है। जन प्रिय नेता जनता के विचारों और अनुभूतियों को बड़ा महत्त्व देता है।

जनमत और शासन

जनमत के निर्माण की प्रक्रिया के अब तक के विश्लेषण से स्पष्ट हो गया होगा कि जनमत के निर्माण में शासन का भी बड़ा महत्त्व है। जैसा कि पहले कहा जा चुका है, सफल सरकार या तो जनता के मत के अनुसार कार्य करती है अथवा नई नीति बनाने के बाद जनमत को उसके पक्ष में कर लेती है। जो शासन जनमत को अपने पक्ष में नहीं कर पाता उसका शासन बना रहना असंभव हो जाता है। यह बात जनतंत्रीय समाज में और

भी अधिक सच है। जनतन्त्रीय राष्ट्र में कोई भी सरकार अधिक समय तक जनमत की अवहेलना करके नहीं टिक सकती।

जनमत और शासन के परस्पर सम्बन्ध में जनमत शासन को अधिक प्रभावित करता है। अरस्तू ने शासन में जनमत का ध्यान रखने पर बहुत जोर दिया है। उसने तो यहाँ तक कहा कि शासन को केवल बहुसंख्यक जनमत का ही नहीं बल्कि अल्पसंख्यक जनमत का भी ध्यान रखना चाहिये। मौखिक रूप में तो जनतन्त्रीय सरकार बहुसंख्यक जनमत से ही बनती है परन्तु फिर भी उसको अल्पसंख्यक जनमत का भी ध्यान रखना पड़ता है, क्योंकि यदि अल्पसंख्यक जनमत बहुत अधिक विरुद्ध हो गया तो हो सकता है कि वह विद्रोह करे और क्रमशः यह विद्रोह की आग अन्य लोगों में भी फैल जाए। राजनैतिक क्षेत्र में तो यह कहा ही जाता है कि शासन की अच्छाई बुराई के निर्णायक शासित ही होते हैं। परन्तु कला और साहित्य आदि के क्षेत्रों में भी बहुधा जनमत से ही कला और साहित्य का मूल्यांकन किया जाता है। यह ठीक है कि इन क्षेत्रों के नेता जनता से बहुत अधिक ज्ञानी, विचारवान और मेधावी होते हैं, परन्तु बहुत सी बातें ऐसी हैं जो सामान्य मनुष्य अधिक अच्छी तरह समझ पाते हैं, इस प्रकार वस्तुतः जनमत नेता के मत पर भी नियन्त्रण रखता है। इस विषय में सबसे अच्छा तो यह है कि नेता और जनता का निकट सम्पर्क रहे और उनका सामंजस्य बना रहे।

जनतन्त्र में जनमत

जनमत के निर्माण की प्रक्रिया का वर्णन पीछे किया गया है परन्तु जनतंत्र में इस प्रक्रिया में कुछ विशिष्टता होती है। इसलिये जनतन्त्र में जनमत के अध्ययन में इस विशेषताओं पर भी ध्यान देना प्रासंगिक होगा। जनतन्त्र में जनमत के निर्माण की प्रक्रिया के मुख्य चरण निम्नलिखित हैं–

1. समस्या अथवा विषय की परिभाषा।
2. प्राथमिक अथवा जांच सम्बन्धी विचार।
3. वैकल्पिक समाधान अथवा योजनाओं का प्रस्तुत किया जाना।
4. जनमत का निर्माण

इस प्रकार जनतन्त्र में जनमत के निर्माण में सबसे पहले कुछ लोग या समूह किसी समस्या या विषय की ओर ध्यान दिलाते हैं और उसकी परिभाषा करते हैं। उदाहरण के लिये भारत में दहेज, सती प्रथा, विधवा विवाह आदि के विषय में समस्या को कुछ समाज सुधारकों ने सबसे पहले जनता के सामने उपस्थित किया। समस्या की परिभाषा के साथ-साथ समस्या के विषय में जाँच की जाती है और उसका खुलासा करने के लिये विचार उपस्थित किये जाते हैं। उस क्षेत्र के विशेषज्ञ अपने-अपने विचार जनता के सामने रखते हैं। शिक्षित लोग परस्पर विचार विमर्श करके समस्या को स्पष्ट करने की चेष्टा करते है। समस्या के इस स्पष्टीकरण में रेडियो, समाचार पत्र, भाषण तथा पुस्तकों आदि से सहायता मिलती है। भिन्न-भिन्न लोग समस्या के भिन्न-भिन्न पहलुओं पर विशेष प्रकाश डालते हैं। इस प्रकार समस्या स्पष्ट हो जाने के बाद उसके सुलझाव के लिये समाधान या योजनायें

प्रस्तुत की जाती हैं। इन समाधानों तथा योजनाओं को प्रस्तुत करने के साथ-साथ उनके पक्ष और विपक्ष के लोग भी अपने मत उपस्थित करते हैं। इस प्रकार विचार विमर्श से जब कोई समाधान या योजना सर्वमान्य हो जाती है तब क्रमशः वह जनमत का रूप धारण कर लेती है। वास्तव में जनमत का निर्माण इस प्रक्रिया के पहले तीन चरणों का परिणाम मात्र है।

जनतन्त्र में जनमत की प्रक्रिया

अब जनतन्त्र में जनमत के निर्माण की इस प्रक्रिया का एक उदाहरण लिया जा सकता है। भारत में विधवा विवाह के औचित्य के विषय में सबसे पहले कुछ समाज सुधारकों ने जनता का ध्यान आकर्षित किया। जनता में जहाँ कुछ लोगों ने इसको उचित ठहराया वहाँ दूसरे लोग इसके घोर विरोधी थे। दोनों ही पक्षों के लोगों ने अपने-अपने विचार उपस्थित किये। विधवा विवाह के पक्ष में लोगों ने विधवाओं की दुर्दशा पर भी प्रकाश डाला। इस दुर्दशा को दूर करने की बात पर तो सभी सहमत थे। इस प्रकार क्रमशः लोगों के सामने विधवाओं की समस्या स्पष्ट हुई, यद्यपि सभी विधवा पुनर्विवाह को समस्या का समाधान नहीं मानते थे। इन लोगों ने भी अपने कुछ सुझाव रखे। विभिन्न समाधान और योजनायें उपस्थित की गईं। क्रमशः विधवा पुनर्विवाह कानून को भी वैध मान लिया गया। अतः जनमत भी धीरे-धीरे उसके पक्ष में होने लगा। आजकल सामान्य रूप से भारत में जनमत को विधवा विवाह के पक्ष में कहा जा सकता है, यद्यपि अब भी उसका विरोध करने वालों अथवा उसको नीचा समझने वालों की संख्या कम नहीं है।

जनमत को मापने की विधियाँ

जनमत को मापने की मुख्य विधियाँ निम्नलिखित हैं—

(1) ऐतिहासिक गुणात्मक विधि (Historical Qualitative Method)—जैसा कि इसके नाम से स्पष्ट है, इसमें जनमत के गुणात्मक पहलू को मापने की चेष्टा की जाती है। साथ ही साथ इसमें जनमत के परिवर्तन का इतिहास भी मालूम होता है। इस विधि में किसी निर्धारित समय में जनता के दृष्टिकोणों तथा विश्वासों के परिवर्तन की जाँच की जाती है। इस प्रक्रिया में जीवन इतिहास, विषय अध्ययन, साक्षात्कार आदि विधियों की सहायता ली जाती है। इसमें अनुसंधानकर्ता अपने अनुभवों को ध्यान में रखता है और समाचार पत्रों, रेडियो आदि के द्वारा मिलने वाली जानकारी की भी सहायता लेता है। जनमत में भावनाओं, उत्तेजनाओं, प्रेरणाओं, कल्पनाओं आदि का भी हाथ है। ऐतिहासिक विधि में इन सभी का ध्यान रखना आवश्यक है। इस विधि से जनमत के विषय में अनेक महत्वपूर्ण बातें ज्ञात होती हैं। उदाहरण के लिए यह विधि यह बतलाती है कि किसी विषय में जनमत कैसे क्रमशः प्रथा, रूढ़ि अथवा कानून बन जाता है।

(2) गैलप मतदान प्रणाली (Gallup Poll Method)—जनमत को मापने के लिये सबसे अधिक प्रसिद्ध प्रणाली गैलप मतदान प्रणाली है। आजकल इस प्रणाली से विभिन्न समस्याओं के विषय में जनमत का पता लगाया जाता है। उदाहरण के लिये इंगलैण्ड में अनेक बार इस प्रणाली में डेली मिरर (Daily Mirror) नामक समाचार पत्र ने प्राणदण्ड

के विषय में जनमत की परीक्षा की। गैलप मतदान प्रणाली में साक्षात्कार अथवा प्रभावशाली विधि के द्वारा जनमत का अध्ययन किया जाता है।

(3) मतदान प्रणाली (Polling Method)—जनतन्त्रीय देशों में सरकार बनाने के हेतु जनमत को जानने के लिये मतदान प्रणाली का प्रयोग किया जाता है। भारत में इस प्रणाली में जनता बैलट पेपर पर अपनी इच्छा अनुसार उपयुक्त राजनैतिक दल के उम्मीदवार के सामने निशान लगाकर अपना मत प्रकट करती है। मतदान प्रणाली में अन्य समस्याओं के विषय में जाँच करने के लिये तीन विधियाँ अधिक प्रयोग की जाती हैं—(1) समाचार पत्रों के द्वारा बैलट पेपर बाँटकर; (2) चुने हुए नागरिकों के पास डाक बैलट पेपर भेजकर; और (3) साक्षात्कार के द्वारा। कभी-कभी देश में सार्वजनिक राजनैतिक चुनाव होने से पहले ही उनके परिणामों को इन विधियों से जान लिया जाता है।

(4) साक्षात्कार विधि (Interview Method)—साक्षात्कार विधि में, जैसा कि उसके नाम से स्पष्ट है, अन्वेषक सूचनादाताओं के पास जाकर अथवा उनसे साक्षात्कार करके, उनसे प्रश्न पूछकर जनमत ज्ञात करता है। इसमें सबसे बड़ा लाभ यह है कि उसको सही और प्रामाणिक जानकारी हो जाती है। परन्तु इसमें सबसे बड़ी कठिनाई यह है कि इसका बड़े पैमाने पर प्रयोग करने के लिये बहुत समय और बहुत धन की आवश्यकता है। सफल होने के लिए साक्षात्कार अनौपचारिक होना चाहिये अन्यथा उससे सही जानकारी प्राप्त नहीं हो सकती।

(5) प्रश्नावली विधि (Questionnaire Method)—प्रश्नावली विधि में, जैसा कि उसके नाम से स्पष्ट है, समस्या से सम्बन्धित महत्वपूर्ण बातों को लेकर कुछ चुने हुए प्रश्न निश्चित किये जाते हैं और उनको एक प्रश्न के रूप में लोगों के सामने रखा जाता है। प्रश्न सीधे और स्पष्ट होने चाहियें और उनका उत्तर भी आसान होना चाहिये। इस विधि में एक लाभ यह है कि बहुत सी बातें जो कोई व्यक्ति अनुसंधानकर्ता से आमने सामने नहीं कहना चाहता उन्हें वह प्रश्नावली भरने में व्यक्त कर सकता है।

(6) पुंज अवलोकन विधि (Mass Observation Method)—इस विधि में, जैसा कि इसके नाम से स्पष्ट है, पुंज अथवा समूह का अवलोकन करके कुछ सामान्य निष्कर्ष निकालने की चेष्टा की जाती है। इसमें पक्षपात के कारण गलती होने की सम्भावना है। अतः यह विधि बहुत कम वैज्ञानिक है।

(7) सार्वजनिक अधिकारियों के नाम पत्र (Letters to Public Officials)—आमतौर से जनता के बहुत से लोग विभिन्न समस्याओं के विषय में अपने मतों को पत्र सम्पादकों के नाम या सरकारी अधिकारियों के नाम भेजते रहते हैं। इन पत्रों से जनमत का बहुत कुछ अनुमान लगाया जा सकता है। इस विषय में यान्ट और हर्जोग के अध्ययन महत्त्वपूर्ण हैं।[1]

(8) अर्ध प्रायोगात्मक विधि (Quasi-Experimental Method)—जनमत पर प्रयोग करना सम्भव नहीं है क्योंकि उसकी परिस्थितियों को पूरी तरह से नियन्त्रित नहीं किया

---

1. R. Wyant and H. Herzog, *'Voting via the Senate Mailbag,'* Public Opinion Quarterly (1941)

जा सकता। इसलिये जनमत को नापने के लिये अर्ध-प्रयोगात्मक विधि का प्रयोग किया जाता है। इस विधि में जनता को कुछ नियन्त्रित प्रेरणायें देकर उनका मत प्राप्त किया जाता है। पीटरसन और थर्स्टन ने इसी विधि के द्वारा चल-चित्रों तथा बालकों की[1] सामाजिक अभिवृत्तियों के प्रति जनमत का अध्ययन किया। मेयर व अनीस[2] ने इस विधि के द्वारा जनता में विवेकशीलता से अधिक प्रेरणाओं और भावात्मक मूल्यों को क्रियाशील पाया।

जनमत के निर्माण के साधन

जनतन्त्र में जनमत के निर्माण के साधनों का बड़ा महत्त्व है क्योंकि जनतन्त्र में बहुधा किसी भी दिशा में परिवर्तन करने के पहले उसके पक्ष में जनमत का निर्माण करना जरूरी होता है। जनमत के निर्माण के मुख्य साधन निम्नलिखित हैं:—

(1) **समाचार-पत्र** (Newspapers)—जनमत के निर्माण का सबसे अधिक प्रचलित साधन समाचार-पत्र है। समाचार-पत्रों के द्वारा सरकार और नेता लोग अपने विचारों को जनता तक पहुँचाते हैं। समाचार-पत्रों का पूरा उपयोग होने के लिये यह जरूरी है कि समाचार प्रामाणिक हों। भिन्न-भिन्न समाचार-पत्र भिन्न-भिन्न दृष्टियों से समस्याओं पर विचार करते हैं। इससे जनता में सभी प्रकार के विचार स्थान पाते हैं और समस्या के सभी पहलुओं पर विचार किया जाता है। समाचार-पत्र जहाँ जनमत को स्वस्थ बना सकते हैं वहाँ वे उसको पथ-भ्रष्ट भी कर सकते हैं। अतः निष्पक्ष समाचार-पत्रों को प्रोत्साहन दिया जाना चाहिये और निहित स्वार्थों को लेकर चलने वाले समाचार-पत्रों पर कड़ी नजर रखी जानी चाहिये।

(2) **रेडियो** (Radio)—जनमत के निर्माण का दूसरा महत्वपूर्ण साधन रेडियो है। यह एक मनोवैज्ञानिक तथ्य है कि पढ़ी हुई बात से सुनी हुई बात अधिक प्रभाव डालती है। अतः रेडियो समाचार-पत्र से अधिक प्रभावशाली होता है। जनता पर मनोवैज्ञानिक प्रभाव के विषय में रेडियो द्वारा प्रचार के अनेक वैज्ञानिक अध्ययन किये गये हैं। The Psychology of Radio नामक पुस्तक में केंट्रिल और आलपोर्ट ने रेडियो के विषय में निम्नलिखित महत्वपूर्ण बातें बतलाई हैं[3]—

(i) रेडियो के द्वारा अधिकतर स्त्रियों से ब्राडकास्ट कराना चाहिये क्योंकि उनकी कण्ठ ध्वनि अधिक जनप्रिय होती है।

(ii) रेडियो में अभ्यस्थ भाषणकर्ता के भाषण अधिक पसन्द किये जाते हैं।

(iii) शुद्ध उच्चारण पर जोर देना जरूरी है।

(iv) किसी भी विषय में सामान्य विवरण देने के साथ-साथ विशेष व्याख्या भी दी जानी चाहिये।

---

1. R. C. Peterson and L. L. Thurstone, *Motion Pictures and Social Attitudes of Children* (1933).
2. A. D. Annis and N. C. Meier, `*The Induction of Opinion though Suggestion by Means of Planned Content* (1934).
3. Cantril and G. W. Allport, *The Psychology of Radio* (1955).

(v) पुनरावर्तन अवश्य किया जाए क्योंकि उसका प्रभाव पड़ता है। परन्तु वह सीमा से अधिक नहीं होना चाहिये।

(vi) विषय के अनुरूप वाक्य छोटे बड़े होने चाहिएं। साधारणतया छोटे वाक्य ही अच्छे रहते हैं। परन्तु रोचक विषय में वाक्य लम्बे भी हो सकते हैं।

(vii) बोलने की गति तीव्र होना ठीक नहीं है। साधारणतया एक मिनट में 114 से 160 तक शब्द बोले जा सकते हैं।

(viii) कार्यक्रम औसत रूप से 15 मिनट से अधिक लम्बा नहीं होना चाहिये यद्यपि नाटक आदि मनोरंजक कार्यक्रमों में अधिक समय भी दिया जा सकता है।

कहना न होगा कि यदि उपरोक्त बातों का ध्यान रखा जाय तो जनमत के निर्माण में रेडियो की शक्ति का पूरा उपयोग किया जा सकता है। रेडियो से जनता के विचारों, मतों, विश्वासों और अभिवृत्तियों के अलावा सामाजिक मूल्यों पर भी प्रभाव पड़ता है।

(3) टेलीविजन (Television)—आजकल रेडियो के साथ टेलीविजन भी जनमत निर्माण का महत्त्वपूर्ण साधन हो गया है। इसमें श्रोता केवल आवाज ही नहीं सुनता बल्कि भाषणकर्ता या पात्र को देख सकता है। स्पष्ट है कि इसका अधिक प्रभाव होता है। क्रमशः देशों में टेलीविजन का प्रचार बढ़ता जा रहा है।

(4) चलचित्र (Cinema)—जनमत निर्माण में चलचित्रों का भी बड़ा महत्त्व है। चललित्रों के द्वारा सामाजिक, राजनैतिक, धार्मिक सभी क्षेत्रों में विचारों, आदर्शों, मूल्यों आदि में परिवर्तन किया जाता है। फैशन की दिशा मोड़ने में तो चलचित्र बहुत ही प्रभावशाली सिद्ध हुए हैं। चलचित्र का अधिक प्रभाव इस कारण है क्योंकि उसमें दिखाई जाने वाली घटनायें एकदम वास्तविक सी लगती हैं। इसलिये उनका भावात्मक प्रभाव अधिक होता है। यह ठीक है कि चलचित्र उतने अधिक लोगों के पास नहीं पहुँच सकता है परन्तु फिर भी जहाँ तक प्रेरणाओं का प्रश्न है चलचित्र का प्रभाव अन्य किसी भी साधन से अधिक होता है।

जनमत के उपरोक्त साधनों का अच्छी बुरी किसी भी दिशा में प्रयोग किया जा सकता है। जनतन्त्र में उनका जनहित के लिये प्रयोग होना चाहिए। जनतन्त्र जनता का, जनता द्वारा और जनता के लिये शासन है। अतः उसमें किसी भी दिशा में परिवर्तन करने के लिये सबसे पहले जनमत को बदलना जरूरी होता है। इसके लिये पहले जनमत की माप की जानी चाहिये और फिर समस्या का प्रचार तथा स्पष्टीकरण करने के बाद जनमत को किसी विशेष पक्ष में मोड़ने की चेष्टा की जा सकती है।

अभ्यास के लिए प्रश्न

1. जनमत क्या है? उसकी विशेषतायें बतलाइये।
2. जनमत के निर्माण में महत्वपूर्ण कारकों का विवेचन कीजिये।
3. जनतन्त्र में जनमत के विकास की विधियाँ बतलाइये। जनमत निर्माण के आधुनिक साधनों की विवेचना कीजिये।

20

प्रचार
(Propaganda)

आज के संसार में राजनैतिक, आर्थिक, सामाजिक सभी क्षेत्रों में प्रचार का बोलबाला है। यह प्रचार क्या है? इसको समझने के लिये प्रचार की वैज्ञानिक परिभाषा करनी पड़ेगी। प्रचार शब्द के लिये अंग्रेजी में प्रोपेगण्डा (Propaganda) शब्द का इस्तेमाल किया जाता है। प्रोपेगण्डा शब्द लैटिन भाषा के प्रोपेगेयर (Propagare) नामक शब्द से बना है। प्रोपेगेयर का अर्थ उत्पादन करना या फैलाना अथवा नया पौधा पैदा करने के लिये टहनियों को दबा देना है। इस प्रकार प्रोपेगेयर में उत्पादन या विस्तार स्वाभाविक न होकर कृत्रिम होता है। स्पष्ट है कि शाब्दिक अर्थ में प्रचार का अर्थ किसी बात को कृत्रिम रूप से फैलाना होगा। इसलिए कभी-कभी कुछ लोग प्रचार को हानिकारक समझने लगते हैं, यद्यपि अब यह भलीभांति सिद्ध हो गया है कि जनता की शिक्षा के लिए प्रचार का कितना अधिक महत्व है।

प्रचार की परिभाषायें

प्रचार को अच्छी तरह समझने के लिये उसकी कुछ परिभाषाओं पर दृष्टि डालना भी लाभदायक होगा। कुछ मुख्य परिभाषायें निम्नलिखित हैं—

(1) **किम्बाल यंग का मत**—किम्बाल यंग के अनुसार "अपने प्रयोजन के लिए हम सबसे पहले मतों, विचारों या मूल्यों को बदलने के लिए और उनका नियन्त्रण करने के लिये और अन्त में पूर्ण निर्धारित दिशा में बाहरी क्रियाओं को बदलने के लिये संकेत और सम्बन्धित मनोवैज्ञानिक प्रणालियों द्वारा प्रतीक के न्यूनाधिक सोच विचार कर आयोजित और व्यवस्थित प्रयोग के रूप में प्रचार की परिभाषा करेंगे।"[1]

---

1. "For our purposes we shall define propaganda as the more or less deliberately planned and systematic use of symbols chiefly through suggestion and related psychological techniques, with a view first to altering and controlling opinions, ideas and values and ultimately to changing overt action along predetermined lines." --Kimball Young. *Handbook of Social Psychology,* (1951), p. 506.

प्रचार की उपरोक्त परिभाषा में निम्नलिखित महत्वपूर्ण बातों पर जोर दिया गया है।

(i) प्रचार अधिकतर सोच विचार कर और व्यवस्थित रूप में किया जाता है।

(ii) प्रचार प्रत्यक्ष रूप से नहीं बल्कि प्रतीक रूप में किया जाता है। उदाहरण के लिये आमतौर से जब कोई राजनैतिक दल यह कहता है कि 'जनता के सच्चे प्रतिनिधि को ही वोट दें' तो उसका तात्पर्य इस बात का प्रचार करना होता है कि उसका अपना प्रतिनिधि ही जनता का सच्चा प्रतिनिधि है और दूसरे राजनैतिक दलों द्वारा खड़े किये गए उम्मीदवार सच्चे प्रतिनिधि नहीं हैं।

(iii) प्रचार अधिकतर संकेत के द्वारा किया जाता है।

(iv) प्रचार का उद्देश्य जनमत को बदलना या उसका नियन्त्रण करना होता है। प्रचार का अन्तिम उद्देश्य जनता के आदर्शों और विचारों को नियन्त्रित करके उसकी क्रियाओं को मनचाही दिशा में मोड़ देना होता है।

(2) **डूब का मत**—डूब के अनुसार "जब कोई व्यक्ति अथवा कुछ व्यक्ति किसी लक्ष्य को पूरा करने के लिये व्यवस्थित ढंग से निर्देश के द्वारा जनसमूहों अथवा व्यक्तियों की अभिवृत्तियों पर नियन्त्रण करके उसके व्यवहार को प्रभावित करते हैं तो वह प्रक्रिया प्रचार की प्रक्रिया कहलाती है।"[1]

उपरोक्त परिभाषा में यह बतलाया गया है कि प्रचार सुझाव के द्वारा होता है, उसके द्वारा जनता की अभिवृत्तियों पर नियन्त्रण किया जाता है और प्रचार व्यवस्थित होता है।

इस प्रकार संक्षेप में प्रचार एक मनोवैज्ञानिक प्रक्रिया है जिसमें अप्रत्यक्ष रूप से जनता के विचारों, आदर्शों और अभिवृत्तियों पर नियन्त्रण करने के लिये या उनको प्रभावित करने के लिये व्यवस्थित ढंग से संकेत का प्रयोग किया जाता है।

प्रचार के रूप

प्रत्यक्ष और अप्रत्यक्ष प्रचार

उपरोक्त परिभाषा से यह नहीं समझना चाहिये कि प्रचार केवल अप्रत्यक्ष ही होता है। वास्तव में प्रचार प्रत्यक्ष तथा अप्रत्यक्ष किसी भी तरह का हो सकता है। प्रत्यक्ष प्रचार में, जैसा कि उसके नाम से स्पष्ट है, लोगों को यह मालूम रहता है कि प्रचार करने वाला कौन है और वह क्यों प्रचार कर रहा है। उदाहरण के लिये आजकल भारत सरकार जीवन बीमा, परिवार नियोजन और अल्प बचत योजना आदि अनेक बातों के लिये प्रत्यक्ष रूप में प्रचार कर रही है। सब लोग जानते हैं कि यह प्रचार सरकारी है और इस प्रचार में सरकार लोगों को इनके फायदे बतलाकर इनको अपनाने के लिये कहती है। दूसरी ओर कुछ प्रचार अप्रत्यक्ष (Indirect) भी हो सकते हैं, जैसे पाकिस्तान का भारत विरोधी प्रचार काश्मीर को

---

1. "....systematic attempt by an interested individual or individuals to control the attitudes of group of individuals through the use of suggestion and consequently, to control their action."
--L. W. Doob.
Propaganda : Its Psychology and Technique

हड़पने के लिये है। अप्रत्यक्ष प्रचार में लोगों को प्रचार के उद्देश्य का पता नहीं होता। उदाहरण के लिये बहुत से प्रचारक यह भी नहीं स्पष्ट करते कि वे जनता से क्या चाहते हैं। वे जनता के विचारों और आदर्शों को इस तरह बदल देते हैं कि जनता वह ही करती है जो वे चाहते हैं। युद्ध के दिनों में बहुत से नेता अपने देशवासियों में देश-भक्ति और त्याग की भावना उकसाते हैं, जिसमें उनका उद्देश्य यह होता है कि अधिक से अधिक लोग सेना में भर्ती हों।

प्रचार के अन्य रूप

मनोवैज्ञानिकों ने प्रचार के कुछ अन्य भेद भी किये हैं, जैसे प्राथमिक (Primary) और गौण (Secondary) प्रचार। प्राथमिक प्रचार वह है जिससे पहले से ही उपस्थित कुछ अभिवृत्तियों या पूर्व आग्रहों को भड़काया जाए। उदाहरण के लिये मुसलमानों में हिन्दुओं से कुछ न कुछ तनातनी पहले से ही चली आती है। इसका फायदा उठाकर पाकिस्तानी सरकार मुसलमानों को जिहाद के लिये भड़काती रहती है। यह प्राथमिक प्रचार का एक उदाहरण है। गौण प्रचार में पहले से कोई भी अभिवृत्ति उपस्थित नहीं रहती। इसमें जनता में नये सिरे से कुछ अभिवृत्तियाँ पैदा की जाती हैं। कुछ मनोवैज्ञानिकों ने चेतन (Conscious) और अचेतन (Unconscious) प्रचार में भी अन्तर किया है। चेतन प्रचार, जैसा कि उसके नाम से स्पष्ट है, जान बूझकर किया जाता है, अर्थात् वह पहले से आयोजित होता है। अचेतन प्रचार में प्रचार जान बूझकर नहीं किया जाता, वह अनजाने ही हो जाता है।

प्रचार की अपील के मनोवैज्ञानिक आधार

प्रचार के उपरोक्त विवेचन से उसकी अपील के मनोवैज्ञानिक आधारों पर भी प्रकाश पड़ता है। स्थूल रूप से प्रचार की मनोवैज्ञानिक पृष्ठभूमि में संकेत, प्रेरणा, अभिवृत्ति, विश्वास और संवेग तथा अनुभूति होते हैं। प्रचार में इनको प्रभावित किया जाता है, इनका उपयोग किया जाता है, इनको बदला जाता है और इनका नियन्त्रण किया जाता है। प्रचार के मनोवैज्ञानिक आधार को भली प्रकार समझने के लिये प्रचार से इनके सम्बन्ध की विवेचना आवश्यक है।

1. संकेत—जैसा कि पहले बतलाया जा चुका है, प्रचार का मुख्य आधार संकेत हैं। संकेत के द्वारा लोगों के विचारों और आदर्शों में मन चाहे परिवर्तन किये जा सकते हैं। यद्यपि सब लोगों में एक सी संकेतग्रहणशीलता (Suggestibility) नहीं होती परन्तु सुझाव का थोड़ा बहुत प्रभाव हर एक व्यक्ति पर पड़ता है। सुझाव में कुछ बातों का विशेष महत्व है। आमतौर से राजनैतिक नेता, अभिनेता, धार्मिक सन्तों आदि की बातों का आदर किया जाता है और उनका अनुकरण किया जाता है। लोग अपने कामों में उनका उदाहरण दिया करते हैं। संकेत की यह शक्ति उनकी प्रतिष्ठा के कारण है। इसलिये यह प्रतिष्ठा संकेत (Prestige Suggestion) कहलाता है। कहावत है 'महाजनः येन गतः स पन्था' अर्थात् बड़े लोग जिस तरफ जायें वहीं जाने योग्य मार्ग है। इसी तरह लोगों में बहुमत का भी अनुकरण करने की प्रवृत्ति होती है। यह बहुमत का संकेत कहलाता है। अधिकतर आदमी जिस काम को करते हों, अधिकतर लोग जिसको अच्छा मानते हों अन्य लोग भी

उन्हीं का अनुकरण करने लगते हैं। भेड़चाल की यह प्रवृत्ति मनुष्य की सामाजिकता के कारण है। बहुत ही कम लोग ऐसे हैं जो बहुमत से प्रभावित न होते हों। इस प्रकार प्रतिष्ठित लोगों के मत अथवा बहुमत के सुझाव के द्वारा जनता में तरह-तरह की बातों का प्रचार किया जाता है। उदाहरण के लिए कांग्रेस का अधिकतर प्रचार नेहरू और गांधी के नाम पर होता है।

2. प्रेरणायें तथा आवश्यकतायें—मनुष्य का हर एक व्यवहार उसकी प्रेरणाओं और आवश्यकताओं पर निर्भर है। इनके बगैर किसी भी व्यक्ति से कोई भी काम नहीं कराया जा सकता। जिस चीज की कोई जरूरत नहीं, जिससे कोई प्रेरणा नहीं मिलती उसका प्रचार नहीं हो सकता। प्रचार उसी का हो सकता है जिसकी लोगों को जरूरत हो या जिसकी जरूरत पैदा कर दी जाए। इसलिये सफल प्रचारक लोगों की प्रेरणाओं को अपील करते हैं। यद्यपि भिन्न-भिन्न लोगों की प्रेरणाओं और आवश्यकताओं में कुछ न कुछ अन्तर होता है परन्तु फिर भी स्थूल रूप से कुछ प्रेरणायें और आवश्यकतायें सभी में देखी जा सकती हैं। उदाहरण के लिये हर एक व्यक्ति चाहता है कि समाज में उसका आदर हो और उसको अच्छा समझा जाए। हर एक व्यक्ति शक्ति प्राप्त करना चाहता है। हर एक व्यक्ति अपनी और अपने परिवार की सुरक्षा चाहता है। हर एक व्यक्ति जीवन का स्तर ऊँचा करना चाहता है। आमतौर से हर एक को देश और धर्म से प्रेम होता है। हर एक को रोटी, कपड़ा, काम, नाम और आराम की जरूरत होती है। प्रचार में इन प्रेरणाओं और आवश्यकताओं को उत्तेजित किया जाता है। साम्प्रदायिक दल 'धर्म खतरे में है' का नारा लगाकर अपने सम्प्रदाय में विरोधी दल के प्रति घृणा का प्रचार करते हैं और उनको उकसाते हैं। विदेशियों का आक्रमण होने पर देश की सरकार देश की सुरक्षा के नाम पर जनता का संगठन करती है। साम्यवादी लोग देश की गरीबी दूर करने का वायदा करके और लोगों का जीवन स्तर ऊँचा उठाने का आश्वासन देकर निर्धन लोगों में और मजदूरों में अपने दल का प्रचार करते हैं। जीवन बीमा कम्पनी लोगों की अपनी और परिवार की सुरक्षा और कुशलता की प्रेरणा की अपील करके जीवन बीमा का प्रचार करती है। धर्म प्रचारक, ईश्वर और धर्म के नाम पर धार्मिक प्रचार करते हैं। आजकल सभी लोग इस बात को जानते हैं कि यदि किसी चीज का प्रचार करना होता हो तो जनता में उसकी आवश्यकता पैदा करनी जरूरी है और उसको किसी न किसी प्रेरणा से सम्बन्धित होना चाहिये।

3. विश्वास और अभिवृत्तियाँ—प्रचार का एक उद्देश्य जनता के विश्वासों और अभिवृत्तियों को परिवर्तित करना या उन पर नियन्त्रण करना है। जैसा कि पहले बतलाया जा चुका है, मौलिक प्रचार में पहले से ही मौजूद कुछ अभिवृत्तियों का सहारा लिया जाता है और गौण प्रचार में अभिवृत्तियाँ बदली जाती हैं या बनाई जाती हैं। इसी तरह प्रचार में पुराने विश्वासों को बदलकर नये विश्वास स्थापित करने की चेष्टा की जाती है। उदाहरण के लिए हर एक राजनैतिक दल जनता को यह विश्वास दिलाने की कोशिश करता है कि वही जनता का सच्चा कल्याण कर सकता है। हर एक अपने को जनता का सच्चा प्रतिनिधि बतलाता है और दूसरे दलों में से विश्वास को उठा देना चाहता है। परन्तु विश्वासों को बदलने में अभिवृत्तियों को ध्यान में रखना जरूरी है क्योंकि प्रचार बलपूर्वक नहीं किये जा सकते।

यदि जनता की अभिवृद्धि किसी ओर नहीं हो तो उस दिशा में एकदम प्रचार शुरू कर देना बेकार है। इसके लिये जनता में पहले अभिवृत्ति उत्पन्न की जानी चाहिए।

4. संवेग तथा अनुभूतियाँ—मनुष्यों पर संवेगों और अनुभूतियों को उत्तेजित करने वाली बातों का प्रभाव पड़ता है। इसीलिए प्रचारक लोग जनता में प्रचार करते समय अपने मनोनुकूल संवेग उत्पन्न करने की कोशिश करते हैं। जरूरत के अनुसार वे लोगों में भय, क्रोध, आशा, निराशा और घृणा आदि संवेगों को जागृत करने की कोशिश करते हैं। उदाहरण के लिये साम्प्रदायिक दल अपने सम्प्रदाय के लोगों में अन्य सम्प्रदायों से भय, क्रोध और घृणा उकसाते हैं। भारत से ब्रिटिश सरकार को निकालने की कोशिश में भिन्न-भिन्न लोगों ने जनता में भिन्न-भिन्न संवेगों और अनुभूतियों को उकसा कर ब्रिटिश विरोधी और स्वतन्त्रता के पक्ष में प्रचार किया। महात्मा गांधी ने स्वदेशी प्रेम का संवेग उकसाया। क्रान्तिकारियों ने जनता में अंग्रेजों के प्रति क्रोध और घृणा फैलाई। तरह-तरह के नारे लगाये गये। नारों का उद्देश्य जनता की अनुभूतियों को और संवेगों को उकसाना होता है। 'इन्कलाब जिन्दाबाद' के नारे सुनकर और बोलकर लोग उत्तेजित हो जाते हैं और आशा से भर उठते हैं। "सड़ी गली सरकार को, एक टक्कर और दो" का नारा लगाकर लोग क्रोध प्रदर्शित करते हैं। कुशल नेता अपने भाषणों द्वारा लोगों के संवेगों और भावनाओं पर नियन्त्रण करते हैं और उनको मनचाही दिशा में बदल देते हैं। तरह-तरह के चित्रों और पोस्टरों के द्वारा सरकार जनता में मद्य निषेध, परिवार नियोजन, जीवन बीमा, सहकारिता आदि अनेक आन्दोलनों के सम्बन्ध में प्रचार करती है।

प्रचार की प्रविधियाँ

संयुक्त राष्ट्र अमेरिका में, न्यूयार्क में एक प्रचार विश्लेषण संस्था (Institute of Propaganda Analysis) है। इस संस्था ने प्रचार की प्रविधियों का वर्गीकरण किया है। इसके अनुसार ये विधियाँ निम्नलिखित हैं—

(1) नामकरण (Name Calling)—किसी के पक्ष या विपक्ष में प्रचार करने के लिये उसके लिये कुछ नामों का प्रयोग किया जाता है। इस नामकरण से पक्ष या विपक्ष में अच्छा खासा प्रचार हो जाता है। उदाहरण के लिये अक्सर राजनैतिक दल के नेता विरोधी दलों को 'गद्दार' या 'पंचमांगी' कहते हैं। कुछ लोग दूसरे दलों को साम्प्रदायिक नाम देकर उनके विरुद्ध प्रचार करते हैं।

(2) स्थानान्तरण (Transfer)—स्थानान्तरण, में जैसा कि उसके नाम से स्पष्ट है, परस्पर असम्बद्ध बातों, विचारों या वस्तुओं को जोड़ दिया जाता है। उदाहरण के लिये बहुत से प्रचारक अपनी बातों के पक्ष में बहुत सी इधर उधर की असंगत बातों को जोड़ देते हैं।

(3) आकर्षक सामान्य धारणायें (Glittering Generalities)—कुछ शब्द ऐसे हैं जो आमतौर से सभी को आकर्षित करते हैं और जिनको सभी लोग मानते हैं, जैसे विश्व-बन्धुत्व, समानता, स्वतन्त्रता और भ्रातृत्व इत्यादि। इन आकर्षक सामान्य धारणाओं का सहारा लेकर बहुत सी बातों का प्रचार किया जाता है। अन्तर्राष्ट्रीय क्षेत्र में रूस और

अमेरिका दोनों ही विश्व-शान्ति के नाम पर अपने-अपने कारनामों के पक्षों में प्रचार करते है। साम्यवादी दल समानता और भ्रातृत्व का नारा लगाकर अपने सिद्धान्त का प्रचार करते हैं यहाँ तक कि हिटलर जैसे तानाशाहों ने भी विश्व-शान्ति और मानव की प्रगति के नाम पर अपने सिद्धान्तों का प्रचार किया।

(4) प्रसिद्ध व्यक्तियों के प्रमाण-पत्र (Testimonials)—आम तौर से लोग अपनी चीजों, विचारों या मतों का प्रचार करने के लिये बड़े-बड़े नेताओं और प्रसिद्ध व्यक्तियों के प्रशंसा पत्र पेश करते हैं। भारत में अधिकतर राजनैतिक दल यह प्रचार करते हैं कि वे महात्मा गाँधी के विचारों को वास्तविक रूप से अपनाये हुये हैं और दूसरे लोग गलत रास्ते पर हैं। चुनाव के दिनों में कांग्रेस ने अपने प्रचार के लिये नेहरू जी और गांधी के प्रमाण-पत्र उपस्थित किये।

(5) लोक रीति की दुहाई (Plain Flok Appeal)—प्रचार में लोक रीति की दुहाई दी जाती है, क्योंकि जनता में लोक रीति को अपनाने की प्रवृत्ति होती है। इस बात को ध्यान में रखकर संसार में सब कहीं राजनैतिक दल ऐसे चुनाव चिन्ह ग्रहण करते हैं जो लोक जीवन के समीप हों। उदाहरण के लिये भारत में कांग्रेस का चुनाव चिन्ह हाथ, भारतीय जनता पार्टी का चुनाव चिन्ह कमल, प्रजा सोशलिस्ट पार्टी का चुनाव चिन्ह झोंपड़ी और साम्यवादी दल का चुनाव चिन्ह हंसिया और हथौड़ा है। कहना न होगा कि ये सभी लोक जीवन के बहुत निकट हैं।

(6) सर्वसम्मति का सहारा (Band Wagon)—प्रचार में सर्वसम्मति के प्रभाव का भी उपयोग किया जाता है। लोगों में बहुमत की बात मानने की प्रवृत्ति होती है। बहुमत में संकेत की शक्ति होती है। अतः हर एक प्रचारक यह विश्वास दिलाने की कोशिश करता है कि बहुमत उसी के सिद्धान्तों और आदर्शों को मानता है। चुनाव के दिनों में इस विधि का विशेष रूप से उपयोग किया जाता है। कम वोट मिलने पर भी वोटिंग के समय अधिकतर राजनैतिक दल बराबर यह प्रचार करते रहते हैं कि उनको सबसे अधिक वोट मिल रहे हैं और वे भारी बहुमत से जीत रहे हैं।

(7) एकांगी प्रचार या पत्तेबाजी (Card Stacking)—प्रचार की इस विधि में, जैसा कि इसके नाम से स्पष्ट है, तथ्यों को तोड़-मरोड़ कर अपने पक्ष में दिखाने की कोशिश की जाती है और विरोधी पक्ष के अनुकूल बातों को झूठ-मूठ गलत साबित किया जाता है। इस तरह यह एकांगी प्रचार है। स्पष्ट है कि प्रचार की यह रीति अनैतिक और भ्रामक है। फिर भी राष्ट्रीय और अन्तर्राष्ट्रीय राजनीति के क्षेत्र में इसका बराबर प्रयोग किया जाता है। राष्ट्रीय क्षेत्र में सरकारी समाचार पत्र सरकार के पक्ष में और अन्य दलों के समाचार पत्र सरकार के विरोध में समाचारों को तोड़-मरोड़ कर छापते हैं, सामान्य बात को विशेष और विशेष बात को सामान्य रूप में दिखलाते हैं और सारा दोष एक ही पक्ष के सर मढ़ देते हैं। यही अन्तर्राष्ट्रीय क्षेत्र में भी होता है। चीनी समाचार पत्र बराबर यह छापे जाते हैं कि भारत की ओर से उनके सैनिकों पर हमला किया गया और भारतीय लोग उनकी सीमा में घुस गये। इसी तरह पाकिस्तान के समाचार पत्र बराबर यह प्रचार करते रहते हैं कि भारतवर्ष पाकिस्तान के खिलाफ सैनिक तैयारियां कर रहा है।

प्रभावशाली प्रचार में आवश्यक बातें

प्रचार को प्रभावशाली बनाने में समाज मनोविज्ञान से बड़ी सहायता मिल सकती है। प्रचार प्रभावशाली किस तरह हो इस बारे में समाज मनोवैज्ञानिकों ने बहुत से प्रयोग किये। इन सब प्रयोगों से यह बात सामान्य रूप से देखी गई कि प्रचार का प्रभाव उसके मनोवैज्ञानिक आधार की दृढ़ता पर आधारित है।

किम्बाल यंग का मत

किम्बाल यंग[1] ने प्रचार के निम्नलिखित चार मनोवैज्ञानिक आधार बतलाये हैं–

(1) प्रचार का उद्देश्य, जोकि श्रोतागण से सम्बन्धित होना चाहिए।

(2) प्रचार की विषय वस्तु, जिसके आधार पर प्रचार को अधिक शक्तिशाली और सूत्र रूपी बनाया जाता है।

(3) प्रचार से सम्बन्धित विशेष सुझाव और अन्य मनोवैज्ञानिक विधियाँ।

(4) विचारों, दृष्टिकोणों, मूल्यों तथा क्रियाओं पर विचार का प्रभाव।

प्रभावशाली प्रचार में मुख्य बातें निम्नलिखित हैं–

(1) **अप्रत्यक्ष प्रचार**–प्रचार की सफलता के लिये यह जरूरी है कि लोगों को यह न मालूम हो सके कि प्रचार क्यों किया जा रहा है। प्रत्यक्ष प्रचार का प्रभाव उतना नहीं पड़ता जितना कि अप्रत्यक्ष प्रचार का पड़ता है क्योंकि प्रत्यक्ष प्रचार में लोगों को यह मालूम हो जाता है कि कौन अपने किस स्वार्थ को सिद्ध करने के लिये प्रचार कर रहा है। इस प्रकार आमतौर से अप्रत्यक्ष प्रचार ही अधिक प्रभावशाली होता है। यहां पर मूल बात यह है कि चूंकि अधिकतर प्रत्यक्ष प्रचार के पीछे किसी विशेष व्यक्ति या समूह का अपना स्वार्थ होता है इसलिये उसका प्रभाव कम पड़ता है। यदि ऐसा न हो अर्थात् यदि प्रत्यक्ष प्रचार में प्रचारक का उद्देश्य निःस्वार्थ हो तो उससे भी लाभ होगा। उदाहरण के लिये भारत सरकार जीवन बीमा, परिवार नियोजन, मद्य-निषेध आदि के लिये प्रत्यक्ष प्रचार कर रही है। इसको अपनाने में जनता का ही भला है। सरकार का इसमें कोई स्वार्थ नहीं है। ऐसी दशा में प्रत्यक्ष प्रचार भी कम प्रभावशाली नहीं होगा।

(2) **विशेष वर्ग के अनुकूल प्रचार**–प्रचार की सफलता के लिये ध्यान रखने की एक दूसरी बात यह है कि प्रचार किस वर्ग, लिंग, आयु अथवा शैक्षिक स्तर के लोगों के लिये किया जा रहा है, क्योंकि इन सबके अन्तर से प्रचार की अपील में अन्तर पड़ जाता है। प्रचार करने में यह देखना जरूरी है कि प्रचार जिस वर्ग के लिये किया जा रहा हो उस वर्ग की अभिवृत्ति के अनुरूप हो। विवादास्पद विषयों में प्रचार को प्रभावशाली बनाने के लिये विषय के पक्ष और विपक्ष दोनों की बातों को उपस्थित किया जाना चाहिए। ऐसा करने से पढ़े लिखे और विचारशील लोगों पर अधिक प्रभाव पड़ता है। परन्तु जो लोग पहले से ही किसी विशेष तरह के विचार रखते हैं उनको एकांगी प्रचार अधिक प्रभावित करता है। बे पढ़े लिखे लोगों को भी एकांगी प्रचार ही अधिक प्रभावित करता है।

---

1. Kimball Young, *Hand Book of Social Psychology,* (1951). pp. 507-508

(3) **प्रचार का दोहराना**—प्रचार को प्रभावशाली बनाने के लिये उसको बार-बार दोहराया जाना चाहिये। जैसा कि डाक्टर गोबेल्स (Dr. Goebbels) ने कहा कि एक झूठ को सौ बार दोहराइये और वह सत्य के रूप में स्वीकृत होने लगेगा। बार-बार दोहराने से झूठी बात भी सत्य मान ली जाती है। सम्मोहन (Hypnotism) में इस तथ्य का व्यापक उपयोग किया जाता है। राजनैतिक क्षेत्र में भी प्रचार की बात को बराबर दोहराया जाता है। धार्मिक और व्यापारिक क्षेत्र में तरह-तरह के नारों को बराबर दोहराया जाता है। परन्तु किसी बात को केवल बार-बार दोहराना मात्र ही काफी नहीं है। कभी-कभी उसके साथ में कुछ तर्क भी दिये जाने चाहियें।

सच तो यह है कि जिन विधियों का पीछे उल्लेख किया गया है उन सभी को आवश्यकतानुसार इस्तेमाल करने से प्रचार प्रभावशाली होता है। इस तरह सभी सम्मानित व्यक्तियों के प्रमाण-पत्र पेश करना भी लाभदायक होगा। लोक रीति की दुहाई देने से बहुधा लोग प्रचारक की बात पर विश्वास कर लेते हैं। इसी तरह सर्वसम्मति का सहारा लेने से भी प्रचार प्रभावशाली बनाया जा सकता है। इस सम्बन्ध में यह ध्यान रखना जरूरी है कि प्रचार ऐसा हो जो संवेगों, अनुभूतियों तथा प्रेरणाओं आदि को अपील करे। कभी-कभी अपने प्रचार को प्रभावशाली बनाने के लिये विरोधी प्रचार करना अधिक अच्छा रहता है। राजनीति के क्षेत्र में कुशल राजनीतिज्ञ बहुधा इस नीति पर चलते हैं।

क्रेच और क्रचफील्ड का मत

प्रभावशाली प्रचार के उपरोक्त विवरण को संक्षेप में क्रेच और क्रचफील्ड[1] के विभिन्न प्रयोगों पर आधारित सफल प्रचार के निम्नलिखित सात नियमों में दिया जा सकता है–

(1) किसी आवश्यकता या प्रेरणा को सन्तुष्ट करने वाले संकेत शीघ्र स्वीकार कर लिये जाते हैं। इसलिये प्रचारक को लोगों की आवश्यकताओं तथा प्रेरणाओं के आधार पर प्रचार करना चाहिए।

(2) स्पष्ट परिस्थितियों की अपेक्षा अस्पष्ट और अनिश्चित परिस्थितियों में दिये जाने वाले सुझाव शीघ्र ग्रहण कर लिये जाते हैं। इसलिये सफल प्रचारक पहले अस्पष्ट परिस्थितियां उत्पन्न करके फिर उनको सुलझाने के लिये सुझाव देते हैं।

(3) जिस जन समूह में प्रचार करना हो उसमें प्रचलित विश्वासों और मान्यताओं के अनुकूल संकेत शीघ्र ग्रहण कर लिये जाते हैं।

(4) प्रत्यक्ष की अपेक्षा अप्रत्यक्ष प्रचार अधिक प्रभावशाली होता है। लोगों को यह नहीं मालूम होना चाहिए कि उनमें किस बात का प्रचार किया जा रहा है।

(5) प्रचार को सामाजिक स्वीकृति प्राप्त होनी चाहिए। सामान्य जनता की आवश्यकताओं को दृष्टि में रखकर ही प्रचार के सुझाव दिये जाने चाहियें। लोगों को ऐसा प्रतीत होना चाहिए कि प्रचारक अपने विचार नहीं बल्कि स्वयं उन्हीं के विचारों को व्यक्त कर रहा है।

---

1. Krech and Crutchfield, *Theory and Problems of Social Psychology,* pp. 357-360.

(6) प्रभावशाली उत्तेजनायें उत्पन्न करने के लिये भाषा, छन्द चयन, उच्चारण और बोलने का ढंग आदि ऐसा होना चाहिए जो प्रचार के जन-समूह को प्रभावित करे।

(7) प्रचार का प्रतिरोध विरोधी प्रचार द्वारा किया जा सकता है। सर्वोत्तम विरोधी विचार वह है जिसमें अधिकतर जनता के अधिकत सामाजिक अधिकार और आर्थिक आवश्यकतायें अधिकाधिक समय तक संतुष्ट होती रहें।

प्रचार के साधन

भिन्न-भिन्न प्रचारक प्रचार करने के लिए तरह-तरह के साधनों को प्रयोग करते हैं। कोई प्लेटफार्म से भाषण देता है, कोई पत्र-पत्रिकाओं में लेख और खबरें छपवाता है। कुछ लोग पुस्तकें लिखकर ही अपने विचारों का प्रचार करते हैं। नाटक, कविता, उपन्यास आदि साहित्य के माध्यम से भी प्रचार किया जाता है। बहुत से राजनैतिक दल अपने प्रचार के लिये जुलूस निकालते हैं और नारे लगवाते हैं। उद्योग और व्यापार तथा राजनीति सम्बन्धी प्रचार में रेडियो एक महत्त्वपूर्ण माध्यम है। प्रचार के इन सब माध्यमों का अलग-अलग महत्व और उपयोग है। समय और आवश्यकता के अनुसार सफल प्रचारक इनमें से उपयुक्त माध्यम चुन लेता है। उदाहरण के लिये क्रांति के समय प्रचार के माध्यम शान्ति के समय से भिन्न होंगे। व्यापारिक प्रचार करने में रेडियो और प्रेस सर्वोत्तम साधन हैं। मूल्यों, आदर्शों और विचारों के सम्बन्ध में प्रचार करने में साहित्यिक माध्यम उपयोगी सिद्ध होते हैं। राजनैतिक क्षेत्र में भाषण, नारे, जूलूस, सभा आदि का व्यापक प्रभाव पड़ता है। पहले जमाने में जब रेडियो, प्रेस, सिनेमा आदि नहीं थे तब प्लेटफार्म ही प्रचार का मुख्य माध्यम था। परन्तु आजकल विज्ञान की सहायता से प्रचार के नये-नये माध्यम निकलते आ रहे हैं। इन माध्यमों से कम समय में और कम शक्ति खर्च करके अधिक लोगों में प्रचार किया जा सकता है।

प्रचार के माध्यम

प्रचार के इन माध्यमों में प्लेटफार्म प्रत्यक्ष माध्यम है। इसके अलावा प्रेस, रेडियो, सिनेमा एवं साहित्य आदि प्रचार के अप्रत्यक्ष माध्यम हैं। प्रत्यक्ष माध्यमों में सभा, जुलूस, नारे, आदि की भी गिनती की जा सकती है। इनमें प्रचारक जनता के सामने व्यक्तिगत रूप से स्वयं उपस्थित होकर अपनी बात कहता है। इसमें उसके बाहरी व्यक्तित्व का भी प्रभाव पड़ता है। अप्रत्यक्ष माध्यमों में प्रचारक स्वयं जनता के सामने नहीं आता। पत्र पत्रिकाओं और साहित्य के द्वारा उसके विचार लोगों के सामने आते हैं। रेडियो से उसकी आवाज सुनाई पड़ती है। सिनेमा में उसको बोलते देखा जा सकता है। स्थूल रूप से प्रत्यक्ष माध्यम अप्रत्यक्ष माध्यमों से अधिक प्रभावशाली होते हैं। परन्तु दूसरी ओर अप्रत्यक्ष माध्यमों से एक विशेष लाभ यह है कि उनसे प्रचारक इतने अधिक लोगों तक पहुँच सकता है कि जितना प्रत्यक्ष माध्यमों से कभी सम्भव नहीं है। उदाहरण के लिये रेडियो से दिया गया भाषण करोड़ों लोगों तक पहुँच सकता है जबकि प्लेटफार्म से दिया गया भाषण अधिक से अधिक दो-तीन लाख लोग सुन सकते हैं। वास्तव में कब किस तरह के माध्यम का प्रयोग करना चाहिए यह प्रचार के उद्देश्य और रूप पर निर्भर है। जहाँ प्रचार में प्रचारक के अपने व्यक्तित्व का भी काफी महत्व होता है वहां प्रत्यक्ष प्रचार से जितना लाभ हो सकता है उतना

लाभ अप्रत्यक्ष प्रचार से कभी नहीं हो सकता। उदाहरण के लिये पण्डित नेहरू जैसे नेताओं के प्लेटफार्म पर आने पर लाखों की भीड़ सुनने को एकत्रित होती थी और केवल उनको सुनकर नहीं बल्कि उनको देख कर और उनके हाव भाव तथा व्यक्तित्व से भी प्रभावित होती थी। यूँ तो प्रचार के माध्यम बहुत से हो सकते हैं परन्तु यहां पर केवल मुख्य माध्यमों का ही वर्णन किया जायेगा। ये माध्यम निम्नलिखित हैं–

(1) प्लेटफार्म (Platform)
(2) प्रेस (Press)
(3) रेडियो (Radio)
(4) टेलीविजन (Television)
(5) चलचित्र (Cinema)
(6) शिक्षा (Education)
(7) धर्म (Religion)
(8) साहित्य (Literature)
(9) सभा, जुलूस और नारे (Meetings, Processions and Slogans)
(10) शक्ति का प्रयोग (Use of Force)।

(1) **प्लेटफार्म**–प्लेटफार्म प्रचार का सबसे प्राचीन और आजकल भी सबसे अधिक महत्वपूर्ण माध्यम है। राजनीति के क्षेत्र में सभी राजनैतिक दल प्रचार करने के लिये प्लेटफार्म का इस्तेमाल करते हैं। चुनाव में भाग लेने वाले उम्मीदवार प्लेटफार्म से भाषण देकर ही जनता के वोट जीतने का प्रयास करते हैं। केवल भारत ही नहीं बल्कि संयुक्त राष्ट्र अमेरिका जैसे प्रगतिशील देश में भी प्लेटफार्म ही राजनीति के क्षेत्र में प्रचार का मुख्य माध्यम हैं। अमेरिका के भूतपूर्व राष्ट्रपति केनेडी ने अपने चुनाव के प्रचार में प्लेटफार्म के माध्यम का ही सबसे अधिक प्रयोग किया था। बहुधा महान् नेता अच्छे वक्ता भी होते हैं। उनके भाषण जनता पर जादू का सा असर करते हैं। प्लेटफार्म के माध्यम में कुछ ऐसी बातें हैं जो कि प्रचार के अन्य माध्यमों में नहीं मिलतीं। जैसा कि पहले बतलाया जा चुका है, प्लेटफार्म की सबसे बड़ी विशेषता यह है कि उसमें प्रचारक जनता के सामने स्वयं उपस्थित होता है। इससे वह अपने व्यक्तित्व, गुणों और योग्यता से श्रोताओं को मोहित कर सकता है। प्लेटफार्म का सामूहिक संकेत की दृष्टि से बड़ा भारी प्रभाव पड़ता है। इसके माध्यम से बहुधा नेता लोग जनता में मनचाहे संवेग उकसा कर उनसे मनचाहा काम करा लेते हैं। यह बात दूसरे किसी माध्यम में नहीं मिलती। इसका एक मुख्य कारण यह है कि प्लेटफार्म से दिये गये भाषण को सुनने के लिये जनता की भीड़ एकत्रित होती है। अतः उसमें भीड़ मनोविज्ञान काम करता है। लोगों पर संवेगों का अधिक प्रभाव पड़ता है। उनकी विवेकशीलता और तर्क बुद्धि कम हो जाती है। इसलिये ऐसे कितने ही उदाहरण हैं जिनमें भाषणकर्त्ता ने भीड़ को उत्तेजित करके आक्रमण करा दिये, आग लगवा दी और खून करवा दिये। रेडियो, चलचित्र अथवा अन्य किसी माध्यम से यह काम असम्भव है, क्योंकि उनमें प्रचार को ग्रहण करने वाला व्यक्ति के रूप में होता है, भीड़ के सदस्य के रूप में नहीं होता।

(2) **प्रेस**—प्रेस के आविष्कार से प्रचार के क्षेत्र में एक क्रांति सी हो गई। प्रेस के माध्यम से किया गया प्रचार दूर-दूर करोड़ों लोगों तक पहुंच सकता है। हर एक देश में करोड़ों लोग नियमित रूप से समाचार पत्र पढ़ते हैं। अतः उनके माध्यम से किये गये प्रचार जनता में आसानी से पहुँच जाते हैं। प्रेस द्वारा जो विचार प्रकट किये जाते हैं वे अधिक सन्तुलित और तर्क युक्त होते हैं। उनमें संवेगों से अधिक पाठक की बुद्धि को अपील किया जाता है। इसलिये प्रेस शिक्षित समाज में प्रचार का सर्वोत्तम साधन है। आजकल लगभग हर एक बड़ा राजनैतिक दल अपने प्रचार के लिये कुछ न कुछ पत्र-पत्रिकायें निकालता है। इन पत्र-पत्रिकाओं से उसके विचारों का नियमित रूप से प्रचार होता रहता है। हर एक देश में कुछ सरकारी पत्र पत्रिकायें भी होती हैं। इनसे जनता को सरकार का मत मालूम होता रहता है और सरकार की नीति का प्रचार होता रहता है।

(3) **रेडियो**—प्रचार के क्षेत्र में विज्ञान की सबसे अधिक महत्वपूर्ण देन रेडियो है। यह एक मनोवैज्ञानिक तथ्य है कि देखने की संवेदना से, सुनने की संवेदना अधिक प्रभावशाली होती है। पढ़े हुये भाषण की अपेक्षा सुना हुआ भाषण अधिक प्रभावित करता है क्योंकि उसमें श्रोता प्रचारक की आवाज सुनता है और इस प्रकार किसी हद तक उसके व्यक्तिगत सम्पर्क से प्रभावित होता है। आजकल अधिकतर समृद्ध परिवार में लोग रेडियो सुनते हैं। गांवों में सार्वजनिक रेडियो होते हैं जिनको सुनने के लिये काफी लोग एकत्रित होते हैं। शहरों में पान की दूकानों, उपाहारगृहों और होटलों आदि में रेडियो खुले रहते हैं और श्रोतागण बराबर उपस्थित रहते हैं। इस प्रकार जहां प्रेस द्वारा प्रचार केवल पढ़े लिखे लोगों तक ही पहुँच पाता है वहाँ रेडियो द्वारा प्रचार पढ़े लिखों के साथ-साथ बेपढ़े लिखे लोगों तक भी पहुँच जाता है। रेडियो के प्रचार में एक अन्य विशेषता यह है कि वह अधिक विश्वसनीय और सन्तुलित होता है, क्योंकि रेडियो पर सरकार का नियन्त्रण रहता है। रेडियो से सुने गये प्रचार प्लेटफार्म अथवा प्रेस के समाचारों से अधिक प्रामाणिक माने जाते हैं। रेडियो में एक दूसरी विशेषता यह है कि उसके द्वारा घटना स्थल पर आंखों-देखी बातों के समाचार हजारों मील दूर बैठे हुये व्यक्ति को तत्काल मिल जाते हैं और ऐसा मालूम पड़ता है मानो वह घटना अपनी आंखों से देखी जा रही हो। दिल्ली में स्वतन्त्रता दिवस मनाने के साथ-साथ उसका आंखों देखा विवरण रेडियो से प्रसारित किया जाता है। इस विवरण को सुनते हुये लोग जब प्रधानमन्त्री का भाषण सुनते हैं तो उनको ऐसा प्रतीत होता है मानो यह सब उनकी आंखों के सामने ही हो रहा है।

(4) **टेलीविजन**—रेडियो के बाद प्रचार के माध्यमों में विज्ञान की अगली महत्वपूर्ण भेंट टेलीविजन है। रेडियो के द्वारा तो केवल आवाज ही जनता तक पहुंचती है टेलीविजन के द्वारा भाषणकर्त्ता स्वयं टेलीविजन के पर्दे पर दिखाई पड़ता है। स्पष्ट है कि टेलीविजन के द्वारा प्रसारित किये गये प्रचार अधिक व्यापक होंगे और उनका प्रभाव भी अधिक पड़ेगा। अमरीका में तो एक व्यक्ति टेलीविजन के पर्दे पर मुक्केबाजी देखते हुये इतना उत्तेजित हो उठा कि उसकी तत्काल मृत्यु हो गई। इस प्रकार कभी-कभी तो टेलीविजन एक प्रत्यक्ष माध्यम बन जाता है। विज्ञान के क्षेत्र में पश्चिमी देशों से पीछे होने के कारण भारत में अभी टेलीविजन का पर्याप्त प्रचार हुआ है। परन्तु पश्चिमी देशों में टेलीविजन शिक्षा और प्रचार का महत्वपूर्ण साधन बन गया है।

(5) **चलचित्र**—यूं तो सिनेमा विशेष तौर से मनोरंजन का साधन है, परन्तु उसके माध्यम से प्रचार भी किया जाता है। चलचित्र के माध्यम से सरकार अपनी नीति और देश की प्रगति तथा अनेक योजनाओं के सम्बन्ध में प्रचार करती है। काश्मीर के सम्बन्ध में भारत के पक्ष में प्रचार करने के लिए अभी हाल ही में भारत सरकार ने एक फिल्म बनाई है। इसी प्रकार परिवार नियोजन, जीवन बीमा, सहकारिता तथा अल्प बचत योजना और प्राइज बांड आदि अनेक सरकारी योजनाओं के बारे में प्रचार करने के लिये चलचित्र बनाये गये हैं। युद्ध और संकट के समय में चलचित्रों के द्वारा सरकार वास्तविक स्थिति का प्रचार करती है। चलचित्र के माध्यम के प्रचार से लोगों के आंख और कान दोनों ही प्रभावित होते हैं। अतः यह प्रचार अधिक यथार्थ और प्रभावशाली होता है। टेलीविजन के मुकाबले में चलचित्र का पर्दा बहुत बड़ा होता है और उसमें पर्दे पर दिखाई पड़ने वाले व्यक्ति और स्थान एकदम वास्तविक से मालूम पड़ते हैं। अतः चलचित्र लोगों की भावनाओं, संवेगों और प्रेरणाओं को अधिक प्रभावित करते हैं। इस प्रकार चलचित्रों द्वारा किया गया प्रचार मनोवैज्ञानिक रूप से अधिक प्रभावशाली होता है। चलचित्रों द्वारा प्रचार में एक लाभ और भी है। इससे एक ही समाज में सैकड़ों स्थानों पर लाखों लोगों को एक ही फिल्म दिखाकर किसी बात का प्रचार किया जा सकता है। चलचित्र की सबसे बड़ी विशेषता यह है कि उससे घटनास्थल पर घटना के चित्र लेकर उसको प्रामाणिक रूप से ज्यों का त्यों और सजीव रूप से दिखलाया जा सकता है। युद्ध स्थलों पर और दंगों के मौकों पर जो चलचित्र बनाये जाते हैं उनको देखने से दर्शक को ऐसा मालूम होता है कि मानो वह घटनास्थल पर स्वयं उपस्थित हो। अतः वह उन पर पूरा विश्वास करता है और उनके आधार पर किये गये प्रचार को पूरी तरह से मान लेता है।

(6) **साहित्य**—यद्यपि साहित्य में प्रचार की मनोवृत्ति रखना एक दोष माना गया है, परन्तु फिर भी साहित्य सदैव प्रचार के मुख्य माध्यमों में से एक रहा है। कुछ पुस्तकें तो केवल प्रचार की दृष्टि से ही लिखी जाती हैं, जैसे मार्क्स और इंगेल्स का Communist Manifesto साम्यवादी विचारधारा का प्रचार करता है। गांधी और विनोबा जी ने सर्वोदय की विचारधारा के प्रचार के लिये अनेक पुस्तकें लिखी हैं। ये पुस्तकें तो प्रत्यक्ष प्रचार करती हैं। इनके अलावा उपन्यास, नाटक, कहानी, कविता, लेख आदि विभिन्न प्रकार के साहित्य के माध्यमों से भी विचारों और मूल्यों का प्रचार किया जाता है। उपन्यास, नाटक, कहानी, कविता और लेख आदि के माध्यम से साम्यवादी विचारों का लगभग सभी देशों में प्रचार करने की कोशिश की गई है। राजनैतिक विचारों के अलावा जीवन दर्शन सम्बन्धी विचार, साहित्य के माध्यम से लोगों में फैलाये जाते हैं। उदाहरण के लिये भौतिकवादी विचारधारा को लेकर आज के युग में एक विशाल साहित्य की रचना की गई है। कहना न होगा कि इस साहित्य से भौतिकवादी और भोगवादी विचारों तथा मूल्यों का प्रचार होता है। देश पर संकट आने के समय भी देश के कवि और साहित्यकार देश के लोगों में देशभक्ति और त्याग की भावनाओं का प्रचार करते हैं। साहित्य द्वारा प्रचार में एक विशेषता यह है कि उसका मनुष्य के भावों और अनुभूतियों पर बड़ा गहरा प्रभाव पड़ता है। मानव हृदय के इस अन्तरंग पक्ष को प्रचार का अन्य कोई भी माध्यम इतनी गहराई से छू नहीं

सकता और न किसी का प्रभाव इस क्षेत्र में इतना स्थायी होता है, विशेषतया पढ़े लिखे लोगों में विचारों, मूल्यों और आदर्शों का प्रचार करने के लिये साहित्य सर्वोत्तम माध्यम सिद्ध हुआ है। साहित्य के माध्यम से किया गया प्रचार अप्रत्यक्ष होता है। उपन्यासों और कहानियों में पात्रों के द्वारा जो विचार और आदर्श उपस्थित किये जाते हैं उनको पाठकगण अनजाने ही ग्रहण कर लेते हैं। इस प्रकार साहित्य द्वारा प्रचार बहुत ही सूक्ष्म होता है। परन्तु साहित्य द्वारा प्रचार में प्रचारक अथवा साहित्यकार के व्यक्तित्व और निजी योग्यता का भी बड़ा महत्व होता है। साहित्य द्वारा प्रचार जितना ही अधिक अप्रत्यक्ष होगा उतना ही अधिक प्रभावशाली भी होगा।

(7) **धर्म**—पुराने जमाने से ही प्रचार के लिए शिक्षा और धर्म की सहायता ली जाती रही है। धर्म का आम जनता पर बड़ा भारी असर होता है। जिन विचारों या आदर्शों को धार्मिक ग्रन्थों अथवा सन्तों और महापुरुषों का समर्थन मिला होता है उनको सामान्य जनता बड़ी शीघ्रता से ग्रहण करती है। वास्तव में धार्मिक स्वीकृति के पीछे दैवी स्वीकृति होती है अर्थात् यह माना जाता है कि स्वयं ईश्वर उन विचारों या आदर्शों के पक्ष में है। इससे उसके साथ स्वर्ग और नर्क की कल्पना भी लग जाती है। आमतौर से लोग यह समझते है कि ईश्वर की आज्ञाओं को मानने से स्वर्ग मिलता है और उनके विरुद्ध चलने से मनुष्य को नर्क में तरह-तरह की तकलीफें झेलनी पड़ती हैं। इसलिए जिन बातों को धार्मिक स्वीकृति मिल जाती है उनका आसानी से प्रचार हो जाता है। धर्म के इस महत्व को समझकर बहुत से लोग अपने विचारों को धार्मिक ग्रन्थों के अनुसार बतलाने की कोशिश करते हैं। भारत में महात्मा गांधी के विचारों का इतना अधिक प्रचार होने का एक मुख्य कारण उनका धार्मिक प्रभाव भी था। यदि वे महात्मा न होते तो भारत जैसे धर्म प्राण देश में उनके विचारों का इतना प्रचार कभी न हुआ होता।

(8) **शिक्षा**—शिक्षा विचारों और आदर्शों तथा मूल्यों के प्रचार का मुख्य माध्यम है। प्राचीन काल से ही हर एक जाति और राष्ट्र में नेता लोग जनता को राष्ट्रीय शिक्षा देने के पक्ष में हैं, जिससे कि वे जनता में राष्ट्रीय विचारधारा का प्रचार करना चाहते हैं, वे भी शिक्षा का माध्यम अपनाते हैं। भारत में ईसाई प्रचारकों ने अपने धर्म के प्रचार में शिक्षा का व्यापक प्रयोग किया। आजकल बहुत सी सरकारें जनता में अपने अनुकूल विचारधारा फैलाने के लिये शिक्षा का सहारा लेती हैं। जर्मनी में हिटलर ने शिक्षा के द्वारा जर्मनी के युवकों और युवतियों के विचारों और आदर्शों को अपने अनुकूल बदलने की जबर्दस्त कोशिश की थी। साम्यवादी देशों में सब कहीं सरकार शिक्षा पर नियन्त्रण करती है और उसके द्वारा अपनी विचारधारा फैलाती है। प्रचार के माध्यम के रूप में शिक्षा में एक विशेष बात यह है कि उसके माध्यम से अधिकतर उचित और तर्क पूर्ण बातों का ही प्रचार हो सकता है। चूंकि शिक्षा लोगों के व्यक्तित्व को विकसित करती है और उनमें विवेक को बढ़ाती है इसलिए शिक्षा के माध्यम से उन्हीं विचारों का प्रचार हो सकता है जो गम्भीर और सूक्ष्म तर्कों के द्वारा उपस्थित किये गये हैं।

(9) **सभा, जुलूस और नारे**—राजनैतिक, आर्थिक और धार्मिक प्रचार में सभाओं, जुलूसों और नारों का भी बड़ा महत्व है। अक्सर विभिन्न आर्थिक संगठन, मजदूर

यूनियनें और विभिन्न प्रकार के कर्मचारियों के संघ जनमत में अपनी विचारधारा और अपने पक्ष का प्रचार करने के लिये सभायें करते हैं, जुलूस निकालते हैं और नारे लगाते हैं। प्रचार के इन साधनों का एक विशेष महत्व यह है कि इनसे जनता के संवेगों पर बड़ा प्रभाव पड़ता है। सभाओं और जुलूसों में शामिल हुये लोगों का व्यवहार भीड़ के सदस्यों जैसा होता है। उनकी विवेकशीलता कम हो जाती है और संकेतग्रहणशीलता बढ़ जाती है। अतः उनमें किसी भी बात के पक्ष या विपक्ष में आसानी से प्रचार किया जा सकता है। नारे ऐसे वाक्य होते हैं जिनमें प्रचार के मूल तत्वों को बहुत ही संक्षिप्त रूप में रख दिया जाता है। ये वाक्य इस तरह के बनाये जाते हैं कि वे आसानी से याद किये जा सकें और दोहराये जा सकें। इनमें ऐसे शब्दों का प्रयोग किया जाता है जो सुनने वालों के ध्यान को तुरन्त आकर्षित करते हैं और उनके हृदय पर चोट करते हैं। नारे पूरे संवेग के साथ और ऊंचे स्वर में लगाये जाते हैं। सामूहिक रूप से नारे लगाने से लोगों में संवेगों का तीव्र प्रचार होता है। स्वतन्त्रता आन्दोलनों के दिनों में "अंग्रेजों भारत छोड़ो" के नारे का देश की जनता पर व्यापक प्रभाव पड़ता था। इसी प्रकार स्वराज्य और स्वदेशी के नारों से जनता में स्वराज्य और स्वेदशी की विचारधारा का व्यापक प्रचार हुआ था।

(10) **शक्ति का प्रयोग**—यूं तो प्रत्यक्ष प्रचार की अपेक्षा अप्रत्यक्ष प्रचार अधिक प्रभावशाली होते हैं, और इसलिये प्रचार में शक्ति का प्रयोग नहीं होना चाहिए, परन्तु फिर भी शक्ति का प्रयोग सदा ही प्रचार का एक महत्वपूर्ण साधन रहा है। हैडमोवस्की (Hadamovsky) के शब्दों में प्रचार और शक्ति कभी भी एक दूसरे के पूर्णतया विरोधी नहीं रहे। शक्ति का प्रयोग प्रचार का एक भाग हो सकता है। प्राचीन काल से ही शासकों ने और सरकारों ने अपनी विचारधारा को फैलाने में शक्ति से काम लिया। मुस्लिम धर्म प्रचारकों ने तलवार के जोर से दूर-दूर देशों में इस्लाम धर्म का झण्डा फैलाया। ईसाइयों ने भी धर्म के नाम पर युद्ध किये और जहाँ युद्ध नहीं किये वहाँ अन्य उपायों से लोगों को दबाकर अपने धर्म का प्रचार किया। उदाहरण के लिये भारत में ईसाई धर्म प्रचारक पिछड़ी जातियों के हिन्दुओं को इस शर्त पर रुपया उधार देते थे कि वे अपनी चोटी कटवा दें। ऐसा न करने पर उनको ब्याज सहित मूलधन वापस करना पड़ता था। ईसाई बन जाने से उनका कर्जा भी माफ कर दिया जाता था। हिटलर, मुसोलिनी और स्टालिन जैसे तानाशाहों ने अपनी विचारधारा के प्रचार के लिये शक्ति का व्यापक प्रयोग किया, परन्तु इन सब उदाहरणों से यह सिद्ध नहीं होता कि शक्ति का प्रयोग प्रचार का कोई अच्छा या उपयुक्त साधन है। इसमें एक बड़ा दोष यह है कि इसके द्वारा लोगों पर कुछ बातें जबर्दस्ती लादी जाती हैं। जब तक शाक्ति का प्रयोग बना रहता है, लोग इन बातों को मानते रहते हैं। जैसे ही शक्ति का प्रयोग हट जाता है, लोग इन बातों को छोड़ देना चाहते हैं। इसके अलावा शक्ति के प्रयोग से प्रचार करने से जनमत में विद्रोह की आग सुलगती रहती है और कभी-कभी यह चिंगारी इतनी भड़क उठती है कि प्रचारक और उसका प्रचार सभी ध्वंस हो जाते हैं। शक्ति के प्रयोग से प्रचार करने वाले लोग इतिहास में बुरे नामों से याद किये जाते हैं। अतः आजकल शक्ति का प्रयोग प्रचार का महत्वपूर्ण और उपयुक्त साधन नहीं माना जाता।

भ्रामक प्रचार का प्रतिरोध
(Propaganda Prophylaxis)

भ्रामक प्रचार के कुपरिणाम

प्रचार चाहे झूठे हों या सच्चे जनता को सदैव प्रभावित करते हैं। सच्ची बातों के प्रचार से जनता का अधिकतर लाभ ही होता है। दूसरी ओर झूठी बातों के प्रचार से जनता में भ्रामक और गलत बातें फैलती हैं, तरह-तरह के तनाव उत्पन्न होते हैं जिनसे कभी-कभी प्रत्यक्ष संघर्ष की नौबत आ जाती है। नाजी जर्मनी में यहूदियों के विरुद्ध भ्रामक प्रचार के द्वारा इतनी घृणा उत्पन्न की गई कि नाजी दल के सदस्यों द्वारा लाखों यहूदियों की हत्या होने पर भी इस अत्याचार का कोई विरोध नहीं किया गया। भ्रामक प्रचार के कुपरिणाम में अनेक धर्म प्रचारकों ने विरोधी धर्मों के प्रति घृणा और हिंसा को उकसाया। क्रूसेड और जिहाद की घटनाओं से मानव इतिहास के पन्ने रंगे पड़े हैं जो कि भ्रामक प्रचार के खतरे के जीवित उदाहरण हैं। इसी तरह आजकल राजनैतिक क्षेत्र में बराबर भ्रामक प्रचार देखने में आते हैं। चीन बराबर यह प्रचार कर रहा है कि जहाँ तहाँ हिन्दुस्तानी सैनिक ही चीनियों पर आक्रमण करते हैं और चीनियों का भारत के हजारों मील के क्षेत्र पर जन्म-सिद्ध अधिकार है। इसी तरह पाकिस्तान बराबर यह प्रचार करता रहा है कि काश्मीर पाकिस्तान में मिलना चाहिये, भारत का उस पर कोई अधिकार नहीं है। इसी तरह के भ्रामक प्रचारों से अन्तर्राष्ट्रीय शांति को भारी खतरा है। इससे जनता के मन विषाक्त हो जाते हैं। उनमें व्यर्थ का भय और घृणा भर जाती है जो कि तनिक सी चिंनगारी पाकर ही भड़क उठती है।

भ्रामक प्रचार के प्रतिरोध के उपाय

अतः भ्रामक प्रचार का प्रतिरोध एक महत्वपूर्ण और गम्भीर समस्या है। इसलिये आधुनिक सरकारों ने इस ओर ध्यान देना शुरू किया है। अनेक मनोवैज्ञानिकों ने इस दिशा में प्रयोग किये हैं। इनमें बिडिल (Biddle) और कोलियर (Collier) के प्रयोग महत्त्वपूर्ण हैं। स्थूल रूप से भ्रामक प्रचार तथा विज्ञापनों के प्रतिरोध के लिये निम्नलिखित मुख्य सुझाव दिये जा सकते हैं–

(1) **जनता को भ्रामक प्रचार के सम्बन्ध में सूचनायें देना**–भ्रामक विचार का विरोध करने के लिये यह जरूरी है कि कुछ सामाजिक अथवा सरकारी संस्थायें इस सम्बन्ध में खोजबीन करती रहें और जनता को इस विषय में सूचनायें दिया करें। अमरीका में न्यूयार्क की प्रचार विश्लेषण संस्था यह कार्य करती है। पत्र पत्रिकाओं, रेडियो, पोस्टरों, पुस्तकों और पर्चों के द्वारा जनता को भ्रामक प्रचार के प्रति सतर्क रहने की चेतावनी दी जा सकती है।

(2) **विरोधी प्रचार**–भ्रामक प्रचार के प्रतिरोध का एक मुख्य उपाय विरोधी प्रचार है। उदाहरण के लिये यदि लोगों को यह भली प्रकार समझा दिया जाये कि सब रोगों की एक दवा नहीं हो सकती अथवा वर्षों में खोई गई शक्ति कुछ घण्टों में वापस नहीं लाई जा सकती तो जनता इस तरह के झूठे प्रचार से बच सकती है। विरोधी प्रचार से जनता में विभिन्न क्षेत्रों में स्वस्थ अभिवृत्ति और विश्वास उत्पन्न किये जा सकते हैं।

(3) **कानूनी रोकथाम**—भ्रामक प्रचार को रोकने के लिये सरकार को कठोर कदम उठाने चाहिये। ऐसे प्रचार को गैरकानूनी घोषित किया जाना चाहिये और जो लोग ऐसा करते हुए पकड़े जायें उनको राज्य की ओर से कठोर दण्ड दिया जाना चाहिये।

(4) **शिक्षा**—भ्रामक प्रचार से अधिकतर अशिक्षित लोग ही प्रभावित होते हैं, शिक्षित लोग आसानी से बहकावे में नहीं आ सकते। इसलिये भ्रामक प्रचार के प्रतिरोध का सबसे अधिक महत्वपूर्ण साधन शिक्षा है। वैज्ञानिक शिक्षा के द्वारा जनता को हर एक बात को बुद्धि और तर्क से परखने की शिक्षा देनी चाहिये जिससे कि वे किसी तरह के भुलावे में न आ सकें।

(5) **आर्थिक सुधार**—कुछ आर्थिक परिस्थितियाँ ऐसी होती हैं जिनके कारण लोग आसानी से भुलावे में आ जाते हैं। उदाहरण के लिये यह देखा जाता है कि भ्रामक प्रचार का गरीबों पर अधिक प्रभाव पड़ता है क्योंकि वे लोग ऐसी चीजों की तलाश में रहते हैं जिनमें पैसा कम खर्च हो और लाभ ज्यादा हो। इसलिये चालाक लोग झूठे वायदे करके उनको फंसा लेते हैं। अत: भ्रामक प्रचार के प्रतिरोध के लिये कुछ आर्थिक सुधार भी जरूरी हैं।

(6) **सामाजिक सुधार**—अनेक सामाजिक परिस्थितियां ऐसे अन्धविश्वासों और पूर्वाग्रहों को उत्पन्न करती हैं जिनसे कि भ्रामक प्रचार सुलभ हो जाता है। इसका प्रतिरोध करने के लिये सामाजिक सुधार आवश्यक है।

संक्षेप में यह कहा जा सकता है कि भ्रामक प्रचार का प्रतिरोध करने के लिये सभी दिशाओं से उपाय करने की जरूरत है। जनता को शिक्षित किया जाये। भ्रामक प्रचार का पर्दाफाश किया जाए। सरकार ऐसे लोगों को कठोर दण्ड दे। उनके विरुद्ध प्रचार किया जाए और समाज में ऐसी सामाजिक और आर्थिक परिस्थितियों को दूर किया जाए जो भ्रामक प्रचार में सहायक होती हैं।

अभ्यास के लिए प्रश्न

1. प्रचार के विभिन्न तरीके क्या हैं ? व्यक्त और अव्यक्त प्रचार में क्या अन्तर है ? स्पष्ट कीजिये।
2. संक्षिप्त टिप्पणी लिखिए—विपरीत प्रचार
3. जनप्रवाद तथा प्रचार में क्या भेद है ? प्रचार की विभिन्न प्रणालियाँ क्या हैं ?
4. प्रचार के सिद्धान्तों का विवेचन कीजिये।
5. प्रचार व शिक्षा का भेद बतलाइये। किन मनोवैज्ञानिक स्थितियों में प्रचार सफल होता है?
6. टिप्पणी लिखिए—प्रचार के साधन
7. संक्षिप्त टिप्पणी लिखिये—प्रचार
8. निम्नलिखित पर संक्षिप्त टिप्पणी लिखिये—प्रचार में प्रतिष्ठा संकेत।
9. निम्नलिखित पर संक्षिप्त टिप्पणी लिखिये—प्रचार की विधियाँ।
10. संक्षिप्त टिप्पणी लिखिये—प्रतिप्रचार।
11. प्रचार की परिभाषा दीजिये एवं उसकी विधियों की विवेचना कीजिये।
12. प्रचार की विभिन्न प्रविधियों का वर्णन कीजिये। दुष्प्रचार को रोकने के उपाय भी बताइये।

21

दबाव गुट और दलगत राजनीति
(Pressure Groups and Factional Politics)

दबाव गुट, जैसा कि इसके नाम से स्पष्ट है, वह गुट अथवा समूह है जो कि सरकार की नीतियों के निर्धारण और अमल को प्रभावित करता है। ये गुट विधान सभाओं में कानून निर्माण की प्रक्रिया को पूरी तरह प्रभावित करते हैं जिससे ऐसे ही कानून पास हों जो उनके हित में हों। ये ऐसे सब कानूनों को रद्द करवाने के लिये भी दबाव डालते हैं जो कि उनके हितों के विरुद्ध हैं। ये विदेश नीतियों को भी दबाव डालकर परिवर्तित करने का प्रयास करते हैं। भिन्न-भिन्न देशों में भिन्न-भिन्न कालों में दबाव गुटों का स्वरूप बदलता रहता है। अनेक देशों में बहुधा सेना का दबाव गुट राजनैतिक क्षेत्र में महत्त्वपूर्ण प्रभाव डालता है। कहीं-कहीं पर कार्यपालिका का कोई दबाव गुट महत्त्वपूर्ण होता है। इनके अतिरिक्त व्यापारियों, अल्पसंख्यकों, धार्मिक संस्थाओं आदि के दबाव गुट भी महत्त्वपूर्ण कार्य करते हैं।

दबाव गुट और राजनैतिक दल

फाइनर के शब्दों में, ''जब राजनैतिक दल सिद्धान्त तथा संगठन में कमजोर होते हैं तो दबाव डालने वाले वर्गों का जोर बढ़ता है। जब राजनैतिक दलों का संगठन शक्तिशाली होता है तो दबाव डालने वाले वर्गों का जोर कम हो जाता है।'' फाइनर का यह कथन पूर्णतया सत्य न होने पर भी इससे यह पता अवश्य चलता है कि दबाव गुट और राजनैतिक दलों में अन्तर होता है। संक्षेप में, यह अन्तर निम्नलिखित हैं—

1. आधार सम्बन्धी अन्तर—जबकि राजनैतिक दल का आधार राष्ट्रीय हित होता है, दबाव गुट व्यक्तिगत, क्षेत्रगत, भाषागत, जातिगत अथवा साम्प्रदायिक हितों के आधार पर संगठित होते हैं।

2. दृष्टिकोण का अन्तर—इस प्रकार राजनैतिक दल का दृष्टिकोण व्यापक और दबाव गुट का दृष्टिकोण सीमित अथवा संकुचित होता है।

3. साधनों का अन्तर—जबकि राजनैतिक दल वैध साधनों का ही प्रयोग करते हैं, दबाव गुट कभी-कभी अवैध साधनों का भी प्रयोग करते हैं।

4. कार्यक्रम सम्बन्धी अन्तर—राजनैतिक दल की तुलना में दबाव गुट का कार्यक्रम अत्यन्त सीमित और संकुचित होता है।

5. क्षेत्र का अन्तर—जबकि राजनैतिक दल का क्षेत्र सारा देश होता है, दबाव गुट बहुत ही सीमित क्षेत्र में काम करता है।

6. सदस्यता का अन्तर—राजनैतिक दल और दबाव गुट की सदस्यता के नियम और प्रतिमान अत्यन्त भिन्न होते हैं। राजनैतिक दल की सदस्यता सम्पूर्ण देश में फैली हुई होती है जबकि दबाव गुट में कुछ थोड़े से लोग ही शामिल होते हैं।

7. संख्या में अन्तर—किसी देश में राजनैतिक दलों की तुलना में दबाव गुटों की संख्या बहुत अधिक होती है। जहाँ कहीं अधिक संख्या में राजनैतिक दल दिखलाई पड़ते हैं वहाँ वे वास्तव में दल नहीं बल्कि दबाव गुट ही होते हैं, इसका परिणाम यह होता है कि ऐसे देश में कभी भी स्थायी सरकार की स्थापना नहीं हो पाती।

दबाव गुटों की विविधता

आजकल संसार के सभी देशों में विभिन्न क्षेत्रों में छोटे बड़े दबाव गुट पाये जाते हैं। भारतवर्ष में आल इण्डिया ट्रेड युनियम कांग्रेस, फैडरेशन आफ चैम्बर्स आफ कामर्स तथा इसी प्रकार शिक्षकों, वकीलों, डाक्टरों, विद्यार्थियों, किसानों आदि के दबाव गुट देखे जा सकते हैं। कहीं-कहीं तो दबाव गुटों की संख्या सैंकड़ों में होती है और उनका वर्गीकरण नहीं किया जा सकता। ब्रिटेन में मजदूरों, किसानों, उद्योगपतियों सभी के दबाव गुट हैं। ये दबाव गुट अपने अपने देश में लाबियों (Lobbies) में प्रचार कार्य करके विधि निर्माण की प्रक्रिया को अपने पक्ष में प्रभावित करते हैं।

दबाव डालने की प्रविधियां

दबाव डालने के लिये दबाव गुट मुख्य रूप से निम्नलिखित प्रविधियाँ अपनाते हैं—

1. लाबीइंग (Lobbying)—लगभग सभी देशों में दबाव गुट विधान सभाओं की लाबियों में विधायकों से बात चीत और साठ गांठ करके उन्हें अपने पक्ष में करने का प्रयास करते हैं। पूंजीपति दबाव गुट यह कार्य करते अधिक देखे जाते हैं।

2. प्रचार—दबाव गुट पत्र पत्रिकाओं के माध्यम से अपने विचारों का प्रचार करके सरकार पर दबाव डालने का प्रयास करते हैं।

3. चुनावी गति विधि—चुनाव के समय प्रत्येक उम्मीदवार जनता के विभिन्न वर्गों के हितों का साधन करता है क्योंकि वह उनका मत प्राप्त करना चाहता है। ऐसे समय दबाव गुट उन्हीं उम्मीदवारों को जिताने का प्रयास करते हैं जो चुने जाकर उनके हित साधन करने में सहायता देंगे।

4. हड़ताल और प्रदर्शन—श्रमिकों, किसानों, अल्पसंख्यकों और पिछड़े वर्गों के दबाव गुट देश में विभिन्न स्थानों पर हड़तालों, प्रदर्शनों और सम्मेलनों तथा जुलूसों आदि का आयोजन करके अपने पक्ष का प्रचार करते हैं।

5. कार्यपालिका से सम्पर्क—अनेक दबाव गुट कार्यपालिका के उच्च पदाधिकारियों से सम्पर्क स्थापित करके उनको प्रभावित करते हैं और अपने पक्ष के कामों में शीघ्रता तथा विरोधी कार्यों में विलम्ब उत्पन्न करते हैं।

6. न्यायपालिका से सम्पर्क—कुछ दबाव गुट वकीलों और न्यायाधीशों से सम्पर्क स्थापित करके ऐसे कानूनों को अवैध घोषित कराने का प्रयास करते हैं जिनसे उनकी हानि होती है। इस दबाव का प्रयोग विधायकों पर ऐसे कानूनों को न बनाने के लिये दबाव डालने के हेतु भी किया जाता है जिनके बन जाने से दबाव गुट को हानि होगी।

दबाव गुटों के हानि लाभ—उपरोक्त प्रविधियों से अपने पक्ष में दबाव डाल कर दबाव गुट अपने स्वार्थों का साधन करते हैं। स्वार्थ साधन में वे किसी भी प्रकार के उचित अनुचित उपाय अपनाने में कोई संकोच नहीं करते। वे विधायकों, सरकारी अफसरों और न्यायाधीशों को रिश्वत देते हैं तथा उन्हें अन्य प्रकार से लाभ पहुंचा कर अपने पक्ष में करने का प्रयास करते हैं। ऐसे गुट कभी-कभी कानून को देश में बीसों साल तक पास नहीं होने देते और जब वह पास हो भी जाता है तो उस पर अमल नहीं होने देते। इन्हीं के कारण देश में अनेक सुधार सम्भव नहीं हो पाते।

किन्तु इसका अर्थ यह नहीं है कि दबाव गुट सर्वथा अवांच्छनीय है। श्रमिकों किसानों, पिछड़े वर्गों और अल्पसंख्यकों के दबाव गुट ही उनके अधिकारों की रक्षा करते हैं अन्यथा बहुसंख्यक राजनैतिक दल उनके हित साधन की ओर कोई ध्यान नहीं देता। जनतन्त्रीय प्रणाली में दबाव गुटों का अस्तित्व अनिवार्य है क्योंकि इसमें जनता के प्रतिनिधि ही कानून बनाते हैं और वे ही कार्यपालिका का गठन करते हैं। यदि दबाव गुट न हों तो जनता के अल्प संख्यक वर्गों के हितों की ओर ध्यान दिलाने वाली कोई भी संस्था न रहे। कहीं-कहीं तो किरायेदारों अथवा कर्जदारों के गुटों के दबाव से ही इनके शोषण के विरुद्ध कानून पास हो सके हैं। इसमें कोई संदेह नहीं कि पूंजीपति अपने दबाव गुटों के द्वारा अनुचित उपायों से विधायकों और सरकारी अफसरों को प्रभावित करते हैं किन्तु दूसरी ओर श्रमिक भी अपने दबाव गुटों के द्वारा ही श्रम कल्याण के कानून पास करवाते हैं और दबाव गुटों के कारण ही उन पर अमल होता है। दबाव गुटों के इन्हीं लाभों के कारण आज सभी देशों में दबाव गुट पाये जाते हैं।

दलगत राजनीति
(Factional Politics)

दलगत राजनीति क्या है?

किसी भी ढीले राजनैतिक संगठन में विविध हितों पर आधारित दल सामान्य रूप से देखे जा सकते हैं। इन दलों को गुट कहना अधिक उपयुक्त है क्योंकि ये राजनैतिक दल के अन्तर्गत पाये जाते हैं। किसी भी एक राजनैतिक दल में विविध हितों और विचारों को रखने वाले गुट रखे जा सकते हैं। भारतवर्ष में विभिन्न राजनैतिक दलों के आविर्भाव सहित गुटों का अस्तित्व देखा जा सकता है। भारत जैसे विशाल समाज में अनेक जातियों, वर्गों, क्षेत्रों तथा कृषि और औद्योगिक हितों को लेकर विचार रखने वाले व्यक्तियों के गुट

देखे जा सकते हैं। इनके मतभेद सामाजिक, आर्थिक परिस्थितियों के अन्तर के कारण भी होते हैं। जब कभी कोई राजनैतिक दल केन्द्र अथवा राज्य में सत्ता प्राप्त कर लेता है तो उसे अपनी सत्ता को बनाये रखने के लिये इन विभिन्न हितों पर आधारित गुटों में लगातार समन्वय रखने का प्रयास करना पड़ता है। सत्तारूढ़ दल में सब कहीं इस प्रकार के गुट देखे जा सकते हैं।

गुटबन्दी की राजनीति की दशायें

राजनीति में गुटबन्दी के कुछ महत्त्वपूर्ण कारण होते हैं। इनमें से सबसे अधिक उल्लेखनीय कारण निम्नलिखित हैं—

(1) आर्थिक हित—राजनैतिक गुटबन्दी में सबसे प्रभावशाली कारक कुछ वर्गों के आर्थिक हित हैं जो कि आर्थिक रूप देकर उपस्थित किये जाते हैं।

(2) बाह्य चुनौती का अभाव—जब तक राष्ट्र के सम्मुख किसी विदेश की कोई चुनौती होती है तब तक राजनैतिक गुट विशेष सक्रिय नहीं दिखलाई पड़ते। किन्तु जैसे ही इस चुनौती का अभाव हो जाता है राजनैतिक दल में गुटबन्दी सक्रिय हो जाती है। भारतवर्ष में आपात स्थिति के पूर्व कांग्रेस दल में इसी प्रकार की गुटबन्दी देखी जा सकती है। आपात स्थिति के पश्चात् जनता का राज्य स्थापित होने पर जनता पार्टी के विभिन्न अंगों में जो एकता दिखलाई पड़ी थी वह कांग्रेस के भय के कारण थी और जैसे ही भय समाप्त हो गया तथा जनता पार्टी को कोई बाह्य चुनौती नहीं रही वैसे ही आन्तरिक गुटबन्दी तेजी से सक्रिय हो गयी जैसा कि आजकल भूतपूर्व जनता के विभिन्न अंगों में संघर्ष से दिखलायी पड़ रहा है।

(3) आन्तरिक मतैक्य—किसी भी राजनैतिक दल में व्यापक सैद्धान्तिक प्रश्नों पर सामान्य रूप से मतैक्य पाया जाता है। इस सामान्य मत से आन्तरिक संघर्षों का प्रतिनिधित्व नहीं होता। अस्तु, इन आन्तरिक संघर्षों को अभिव्यक्ति देने के लिये राजनैतिक गुटबन्दी उत्पन्न होती है। इसका एक उदाहरण भूतपूर्व जनता पार्टी की आन्तरिक राजनीति में देखा जा सकता था जिसमें कुछ मूलभूत सैद्धान्तिक एकता को छोड़कर पार्टी के विभिन्न अंग अपनी विचारधारा को लेकर परस्पर संघर्ष करते दिखलाई पड़ते थे।

(4) ढीला दलगत संगठन—गुटबन्दी की राजनीति को हवा देने वाला एक प्रमुख कारक राजनैतिक दल का ढीला संगठन है। इससे राजनैतिक दल के विभिन्न घटकों पर केन्द्रीय सत्ता का नियन्त्रण नहीं रह पाता जिसके परिणामस्वरूप ये घटक गुटबन्दी में लग जाते हैं। वर्तमान काल में भारतवर्ष में भूतपूर्व जनता पार्टी में तीव्र गुटबन्दी के मूल में यही प्रमुख कारण था।

(5) गुटों के नेताओं के लक्ष्य—किसी भी दल का संगठन नेता की इस कुशलता पर आधारित है कि वह कैसे दलगत नेताओं को एक जुट रख सकता है। इसके अभाव में अनेक छोटे नेता अपने व्यक्तिगत लक्ष्यों और हितों से प्रेरित होकर अलग-अलग गुट बना लेते हैं और गुटबन्दी के आधार पर राजनीति चलाते हैं। इसका एक उदाहरण भूतपूर्व जनता पार्टी में एक ओर जनसंघ गुट तथा दूसरी ओर भालोद तथा समाजवादी गुट में राष्ट्रीय

स्वयं सेवक संघ के प्रश्न को लेकर खींचातानी और गुटबन्दी की राजनीति में देखा जा सकता था।

राजनैतिक गुटबन्दी केवल विघटनकारी ही नहीं होती। जहां वह अधिक विघटन करती है वहाँ विभिन्न दलों के गुट परस्पर संगठित भी हो जाते हैं। उदाहरण के लिए पीछे भारतीय राजनीति में कभी-कभी यह आशंका होती थी कि जनता पार्टी का कोई घटक अलग होकर इन्दिरा कांग्रेस में न मिल जाये। गुटबन्दी के कारण राजनैतिक दल के लिये अत्यधिक महत्त्वपूर्ण मामलों में तुरन्त फैसला बड़ा कठिन कार्य हो जाता है।

गुटबन्दी राजनीति के विघटक कार्य

राजनैतिक गुट संघटक और विघटक दोनों प्रकार के कार्य करते हैं। इनमें भी विघटक कार्य अधिक महत्त्वपूर्ण हैं। ये विघटक कार्य निम्नलिखित हैं–

(1) दलगत निर्णयों का अभाव–गुटबन्दी के कारण राजनैतिक दल में महत्त्वपूर्ण विषयों में तुरन्त निर्णय नहीं किया जा सकता। यह तथ्य आपात स्थिति के पश्चात् कांग्रेस दल में देखा जा सकता था जिसमें श्रीमती इन्दिरा गांधी के गुट और विपक्ष के राजनैतिक गुटों में इतना अधिक संघर्ष दिखलाई पड़ता था कि उनके भविष्य में संगठित हो जाने की आशा नहीं होती थी। इस प्रकार के उदाहरणों में हितों का केन्द्र दलगत न रहकर गुटबन्दी पर आधारित हो जाता है। चुनाव के दिनों में इस गुटबन्दी का परिणाम कभी-कभी चुनाव में हार के रूप में देखा जा सकता है।

(2) दल शक्ति का विभाजन–राजनैतिक गुटबन्दी से राजनैतिक दल की शक्ति घटती है और जनता की दृष्टि से राजनैतिक दल की प्रामाणिकता कम होती है। वर्तमान काल में कांग्रेस पार्टी के विभिन्न नेता आन्ध्र, कर्नाटक इत्यादि राज्यों में अपनी सत्ता को बनाये रखने के लिये एकता के प्रयास करते दिखलायी पड़ते हैं। दूसरी ओर भूतपूर्व जनता पार्टी के विभिन्न घटकों की खींचातानी से पार्टी की शक्ति बराबर घट रही है।

राजनैतिक गुटबन्दी के संघटक कार्य

किन्तु राजनैतिक गुटबन्दी के परिणाम केवल विघटनकारी ही नहीं होते, इन गुटों के द्वारा अनके संगठनकारी कार्य भी किये जाते हैं। जैसा कि पीछे बतलाया जा चुका है, राजनैतिक दल के अन्तर्गत विभिन्न गुट विभिन्न हितों और रुचियों का प्रतिनिधित्व करते हैं। अस्तु, इन सबका समन्वय करने से राजनैतिक दल अधिक प्रभावशाली और सर्वांगपूर्ण बनता है। उदाहरण के लिये आपात स्थिति पूर्व के काल में उत्तर प्रदेश में औद्योगिक गुट और कृषि प्रधान गुट को कांग्रेस दल में समान रूप से प्रतिनिधित्व दिया गया था जिससे सत्तारूढ़ सरकार में उनके हितों की रक्षा सम्भव हो पाती थी। इसी प्रकार जनता सरकार में केन्द्र में विभिन्न मन्त्रि मण्डलों में विभिन्न सिद्धान्त रखने वाले जनता के विभिन्न घटकों को कार्य भाग दिया गया। जब तक इन विभिन्न घटकों की विविधता को एक सूत्र में बांधे रखा गया तब तक जनता पार्टी बलवान रही जब नहीं रहा तब वह बिखर गई। इस प्रकार विभिन्न राजनैतिक गुटों के समन्वय से राजनैतिक पार्टी बढ़ती है और वह मतदाताओं में

विभिन्न वर्गों में अपने अनुयायियों की शक्ति बनाये रख सकती है। इस प्रकार राजनैतिक दल के विभिन्न घटकों के सन्तुलन के द्वारा राजनैतिक गुट राजनैतिक दल में संगठनकारी कार्य करते हैं।

अभ्यास के लिये प्रश्न

1. दबाव गुट क्या है? उसके काम करने की विधियां बतलाइये।

2. दलगत राजनीति क्या है? उन दशाओं को बत्लाइये जिनमें कि वह समकालीन भारतीय राजनीति में उत्पन्न हुई है और बढ़ी है।

3. भारतीय गुटबन्दी की राजनीति में संघटक और विघटक कार्यों का विश्लेषण कीजिये।

22

सामाजिक वर्गों की राजनीति
(Politics of Social Classes)

जन आन्दोलन आधुनिक जन समाजों के लक्षण हैं। इनमें संगठित राजनैतिक आन्दोलनों के रूप में बड़े पैमाने पर नर नारी भाग लेते हैं। संकट के काल में आधुनिक समाजों में विशाल राजनैतिक संगठन जनता पर से नियन्त्रण खो देते हैं। इससे इन संकटों को सुलझाने के लिये बड़े पैमाने पर जन आन्दोलन होते हैं। इसके लिये जनता के बड़े वर्ग से अत्यधिक सहायता प्राप्त होना आवश्यक है। इसके अतिरिक्त राजनैतिक प्रशासन पर नियन्त्रण प्राप्त करने के लिये राजनैतिक दलों द्वारा बड़े पैमाने पर आन्दोलन संगठित किये जाते हैं। बीसवीं सदी में समस्त संसार में दो बड़े जन आन्दोलन साम्यवाद और फात्सीवाद के रूप में दिखलाई पड़ते हैं। साम्यवाद और फात्सीवाद जन आन्दोलन होने के साथ-साथ वर्ग आन्दालेन भी हैं। जहाँ तक साम्यवादी आन्दोलन का प्रश्न है उसकी शक्ति का केन्द्र सर्वहारा वर्ग का आन्दोलन है। इस प्रकार वह जन आन्दोलन न होकर सर्वहारा वर्ग का आन्दोलन है। उसका सामाजिक आधार न्यूनाधिक रूप से जनतन्त्रीय समाजवादी दलों के समान है। दूसरे शब्दों में, जनता के अन्य वर्गों की तुलना में श्रमिक वर्ग ने ही साम्यवादी आन्दोलनों में विशेष योगदान दिया है। इसके विरुद्ध फात्सीवाद आन्दोलन मूल रूप से एक मध्यवर्गीय आन्दोलन है। साम्यवाद और फात्सीवाद के केन्द्र में क्रमशः श्रमिक वर्ग और मध्यम वर्ग के हितों को आगे बढ़ाने का प्रयास निहित है और इसलिये ये वर्ग संघर्ष को बढ़ाते हैं।

श्रमिक वर्गों का कार्यभाग

श्रमिक वर्ग आधुनिक समाज में अन्य वर्गों से अलग दिखलायी पड़ता है और वह उच्च वर्ग तथा मध्यम वर्ग से घनिष्ठ सम्बन्ध नहीं रखता। समाज के अन्य वर्गों की तुलना में श्रमिक वर्ग जनतन्त्रीय व्यवस्था में कम रुचि रखता है। अस्तु, साम्यवादी आन्दोलनों में श्रमिक वर्ग के योगदान से लाभ उठाया गया है। किन्तु जिन देशों के समाजों में श्रमिक वर्ग सामान्य सामाजिक व्यवस्था में अन्य वर्गों से कटा हुआ नहीं होता वहाँ पर साम्यवादी

आन्दोलन नहीं बन पाते। इसके उदाहरण ब्रिटेन और संयुक्त राष्ट्र अमरीका में देखे जा सकते हैं। श्रमिक वर्ग के अतिरिक्त बुद्धिजीवी, कृषक और छोटे व्यवसायी भी जन आन्दोलन के प्रति आकर्षित होते हैं। संक्षेप में, निम्न और मध्यम वर्ग ही अधिकतर जन आन्दोलन का आधार होते हैं। जो निर्वैक्तिकता व्यक्ति को सामाजिक व्यवस्था से अलग करती है वही समाज के कुछ वर्गों को आन्दोलनों की ओर ले जाती है। इसी कारण जर्मनी में नाजी दल जनसंख्या में कुछ वर्गों जैसे राज्यविहीन राजकुमारों, ऋणग्रस्त जमींदारों, ऋण ग्रस्त किसानों, दीवालिया उद्योगपतियों तथा निर्धन दुकानदारों और कलाकारों, मरीजों के बिना चिकित्सकों तथा मवक्किलों के बिना वकीलों और पाठकों के बिना लेखकों, बेरोजगार अध्यापकों और बेरोजगार शारीरिक तथा श्वेतकालर कर्मचारियों का सहयोग प्राप्त कर सका। इसी प्रकार इटली में भी फात्सीवाद को समाज के विभिन्न वर्गों का सहयोग प्राप्त हुआ। जहां तक समाज के विभिन्न वर्गों का सहयोग प्राप्त करने का प्रश्न है यह साम्यवादी आन्दोलन को भी प्राप्त होता रहा है भले ही उसका केन्द्र श्रमिक वर्ग रहा हो।

फात्सीवादी आन्दोलन ने मुसोलिनी के नेतृत्व में प्रथम विश्वयुद्ध के पश्चात् विशेष शक्ति एकत्रित की। फात्सीवाद राष्ट्रीय एकता और संगठन के विचारों को लेकर चलता है। उसका प्रमुख आधार स्थायीभाव होते हैं। उसके अनुसार जनता स्वयं अपना प्रशासन नहीं कर सकती। जनता का एकमात्र लक्ष्य जीवन स्तर को समुचित रूप से प्राप्त करना है। इसके लिये वह राष्ट्रीय नेता का अन्धानुगमन करती है। यद्यपि फात्सीवादी नेता जनता को साधन के रूप में इस्तेमाल करते हैं किन्तु इटली में कुछ समय तक वे जनता को स्थायी और सफल सरकार प्रदान कर सके। इस सरकार को जनता के सभी वर्गों का समर्थन प्राप्त हुआ क्योंकि इसने प्रत्येक सामाजिक और राजनैतिक स्थिति के व्यक्ति को एक उत्तम और आरामदेह जीवन स्तर दिलाने का वायदा किया था। बीसवीं शताब्दी में पूंजीवाद के आन्तरिक दोषों के विरोध के रूप में साम्यवाद एक शक्तिशाली जन आन्दोलन बनकर उत्पन्न हुआ। साम्यवाद ने श्रमिक वर्ग को विशेष रूप से अपील किया क्योंकि वह समस्त समाज में उपभोग की वस्तुओं का समान विभाजन करना चाहता था। अस्तु, उसने विशेष रूप से निम्न वर्ग को अपील किया जो कि अब तक आय और सम्पत्ति में अत्यधिक विषमता के शिकार रहे थे और जिनका पूँजीवादी व्यवस्था में उत्पादन और वितरण की प्रणालियों में विशेष रूप से शोषण किया गया था। अस्तु, हम यह निष्कर्ष निकाल सकते हैं कि जन आन्दोलन वर्तमान राजनैतिक सामाजिक व्यवस्था में असन्तोष को भावुक स्तर पर अपील करते हैं किन्तु उनके क्रान्तिकारी सिद्धान्त समाज के सभी वर्गों को आकर्षित करते हैं कि जो वर्तमान राजनैतिक सामाजिक व्यवस्था से सन्तुष्ट होते हैं।

भारत में आर्थिक विकास की माँग

भारतवर्ष विभिन्न धर्मों, भाषाओं और संस्कृतियों का देश है। स्वतन्त्र भारत में जनतन्त्रीय राजनैतिक व्यवस्था की स्थापना हुई। भारतवर्ष में जनतन्त्र को बचाने के लिये आर्थिक क्षेत्र में उसका प्रभावशाली होना आवश्यक है। भारतवर्ष एक विकासमान देश है। वह आर्थिक विकास की कोशिश कर रहा है और जनता के जीवन स्तर को ऊँचा उठाना चाहता है। भारतीय संविधान में राज्य नीति के निर्देशक सिद्धान्तों में आर्थिक विकास का

लक्ष्य निर्धारित किया गया है और इसके लिये स्वतन्त्र भारत में अधिक उत्पादन और सेवाओं तथा उत्पादनों के सम वितरण का आदर्श रखा गया है।

भारतवर्ष मुख्य रूप से कृषि प्रधान ग्रामों का देश है। अस्तु, भारतीय आर्थिक विकास मुख्य रूप से कृषि के क्षेत्र में वृद्धि पर आधारित है। परन्तु भारतीय समाज में एक आधारभूत विषमता जाति के आधार पर स्तरीकरण है। अस्तु, भूमि के क्षेत्र में निहित हितों को लेकर भूमि के वितरण में कठिनाई दिखलाई पड़ती है। प्रत्येक ग्राम में अधिकतर कृषि योग्य भूमि उच्च वर्ग और उच्च मध्य वर्ग की जातियों के संयुक्त परिवारों के अधिकार में होती है। ये लोग भूमि के सम वितरण का विरोध करते हैं जिससे कि कृषि श्रमिकों को उत्पादन में अधिक हिस्सा मिलने की सम्भावना है। ये ही लोग कृषि के क्षेत्र में परम्परा को बनाये रखने के लिये वैज्ञानिक और प्राविधिक उत्पादन के साधनों के प्रचार का विरोध करते हैं। ये नव धनाढ्य किसान जातियाँ भूमि पर सीमा लगाने के कानूनों को अपने पक्ष में मोड़ने में सफल रही हैं और इन्होंने अपने प्रभाव को बनाये रखा है। सत्तारूढ़ दल में सहयोग देकर भी ये अपने प्रभाव को बनाये हुए हैं। अस्तु, ये सरकार की कृषि नीति को प्रभावित करने में सफल हुए हैं जो कि इस प्रकार की बनायी हुई है जिससे इन जातियों के हितों की रक्षा होती है और स्वस्थ आर्थिक विकास सम्भव नहीं हो पाता। मैसूर और मान्डे जिलों में पिछले दिनों छेड़ा गया वरुण नहर आन्दोलन राजनैतिक लक्ष्यों को लिये हुए था और उससे सामान्य सामाजिक जीवन में बाधा उत्पन्न हुई थी।

नगरीय क्षेत्रों में बड़े उद्योगपति राजनैतिक और आर्थिक नीतियों को प्रभावित करते हैं। बहुधा नये उद्योग किसी परिवार अथवा जाति समूह में आर्थिक हितों को बढ़ाने के लिये स्थापित किये जाते हैं और उनमें सामान्य जनता के आर्थिक स्तर को ऊँचा उठाने का लक्ष्य नहीं रहता। बहुधा ऐसी वस्तुओं का निर्माण करने वाले उद्योगों का विकास किया जाता है जो कि किसी क्षेत्र में कम कीमत पर अधिक लाभ उठाने में सहायक होता है। दूसरी ओर सार्वजनिक उपभोग की आवश्यक वस्तुओं के उत्पादन की ओर पर्याप्त ध्यान नहीं दिया जाता। जाति समूह में उच्च जातियाँ जैसे कि ब्राह्मण कुछ विशेष उद्योगों में अपने प्रभाव को बनाये रखने के लिये सरकार पर जोर डालते हैं। उदाहरण के लिये जहां गायें बहुधा पायी जाती हैं वहां पर धर्म के नाम पर मृतक और बूढ़ी गायों के खाने का निषेध करके गाय के गोश्त के कारखाने बन्द करने के लिये जोर दिया गया है। दूसरी ओर कपास और जूट के कारखानों में काम करने वाले श्रमिकों ने अपने व्यावसायिक संघ बना लिये हैं। हड़तालें और आन्दोलन उद्योगों के क्षेत्र में सामान्य आचरण बन गये हैं जिससे उत्पादन में बाधा पड़ती है। इस प्रकार उद्योगपति, जमींदार, किसान और श्रमिक सभी ओर से सरकार पर प्रभाव डालते हैं और सरकार समाज के विभिन्न वर्गों के हितों की ओर समान रूप से ध्यान नहीं दे पाती। अस्तु, भारतवर्ष में संगठित राजनैतिक समूहों ने आर्थिक क्षेत्र में विकास को प्रभावित किया है।

परम्परागत रूप से प्रभावशाली समूहों जैसे जातियों ने अपने को परिवर्तित और संशोधित किया है जिससे कि वे नई संस्थाओं को अपने विशेष हितों को आगे बढ़ाने के लिये इस्तेमाल कर सकें। उन्होंने शक्ति और सम्पत्ति के सभी स्त्रोतों पर एकाधिकार कर

लिया है। दूसरी ओर नवजागृत समूह राष्ट्रीय सम्पत्ति में अपने उचित भाग की मांग कर रहे हैं। भारतीय समाज में इस संघर्ष ने समकालीन भारतीय जनतन्त्र में भयंकर रूप धारण कर लिया है। भारतीय संविधान में कल्याणकारी राज्य का आदर्श इस संघर्ष का उन्मूलन करने के लिये स्थापित किया गया था जिससे प्रत्येक नागरिक को उपयुक्त जीवन स्तर प्राप्त हो सके ताकि वह आर्थिक विकास के कार्यक्रम में प्रसन्नतापूर्वक योगदान दे। किन्तु भारतीय समाज में उपरोक्त विषमता से यह आदर्श मरता गया है। अस्तु, समकालीन भारत में साधनों की भारी कमी दिखलायी पड़ती है। इसलिये विभिन्न संगठित समूह बराबर संघर्ष करते रहते हैं जो कि देश की राजनैतिक संरचना में दिखलायी पड़ता है। इस संघर्ष से सामान्य जीवन और स्वस्थ उत्पादन को आघात पहुंचा है और राजनैतिक भ्रष्टाचार बढ़ा है। इससे उत्पादन की कुशलता कम हुयी है और श्रमजीवियों को हानि हुयी है। इससे भूमि की सीमा के विषय में उचित नियम नहीं बनाये जा सके हैं और उद्योगों की स्थापना के लिये सही सिद्धान्तों से काम नहीं लिया गया है। अस्तु, सब कहीं आर्थिक विकास पिछड़ गया है। वर्तमान भारतीय जनतन्त्र में विभिन्न दबाव गुटों के मध्य मतैक्य का अभाव और आर्थिक विकास का पिछड़ापन दिखलायी पड़ता है।

निम्न वर्गों में सत्तावाद
(Authoritarianism in Lower Classes)

संसार के सभी देशों में साम्यवाद ने निम्न वर्गों, विशेषतया श्रमिक वर्गों और ग्रामीण वर्गों से समर्थन प्राप्त किया है। अपने विशिष्ट आर्थिक स्तर के कारण ये वर्ग ऐसे व्यक्तियों को जन्म देते हैं जो कि कठोर और असहिष्णु व्यक्तित्व वाले होते हैं। ये ही व्यक्ति समाज में सत्ता हड़पने के लिये जन आन्दोलन चलाते हैं। निर्धन देशों में निम्न स्तर के वर्गों की सामाजिक स्थिति तथा शैक्षिक स्थिति भी अत्यन्त निम्न होती है। ये राजनीति में शुभ और अशुभ, उचित और अनुचित का विचार नहीं रखते। अस्तु, अन्य बातें समान होते हुये भी ये तीव्रगामी एकांगी आन्दोलनों को जन्म देते हैं जो कि कठोर दृष्टिकोण रखते हैं तथा सामाजिक समस्याओं को शीघ्रतापूर्वक सुलझाने का लक्ष्य रखते हैं।

सत्ता के प्रति आग्रह के कारण

निर्धन और श्रमिक वर्ग में सत्ता हड़पने के प्रति आग्रह दिखलाई पड़ने के निम्नलिखित कारण बतलाये जा सकते हैं–

(1) **संगठनात्मक वायदे**–जनतन्त्र में संगठनात्मक वायदों के कारण श्रमिक वर्ग सत्ता पर अधिकार करने का प्रयास करता है। इस क्षेत्र में निम्न वर्गों के बड़े संगठनों का विशेष प्रभाव होता है।

(2) **सामाजिक तत्त्व**–अनेक सामाजिक कारक जैसे शिक्षा का निम्न स्तर, स्वायत्त संगठनों का अभाव, साक्षरता की कमी, विघटित व्यवसाय, आर्थिक असुरक्षा और परिवार की सत्ता का भी श्रमिक वर्ग में सत्ता पर अधिकार करने की प्रवृत्ति पर प्रभाव पड़ता है।

(3) शिक्षा की कमी—शिक्षा की कमी और साक्षरता का अभाव भी निम्न वर्गों में सत्ता के प्रति उन्मुखता उत्पन्न करता है। किन्तु यह कहने के लिये कोई पर्याप्त प्रमाण उपलब्ध नहीं है कि शिक्षा का स्तर बढ़ते जाने के साथ-साथ जनतन्त्रीय प्रवृत्ति भी बढ़ती ही जाती है।

(4) निम्न आर्थिक स्थिति—निम्न आर्थिक स्थिति और शिक्षा के निम्न स्तर का घनिष्ठ सम्बन्ध है और ये तीनों ही विशेषतायें मिलकर निम्न वर्गों के व्यक्तियों में असहिष्णुता बढ़ती है। निर्धनता और भूख निरंकुश प्रवृत्तियों की ओर ले जाती है और इनसे निरंकुश सत्ताधारी सरकार में आस्था उत्पन्न होती है।

(5) निम्न सामाजिक स्तर—सामाजिक स्तर में निम्न स्थिति के लोग औपचारिक संगठनों में कम भाग लेते हैं। वे कम पत्रिकायें और कम पुस्तकें पढ़ते हैं। उन्हें जनसमस्याओं के विषय में कम ज्ञान होता है। वे मतदान में कम भाग लेते हैं और सामान्य रूप में राजनीति में कम रुचि रखते हैं। इन सबके परिणामस्वरूप उनमें जनतन्त्रीय अभिवृत्ति कम होती है। जैसा कि विभिन्न समाजशास्त्रीय अध्ययनों में दिखलायी पड़ता है, इससे वे निरंकुश सत्ताधारी बन जाते हैं।

(6) राजनैतिक परकीकरण (Political Alienation)—जनतन्त्रीय समाज में निम्न वर्ग सामान्य कार्यक्रमों, विवादों और संगठनों से अलग रहते हैं। इससे उनमें राजनैतिक परकीकरण उत्पन्न होता है जो कि उन्हें राजनैतिक संरचना को सही रूप में समझने और परस्पर सहिष्णुता की आवश्यकता को अनुभव करने में बाधा डालता है। उदाहरण के लिये जो व्यवसाय श्रमिकों को किसी एक उद्योग, नगर अथवा क्षेत्र में बने रहने के लिये बाध्य करते हैं उनमें राजनैतिक परकीकरण होने के कारण साम्यवादी विचारों का अधिक शीघ्रता से प्रचार होता है। इसका एक उदाहरण बन्दरगाहों के कर्मचारियों में देखा जा सकता है। इसी प्रकार से ग्रामीण कृषक नागरिक स्वतन्त्रताओं और बहुदलीय व्यवस्थाओं का विरोध करते हैं। शिक्षा की न्यूनता और निम्न आर्थिक स्थिति उनमें अनेक धारणायें बना देते हैं। अस्तु, उनके अन्दर उच्च वर्गों के प्रति घृणा बड़ी आसानी से उकसायी जा सकती है। कार्ल मार्क्स ने इसी तथ्य का लाभ उठाकर संसार के समस्त श्रमिकों को संगठित हो जाने की चुनौती दी थी।

(6) आर्थिक और मनोवैज्ञानिक सुरक्षा का अभाव—निम्न वर्गों को निरंकुशता की ओर ले जाने वाला एक अन्य महत्त्वपूर्ण कारक उनमें अपेक्षाकृत आर्थिक और मनोवैज्ञानिक सुरक्षा का अभाव है। सामाजिक आर्थिक क्रम में हम जितना ही नीचे जाते हैं उतनी ही आर्थिक असुरक्षा बढ़ती जाती है। उदाहरण के लिये हम देखते हैं कि श्वेतकालर श्रमिक भले ही वे अन्य श्रमिकों से कम वेतन पाते हैं, कम तनावग्रस्त होते हैं क्योंकि उनकी नौकरियों कम खतरे में रहती हैं। वैवाहिक तनावों के अनेक अध्ययनों से यह पता चला है कि उनका निम्न आय की असुरक्षा से घनिष्ठ सम्बन्ध है। इस प्रकार आर्थिक असुरक्षा अन्त में व्यक्तियों में निरंकुशता के पक्ष में राजनैतिक अभिव्यक्ति उत्पन्न करती है।

(7) अपरिष्कृत दृष्टिकोण—अत्यधिक सुझावग्रहणशीलता, भूत और भविष्य का अज्ञान, जटिल तथ्य को समझने की अयोग्यता, अमूर्त चिन्तन में कठिनाई तथा कल्पना

का अभाव, अपरिष्कृत दृष्टिकोण के परिचायक हैं। ये लक्षण किसी भी समाज में निम्न स्तर के व्यक्तियों में देखे जा सकते हैं। ये समस्त लक्षण निरंकुशतावाद के पक्ष में अभिवृत्ति उत्पन्न करते हैं।

(8) सांस्कृतिक निर्योग्यतायें—निम्न वर्गीय व्यक्ति को सहज ही दण्डित कर दिया जाता है। प्रेम के अभाव तथा तनाव के सामान्य वातावरण और बचपन से ही हिंसापूर्ण अनुभवों के कारण उसके मन में उच्च वर्गों के प्रति विरोध और घृणा की भावना उत्पन्न हो जाती है। उनका शैक्षिक अनुभव भी उनमें उपयुक्त अभिवृत्तियाँ उत्पन्न नहीं करता। वे विद्यालय अपेक्षाकृत शीघ्र छोड़ देते हैं और किसी न किसी नौकरी में लग जाते हैं जिससे उन्हें संस्कृति, परिवार और शिक्षा का उचित लाभ नहीं मिल पाता। बचपन से ही वे तत्कालीन आवश्यकताओं की पूर्ति में लग जाते हैं। उनकी जानकारी बहुत कम होती है और दृष्टिकोण सीमित होता है। उनका ध्यान जीवन में अपेक्षाकृत छोटी-छोटी बातों में लगा रहता है और वे कभी भी अधिक व्यापक समस्याओं की ओर ध्यान नहीं दे पाते। अस्तु, स्वभावतया उनमें निरंकुशता की प्रवृत्तियां उत्पन्न होती हैं।

उपरोक्त समस्त कारकों से निम्न वर्गों के व्यक्ति राजनीति और व्यक्तिगत सम्बन्धों में अतिवादी (Extremist) हो जाते हैं। वे तुरन्त सुधार चाहते हैं और उनकी बातचीत तथा विवाद में धैर्य का अभाव देखा जाता है जो कि जनतन्त्रीय प्रणाली का एक अनिवार्य अंग है। अस्तु, वे जनतन्त्रीय संगठनों में कोई रूचि नहीं लेते। दूसरी ओर वे निरंकुशतावादी डिक्टेटरों का स्वागत करते हैं जो कि उनकी कठिनाइयों को तुरन्त दूर करने का वायदा करते हैं और उनके विपक्षियों से कठोरतापूर्वक निबटने का विश्वास दिलाते हैं।

दलित वर्गों में निरंकुशतावादी प्रवृत्तियों के उत्पन्न होने का एक उदाहरण वर्तमान भारत में दलित पैन्थर नाम के संगठन में देखा जा सकता है। भारतवर्ष में हरिजनों ने शताब्दियों तक अमानवीय निर्योग्यताओं को भोगा है। उच्च जाति के नेताओं जैसे महात्मा गांधी के प्रयास के उनकी स्थिति बेहतर होने के बावजूद उनके मन में उच्च जातियों के दुर्व्यवहार के प्रति हिंसा बढ़ती ही गयी है। स्वयं डा॰ भीमराव अम्बेडकर ने अपने जीवन में सवर्ण जातियों के व्यक्तियों के हाथों सब प्रकार के अपमान और असुविधायें सहन की थीं। अस्तु, स्वाभाविक था कि उन्होंने निम्न वर्ग के व्यक्तियों को संगठित किया और उनके लिये न्याय की मांग की। अम्बेडकर तो इसके लिये संवैधानिक संशोधन ही चाहते थे परन्तु वर्तमान दलित-पैन्थर नेता इसके लिये हिंसा के साधनों को अपनाने की भी बात करते हैं और निरंकुशतावादी प्रवृत्तियां दिखलाते हैं।

अभ्यास के लिये प्रश्न

1. सार्वजनिक आन्दोलनों में सामाजिक वर्गों के कार्यभाग की व्याख्या कीजिये।
2. बतलाइये कि किस सीमा तक संगठित समूह भारतवर्ष में आर्थिक विकास की माँग करता है?
3. निम्न वर्गों में सत्ताग्राही अभिवृत्ति में योगदान देने वाले कारकों का विश्लेषण कीजिये।

23

राजनैतिक नेतृत्व
(Political Leadership)

नेता क्या है ?

स्प्रोट के अनुसार–"कोई भी जो दूसरों के लिये एक आदर्श है बहुधा एक नेता कहलाता है।"[1] इस प्रकार भिन्न-भिन्न समूहों में उस व्यक्ति को नेता माना जाता है जो उस समूह के अन्य लोगों के लिये आदर्श हो। स्पष्ट है कि पहलवानों के दल में पहलवान नेता हो सकता है और राजनैतिक दल में राजनैतिक दांव पेचों को समझने वाला व्यक्ति ही नेता हो सकता है। दोनों ही परिस्थितियों में वही नेता कहलाता है जो दूसरों को रास्ता दिखाता है अर्थात् जो दूसरों का आदर्श होता है। आदर्श होने के कारण ही समूह के अन्य व्यक्ति स्वभावतया ही नेता का अनुगमन करने लगते हैं। इसी कारण नेता का अन्य व्यक्तियों पर इतना प्रभाव होता है। नेता के अनुगामी नेता की आज्ञा को मानते हैं। वे उसके उपदेशों को जीवन में उतार लेना चाहते हैं, उसके इशारे पर जान पर भी खेल जाते हैं। फ्रॉयड के अनुसार नेता अनुगामियों का अहं आदर्श (Ego-ideal) बन जाता है।

नेतृत्व क्या है ?

नेतृत्व के विवेचन में सबसे पहले यह निश्चित करना जरूरी है कि नेतृत्व है क्या? इस सम्बन्ध में भिन्न-भिन्न विद्वानों ने भिन्न-भिन्न परिभाषायें उपस्थित की हैं। इन परिभाषाओं के विवेचन से यह स्पष्ट होगा कि नेतृत्व क्या है ? कुछ मुख्य परिभाषायें निम्नलिखित हैं–

(1) लेपियर और फ्रैंसवर्थ का मत–"नेतृत्व एक व्यवहार है जो कि अन्य व्यक्तियों के व्यवहार को नेता पर उनके व्यवहार के प्रभाव की अपेक्षा अधिक प्रभावित करता है।"[2] प्रत्येक समूह में विभिन्न सदस्यों में कुछ सम्बन्ध होते हैं और सभी एक दूसरे

---

1. "Any one who acts as a model to others is often called a leader."
—Sprott, W. G. H. *Social Psychology,* (1952), p. 71.
2. "Leadership is a behaviour that affects the behaviour of other people, more than their behaviour affects that of the leader."
—Lapiere and Fransworth, *Social Psychology*, (1954), p. 254.

को प्रभावित करते हैं। इन परस्पर सम्बन्धों और परस्पर प्रभाव में जो व्यक्ति दूसरे को तो अत्यधिक प्रभावित करता है और उससे उतना अधिक प्रभावित नहीं होता वह नेता बन जाता है। इस प्रकार नेतृत्व की परिभाषा से नेता और अनुगामियों की अन्तर्क्रिया पर प्रकाश पड़ता है। नेता नेतृत्व करता है, सुझाव देता है, आज्ञा देता है और रास्ता दिखलाता है। अन्य लोग उसका अनुगमन करते हैं।

नेतृत्व और प्रभुता में अन्तर

इस परस्पर अन्तर्क्रिया में यह स्पष्ट दिखाई पड़ता है कि नेतृत्व और प्रभुता समानार्थक शब्द नहीं हैं। जहाँ नेता का अनुगामियों पर प्रभाव पड़ता है वहाँ अनुगामियों का भी कुछ प्रभाव नेता पर अवश्य पड़ता है। मनोवैज्ञानिक दृष्टि से अनुगामियों के प्रति नेता के व्यवहार में प्रभुत्व अधिक होता है, जबकि नेता के प्रति अनुगामियों के व्यवहार में दैन्य की भावना अथवा समर्पण की भावना अधिक काम करती है। किन्तु ऐसे अवसर बहुत कम आते हैं जबकि नेता का व्यवहार एकदम प्रभुत्वयुक्त हो और अनुगामी पूर्णतया आत्म-समर्पण करें। इस प्रकार नेता और अनुगामियों की अन्तर्क्रिया में केवल यही बात सदैव देखी जा सकती है कि नेता का व्यवहार अनुगामियों को अधिक प्रभावित करता है जबकि अनुगामियों का व्यवहार नेता को अपेक्षाकृत कम प्रभावित करता है। जहाँ कहीं प्रभुत्व और आत्म-समर्पण का इस प्रकार मेल हो वहीं नेतृत्व देखा जा सकता है। इसके लिये यह आवश्यक नहीं है कि नेता अच्छी ही राह में ले जाये। चाहे वह अच्छी राह में ले जाये या बुरी राह में, नेता-नेता ही है और नेता रहते उसके अनुगामी उसकी आज्ञा का पालन करते ही हैं।

(2) मैकाइवर और पेज का मत–"नेतृत्व से हमारा तात्पर्य लोगों को प्रोत्साहित करने अथवा निर्देशित करने की वह योग्यता है जो कि पद के अलावा व्यक्तिगत गुणों से आती है।"[1] नेतृत्व की इस परिभाषा में नेतृत्व और पद में अन्तर दिखलाया गया है। केवल ऊँचा पद होने मात्र से कोई व्यक्ति नेता नहीं बन जाता, यह दूसरी बात है कि अपने पद से उसे नेता बनने में कुछ सहायता मिलती हो। वास्तव में नेतृत्व व्यक्ति के व्यक्तिगत गुणों पर निर्भर है, उसके पद पर नहीं। इसलिये कभी-कभी यह देखा जाता है कि वैधानिक रूप से चुने हुये नेता की बात कोई नहीं मानता और दूसरे अन्य कुछ लोगों की बात लोग मानने लगते हैं। राजनैतिक क्षेत्र में नेतृत्व के व्यक्तिगत गुणों के अभाव में राजनीतिज्ञ अपना पद भी सुरक्षित नहीं रख सकता। नेतृत्व के ये व्यक्तिगत गुण क्या हैं, इनका विवेचन क्रमशः किया जायेगा।

नेता और नेतृत्व

संक्षेप में नेता वह प्रभावशाली व्यक्ति है जो समूह में विशेष कामों को करता है, जो सुझाव देता है, आज्ञा देता है और रास्ता दिखाता है, जो दूसरों के सामने आदर्श बनकर

1. "By leadership we mean the capacity to persuade or to direct men that comes from personal qualities apart from office."

—R. M. MacIver and C. H. Page. *Society*, Macmillan and Co. London (1952), p. 46.

रहता है, जिसका सब आदर करते हैं और जिसके संकेतों तथा आज्ञाओं का पालन किया जाता है। इस नेता का व्यवहार अथवा कार्य ही नेतृत्व कहलाता है। इस प्रकार नेता व्यवहार अथवा प्रक्रिया से समूह के अन्य लोगों को इस तरह प्रभावित करता है कि वे आत्म-समर्पण कर देते हैं और उसकी आज्ञा का अनुगमन करते हैं। जैसा कि पहले बतलाया जा चुका है, नेतृत्व की प्रक्रिया प्रभुता की प्रक्रिया से भिन्न है। पिगोर्स के शब्दों में "नेतृत्व परस्पर प्रोत्साहित करने की एक प्रक्रिया है जबकि प्रभुता नियन्त्रण की एक प्रक्रिया है जिसमें श्रेष्ठता प्राप्त करके एक व्यक्ति अथवा समूह अपनी इच्छानुसार प्रयोजनों को सिद्ध करने के लिये दूसरों की क्रियाओं पर नियन्त्रण करता है।"[1]

नेतृत्व की प्रकृति

नेतृत्व की विभिन्न परिभाषाओं से नेतृत्व की प्रकृति स्पष्ट होती है। नेतृत्व की प्रकृति को और भी स्पष्ट करने के लिये समूह में नेता की स्थिति और कार्य का विवेचन सहायक होगा। इस सम्बन्ध में नेता और पदासीन प्रमुख में अन्तर करना भी प्रासंगिक होगा।

समूह में नेता का एक विशिष्ट स्थान होता है और अनुगामियों से उसके कुछ विशिष्ट सम्बन्ध होते हैं। इस विषय में निम्नलिखित बातें महत्वपूर्ण दिखलाई पड़ती हैं–

(1) नेता अनुगामियों का आदर्श होता है–जैसा कि पहले बतलाया जा चुका है, किसी भी समूह में वही व्यक्ति नेता बनता है जिसको अन्य लोग आदर्श मानते हैं और जब तक वे उसको आदर्श मानते हैं तब तक वह नेता बना रह सकता है।

(2) नेता एक सम्मानित और प्रतिष्ठित व्यक्ति होता है–समूह के अन्य लोगों के सामने आदर्श रूप में रहने के लिये यह आवश्यक है कि नेता सम्मानित और प्रतिष्ठित हो। साधारणतया जितना ही बड़ा नेता होता है उसका उतना ही अधिक सम्मान और प्रतिष्ठा होती है।

(3) नेता का सत्कार किया जाता है–नेता और अनुगामियों के परस्पर व्यवहार में अनुगामी सदैव नेता का सत्कार करते हैं। उसकी बात को ध्यान से सुना जाता है। उसको चोट पहुँचने पर लोग जान पर खेल जाते हैं। उसके आँख के इशारे पर अनुगामी सब कुछ करने को तैयार रहते हैं। अनुगामियों के इस सत्कार से नेता भी प्रोत्साहित होता है और अपना उत्तरदायित्व अनुभव करता है।

(4) नेता की आज्ञा शिरोधार्य होती है–जिस प्रकार परिवार में बालक अपने पिता की आज्ञा को टाल नहीं सकता उसी प्रकार समूह में नेता की आज्ञा अनुगामियों के लिये सदैव शिरोधार्य होती है।

---

1. "Leadership is a process of mutual stimulation while domination is a process of control in which by the assumption of superiority a person or a group regulates the activities of others for purposes of his own choosing."

Pigors, *Leadership or Domination*, (1953)

(5) नेता और अनुगामी दोनों एक दूसरे को प्रभावित करते हैं—नेता और अनुगामियों के परस्पर सम्बन्ध और व्यवहार में यह ध्यान रखने की बात है कि ये दोनों ही एक दूसरे को प्रभावित करते हैं यद्यपि इस परस्पर प्रभाव में नेता का प्रभाव निश्चय ही बहुत अधिक होता है। इससे एक महत्त्वपूर्ण बात यह भी निकलती है कि सफल नेता को अनुगामियों के मनोविज्ञान पर सदैव दृष्टि रखनी चाहिये। उसको उनका सम्मान करना चाहिये और उनकी भावनाओं को ठेस नहीं पहुँचानी चाहिये। उसको जोर जमाने से अधिक अनुगामियों के दिलों पर अधिकार करने की चेष्टा करनी चाहिये। तभी वह उनका प्रिय नेता बन सकता है।

(6) नेता समूह के व्यवहार को निर्धारित करता है—जैसा कि पीछे बतलाया जा चुका है, समूह के सभी लोग नेता के सुझावों और आज्ञाओं का अनुगमन करते हैं। अनुगामी सदैव उसकी ओर उन्मुख रहते हैं। हर एक कठिनाई में वे उसी का मुँह ताकते हैं और वह जैसा कहता है वैसा ही करते हैं। इसी बात को व्यक्त करते हुए सीमान और मौरिस ने लिखा है "नेतृत्व की एक अस्थायी रूप से मानने योग्य परिभाषा उसके प्रभाव के पहलू पर जोर देती है। नेतृत्व के कार्य उन व्यक्तियों के कार्य हैं जो अन्य व्यक्तियों को अनुरूप दिशा में प्रभावित करते हैं।"[1]

(7) नेता समूह के अन्य सदस्यों पर नियन्त्रण रखता है— प्रत्येक समूह में अनेक व्यक्ति होते हैं। उनके विशेष प्रकार के सम्बन्धों से नेतृत्व की प्रक्रिया निश्चित होती है। पिगोर्स के शब्दों में, "नेतृत्व व्यक्ति और पर्यावरण के सम्बन्ध में लागू किया गया एक ऐसी परिस्थिति का ज्ञान देने वाला प्रत्यय है जबकि एक व्यक्ति पर्यावरण में इस प्रकार स्थित होता है कि उसके संकल्प, अनुभूतियों और अन्तर्दृष्टि के सामान्य लक्ष्य को प्राप्त करने के लिए दूसरे निर्देशित और नियन्त्रित होते हैं।"[2]

नेतृत्व और पद

समूह में नेता के स्थान और कार्य के उपरोक्त विवेचन से यह स्पष्ट होता है कि नेतृत्व कुछ व्यक्तिगत गुणों पर निर्भर है और उसमें तथा पद में अन्तर है। यह ठीक है कि उच्च पद मिलने पर व्यक्ति आसानी से नेता बन सकता है। जैसा कि शारटिल और स्टागडिल ने लिखा है "जो लोग ऐसे पद ग्रहण करते हैं जिनमें सामान्य नेतृत्व की योग्यता की आवश्यकता मानी जाती है वे नेतृत्व के अध्ययन के लिये उपयुक्त विषय हैं।"[3] परन्तु

---

1. "One tentatively adoptable definition of leadership emphasizes its influence aspect, leadership acts are acts by persons which influence other persons in shared direction."

   —Seeman and Morris

2. "Leadership is a concept applied to the personality—environment relation, to describe the situation when a personality is so placed in the environment that his will, feeling and insight direct and control other in persuit of a common cause."

   —Pigors, *Leadership or Domination*, (1935)

3. "Persons who occupy positions which are commonly presumed to demand leadership ability are proper and likely subjects for the study of leadership."

   —Shartale and Stogdill.

केवल पद पर होने मात्र से किसी व्यक्ति में गुण होना आवश्यक नहीं है। हाँ, यह अवश्य है कि ऐसे पद पर बहुत समय तक बने रहने के लिये नेतृत्व के गुण आवश्यक हैं। उदाहरण के लिए सेनानायक के गुणों के अभाव में कोई भी सेनापति बहुत दिनों तक सफलता से सेना का संचालन नहीं कर सकता। दूसरी ओर जिस व्यक्ति में ये गुण अधिक होंगे वह सेनापति न होते हुये भी सेनानायक बन बैठता है। पद और नेतृत्व के इसी अन्तर के कारण बड़े-बड़े तथाकथित नेता पदच्युत कर दिये जाते हैं, सेनापति अपनी सेनाओं के द्वारा मार दिये जाते हैं और नये-नये लोग नेतृत्व के द्वारा आगे आते हैं।

नेता और पदासीन प्रमुख में अन्तर

इस प्रकार नेता पदासीन प्रमुख (Head) से भिन्न है। स्थूल रूप से इन दोनों में निम्नलिखित अन्तर हैं—

(1) प्रभाव के आधार में अन्तर—नेता और पदासीन प्रमुख दोनों का अन्य लोगों पर प्रभाव होता है परन्तु दोनों के प्रभाव के आधार अलग-अलग होते हैं। पदासीन प्रमुख का प्रभाव, जैसा कि उसके नाम से स्पष्ट है, उसके पदासीन होने के कारण होता है। दूसरी ओर नेता का प्रभाव उसके नेतृत्व के गुणों के कारण होता है।

(2) प्रभुता के आधार में अन्तर—नेता और पदासीन प्रमुख दोनों ही प्रभुता सम्पन्न होते हैं। परन्तु वे इस प्रभुत्व को अलग-अलग उपायों से प्राप्त करते हैं। पदासीन प्रमुख मुख्य और महत्वपूर्ण स्थानों पर अपने दल के लोगों को नियुक्त करके अपना प्रभुत्व कायम रखता है। दूसरी ओर नेता अपने अनुगामियों के दिलों को जीतकर उन पर अपना प्रभुत्व बनाये रखता है।

(3) समूह के अन्य सदस्यों से सम्बन्ध में अन्तर—नेता और पदासीन प्रमुख दोनों के अन्य लोगों से सम्बन्ध होते हैं। इन सम्बन्धों की प्रकृति में अन्तर है। पदासीन प्रमुख केवल आज्ञा देता है और अन्य लोगों की राय नहीं लेता। दूसरी ओर सफल नेता समूह के अन्य लोगों के मत से भी प्रभावित होता है और उसका ध्यान रखता है।

(4) सामाजिक दूरी का अन्तर—पदासीन प्रमुख और अन्य लोगों में काफी सामाजिक दूरी होती है जिसके कारण लोग उससे डरते हैं। दूसरी ओर नेता सम्मानित और प्रतिष्ठित होते हुये भी अपने अनुगामियों में घुला मिला रहता है और उनसे सामाजिक दूरी नहीं रखता। पदासीन प्रमुख सामाजिक दूरी बनाये रखने की चेष्टा रखता है जबकि नेता सामाजिक दूरी हटाने का प्रयास करता है।

(5) समूह के नियन्त्रण में अन्तर—पदासीन प्रमुख और नेता दोनों ही अन्य लोगों का नियन्त्रण करते हैं परन्तु इस नियन्त्रण के स्वरूप में अन्तर है। पदासीन प्रमुख का नियन्त्रण अधिकतर प्रभुत्व जमाने के रूप में होता है जबकि नेता समूह के व्यक्तियों के सहयोग से उन पर नियन्त्रण करता है।

(6) समूह के उद्देश्य निर्धारित करने में अन्तर—पदासीन प्रमुख और नेता दोनों ही समूह के उद्देश्य निर्धारित करते हैं। परन्तु पदासीन प्रमुख इसमें अन्य लोगों की राय नहीं लेता जबकि नेता ऐसे ही उद्देश्य निर्धारित करता है जिनके पीछे समूह की अप्रत्यक्ष

स्वीकृति होती है अर्थात् जो समूह के अन्य सदस्यों को उनके अपने मन के उद्देश्य मालूम पड़ते हैं।

सत्ता और नेतृत्व

उपरोक्त विवेचन से स्पष्ट है कि सत्ता (Authority) और नेतृत्व में पर्याप्त अन्तर है। सत्ता में प्रभुता की भावना निहित होती है। सत्ताशील व्यक्ति अपनी बातों को मनवाने के लिए शक्ति का भी प्रयोग करता है। सत्ता के साथ आत्म-प्रदर्शन भी लगा हुआ होता है। सत्ता से लोग डरते हैं। दूसरी ओर नेतृत्व में ये सब बातें नहीं दिखाई पड़तीं। यद्यपि नेता प्रभुत्वशाली होता है परन्तु वह अपना प्रभुत्व कभी नहीं जमाता। सफल नेता शक्ति का प्रयोग नहीं करता। जनता उससे डरती नहीं बल्कि उससे प्रेम और आदर रखती है। नेता भी अपने अनुगामियों से प्रेम और सहिष्णुता का व्यवहार करता है। वह अपने अधिकारों की ओर नहीं बल्कि कर्त्तव्यों की ओर देखता है। वह जनता के सामने एक आदर्श उपस्थित करता है। अतः स्पष्ट है कि नेताओं को सत्ता के पीछे नहीं भागना चाहिये। ऐसा करने से उनके बहुत से नेतृत्व के गुणों में कमी आती है और कभी-कभी तो वे सत्ता के लालच में अपना नेतृत्व भी खो बैठते हैं। राजनैतिक क्षेत्र में आये दिन ऐसे बहुत से उदाहरण देखे जा सकते हैं जिनमें नेतृत्व को कायम रखने के लिये नेता ने सत्ता को ठोकर मार दी।

नेतृत्व के प्रकार

विभिन्न विद्वानों ने नेतृत्व के भिन्न-भिन्न प्रकार बतलाये हैं। नेतृत्व के वर्गीकरण भिन्न-भिन्न आधार पर किये गये हैं। इनमें से मुख्य आधार निम्नलिखित हैं—

(1) नेतृत्व की उत्पत्ति (Origin of Leadership)।

(2) नेतृत्व का उद्देश्य (Purpose of Leadership)।

(3) नेतृत्व की प्रकृति (Nature of Leadership)।

(4) अनुगामियों के साथ नेता के सम्पर्क की प्रकृति (Nature of the relation of the leader with the followers)।

अब इन विभिन्न वर्गों में नेताओं के प्रकार का विस्तृत वर्णन प्रासंगिक होगा।

(1) उत्पत्ति के आधार पर वर्गीकरण

उत्पत्ति के आधार पर नेतृत्व के निम्नलिखित प्रकार माने गये हैं। कहना न होगा कि इनसे नेतृत्व की उत्पत्ति पर प्रकाश पड़ता है।

(i) **शासन द्वारा नियुक्त** (Executive Appointed) **नेता**—जैसा कि इसके नाम से स्पष्ट है, इस प्रकार के नेता को शासन नियुक्त करता है और शासन द्वारा पद प्राप्त करने से ही उनके नेतृत्व की उत्पत्ति होती है। सरकारी अधिकारी वर्ग इसी समूह में आता है।

(ii) **समूह द्वारा नियुक्त** (Group Appointed) **नेता**—ये नेता समूह के व्यक्तियों के द्वारा चुने जाते हैं। भारत में पंचायतों, स्थानीय निकायों और लोक सभाओं तथा राज्य सभाओं आदि के जन नेता समूहों के द्वारा चुने जाते हैं।

(iii) **आत्म-नियुक्त** (Self-Appointed) **नेता**—परन्तु कुछ नेता ऐसे होते हैं जिनको न तो शासन अधिकार देता है और न समूह। वे अपने व्यक्तिगत गुणों के कारण स्वयं आगे बढ़कर अन्य लोगों का नेतृत्व करने लगते हैं और उनके गुणों के कारण अन्य लोग भी उनको नेता मानने लगते हैं। महात्मा गांधी जैसे जनप्रिय नेता इसी वर्ग में आते हैं। यहाँ पर यह भ्रम हो सकता है कि आत्म-नियुक्त नेता नेतृत्व की इच्छा से आगे बढ़ता है। वस्तुतः यह आवश्यक नहीं है। यहाँ आत्म-नियुक्त कहने से केवल यही तात्पर्य है कि इन नेताओं को चुना नहीं जाता। उनके गुणों के कारण ही वे स्वाभावतः नेता मान लिये जाते हैं।

(2) उद्देश्यों के आधार पर वर्गीकरण

उद्देश्यों के आधार पर भी नेताओं का वर्गीकरण किया जा सकता है। भिन्न-भिन्न क्षेत्रों में भिन्न-भिन्न समूह भिन्न-भिन्न उद्देश्यों को लेकर काम करते हैं। इन उद्देश्यों की प्राप्ति के लिये जो व्यक्ति सबसे अधिक गुणवान और सामर्थ्यशाली दिखायी पड़ते हैं वे इन क्षेत्रों में नेता मान लिये जाते हैं। यूं तो इस प्रकार के बीसों नेता हो सकते हैं परन्तु यहाँ पर केवल बौद्धिक, कलात्मक और शासक के रूपों का उल्लेख पर्याप्त होगा। इस प्रकार इस वर्ग में निम्नलिखित नेता आते हैं।

(i) **बौद्धिक** (Intellectual) **नेता**—बौद्धिक क्षेत्र में बौद्धिक नेतृत्व की आवश्यकता होती है। विज्ञान, दर्शन आदि के क्षेत्र में महान् वैज्ञानिक और महान् विचारक बौद्धिक नेता कहे जा सकते हैं। वे राह दिखाते हैं और दूसरे उनका अनुगमन करते हैं। फ्रॉयड और शंकराचार्य इसी प्रकार के नेता थे।

(ii) **कलाकार** (Artist) **नेता**—कला के क्षेत्र में महान् कलाकार ही नेतृत्व कर सकते हैं। तानसेन, प्रेमचन्द, रवीन्द्रनाथ ठाकुर इत्यादि कलाकार नेता कहे जा सकते हैं।

(iii) **शासक** (Executive) **नेता**—शासन के क्षेत्र में शासक अथवा सत्तारूढ़ व्यक्ति नेता बन जाते हैं। उदाहरण के लिए हर एक जिले में जिलाधीश शासन के क्षेत्र में जिले का नेता होता है और उसकी आज्ञाओं को सभी मानते हैं।

(3) नेतृत्व की प्रकृति के आधार पर वर्गीकरण

नेतृत्व की प्रकृति के आधार पर भी नेताओं का वर्गीकरण किया गया है। उदाहरण के लिये कुछ नेता निरंकुश होते हैं जबकि कुछ प्रजातन्त्रीय होते हैं। नेतृत्व की प्रकृति के आधार पर नेताओं का वर्गीकरण निम्नलिखित है—

(i) **निरंकुश** (Authoritarian) **नेता**—निरंकुश नेता, जैसा कि उसके नाम से स्पष्ट है, निरंकुश होता है अर्थात् मनमाना व्यवहार करता है। अपने निर्णय में वह किसी की राय नहीं लेता। वह भय उत्पन्न करके दूसरों पर शासन करता है। वह दूसरों का सहयोग नहीं लेता बल्कि उनको आज्ञा देता है। जो लोग उसका विरोध करते हैं वे दण्ड पाते हैं। जो उसकी बात मानते हैं उनको पुरस्कार मिलता है। वह सारे अधिकार अपने हाथ में रखता है और खास-खास जगहों पर अपने आदमियों को नियुक्त करता है। स्पष्ट है कि इस प्रकार का

नेता एक अधिकारी और सत्तारूढ़ व्यक्ति है। सच तो यह है कि उसको नेता कहा ही नहीं जाना चाहिये।

(ii) **प्रजातन्त्रीय** (Democratic) **नेता**—जनतन्त्रीय नेता, जैसा कि उसके नाम से स्पष्ट है, विचारों, कार्य-प्रणालियों और व्यवहार में एकदम जनतन्त्रीय होता है। वह सबकी राय लेता है और सबका सहयोग प्राप्त करने की चेष्टा करता है। वह भय से नहीं बल्कि श्रद्धा, विश्वास और प्रेम प्राप्त करके नेतृत्व करता है। वह अपने को नेता नहीं कहता और न सारे अधिकार ही अपने हाथ में रखता है। वह योग्यता के अनुसार अन्य लोगों को अधिकार बाँट देता है और अपने को जनता का सेवक कहता है।

(4) अनुगामियों के साथ सम्पर्क की प्रकृति के आधार पर वर्गीकरण—

अनुगामियों के साथ सम्पर्क की प्रकृति के आधार पर भी नेतृत्व का वर्गीकरण किया गया है। विभिन्न नेताओं के अनुगामियों से भिन्न-भिन्न प्रकार के सम्बन्ध होते हैं। कुछ नेता शासन से सम्बन्ध रखते हैं, कुछ संस्था में ऊँचे पद के कारण नेता होते हैं, कुछ कार्य कुशल नेता होते हैं, जबकि कुछ हृदयग्राही नेता होते हैं। स्थूल रूप से इस वर्ग के नेताओं का वर्णन निम्नलिखित है—

(i) **प्रभुत्वशाली** (Dominant) **नेता**—प्रभुत्वशाली नेता, जैसा कि इसके नाम से स्पष्ट है, अपने अनुगामियों से प्रभुत्व का सम्बन्ध रखता है। वह उन पर शासन करता है, चाहे वह अपनी शक्ति के कारण कितना ही सफल क्यों न दिखलाई पड़े।

(ii) **संस्थात्मक** (Institutional) **नेता**—प्रत्येक संस्था में कोई न कोई व्यक्ति सर्वोच्च पद ग्रहण करता है। जैसे हर एक विश्वविद्यालय में एक वाइस चान्सलर होता है जो सर्वोच्च अधिकारी माना जाता है। उसके अधिकारों के कारण अन्य सभी लोग उसकी आज्ञा मानते हैं। वास्तव में संस्थागत नेता पदासीन प्रमुख है, नेता नहीं।

(iii) **विशेषज्ञ** (Expert) **नेता**—अनेक क्षेत्रों में जो लोग अपने क्षेत्र के विशेषज्ञ हैं वे स्वभावतया ही नेता बन जाते हैं। अनुगामियों से उनके सम्पर्क का आधार उनकी विशेष योग्यता होती है। वे उनसे मिलने जुलने, उनको जानने या उनके विचारों और व्यवहारों को समझने की कोई आवश्यकता नहीं समझते। विशेषज्ञ होने के कारण अन्य लोग स्वयं समय-समय पर इनकी राय लेते हैं, इनके मतों का सम्मान करते हैं तथा कठिनाइयों में इनसे मार्गदर्शन लेते हैं। विशेषज्ञ नेता विशेषज्ञ हैं, उनको नेता नहीं कहना चाहिये।

(iv) **हृदयग्राही** (Persuasive) **नेता**—हृदयग्राही नेता अनुगामियों का हृदय जीत लेते हैं। वे उनसे निकटतम सम्पर्क बनाये रखने की चेष्टा करते हैं। ये ही सच्चे नेता हैं। इन्हीं में नेतृत्व के सारे गुण दिखलाई पड़ते हैं।

नेतृत्व के गुण

नेतृत्व के विवेचन में व्यावहारिक दृष्टिकोण से सबसे अधिक महत्व नेतृत्व के गुणों का है। इन गुणों के ज्ञान से जहाँ यह मालूम होता है कि नेता किस प्रकार का व्यक्ति है वहाँ यह भी पता चलता है कि नेता बनने के लिये व्यक्ति में कौन-कौन सी योग्यतायें होनी

चाहियें। भिन्न-भिन्न विद्वानों ने नेता में भिन्न-भिन्न गुण बतलाये हैं। यहाँ पर उनमें से कुछ महत्त्वपूर्ण मतों का वर्णन किया जायेगा।

आलपोर्ट[1] ने नेता में निम्नलिखित गुण बतलाये हैं–

1. ऊपर उठने का गुण (Trait of Ascendence)
2. शारीरिक शक्ति (Physical Power)
3. अधिक फुर्तीलापन (High Mobility)
4. सीधा और प्रभावशाली शरीर (Erect, Aggressive Carriage)
5. मृदुवाणी (Topus)
6. दृढ़ता (Tenacity)
7. सन्मुख बोलने की प्रणाली (Face to Face Mode of Address)
8. शक्ति की परिपूर्ति (Reinforcement of Energy)
9. संयम (Restraint)
10. गहनता (Inscrutability)
11. व्यापक क्रिया क्षेत्र (Expansiveness in the Field of Action)
12. उच्च बुद्धि (High Intelligence)
13. समझ (Understanding)
14. सामाजिक प्रेरणा से अत्यधिक प्रभावित होने वाला (Keenly Susceptible to Social Stimulation)
15. चतुरता (Tact)
16. उत्साह (Zeal)
17. सामाजिक कार्यों में भाग लेना (Social Participation)
18. चरित्र (Character)
19. प्रेरणा शक्ति (Drive)

चार्ल्स बर्ड ने नेता में लगभग 79 विशेषताओं का जिक्र किया है। विशेषताओं की इस लम्बी सूची में अनेक विशेषताओं को कई बार दोहराया गया है। कॉफिन[1] ने इन विशेषताओं को सीमित वर्गों में रखने की चेष्टा की है। कॉफिन के अनुसार नेता में आवश्यक गुण निम्नलिखित वर्गों में रखे जा सकते हैं–

(1) बुद्धि (Intelligence)–तीव्र बुद्धि, अन्तर्दृष्टि, बौद्धिक दूरदर्शिता, प्रखरता, चतुरता और अच्छी जानकारी।

---

1. Allport, F. H. *Social Psychology,* (1924), pp. 412-420
2. Coffin, T. E. *A Three Component Theory of Leadership,* Jr. of Abnormal and Social Psychology (1944) , 39 , pp. 63 -83.

(2) नैतिक संवेदनशीलता (Moral Sensitivity)—ईमानदारी, न्याय, उपयुक्त निर्णय, उदार दृष्टिकोण, सत्यानुराग, नैतिक दृष्टि, परार्थ और आदर्शवाद।

(3) कल्पना (Imagination)—मौलिकता, कल्पना, पूर्वदृष्टि, जिज्ञासा, मानसिक नमनीयता तथा व्यापक रुचियाँ।

(4) संयम (Restraint)—संयम, गहनता और आत्म नियन्त्रण।

(5) प्रेरणा शक्ति और दृढ़ निश्चय (Drive and Determination)—लगन, प्रेरणा, उत्साह, गतिशील व्यक्तित्व, स्पष्टवादिता, आक्रामकता, महत्त्वाकांक्षा, उर्ध्वोन्मुखता, नाम पाने की इच्छा, वीरता, दृढ़ता, एकाग्रता, सहनशीलता इत्यादि।

(6) उत्तरदायित्व (Responsibility)—परिपुष्ट, सम्मानित, स्पष्टवादी चरित्रवान, सधा हुआ, विश्वसनीय, स्वच्छ, संगठित, कर्त्तव्यपरायण, उद्यमी, कार्य, प्रेमी तथा एकाग्र।

(7) आत्म-निर्भरता (Self-Reliance)—प्रयोजन और दिशा की अनुभूति, आत्म-निर्भरता, आत्म-विश्वास, निर्णय की योग्यता, उत्साह तथा निर्णय का अन्तिम होना।

(8) गत्यात्मक शारीरिक लक्षण (Dynamic Physical Characteristics) —शारीरिक शक्ति, आकार, क्षमता, मृदुवाणी, सीधा शरीर इत्यादि।

(9) अक्षुब्धता (Imperturbability)—सन्तुलन, कठोरता, सम-स्वभाव, प्रफुल्लता, आशावादिता, सहिष्णुता और धैर्य।

(10) सामाजिक प्रतिक्रियाशीलता (Social Responsiveness)—सामाजिक प्रेरणा में ग्रहणशीलता, सामाजिक कार्यों में भाग लेना, मैत्री, प्रेम, सामाजिकता, बहिर्मुखी प्रवृत्ति और दूसरों पर छा जाना।

(11) दूसरों से अच्छे सम्बन्धों को आसानी से बनाए रखना (Easy Maintenance of Good Relations with Others)—चतुरता, कूटनीतिकता, मेहरबानी, सहानुभूति, सहयोग, मानवता और मानव प्रकृति का ज्ञान।

नेतृत्व के गुणों के उपरोक्त 11 वर्गों को कॉफिन ने और भी संक्षिप्त करके निम्नलिखित 3 वर्गों में बाँटा है—

(1) नियोजन (Planning)—

1. समस्याओं को जानने की क्षमता।
2. इन समस्याओं के समाधान के लिए योजनाएं बनाने की क्षमता।

(2) संगठन (Organisation)—

3. योजनाओं को सफल बनाने के लिये कार्यकर्ताओं और आवश्यक वस्तुओं को जुटाने की व्यवस्था।
4. सम्पूर्ण व्यवस्था का संगठन करके एक संतुलित इकाई बनाने की योग्यता।
5. आकस्मिक परिवर्तनों के लिये क्षमता।

(3) संलग्नता (Persuasion)–

6. योजना को कार्यान्वित करने के लिये सम्पूर्ण उत्तरदायित्व को भिन्न-भिन्न व्यक्तियों में बाँटने की क्षमता।
7. सम्पूर्ण व्यवस्था का सफल निरीक्षण करने की क्षमता।
8. सम्पूर्ण व्यवस्था पर अपना नियन्त्रण रखने की क्षमता।

नेतृत्व के विभिन्न गुणों के विषय में पीछे दिये गये विभिन्न मतों से यह स्पष्ट होता है कि नेता में केवल शारीरिक गुण होना काफी नहीं है। यहाँ यह ध्यान रखने की आवश्यकता है कि पशु जगत में सबसे अधिक शक्तिशाली ही नेता होता है जबकि मानव जगत में शक्ति मात्र काफी नहीं है। फिर भी नेतृत्व के गुणों में शारीरिक शक्ति और आकर्षक व्यक्तित्व का बड़ा महत्व है। वस्तुत: मानव समाज में बहुधा बौद्धिक योग्यता और आकर्षक शारीरिक व्यक्तित्व साथ-साथ देखे जा सकते हैं। पार्ट्रिज ने अपने अध्ययनों से यह सिद्ध किया है कि आर्मी एल्फा बुद्धि परीक्षणों में सबसे ऊँचे अंक पाने वाले सभी लोग सुन्दर, लम्बे और स्वतन्त्र प्रकृति के थे। पार्ट्रिज का यह मत एकांगी है, क्योंकि बहुत से बुद्धिमान और मेधावी नेताओं में शारीरिक सौन्दर्य का नितान्त अभाव पाया गया है। इस प्रसंग में सुकरात, अष्टावक्र, चाणक्य आदि कुछ ही नाम काफी होंगे। दूसरी ओर यह कहना भी ठीक न होगा कि आज के युग में केवल बौद्धिक क्षमता ही किसी व्यक्ति को नेता बनाने के लिये काफी है। वास्तव में नेता बनने के लिये मनुष्य में शारीरिक और बौद्धिक गुणों के अलावा व्यक्तित्व के अनेक गुणों और विशेषतया व्यावहारिक चतुरता की आवश्यकता होती है।

अभ्यास के लिए प्रश्न

1. नेतृत्व की परिभाषा करो। उसके लिये आवश्यक गुण बतलाओ।
2. नेता और पदासीन प्रमुख में अन्तर कीजिये।

24

राजनैतिक दल

(Political Parties)

राजनैतिक दल क्या है ?

एडमड बर्क ने राजनैतिक दल की परिभाषा करते हुए उसे, ''अपने संयुक्त प्रयास द्वारा कुछ परस्पर सहमत सिद्धान्तों पर आधारित जनहितों को आगे बढ़ाने के प्रयोजन से संगठित हुए मनुष्यों का समूह''[1] बतलाया है। इस परिभाषा में राजनैतिक दल की दो विशेषताओं पर जोर दिया गया है। एक तो वह जनहित के कुछ लक्ष्यों को पूरा करने की दृष्टि से संगठित होता है। दूसरे, उसके जनहित के विषय में सर्वसम्मत कुछ निश्चित सिद्धान्त होते हैं। वास्तव में ये निश्चित सिद्धान्त ही किसी राजनैतिक दल को किसी अन्य दल से अलग करते हैं। इसी बात पर जोर देते हुए लीकॉक ने लिखा है, ''एक राजनैतिक दल की परिभाषा नागरिकों के एक संगठित समूह के रूप में की जा सकती है जो कि समान राजनैतिक विचारों में भाग लेते हैं और जो कि एक राजनैतिक इकाई के रूप में कार्य करते हुए सरकार पर नियन्त्रण करने का प्रयास करते हैं।''[2] लीकॉक की यह परिभाषा राजनैतिक दल को सामाजिक, आर्थिक तथा सांस्कृतिक दलों से अलग करती है। इस परिभाषा के अनुसार राजनैतिक दल का एक प्रमुख कार्य सरकार को नियन्त्रित करना है। गैटिल के शब्दों में, ''एक राजनैतिक दल नागरिकों के एक समूह में निहित है, जो कि न्यूनाधिक संगठित हैं, और जो एक राजनैतिक इकाई के रूप में काम करते हैं और जो अपनी मतदान की शक्ति का प्रयोग करके सरकार पर नियन्त्रण करने और अपनी सामान्य

---

1. "A body of men, united for the purpose of promoting by their joint endeavour, the public interests upon some principles on which they are all agreed."

—Burke.

2. "A political party may thus be defined as an organized group of citizens who profess to share the same political views and who, by acting as a political unit, try to control the government."

—Leacock.

नीतियों पर अमल करने का लक्ष्य रखते हैं।"[1] सरकार पर नियन्त्रण करने का यह कार्य संवैधानिक विधि से किया जाता है। इस दृष्टि से राजनैतिक दल क्रान्तिकारियों के दल से भिन्न होता है। मैकाइवर के शब्दों में, "एक राजनैतिक दल किसी सिद्धान्त अथवा नीति के समर्थन में संगठित एक समुदाय है जो कि संवैधानिक साधनों से सरकार का नियन्त्रक बनने का प्रयास करता है।"[2]

राजनैतिक दल की विशेषतायें

राजनैतिक दल की विभिन्न परिभाषाओं के उपरोक्त विवेचन से उसकी निम्नलिखित विशेषतायें स्पष्ट होती हैं–

(1) **नागरिकों का संगठन**–राजनैतिक दल नागरिकों द्वारा संगठित किये जाते हैं। साधारणतया विदेशी इनमें भाग नहीं लेते।

(2) **संगठित समूह**–राजनैतिक दल संगठित समूह हैं। इनमें सदस्यों के लिये अनुशासन के कुछ नियम होते हैं जिनका पालन करना आवश्यक होता है। संगठन के बिना ये अपने लक्ष्यों को प्राप्त नहीं कर सकते।

(3) **विचारों और नीतियों की एकता**–राजनैतिक दल के सदस्यों में राजनैतिक विचारों और राजनीतिक नीतियों के विषय में एक से विचार पाये जाते हैं। यही एकता एक दल को अन्य दल से अलग करती है।

(4) **वैधानिक साधनों में आस्था**–क्रान्तिकारी दलों के विरुद्ध राजनैतिक दल सरकार को नियन्त्रित करने के लिये तथा राजनैतिक लक्ष्यों को प्राप्त करने के लिए संवैधानिक उपाय अपनाने में विश्वास रखते हैं क्योंकि यदि संविधान नहीं रहेगा तो राजनैतिक दलों का भी कोई महत्त्व नहीं रहता है।

(5) **सरकार पर नियन्त्रण**–सभी राजनैतिक दलों का उद्देश्य किसी न किसी प्रकार से सरकार पर नियन्त्रण रखना है। चुनावों में भाग लेकर उनमें से प्रत्येक अपने अधिक से अधिक सदस्यों को विधायक सभाओं में पहुँचाने का प्रयास करता है। सरकार बनाने पर वह अपनी राजनैतिक स्थिति को मजबूत बनाने का प्रयास करता है और जब तक किसी अन्य दल का बहुमत रहता है तब तक बराबर उसकी आलोचना द्वारा सरकार पर नियन्त्रण रखता है।

(6) **राष्ट्रीय हितों का पोषण**–यद्यपि यह विवादास्पद विषय है कि देश में कौन सा राजनैतिक दल राष्ट्रीय हितों को अधिक अच्छी तरह पूरा कर सकता है किन्तु प्रत्येक

---

1. "A political party consists of a group of citizens, more or less organised, who act as a political unit and who, by the use of their voting power, aim to control the government and carry out their general policies."
—Gettell.

2. "A political party in an association organised in support of some principle of policy which by constitutional means endeavours to make it the determinant of government."
—MacIver.

राजनैतिक दल यह दावा अवश्य करता है कि वह राष्ट्रीय हितों का सबसे बड़ा पोषक है। कोई भी अपने को साम्प्रदायिक, क्षेत्रवादी, भाषावादी अथवा किसी भी अन्य प्रकार के संकुचित विचारों वाला नहीं मानना चाहता। प्रत्येक राष्ट्रीयता का अग्रदूत होने का दावा करता है।

राजनैतिक दल के कार्य

राजनैतिक दल की उपरोक्त विशेषताओं से उनके कार्यों पर भी प्रकाश पड़ता है। संक्षेप में मुख्य कार्य निम्नलिखित हैं—

(1) **सरकार पर नियन्त्रण**—किसी भी राजनैतिक दल का सबसे बड़ा कार्य सरकार पर नियन्त्रण रखना है। यह कार्य अन्य प्रकार के समूह नहीं करते।

(2) **जनमत निर्माण**—मंच पर दिये गये भाषणों, सभाओं और सम्मेलनों, जुलूसों तथा नारों और पत्र-पत्रिकाओं के माध्यम से प्रत्येक राजनैतिक दल अपने सिद्धान्तों के पक्ष में जनमत निर्माण करता है और सरकार के कार्यों के मूल्यांकन के विषय में जनता को शिक्षित करता है।

(3) **जनमत की अभिव्यक्ति**—सरकार विरोधी राजनैतिक दलों द्वारा ही यह पता चलता रहता है कि उसके कार्यों की आलोचना में लोग क्या कहते हैं। इस प्रकार राजनैतिक दलों के प्रतिनिधि जनमत को अभिव्यक्त करते हैं। स्वस्थ जनतन्त्र में सरकार विरोधी राजनैतिक दलों के विचार पर ध्यान देती है।

(4) **सरकार का निर्माण**—जनतन्त्रीय प्रणाली में आम चुनावों में विजय प्राप्त करने वाला बहुसंख्यक राजनैतिक दल ही सरकार बनाता है। इसलिये सरकार का निर्माण प्रत्येक राजनैतिक दल का अधिक महत्त्वपूर्ण कार्य माना जाता है।

(5) **निर्वाचन में भाग लेना**—लगभग सभी प्रमुख राजनैतिक दल ग्रामीण और नगरीय स्वायत्त शासन की संस्थाओं, जिला बोर्डों, राज्य की विधायक सभाओं और केन्द्रीय व्यवस्थापिका आदि के चुनावों में भाग लेते हैं। वे इन चुनावों में अपने उम्मीदवार खड़े करते हैं और उन उम्मीदवारों की सफलता के लिये जनता में हर प्रकार से प्रचार करता है।

(6) **राजनैतिक शिक्षा प्रचार**—इस प्रकार प्रत्येक राजनैतिक दल जनता को चुनावों के विषय में प्रशिक्षित करता है। भारतवर्ष जैसे देश में जहाँ पर अधिकतर लोग मतदान की प्रणाली को समझने के योग्य शिक्षा तक नहीं रखते, राजनैतिक दलों के कार्यकर्त्ता ही जनता को यह बतलाते हैं कि वह विभिन्न उम्मीदवारों में कैसे उपयुक्त व्यक्ति का चुनाव करेगी और मतदान करने की प्रणाली क्या है। इस प्रकार राजनैतिक दल जनता को राजनैतिक शिक्षा देने का महत्त्वपूर्ण कार्य करते हैं। वे जनता को सरकार की नीतियों और कार्यों के विभिन्न पहलुओं के विषय में बतलाते हैं। सरकारी और गैर सरकारी राजनैतिक दलों के विचारों को सुनकर जनता किसी भी प्रश्न के पक्ष में अथवा विपक्ष में विचार बना सकती है।

(7) विधायकों का अनुशासन—प्रत्येक राजनीतिक दल के कुछ न कुछ उम्मीदवार चुने जाकर विधान सभाओं में पहुँचते हैं। राजनैतिक दल का एक मुख्य कार्य इन विधायकों के कार्यों पर नियन्त्रण रखना है जिससे वे दल के सिद्धान्तों का ही समर्थन करें और दूसरे दल में न मिल सकें।

(8) गतिरोधों को दूर करना—अमरीका जैसे देश में राजनैतिक दलों का एक कार्य व्यवस्थापिका और कार्यपालिका तथा व्यवस्थापिका के दोनों सदनों में गतिरोधों को दूर करना भी है।

(9) समाज सुधार—कोई भी राजनैतिक दल केवल राजनैतिक कार्यक्रमों तक ही सीमित नहीं रह सकता क्योंकि जनता को प्रभावित करने के लिये उसे सामाजिक और आर्थिक क्षेत्रों में भी कार्य करना चाहिये। अस्तु, सभी बड़े राजनैतिक दल इन क्षेत्रों में सुधार कार्य करते हैं। उदाहरण के लिये भारतवर्ष में लगभग सभी बड़े राजनैतिक दल हरिजनोद्धार, महिलाओं में जागृति, श्रम सुधार तथा लोक कल्याण के अनेक कार्यों में जोर शोर से भाग लेते हैं।

(10) केन्द्र और राज्य का संगठन—अधिकतर जनतन्त्रीय राज्य संघात्मक होते हैं जिनमें केन्द्र और राज्य की शक्तियाँ बँटी हुई होती हैं। राजनैतिक दलों का एक प्रमुख कार्य केन्द्र और राज्य में परस्पर समन्वय और संगठन बनाये रखना है। साधारणतया जिस दल की केन्द्र में सरकार होती है वही अधिकतर राज्यों में भी सरकार बनाता है। स्वाभाविक है कि इन राज्यों का केन्द्र से घनिष्ठ सम्बन्ध बना रहता है।

राजनैतिक दलों के गुण

राजनैतिक दलों के लाभों और दोषों की विवेचना के विषय में कहा गया है कि, ''दलीय प्रणाली के विषय में विभिन्न विचारधारायें हैं। कुछ व्यक्ति इसको पूर्ण प्राकृतिक बताकर इसकी प्रशंसा करते हैं और कुछ इसको अप्राकृतिक तथा दोषपूर्ण बतलाते हैं।'' इस प्रकार राजनैतिक विचारकों ने दलीय प्रणाली के गुण दोषों पर प्रकाश डाला है। फिर भी इस बात से लगभग सभी राजशास्त्री सहमत हैं कि जनतन्त्रीय शासन प्रणाली में राजनैतिक दलों का होना अत्यन्त आवश्यक है। संगठित राजनैतिक दलों के बिना मन्त्रिमंडल शासन प्रणाली असम्भव है क्योंकि इसमें बहुसंख्यक दल का नेता ही प्रधानमन्त्री चुना जाता है और वही अपने दल के विधायकों में से मन्त्रिमण्डल के सदस्यों का चुनाव करता है। गैटिल ने ठीक ही कहा है, ''जनतन्त्रीय शासन प्रणाली के अतिरिक्त और किसी प्रणाली में राजनैतिक दल नहीं पाये जाते। जनतन्त्र में किसी न किसी प्रकार के राजनैतिक दल आवश्यक हैं क्योंकि उनके बिना कार्य नहीं हो सकता।'' लीकॉक के शब्दों में, ''दलीय प्रणाली ही एक वस्तु है जो कि जनतन्त्रीय सरकार को सम्भव बनाती है।'' संक्षेप में राजनैतिक दलों के मुख्य लाभ निम्नलिखित हैं—

(1) जनतन्त्र की सफलता—जैसा कि पीछे बतलाया जा चुका है, जनतन्त्र की सफलता राजनैतिक दलों की कुशलता पर ही आधारित है। जनतन्त्र में जनता के चुने हुये प्रतिनिधि सरकार बनाते हैं। इसकी सफलता दो बातों पर निर्भर है। एक ओर तो सरकार

में भाग लेने वाले उम्मीदवार ऐसे होने चाहिये जो अपने कार्यों को भली प्रकार करने की योग्यता रखते हों। दूसरे, सामान्य जनता को ऐसी राजनैतिक शिक्षा मिलनी चाहिये कि वह उपयुक्त उम्मीदवारों को ही निर्वाचित करे। इन दोनों ही कामों के लिये राजनैतिक दलों की आवश्यकता पड़ती है। जहाँ एक ओर वे योग्य व्यक्तियों को छाँट कर चुनाव के लिये खड़ा करते हैं वहाँ दूसरी ओर वे देश की विभिन्न आवश्यकताओं, जनता के अधिकारों और कर्त्तव्यों तथा विभिन्न राजनैतिक दलों के सिद्धान्तों और नीतियों के विषय में जनता को शिक्षित करते हैं। वे जनमत निर्माण करते हैं और जनता की राय को सरकार तक पहुँचाते हैं। वे ही निर्वाचन व्यवस्था को सफल बनाते हैं। जनतन्त्रीय विधान सभा में सरकारी दल और विरोधी दल दोनों का ही महत्त्वपूर्ण योगदान होता है। व्यवस्थापिका के बाहर भी राजनैतिक दल सरकार के कार्यों के पक्ष और विपक्ष में जनता को बराबर सूचना देते रहते हैं। जनतन्त्र में व्यवस्थापिका का संगठन राजनैतिक दल के अभाव में नहीं हो सकता है। इस प्रकार संक्षेप में, जनतन्त्रीय प्रणाली की सफलता के लिये राजनैतिक दलों का होना अनिवार्य है। वे ही सरकार और जनता, केन्द्र और राज्य, सरकारी दल और विरोधी दल, मतदाता और उम्मीदवार में सम्बन्ध स्थापित करते हैं।

(2) शासन में शान्तिपूर्ण परिवर्तन—राजनैतिक दल संवैधानिक व्यवस्था को मानते हैं। इसलिये वे शान्तिपूर्ण उपायों से शासन में परिवर्तन करते हैं। उनके अभाव में यही काम करने के लिये क्रान्ति की आवश्यकता होती है।

(3) जनता की राजनैतिक शिक्षा—सामान्य नागरिक को इतना समय नहीं होता कि वह देश में सरकार द्वारा किये जाने वाले कार्य के पक्ष और विपक्ष की सभी बातों की जानकारी प्राप्त कर सके। उसे न तो शासन के सिद्धान्त पता होते हैं और न देश की आवश्यकताओं का ही ज्ञान होता है। वह अन्तर्राष्ट्रीय क्षेत्र में देश की स्थिति और प्रगति के विषय में सोचने की योग्यता नहीं रखता। राजनैतिक शिक्षा के इन पहलुओं में राजनैतिक दल ही विभिन्न उपायों से जनता को जानकारी देते हैं।

(4) राष्ट्रीय नीति का निर्माण—राजनैतिक दल राष्ट्रवादी होते हैं। प्रत्येक दल संसार में राष्ट्र का सम्मान बढ़ाना चाहता है। प्रत्येक दल विचार करता है कि आन्तरिक प्रगति और विश्व में सम्मान प्राप्त करने के लिये राष्ट्रीय नीति क्या होनी चाहिये। प्रत्येक दल राष्ट्र नीति के विषय में अपने विशिष्ट विचार और सिद्धान्त रखता है। प्रत्येक दल अपने इन विचारों और सिद्धान्तों को जनता के सामने उपस्थित करता है। अस्तु, राजनैतिक दलों के विचारों को सुनकर जनता को राष्ट्रीय नीति के विषय में राय बनाने में सहायता मिलती है। विरोधी राजनैतिक दलों की आलोचनाओं से सरकारी दल को भी राष्ट्रीय नीति निर्माण में सहायता मिलती है।

(5) निर्वाचकों की सफलता—आधुनिक काल में अधिकतर देशों में जनता के द्वारा चुने हुए प्रतिनिधि ही नगर, जिला, राज्य और देश के स्तर पर सरकार बनाते हैं। इसके लिये सभी स्तरों पर निर्वाचन किये जाते हैं। निर्वाचन में उम्मीदवारों में चुनाव करने के लिये वोट किस प्रकार दिये जायेंगे तथा इस सम्बन्ध में जनता के क्या अधिकार हैं और

क्या कर्त्तव्य हैं इन सब बातों के विषय में राजनैतिक दल ही जनता को प्रशिक्षित करते हैं। निर्वाचनों की सफलता उन्हीं पर निर्भर होती हैं।

(6) संवैधानिक व्यवस्था और सुरक्षा–परस्पर विरोध होने पर भी सभी राजनैतिक दल इस बात से सहमत हैं कि देश में संवैधानिक व्यवस्था और सुरक्षा बनी रहनी चाहिये और सभी इसे बनाये रखने के लिये प्रयास करते हैं। इससे देश में शान्ति पूर्ण उपायों से सरकारें बदलती रहती हैं और जनता के सामान्य जीवन में कोई व्याघात उत्पन्न नहीं होता। शान्ति और सुरक्षा बनी रहने से देश में सामाजिक, आर्थिक, शैक्षिक सब प्रकार के विकास में सहायता मिलती है।

राजनैतिक दलों के दोष

राजनैतिक दलों के लाभों के उपरोक्त विवेचन से स्पष्ट है कि आधुनिक प्रगतिशील देशों में उनकी कितनी अधिक आवश्यकता है। किन्तु दूसरी ओर कुछ विचारक दलगत प्रणाली की आलोचना भी करते हैं। इन्होंने राजनैतिक दलों के निम्नलिखित मुख्य दोषों की ओर ध्यान दिलाया है–

(1) दलगत स्वार्थ साधन–देश में अनेक राजनैतिक दल होने से जनता इन दलों में बँट जाती है। ये दल राष्ट्रीय हित का दावा तो अवश्य करते हैं किन्तु वास्तव में इनका एक मात्र लक्ष्य अपने दलगत स्वार्थों को सिद्ध करना तथा येनकेन प्रकारेण सत्ता पर अधिकार जमाना होता है। कभी-कभी दलगत स्वार्थ के वशीभूत होकर ये अनेक ऐसे कार्य भी करते हैं जिनसे राष्ट्रीय हितों की हानि होती है।

(2) सरकार में तानाशाही–चूंकि प्रत्येक दल राष्ट्रीय हितों के स्थान पर दलगत स्वार्थों की सिद्धि में ही लगा रहता है इसलिये चुनाव में सफलता प्राप्त होने पर बहुसंख्यक राजनैतिक दल, व्यवस्थापिका और कार्यपालिका दोनों में ही अपने अधिक से अधिक समर्थकों को भरकर सब कहीं तानाशाही का व्यवहार करने लगता है।

(3) झूठे प्रचार–चूंकि प्रत्येक राजनैतिक दल सत्ता हथियाना चाहता है इसलिये सरकार बनाने वाला दल सरकार के पक्ष में और विरोधी दल विपक्ष में हर प्रकार के झूठे प्रचार करके भोली भाली जनता को मूर्ख बनाते रहते हैं। वे असम्भव कामों के वायदे करते हैं और जब इन झूठे वायदों में फंसकर जनता वोट दे देती है तो इन्हें पूरा किये बिना केवल झूठे प्रचार के बल पर सत्ता बनाये रखना चाहते हैं।

(4) अयोग्य और निकम्मे व्यक्तियों को प्रोत्साहन–प्रत्येक राजनैतिक दल में सदस्यों को नियमों और अनुशासन का पालन करना आवश्यक होता है। सभी को नेताओं की आज्ञा माननी पड़ती है। स्वतन्त्र उम्मीदवारों की सफलता की कोई उम्मीद नहीं रहती। अस्तु, ईमानदार और योग्य व्यक्ति चुनाव में भाग नहीं लेते। राजनैतिक दल उम्मीदवारों का चुनाव योग्यता के आधार पर न करके अपनी स्वार्थ सिद्धि के आधार पर करते हैं। अस्तु, वे अधिकतर स्वार्थी, निकम्मे और बेईमान व्यक्तियों को धन और प्रचार के बल पर जिताने का प्रयास करते हैं। इसका परिणाम यह होता है कि दलीय व्यवस्था स्वार्थी और निकम्मे

व्यक्तियों को प्रोत्साहित करती है। राजनैतिक सत्ता हथियाने के बाद ये लोग सब कहीं महत्त्वपूर्ण स्थानों पर अपने ही जैसे लोगों, अपने चाटुकारों या भाई-भतीजों को भरने का प्रयास करते हैं।

(5) **भ्रष्टाचार को प्रोत्साहन**—अस्तु, देश में व्यवस्थापिका, कार्यपालिका और यहाँ तक कि न्यायपालिका सभी के क्षेत्र में भ्रष्टाचार को प्रोत्साहन मिलता है। इसका उदाहरण भारतवर्ष में देखा जा सकता है।

(6) **संकुचित भावनाओं का प्रसार**—अनेक राजनैतिक दल वोट प्राप्त करने के लिये जनता में वर्गवाद, जातिवाद, भाषावाद, क्षेत्रवाद आदि संकुचित भावनाओं को प्रोत्साहित करते हैं जिनसे राष्ट्रीयता की भावना को चोट पहुँचती है। चुनाव में सफलता प्राप्त करने के लिये आज भारत में लगभग सभी राजनैतिक दल इस प्रकार की भावनाओं को प्रोत्साहित करते देखे जाते हैं।

(7) **राजनैतिक शक्ति के लिये संघर्ष**—चूंकि प्रत्येक राजनैतिक दल का लक्ष्य शासन की सत्ता हथियाना है इसलिये वे सब प्रकार के भ्रष्ट उपायों से राजनैतिक शक्ति प्राप्त करने की होड़ में लगे रहते हैं। विधान सभाओं और उनके बाहर सब कहीं विभिन्न दलों के सदस्यों में संघर्ष होता रहता है।

(8) **विधायकों की स्वतन्त्रता का अपहरण**—किसी भी दल के उम्मीदवार की हैसियत से चुने जाने पर जो व्यक्ति विधान सभा में पहुँचता है उस पर दल के नेता और सचेतक का पूरा प्रभाव रहता है। वे सोचने विचारने, बोलने अथवा लोगों से मिलने की कोई स्वतन्त्रता नहीं रखता क्योंकि इन सब पर दल का नियन्त्रण रहता है। इस प्रकार राजनैतिक दल विधायकों की स्वतन्त्रता का अपहरण करते हैं।

(9) **बुद्धिमान व्यक्तियों में सहयोग का अभाव**—दलीय प्रणाली में देश के बुद्धिमान लोग किसी न किसी दल के सदस्य बनकर विभिन्न वर्गों में विभाजित हो जाते हैं। इससे उनमें सहयोग नहीं रहता यहाँ तक कि कोई भी दल विरोधी दल के किसी बुद्धिमान व्यक्ति की कोई भी सलाह नहीं सुनना चाहता। इससे देश की भारी हानि होती है।

(10) **लूट प्रथा को प्रोत्साहन**—एक बार शासन सत्ता हथिया लेने पर फिर राजनैतिक दल के शक्तिशाली सदस्य जन कल्याण के लक्ष्य को छोड़कर सब कहीं जनता के धन को दोनों हाथों से लूटने लग जाते हैं। कार्यपालिका में सब कहीं नियुक्तियों में पक्षपात और भ्रष्टाचार तथा भाई भतीजावाद दिखलाई पड़ता है। चुनाव जीतने के बाद प्रत्येक दल सब कहीं अपने ही सदस्यों को अधिक से अधिक भरने का प्रयास करता है और विरोधी दलों के सदस्यों को निकालने की चेष्टा करता है।

राजनैतिक दलों के दोषों के उपरोक्त विवेचन से स्पष्ट है कि यद्यपि जनतन्त्रीय प्रणाली में इनकी आवश्यकता होती है किन्तु इनके कारण जनता का अनेक प्रकार से कल्याण भी होता है। इन दोषों को दूर करने का एक मात्र उपाय जनता की शिक्षा है। शिक्षित देश में राजनैतिक दलों का स्तर ऊँचा उठता है और मतदाता भी अपने अधिकारों और कर्त्तव्यों को समझते हैं। शिक्षा के प्रसार से दृष्टिकोण व्यापक बनता है और नैतिक स्तर

ऊँचा उठता है। ज्यों-ज्यों किसी देश में शिक्षा बढ़ती जाती है त्यों-त्यों राजनैतिक दलों के उपरोक्त दोषों में से कम दिखायी पड़ते हैं और लाभ अधिक दिखलायी देने लगते हैं। ऐसे शिक्षित देशों में आज कल केवल दो या तीन दल दिखलायी पड़ते हैं जिससे दलीय प्रणाली का पूरा लाभ मिलता है।

अभ्यास के लिये प्रश्न

1. राजनैतिक दल क्या है ? उसके क्या कार्य हैं ? उसके गुण दोषों की विवेचना कीजिये।
2. भारत में प्रमुख राजनैतिक दल कौन से हैं ? उनमें से किसी एक की नीति और गतिविधियों का विश्लेषण कीजिये।

25

भारत में राजनैतिक नेतृत्व के बदलते हुए प्रतिमान

(Changing Patterns of Political Leadership in India)

एक मार्च सन् 1883 में कलकत्ता विश्वविद्यालय के स्नातकों के नाम अपने खुले पत्र में श्री ए० ओ० ह्यूम ने लिखा था, ''प्रत्येक राष्ट्र ठीक वैसी ही सरकार प्राप्त करता है जिसके कि वह योग्य होता है। यदि आप लोग जो देश की आशाओं के केन्द्र हैं तथा उच्च शिक्षा प्राप्त किये हुए हैं अपने सुख चैन और स्वार्थ को त्याग कर स्वाधीनता प्राप्त करने के काम में नहीं लग सकते तो हमें मानना पड़ेगा कि जो लोग आपके मित्र हैं वे भूल में हैं।'' उन्होंने कहा कि, ''आपके कन्धों पर रखा हुआ जुआ तब तक विद्यमान रहेगा जब तक आप इस ध्रुव सत्य को समझकर उसके अनुसार कार्य करने को उद्यत न होंगे कि आत्म बलिदान तथा निस्वार्थ कर्म ही स्थायी सुख और स्वतन्त्रता के अचूक पथ प्रदर्शक हैं।'' ए० ओ० ह्यूम भारत में वैधानिक तरीके से राजनैतिक सुधार लाना चाहते थे। उन्होंने सन् 1884 में लार्ड डफरिन से भेंट करके देश में सुधार करने के लिये सम्मेलन बुलाने की भी बात की थी। वास्तव में ह्यूम यह समझते थे कि यदि वैधानिक सुधार नहीं लाये गये तो देश में उपद्रव और विद्रोह होंगे। उन्होंने सन् 1857 का विद्रोह अपनी आंखों से देखा था और उसके दमन में भाग भी लिया था। अस्तु, यद्यपि उन्होंने सन् 1884 में बम्बई में इण्डियन नेशनल कांग्रेस की स्थापना की किन्तु लाला लाजपतराय का यह कहना था कि, ''एक बात स्पष्ट है कि कांग्रेस की स्थापना का मुख्य उद्देश्य अंग्रेजी साम्राज्य को खतरे से बचाना था, भारत की राजनैतिक स्वतन्त्रता के लिये प्रयत्न करना नहीं था।''

कांग्रेस की स्थापना

ह्यूम ने देश भर में घूमकर बम्बई, मद्रास तथा कलकत्ता में प्रमुख भारतीय नेताओं से बात की और यह निश्चय किया कि बड़े दिन की छुट्टियों में एक सभा की जाये।

पहले वह सभा पूना में होने वाली थी किन्तु वहाँ हैजा फैलने के कारण 28 दिसम्बर को बम्बई के गोकुलदास तेजपाल संस्कृत कालिज में उमेश चन्द्र बैनर्जी की अध्यक्षता में यह सभा हुई। इसमें 72 प्रतिनिधियों ने भाग लिया। इसका एक उद्देश्य राष्ट्र की प्रगति के लिये काम करने वाले कार्यकत्ताओं को परस्पर परिचित कराना था। इसका दूसरा उद्देश्य यह निश्चित करना था कि आगे चलकर कौन-कौन से काम किये जायें।

भारतीय असन्तोष का सुरक्षा वाल्व

उपरोक्त विवेचन से स्पष्ट है कि इण्डियन नेशनल कांग्रेस आरम्भ में बढ़ते हुए भारतीय असन्तोष को निकालने के एक सुरक्षा वाल्व से अधिक नहीं थी। फिर भारतीय राजनीतिज्ञों ने इसे क्यों स्वीकार किया? इसका प्रमुख कारण यह था कि कांग्रेस को स्थापित करने वाले लोग सम्मानित व्यक्ति थे। स्वयं लाला लाजपतराय ने लिखा है कि "ह्यूम के हृदय में भारत की स्वतन्त्रता की गहरी भावना थी और उसका हृदय भारतीयों की गरीबी और दुर्दशा पर रोता था।" ऐनीबेसेन्ट के शब्दों में, "जिन 17 व्यक्तियों ने इसकी स्थापना करने का निश्चय किया उनकी नीयत में पूर्ण सच्चाई और विश्वास है।" उनके विचार में यह सम्भव है कि ह्यूम और वेडरबर्न के हृदय में ब्रिटिश शासन को बचाने की भावना हो तथा उन्होंने कांग्रेस की स्थापना एक सुरक्षा वाल्व के रूप में की हो, परन्तु यह विश्वास नहीं किया जा सकता कि दादा भाई नौरोजी, उमेशचन्द्र बैनर्जी, महादेव गोविन्द रानाडे, फिरोज शाह मेहता आदि का भी सही दृष्टिकोण रहा होगा तथा ये सब नेता इन दोनों अंग्रेजों के हाथों में साधन मात्र थे। इस प्रकार यह स्पष्ट है कि भले ही इण्डियन नेशनल कांग्रेस को स्थापित करने वाले अंग्रेज़ों के इरादों में जनता को आस्था न रही हो किन्तु उसे चलाने वाले भारतीय नेताओं में अधिकतर लोगों को आस्था थी। इसीलिये भारतीय राष्ट्रीय कांग्रेस को देश में स्वीकार दिया गया।

कांग्रेस की नीतियों में समय-समय पर क्रमशः परिवर्तन होता रहा। सन् 1885 से 1905 तक इसकी नीति उदार राष्ट्रवाद थी और उदारवादी ही इसके संचालक थे। सन् 1906 से 1919 तक कांग्रेस में उग्रवादी दल का महत्त्व बढ़ता गया। सन् 1919 से 1947 तक कांग्रेस महात्मा गांधी के नेतृत्व में काम करती रही। इस प्रकार भारतीय राष्ट्रीय कांग्रेस के इतिहास को इन तीनों कालों में बाँटा जा सकता है।

कांग्रेस की प्रारम्भिक नीति

भारतीय राष्ट्रीय कांग्रेस एक राष्ट्रीय संगठन था। इसके प्रथम अध्यक्ष व्योमेशचन्द्र बैनर्जी भारतीय ईसाई थे। दूसरे अधिवेशन के अध्यक्ष दादाभाई पारसी थे। तीसरे अधिवेशन के अध्यक्ष बदरुद्दीन तैयब जी मुसलमान थे। चौथे अधिवेशन के अध्यक्ष जार्ज यूल तथा पाँचवें अधिवेशन के अध्यक्ष सर विलियम वैडरबर्न अंग्रेज थे। इस प्रकार कांग्रेस में सभी जातियों, धर्मों और वर्गों के लोग शामिल थे। किन्तु यह जनसमुदाय का आन्दोलन नहीं था। इसमें केवल उच्च शिक्षा प्राप्त वकील, अध्यापक, पत्रकार, डाक्टर और व्यापारी ही शामिल थे। यह कोई क्रान्तिकारी संगठन भी नहीं था क्योंकि इसमें सभी काम वैधानिक

रूप से होते थे। यह संस्था अत्यन्त नम्रतापूर्व अपनी मांगें सरकार के सामने रखती थी। अस्तु, सन् 1885 से 1905 तक काँग्रेस पर उदारवादियों का आधिपत्य था। "अपने प्रारम्भिक वर्षों में कांग्रेस पूरी तरह नरम दल के नेताओं के प्रभाव में थी जो पूर्णतया वैधानिक साधनों में विश्वास करते थे और भारतीय शासन व्यवस्था में थोड़े बहुत सुधार के लिये ही आन्दोलन करते थे।"[1] इस उदारवादियों में व्योमेशचन्द्र बैनर्जी, सुरेन्द्रनाथ बैनर्जी, दादाभाई नौरोजी, फिरोजशाह मेहता, महादेव गोविंद रानाडे, गोपाल कृष्ण गोखले, रास बिहारी घोष, लाला लाजपतराय और मदन मोहन मालवीय उल्लेखनीय हैं। इनका विचार था कि जब अंग्रेजों को भारतीय की दुर्दशा का पता चल जायेगा तो वे निश्चय ही उसे सुधारने का प्रयास करेंगे। इन्हें अंग्रेजों की न्यायप्रियता में पूर्ण विशवास था। इनका ध्येय भारत में स्वशासन की स्थापना करना था। इनका साधन वैधानिक संघर्ष था जिसमें सरकार से प्रार्थना की जाती और सरकार द्वारा प्रस्तावों को ठुकरा दिये जाने के बावजूद फिर से प्रार्थना की जाती थी। सार्वजनिक भाषणों, स्मृति पत्रों, प्रस्तावों आवेदन-पत्रों और शिष्ट मंडलों द्वारा जनता की उचित माँगों और कठिनाइयों की ओर सरकार का ध्यान आकर्षित किया जाता था। द्वेश भक्त होने के साथ-साथ ये लोग कांग्रेसी शासन के विरुद्ध नहीं थे बल्कि राज्य भक्त थे। सुरेन्द्रनाथ बैनर्जी से कहा था, "इंगलैंड हमारा पद प्रदर्शक है।"[2] दादाभाई नौरोजी ने कांग्रेस के प्रथम अधिवेशन में कहा था, "आओ हम सब पुरुषों की तरह बोलें तथा यह घोषणा कर दें कि हम पूर्ण रूप से राजभक्त हैं।"[3]

उदारवादियों की मांगें

उदारवादियों के नेतृत्व में कांग्रेस ने अपने अधिवेशन में निम्नलिखित सुधारों की मांग की—भारत मन्त्री की कौंसिल की समाप्ति, आई॰ सी॰ एस॰ की परीक्षा इंगलैंड के साथ-साथ भारत में भी हो, केन्द्र और प्रान्तों की धारा सभाओं में निर्वाचित सदस्य रखे जायें। सन् 1886 में कांग्रेस के द्वितीय अधिवेशन में यह मांग की गयी कि इन सभाओं में 50 प्रतिशत सदस्य अप्रत्यक्ष निर्वाचन विधि द्वारा निर्वाचित हों। सन् 1887 में कांग्रेस में तीसरे अधिवेशन में भारत में एक सैनिक कालिज स्थापित करने की मांग की गयी। सन् 1893 में कांग्रेस में बेगार और रसद की प्रथाओं को समाप्त करने और रूई पर से एक्साईज ड्यूटी हटाने की मांग की गई। इसके आगे कुछ वर्षों में कांग्रेस द्वारा प्रस्तुत मांगों में विदेशों में रहने वाले भारतीयों की स्थितियों में सुधार, समाचार पत्रों पर से प्रतिबन्ध हटाने और किसानों को ऋण में सुविधा देने की मांगें उल्लेखनीय हैं। सन् 1898 में षड्यन्त्रकारी अधिनियम (Conspiracy Act) को हटाने की मांग की गयी। सन् 1904 में अधिकारी गुप्त भेद अधिनियम (Officials Secret Act) को हटाने की मांग की गयी। इन सब मांगों के

1. "During its early years the Congress was completely under the influence of moderates who believed in purely constitutional methods and agitated for piecemeal reforms in the Indian administrative system."
2. "England is our guide."

—Surendra Nath Banerjee.

3. "Let us speak like men and proclaim that we are loyal to the back bone."

—Dada Bhai Noroji.

अतिरिक्त उदारवादियों ने कांग्रेस के द्वारा सेना सम्बन्धी खर्चे को कम करने, भारतीयों को उच्च सैनिक पदों पर नियुक्त करने, हथियार अधिनियम (Arms Act) को समाप्त करने तथा स्थानीय संस्थाओं के अधिकार बढ़ाने की माँग की।

उदारवादी नीति और कार्यक्रम का मूल्यांकन

उपरोक्त मांगों के लिये उदारवादियों ने संवैधानिक उपायों से प्रयास किया। इस प्रयास का कोई महत्त्वपूर्ण हल नहीं निकला। ब्रिटिश सरकार ने सुधारवादियों की मांगों को पूरा करने का कोई विशेष प्रयास नहीं किया। इसकी प्रतिक्रिया स्वरूप कुछ लोग उनकी नीतियों को राजनैतिक भिक्षावृत्ति की नीति कहते हैं।

उदारवादियों के दोष—वास्तव में उदारवादियों के दृष्टिकोण और विधियों में निम्नलिखित दोष थे जिनके कारण उन्हें सफलता नहीं मिली।

(1) ब्रिटिश साम्राज्य के प्रति गलत भावना—उदारवादियों की यह धारणा गलत थी कि ब्रिटिश साम्राज्यवादी अपनी इच्छा से देश में राजनैतिक, सामाजिक अथवा आर्थिक सुधार करेंगे। वे यह भूल गये कि अंग्रेजों की स्पष्ट नीति सब प्रकार से भारत का शोषण करना थी।

(2) राजनैतिक भिक्षावृत्ति—उदारवादी नीति राजनैतिक भिक्षा वृत्ति की नीति थी। इससे देश के आत्म सम्मान की चोट पहुँचती थी और बलिदान की भावना नहीं पनपती थी। गुरुमुख निहालसिंह ने इसके विषय में कहा है, "तिलक और शायद गोखले को छोड़कर कांग्रेस के उदार नेता व्यक्तिगत बलिदान करने तथा स्वतन्त्रता के लिये कष्ट सहने के लिये तैयार नहीं थे।"[1]

उदारवादियों का योगदान—उपरोक्त दोषों से यह नहीं समझना चाहिये कि उदारवादियों के नेतृत्व में कांग्रेस ने कोई महत्त्वपूर्ण कार्य ही नहीं किया। संक्षेप में, राष्ट्रीय कांग्रेस के इतिहास में उदारवादियों के मुख्य कार्य निम्नलिखित हैं—

(1) राजनैतिक शिक्षा—यद्यपि उदारवादियों के प्रयास से भारत में कोई राजनैतिक सुधार नहीं हो सके परन्तु उन्होंने देशवासियों को राजनैतिक शिक्षा देने का महत्त्वपूर्ण कार्य किया। उनके प्रयासों से पास हुआ सन् 1892 का इण्डियन कौंसिल अधिनियम (Indian Council Act) बहुत अधिक सन्तोषजनक न होने पर भी भारत में संवैधानिक सुधारों की दिशा में एक कदम अवश्य था।

(2) भारतीय राष्ट्रवाद के जनक—उदारवादी भारतीय राष्ट्रवाद के जनक थे। श्री पट्टाभि सीता रामैया के शब्दों में, "प्रारम्भिक राष्ट्रवादियों ने ही आधुनिक स्वतन्त्रता की इमारत की नींव डाली थी। इनके प्रयत्न की इस नींव पर एक-एक मंजिल करके

---

1. "With the exception of Tilak and possibly Gokhale the moderate leaders of the Congress were not prepared to make personal sacrifices and suffer hardships for the sake of liberty."

—G.M. Nihal Singh

इमारत बनती चली गयी।''[1] गुरूमुख निहाल सिंह ने लिखा है, ''राजभक्ति की क्रियाओं, सुनिश्चित नरम नीति और आवेदन ही नहीं बल्कि भिक्षावृत्ति की नीति अपनाने के बावजूद प्रारम्भ की कांग्रेस ने इन दिनों में राष्ट्रीय जागृति, राजनैतिक शिक्षा और भारतीयों को संगठित करने और उनमें एक सामान्य भारतीय राष्ट्रीयता की चेतना उत्पन्न करने में महत्त्वपूर्ण प्रारम्भिक कार्य किया।''[2]

जैसा कि पीछे कहा जा चुका है, आरम्भ में अंग्रेजों ने उदार राष्ट्रवादियों के प्रति उदार दृष्टिकोण रखा किन्तु कुछ समय पश्चात् उनका रुख बदल गया और वे कांग्रेस को सन्देह की दृष्टि से देखने लगे। जिस लार्ड डफरिन ने 1884 में कांग्रेस की प्रशंसा की थी उसी ने 4 वर्ष बाद उसे षड़यन्त्रकारी संस्था कहा। आकलैण्ड ने कांग्रेस को समय से पूर्व और भयंकर संस्था कहा। सन् 1890 के सरकारी घोषणा पत्र के अनुसार सरकारी कर्मचारियों को किसी भी रूप में कांग्रेस के अधिवेशनों में भाग लेने का निषेध किया गया। सन् 1897 में एक अधिनियम के द्वारा समाचार पत्रों की स्वतन्त्रता छीन ली गयी। जहाँ तक हिन्दू और मुसलमानों के प्रति अंग्रेजों के रूख का सवाल है, वे सदैव बांटो और शासन करो की नीति मानते रहे।

क्रान्तिकारी आन्दोलन के कारण

सन् 1906 से 1919 तक कांग्रेस दल में उग्रवादी नेताओं का जोर रहा। इन्होंने कांग्रेस के उदारवादी राष्ट्रवाद की आलोचना की और क्रांतिकारी राष्ट्रवाद पर जोर दिया। तिलक ने कहा था, '' राजनैतिक अधिकार लड़कर लेने पड़ेंगे। उदारवादी सोचते हैं कि इन्हें अनुनय विनय से प्राप्त किया जा सकता है। हम सोचते हैं कि वे केवल कठोर दबाव से ही प्राप्त हो सकते हैं।''[3] बाल गंगाधर तिलक के अतिरिक्त लाजपतराय, बिपिन चन्द्र पाल तथा श्री अरविन्द घोष उल्लेखनीय उग्र राष्ट्रवादी नेता थे। ये लोग कांग्रेस के उदारवादी नेताओं की राजनैतिक भिक्षा वृत्ति के विरुद्ध थे। ये समझ गये थे कि अंग्रेज लोग समझाने बुझाने से भारतीयों को उनके अधिकार देने के लिये तैयार नहीं होंगे।

उग्रवादी नेताओं ने देश में चारों ओर घूम-घूम कर विद्रोह की आग भड़कायी। तिलक ने किसानों को सरकार को लगान न देने की सलाह दी। 12 जून सन् 1897 को उन्होंने अपने भाषण में सब प्रकार के साधनों से देश को आजाद कराने के लिये आह्वान

---

1. "The early Congress with all its professions of loyalty, studied moderation, and appealing, nay begging tone, did in those days a great amount of spade work in national awakening, political education and in uniting Indians and in creating in them the consciousness of a common Indian nationality."

—G.M.N. Singh

2. "The early nationalists have made possible superstructure storey by storey, of colonial self-govt. home rule within the Empire, Swarajya and on the top of all complete independece."

—Dr. Pattabhai Sitarammaya.

3. "Political rights will have to be fought for. The moderates think that these can be won by persua sion. We think that they can only be obtained by strong pressure."

—Bal Gagadhar Tilak.

किया। इसके फलस्वरूप 27 जुलाई 1897 को उन्हें गिरफ्तार कर लिया गया और 18 महीने का कारावास दिया गया। बाद में मैक्समूलर द्वारा महारानी विक्टोरिया के पास माफी के लिये प्रार्थना पत्र भेजे जाने से यह सजा घटा कर केवल एक वर्ष कर दी गयी। सन् 1899 से 1904 तक कोई विशेष उल्लेखनीय घटना नहीं हुई। जुलाई सन् 1905 को बंगाल के विभाजन का प्रस्ताव पास हुआ और 16 अक्टूबर को उसको अमल में लाया गया। इसका सारे देश में विरोध हुआ। इस दिन मातम दिवस मनाया गया। प्रशासन ने दमन की नीति अपनायी। बारीसाल में पुलिस ने प्रांतीय कौंसिल के सदस्यों पर लाठी प्रहार किया। बहुत से स्थानों पर हिन्दू मुस्लिम दंगे कराये गये। उग्र राष्ट्रवादियों ने राष्ट्रीय जागरण के लिये भाषण दिया। राष्ट्रीय शिक्षा संस्थायें स्थापित की गयीं। बिपिन चन्द्र पाल और अरविन्द घोष ने देश भक्ति के धर्म का उपदेश दिया। दमन नीति की प्रतिक्रिया स्वरूप उत्तेजना और भी बढ़ी। अंग्रेजों द्वारा मुस्लिम साम्प्रदायिकता को उकसाने से जनता में उनके प्रति अविश्वास बढ़ा किन्तु कांग्रेस जनसमुदाय में फैलने लगी और केवल उच्च तथा मध्यम वर्ग तक ही सीमित नहीं रही।

1 नवम्बर सन् 1907 को षड़यन्त्रकारी सभाओं को रोकने के लिये अधिनियम बनाया गया। न्यायाधीश कठोर सजायें दे रहे थे। 6 दिसम्बर 1907 को ढाका में मिस्टर एलन को गोली मारी गयी। बिहार में मुजफ्फरनगर जिले के जज मिस्टर किंग्सफोर्ड को मारने का षड़यन्त्र किया गया।

नरम दल और गरम दल में संघर्ष

जिस समय देश में एक ओर क्रान्तिकारी कार्यवाहियाँ हो रही थीं उस समय दूसरी ओर कांग्रेस में गरम दल और नरम दल में मतभेद बढ़ता जा रहा था। सन् 1905 के बनारस अधिवेशन में कांग्रेस नेताओं ने सरकार की दमन नीति की कटु अलोचना की और बंग-भंग का विरोध किया गया। सन् 1906 में कलकत्ते में कांग्रेस का अधिवेशन हुआ। इस अधिवेशन में उग्रवादी लोग तिलक को अध्यक्ष बनाना चाहते थे। तिलक ने दादा भाई का विरोध नहीं किया और वे अध्यक्ष चुन लिये गये किन्तु आपसी मन मुटाव बढ़ रहा था। इस अधिवेशन में उग्रवादियों के प्रयास से स्वदेशी, स्वराज्य, राष्ट्रीय शिक्षा और बायकाट सम्बन्धी प्रस्ताव पास हुए। सन् 1907 में सूरत में कांग्रेस का अधिवेशन हुआ। इस अधिवेशन में भी सभापति के प्रश्न को लेकर दोनों दलों में मुठभेड़ हुई। नरम दल तिलक के विरुद्ध था। इसलिए तिलक ने लाला लाजपत राय का नाम प्रस्तुत किया किन्तु लाजपत राय राजी नहीं हुये। अस्तु, रासबिहारी घोष को अध्यक्ष चुना गया, तिलक ने इस निर्वाचन का विरोध किया। अध्यक्ष ने उनके विरोध को अवैध घोषित किया तो तिलक ने उन्हें चैलेन्ज किया। इसी बीच पंडाल में लोग खड़े हो गये और किसी ने मंच पर चप्पल फेंकी जो कि फीरोजशाह मेहता को लगी। अन्त में पुलिस बुलानी पड़ी और नरम दल वालों ने अलग अधिवेशन किया। उग्र दल वाले कांग्रेस से अलग हो गये। इस आपसी फूट से कांग्रेस की शक्ति घट गयी और वह लोक प्रिय संस्था नहीं रही। जनता और सरकार की दृष्टि से उसके अधिवेशनों का महत्त्व क़म हो गया। बाल, लाल और पाल ने कांग्रेस छोड़ दी। सरकार ने दमन चक्र तेज कर दिया। सन् 1908 में तिलक पर राजद्रोह का मुकदमा चलाया गया,

उन्हें 6 वर्ष का कठोर कारावास देकर मांडले जेल भेज दिया गया। सन् 1908 में नरम दल वालों को प्रसन्न करने के लिये मिन्टो मारले सुधार (Minto Morley Reform) योजना प्रस्तुत की। इससे देश में हिन्दू मुसलमानों में साम्प्रदायिक फूट का जन्म हुआ। इस प्रकार सन् 1907 का सूरत विच्छेद देश के लिये अत्यधिक हानिकारक सिद्ध हुआ।

आतंकवादी दल के कार्य

क्रान्तिकारियों की हिंसात्मक कार्यवाहियों में 1907 का मिदनापुर बम केस प्रमुख है। इसी वर्ष ऐलन की हत्या के अतिरिक्त कुछ और घटनायें भी उल्लेखनीय हैं। 29 दिसम्बर 1899 को अभिनव भारत समुदाय नाम की क्रान्तिकारी संस्था के सदस्यों ने नासिक के जिलाधीश मिस्टर जैक्सन की हत्या की। इंगलैंड और अमरीका में क्रान्तिकारी दलों की स्थापना की गई। शिकागो, न्यूयार्क तथा अन्य प्रसिद्ध नगरों में क्रान्तिकारियों के अड्डे थे। सन् 1909 में अहमदाबाद में लार्ड मिन्टो की गाड़ी पर बम फेंका गया। बंगाल में वारिन्द्रकुमार घोष और भूपेन्द्र दत्त ने क्रान्तिकारी आन्दोलन किया। सन् 1908 में मुजफ्फरपुर में जिला जज किंग्सफोर्ड को मारने के लिये बम फेंका गया जिसके अपराध में खुदीराम बोस को फाँसी हुई। इस समय बंगाल में लगभग 500 क्रान्तिकारी समूह थे। 1907 में बिपिन चन्द्र पाल ने मद्रास का दौरा करके वहाँ क्रान्तिकारी भाषण दिये। सरकार ने उन्हें गिरफ्तार किया और 6 माह का कारावास दिया। उनके छूटने पर तिनेवल्ली में दंगे हुये और बहुत सी सरकारी सम्पत्ति नष्ट की गयी। 17 जून 1911 को तिनेवल्ली में जिला मजिस्ट्रेट मिस्टर ऐलन को गोली मार दी गयी। पंजाब में सन् 1907 में सरदार अजीत सिंह, भाई परमानन्द और लाला हरदयाल ने क्रान्तिकारियों का संगठन किया।

जैसा कि पीछे कहा जा चुका है, केवल भारत देश में ही नहीं बल्कि विदेशों में भी भारतीय क्रान्तिकारियों की कार्यवाहियां चल रही थीं। इंगलैंड में सन् 1905 में श्याम जी कृष्ण वर्मा ने इण्डियन होम रूल सोसायटी की स्थापना की। इससे पहले सन् 1899 में सावरकर बन्धुओं ने मित्र मेला नाम की संस्था स्थापित की थी जो बाद में अभिनव भारत समुदाय के नाम से प्रसिद्ध हुई। अमरीका में समुद्र के किनारे इन्डो अमेरिकन समुदाय तथा बंग इण्डिया समुदाय नामक क्रांतिकारी दलों की स्थापना की गयी। लाला हरदयाल ने अमरीका में सन् 1913 में कैलीफोर्निया में 'गदर पार्टी' की स्थापना की। क्रांतिकारियों की योजनाओं में समाचार पत्रों और इश्तहारों द्वारा अंग्रेजों के प्रति घृणा और मातृभूमि के प्रति प्रेम उत्पन्न करना, अंग्रेजों को प्रदर्शनों, सम्मेलनों, बायकाट सभाओं में लगाये रखकर चुपचाप नवयुवकों के छोटे-छोटे समूह संगठित करना तथा देशी बम बनाकर और हथियार चुराकर तथा खरीदकर चन्दें और डाके के द्वारा रुपया एकत्रित करके क्रांतिकारी आन्दोलन चलाना था। 1908 में इण्डिया होम रूल सोसायटी ने इंगलैंड में 1857 विद्रोह दिवस मनाया। इसी दल के सदस्यों ने 23 दिसम्बर 1912 को दिल्ली में लार्ड हार्डिण्ज पर बम फैंका जिस पर अमीचन्द, अवधबिहारी और भाई बालमुकुन्द को फाँसी दी गयी।

प्रथम विश्व महायुद्ध होने पर क्रान्तिकारी युवकों ने विदेशों से भारत को हथियार लाने के लिये अनेक क्रान्तिकारियों को विदेशों में भेजा। इस काम के लिये विष्णु गणेश और सत्येन्द्र सेन अमरीका से भारत आये। भोलानाथ चैटर्जी को बैंकाक भेजा गया। लाला

हरदयाल जर्मनी गये। यतीन्द्र नाथ लाहड़ी ने जापान का दौरा किया। ये सब लोग विदेशों से सहायता प्राप्त करके भारत की क्रांतिकारी सेना को भड़काकर 29 फरवरी 1915 को सशस्त्र क्रांति करना चाहते थे। किन्तु यह कार्य पूरा न हो सका। 19 फरवरी को पुलिस ने रासबिहारी घोष के लाहौर कार्यालय पर छापा मार कर सारी योजना का पता लगा लिया। लाहौर षड़यंत्र केस में 150 व्यक्तियों पर मुकदमें चलायें गये जिनमें 28 को फांसी और 80 को आजीवन कारावास का दण्ड मिला तथा केवल 29 व्यक्ति रिहा हुए। इसी प्रकार बैंकाक, रंगून और मनीला में भी क्रांतिकारियों के प्रयत्न विफल कर दिये गये। अनेक नेता विदेश चले गये।

क्रान्तिकारियों की असफलता के कारण

इस प्रकार देश में क्रान्तिकारी दलों का विद्रोह का प्रयास सफल न हो सका। क्रांतिकारियों की इस असफलता के अनेक कारण थे जिनमें से मुख्य निम्नलिखित हैं—

(1) सीमित क्षेत्र—क्रांतिकारियों के कार्य का क्षेत्र अत्यधिक सीमित था। कुछ थोड़े से नवयुवकों को छोड़कर सामान्य जनता को इससे कोई सरोकार नहीं था।

(2) हिंसात्मक कार्यक्रम—हिन्सात्मक कार्यक्रमों के द्वारा क्रांतिकारी देश को आजाद करना चाहते थे जब कि कांग्रेस के नेतृत्व में अधिकतर लोग वैधानिक उपायों से काम लेना चाहते थे।

(3) सीमित साधन—क्रान्तिकारियों के पास अस्त्र-शस्त्र, रुपया पैसा तथा अन्य साधन अत्यधिक सीमित थे। इसलिये वे अधिक कार्य नहीं कर सके।

(4) संगठन का अभाव—देश और विदेश में फैली हुई विभिन्न क्रांतिकारी संस्थाओं में परस्पर सहयोग और सम्बन्ध बहुत कम था। कोई भी केन्द्रीय संगठन ऐसा नहीं था जो सबको आदेश देता। बहुत से नेता थे, जिनमें कोई परस्पर सम्पर्क नहीं था।

(5) सरकार की दमन नीति—क्रांतिकारियों की असफलता में सरकार की कठोर दमन नीति का भी हाथ रहा। सरकार ने प्रेस अधिनियम द्वारा समाचार पत्रों की स्वतन्त्रता छीन ली। सभाओं और सम्मेलनों पर भी प्रतिबन्ध लगा दिया गया। छोटे अपराधों पर भी कठोर दण्ड दिये गये। इन सब कारणों से सामान्य जनता भयभीत हो उठी और क्रांतिकारियों को सहयोग नहीं मिला।

(6) उदारवादियों की सहानुभूति का अभाव—कांग्रेस में अब तक उदारवादियों का ही जोर था। उदारवादी वैधानिक उपायों से काम लेना चाहते थे। उन्होंने क्रांतिकारियों से कभी भी सहानुभूति नहीं दिखलायी। राजनीति की बागडोर गांधी जी के हाथ में आने के बाद से उनके अहिंसा आन्दोलन के कारण क्रान्तिकारियों के प्रति जनता की कोई सहानुभूति नहीं रही।

(7) तिलक की मृत्यु—यूं तो उग्रवादी नेताओं में लाला लाजपतराय और बिपिन चन्द्र पाल का भी नाम है किन्तु इनमें बाल गंगाधर तिलक ही क्रांतिकारियों के मुख्य प्रेरक थे। तिलक की मृत्यु के बाद क्रान्तिकारियों को ऐसा कोई भी अखिल भारतीय स्तर का नेता नहीं मिल सका जो उन्हें मार्गदर्शन देता।

उग्र राष्ट्रीयता का विकास

उन्नीसवीं शताब्दी के आरम्भ में भारतवर्ष में राजनीति के क्षेत्र में उग्रवादी विचारधारा उत्पन्न होने के मुख्य कारण निम्नलिखित थे—

(1) ब्रिटिश सरकार की दमन नीति—आरम्भ में भारतीयों को अंग्रेजों की न्याय प्रियता पर विश्वास था किन्तु ब्रिटिश सरकार की दमन नीति के प्रभाव से क्रमशः यह विश्वास समाप्त हो गया। लार्ड लैंसडाउन और लार्ड एलगिन के कार्य काल में सन् 1898 तक कई दमनकारी कानून बनाये गये। इसके बाद से सन् 1875 तक लार्ड कर्जन के कार्यकाल में राष्ट्रीय भावना का दमन करने के लिये कलकत्ता कारपोरेशन कानून, भारतीय विश्वविद्यालय कानून, सरकारी गुप्त भेद अधिनियम आदि बनाये गये जिनसे सरकार की दमन नीति कठोर होती गयी। इसके फलस्वरूप भारतवासियों में अंग्रेजों के प्रति घृणा और बदला लेने की भावना बढ़ती गयी।

(2) उदारवादी नीतियों और कार्यक्रमों के प्रति असंतोष—कांग्रेस का जन्म इस विश्वास से हुआ था कि अंग्रेजों को समझाने बुझाने से देश में राजनैतिक सुधार किये जा सकते हैं। किन्तु यह विश्वास व्यर्थ सिद्ध हुआ और उदारवादी नीति से कोई भी ठोस लाभ नहीं हुआ। लाला लाजपतराय के शब्दों में, "20 वर्ष के निरन्तर आन्दोलन के बाद हमें रोटी के स्थान पर पत्थर प्राप्त हुये हैं। अब अंग्रेजों की कृपा के लिये अधिक समय तक गिड़गिड़ाने तथा भिखारी बने रहने से विशेष लाभ नहीं होगा।" लाला जी के शब्द बहुत से लोग के विचारों के प्रतिनिधि थे। क्रमशः इन असंतुष्ट लोगों की संख्या बढ़ने लगी और उन्होंने कांग्रेस की नीतियों और कार्यक्रमों में परिवर्तन की मांग की।

(3) सरकार की गलत सामाजिक नीति—अंग्रेज सरकार भारत में 'बांटो और राज्य करो' की नीति अपना रही थी। उसने हिन्दुओं और मुसलमानों में फूट डालने का पूरा प्रयास किया। इससे अनेक नेताओं में सरकार के कुचक्र के विरुद्ध प्रतिक्रिया उत्पन्न हुई।

(4) सरकार की गलत आर्थिक नीति—अंग्रेज भारत में हर प्रकार से आर्थिक शोषण कर रहे थे। उनकी नीति के परिणामस्वरूप देश इंगलैंड में बने हुए माल से भर रहा था जब कि देशी उद्योग धन्धे ठप्प हो रहे थे। सैनिक खर्चा अत्यधिक बढ़ा हुआ था और उसका बोझ भारत की जनता पर था। इससे गरीबी, भुखमरी तथा बेकारी बढ़ती जा रही थी। उग्रवादियों ने इस अनुचित आर्थिक नीति का विरोध किया।

(5) अकाल और प्लेग—सन् 1896 में भारत में अकाल पड़ा जिसमें लाखों व्यक्ति मरे। अगले वर्ष प्लेग फैला जिसमें दो लाख से अधिक व्यक्तियों की मृत्यु हुई। इस असाधारण कष्ट में सरकार ने जनता की कोई विशेष सहायता नहीं की। दूसरी ओर अंग्रेज लोग सब कहीं नेताओं से दुर्व्यवहार कर रहे थे, इस सबसे जनता में भारी प्रतिक्रिया उत्पन्न हुई। एक साहसी युवक दामोदर ने तो प्लेग कमिश्नर मिस्टर रैंड और उनके सहायक अधिकारी को गोली मार दी।

(6) लार्ड कर्जन का प्रतिगामी शासन—जैसा कि पीछे बतलाया जा चुका है, लार्ड कर्जन के शासन काल में अनेक ऐसे अधिनियम पास हुए जिनसे जनता का कष्ट

बढ़ गया। 1899 में कलकत्ता कारपोरेशन अधिनियम से कारपोरेशन में सरकार का नियंत्रण बढाने का प्रयास किया गया। विश्वविद्यालय अधिनियम से विश्वविद्यालयों की आंतरिक स्वतन्त्रता समाप्त हो गयी और सरकारी नियन्त्रण बढ़ गया। सैनिक खर्चे के लिये धन जुटाने के हेतु जनता पर कर लगाया गया जब कि देश की जनता भूखों मर रही थी। अधिकारी भेद अधिनियम 1904 के द्वारा सिविल अधिकारियों और सेना अधिकारियों की कोई भी आलोचना या उनके विषय में कुछ भी कहना अवैध घोषित कर दिया गया। इस प्रकार, लार्ड कर्जन ने अनेक काम ऐसे किये जिनसे भारतवासियों के आत्मसम्मान को धक्का लगा। सन् 1905 में कलकत्ता विश्वविद्यालय में दीक्षाँत भाषण देते हुए उसने भारतीय चरित्र पर आक्षेप किया और पश्चिम के चरित्र को ऊंचा बतलाया। उसने कांग्रेस की भी आलोचना की। इन सब कारनामों से भी अधिक भयंकर कारनामा सन् 1905 में बंगाल का विभाजन था जिससे केवल बंगाल में ही नहीं बल्कि सारे देश में अंग्रेजों के विरुद्ध तीव्र प्रतिक्रिया हुई।

(7) भारतीयों के साथ दुर्व्यवहार—ब्रिटिश साम्राज्य के सभी उपनिवेशों में भारतीयों के प्रति अत्यन्त अपमानजनक व्यवहार किया जाता था। दक्षिणी अफ्रीका में तो उनको फुटपाथों पर भी चलने की अनुमति नहीं थी। वे अपने निश्चित मौहल्लों के अतिरिक्त नगर में और कहीं नहीं रह सकते थे और रात के 9 बजे के बाद कहीं जा भी नहीं सकते थे। उनको रेल में प्रथम श्रेणी के दर्जे में सफर करने का अधिकार नहीं था। स्वयं गांधी जी को दक्षिणी अफ्रीका में इसी प्रकार के अपमानजनक अनुभव हुए थे जिनके कारण उनके अन्दर भी तीव्र प्रतिक्रिया उत्पन्न हुई थी। इस प्रकार जो-जो भारतीय अंग्रेजों के उपनिवेशों की यात्रा करते थे उन सबको अपमान सहन करने के अवसर आते थे। इससे अंग्रेजों के विरुद्ध उग्रवादी विचारधारा फैलना स्वाभाविक था।

(8) अन्तर्राष्ट्रीय घटनाओं का अभाव—उग्रवादी विचारधारा के विस्तार में अनेक अन्तर्राष्ट्रीय घटनाओं का भी महत्वपूर्ण योगदान था। इसमें सन् 1896 में एबीसीनिया द्वारा इटली को हराया जाना और 1904 में जापान द्वारा रूस को परास्त किया जाना महत्त्वपूर्ण घटनायें थीं। इनसे भारतवासियों के हृदय में यह आशा जगी कि साहस करने पर वे भी ब्रिटेन को परास्त कर सकते हैं।

(9) शिक्षित भारतीयों में असन्तोष—उपरोक्त समस्त कारणों से भारतवर्ष में शिक्षित भारतीयों में तीव्र असन्तोष उत्पन्न हुआ। इसका एक कारण यह भी कि भारत सरकार ने भारतीयों को अनेक पदों पर नियुक्त किये जाने का निषेध किया था। शिक्षित भारतीयों ने सरकार में सर्वोच्च पदों पर भारतीयों को नियुक्त किये जाने के लिये आन्दोलन किया। किन्तु अंग्रेज सरकार के रहते हुए कितनी भी योग्यता होने पर भी भारतीयों को कभी भी अंग्रेजों के बराबर नहीं माना गया। इससे पढ़े-लिखे व्यक्तियों में तीव्र असन्तोष उत्पन्न हुआ।

(10) उग्रवादियों का सफल नेतृत्व—उदारवादी दल के नेताओं की तुलना में उग्रवादी नेता बाल, लाल और पाल का नेतृत्व कहीं अधिक सफल था। इन्होंने अंग्रेजी सरकार की कटु आलोचना की, अनेक बार कारावास का दण्ड सहन किया और सब प्रकार

के त्याग करके जनता का नेतृत्व किया। तिलक ने दक्षिणी भारत में उग्रवादी आन्दोलन को आगे बढ़ाया। लाला लाजपत राय ने पंजाब में और बिपिन चन्द्र पाल ने बंगाल में उग्रवादी आन्दोलन को उत्साहित किया। तिलक ने कहा, "स्वतन्त्रता हमारा जन्म सिद्ध अधिकार है और उसे हम लेकर ही रहेंगे।" इस प्रकार उग्रवादी नेताओं के भाषणों से जनता में विद्रोह की अग्नि भड़क उठी और उग्रवादी विचारधारा सब कहीं फैलने लगी।

उग्रवादियों और उदारवादियों में अन्तर

(1) नेतृत्व का अन्तर—उदारवादी और उग्रवादी नेतृत्व में भारी अन्तर था। जब कि उदारवादी नेता अंग्रेजों की खुलकर आलोचना नहीं करते थे उग्रवादी नेता उनकी खुलकर आलोचना करते थे। उदारवादियों के विरुद्ध उग्रवादियों का अंग्रेजों में कोई विश्वास नहीं था। उदारवादी नेता शान्तिपूर्ण और उग्रवादी नेता विद्रोह भड़काने वाले भाषण देते थे।

(2) राजनैतिक लक्ष्यों का अन्तर—उदारवादियों का राजनैतिक लक्ष्य सुधार और उग्रवादियों का क्रान्ति था। तिलक ने स्वराज्य को राजनैतिक लक्ष्य कहा। स्वराज्य से उनका तात्पर्य पूर्णतया भारतीय राज्य था। उदारवादी स्वशासन का अर्थ ब्रिटिश शासन की छत्रछाया में भारतीयों का शासन लगाता था। दूसरी ओर उग्रवादियों का स्वशासन से तात्पर्य पूर्णतया भारतीय और राष्ट्रीय शासन था।

(3) साधन सम्बन्धी अन्तर—उदारवादियों और उग्रवादियों में सबसे बड़ा अन्तर साधन सम्बन्धी अन्तर था। इसीलिये तिलक ने कहा था, "हमारे दल का नाम उग्रदल हमारे उद्देश्य के कारण नहीं अपितु हमारे साधनों के कारणों से पड़ा है।" उदारवादी संवैधानिक आन्दोलन को एकमात्र साधन मानते थे। उग्रवादी सब प्रकार से राष्ट्रीय आन्दोलन करना चाहते थे यहां तक कि अनेक उग्रवादियों ने हिंसात्मक आन्दोलन का भी समर्थन किया। अपने लक्ष्य को प्राप्त करने के लिये उग्रवादियों ने केवल विदेशी वस्तुओं का ही बहिष्कार नहीं किया बल्कि सरकारी नौकरियों और पदवियों का भी बहिष्कार किया।

(4) नीति सम्बन्धी अन्तर—उदारवादियों की और उग्रवादियों की सरकार के प्रति नीति में भारी अन्तर दिखलायी पड़ता है। जबकि उदारवादियों की नीति राजनैतिक भिक्षावृत्ति कही जा सकती है उग्रवादियों की नीति विपिन चन्द्रपाल के इन शब्दों से स्पष्ट होती है, "यदि सरकार आकर मुझसे कहे कि स्वराज्य ले लो तो मैं कहूंगा कि उपहार के लिये धन्यवाद परन्तु में वह स्वीकार नहीं करूंगा जो मैं उसे अपने हाथों से प्राप्त न कर सकूं।" उग्रवादी राजनैतिक भिक्षावृत्ति से घृणा करते थे। लाला लाजपत राय ने कहा था, "एक अंग्रेज भिक्षावृत्ति से अधिक और किसी भी चीज से घृणा नहीं करता। मेरा विचार है कि भिखारी घृणा का अधिकारी है। अस्तु, हमारा कर्त्तव्य है कि अंग्रेजों को यह दिखला दें कि हम भिखारी नहीं हैं, हमारा नारा आत्म निर्भरता है और साधुपन नहीं है।"[1] उग्रवादी

---

1. "An Englishman hates or dislikes nothing like beggary. I think a beggar deserves to be hated. Therefore it is our duty to show the Englishman that we are no longer beggars, our motto is self reliance and not mendicancy."

—Lala Lajpat Rai.

सब प्रकार की कायरता के विरुद्ध थे। वे स्वतन्त्रता प्राप्त करने के लिये हर प्रकार का त्याग करने को तैयार थे। अरविन्द घोष ने कहा था, "हमारा वास्तविक शत्रु कोई बाहरी शत्रु नहीं बल्कि हमारी अपनी शिथिलता और कायरता है। एक पराधीन राष्ट्र स्वतन्त्रता द्वारा ही उन्नति के द्वार खोलता है और स्वतन्त्रता के लिये बलिदान की आवश्यकता है।" जबकि उदारवादियों के विचार अधिकतर पढ़े-लिखे लोगों तक ही सीमित थे, उग्रवादी जन आन्दोलन में विश्वास करते थे। वे अपने लक्ष्य को प्राप्त करने के लिये अंग्रेजों को हानि पहुंचाने तक को नैतिक मानते थे। लाजपत राय ने कहा था "व्यापारियों के इस राष्ट्र को न्याय की नैतिकता पर आधारित तर्कों से व्यापार की हानि का तर्क कहीं अधिक प्रभावित कर सकता है।"[1] इस नीति को लेकर उन्होंने एक ओर भारतीय उद्योगों को प्रोत्साहित करने और दूसरी ओर विदेशी उद्योगों का बहिष्कार करने की नीति अपनायी।

(5) हिन्दू धर्म पर विशेष दल—उग्रवादियों के अधिकतर नेता प्राचीन हिन्दू धर्म ग्रन्थों से प्रेरणा लेते थे। बाल, लाल और पाल के अतिरिक्त अरविन्द घोष तथा अन्य नेता हिन्दू धर्म से अत्यधिक प्रभावित थे। हिन्दू धर्म ही उनकी राष्ट्रीयता का आदि श्रोत था, उसी से उन्हें बल मिलता था। उग्रवादियों की इस विशेषता के कारण जवाहर लाल नेहरू जैसे नेताओं तक ने उन्हें प्रतिक्रियावादी कहा।

उपरोक्त विवेचन से उदारवादियों और उग्रवादियों का अन्तर स्पष्ट होता है। यह अन्तर उग्रवादियों और उदारवादियों के नेताओं जैसे तिलक और गोखले में भी देखा जा सकता है। बाल, लाल और पाल के अतिरिक्त ऐनीबेसेन्ट, लाला हरदयाल, अरविन्द घोष तथा अन्य उग्रवादी नेता प्रखर देशभक्त, त्यागी और राष्ट्रोत्थान के लिये दिन रात काम करने वाले लोग थे। यद्यपि भारत में देश को आजाद कराने का सेहरा उग्रवादियों के सिर नहीं बंधा किन्तु आज कोई भी व्यक्ति भारत के राजनैतिक इतिहास के इस तथ्य से इन्कार नहीं कर सकता कि भारतीय जन-जीवन में स्वतन्त्रता आन्दोलन करने के लिये प्राण फूंकने का श्रेय उदारवादियों की तुलना में उग्रवादी नेताओं को ही दिया जायेगा।

अभ्यास के लिये प्रश्न

1. भारतीय राजनीति में कांग्रेस के नेतृत्व का विश्लेषण कीजिये।
2. संक्षिप्त टिप्पणी लिखिये—
   (अ) आंतकवादी दल।
   (ब) मुस्लिम साम्प्रदायिकता।
   (स) हिन्दू साम्प्रदायिकता।

---

1. "The logic of losing business is more likely to impress this nation of shopkeepers than any arguments based on ethics of justice."

—Lala Lajpat Rai.

26

भारतीय राजनीति में सामाजिक तनाव

(Social Tensions in Indian Politics)

जातिवाद

(Casteism)

जातिवाद जाति के प्रति एकाँगी निष्ठा है। कोई भी विचारधारा जब वाद (Ism) का रूप धारण लेती है तब उसकी प्रवृत्ति कठोर और एकाँगी हो जाती है। समाज में एक विशिष्ट स्थिति के परिचायक शब्द के रूप में जाति की भावना जातिवाद नहीं है। जाति की भावना तभी जातिवाद बनती है जबकि उसमें अन्य जातियों से छोटा बड़ा होने तथा उनके विरुद्ध अपनी ही जाति के स्वार्थों की चिन्ता करने की प्रवृत्ति जुड़ जाती है। इस प्रकार जातिवाद के कारण एक जाति के सदस्य अन्य जातियों के हितों पर कुठाराघात करने से भी नहीं हिचकते।

जातिवाद की परिभाषा

जातिवाद के स्वरूप तथा प्रकृति को और भी स्पष्ट करने के लिये उसकी परिभाषा करना आवश्यक है। कुछ मुख्य परिभाषायें निम्नलिखित हैं—

(1) उपजाति के प्रति निष्ठा—श्री के० एम० पणिक्कर के अनुसार "राजनीति की परिभाषा में उपजाति के प्रति निष्ठा का भाव ही जातिवाद है।" इस प्रकार जातिवाद के कारण अग्रवाल अग्रवालों को और रस्तौगी रस्तौगियों को लाभ पहुंचाने की चिन्ता में रहते हैं, इससे चाहे वणिक जाति के अन्य सदस्यों को हानि ही क्यों न उठानी पड़े।

(2) जाति के प्रति निष्ठा—परन्तु जातिवाद जाति के प्रति निष्ठा के रूप में दिखलाई पड़ता है। डॉ० एन० प्रसाद के शब्दों में "जातिवाद राजनीति में रूपान्तरित जाति के प्रति निष्ठा है।"[1] इस प्रकार 'ब्राह्मणवाद' और 'कायस्थवाद' आदि जातिवादों के रूपों में जाति को राजनैतिक क्षेत्र में घसीटा गया है।

---

1. "Casteism is loyalty to the caste translated into politics." —N. Prasad

(3) अन्ध समूह भक्ति—इस प्रकार जातिवाद अन्ध समूह भक्ति है। इसमें उचित-अनुचित, न्याय-अन्याय का विचार छोड़कर अपनी जाति की स्वार्थ सिद्धि की ओर ध्यान दिया जाता है। काका कालेलकर के शब्दों में "अत: जातिवाद एक अबाधित, अन्ध और सर्वाधिक समूह भक्ति है जो कि न्याय, औचित्य, समानता और विश्व बन्धुत्व की अपेक्षा करती है।"[1]

इस प्रकार संक्षेप में "जातिवाद जाति अथवा उपजाति के प्रति एक अन्ध समूह भक्ति है जो कि अन्य जातियों के हितों की कोई परवाह नहीं करती और अपने समूह के सामाजिक, आर्थिक व राजनैतिक तथा अन्य हितों को प्राप्त करने की ही चेष्टा करती है।"[2] जातिवाद की इस परिभाषा में जातिवाद की उपरोक्त सभी परिभाषायें सम्मिलित हैं तथा जातिवाद के राजनैतिक पक्ष को और भी अधिक स्पष्ट कर दिया गया है।

जातिवाद के विकास के कारण

आजकल भारत में जातिवाद जोर-शोर से फैला हुआ है। भारत में जातिवाद के इतने जोर के बहुत से कारण हैं। उनमें कुछ मुख्य निम्नलिखित हैं—

(1) जातीय प्रतिष्ठा का एकांगी भावना—जातिवाद का सबसे बड़ा कारण यह है कि प्रत्येक जाति के लोग अपनी जाति की प्रतिष्ठा प्रतिक्षण बढ़ाना चाहते हैं और ऐसा करने में गिरे उपाय अपनाने को भी बुरा नहीं समझते, परन्तु जाति की प्रतिष्ठा इसी आधार पर स्थिर रह सकती है कि प्रत्येक सुविधा से लाभ उठाकर सदस्यों की सामाजिक स्थिति को ऊंचा उठाया जाये। इस उद्देश्य को पूरा करने के लिये हर एक जाति अपने सदस्यों को अधिक से अधिक सुविधा देकर उनकी सामाजिक स्थिति को ऊंचा उठाने की चेष्टा करती है। इसी से जातिवाद बढ़ता है।

(2) विवाह सम्बन्धी प्रतिबन्ध—जातिवाद के विकास का दूसरा कारण विवाह सम्बन्धी प्रतिबन्ध (Marriage Restrictions) हैं। जाति प्रथा के अन्तर्गत विवाह सम्बन्धी प्रतिबन्धों के कारण प्रत्येक जाति का एक वैवाहिक समूह बन जाता है जिसमें प्रत्येक सदस्य अपने को किसी न किसी रूप में सम्बन्धित समझता है और इसलिये सभी एक दूसरे के हित का अधिक ध्यान रखते हैं। इससे जातिवाद बढ़ता है।

(3) नागरीकरण—नागरीकरण (Urbanisation) से प्रत्येक नगर में भिन्न-भिन्न जातियों का एक अच्छा खासा जमघट सम्भव होने लगा। साथ ही साथ प्रत्येक जाति के सदस्यों के जीवन में अनेक समस्यायें उपस्थित हुईं, जिनसे जातीय आधार पर उनकी सुरक्षा भी आवश्यक हो गई। इस आवश्यकता को पूर्ण करने के लिये जातिवाद बढ़ता जा रहा है।

---

1. "Casteism, therefore, is an over-riding blind and supreme group loyalty that ignores the healthy social standards of justice, fair play, equality and universal brotherhood."
2. "Casteism is a blind group loyalty towards one's own caste or sub-caste which does not care for the interests of other castes and seeks to realise the social, economic, political and other interests of its own group."

(4) यातायात और प्रचार के साधनों में वृद्धि—जातिवाद के विकास में सहायक एक कारक यातायात और प्रचार के साधनों की वृद्धि है। यातायात और प्रचार के साधनों में वृद्धि के कारण बिखरी हुई एक जाति के सदस्यों में सम्बन्ध स्थापित होते जा रहे हैं। समाचार-पत्रों और जातीय पत्रिकाओं के माध्यम से जातिवाद की भावना का तेजी से प्रचार हो रहा है।

जातिवाद के परिणाम

जातिवाद से जहाँ एक ओर कुछ लोगों के स्वार्थ सिद्ध होते हैं वहाँ वह देश के लिये एक बड़ा अभिशाप है। जातिवाद के कुछ मुख्य परिणाम निम्नलिखित हैं—

(1) राष्ट्रीयता के विकास में बाधा—जातिवाद राष्ट्रीयता के विकास में बाधक है। एक ओर तो जाति-प्रथा ने भारतीय समाज को अनेक भागों में विभाजित कर दिया है, दूसरी ओर जातिवाद के आधार पर इन विभिन्न भागों के बीच जबर्दस्त तनाव और संघर्ष उत्पन्न हो गया है। इससे सामुदायिक भावना संकुचित होती जाती है जो कि राष्ट्रीयता के विकास में बाधक है।

(2) प्रजातन्त्र में बाधा—अनेक पेशेवर नेता जातिवाद से राजनैतिक क्षेत्र में लाभ उठाते हैं और चुनाव के समय जाति के नाम पर अपनी जाति के लोगों से वोट माँगते हैं और सफलता भी प्राप्त करते हैं। इससे कभी-कभी ऐसे व्यक्तियों का भी चुनाव हो जाता है जो जाति के हितों के सामने सामान्य हितों को कुचल देते हैं। व्यावहारिक रूप में समानता की आड़ में भी जातिवाद का ही डंका बजता है। इस प्रकार जातिवाद प्रजातन्त्र का घातक है। श्री० पणिक्कर के अनुसार "वास्तव में समानता के आधार पर समाज का कोई भी संगठन तब तक सम्भव नहीं है जब तक उपजाति और संयुक्त परिवार उपस्थित हैं।"[1]

(3) भ्रष्टाचार—जातिवाद की भावना से प्रेरित होकर लोग अपनी जाति के लोगों को हर तरह की सुविधा देने के लिये अनेक अनैतिक और अनुचित उपायों का सहारा लेते हैं। इस प्रकार जातिवाद से समाज में घोर भ्रष्टाचार फैल रहा है।

(4) औद्योगिक कुशलता में बाधा—सरकारी तथा अन्य प्रकार की नौकरियों में नियुक्ति जाति के आधार पर होने के कारण अयोग्य और निकम्मे लोगों की भरमार होती जाती है। इसका परिणाम यह होता है कि योग्य और कुशल व्यक्तियों को अवसर ही नहीं मिलता। इससे देश की औद्योगिक कुशलता में भारी बाधा उत्पन्न होती है।

जातिवाद के हल के उपाय

जातिवाद की समस्या के हल के उपाय निम्नलिखित हैं—

(1) उचित शिक्षा—प्रजातिवाद को रोकने के लिये सबसे अधिक उचित शिक्षा की आवश्यकता है। शिक्षा संस्थाओं में ऐसी व्यवस्था होनी चाहिए कि एक ओर बच्चों के मन में जाति-पाँति का भेद-भाव पैदा न हो सके और दूसरी ओर जातिवाद के विरुद्ध

---

1. "In fact, no organisation of society on the basis of equality is possible so long as the sub-caste and the joint family exist."

—K. M. Pannikkar

स्वस्थ जनमत पनप सके। नयी मनोवृत्तियों और व्यवहारों को विकसित करने से ही जातिवाद नष्ट हो सकता है।

(2) अन्तर्जातीय विवाह—जातिवाद को दूर करने के लिये एक अन्य उपाय अन्तर्जातीय विवाह है। अन्तर्जातीय विवाह से दो विभिन्न जाति के स्त्री-पुरुष को ही नहीं वरन् उन दोनों के परिवारों को भी एक दूसरे के निकट आने का अवसर मिलता है। इस प्रकार जातिवाद के बीज को पनपने का अवसर न मिल पायेगा और जो कुछ पनपेगी उसका प्रभाव भी कालान्तर में नष्ट हो जायेगा।

(3) 'जाति' शब्द का कम प्रयोग—जातिवाद की समस्या के हल का एक उपाय यह भी है कि 'जाति' शब्द का कम से कम प्रयोग किया जाये जिससे छोटे-छोटे बच्चों के मन में इसका कोई अवशेष बाकी न रहे जाये और उनमें जातिवाद की भावना पनप न सके। इससे कम से कम भावी पीढ़ी से तो जातिवाद के नष्ट होने की सम्भावना अवश्य हो सकेगी।

(4) साँस्कृतिक और आर्थिक समानता—जातिवाद के हल का एक अन्य उपाय विभिन्न जातियों में साँस्कृतिक और आर्थिक समानता उत्पन्न करना है। विभिन्न जातियों में सांस्कृतिक और आर्थिक असमानता, उनमें आपसी द्वेष और प्रतियोगिता उत्पन्न करते हैं जिनसे आगे चलकर जातिवाद पनपता है। अतः जातिवाद को समाप्त करने के लिये सांस्कृतिक और आर्थिक समानता बड़ी लाभदायक होगी।

जातिवाद के उन्मूलन के सुझाव

महात्मा गांधी ने जातिवाद को हिन्दू धर्म के शरीर का अपैन्डिक्स (Appendix) कहा है। जब तक वह स्वस्थ दशा में है तब तक वह हानि नहीं करता परन्तु जब वह रोगी हो जाता है तो उसे हटा देना आवश्यक होता है नहीं तो वह सम्पूर्ण संगठन के जीवन को खतरे में डाल देता है। इस प्रकार कुछ लोगों की राय में जाति प्रथा का समूलोच्छेदन करके ही जनतन्त्र से उसका संघर्ष दूर किया जा सकता है। परन्तु वर्तमान परिस्थितियों में जबकि जातियां वर्गों का रूप धारण करती जा रही हैं और जातिवाद बढ़ता जा रहा है, यह आशा करना व्यावहारिक नहीं मालूम पड़ता कि जाति-प्रथा को समूल उखाड़ फेंका जा सकता है। जाति-प्रथा को कानून बनाकर नहीं तोड़ा जा सकता। वह हिन्दू समाज की नींव है। उसको हटाने के लिये एक जबर्दस्त क्रान्ति की आवश्यकता होगी। परन्तु कृत्रिम उपायों से क्रान्ति करना कालान्तर में हानिकारक सिद्ध होता है। अतः जब तक समाज जाति-प्रथा के स्थान पर कोई अन्य व्यवस्था ग्रहण करने के लिये तैयार न हो तब तक अधिक से अधिक सुधारों की चेष्टा करनी चाहिये। इस विषय में विभिन्न विचारकों ने अलग-अलग सुझाव उपस्थित किये हैं। कुछ महत्त्वपूर्ण सुझाव निम्नलिखित हैं—

(1) डॉ० श्रीनिवास का मत—डॉ० श्रीनिवास (Dr. M. N. Srinivas) के मत के अनुसार वयस्क मतदान प्रणाली, पंचवर्षीय योजनायें, शिक्षा का प्रसार, पिछड़ी जातियों की बराबर उन्नति और रहन-सहन के तरीकों पर उच्च जाति की संस्कृति का प्रभाव, जाति व्यवस्था के अनेक अवगुणों को दूर कर देगा तथा प्रजातन्त्र सुलभ समानता के लिये रास्ता खोल देगा।

(2) डॉ॰ घुरिये का सुझाव—डॉ॰ घुरिये (Dr. G. H. Ghurye) के अनुसार जातिवाद से उत्पन्न हुए संघर्ष को अन्तर्जातीय विवाहों को प्रोत्साहन देकर दूर किया जा सकता है। प्रारम्भ से ही लड़के-लड़कियों की सहशिक्षा का प्रबन्ध किया जाये और भिन्न लिंग के व्यक्तियों को एक दूसरे के निकट आने के अवसर दिये जायें। इससे लैंगिक आचारण में सुधार होगा और साथ-साथ जातिवाद का क्रियात्मक विरोध किया जायेगा। अन्तर्जातीय विवाहों को प्रोत्साहन मिलेगा और अन्तर्जातीय विवाह करने वाले व्यक्ति एक ऐसा जातिविहीन वातावरण पैदा कर देगें और एक ऐसी पीढ़ी उत्पन्न करेंगे जो जाति व्यवस्था की घोर विरोधी होगी।

(3) डॉ॰ राव का मत—डॉ॰ राव (V. K. R. V. Rao)—के सुझाव के अनुसार जातिवाद को निर्मूल करने के लिये सामूहिक प्रवृत्तियों को व्यक्त करने तथा अपनी क्रियाओं को संगठित करने के लिये कुछ वैकल्पिक (Optional) समूहों के निर्माण को प्रोत्साहन देना चाहिये। इन समूहों की संख्या के साथ-साथ जातिवाद कम होगा क्योंकि मनुष्यों को अपनी अनेक प्रवृत्तियों को जाति समूह से बाहर व्यक्त करने का अवसर मिलेगा।

(4) श्रीमती कार्वे का सुझाव—श्रीमती इरावती कार्वे (Iravati Karve) का सुझाव है कि जातिवाद से उत्पन्न हुए संघर्ष को दूर करने के लिये विभिन्न जातियों में आर्थिक और सांस्कृतिक समानता लानी आवश्यक है।

(5) प्रभु का मत—प्रभु (P. N. Prabhu) के अनुसार जातिवाद से उत्पन्न हुए संघर्ष तभी दूर किये जा सकते हैं जबकि व्यवहारों के आन्तरिक क्षेत्रों पर प्रभाव डाला जाये। इसके लिये शिक्षा के द्वारा मनुष्यों में नई मनोवृत्तियाँ और अभिव्यक्तियाँ विकसित करने का प्रयास होना चाहिये। इस दिशा में सिनेमा भी बड़ा महत्त्वपूर्ण कार्य कर सकता है।

निष्कर्ष—जाति भारतीय समाज में हजारों सालों से पल रही है। आज वह जनतन्त्र और देश की उन्नति में भारी बाधा है। राष्ट्रीयता की भावना के विकास तथा देश में जनतन्त्र को सफल बनाने के लिये उसका रूपान्तर करना निसन्देह आवश्यक है। परन्तु यह कार्य कुछ वर्षों में नहीं किया जा सकता। इसके लिये पहले तो यह निश्चित कर लेना चाहिये कि जाति-व्यवस्था में किस सीमा तक विकास की आवश्यकता है और फिर उस दिशा में सरकारी, गैर सरकारी सभी शक्तियों द्वारा प्रयत्न किये जाने चाहियें। आगे आने वाली पीढ़ी में शिक्षा द्वारा जातिगत भेद-भाव को दूर करना इस विषय में पहला कदम होगा। सहशिक्षा से अन्तर्जातीय विवाहों को प्रोत्साहन मिलेगा। जाति-सूचक शब्दों को नामों से निकाल देने का भी प्रचार किया जा सकता है। जातीय सभाओं और समितियों पर सरकार द्वारा रोक लगाई जानी चाहिएं। इस प्रकार चारों ओर से चेष्टा करने से ही इस दिशा में सुधार होगा।

साम्प्रदायिकता
(Communalism)

15 अगस्त सन् 1947 को भारत की स्वतन्त्रता की घोषणा की गई और उसी दिन से भारत के गांव-गांव और शहर-शहर में हिन्दू-मुसलमानों ने एक-दूसरे के खून की होली खेली। इन साम्प्रदायिक दंगों में जितना नृशंस व्यवहार दिखलाई पड़ा है उतना मानव-इतिहास

में शायद ही कहीं दिखलाई पड़ा हो। गाँव-गाँव में आग लगा दी गई। जलती हुई आग में जीवित बच्चों को झोंक दिया गया। स्त्रियों के अंग-भंग कर दिये गये और उनको नग्न करके कोड़ों से मारते हुए सड़कों पर जुलूस निकाले गये। स्थान-स्थान पर रेलगाड़ियाँ रोककर हजारों आदमियों को गाजर-मूली की तरह काट दिया गया। लाखों बेघरबार हो गये। करोड़ों की सम्पत्ति नष्ट हो गई और इतना बड़ा बलिदान लेकर भी देश में साम्प्रदायिक तनाव कम नहीं हुआ। अभी पिछले दिनों अलीगढ़, मेरठ तथा उत्तर प्रदेश के कितने ही नगरों में कितने ही दंगे हुए। यह आग कभी न कभी भड़क ही उठती है। इसके मूल में कुछ विशेष कारण हैं। इन कारणों के अध्ययन से देश से साम्प्रदायिकता को दूर करने के विषय में जानकारी प्राप्त होगी।

साम्प्रदायिक तनाव के कारण

साम्प्रदायिक तनाव के मुख्य कारण निम्नलिखित हैं–

(1) भौगोलिक कारण (Geographical Causes)–साम्प्रदायिकता का एक मुख्य कारण भौगोलिक है। जहाँ-जहाँ हिन्दू, मुस्लिम, सिख और ईसाईयों की बस्तियाँ अलग-अलग हैं वहाँ उनमें सामूहिक तनाव अधिक बढ़ता है क्योंकि भिन्न-भिन्न सम्प्रदायों की बस्तियों में रहन-सहन, तौर-तरीकों आदि में एक दूसरे से भारी अन्तर दिखाई पड़ता है।

(2) ऐतिहासिक कारण (Historical Causes)–साम्प्रदायिक तनावों में ऐतिहासिक कारण भी बड़ा महत्त्वपूर्ण है। यह एक ऐतिहासिक तथ्य है कि भारतवर्ष में इस्लाम धर्म के अनुयायी बाहर से आये और उन्होंने तलवार के जोर से लोगों को मुसलमान बनाना शुरू किया। अनेक मुस्लिम शासकों ने हिन्दुओं पर भारी अत्याचार किये, दूसरी ओर अनेक हिन्दू राजाओं ने इसका मुँह-तोड़ उत्तर दिया। इस बात को आज सैकड़ों साल हो गये। तब से अनेक बार हिन्दू-मुसलमानों ने मिलकर काम किया। सन् 1857 के स्वतन्त्रता संग्राम में हिन्दू-मुसलमानों ने कन्धे से कन्धा लगाकर देश को आजाद कराने की कोशिश की। कांग्रेस में, आजाद हिन्द फौज में और अन्य राजनैतिक दलों में हिन्दू-मुसलमानों ने मिलकर अंग्रेजों से मोर्चा लिया परन्तु इन दोनों सम्प्रदायों में बहुत से लोग उस पुराने इतिहास को भूल नहीं सके जबकि औरंजगेब के अत्याचार से हिन्दू-धर्म पर खतरा उपस्थित हो गया था; जब हरिसिंह नलवा का नाम लेकर मुस्लिम स्त्रियाँ अपने बच्चों को चुप कराती थीं। इससे साम्प्रदायिक तनाव बना रहा। यही नहीं, बल्कि कुछ लोगों ने साम्प्रदायिक हितों को लेकर राजनैतिक दल बना डाले। मुस्लिम-लीग और हिन्दू-महासभा जैसे राजनैतिक दलों ने दोनों सम्प्रदायों को भड़काया। मुस्लिम लीग ने पाकिस्तान की मांग की। पाकिस्तान भी बन गया परन्तु फिर भी साम्प्रदायिक तनाव में पर्याप्त कमी नहीं आई।

(3) मनोवैज्ञानिक कारण (Psychological Causes)–साम्प्रदायिक तनावों के मुख्य कारण मनोवैज्ञानिक हैं। जब-जब हिन्दू-मुस्लिम सम्प्रदायों में परस्पर घृणा और द्वेष अत्यधिक बढ़ जाता है तभी देश में साम्प्रदायिक दंगे होते हैं। इस परस्पर घृणा के मूल में कुछ भ्रामक रूढ़ि प्रत्यय हैं। हिन्दू यह समझते हैं कि मुसलमान जन्म का राष्ट्र-द्रोही है।

मुसलमान यह समझते हैं कि हिन्दुओं से उन्हें सदैव खतरा है। परस्पर अज्ञान पर आधारित इन बातों से तनाव बढ़ता है।

(4) सामाजिक कारण (Social Causes)–कुछ सामाजिक कारण भी साम्प्रदायिक तनाव बढ़ाते हैं। भारत में आज भी हिन्दू-मुसलमानों के परस्पर घनिष्ठ मेल-जोल में बहुत सी सामाजिक बाधायें हैं। मुसलमान गाय काटते हैं जिससे हिन्दुओं को चोट लगती है। हिन्दू मुसलमानों से मेल-जोल बढ़ाना ठीक नहीं समझते क्योंकि वे विधर्मी हैं। दोनों में बहुत से रीति-रिवाज एक दूसरे से बिल्कुल विपरीत हैं। हिन्दू चोटी रखते हैं, मुसलमान नहीं रखते। हिन्दू धोती पहनता है, मुसलमान लुंगी इस्तेमाल करते हैं। हाथ धोते समय हिन्दू पानी कोहनी से कलाई की तरफ गिराते हैं और मुसलमान कलाई से कोहनी की तरफ उड़ेलते हैं। इन छोटी-छोटी बातों में कोई विशेष महत्त्व नहीं है, परन्तु इससे दोनों एक दूसरे को उल्टा समझते हैं। अभी तो देश में अन्तर्जातीय विवाहों का ही रिवाज नहीं है, विभिन्न सम्प्रदायों के व्यक्तियों में विवाह के बारे में तो अधिक लोग सोच भी नहीं सकते।

साम्प्रदायिक तनाव को दूर करने के उपाय

साम्प्रदायिक तनावों के उपरोक्त कारणों के अध्ययन से उनको दूर करने के उपायों का भी संकेत मिलता है। स्थूल रूप से मुख्य उपाय निम्नलिखित हैं–

(1) राष्ट्रीय इतिहास का प्रचार–साम्प्रदायिक तनावों को दूर करने के लिये यह जरूरी है कि इतिहास के उस पहलू पर विशेष जोर दिया जाये जिसमें कि हिन्दू-मुसलमानों ने मिलकर राष्ट्रोत्थान के लिये प्रयास किये और कुर्बानियाँ दीं। ऐसा करने से तनाव का ऐतिहासिक कारण दूर होगा और राष्ट्रीय भावनायें बढ़ेंगी।

(2) परस्पर सम्पर्क–साम्प्रदायिक तनावों के मनोवैज्ञानिक कारणों को दूर करने के लिये विभिन्न सम्प्रदायों में परस्पर सम्पर्क बढ़ाने की जरूरत है। गाँव-गाँव और शहर-शहर में युवक संगठन बनाये जाने चाहियें जिनमें सभी सम्प्रदायों के युवक एकत्रित होकर साथ-साथ विभिन्न कार्यक्रमों में भाग लें। इसके अलावा इस प्रकार की और भी अनेक संस्थायें बनाई जा सकती हैं जिनसे विभिन्न सम्प्रदायों के लोगों को एक दूसरे के पास जाने का अवसर मिले और उनमें मेलजोल बढ़ें।

(3) साम्प्रदायिक दलों को प्रोत्साहन–सरकार की ओर से साम्प्रदायिक दलों की कार्यवाही पर कड़ी नजर रखे जाने की जरूरत है। क्रमशः इन दलों को समाप्त करने की कोशिश की जानी चाहिये। भारत में अनेक साम्प्रदायिक दल सांस्कृतिक अथवा धार्मिक कार्यक्रमों की आड़ लेकर साम्प्रदायिकता का जहर फैलाते हैं। सरकार को इस ओर ध्यान देना चाहिये और पाये जाने पर ऐसे दल को एक दम बन्द कर देना चाहिये।

(4) स्वस्थ राष्ट्रीय जनमत का निर्माण–पत्र-पत्रिकाओं, भाषणों तथा रेडियो कार्यक्रमों और चलचित्रों के द्वारा देश में स्वस्थ राष्ट्रीय जनमत तैयार किया जाना चाहिये। इसके लिये साम्प्रदायिक पत्र-पत्रिकाओं, भाषणों आदि को गैरकानूनी घोषित कर देना चाहिये।

(5) राष्ट्रीय त्यौहारों को प्रोत्साहन–देश में राष्ट्रीय त्यौहारों और समारोहों को ऐसा प्रोत्साहन दिया जाना चाहिये कि विभिन्न सम्प्रदाय के लोग उनमें पूरे उत्साह से काम लें। हिन्दू-मुस्लिम दोनों सम्प्रदायों के मुख्य-मुख्य त्यौहारों जैसे होली, दिवाली, दशहरा, ईद आदि को राष्ट्रीय त्यौहार घोषित किया जा सकता है जिससे कि उनमें हिन्दू-मुस्लिम दोनों मिलकर भाग लें। इस मेलजोल से साम्प्रदायिक तनाव कम होंगे।

साम्प्रदायिक तनावों को दूर करने के उपायों के उपरोक्त संक्षिप्त विवरण से स्पष्ट है कि इस दिशा में सामाजिक, वैज्ञानिक और मनोवैज्ञानिक सभी उपायों से काम लेने की आवश्यकता है। सभी ओर से प्रयास करना जरूरी है। इस दिशा में सरकार और जनता दोनों को सहयोग करना पड़ेगा। देश में साम्प्रदायिकता का यह विष इतना पुराना है कि इसको निकाल फेंकने के लिये भारी प्रयास की आवश्यकता है।

क्षेत्रवाद
(Regionalism)

यूं तो भारतवर्ष में क्षेत्रवाद (Regionalism) किसी न किसी रूप में सदैव उपस्थित था परन्तु न तो पहले वह कभी इतना बढ़ा था और न वह राष्ट्रीय हित के लिये कभी इतना हानिकारक हुआ था। देश में अनेक राज्य होने पर उनमें क्षेत्रवाद से इतनी हानि न थी परन्तु आज जब कि पूरा देश एक राष्ट्र हो गया है उस समय क्षेत्रवाद से राष्ट्रीय एकता को भारी खतरा है।

क्षेत्रवाद क्या है ?

यह क्षेत्रवाद क्या है ? क्षेत्रवाद, जैसा कि उसके नाम से स्पष्ट है, अपने-अपने भौगोलिक क्षेत्रों के प्रति भक्ति और दूसरे लोगों के प्रति भय, अविश्वास या घृणा का भाव है। इस प्रकार भारत में आज विभिन्न क्षेत्रों के लोग एक दूसरे को विदेशी समझने लगे हैं। हर एक क्षेत्र अपने ही क्षेत्र के लोगों का राज्य चाहता है और उनमें दूसरे क्षेत्रों से आये हुए लोगों को बिल्कुल स्थान नहीं देना चाहता चाहे वे वहां कितने ही दिनों से रह रहे हों। इस प्रकार नागा क्षेत्र में कुछ लोगों ने एक पृथक राज्य की मांग की है। पंजाब में अकाली दल ने पंजाबी सूबे की मांग की है। क्षेत्र के आधार पर बम्बई राज्य का महाराष्ट्र और गुजरात दो राज्यों में विभाजन हो गया। इसके अलावा कुछ लोग दक्षिणी भारत में एक बिल्कुल ही पृथक राज्य बनाने की भी मांग लाये हैं। भारत एक संघ राज्य है। राज्य के कार्य कुछ संघ सरकार और कुछ राज्यों को मिले हुए हैं। ये सब राज्य अधिकतर आन्तरिक मामलों में स्वतन्त्र हैं। इसलिये देश की एकता तभी रह सकती है जबकि लोग पूरे देश को एक राष्ट्र और अपना देश समझें। यदि हर एक क्षेत्र के लोग अपने ही क्षेत्र के प्रति भक्ति रखें और उसमें राष्ट्रीय हितों की कोई परवाह न करें तो संघ सरकार का बने रहना कठिन हो जायेगा। इस प्रकार क्षेत्रवाद राष्ट्रीय हित के लिये एक भयंकर समस्या बन गया है।

क्षेत्रवाद के कारण

देश में इस क्षेत्रवाद के मूल में निम्नलिखित कारण हैं–

(1) भौगोलिक कारण (Geographical Causes)–क्षेत्रवाद का मुख्य कारण भौगोलिक है। भिन्न-भिन्न भौगोलिक क्षेत्रों में रहने वाले लोगों का रहन-सहन, पहनावा, खान-पान, रीति-रिवाज, इतिहास, भूगोल आदि कुछ न कुछ भिन्न होता ही है। इससे वे एक-दूसरे को विदेशी समझने लगते हैं और उनमें एक दूसरे के प्रति भय और घृणा के भाव उत्पन्न हो जाते हैं।

(2) ऐतिहासिक कारण (Historical Causes)–जैसा कि पीछे संकेत किया जा चुका है, क्षेत्रवाद के मूल में एक कारण ऐतिहासिक भी है। उदाहरण के लिये भारतवर्ष में आर्यों के समय से ही दक्षिण और उत्तर में कुछ न कुछ भेद बना रहा है। उत्तर के बहुत से राजाओं ने दक्षिण को विजय किया। दक्षिण में शायद ही कभी कोई ऐसा राज्य बन सका हो जो उत्तरी भारत तक फैला हो। इससे दक्षिण के बहुत से लोग दक्षिणी भारत को उत्तरी भारत से अलग समझते हैं।

(3) राजनैतिक कारण (Political Causes)–परन्तु यदि ध्यान से देखा जाये तो देश में फैले क्षेत्रवाद के मूल में मुख्य कारण राजनैतिक सत्ता प्राप्त करने के लिये कुछ लोगों की क्षेत्रीय प्रदेशों की मांग है। इस दिशा में फिजो (Phizo) के विद्रोही नागा दल, पंजाब के अकाली दल, दक्षिण के द्रविड़ मुन्नेत्र कजागाम (D.M. K.) आदि विभिन्न राजनैतिक दलों का भारी हाथ था। सच तो यह है कि इन्हीं दलों के नेताओं ने इन क्षेत्रों में क्षेत्रवाद फैलाया है। केवल इतना ही नहीं बल्कि कुछ राष्ट्रीय दलों में भी भिन्न-भिन्न क्षेत्र के प्रतिनिधि क्षेत्रीय हितों के सामने राष्ट्रीय हितों की परवाह नहीं करते।

(4) मनोवैज्ञानिक कारण (Psychological Causes)–अन्त में क्षेत्रवाद के विकास और स्थायित्व में मनोवैज्ञानिक कारण भी कम महत्त्वपूर्ण नहीं है। हर एक क्षेत्र के लोग यह चाहते हैं कि उनका क्षेत्र सबसे अधिक उन्नति करे। यह तो कोई बुरी बात नहीं है परन्तु जब इसके लिये वे अन्य क्षेत्रों और पूरे राष्ट्र के हितों को भी तुच्छ समझते हैं तो यह भावना क्षेत्रवाद का रूप धारण कर लेती है। इसके अलावा क्षेत्रवाद के पीछे बहुत से ऐसे व्यक्ति हैं जो अपने अन्दर की ईर्ष्या, द्वेष, भय, क्रोध आदि की भावनायें इस तरीके से निकालते हैं।

(5) अन्य कारण (Other Causes)–उपरोक्त कारणों के अलावा कुछ अन्य कारण भी क्षेत्रवाद बढ़ाते हैं। उदाहरण के लिये भारत में बंगालियों और महाराष्ट्रियनों और पंजाबियों आदि में परस्पर विवाह बहुत कम देखे जाते हैं। आम तौर से भिन्न-भिन्न क्षेत्रों के लोगों में विवाह सम्बन्ध नहीं होते। इससे परस्पर घनिष्ठ सम्पर्क का अवसर कम आता है। इन सामाजिक कारणों के अलावा क्षेत्रगत तनाव के कुछ आर्थिक कारण भी हैं। देश में कुछ क्षेत्र अन्य क्षेत्रों से बहुत पिछड़े हुए हैं। इससे उनमें हीनता की भावना रहती है और वे दूसरों से ईर्ष्या करने लगते हैं। कुछ क्षेत्रों में, जैसे–व्यापार में कुछ विशेष क्षेत्रों के लोग अधिक सफल दिखाई पड़ते हैं। उदाहरण के लिये भारत में व्यापारी वर्ग में मारवाड़ियों,

गुजरातियों और पंजाबियों ने अधिकतर अधिकार जमा रखा है। इससे भी अन्य लोग उनसे जलते हैं और अपने क्षेत्रों से उनको निकालने की कोशिश करते हैं।

क्षेत्रवाद के निवारण के उपाय

क्षेत्रवाद के निवारण के मुख्य उपाय निम्नलिखित हो सकते हैं–

(1) यातायात और सन्देशवहन को प्रोत्साहन–क्षेत्रवाद दूर करने के लिये देश में घूमने की और विभिन्न क्षेत्रों से सम्बन्ध बढ़ाने की प्रवृत्ति को प्रोत्साहन मिलना चाहिये। अभी पिछले दिनों साधुओं की एक ट्रेन भारत दर्शन के लिये निकली थी। इसी तरह से राजस्थान के बहुत ने किसानों ने ट्रेन के द्वारा भारत की यात्रा की। भारत में जो तीर्थ करने की परम्परा है उसके कारण भी लोगों को सारे देश में घूमना पड़ता है। देश के भिन्न-भिन्न भागों में जाने से देशवासियों में यह भावना बढ़ती है कि भारतवर्ष एक बड़ा देश है और उसका अपना क्षेत्र विशाल भारत का एक अंग मात्र है। देश में यातायात और संदेशवहन को प्रोत्साहित करके क्षेत्रवाद को कम किया जा सकता है।

(2) राष्ट्रीय इतिहास का प्रचार–सम्पूर्ण देश में राष्ट्रीय इतिहास का प्रचार किया जाना चाहिये जिससे लोगों के सामने यह स्पष्ट हो जाय कि भारत के अलग-अलग क्षेत्रों ने देश के इतिहास में महत्त्वपूर्ण योगदान दिया है। राष्ट्रीय इतिहास के प्रचार से क्षेत्रवाद की भावनायें दूर होंगी।

(3) क्षेत्रवादी राजनैतिक दलों पर रोक–राष्ट्रीय एकता के लिये यह आवश्यक है कि क्षेत्रवाद का प्रचार करने वाले राजनैतिक दलों पर रोकथाम की जाय। खुल्लम-खुल्ला प्रचार करने पर उनको गैर-कानूनी घोषित कर दिया जाना चाहिये। यद्यपि जनतन्त्र में हर एक व्यक्ति को अपने विचारों को अभिव्यक्त करने के लिये राजनैतिक दल बनाने का अधिकार है परन्तु यदि इससे राष्ट्रीय हितों की हानि होती है तो यह अधिकार छीन लिया जाना चाहिये।

(4) राष्ट्रीय भावना का प्रसार–अन्त में क्षेत्रवाद के मूल में मनोवैज्ञानिक कारणों को दूर करने के लिये देश में भारतीय राष्ट्रीय भावना के प्रसार की चेष्टा की जानी चाहिये। इस दिशा में रेडियो, चल-चित्रों, पत्र-पत्रिकाओं, व्याख्यानों आदि सभी उपायों से प्रचार करने की आवश्यकता है। सरकारी नौकरियों, शिक्षा संस्थाओं आदि सभी जगह से क्षेत्रवादी प्रवृत्तियों को निकालने की कोशिश की जानी चाहिये और राष्ट्रीयता की भावना को प्रोत्साहित किया जाना चाहिये।

क्षेत्रवाद एक जटिल समस्या है। इसको सुलझाने के लिये सभी ओर से प्रयास करने की जरूरत है। इसमें जनता और सरकार दोनों का सहयोग होना चाहिये। तभी यह समस्या सुलझ सकती है।

भाषावाद
(Linguism)

भारत में भिन्न-भिन्न क्षेत्रों में भिन्न-भिन्न भाषायें बोली जाती हैं। कहीं-कहीं पर तो एक ही क्षेत्र में अनेक भाषायें बोली जाती हैं। हिन्दी, उर्दू, पंजाबी, गुजराती, मराठी,

आसामी, काश्मीरी, बंगाली, तामिल, तेलगू, मलयालम, कन्नड़ आदि देश में दर्जनों भाषायें हैं। देशी भाषाओं में राष्ट्रभाषा हिन्दी बोलने वाले सबसे अधिक हैं और ये बढ़ते ही जाते हैं। परन्तु अन्य भाषाओं में भी साहित्य का पर्याप्त विकास हुआ है। उदाहरण के लिये पंजाबी, गुजराती, मराठी, बंगाली, तामिल आदि में साहित्य का विकास हिन्दी से किसी प्रकार भी निम्न स्तर का नहीं कहा जा सकता। किसी भी देश में दर्जनों भाषाओं का होना स्वयं अपने में कोई दोष नहीं है। विभिन्न भाषाओं के साहित्य की वृद्धि से राष्ट्रीय साहित्य की ही वृद्धि होती है। हर एक भाषा बोलने वाले यदि अपनी ही भाषा के विकास की चेष्टा करें तो इसमें बुराई नहीं है परन्तु जब भाषाओं की भिन्नता विभिन्न भाषा-भाषी समूहों में तनाव का आधार बन जाये तो वह निश्चित ही चिन्ता की बात है। जब भाषा का समर्थन अन्धा रूप धारण कर लेता है जिसमें कि विशेष भाषा को ऊंचा समझ कर अन्य भाषाओं को नीचा और त्याज्य समझा जाता है तो यह प्रवृत्ति भाषावाद (Linguism) की प्रवृत्ति कहलाती है। अन्य वादों के समान भाषावाद भी देश के सामूहिक हित के लिये हानिकारक है।

भाषावाद की समस्या

भारत में पिछले दिनों से भाषावाद की समस्या ने भयंकर रूप धारण कर लिया है। पंजाब में पंजाबी और हिन्दी की समस्या को लेकर भारी संघर्ष दिखाई पड़ता है। असम में भाषा के प्रश्न को लेकर भाषावाद खड़ा किया गया है। क्षेत्रीय भाषाओं के अलावा हिन्दी, अंग्रेजी और उर्दू के समर्थक भाषा के प्रश्न को लेकर आन्दोलन खड़ा करने वालों में साहित्यिक लोग कम और राजनीतिज्ञ लोग अधिक दिखाई पड़ेंगे। उदाहरण के लिये पंजाब में पंजाबी भाषा का आन्दोलन पंजाबी सूबे की माँग से जुड़ा हुआ है।

भाषावाद के कारण

इस भाषावाद के मूल में क्या कारण है? यूँ तो एक जटिल समस्या होने के कारण भाषावाद के सभी कारणों का विस्तृत विश्लेषण कठिन है परन्तु संक्षेप में उसके कारण निम्नलिखित हैं—

(1) **भौगोलिक कारण** (Geographical Causes)—अन्य तनावों के समान भाषावाद के पीछे भी एक मुख्य कारण भौगोलिक है। जैसा कि पीछे बतलाया जा चुका है, भारत में भिन्न-भिन्न क्षेत्रों में भिन्न-भिन्न भाषायें बोली जाती हैं। भाषा के माध्यम से ही उनमें परिचय बढ़ता है। अतः स्वाभाविक है कि अपनी भाषा बोलने वाला परिचित और भिन्न भाषा बोलने वाला अपरिचित मालूम पड़ता है। हर एक भाषा में एक साहित्य होता है। इस साहित्य में स्थानीय भौगोलिक परिस्थितियों, नदियों और पहाड़ों, स्थानीय वनस्पति, स्थानीय पशु और स्थानीय संस्कृति सब कहीं दिखाई पड़ती है। अतः साहित्य का क्षेत्र से विशेष सम्बन्ध होता है। विशेष क्षेत्र के लोगों को स्थानीय भाषा के साहित्य में जो अपनापन मिलता है वह दूसरी भाषा के साहित्य में नहीं मिल सकता। स्वाभाविक है कि हर एक व्यक्ति अपने ही क्षेत्र की भाषा पसन्द करता है और दूसरे क्षेत्र की भाषा का लादा जाना पसन्द नहीं करता। जब यह मनोवृत्ति अत्यधिक बढ़ जाती है और भिन्न भाषाओं के प्रति

तथा भिन्न भाषा-भाषी व्यक्तियों के प्रति द्वेष का रूप धारण कर लेती है तब तनाव उत्पन्न हो जाता है।

(2) ऐतिहासिक कारण (Historical Causes)—भाषावाद के कुछ कारण ऐतिहासिक भी हैं। भारत में सदा से ही विदेशियों के आक्रमण होते रहे हैं। विदेशी अपने साथ अपनी-अपनी भाषायें भी लाये। मुगल लोग फारसी भाषा लेकर आये। इन भाषाओं के साथ इनके साहित्य भी आये और साहित्य के साथ इनकी संस्कृति भी। क्रमशः ये भाषायें भारत में फलने-फूलने लगीं और उनका भारतीयकरण होने लगा। उर्दू में बहुत-से हिन्दू लोगों ने भी साहित्य निर्माण किया। यदि समझदारी से काम लिया जाता है तो उर्दू-हिन्दी के प्रश्न के खड़े होने का कोई अवसर न था परन्तु पिछले इतिहास से प्रेरणा लेने वालों ने उर्दू का भारतीयकरण स्वीकार नहीं किया और उसमें अरबी, फारसी के शब्दों की ही बहुतायत रखी। केवल इतना ही नहीं उन्होंने उर्दू में जो साहित्य निर्माण किया उसकी आत्मा तक विदेशी थी। अतः संघर्ष होना आवश्यक हो गया।

(3) मनोवैज्ञानिक कारण (Psychological Causes)—परन्तु फिर भाषावाद के मूल में सबसे मुख्य कारण मनोवैज्ञानिक हैं। उसके पीछे भिन्न भाषा-भाषी समूह से ईर्ष्या और द्वेष और अपनी भाषा का अहंकार है। उसके पीछे संकीर्ण आत्म-सम्मान की भावना है। यदि अन्य भाषाओं के विषय में पूर्वाग्रहों को निकाल कर व्यापक दृष्टिकोण से काम लिया जाये तो देश में कितनी ही भाषायें एक साथ रहकर फल-फूल सकती हैं।

(4) राजनैतिक कारण (Political Causes)—जैसा कि पहले बतलाया जा चुका है, भाषावाद के पीछे विभिन्न राजनीतिज्ञों और राजनैतिक दलों के राजनैतिक स्वार्थ है। अनेक साम्प्रदायिक तथा राजनैतिक दल भाषावाद के प्रश्न को उठाकर अपने-अपने सम्प्रदाय के लोगों को भड़काते हैं और चुनावों में उनके मत लेना चाहते हैं। राजनैतिक स्वार्थों से मिलकर भाषावाद की समस्या और भी कठिन हो गई है।

(5) आर्थिक कारण (Economic Causes)—भाषावाद के मूल में कुछ कारण आर्थिक भी हैं। कुछ भाषाओं को सरकार से आर्थिक सहायता मिलती है। इससे अन्य भाषा-भाषी उस भाषा का विरोध करने लगते हैं और भाषावाद बढ़ता है।

(6) सामाजिक कारण (Social Causes)—भाषावाद के मूल में सामाजिक कारण भी हैं। हर एक समाज में कुछ मान्यतायें प्रचलित होती हैं। ये मान्यतायें जिस भाषा में स्थान पाती हैं उसको उस समाज में ग्रहण किया जाता है और आदर मिलता है। इसके विरुद्ध जिन भाषाओं में इन मान्यताओं को सम्मान नहीं दिया जाता अथवा जिनमें विरोधी मान्यतायें मानी जाती हैं उस भाषा का विरोध होता है। इस प्रकार भाषावाद बढ़ता है।

भाषावाद के निवारण के सुझाव

भाषावाद के कारणों को समझने के बाद अब उसके निवारण के उपायों का विवचेन किया जा सकता है। इस विषय में मुख्य रूप से निम्नलिखित सुझाव दिये जा सकते हैं—

(1) राष्ट्रीय भाषा का विकास—देश में एक राष्ट्रीय भाषा और साहित्य का विकास होने से उसके माध्यम से विभिन्न भाषा-भाषी समूहों को परस्पर मिलने का अवसर आयेगा और उनमें तनाव कम होगा।

(2) सभी मुख्य भाषाओं को प्रोत्साहन—एक सामान्य राष्ट्रीय भाषा और साहित्य के विकास के साथ-साथ सभी क्षेत्रीय मुख्य भाषाओं को प्रोत्साहन दिया जाना चाहिये। किसी भी क्षेत्र पर कोई भी भाषा लादी नहीं जा सकती। न ही किसी भाषा का खींच-तान कर विकास किया जा सकता है। बोल-चाल के माध्यम से भाषा सम्बन्धी तनाव कम हो जायेगा। इस प्रकार सरकार की ओर से देश की सभी मुख्य-मुख्य भाषाओं को प्रोत्साहन मिलना चाहिये। पंजाब में पंजाबी, असम में आसामी, बंगाल में बंगाली और गुजरात में गुजराती का विकास होना चाहिये तथा इनके साथ-साथ हिन्दी का सभी क्षेत्रों में प्रचार होना चाहिये।

(3) साम्प्रदायिकता का विरोध—भाषावाद के राजनैतिक कारण को दूर करने के लिये व्यापक दृष्टिकोण से काम लेने की आवश्यकता है।

अन्त में यह ध्यान रखने की बात है कि भाषावाद की समस्या को सुलझाने के लिये व्यापक दृष्टिकोण से काम लेने की आवश्यकता है। सरकार की ओर से हर एक भाषा को प्रोत्साहन मिलना चाहिये। हरएक क्षेत्र में स्थानीय भाषा की ओर विशेष ध्यान दिया जाना चाहिये। भाषा की समस्या के पीछे राजनैतिक दाँव पेचों पर कड़ी नजर रखी जानी चाहिये और देश में एक राष्ट्रीय भाषा और राष्ट्रीय साहित्य का विकास होना चाहिये जिससे कि विभिन्न भाषा-भाषी समूहों का मेल-जोल बढ़े और भाषावाद कम हो।

ग्रामीण साम्प्रदायिकता के विकास
(Development of Muslim Communalism)

यह एक ऐतिहासिक सत्य है कि सन् 1857 के भारतीय स्वतन्त्रता संग्राम में हिन्दुओं और मुसलमानों ने कन्धे से कन्धा भिड़ाकर देश से अंग्रेजों की हुकूमत को उखाड़ फेंकने का प्रयास किया। इससे अंग्रेजों को यह स्पष्ट हो गया कि यदि इन दोनों समुदायों में फूट न डाली गयी तो वे किसी रोज उनके शासन को उखाड़ फेकेंगे। अस्तु, इसके बाद से अंग्रेजों ने हिन्दुओं और मुसलमानों में फूट डालने की नीति अपनायी। उन्होंने वफादार मुसलमानों को साम्प्रदायिक गतिविधियों के लिये प्रोत्साहित किया।

1. सर सैयद अहमद खां की गतिविधियां—सर सयैद अहमद खां ने 'भारत के वफादार मुसलमान' नाम से एक अंग्रेजी समाचार-पत्र निकाला। आरम्भ में वे राष्ट्रवादी विचारों के थे किन्तु बाद में उन्होंने साम्प्रदायिक दृष्टिकोण से अनेक काम किये। सन् 1879 में अलीगढ़ में मौहम्डन एग्लो औरियेन्टल कालिज की स्थापना हुई जिसके प्रिंसिपल मिस्टर बैंक ने हिन्दुओं के विरुद्ध मुस्लिम विद्यार्थियों के मस्तिष्क में साम्प्रदायिकता के बीज बोने शुरू किये। सन् 1886 में सर सैयद अहमद खाँ ने मुस्लिम शिक्षा कांग्रेस की स्थापना की जिसका उद्देश्य शिक्षित मुसलमानों को राष्ट्रीय कांग्रेस में शामिल होने से रोकना था। सन् 1893 में उन्होंने उत्तरी भारत में मुस्लिम रक्षा परिषद नाम से एक साम्प्रदायिक संस्था बनायी जिसका उद्देश्य भी मुसलमानों को राष्ट्रीय कांग्रेस में जाने से रोकना था।

2. साम्प्रदायिक निर्वाचन की मांग—सन् 1906 में सर आगा खाँ के नेतृत्व में मुसलमानों का एक शिष्ट मण्डल तत्कालीन गवर्नर जनरल लार्ड मिण्टो से मिला और

धारा सभा और विधान सभाओं में साम्प्रदायिक आधार पर मुसलमानों को पृथक स्थान देने की मांग की। सरकार तो ऐसे अवसर की तलाश में ही थी। सन् 1909 में मिण्टो मार्ले सुधारों में इस मांग को स्वीकार कर लिया गया।

3. भारतीय मुस्लिम लीग की स्थापना--उपरोक्त शिष्ट मण्डल के लौटने के 3 ही महीने बाद दिसम्बर 1906 में ढाका के नवाब बिकरूल मुल्क की अध्यक्षता में भारतीय मुस्लिम लीग की स्थापना हुई जिसको अंग्रेजों का आर्शीवाद प्राप्त था। लीग का उद्देश्य मुसलमानों में सरकार के प्रति राजभक्ति को बढ़ाना और मुसलमानों के लिये राजनैतिक अधिकार प्राप्त करना था। इन दोनों साम्प्रदायिक उद्देश्यों पर पर्दा डालने के लिये लीग का एक अन्य उद्देश्य भारतीय मुसलमानों में उन भावनाओं को रोपना था जिससे उनका अन्य सम्प्रदायों से विरोध बढ़े। पहले तो सरकार ने मुस्लिम लीग की प्रोत्साहन दिया किन्तु सन् 1912 में लार्ड हार्डिंग ने मुसलमानों को विशेष सुविधा देने की नीति छोड़ दी।

4. लखनऊ समझौता—प्रथम विश्व युद्ध में तुर्की के सुल्तान की हार होने से सन् 1916 में कांग्रेस और मुस्लिम लीग में समझौता हो गया। यह समझौता 'लखनऊ समझौता' कहलाता है। इससे राजनैतिक आन्दोलन के लिये एक मिली-जुली योजना बनायी गयी और कांग्रेस ने मुसलमानों को उनकी संख्या से अधिक स्थान देना स्वीकार किया। इस समझौते का मुख्य कारण यह था कि मुसलमान अंग्रेजों से कुछ भी प्राप्त करने से निराश हो चुके थे। बंग भंग प्रस्ताव रद्द होने से वे यह समझने लगे थे कि अंग्रेज स्वयं हिन्दुओं से डरते हैं। तुर्की के सुल्तान की हार के लिये अंग्रेजों को उत्तरदायी मानने से भी वे उनके विरुद्ध हो गये थे और सबसे अधिक लखनऊ समझौते का कारण यह था कि वह एकांगी समझौता था, उसमें कांग्रेस ने लीग की सारी शर्तें मान ली थीं। कांग्रेस का यह विचार था कि मुसलमानों को सन्तुष्ट करने की इस नीति से हिन्दुओं और मुसलमानों में मेल हो जायेगा। इसी उद्देश्य को लेकर गाँधी जी ने सन् 1919 में खिलाफत आन्दोलन को कांग्रेस आन्दोलन के साथ जोड़ लिया किन्तु इस प्रकार का एकांगी समझौता अधिक दिन न रह सका। सन् 1922 में कोहाट में साम्प्रदायिक दंगे हुए जो शीघ्र ही सारे देश में फैल गये। सन् 1920 में जिन्ना कांग्रेस से अलग हो गये क्योंकि वे अंग्रेजों के विरुद्ध संघर्ष नहीं करना चाहते थे और साम्प्रदायिक लक्ष्य लिये हुए थे। वे मुस्लिम लीग के सबसे बड़े नेता मान लिये गये। जिन्ना और उसके अनुयायियों ने साइमन कमीशन का बहिष्कार किया और नेहरू रिपोर्ट बनाने में सहयोग दिया किन्तु उन्होंने अपनी साम्प्रदायिक नीति कभी नहीं छोड़ी।

5. जिन्ना की माँगें—जिन्ना की साम्प्रदायिक नीति सन् 1930 और 1931 के लन्दन में गोलमेल सम्मेलनों में उनके द्वारा प्रस्तुत की गयी निम्नलिखित 14 मांगों में दिखाई पड़ती है— 1—भारत में संघीय संविधान लागू किया जाये जिसमें अवशिष्ट शक्तियाँ प्रान्तों को दी जायें। 2—सब प्रान्तों को एक सी स्वतन्त्रता प्राप्त हो। 3—सभी प्रान्तों में अल्पसंख्यकों को उचित प्रतिनिधित्व दिया जाये। 4—केन्द्रीय धारा सभा में मुसलमानों को कम से कम एक तिहाई प्रतिनिधित्व दिया जाये। 5—चुनावों में पृथक निर्वाचन प्रणाली का प्रयोग किया जाये। 6—पंजाब, बंगाल, सिन्ध और उत्तरी पश्चिमी सीमा प्रान्त के विधायक मण्डलों में मुसलमानों का बहुमत बना रहे। 7—विधान मण्डल में कोई भी ऐसा

प्रस्ताव पास न हो जिसका किसी भी सम्प्रदाय के तीन चौथाई सदस्य विरोध करते हों। 8—सिन्ध को बम्बई से अलग करके एक नया प्रान्त बनाया जाये। 9—सब सम्प्रदायों को समान स्वतन्त्रता दी जाये। 10—उत्तर पश्चिम सीमा प्रान्त और बिलोचिस्तान में भी अन्य प्रान्तों के समान राजनैतिक सुधार लागू किये जायें। 11—संविधान में इस बात की व्यवस्था हो कि मुसलमानों को नौकरियों और प्रतिनिधि संस्थाओं में उचित प्रतिनिधित्व दिया जायेगा। 12—मुस्लिम संस्कृति, धर्म, भाषा और शिक्षा के संरक्षण के लिये व्यवस्था की जाये। 13—केन्द्रीय और प्रान्तीय कैबिनेटों में कम से एक तिहाई मुसलमान अवश्य हों। 14—प्रान्तों की विधान सभाओं की सहमति लिये बिना केन्द्रीय धारा सभा को संविधानों में कोई भी संशोधन करने का अधिकार न हो।

6. कम्यूनल एवार्ड—सन् 1932 में इंगलैंड के प्रधान मन्त्री रैम्जे मैक्डोनल्ड ने जिन्ना की 14 मांगों को किसी न किसी रूप में मानते हुए कम्यूनल एवार्ड की घोषणा की। सन् 1935 में ब्रिटिश पार्लियामेन्ट ने गवर्नमेन्ट आफ इण्डिया एक्ट पास करके जिन्ना की उपरोक्त माँगों को बड़ी मात्रा में पूरा किया। इस अधिनियम के आधीन सन् 1937 में आम चुनाव हुए जिसमें देश में 8 प्रान्तों में कांग्रेस को बहुमत मिला और कांग्रेसी मन्त्रिमण्डल बनाये गये। मुस्लिम लीग देश के किसी भी प्रान्त में मन्त्रिमण्डल न बना सकी। कांग्रेस ने किसी भी प्रान्त में लीग के साथ मिलकर मन्त्रिमण्डल बनाना स्वीकार नहीं किया। अस्तु, सम्प्रदायवादी मुस्लिम नेताओं को बड़ी निराशा हुई। इससे पाकिस्तान की माँग को प्रोत्साहन मिला।

7. पाकिस्तान प्रस्ताव के कारण—सन् 1930 में इलाहाबाद में मुस्लिम लीग के अधिवेशन में अध्यक्ष पद से भाषण देते हुए डा० इकबाल ने सबसे पहले पाकिस्तान का विचार उपस्थित किया था। इसके बाद रहमत अली के नेतृत्व में इंगलैंड में कैम्ब्रिज के मुस्लिम विद्यार्थियों ने पाकिस्तान के विचार की पुष्टि की थी।

किन्तु दो राष्ट्र का सिद्धान्त (Two nation theory) मानते हुए भी मौहम्मद अली जिन्ना पाकिस्तान के विचार के विरुद्ध थे। 19 जनवरी सन् 1940 को उन्होंने लिखा था, "भारत में दो राष्ट्र हैं जिनमें से दोनों को अपनी मातृभूमि के शासन में भाग लेना चाहिये।" किन्तु निम्नलिखित कारणों से इस लेख के तीन ही महीने बाद जिन्ना ने मुसलमानों के लिये एक अलग राज्य पाकिस्तान की माँग की।

(1) 1937 के चुनावों से जिन्ना को यह विश्वास हो गया था कि जब तक देश के प्रान्तों में कांग्रेस का प्रभाव रहेगा जब तक कहीं भी मुस्लिम लीग को सरकार बनाने का अवसर नही मिलेगा।

(2) बहुसंख्यक मुस्लिम प्रान्तों में भी मुस्लिम लीग की विजय न होने के कारण मुस्लिम नेताओं को यह भय हुआ कि यदि उन्हें कोई भाग नहीं मिला तो उनका कोई महत्त्व नहीं रहेगा।

(3) सावरकर तथा अन्य नेताओं के नेतृत्व में हिन्दू महा सभा हिन्दू राष्ट्र का नारा लगा रही थी जिससे बचाव के लिये मुसलमानों को पाकिस्तान का विचार आया।

(4) कुछ मुस्लिम नेताओं को यह विश्वास था कि भारत में पाकिस्तान बनाकर वे एशिया और अफ्रीका में मुस्लिम राज्यों का एक संघ बना सकेंगे।

(5) चेकोस्लोवाकिया के सूडटान आन्दोलन में जर्मनों ने यह माँग की थी कि उनके प्रदेश को चेकोस्लोवाकिया से अलग करके जर्मन राज्य में मिला दिया जाये। उनकी यह माँग पूरी होने से भारतीय मुसलमानों को भी पाकिस्तान की माँग पूरी होने की आशा बँधी।

(6) पाकिस्तान का मुख्य आधार जिन्ना तथा अन्य मुस्लिम नेताओं का द्विराष्ट्र सिद्धान्त था जिसके अनुसार वे भारत में हिन्दू मुस्लिम दो पृथक राष्ट्र मानते थे।

(7) अंग्रेज सरकार ने मुस्लिम साम्प्रदायिकता को सदैव प्रोत्साहन दिया जिससे पाकिस्तान की माँग ने जोर पकड़ा।

8. पाकिस्तान की माँग का बढ़ना—उपरोक्त कारणों से पाकिस्तान की माँग बढ़ती गयी और मुस्लिम लीग ने खुले आम कांग्रेस का विरोध करना आरम्भ किया। सन् 1939 में द्वितीय विश्व महायुद्ध प्रारम्भ होने पर अंग्रेजों ने कांग्रेस मन्त्रिमण्डलों से पूछे बिना ही देश को युद्ध की आग में झोंक दिया। इसकी प्रतिक्रिया के रूप में कांग्रेस मन्त्रिमण्डलों ने त्याग पत्र दे दिये। इसको लेकर मुस्लिम लीग ने सारे देश में कांग्रेस शासन से छुटकारे को लेकर निर्वाण दिवस मनाया, सभायें कीं और खुशियाँ मनायीं। सन् 1942 में भारत पर जापान के आक्रमण की आशंका से अंग्रेजों ने स्टेफोर्ड क्रिप्स को भारत भेजा और उन्होंने विश्वयुद्ध समाप्त होने पर भारत में स्वराज्य स्थापना का प्रस्ताव किया। चूँकि इसमें पाकिस्तान बनाने की घोषणा नहीं की गयी थी इसलिये मुस्लिम लीग ने इसे अस्वीकार कर दिया। दूसरी ओर कांग्रेस ने भी इसे नहीं माना। सन् 1945 में इंगलैंड में मजदूर दल का मन्त्रिमण्डल बनने पर 3 अंग्रेज मन्त्री पैथिक लारैंस, अलेग्जैंडर और क्रिप्स ने भारत आकर कांग्रेस और मुस्लिम लीग के नेताओं से भेंट की। इस मिशन की प्रकाशित योजना में मुस्लिम संस्कृति की रक्षा और मुस्लिम जनसंख्या वाले प्रान्तों में मुस्लिम शासन की स्थापना की बात की गई थी।

9. मुस्लिम लीग की प्रत्यक्ष कार्यवाही—पहले तो मुस्लिम लीग ने कैबिनेट मिशन की योजना का पक्षपात किया किन्तु 29 जून सन् 1946 को उसने इस योजना को अस्वीकार करके पाकिस्तान बनाने के लिये सीधा आन्दोलन करने की घोषणा की। अगस्त सन् 1946 में कलकत्ता में मुस्लिम लीगियों ने हिन्दुओं के विरुद्ध सीधी कार्यवाही की। नौआखाली में भयंकर हत्याकांड हुआ जिसकी प्रतिक्रिया स्वरूप पहले बिहार में और फिर पंजाब और उत्तरी पश्चिमी सीमा प्रान्त में और अन्त में सारे देश में साम्प्रदायिक दंगे हुये। इन दंगों में दोनों सम्प्रदायों के सदस्यों ने अन्य सम्प्रदाय के सदस्यों पर भयंकर अत्याचार किये।

10. अंग्रेजों का देश का विभाजन का प्रस्ताव—अंग्रेज मजदूर सरकार भारत को स्वशासन देने के पक्ष में थी। इस इरादे से उसने लार्ड माउन्ट बैटन को अन्तिम वाइसराय नियुक्त करके भारत भेजा। माउन्ट बैटन ने यह घोषणा की कि जून 1948 में अंग्रेज सरकार भारत छोड़कर देश का शासन भारतीय नेताओं को सौंप देगी। इससे सभी नेताओं में उत्साह की लहर सी दौड़ गयी। अवसर का लाभ उठाकर लार्ड माउन्ट बैटन ने देश के विभाजन

का प्रस्ताव उपस्थित किया। अनेक कारणों से मुस्लिम लीग के साथ-साथ कांग्रेस ने भी यह प्रस्ताव स्वीकार कर लिया।

11. देश का विभाजन और नई समस्यायें—माउन्ट बैटन योजना के अनुसार 15 अगस्त सन् 1947 को भारत को भारत और पाकिस्तान दो राज्यों में बाँट दिया गया। इसके बाद पाकिस्तान से हिन्दुओं और भारत से मुसलमानों का जो निष्क्रमण शुरू हुआ और शरणार्थियों पर जो भयंकर अत्याचार किये गये उसकी मिसाल संसार के इतिहास में शायद ही कहीं अन्य मिलती हो। भारी संख्या में जान और माल की हानि होने के अतिरिक्त दोनों देशों से बड़ी संख्या में नर नारियों के निष्क्रमण से दोनों देशों में शरणार्थियों की समस्या भयंकर रूप में उपस्थित हुई। इसके बाद से काश्मीर समस्या, नहरी पानी का विवाद, सीमा की समस्या आदि इतनी अधिक समस्यायें उत्पन्न हुईं कि आज तक दोनों देशों के सम्बन्ध सामान्य नहीं बन सके हैं।

12. कांग्रेस के पाकिस्तान को स्वीकार करने के कारण—कांग्रेस ने पाकिस्तान की योजना को निम्नलिखित कारणों से स्वीकार किया था—

(1) नेताओं का विचार था कि वह साम्प्रदायिक दंगों को रोकने का एक मात्र साधन है।

(2) कांग्रेस का विचार था कि इससे अंग्रेजों को देश से निकाला जा सकेगा। गोविन्द बल्लभ पन्त के शब्दों में, "हमको पाकिस्तान स्वीकार करने अथवा आत्म हत्या करने इन दोनों में एक विकल्प को स्वीकार करना है।"

(3) नेताओं ने सोचा कि एक विशाल अखण्ड भारत से एक छोटा भारत प्रशासन की दृष्टि से अधिक अच्छा रहेगा।

(4) मिस्टर जिन्ना आरम्म में न केवल आसाम और बंगाल, पंजाब, सिन्ध और उत्तर पश्चिमी प्रान्त को पाकिस्तान के लिये मांगते थे बल्कि पूर्वी और पश्चिमी हिस्सों को मिलाने के लिये एक मार्ग भी मांगते थे। जब माउन्ट बैटन योजना में उन्होंने छोटा पाकिस्तान स्वीकार कर लिया तो कांग्रेस को उसे मानने में असुविधा नहीं हुई।

(5) किन्तु पाकिस्तान बनने का सबसे बड़ा कारण अंग्रेजों की कूटनीति थी। उन्होंने सन् 1909 से लेकर माउन्ट बैटन योजना तक ऐसे अनेक सफल प्रयास किये थे जिनका लक्ष्य हिन्दुओं और मुसलमानों के मध्य अन्तर बढ़ाना था। इससे एक ऐसी स्थिति उत्पन्न हो गई जिसमें पाकिस्तान का निर्माण सभी को समझौते का एक मात्र साधन लगने लगा।

अभ्यास के लिये प्रश्न

1. संक्षिप्त टिप्पणी लिखो—
   (अ) जातिवाद
   (ब) सम्प्रदायवाद
   (स) क्षेत्रवाद
2. भारत में साम्प्रदायिकता के विकास के कारणों का विश्लेषण कीजिये।

27

ग्रामीण राजनीति
(Rural Politics)

यद्यपि लगभग हरएक देश में नगरों की तुलना में गाँव के लोग राजनीति में निश्चय ही कम सक्रिय होते हैं और देश की अधिकतर राजनीति नगर निवासियों द्वारा ही नियंत्रित होती है, परन्तु सब कहीं गाँव के लोगों ने देश की राजनीति में महत्त्वपूर्ण भाग लिया है। भारत के स्वतन्त्रता आंदोलन के इतिहास पर दृष्टि डालने से यह स्पष्ट मालूम हो जायेगा कि देश की राजनीति में गाँव वालों का हाथ किसी प्रकार भी नगण्य नहीं रहा। सन् 1857 में अंग्रेज सरकार के विरुद्ध देश में जो विद्रोह की आग फैली उसमें गाँव के लोगों ने महत्त्वपूर्ण भाग लिया। असहयोग आन्दोलन में, स्वदेशी आन्दोलन में, सन् 1942 के भारत छोड़ो आंदोलन में तथा स्वतन्त्रता सम्बन्धी अन्य सभी आन्दोलनों में भारत के ग्रामीण लोगों ने महत्त्वपूर्ण योगदान दिया। राजनैतिक जीवन के सभी कार्यक्रमों में गाँव के लोग भाग लेते हैं।

स्वतन्त्र भारत में गाँव का राजनैतिक महत्त्व

देश की स्वतन्त्रता के बाद से तो ग्रामीण जीवन के राजनैतिक पहलू का महत्त्व और भी बढ़ गया है। भारत एक जनतन्त्र देश है। इसमें जनता द्वारा चुने हुए प्रतिनिधि देश का शासन चलाते हैं। जब देश की 75 प्रतिशत जनसंख्या गाँव में रहती है तो यह कहा जा सकता है कि आज के भारत की राजनैतिक शक्ति और सत्ता गाँव के हाथ में है। आज भारत के हरएक वयस्क नागरिक को जनता का प्रतिनिधि चुनने के लिए वोट देने का अधिकार है। शिक्षित और अशिक्षित, स्त्री और पुरुष हरएक को यह अधिकार है। धर्म, लिंग, निवास स्थान, सामाजिक, आर्थिक स्तर किसी भी आधार पर भारत के वयस्क नागरिकों के इस राजनैतिक अधिकार में कोई भी भेदभाव नहीं किया गया है। इस प्रकार स्पष्ट है कि भारत की वर्तमान राजनीति की रूपरेखा, प्रवृत्तियाँ आदि ग्रामीण राजनीति से निर्धारित होंगी। इसका एक विशेष कारण यह भी है कि भारत के ग्रामीण अपने मतदान के राजनैतिक अधिकार का पूरा-पूरा उपयोग कर रहे हैं। पिछले चुनावों में यह देखा गया

है कि गाँव में मतदान देने में स्त्रियों की संख्या बहुत काफी थी। अशिक्षितों ने भी मतदान में किसी तरह ढिलाई नहीं दिखलाई। बूढ़े और बीमार तक पीछे नहीं रहे। इससे स्पष्ट मालूम होता है कि भारत के गाँव में राजनैतिक चेतना जाग रही है। इस राजनैतिक चेतना की प्रवृत्तियों पर ही देश की राजनीति का प्रतिमान निर्भर है।

ग्रामीण जीवन के राजनैतिक पहलू के अध्ययन का इसलिए भी महत्त्व है कि आज गाँव ही देश के शासन यंत्र की प्राथमिक इकाई है। इस प्रकार देश की राजनीति और शासन यंत्र का गाँव पर और गाँव की प्रवृत्तियों का देश की राजनीति पर प्रभाव पड़ता है।

ग्रामीण राजनीति तीन पहलू

भारतीय ग्रामीण समाज के राजनैतिक पक्ष का अध्ययन मुख्य रूप से निम्नलिखित चार पहलुओं से किया जा सकता है:—

1—ग्रामीण क्षेत्र में शासन यंत्र का अध्ययन।

2—ग्रामीण क्षेत्र में राजनैतिक दलों की गति-विधियों का अध्ययन।

3—गाँव की स्थानीय राजनीति।

4—ग्रामीण लोगों का राजनैतिक व्यवहार।

ग्रामीण स्वायत्त शासन

जहाँ तक सरकारी शासन का प्रश्न है, गाँव में दो प्रकार का शासन देखा जा सकता है—एक तो सरकारी शासन, दूसरे स्वायत्त शासन, जिसके मुख्य अंग हैं— ग्राम सभा, ग्राम पंचायत और पंचायती अदालतें। ग्राम सभा गाँव के प्रबन्ध की सामान्य सभा है। ग्राम सभा जो कार्यकारिणी (Executive) बनाती है वह ग्राम पंचायत कहलाती है। ग्राम पंचायत गाँव के शासन सम्बन्धी प्रबन्ध करती है। उसके मुख्य कार्यों में जनमार्ग, पानी, चिकित्सा, शिक्षा, गणना, खेती और उद्योग-धन्धों की प्रगति, सफाई और सुरक्षा आदि की व्यवस्थायें हैं। ग्राम सभा का सभापति और उपसभापति क्रमशः ग्राम पंचायत का सभापति और उपसभापति होता है। ग्राम पंचायत के सदस्यों तथा ग्राम सभा के प्रधान और उपप्रधान का चुनाव संयुक्त मतदान प्रणाली के आधार पर प्रत्यक्ष निर्वाचन पद्धति द्वारा किया जाता है। गाँव में न्याय करने का काम पंचायती अदालत के सुपुर्द है। पंचायती अदालत में प्रत्येक ग्राम सभा के पाँच प्रतिनिधि होते हैं। इनका निर्वाचन प्रत्यक्ष निर्वाचन प्रणाली द्वारा होता है। इस तरह प्रत्येक अदालत में बीस या पच्चीस पंच होते हैं। इन पंचों में से एक सरपंच चुना जाता है। इसका कार्य-काल तीन वर्ष होता है। प्रत्येक मुकदमे के लिए पाँच व्यक्तियों का एक पंच मण्डल चुना जाता है जिसमें सरपंच सभापति होता है। पाँच पंचों में एक पंच उस स्थान का अवश्य होता है जहाँ का मुकदमा हो। मुकदमे का निर्णय बहुमत से किया जाता है। पंचायती अदालतों के निर्णय अन्तिम होते हैं और साधारणतया उनके विरुद्ध अपील नहीं की जा सकती। परन्तु कुछ विशेष अवस्थाओं में मुन्सिफ या हाकिम परगना के पास अपील की सुनवाई हो सकती है।

स्वायत्त शासन में सरकारी हस्तक्षेप

पंचायत राज अधिनियम के अनुसार राज्य सरकार को पंचायत के कार्यों पर नियन्त्रण और हस्तक्षेप करने का अधिकार है। पंचायत निरीक्षक, पंचायत अधिकारी तथा पंचायत संचालक आदि सरकारी कर्मचारी गणराज्य की ओर से पंचायतों की देख-रेख रखते हैं। ग्राम सभा, पंचायत और अदालत के बजट पर पंचायत निरीक्षक की स्वीकृति आवश्यक है। सरकार उनको भंग भी कर सकती है, उनके कार्यों की जाँच भी करा सकती है तथा किसी भी ऐसे काम को रोक सकती है जिससे जनता को हानि हो या शान्ति भंग होने की सम्भावना हो।

स्वायत्त शासन में सरकार के हस्तक्षेप से स्पष्ट है कि भारत सरकार की नीतियों का ग्रामीण क्षेत्र पर भी बड़ा प्रभाव पड़ा है। आज गाँव की राजनैतिक समस्याओं को सम्पूर्ण देश की समस्याओं की पृष्ठभूमि में देखा जा सकता है और उसी पृष्ठभूमि में उनको सुलझाया जा सकता है।

गाँव में सरकारी शासन

स्वायत्त शासन के अलावा गाँव में शासन तंत्र तहसील और जिले से सम्बन्धित होता है। ग्राम सभा, ग्राम पंचायत और पंचायती अदालत के सदस्यों के अलावा गाँव के शासन तंत्र में तहसीलदार, कानूनगो, दारोगा, डिप्टी कलक्टर और जिलाधीश आदि का महत्त्वपूर्ण कार्य होता है। पुलिस की ओर से गाँव में चौकीदार रहता है, जो कि गाँव में शान्ति की व्यवस्था की देख-भाल करता है और झगड़ों, चोरियों आदि की रिपोर्ट थाने में पहुँचाता है। इसी तरह नहरों के किनारे के गाँवों में जिलेदार और पतरौल नहर पानी का कर वसूल करते हैं। खेतों की नाप-जोख और गाँव का नक्शा रखने के लिये शासन की ओर से गाँव में एक पटवारी होता है। पटवारी के ऊपर कानूनगो और कानूनगो के ऊपर तहसीलदार होते हैं। गाँव का चौकीदार थानेदार के आधीन होता है। तहसीलदार अपनी तहसील के सभी गाँवों में सरकारी कर वसूल करने तथा प्रशासन से सम्बन्धित अन्य कामों की देखभाल करता है। इसी प्रकार थानेदार अपने इलाके के गाँव में लोगों के जान-माल की सुरक्षा का उत्तरदायी होता है। इस प्रकार आज के गाँव में दोहरा शासन तंत्र चलता है। एक ओर तो सरकारी नौकर हैं और दूसरी ओर जनता के चुने हुए प्रतिनिधि। इस दोहरे तंत्र के कारण कभी-कभी कुछ समस्यायें उत्पन्न हो जाती हैं। जब उनमें सहयोग का अभाव होता है तो उससे गाँव का ही नुकसान होता है। बहुधा सरकारी नौकर गाँव वालों के प्रतिनिधियों का सम्मान नहीं करते। यह एक अनुचित बात है। वास्तव में सरकारी कर्मचारियों को गाँव के अवैतनिक नेताओं का आदर करना चाहिये और उनके सहयोग से ही गाँव का शासन चलाना चाहिये।

डॉ॰ देसाई का मत—डॉ॰ देसाई (Dr. A.R. Desai) के अनुसार गाँव की प्रशासन व्यवस्था का अध्ययन निम्नलिखित समस्यायें उपस्थित करता है:—

1—प्रशासन तंत्र कहाँ तक जनता के मतों और इच्छाओं के अनुरूप है।

2—लोग कहाँ तक उसके सम्पर्क में आते हैं और उसके कार्य में भाग लेते हैं।

3– वह कहाँ तक सस्ता और कुशल और जनता की समस्याओं के प्रति संवेदनशील है।

गाँव में राजनैतिक दल

जैसा कि पहले बतलाया जा चुका है आज देश में राजनैतिक शक्ति का मूल स्रोत गाँव है। इसलिये देश का हर एक राजनैतिक दल शक्ति के इन स्रोतों पर अधिकार करने की चेष्टा करता है। भारत के मुख्य राजनैतिक दलों, कांग्रेस, सोशलिस्ट पार्टी, भाजापा, साम्यवादी दल और साम्यवादी दल आदि ने अपना जाल गाँवों में भी फैलाया है। गाँव में कांग्रेस का प्रभाव सबसे अधिक है। गाँव का मतदाता कांग्रेस के चुनाव-चिन्ह पंजा से सबसे अधिक परिचित हैं। ग्रामीण लोगों पर कांग्रेस के इस प्रभाव में महात्मा गांधी और पं० नेहरू के निजी व्यक्तित्व का बड़ा योगदान है। महात्मा गांधी के रहन-सहन, तौर-तरीकों और विचारों से ग्रामीण जनता अत्यधिक प्रभावित हुई, क्योंकि ये सब ग्रामीण जीवन के अनुरूप थे। आज के बहुत-से लोग कांग्रेस को महात्मा गांधी की पार्टी या पं० नेहरू के पार्टी के रूप में जानते हैं और इसी रूप में वोट भी देते हैं। परन्तु गाँव में कांग्रेस के आलोचकों की भी कमी नहीं है। बहुत से लोग तो गाँव के हरएक अभाव और दोष को कांग्रेस के सर मढ़ते हैं। कुछ लोग तो यहाँ तक कहते हैं कि कांग्रेसी राज्य से अंग्रेजी राज्य ही अच्छा था। देश के विभिन्न क्षेत्रों के गाँवों में अन्य राजनैतिक दलों ने भी अपना प्रचार किया है। उदाहरण के लिये केरल के गाँव में साम्यवादी दल की विचारधारा मानने वाले ग्रामीण लोग काफी दिखाई पड़ते हैं। भारतीय जनता पार्टी भारतीय राष्ट्र को हिन्दू आदर्शों के रूप में विकसित करना चाहती है। साम्यवादी दल देश से पूँजीवाद और आर्थिक शोषण समाप्त करने का वायदा करता है। हिन्दू महासभा और रामराज्य परिषद् देश में हिन्दू राज्य की स्थापना का लक्ष्य लिये हुए हैं। यद्यपि गाँव के लोग पर्याप्त संख्या में शिक्षित नहीं हैं परन्तु पिछले चुनावों के फलस्वरूप ग्रामीण क्षेत्रों में विभिन्न राजनैतिक दलों के बारे में काफी ज्ञान देखा जा सकता है। विभिन्न दलों के अनुयायी अपने-अपने दलों के लक्ष्यों को लेकर आपस में गर्मागर्म बहस करते हुए देखे जा सकते हैं। गाँव में राजनैतिक दलों के प्रभाव में स्थानीय नेताओं का बड़ा महत्त्व है। जो राजनैतिक दल स्थानीय नेताओं का जितना ही अधिक सहयोग पाये होता है उसका गाँव में उतना ही अधिक प्रभाव देखा जा सकता है, क्योंकि व्यक्तिवाद का विकास होने पर भी अधिकतर ग्रामीण लोग स्थानीय नेताओं की बात पर ही चलते हैं, क्योंकि बहुत-सी बातों का उनको स्वयं पता नहीं होता। गाँव के धनी या सम्मानित लोग जैसा कहते हैं बहुत-से ग्रामीण लोग उनका ही अनुगमन करते हैं। परन्तु बहुत कम गाँवों में सभी नेता किसी एक राजनैतिक दल के अनुयायी होते हैं। अधिकतर गाँव में स्थानीय नेता विभिन्न दलों को सहयोग देते हैं। कोई कांग्रेस के पक्ष में प्रचार करता है तो कोई भारतीय जनता पार्टी का संगठन करता है। स्थानीय नेताओं में इस प्रकार राजनैतिक मतभेद होने से गांव में राजनैतिक लक्ष्यों को लेकर दंगे, खून, चोरियाँ और डकैतियाँ तक होती दिखाई पड़ती हैं। कुछ वर्ष पूर्व दो समाजवादी कार्यकर्त्ताओं को उत्तर प्रदेश के एक गाँव में गाँव के लोगों ने लाठियों से मार डाला और उनमें से एक तो जिन्दा हालत में ही दूसरे के साथ जला दिया गया। यह घटना इस बात को स्पष्ट करती है कि

स्थानीय राजनीति से मिल कर राजनैतिक दलों का परस्पर विद्वेष गाँव में कितना भयंकर रूप धारण कर सकता है।

स्थानीय राजनीति

दलगत राजनीति से भी अधिक गाँव में स्थानीय राजनीति देखी जा सकती है। यह स्थानीय राजनीति दो रूपों में दिखलाई पड़ती है। एक ओर तो गाँव के विभिन्न नेता गाँव में शक्ति प्राप्त करने के लिये संघर्ष करते रहते हैं और दूसरी ओर गाँव में जाति-बिरादरी की विभिन्न गोष्ठियों में भी राजनीति गर्म दिखाई पड़ती है। गाँव के नेता लोग ग्राम पंचायत, ग्राम सभा और पंचायती अदालत में शक्ति प्राप्त करने के लिए ग्रामीण राजनीति में हर तरह के उपाय आजमाते हैं। कुछ लोग बिना सूद के रुपया उधार देते हैं तो कुछ लोग डरा-धमका कर लोगों को मजबूर करते हैं। कुछ लोग धर्म का झण्डा उठाये रहते हैं तो कुछ लोग गाँव में सार्वजनिक हित के काम करके लोगों का सम्मान प्राप्त करते हैं। इन स्थानीय नेताओं में खूब दलबन्दी चलती है। जहाँ वर्ग के आधार पर दलबन्दी होती है वहाँ जमींदार एक हो जाते हैं चाहे उनमें कोई ब्राह्मण हो और कोई जाट। इसी प्रकार कहीं दोस्ती के आधार पर दलबन्दी हो सकती है, तो कहीं समान राजनैतिक विचारों के आधार पर दलबन्दी दिखाई पड़ती है। इस दलबन्दी में जाति का महत्त्व भी कम नहीं है। भारत के गाँव में जातीय संगठनों के छिन्न-भिन्न होने के बाद जातीय नेता चुनावों में अपने जाति-भाइयों का मत पाने में सफल होते हैं। देश के पिछले चुनावों में यह देखा जा चुका है कि जाति के आधार पर वोट माँगे जाते हैं और मिलते भी हैं। इस प्रकार राजनैतिक लक्ष्यों के कारण बिखरते हुए जातीय संगठन फिर से दृढ़ हो जाते हैं। गाँव में हरएक जाति का अलग-अलग संगठन होता है। जातीय संगठनों में शक्ति प्राप्त करने के लिए भी विभिन्न व्यक्तियों में संघर्ष दिखलाई पड़ता है। इस प्रकार पण्डितों, जाटों, नाइयों, चमारों आदि सभी जातियों के अलग-अलग संगठनों में पर्याप्त आन्तरिक राजनीति दिखाई पड़ती है। जातीय संगठनों में नेतृत्व और ग्रामीण संगठनों में नेतृत्व के लक्ष्य को लेकर गाँव की स्थानीय राजनीति काफी जटिल हो जाती है। अक्सर विभिन्न दलों के प्रत्यक्ष संघर्ष की नौबत आ जाती है जिससे रक्तपात भी हो जाता है। इस स्थानीय राजनीति से गाँव का संगठन छिन्न-भिन्न हो गया है। जाति के अलावा स्थानीय राजनीति में भूमि से सम्बन्ध का भी बड़ा महत्त्व है। सामान्य रूप से किसान किसान के साथ और जमींदार जमींदार के साथ होते हैं। धनिक धनी का और गरीब गरीब का साथ देता है, परन्तु फिर धनिक लोग गरीबों में फूट डालकर अपना उल्लू सीधा करते हैं।

राजनैतिक व्यवहार

गाँव के राजनैतिक व्यवहार में सभी तरह की प्रवृत्तियाँ देखी जा सकती हैं। जहाँ कुछ लोग वैधानिक उपायों से शक्ति प्राप्त करने का प्रयास करते हैं, वहाँ दूसरे लोग अवैधानिक ही नहीं; बल्कि अमानवीय साधन अपनाने से भी नहीं हिचकते। गाँवों में कोई अत्याचार होता है तो उसकी शिकायत के रूप में सरकारी अधिकारियों के पास अर्जी ले जायी जाती है, प्रदर्शन किए जाते हैं और जलूस निकाले जाते हैं, परन्तु यदि आग और भड़क

उठती है तो लाठियाँ और बन्दूकें भी चलती हैं और संघर्ष होता है। दक्षिण में तेलंगाना में किसानों ने सशस्त्र संघर्ष किया और सरकार के विरुद्ध गुरिल्ला युद्ध छेड़ दिया। कांग्रेस के नेतृत्व में समय-समय पर होने वाले असहयोग और सत्याग्रह आन्दोलनों में गाँव वालों ने बराबर भाग लिया। राजनैतिक दलों के उकसाने से आज भी गाँव में सत्याग्रह और अनशन आदि करने वाले लोग देखे जा सकते हैं। सरकारी कर का विरोध करने के लिए कर न देने के आन्दोलन चलाए जाते हैं। कभी-कभी अत्याचार बढ़ जाने पर गाँव के किसान विद्रोह कर बैठते हैं। उदाहरण के लिए देश में अंग्रेजी जमाने में कई जगह ऋणग्रस्त लोगों ने साहूकारों के विरुद्ध विद्रोह किया और उनसे कानूनी कागजात छीनकर सार्वजनिक रूप में जलाए राजनैतिक लक्ष्यों को प्राप्त करने के इन सब उपायों के अलावा गाँव के सभी लोग मतदान के संसदीय उपाय से परिचित हैं। लोग यह जानते हैं कि हर पांच वर्ष बाद देश में नया चुनाव होता है जिसमें वे अपनी इच्छा के अनुसार नए नेताओं को चुन सकते हैं और पुराने नेताओं को गद्दी से हटा सकते हैं। इस बात को राजनैतिक नेता भी समझते हैं और इसलिए गाँव से चुने जाने वाला हरएक व्यक्ति अपने निर्वाचन क्षेत्र में बराबर कुछ न कुछ सुधार करने की चेष्टा करता है जिससे कि लोगों पर उसका प्रभाव बना रहे। स्वतन्त्रता के बाद से भारत के ग्रामीण समाज में राजनैतिक प्रवृत्तियो में बराबर परिवर्तन देखा जा सकता है यद्यपि कुछ लोग अब भी अंग्रेजी राज्य की याद करते हैं और कुछ लोग जमींदारी व्यवस्था के लिये रोते हैं, परन्तु अधिकतर लोग यह जानते हैं कि स्वराज्य किसी भी राज्य से अच्छा है और जमींदारी उन्मूलन जनता के फायदे के लिये ही किया गया है। देश के बहुत-से गाँवों में रेडियो, टेलीविजन और समाचारपत्र के पहुँचने से गांव के लोगों को देश-विदेश के समाचार मालूम पड़ते रहते हैं और वे राजनैतिक उथल-पुथल से परिचित रहते हैं। चुनाव के दिनों में महीनों पहले से हरएक राजनैतिक दल अपने लक्ष्यों का प्रचार करता है। राजनैतिक प्रचारक गाँव के लोगों को देश की मुख्य समस्याओं से परिचित कराते हैं और साथ ही यह बतलाने की कोशिश करते हैं कि उनका सुलझाव किस प्रकार किया जा सकता है। यूं तो हरएक राजनैतिक दल के प्रचारक गाँव वालों को यह समझाने की कोशिश करते हैं कि उनका दल ही देश की समस्याओं को सबसे अधिक अच्छी तरह सुलझा सकता है, परन्तु भिन्न-भिन्न दलों के लोगों के व्याख्यान सुनने से और उनकी तुलना करने से गाँव के लोग उनको परखने लगे हैं और उन्हें आसानी से धोखा नहीं दिया जा सकता। देश की सरकार अधिकतर ग्रामीण जनता पर आधारित होने के कारण देश के सभी नेता लोग यह समझते हैं कि भारतीय जनतन्त्र का भविष्य बनाने के लिए ग्रामीण लोगों में राजनैतिक चेतना उत्पन्न करने की कितनी आवश्यकता है। इसीलिए सरकार इस दिशा में भरसक प्रयत्न कर रही है। स्वायत्त शासन की स्थापना में भी एक दृष्टिकोण यह है कि गाँव वालों को राजनैतिक शिक्षा मिले। समय-समय पर व्याख्यानों तथा अन्य कार्यक्रमों के द्वारा भी गाँव के लोगों में राजनैतिक चेतना उत्पन्न करने की चेष्टा की जाती है। इधर गाँव में साक्षरता और शिक्षा का भी बराबर प्रचार किया जा रहा है। इस दिशा में प्रगति होने से भी राजनैतिक चेतना विकसित होगी। नगरों में राजनैतिक जीवन सदैव अधिक गर्म रहता है। यातायात और संदेशवहन के विकास से आज गाँव के लोग नगरों के अधिक सम्पर्क में आने लगे हैं। इससे भी उनमें राजनैतिक चेतना बढ़ेगी।

ग्रामीण राजनीति गतिशील है

ग्रामीण जीवन के राजनैतिक पहलू के उपरोक्त विवरण से यह स्पष्ट है कि देश को स्वतन्त्रता मिलने के बाद से उसमें बराबर उथल-पुथल और परिवर्तन हो रहा है। भारतीय जनतन्त्र का भविष्य गाँवों पर आधारित है। इसीलिए ग्रामीण जीवन के राजनैतिक पहलू के विकास का बड़ा महत्त्व है। इसमें सभी राजनैतिक दलों को परस्पर सहयोग से काम लेना चाहिए, क्योंकि उसके लक्ष्य भिन्न होते हुए भी गाँव में स्वस्थ राजनैतिक चेतना के विकास से सभी का विकास होता है। इसमें विशेषतौर से राष्ट्रीय एकता को बढ़ाने पर अधिक ध्यान दिया जाना चाहिये। हर्ष है कि पिछले दिनों देश के विभिन्न राजनैतिक दलों के नेताओं ने मिल कर देश में राष्ट्रीय एकता बढ़ाने के विषय में विचार किया और उसको बढ़ाने की एक सामान्य योजना बनाई है।

अभ्यास के लिए प्रश्न

1. राजनैतिक दृष्टि से गाँव का क्या महत्त्व है? ग्रामीण राजनीति के विभिन्न पहलुओं का वर्णन कीजिये।
2. भारत के गाँवों में पाये जाने वाले राजनैतिक ढाँचे का वर्णन कीजिये। इसमें जाति का क्या कार्य है।
3. भारत में ग्रामीण शक्ति, संरचना तथा नेतृत्व के बदले हुए प्रतिमानों पर एक संक्षिप्त निबन्ध लिखिये।

28

राजनैतिक परिवर्तन
(Political Change)

राजनैतिक परिवर्तन क्या है ?

राजनैतिक समाजशास्त्र राजनैतिक परिवर्तन के समाजशास्त्रीय पहलू का अध्ययन करता है। राजनैतिक परिवर्ततन एक जटिल प्रक्रिया है जिसके अनेक पहलू होते हैं। डेवीस और लिविस के शब्दों में, ''राजनैतिक परिवर्तन सामाजिक और आर्थिक कारकों के एक व्यापक क्षेत्र से सम्बन्धित हैं।''[1] ये सामाजिक और आर्थिक कारक औद्योगीकरण, नगरीयकरण, शैक्षिक विकास तथा प्रौद्योगिक विकास इत्यादि अनेक नये मूल्य, माँगें और आकांक्षायें उत्पन्न करते हैं। इनसे राजनैतिक परिवर्तन की दिशा, विस्तार और गति प्रभावित होती है भले ही यह प्रभाव समानुपातिक न हो। राजनैतिक परिवर्तन और सामाजिक आर्थिक कारकों में भारी व्यवधान उत्पन्न हो जाने पर राजनैतिक सत्ता के विरुद्ध विद्रोह उत्पन्न होता है। यह विद्रोह आकस्मिक घटना नहीं है। उसके कारकों का विश्लेषण करने के लिए उसकी सामाजिक, आर्थिक और राजनैतिक पृष्ठभूमि को समझा जाना चाहिये। इसमें विरोध का प्रकार और मात्रा बदलते रहते हैं। शाब्दिक आलोचना अथवा लिखित आलोचना से लेकर सभा, जुलूस और सविनय अवज्ञा आन्दोलन तक इस विरोध के अनेक रूप हो सकते हैं। कभी-कभी इसमें हिंसा भी हो सकती है। किन्तु हिंसा विरोध का रूप नहीं है। वह तो आन्दोलनकारियों और सत्ताधिकारियों की अर्न्तक्रिया से उत्पन्न होती है। वह केवल राजनैतिक समस्या नहीं है बल्कि उससे भी अधिक एक सामाजिक समस्या है।

---

1. "Political change is intricately related to a wide spectrum of social and economic factors."

—M. R. Davies and V. A. Lewis, *Models of Political Systems*, Vikas Publications, Delhi, 1971, p, 92.

राजनैतिक परिवर्तन के कारक

समाज में कुछ वर्ग तनावयुक्त होते हैं क्योंकि उनके प्रति जो व्यवहार होना चाहिये वह नहीं होता। सामाजिक विकास के साथ-साथ सम्पत्ति, शक्ति, सत्ता, सुरक्षा, समानता और स्वतन्त्रता इत्यादि मूल्यों की आकांक्षा भी बढ़ती जाती है। जब ये मूल्य प्राप्त नहीं हो पाते तो असन्तोष और क्रोध बढ़ता है। जब कुछ लोग दूसरों की कीमत पर इन्हें प्राप्त करते हैं तो इन दूसरे लोगों में असन्तोष बढ़ना स्वाभाविक है। यह असन्तोष अत्यधिक तीव्र हो जाने पर हिंसा का रूप धारण कर लेता है। इस तीव्रता के अनेक कारण हो सकते हैं। आकांक्षा जितनी ही तीव्र होगी, निराशा की प्रतिक्रिया भी उतनी ही तीव्र होगी। दूसरे, यदि प्राप्त होने वाले मूल्यों से एक दम इन्कार कर दिया जाये तो भी हिंसा भड़क जाती है। तीसरे, यदि इन लक्ष्यों को प्राप्त करने के अवसर केवल कुछ लोगों तक सीमित हों तो बाकी लोग भड़क जाते हैं। यह असन्तोष जब भारी संख्या में लोगों में व्याप्त हो जाता है तो हिंसा भड़कने में देर नहीं लगती। पुनः यदि शासन की ओर से अहिंसात्मक प्रतिक्रिया को हिंसा से दबाया जाता है तो हिंसा के अवसर बढ़ जाते हैं किन्तु फिर कुछ कारक ऐसे होते हैं जो हिंसा के प्रतिकूल हैं और जिनके होने पर उपरोक्त कारकों के उपस्थित होने के बावजूद भी हिंसा नहीं होती। उदाहरण के लिये यदि राजनैतिक संस्कृति के प्रभाव से लोग हिंसा को सर्वथा अवैध मानते हों तो अत्यधिक असन्तोष के शिकार होने पर भी वे हिंसा नहीं करते। दूसरे, यदि अहिंसात्मक विरोध के साधन भलीभांति प्रसारित और उपलब्ध हों तो भी हिंसा के अवसर कम आते हैं।

अस्तु, हिंसा की घटना सामाजिक मांग और उसके सन्तोष में व्यवधान की मात्रा से मापी जा सकती है। यह व्यवधान जितना ही अधिक बढ़ता जाता है, हिंसा के अवसर भी उतने ही अधिक होते हैं। सन्तोष कई प्रकार का हो सकता है। आकांक्षा, प्रगति अथवा अवनति के अवसरों पर निराशा मिलने से असन्तोष बढ़ता है। उदाहरण के लिये यदि कोई समाज स्वतन्त्रता का आदी हो और उसे बनाये रखना चाहता हो और इस स्वतन्त्रता पर अकस्मात आघात किया जाये तो हिंसा की प्रवृत्ति होनी स्वाभाविक है। विकसित समाजों में सामाजिक माँगों को सन्तुष्ट करने के अनेक साधन उपलब्ध होते हैं और यदि कहीं हताशा होती भी है तो वह बहुत कम होती है। आर्थिक दृष्टि से विकसित समाजों में अर्थोपार्जन की दिशा में पर्याप्त जन शक्ति निर्देशित हो जाती है और हिंसात्मक कार्यों के लिये शक्ति नहीं बचती। अस्तु, हिंसा नहीं होती। किन्तु जिन समाजों में इसकी उल्टी स्थिति होती है वहाँ हिंसा भड़कना आसान है। उदाहरण के लिये विकासमान समाजों में आधुनिकीकरण का नगरीयकरण, साक्षरता, शिक्षा और यातायात तथा सन्देहवहन पर व्यापक प्रभाव पड़ता है जिससे मांगों और आकांक्षाओं का स्तर बढ़ जाता है और यदि इन्हें सन्तोष नहीं मिलता तो हिंसा फैल जाती है। इस प्रकार हिंसा आधुनिकीकरण (Modernisation) से सम्बन्धित है। किन्तु आधुनिकीकरण का अभाव स्वयं हिंसा उत्पन्न नहीं करता। वह तो तभी होती है जबकि आधुनिकीकरण के साथ सामाजिक आर्थिक मांगों का सन्तोष उपलब्ध नहीं होता। इसके लिए राजनैतिक परिवर्तन के साथ-साथ सामाजिक और आर्थिक परिवर्तन होने

चाहिए। दूसरे शब्दों में, इसके लिए सामाजिक, आर्थिक और राजनैतिक सभी क्षेत्रों में परिवर्तन घटित होना चाहिये अन्यथा हिंसा की सम्भावनायें बढ़ जाती हैं।

हिंसा और क्रान्ति

अस्तु, आधुनिक विचारक कार्ल मार्क्स की इस मान्यता को नहीं मानते कि क्रान्ति के लिये हिंसा आवश्यक है। अरेंड हन्ना के शब्दों में, "केवल वहाँ जहाँ कि एक नई शुरुआत के अर्थ में परिवर्तन होता है, जहाँ पर बिल्कुल नये रूप की सरकार बनाने के लिए हिंसा का प्रयोग किया जाता है, जहाँ एक बिल्कुल नई राजनैतिक व्यवस्था बनाई जाती है, वहीं हम क्रान्ति की बात कर सकते हैं।"[1] क्रान्ति तीव्र गति से राजनैतिक परिवर्तन है। यह परिवर्तन अत्यधिक व्यापक और सर्वांगीण होता है। बहुधा क्रान्ति में हिंसा होती है और इसलिए कुछ विद्वान शान्तिपूर्ण उपाय से होने वाले राजनैतिक परिवर्तनों को क्रान्ति न कहकर सुधार कहते हैं। आधुनिक समाजों में शान्तिपूर्ण उपायों से सामाजिक परिवर्तन लाने का प्रयास किया जाता है किन्तु सुधार के लिये भारी राजनैतिक कौशल की आवश्यकता है क्योंकि राज्य को एक ओर परम्परावादियों अथवा रुढ़िवादियों और दूसरी ओर क्रान्तिकारियों का सामना करना पड़ता है। अस्तु, सरकार को कम से कम संघर्ष की नीति अपनानी पड़ती है। सुधार पूर्ण परिवर्तन नहीं होता और उसको करने में सामाजिक परिवर्तन तथा राजनैतिक परिवर्तन में सन्तुलन करना आवश्यक है। यह सन्तुलन बिगड़ जाने पर सुधार नहीं हो पाता। आवश्यकता से अधिक तीव्र परिवर्तन क्रान्ति की ओर ले जाते हैं।

सुधार के लिये शासक और शासित में सन्देशवहन आवश्यक है। इसके लिये संदेशवहन के साधनों का विकास किया जाना चाहिए जिससे शासकों को शासितों की परिवर्तनशील मांगों का पता चलता रहे और वे अत्यधिक असन्तोष उत्पन्न होने से पहले ही उन्हें पूरा करते रहें। सुधार के लिये एक ओर यथास्थिति को बनाने और दूसरी ओर मांगों को सन्तुष्ट करने का प्रयास करना पड़ता है। इसके लिए अतिरिक्त साधन जुटाने पड़ते हैं। अस्तु, निर्धन देशों की तुलना में धनी समाजों में सामाजिक सुधार आसानी से हो पाते हैं। सुधारक लोग यह मानते हैं कि सुधार से सामाजिक तनाव दूर होते हैं और क्रान्ति की सम्भावना नहीं रहती। किन्तु कुछ मामलों में क्रान्ति अनिवार्य हो जाती है। विश्व के इतिहास में ऐसे उदाहरण भरे पड़े हैं जिनमें क्रान्ति के पहले सुधार के प्रयास किये गये किन्तु जब ये असफल रहे तो अन्त में क्रांति हुई। किस सीमा तक सुधार स्वयं क्रान्ति की ओर ले जाते हैं यह अनेक कारकों पर निर्भर है।

राजनैतिक परिवर्तन में सुधार की प्रकृति एक महत्त्वपूर्ण कारक है। उदाहरण के लिए नीतियों के क्षेत्र में सुधार होने पर क्रान्ति की सम्भावना बढ़ जाती है। दूसरी ओर नेतृत्व में सुधार होने पर क्रान्ति की सम्भावना कम हो जाती है। यदि वर्तमान सरकार में क्रान्तिकारी

---

1. "Only where change occurs in the sense of a new beginning, where violence is used to constitute an altogether different form of government, to bring about the formation of a new body politic...can we speak of revolution."
—Arendt Hannah, *On Revolution*, Penguin Books, 1973, p. 35.

परिवर्तन कर दिये जायें तो क्रान्ति की जरूरत ही नहीं होती। सुधार की प्रकृति के साथ-साथ उसका अवसर भी महत्त्वपूर्ण है। यदि सुधार उस समय उपलब्ध हों जब उनकी आवश्यकता हो तो क्रान्ति नहीं होती। किन्तु यदि लक्ष्य निकट होता है तो सुधार देने से काम नहीं चलता।

परिवर्तन मांगने वाले समूहों की सामाजिक रचना और आकांक्षा भी राजनैतिक परिवर्तन में महत्त्वपूर्ण कारक है। मध्यम वर्ग में तीव्र सुधार करने के प्रयासों से क्रान्ति हो सकती है। यह नगरीय मध्यम वर्ग के विषय में लागू होता है क्योंकि वे पहले से ही क्रान्तिकारी दृष्टिकोण रखते हैं। भौतिक अपर्याप्तता के कारण उनमें सन्तोष नहीं होता। उनके असन्तोष के प्रमुख कारण मनोवैज्ञानिक असुरक्षा, व्यक्तिगत परकीकरण और अपराध की चेतना तथा तादाम्य की भावना प्राप्त करने की आवश्यकता है। वे राष्ट्रीय गौरव, प्रगति बोध और राष्ट्रीय प्रयोजन, लिये रहते हैं। वे समाज के पुनर्निर्माण में इनको प्राप्त करना चाहते हैं। बहुधा ये मांगें ऐसी होती हैं जिन्हें पूर्णतया सन्तुष्ट करना सरकार के लिए सम्भव नहीं होता। इसीलिए कभी-कभी यह देखा जाता है कि सुधार के प्रयास बढ़ने के साथ-साथ मांगें भी बढ़ती जाती हैं। दूसरी ओर ग्रामीण मध्यम वर्ग की मांगें जमीन और खेती अथवा कीमत के विषय में होने के कारण अत्यधिक नहीं होतीं और उन्हें सफलतापूर्वक पूरा किया जा सकता है। यही कारण है कि जनक्रान्तियाँ किसानों के माध्यम से नहीं बल्कि श्रमिकों के माध्यम से, ग्रामीणों के माध्यम से नहीं बल्कि नगर निवासियों के माध्यम से होती हैं।

क्रान्ति समाज और राज्य की संरचना में व्यापक परिवर्तन उत्पन्न करती है। उसमें सामाजिक मूल्यों, संस्थाओं तथा नेतृत्व में व्यापक परिवर्तन होता है। किन्तु कोरी राजनैतिक क्रान्ति बहुधा सत्ता प्राप्त करने के लिए की जाती है भले ही इसकी चेतना व्यापक जन समाज में फैली हुई हो। क्रान्ति की राजनैतिक चेतना अत्यधिक व्यापक हो जाने पर कुछ वर्ग ऐसी राजनैतिक मांगें उठाते हैं जिनको तत्कालीन राजनैतिक व्यवस्था पूरा नहीं कर सकती। इन्हें पूरा करने के लिए तो तत्कालीन राजनैतिक संस्थाओं का विनाश करके उनके स्थान पर सर्वथा नई राजनैतिक संस्थाओं की स्थापना करनी पड़ती है। कभी-कभी पुराना राजतन्त्र स्वयं नष्ट हो जाता है और उसके स्थान पर नवीन व्यवस्था की स्थापना होती है।

क्रान्ति के कारण

क्रान्ति के प्रमुख कारण सामाजिक और राजनैतिक परिवर्तनों के मध्य व्यवधान की अधिकता है। जैसे-जैसे कोई समाज जटिल होता जाता है वैसे-वैसे उसमें नये-नये सामाजिक समूह उत्पन्न होने लगते हैं जो कि राजनैतिक व्यवस्था में भाग लेने के लिये नेताओं और साधनों की तलाश करते हैं। यदि उन्हें वर्तमान राजनैतिक व्यवस्था में इसके अवसर नहीं मिलते तो क्रान्ति होती है। जो राजनैतिक संस्थाएं इस प्रकार के अवसर प्रदान करने के लिए पर्याप्त रूप से नमनीय होती हैं उनमें क्रान्ति के अवसर नहीं आते। अस्तु, क्रान्ति का एक प्रमुख कारण राजनैतिक व्यवस्था की कठोरता है। स्पष्ट है कि हर प्रकार के समाज

में क्रान्ति नहीं होती और क्रान्ति को रोकने के लिए नमनीयता आवश्यक है। पुनः परम्परावादी समाज में सामाजिक और आर्थिक जटिलता कम होने के कारण मांगें कभी भी इतनी जबर्दस्त नहीं होतीं कि क्रान्ति की आवश्यकता पड़े। दूसरी ओर, आधुनिकीकरण वाले समाजों में सामाजिक और आर्थिक जटिलताएं बढ़ती जाती हैं। इससे राजनैतिक संस्थाओं पर दबाव पड़ता है और यदि वे समायोजन नहीं कर सकते तो क्रान्ति नहीं होती है। स्पष्ट है कि क्रान्ति का प्रमुख कारण राजनैतिक परिवर्तनों का सामाजिक परिवर्तनों से पीछे रह जाना है अथवा राजनैतिक व्यवस्था के द्वारा नई मांगों को स्वीकार करने की असमर्थता है।

उपरोक्त विवेचन से यह नहीं समझना चाहिए कि कोई एक अकेला समूह ही असन्तुष्ट होने पर क्रान्ति कर सकता है। वास्तव में, जैसा कि पीछे बतलाया गया है, क्रान्ति का मूल कारण सामाजिक और राजनैतिक परिवर्तन में बढ़ता हुआ व्यवधान और तनाव है। इससे जो अनेक समूह असन्तुष्ट होते हैं वे सामान्य लक्ष्य को प्राप्त करने के लिए संघर्ष करने के लिये मिल जाते हैं। साधारणतया यदि किसी समाज में नगरीय मध्यम वर्ग असन्तुष्ट है तो वहाँ क्रान्ति की सम्भावना अधिक होती है। असन्तुष्ट किसान अथवा ग्रामीण जन भी नगरीय मध्यम वर्ग अथवा श्रमिक वर्ग से मिलकर क्रान्ति के लिये संघर्ष कर सकते हैं। फिर भी, इस जन संघर्ष के साथ-साथ क्रान्ति करने के लिए विशिष्ट समूह भी होना चाहिए जो नेतृत्व करे, सरकार को पलटे और राजनैतिक व्यवस्था में परिवर्तन लाये। अनेक देशों में सेना इस प्रकार के समूह का कार्य करती है क्योंकि वह अनुशासित होती है, उसके पास हथियार होते हैं और यदि सेनापति या सेनानायक राजनीति की बागडोर अपने हाथ में लेना चाहते हैं तो उनका काम आसान हो जाता है। सेना के द्वारा जन क्रान्ति के ऐसे उदाहरण वर्तमान काल में अनेक देशों में देखे जा सकते हैं। किन्तु यदि सामान्य जनता सेना के द्वारा की हुई राजनैतिक क्रान्ति का समर्थन नहीं करती तो नये राज्य का बने रहना असम्भव हो जाता है और उसके विरुद्ध जन विद्रोह होता है।

फिर भी अन्य समूहों के मुकाबले में सेना समूह में क्रान्ति का नेतृत्व करने की शक्ति निश्चय ही अधिक होती है। एशिया और अफ्रीका के अनेक राज्यों में सेना ने बहुधा राजनैतिक परिवर्तनों में महत्त्वपूर्ण कार्यभाग अदा किया है। इसका प्रमुख कारण सेना में अत्यधिक केन्द्रीयकृत नेतृत्व, वर्गीकृत संरचना और सम्पूर्ण संगठन पर कठोर अनुशासन है। सेना आदेश के लिए लड़ने की आदी होती है भले ही इस आदेश का परिणाम कुछ भी हो। सैनिकों को यही सिखाया जाता है। वे साधारणतया आदेश को चुनौती देने की बात सोच भी नहीं सकते। उनमें आदेश और उस पर अमल में देर नहीं की जाती। सम्पूर्ण सैनिक प्रशिक्षण यही स्थापित करने के लिए किया जाता है। पुनः सेना में सन्देशवहन के कुशल साधन उपलब्ध होते हैं जिनके कारण दूर-दूर की इकाइयों को भी तुरन्त आदेश दिया जा सकता है। सैनिकों में परस्पर सामूहिकता और संगठन की भावना होती है जो कि साधारण समाज से अलग आवास, अलग वेशभूषा, अलग सिद्धान्त और अलग इतिहास तथा परम्परा से उत्पन्न होती है। अन्त में सेना के पक्ष में सबसे अधिक महत्त्वपूर्ण कारक यह तथ्य है कि राजनैतिक व्यवस्था में हिंसा के साधनों पर राजनीतिज्ञों का नहीं बल्कि सेना का

एकाधिकार होता है। उपरोक्त समस्त कारणों से यह स्पष्ट होता है कि सेना के लिये सशस्त्र क्रान्ति करना कितना आसान है। यहाँ यह स्मरणीय है कि जब कभी सैनिक सशस्त्र क्रान्ति को सफलतापूर्वक दबाया गया है तो वह भी सेना के ही राज्य भक्त विभाग की सहायता से किया गया है। दोनों ही स्थितियों में राजनीति में सेना की शक्ति स्पष्ट है।

राजनीति में सेना का हस्तक्षेप

किन्तु उपरोक्त विवेचन से यह नहीं समझा जाना चाहिए कि सेना सदैव राजनीति में सक्रिय रहती है। सच तो यह है कि राजनीतिज्ञ सेना को सदैव राजनीति से दूर रखते हैं। राजनैतिक परिवर्तनों का सेना पर कोई प्रभाव नहीं पड़ता। राजनैतिक पदों पर आसीन लोग बदलते जाने से सैनिक अधिकारियों के पदों में परिवर्तन नहीं होता। वास्तव में सेना के संगठन में स्वयं ऐसा कुछ नहीं है कि वह राजनीति में भाग ले। सेना के राजनीति में भाग लेने के कारण सैनिक नहीं बल्कि राजनैतिक होते हैं। उनमें सामाजिक कारकों का विशेष योगदान होता है। ये कारक ही सेना को राजनीति में हस्तक्षेप करने की प्रेरणा देते हैं और सफल होने का अवसर प्रदान करते हैं। इसमें देश की राजनीति का भी विशेष योगदान होता है। तभी तो यह देखा गया है कि मुस्लिम देशों में बहुधा आसानी से और लम्बे काल तक सैनिक शासन चलता रहता है और जनता उसे स्वीकार कर लेती है।

सेना का महत्त्व युद्ध से बढ़ता है क्योंकि युद्ध में नेताओं को सेना पर अत्यधिक निर्भर रहना पड़ता है। विदेश नीति पर सेना का स्पष्ट प्रभाव पड़ता है। उस पर राष्ट्रीय बजट का एक बड़ा भाग खर्च किया जाता है। चाहे बाहर से युद्ध हो या आन्तरिक विद्रोह को दबाया जाये, दोनों ही हालातों में सरकार को सेना पर निर्भर रहना पड़ता है। जनता की आँखों में भी राजनीतिज्ञों की तुलना में सेना अधिकारियों का अधिक सम्मान होता है क्योंकि उनका चरित्र अधिक उच्च होता है और उनमें राजनीतिज्ञों जैसा भ्रष्टाचार और षड्यन्त्र नहीं मिलता। अस्तु, जैसे-जैसे राजनीतिज्ञों का सम्मान घटता जाता है, सेनाधिकारियों का सम्मान बढ़ता जाता है, यद्यपि यह भी देश की राजनैतिक संस्कृति पर निर्भर होता है।

एस० ई० फाईनर ने राजनीति में सेना के हस्तक्षेप को लेकर चार प्रकार की राजनैतिक संस्कृतियों का विश्लेषण किया है—

(1) परिपक्व (Mature) **राजनैतिक संस्कृति**—इसमें सामाजिक संस्थायें पर्याप्त रूप से विकसित होती हैं। जनता शक्तिशाली संगठनों में बँधी होती है। राजनैतिक सत्ता वैध होती है और सत्ता के हस्तान्तरण के तरीके सुनिश्चित होते हैं। अस्तु, जनता अवैधानिक तरीके से राजनैतिक सुधार पसन्द नहीं करती। ऐसी स्थिति में राजनीति में सेना का हस्तक्षेप कम से कम होता है। इस प्रकार के उदाहरण ब्रिटेन, संयुक्त राष्ट्र अमेरिका, स्विटजरलैंड, आस्ट्रेलिया, न्यूजीलैंड, नार्वे और स्वीडन में पाये जा सकते हैं।

(2) विकसित (Developed) **राजनैतिक संस्कृति**—जबकि परिपक्व राजनैतिक संस्कृति में राजनैतिक सत्ता के हस्तान्तरण की विधि निश्चित होती है, विकसित राजनैतिक संस्कृति में ऐसा नहीं होता। अन्य बातों में वह परिपक्व राजनैतिक संस्कृति के समान होती है। विकसित राजनैतिक संस्कृति में शुरू-शुरू में सैनिक प्रशासन को वैधता प्राप्त करने

के लिये पर्याप्त संघर्ष करना पड़ता है। इसके उदाहरण जर्मनी और जापान में दो विश्व युद्धों के मध्य के काल में दिखलाई पड़ते हैं।

(3) निम्न (Low) **राजनैतिक संस्कृति**—इसमें राजनैतिक सत्ता की वैधता सुनिश्चित नहीं होती। दूसरी ओर जनता भी असंगठित और कमजोर होती है। सत्ता परिवर्तन के साधन निश्चित नहीं होते। चूँकि जनता कमजोर होती है इसलिये वह सैनिक हस्तक्षेप का विरोध नहीं कर पाती। अस्तु, सैनिक प्रशासन स्थापित करना कठिन नहीं होता। इसके उदाहरण तुर्की, अर्जेन्टाइना, ब्राजील, पाकिस्तान और बंगला देश में देखे जा सकते हैं।

(4) न्यूनतम (Lowest) **राजनैतिक संस्कृति**—इसमें परिपक्व राजनैतिक संस्कृति के विरोधी लक्षण जाये जाते हैं। इसमें सत्ता की वैधता की कोई चिन्ता नहीं करता। जनता इतनी असंगठित और अशिक्षित होती है कि उसे राजनैतिक सत्ता की वैधता या अवैधता की कोई चिन्ता नहीं होती। सैनिक हस्तक्षेप के लिये यह सर्वोत्तम स्थिति है क्योंकि उसे जनता का प्रतिरोध नहीं भुगतना पड़ता। इसके उदाहरण कुछ लैटिन अमरीकी देशों में पाये जाते हैं।

राजनीति में सैनिक हस्तक्षेप के प्रकार

राजनीति में सैनिक हस्तक्षेप के निम्नलिखित प्रकार पाये जा सकते हैं—

(1) प्रभाव (Impact)—सेनाधिकारी राजनीतिक नेताओं की बुद्धि अथवा संवेगों को प्रभावित कर सकते हैं। यह प्रभाव संवैधानिक और वैध तरीकों से होता है। यह परिपक्व राजनैतिक संस्कृति में देखा जाता है।

(2) दबाव (Pressure) **या ब्लैकमेल** (Black Mail)—इनमें सेनाधिकारी राजनीतिज्ञों पर धमकी द्वारा दबाव डालते हैं। यह विकसित राजनैतिक संस्कृति में देखा जाता है क्योंकि उसमें सत्ता की वैधता और इसके हस्तान्तरण के नियम सुनिश्चित नहीं होते।

(3) विस्थापन (Displacement)—विस्थापन से तात्पर्य वर्तमान राजनैतिक सत्ता को हटाकर उसके स्थान पर नवीन राजनैतिक सत्ता की स्थापना करना है। यह हिंसा की धमकी अथवा वास्तविक हिंसा के द्वारा किया जाता है। इसमें सेना राजा बनाती है किन्तु स्वयं राज्य नहीं करती।

(4) सैनिक शासन की स्थापना—इसमें देश के संविधान को भंग करके सेना स्वयं सर्वोच्च राजनैतिक सत्ता बन बैठती है और सैनिक प्रशासन लागू हो जाता है। यह वहीं हो सकता है जहाँ न्यूनतम राजनैतिक संस्कृति हो जैसे कि विस्थापन निम्न राजनैतिक संस्कृति में होता है।

सैनिक प्रशासन की वैधता

उपरोक्त विवेचन से स्पष्ट है कि राजनीति में सेना का हस्तक्षेप तभी होता है जबकि राजनीतिज्ञ स्वयं राष्ट्र में उपयुक्त शासन स्थापित करने में असमर्थ होते हैं। प्रभावशाली राजनैतिक संस्थाओं के अभाव में सेना का राजनीतिकरण (Politicization) होता है। केन्द्रीय सत्ता कमजोर होने पर सत्ता बढ़ जाती है। इन सब कठिनाइयों का फायदा उठाकर

सेनाधिकारी सत्ता हड़प लेते हैं। किन्तु शीघ्र ही उन्हें राजनैतिक कठिनाइयों का सामना करना पड़ता है। कुछ सेनाधिकारी तीव्र और व्यापक, सामाजिक तथा राजनैतिक परिवर्तन लाते हैं और इस प्रकार प्रगतिशील तथा कल्याणकारी होने का दावा करते हैं। किन्तु किसी भी स्थिति में सैनिक प्रशासन वैध प्रशासन नहीं हो सकता। वैध होने के लिये उसे राष्ट्र को एक संविधान देना पड़ता है और यह संविधान ही वैधता निर्धारित करता है। अस्तु, राजनैतिक परिवर्तन में प्रमुख कारक राजनैतिक व्यवस्था, राजनैतिक संस्कृति और समाज में उपस्थित संगठित समूह हैं। ये तीनों ही राजनैतिक परिवर्तन उत्पन्न करते हैं। सामान्य स्थिति में यह परिवर्तन सुधार के रूप में होता है। असामान्य स्थिति में क्रान्ति की आवश्यकता होती है। किन्तु दोनों ही स्थितियों में अन्त में राष्ट्र में संवैधानिक प्रशासन स्थापित होना आवश्यक है क्योंकि संविधान के समर्थन के बिना राजनैतिक सत्ता वैध नहीं होती, यह दूसरी बात है कि राजनैतिक सत्ता स्वयं संविधान बनाती है और उसे बदल भी सकती है, किन्तु उसे स्वयं को बनाये रखने के लिए संविधान को बनाये रखना पड़ता है।

अभ्यास के लिये प्रश्न

1. राजनैतिक परिवर्तन में सेना के कार्यभाग की विवेचना कीजिये।
2. राजनैतिक परिवर्तन क्या है ? उसके कारणों की विवेचना कीजिये।

29

राजनैतिक विकास

(Political Development)

आधुनिक काल में एशिया और अफ्रीका तथा दक्षिणी अमेरिका में अनेक राष्ट्रों के विकास की व्याख्या करने के लिये राजनैतिक विकास का प्रत्यय अपनाया गया है। इस प्रत्यय के विकास में वृद्धि, आधुनिकीकरण और विकास की अवधारणाओं का विशेष महत्त्व है। इसके आधार पर व्यापक राजनैतिक, सामाजिक, आर्थिक और समाजशास्त्रीय अध्ययन किये गये। इस अध्येताओं में लूसियन पाई विशेष रूप से उल्लेखनीय है। लूसियन पाई ने सन् 1963 में सांस्कृतिक प्रसार और पुराने जीवन प्रतिमानों का नई माँगों से अनुकूलन तथा समायोजन को राजनैतिक विकास की संज्ञा दी।[1] उसके अनुसार राजनैतिक विकास में पहला सोपान एक राष्ट्रीय राज्य की व्यवस्था का विकास है। राजनैतिक विकास को तीन स्तरों पर देखा जा सकता है—सम्पूर्ण जनसंख्या में, सरकार के स्तर पर और राजनैतिक व्यवस्था के संगठन में। लूसियन पाई ने राजनैतिक विकास की अपनी परिभाषा उपस्थित करने से पहले अन्य परिभाषाओं की आलोचना की। इस विवेचन में वह राजनैतिक विकास के विभिन्न आधारों का महत्त्व निर्धारित करता है। यह विवेचन निम्नलिखित है—

पाल ए० बर्ल, नार्मन एस० बकनन, एच० एस० एलिस, बैंजामिन हिगिन्स, एलबर्ट ओ० हर्षमर्न तथा बारबरा वार्ड जैसे अर्थशास्त्रियों ने यह दिखलाया है कि राजनैतिक और सामाजिक दशाएँ आर्थिक विकास में महत्त्वपूर्ण कार्यभाग अदा करती हैं। ये विचारक राजनैतिक विकास को आर्थिक विकास का परिणाम मानते हैं। लूसियन पाई ने इस धारणा में दोष दिखलाए हैं। यह निषेधात्मक धारणा है क्योंकि राजनैतिक व्यवस्था कहाँ तक आर्थिक वृद्धि सुगम बनाती है इसकी तुलना में यह दिखलाना आसान है कि वह आर्थिक विकास को कहाँ तक रोकती है।

---

1. "Political Development is a basic concept supporting the gradual diffusion throughout all societies of what we might call a world culture."

—Lucian W. Pye : *Communications and Political Development* (Princeton; Princeton Univ : Press. 1963), p. 19.

परम्परागत रूप से मोबिलाइजेशन को निष्क्रिय माना जाता था किन्तु अब यह धारणा अनुपयुक्त मानी जाती है। मोबिलाइजेशन को ठीक से समझने के लिये इसमें संगठनात्मक (Organizational) पहलू पर विशेष ध्यान दिया जाना चाहिए जिसमें किसी व्यक्ति को सम्मिलित किया जाता है। राजनैतिक दल सदस्यों को व्यवहार और प्रतिबद्धता (Conditioning) के नवीन प्रतिमान ग्रहण करने के लिये मजबूर करते हैं। ड्यूश के अनुसार राजनैतिक अथवा सामाजिक सभी परिवर्तन आधुनिकीकरण के सूचक (Index) हैं। लर्नर (Lerner) का यह दावा है कि सामाजिक परिवर्तनों जैसे नागरीकरण, साक्षरता, वृद्धि (Growth) और सन्देशवहन के साधनों के विस्तार से लोग मतदान में अधिक भाग लेते हैं। राजनैतिक गतिमानता में राजनैतिक संकलन (Integration) का तत्त्व भी शामिल है। वास्तव में मोबिलाइजेशन ही किसी दल की शक्ति का निर्माण करता है। वही सक्रिय व्यक्तियों की संख्या बढ़ाता है। वही उनकी केन्द्रीय अधिकारियों से अन्तर्क्रिया निर्धारित करता है। वह परिवर्तन की एक प्रक्रिया है जिसमें आधुनिकीकरण से सम्बन्धित अनेक लक्ष्योन्मुख पूर्वाग्रहों का अभाव है। वास्तव में वह कुछ पहले सामाजिक परिवर्तनों का परिणाम है। सामाजिक परिवर्तन और विघटन राजनैतिक विघटन का रूप ग्रहण करके राजनैतिक मोबिलाइजेशन बढ़ाते हैं। किन्तु राजनैतिक गतिमानता का निर्णय सामाजिक कारक मात्र नहीं करते। वह अधिकतर सरकार की सार्वजनिक नीति पर आधारित होता है। उसकी सफलता राजनैतिक संगठन में स्थानीय स्तर पर लघु संरचना उत्पन्न करने पर निर्भर होती है। वह स्वभावतया नहीं चलता। उसकी सफलता और असफलता बहुत कुछ उसे उत्पन्न करने वाले कारकों और व्यक्तियों की गतिविधियों पर निर्भर होती है। उस पर विचारधारा (Idealogy) का भी प्रभाव पड़ता है। वह आधुनिकीकरण और राष्ट्र निर्माण से घनिष्ठ रूप से सम्बन्धित है। उसके परिणामस्वरूप दलगत व्यवस्था (Party System) में विकास होता है और संस्थायें सुदृढ़ बनती हैं। यह आवश्यक नहीं है कि उसमें सदैव राजनैतिक संकलन ही हो।

यहाँ यह याद रखना आवश्यक है कि राजनैतिक गतिमानता सामाजिक परिवर्तनों का अनिवार्य परिणाम नहीं है। उदाहरण के लिए भारतवर्ष में राजनैतिक परिवर्तन कई दशकों से होते जा रहे हैं किन्तु भाषा पर आधारित क्षेत्रगत मोबिलाइजेशन एक नया विकास है। इसका कारण यह है कि राजनैतिक गतिमानता व्यापक सामाजिक परिवर्तनों की तुलना में राष्ट्रीय सार्वजनिक नीति से अधिक प्रभावित होती है।

राजनैतिक गतिमानता के प्रत्यय के दोष

कैमरान के अनुसार राजनैतिक मोबिलाइजेशन के प्रत्यय में अनेक दोष हैं। ये निम्नलिखित हैं–

(1) राजनैतिक गतिमानता में काम करने वाले व्यक्तियों का उसकी सफलता और असफलता में विशेष महत्त्व होता है। जहाँ तक उसकी विचारधारा को और संगठन को स्थानीय आवश्यकताओं के अनुसार संशोधित किया जा सकता है वहाँ तक उससे वर्तमान सामाजिक संरचना को प्रभावित करने की आशा की जा सकती है।

(2) मोबिलाइजेशन के प्रयास बहुधा समूहों के प्रतिरोध के प्रतिनिधि नहीं हैं। ये समूह यह मानते हैं कि सार्वजनिक नीति उनके विरुद्ध है और वे उसके निर्माण में बहुत कम भाग लेते हैं।

(3) इन प्रयासों को प्रोत्साहित करने वाले परस्पर स्वतन्त्र कारक सार्वजनिक नीति की पृष्ठभूमि में काम करते हैं। इस प्रकार कैमरान ने इस प्रक्रिया में सार्वजनिक नीति के महत्त्व पर जोर दिया। इससे कुछ वर्गों में जागृति उत्पन्न होती है और गतिमानता बढ़ती है। व्यापक राजनीति और सार्वजनिक राजनीति में इस घनिष्ठ सम्बन्ध की कुछ विचारकों ने आलोचना की है। मोबिलाइजेशन दलगत राजनीति में परिवर्तन उत्पन्न करता है जिससे सार्वजनिक नीति में भी महत्त्वपूर्ण परिवर्तन होते हैं।

अभ्यास के लिये प्रश्न

1. राजनैतिक मोबिलाइजेशन के प्रत्यय की आलोचनात्मक विवेचना कीजिये।

30

राजनैतिक गतिशीलता

(Political Mobility)

कार्ल डब्लू ड्यूश ने सामाजिक गतिमानता (Social Mobilisation) की परिभाषा "एक ऐसी प्रक्रिया के रूप में की है जिसमें पुराने सामाजिक, आर्थिक और मनोवैज्ञानिक सम्बन्ध टूट जाते हैं अथवा समाप्त हो जाते हैं और लोग सामाजीकरण और व्यवहार के नवीन प्रतिमानों के लिए उपलब्ध हो जाते हैं।"[1] अंग्रेजी का शब्द Mobilise युद्ध के लिए संगठित करने के अर्थ में भी प्रयोग किया जाता है। इस प्रकार सेनाओं का मोबिलाइजेशन किया जाता है। युद्ध के दिनों में इसे जनता का पुर्नसंगठन भी कहा जा सकता है। किन्तु यहाँ पर इसे सामाजिक अर्थों में लिया गया है। सामाजिक दृष्टि से यह प्रक्रिया नागरीकरण, व्यापारीकरण (Commercialisation) और औद्योगीकरण का परिणाम है। राजनैतिक गतिमानता के लिये इन परिवर्तनों का होना आवश्यक है। राजनैतिक गतिमानता का सबसे अधिक महत्त्वपूर्ण परिणाम राजनैतिक और अर्द्ध राजनैतिक संगठनों की संख्या और सदस्यता में वृद्धि है।

राजनैतिक गतिमानता की समस्यायें

राजनैतिक गतिमानता के विवेचन में कैमरान ने निम्नलिखित तीन समस्याओं को महत्त्वपूर्ण माना है—

(1) गतिमानता की प्रक्रिया की व्याख्या करने में असफलता अर्थात् वह प्रक्रिया जिससे सामाजिक रूप से उपलब्ध व्यक्तियों को व्यवहार के नये प्रतिमान सिखाये जाते हैं।

(2) मोबिलाइजेशनों को आधुनिकीकरण की व्यापक प्रक्रिया के महत्त्वपूर्ण लक्षणों में से एक मान लेने की प्रवृत्ति।

---

1. "Social Mobilisation is a process in which old social, economic and psychological commitments are eroded or broken and people become available for new patterns of socialisation and behaviour."

—Karl W. Deutch.

(3) सामाजिक निर्णायकवाद (Social Determinism) की प्रवृत्ति अर्थात् यह मान्यता कि राजनैतिक गतिमानता कुछ विशेष प्रकार के सामाजिक परिवर्तनों का परिणाम है।

(i) यह धारणा कुछ मौखिक विचारों की अवहेलना करती है। इसके अनुसार विशिष्ट आर्थिक समस्याओं के साथ-साथ राजनैतिक विकास की समस्या भी बदलती हैं।

(ii) यह भी ध्यान रखना आवश्यक है कि अनेक निर्धन देशों में तीव्र आर्थिक विकास की सम्भावनाएं बहुत ही कम हैं। अधिकतर अल्प विकसित देशों में लोग भौतिक प्रगति के अतिरिक्त कुछ अन्य बातों में भी रुचि लेते हैं जिसमें से एक राजनीति भी है। अस्तु, राजनैतिक विकास को केवल आर्थिक विकास पर आधारित करना विकासमान देशों में उसके महत्त्व की अवहेलना करना है।

(2) औद्योगिक समाजों की राजनीति (Politics of Industiral Societies)—डब्लू॰ डब्लू॰ रोस्टोव जैसे कुछ समाजशास्त्री राजनैतिक विकास को औद्योगीकरण की प्रक्रिया से बांधते हैं। इस धारणा की आलोचना करते हुए लूसियन पाई ने यह दिखलाया है कि यह कुछ अन्य कारकों की अवहेलना करती है जैसे कि निहित स्वार्थ, कानूनी और प्रशासनिक प्रविधियों के बढ़ते हुए मूल्य, राजनीति को मान्यता, कल्याण कार्यक्रमों का तनाव और अन्त में राजनीति में जनता की भागीदारी इत्यादि। इन सब कारकों के महत्त्व से स्पष्ट है कि राजनैतिक विकास को केवल औद्योगिक समाजों की राजनीति नहीं कहा सकता।

(3) राजनैतिक आधुनिकीकरण (Political Modernisation)—जे॰ एस॰ कोलमैन, कार्ल ड्यूश और एस॰ एम॰ लिपसैट जैसे कुछ समाजशास्त्री यह धारणा प्रस्तुत करते हैं कि राजनैतिक विकास का तात्पर्य पाश्चात्य विकसित (Developed) और आधुनिक देशों का विकासमान (Developing) देशों द्वारा अनुसरण का अध्ययन है। दूसरे शब्दों में, पश्चिम के प्रगतिमान और आधुनिक देश ही राजनैतिक विकास का लक्ष्य निर्धारित करते हैं। इस विचारधारा की आलोचना करते हुए लुसियन पाई ने दिखलाया है कि यह पाश्चात्य और आधुनिक में अन्तर नहीं करती और इस तत्त्व की अवहेलना करती है कि पिछड़े हुए अथवा विकासमान देशों की अपनी कुछ ऐसी ऐतिहासिक परम्पराएं हो सकती हैं जिन्हें वे पाश्चात्य अथवा आधुनिक देशों का अनुकरण करने में छोड़ना नहीं चाहती।

(4) राष्ट्रीय राज्य को चलाना—के॰ एच॰ सिलवर्ट, ए॰ सिल्स और विलियम मैकोर्ड जैसे कुछ समाजशास्त्रियों ने यह माना है कि राजनैतिक विकास में राजनैतिक जीवन का संगठन और आधुनिक राष्ट्रीय राज्य के मानदण्डों के अनुरुप राजनैतिक कार्यों का करना शामिल है। दूसरे शब्दों में, वह सामाजिक और राजनैतिक संस्थाओं के अन्तर्गत राष्ट्रीयता की राजनीति है। इस अवधारणा का खण्डन करते हुए लूसियन पाई ने यह दिखलाया है कि राष्ट्रवाद राजनैतिक विकास का एक अनिवार्य तत्त्व अवश्य है परन्तु वह उसकी पर्याप्त दशा नहीं है। अस्तु, राजनैतिक विकास को केवल राष्ट्रीय राज्य से एकाकार नहीं किया जा सकता।

(5) प्रशासनिक और कानूनी विकास—मैक्स वैबर, टालकोट पारसन्स तथा ए० एम० हैंडरसन जैसे कुछ सामाजिक विचारक राजनैतिक विकास में कानूनी और प्रशासनिक व्यवस्था के महत्त्व पर जोर देते हैं। उनके अनुसार राजनैतिक विकास के लिए एक प्रभावशाली अधिकारी तन्त्र की स्थापना आवश्यक है। इससे विवेकशीलता प्रसारित होती है, लौकिक और वैधानिक प्रत्यय सुदृढ़ होते हैं तथा मानव विकास में प्राविधिक ज्ञान का प्रयोग होता है। यहां पर लूसियन पाई ने यह ध्यान दिलाया है कि प्रशासनिक व्यवस्था पर अत्यधिक जोर देने से राजनैतिक विकास में बाधक असन्तुलन उत्पन्न हो सकते हैं। राजनैतिक विकास में नागरिकों का प्रशिक्षण और उनकी प्रत्याशाओं का भी महत्त्व है।

(6) जन गतिमानता और भागीदारी—क्लिफोर्ड गीर्तज, आर० इमरसन तथा बी० एफ० होरलित्स इत्यादि कुछ सामाजिक विचारकों ने राजनैतिक विकास की परिभाषा में राजनैतिक रूप से जागृत नागरिकों का व्यवहार और भागीदारी पर जोर दिया है। मतदान के क्षेत्र का विस्तार राजनैतिक विकास का एक मापदण्ड है। इसकी आलोचना करते हुए लुसियन पाई ने यह दिखलाया है कि इस अवधारणा को मान लेने से थोथे संवेगवाद और भ्रष्ट भीड़ तन्त्र के खतरे उत्पन्न हो जाते हैं।

(7) जनतन्त्र का निर्माण—जे० एल० पालोम्बर और जे० आर० पैनोक यह अवधारणा उपस्थित करते हैं कि राजनैतिक विकास जनतन्त्र के निर्माण पर आधारित है। लूसियन पाई के अनुसार इस प्रकार की अवधारणा उन देशों में राजनैतिक विकास की व्याख्या नहीं करती जहाँ जनतन्त्र नहीं है।

(8) स्थाई अथवा व्यवस्थित परिवर्तन—कार्ल ड्यूश और एफ० डब्लू० किंग्स जैसे सामाजिक विचारकों ने स्थायित्व को विकास का एक अनिवार्य लक्षण माना है। इनके अनुसार राजनैतिक विकास एक स्थाई और व्यवस्थित परिवर्तन है। लूसियन पाई के अनुसार इसमें यह नहीं दिखलाया गया है कि परिवर्तन का लक्ष्य क्या है, अथवा कितनी व्यवस्था वांछित है।

(9) मोबिलाइजेशन और शक्ति—जे० एस० कोलमैन, जी० ए० आलमण्ड और टालकोट पारसन्स ने यह विचार उपस्थित किया है कि राजनैतिक विकास की व्याख्या उस निरपेक्ष शक्ति के स्तर के रूप में की जा सकती है जो कि किसी राजनैतिक व्यवस्था में उत्पन्न होती है। इस प्रकार राजनैतिक विकास का लक्ष्य राज्य के द्वारा अधिक से अधिक सत्ता की प्राप्ति है। लूसियन पाई के अनुसार यह अवधारणा उन राज्यों की अवहेलना करती है जिनमें शक्ति संचय को जानबूझकर सीमित रखा जाता है।

(10) सामाजिक परिवर्तन की बहुपक्षीय प्रक्रिया का एक पहलू—एम० एफ० मिलिकन, एल० एम० ब्लैकमर और डैनियल लर्नर ने राजनैतिक विकास को विकास के अन्य रूपों से अलग करने की आलोचना की है। इनके अनुसार यह सामाजिक परिवर्तन की बहुआयामी प्रक्रिया का एक पहलू है। इस अवधारणा की प्रशंसा करते हुए लूसियन पाई ने यह स्वीकार किया है कि विभिन्न विकासों को परस्पर सम्बन्धित मानना एक महत्त्वपूर्ण अवधारणा है और यह कहना सर्वथा उचित है कि सामाजिक विकास के विभिन्न पहलुओं का परस्पर प्रभाव पड़ता है।

(11) अन्तर्राष्ट्रीय मामलों में राष्ट्रीय सम्मान का बोध—जे० एस० कोलमैन और मायनर वीनर के अनुसार अन्तर्राष्ट्रीय मामलों में राष्ट्रीय सम्मान के बोध के मात्रा राजनैतिक विकास की परिचायक है। इस दृष्टिकोण की आलोचना में लूसियन पाई ने कुछ नहीं कहा है।

राजनैतिक विकास के प्रमुख लक्षण

राजनैतिक विकास की विभिन्न परिभाषाओं की विवेचना करके लूसियन पाई ने उसके निम्नलिखित तीन लक्षण निर्धारित किये हैं—

(1) समानता (Equality)—राजनैतिक विकास में जनसामान्य के द्वारा राजनैतिक क्रियाओं में भाग लेना आवश्यक है। सहभागिता जनतन्त्रीय अथवा तानाशाही किसी भी व्यवस्था में हो सकती है क्योंकि यह आवश्यक है कि नागरिकगण जागरुक हों और लोकमत के अनुसार शासित हों। कानून सर्वभौम होने चाहिये। राजनैतिक पदों पर नियुक्ति वर्ग अथवा स्थिति के आधार पर नहीं बल्कि कार्य और सम्प्राप्ति के आधार पर होनी चाहिये।

(2) सामर्थ्य (Capacity)—राजनैतिक व्यवस्था समाज और अर्थ-व्यवस्था को प्रभावित करती है। वह सरकार के कार्यों को भी प्रभावित करती है। उसमें एक कल्याणकारी साधन के रूप में सरकार के सभी कार्य आ जाते हैं जिनमें सार्वजनिक नीति का कुशल और प्रभावशाली पालन भी है। अन्त में उसमे प्रशासन विवेकयुक्त और लौकिक होता है। सरकार के कार्य व्यवस्थित रूप से साध्य और साधनों को सम्बन्धित करके तथा विचारपूर्वक किये जाते हैं।

(3) विभेदीकरण (Differentiation)—विभेदीकरण संरचनाओं का प्रसार और विशिष्टीकरण है। इसमें सरकार में विभाजन होता है। यह पृथक्करण नहीं है बल्कि संकलित व्यवस्था में विशिष्टीकरण है।

राजनैतिक विकास में उपरोक्त लक्षणों के अतिरिक्त लूसियन पाई ने दो अन्य लक्षण बतलाए हैं। पहला यह कि उपरोक्त तीनों लक्षणों में परस्पर संकलन (Integration) होना चाहिये और विरोध नहीं होना चाहिये। दूसरे, विकास सीधी रेखा में नहीं होता और न उसमें स्पष्ट सोपान देखे जा सकते हैं। इसलिये उसके अध्ययन का परिप्रेक्ष्य व्यापक होना चाहिये और उसमें समानता, सामर्थ्य तथा विभेदीकरण का क्रमशः विकास होना चाहिये। इस प्रकार राजनैतिक विकास राजनैतिक संस्कृति, सत्तात्मक संरचनाओं और सामान्य राजनैतिक प्रक्रिया के परस्पर सम्बन्धों में देखा जा सकता है। इसकी व्याख्या करते हुए लूसियन पाई ने लिखा है, ''विकास में राष्ट्रीयता के व्यापक और असंगठित स्थायी भावों का नागरिकता की भावना में अनुवाद शामिल है, और साथ ही ऐसी राजकीय संस्थाओं का निर्माण भी जो कि राष्ट्रीयता और नागरिकता की आकांक्षाओं को नीति और कार्यक्रमों में अनुवादित कर सकें। संक्षेप में, राजनैतिक विकास राष्ट्र निर्माण है।''[1]

---

1. "Development entails the translation of diffused and unorganised sentiments of nationalism into a spirit of citizenship, and equally the creation of state institutions that can translate into policy and programmes the aspirations of nationalism and citizenship. In brief, political development is nation-building."

—Lucian Pye : *Aspects of Political Development*, pp. 37-38.

आधुनिक काल में राजनैतिक विकास की अवधारणा पर अनेक आक्षेप उठाये गये हैं। सबसे पहले तो इसकी परिभाषा स्पष्ट नहीं है। दूसरे, राजनैतिक विकास के अध्ययनों में समीचीन आदर्श का अभाव है। तीसरे, यह अवधारणा कोई ऐसा आदर्श उपस्थित नहीं करती जो कि संसार के सभी देशों में समान रूप से लागू किया जा सके। यही कारण है कि संसार के सभी देशों के समाजशास्त्री इसका स्वागत नहीं करते। इन दोषों के बावजूद इस अवधारणा ने एशिया और अफ्रीका राष्ट्रों में होने वाले राजनैतिक विकास को समझने के लिये एक नया आयाम उपस्थित किया है। आलमण्ड और पावेल के शब्दों में, ''वर्तमान शताब्दी में, राजनैतिक विकास एक निरन्तर बढ़ती हुई गति से आगे बढ़ रहा है जो कि इतना अधिक है कि उसके हमारे तुलनात्मक चित्र, हमारी पुस्तकें अथवा निबन्ध पूरे होने से पहले से ही समाप्त हो जाते हैं। अस्तु, यह स्पष्ट है कि राजनीति का अध्ययन एक गतिशील व्यवस्था और प्रक्रिया का विश्लेषण होना चाहिए और स्थायी तथा संरचनात्मक अध्ययन नहीं।''[1]

अभ्यास के लिये प्रश्न

1. राजनैतिक विकास की विभिन्न व्याख्याओं का विवेचन करते हुये उसका स्वरूप निर्धारित कीजिये।

---

1. "In the present century, political development seems to be proceeding at an ever-accelerating rate overwhelming our comparative snapshots, by making them obsolete before we finish our books and articles."
—Almond and Powell, *Comparative Politics : A Developmental Approach*, p. 41.

31

राजनैतिक प्रभावोत्पादकता (Political Efficacy)

राजनैतिक प्रभावोत्पादकता से तात्पर्य नागरिकों में राजनैतिक घटनाओं और कार्यों पर उनके कामों के प्रभाव की अनुभूति है। इसमें व्यक्ति यह विश्वास करता है कि राजनैतिक और सामाजिक परिवर्तन को प्रभावित किया जा सकता है तथा उसके अकेले अथवा औरों के साथ मिलकर प्रयत्नों से राजनीतिज्ञों के व्यवहार को प्रभावित किया जा सकता है। प्रभावोत्पादकता का प्रत्यय समाज मनोविज्ञान से लिया गया है। वह अहं की शक्ति, आत्मगत योग्यता, आत्मविश्वास और व्यक्तिगत प्रभावोत्पादकता पर आधारित है। जनतन्त्रीय राजनैतिक व्यवस्था में उसका विशेष महत्त्व है।

कम्पैल के शब्दों, ''राजनैतिक प्रभावोत्पादकता नागरिक में यह अनुभूति है कि उसका व्यक्तिगत राजनैतिक कार्य राजनैतिक प्रक्रिया पर प्रभाव डालता है और डाल सकता है अर्थात् अपने नागरिक कर्त्तव्यों का पालन करना उपयुक्त है। वह यह अनुभूति है कि व्यक्ति परिवर्तन उत्पन्न करने में कार्य भाग अदा कर सकता है।''[1] डेनिस के अनुसार, ''राजनैतिक प्रभावोत्पादकता व्यक्ति में राजनैतिक शक्तिमत्ता की अनुभूति है, व्यक्ति की इच्छाओं के प्रति सरकार के प्रतिक्रिया में एक विश्वास है । इसमें यह विचार शामिल है कि सरकार अत्यन्त व्यापक है और उसको प्रभावित करके उपयुक्त साधन जुटाये जा सकते हैं।''[2] योगेश अटल ने राजनैतिक प्रभावोत्पादकता को राजनैतिक व्यवस्था के प्रति जनता की प्रतिबद्धता कहा है जिससे उनकी राजनीति में भागीदारी सुनिश्चित होती है।

---

1. "Sense of political efficacy is the feeling in the citizen that his individual political action does have or can have an impact upon the political process i.e., it is worthwhile to perform one's civic duties. It is the feeling that the individual can play a part in bringing about change." —Compell.
2. "A sense of the direct political potency of the individual, a belief in the responsiveness of the government to the desires of individuals, the ideas of the comprehensibility of government, the availability of adequate means of influence and a general resistance." —Dennis.

समाजशास्त्रियों ने राजनैतिक प्रभावोत्पादकता के निम्नलिखित दो प्रकार बतलाये हैं–

(1) मत प्रभावोत्पादकता (Opinion Efficacy)–इसका तात्पर्य यह है कि व्यक्तियों के विश्वास और व्यक्तिगत राजनैतिक मत महत्त्वपूर्ण हैं।

(2) राष्ट्रीय प्रभावोत्पादकता (National Efficacy)–इसका तात्पर्य राष्ट्रीय सरकार की प्रतिक्रियात्मकता पर जोर देना है। इसमें नागरिक यह विश्वास करता है कि वह राष्ट्रीय सरकार को प्रभावित कर सकता है। राष्ट्रीय राजनैतिक प्रभावोत्पादकता के पुनः निम्नलिखित दो प्रकार माने गये हैं–

(क) प्रत्यक्ष (Direct) **राजनैतिक प्रभावोत्पादकता**–इसमें यह अनुभूति निहित है कि व्यक्ति राष्ट्रीय सरकार को प्रत्यक्ष रूप से प्रभावित कर सकता है। यह आधुनिक स्थायी सरकार का विशेष लक्षण है।

(ख) परोक्ष (Indirect) **राजनैतिक प्रभावोत्पादकता**–इसमें व्यक्ति यह अनुभव करता है कि वह सरकार को प्रभावित कर सकता है क्योंकि उसका यन्त्र के रूप में एक ऐसे संगठन से सम्बन्ध है जो कि स्थानीय और राष्ट्रीय राजनैतिक व्यवस्थाओं में प्रभावशाली है।

राजनैतिक प्रभावोत्पादकता में माप

कम्पैल ने पहली बार संयुक्त राष्ट्र अमेरिका में राष्ट्रपति के चुनाव में अमरीकी नागरिक की राजनैतिक प्रभावोत्पादकता को मापा। इसके लिये उसने निम्नलिखित मापदण्ड ठहराये–

(1) मैं यह नहीं सोचता कि सरकारी अफसर मेरे जैसे लोगों के विचार की कोई खास परवाह करते हैं।

(2) लोग मतदान कैसे करते हैं इससे यह निश्चित होता है कि इस देश में काम कैसे चलता है।

(3) मतदान ही एकमात्र तरीका है जिससे मेरे जैसे आदमी यह निर्धारित कर सकते हैं कि सरकार वस्तुओं को कैसे चलाती है।

(4) मेरे जैसे लोग इस बात में कुछ भी नियन्त्रण नहीं रखते कि सरकार क्या करती है।

(5) कभी-कभी राजनीति और सरकार इतने जटिल दिखलाई पड़ते हैं कि मेरे जैसा व्यक्ति सही रूप में यह नहीं समझ सकता कि क्या हो रहा है। उपरोक्त प्रश्नों के प्रत्युत्तरों की जाँच से राजनैतिक प्रभावोत्पादकता मापी जा सकती है।

ईस्टन और डेमोस ने सन् 1967 में उपरोक्त पांच प्रश्नों को संशोधित करके अमेरिकन बालकों में राजनैतिक प्रभावोत्पादकता को मापा। ये संशोधित प्रश्न निम्नलिखित थे।

(1) मतदान ही एक मात्र तरीका है जिससे मेरे माता-पिता इस बात को निर्धारित कर सकते हैं कि सरकार वस्तुओं को कैसे चलाती है।

(2) कभी-कभी मैं यह नहीं समझ सकता कि सरकार में क्या हो रहा है।

(3) सरकार में जो कुछ हो रहा है वह होता रहेगा, चाहे जनता कुछ भी करे।

(4) सरकार में कुछ शक्तिशाली लोग हैं जो कि उस सम्पूर्ण रचना को चला रहे हैं और वे हमारे जैसे साधारण लोगों की कोई परवाह नहीं करते।

(5) मेरा परिवार सरकार जो कुछ करती है उसमें कुछ भी कहने का अधिकार नहीं रखता।

(6) मैं नहीं सोचता कि सरकार के लोग मेरे जैसा परिवार क्या सोचता है उसकी कुछ भी चिन्ता करते हैं।

(7) ये लोग हमारे देश के लिए कानून बनाने में कितनी सहायता करते हैं यह बहुत अधिक/कुछ/बहुत कम/कुछ भी नहीं है।

राजनैतिक प्रभावोत्पादकता में सहायक कारक

विभिन्न समाजशास्त्रियों ने निम्नलिखित कारकों को राजनैतिक प्रभावोत्पादकता में सहायक पाया है—

(1) शिक्षा (Education)—शिक्षा वे साधन प्रदान करती है जिससे कोई व्यक्ति अपने परिवेश में प्रभावशाली अन्तर्क्रिया कर सकता है। अधिकतर समाजशास्त्री शिक्षा और राजनैतिक प्रभावोत्पादकता को परस्पर सम्बन्धित मानते हैं। किन्तु इस बात में मतभेद पाया जाता है कि शिक्षा के कौन से स्तर पर कितनी राजनैतिक प्रभावोत्पादकता पाई जाती है। पश्चिमी उत्तर प्रदेश में एक अध्ययन से एक ही स्थान पर शिक्षा के एक ही वर्ग में परस्पर विरोधी परिणाम आये जिससे शिक्षा का राजनैतिक प्रभावोत्पादकता से कोई प्रत्यक्ष सम्बन्ध स्थापित नहीं हुआ।

(2) संगठनों की सदस्यता (Membership of Organisation)—कम्पैल, आलमण्ड और वर्बा तथा पावेल इत्यादि समाजशास्त्रियों के अध्ययनों से यह पता चला है कि संगठनों की सदस्यता रखने वाले नागरिकों में राजनैतिक प्रभावोत्पादकता का ऊँचा स्तर पाया जाता है। भारत वर्ष में शिक्षा अन्य कारकों से अधिक महत्त्वपूर्ण कारक है जबकि अमेरिका में शिक्षा और संगठनात्मक सदस्यता में परस्पर कोई सम्बन्ध नहीं है।

(3) सामाजिक-आर्थिक स्थिति (Social-Economic Status)—कम्पेल, आलमण्ड और वर्बा के अध्ययनों यह पता चला है कि अधिक शिक्षित और ऊँचे सामाजिक-आर्थिक स्तर वाले लोग अधिक राजनैतिक प्रभावोत्पादकता अनुभव करते हैं। किन्तु जैकसन ने यह दिखलाया है कि सामाजिक वर्ग का राजनैतिक प्रभावोत्पादकता से कोई सम्बन्ध नहीं है। योगेश अटल ने सन् 1971 में अपने अध्ययन से यह निष्कर्ष निकाला कि जिन लोगों में राजनीतिक प्रभावोत्पादकता अधिक पाई जाती है वह आय समूह (Income group) के निम्न स्तरों अथवा मध्यम वर्ग के सदस्य होते हैं।

(4) आयु (Age)—इस सम्बन्ध में विभिन्न अध्ययनों के भिन्न-भिन्न परिणाम आये हैं। उदाहरण के लिए जापान में कुसोदा के अध्ययन में मध्य आयु में ऊँची प्रभावोत्पादकता

दिखायी पड़ी। योगेश अटल के अध्ययन के अनुसार 26 से 34 वर्ष की आयु तक ऊँची राजनैतिक प्रभावोत्पादकता दिखलाई पड़ती है। कमलेश महाजन के अनुसार आयु और राजनैतिक प्रभावोत्पादकता में कोई अनिवार्य सम्बन्ध नहीं होता।

(5) परिवार और निकट समूह (Family and Peer groups)—नागरिकों के अपने परिवारों के अनुभव उनकी राजनैतिक प्रभावोत्पादकता को प्रभावित करते हैं। उदाहरण के लिए डेविड के अध्ययनों से यह ज्ञात हुआ है कि जिस परिवार में माता-पिता राजनैतिक वाद-विवाद में, राजनैतिक भागीदारी में और राजनैतिक कार्यों में रुचि लेते हैं उसके सदस्यों में राजनैतिक प्रभावोत्पादकता अधिक पाई जाती है। एस० के० गुप्ता के अध्ययनों के अनुसार पिता का राजनीतिक कार्यों में भाग लेना राजनीतिक प्रभावोत्पादकता को प्रभावित करता है। दूसरी ओर यदि माता-पिता हर प्रकार से राजनीति की अवहेलना करते हैं तो परिवार के सदस्यों में राजनैतिक प्रभावोत्पादकता की अनुभूति कम होती है। परिवार के समान ही निकट समूह का भी राजनैतिक प्रभावोत्पादकता पर प्रभाव पड़ता है। उदाहरण के लिये यदि मित्रों में राजनैतिक वाद-विवाद नहीं होते तो उनमें राजनैतिक प्रभावोत्पादकता बहुत कम पाई जाती है।

(6) धर्म और प्रजाति (Religion and Race)—संयुक्त राष्ट्र अमेरिका, फ्रांस और बेल्जियम में हुए अध्ययनों से राजनैतिक प्रभावोत्पादकता पर धर्म और प्रजाति का प्रभाव स्थापित हुआ है।

(7) ग्रामीण अथवा नगरीय आवास (Rural or Urban Residence)—जबकि एस० के गुप्ता ने इनमें कोई विशेष अन्तर नहीं पाया, योगेश अटल के अनुसार निम्न नगरीय क्षेत्रों में अधिक प्रभावोत्पादकता होती है।

(8) स्थायी आवास (Permanent Residence)—संयुक्त राष्ट्र अमेरिका, ग्रेट ब्रिटेन और भारत में हुए अध्ययनों से यह ज्ञात हुआ है कि एक ही स्थान पर लम्बे आवास से राजनैतिक प्रभावोत्पादकता बढ़ती है।

(9) मनोवैज्ञानिक कारक (Psychological Factors)—रॉबर्ट लेन और लासवेल के अध्ययनों से यह पता चला है कि मनोवैज्ञानिक कारक राजनैतिक प्रभावोत्पादकता को प्रभावित करते हैं विशेषतया बुद्धिध का उस पर अत्यन्त अनुकूल प्रभाव पड़ता है।

उपरोक्त विवेचन से स्पष्ट है कि राजनैतिक प्रभावोत्पादकता एक जटिल प्रक्रिया है जो अनेक कारकों से प्रभावित करती है।

अभ्यास के लिए प्रश्न

1. संक्षिप्त टिप्पणी लिखो—राजनैतिक प्रभावोत्पादकता

32

क्रान्ति का समाजशास्त्र
(Sociology of Revolution)

उद्विकास और क्रान्ति

मानव समाज परिवर्तनशील है। यह परिवर्तन कभी तो धीरे-धीरे व्यवस्थित रूप से होता है और कभी अकस्मात हो जाता है। पहले प्रकार के परिवर्तन को उद्विकास (Evolution) और दूसरे प्रकार के परिवर्तन को क्रान्ति कहते हैं। इस प्रकार ये दोनों परिवर्तन के रूप हैं। अन्तर केवल इतना है जब कि एक में विकास की प्रक्रिया धीरे-धीरे होती है दूसरे में एकदम परिवर्तन दिखाई पड़ता है।

क्रान्ति क्या है ?

उद्विकास और क्रान्ति के अन्तर के विवेचन से क्रान्ति अर्थ स्पष्ट होता है। क्रान्ति शब्द का प्रयोग तीन विशेष अर्थों में किया जाता है। जब कभी किसी राज्य में जन समूह विद्रोह करता है और राज्य व्यवस्था को एकदम बदल देता है तो यह राजनैतिक क्रान्ति कहलाती है। राजनैतिक क्रान्तियाँ अधिकतर देशों के इतिहास में सामान्य घटनायें हैं। इस तरह की क्रान्तियाँ समय-समय पर होती ही रहती हैं। क्रान्ति सांस्कृतिक क्षेत्रों में भी होती है। किसी समाज में मूल्यों, व्यवहारों और रीति-रिवाजों आदि के आकस्मिक परिवर्तन को सांस्कृतिक क्रान्ति कहा जाता है। इसमें जनता के विश्वास, अभिवृत्तियाँ और आदतें आमूल चूल बदल जाते हैं। सांस्कृतिक क्रान्ति में धार्मिक और आर्थिक क्रान्ति भी सम्मिलित है परन्तु सबसे अधिक व्यापक सामाजिक क्रान्ति होती है। सामाजिक क्रान्ति में सम्पूर्ण सामाजिक व्यवस्था में भारी परिवर्तन होता है जिससे सामाजिक संस्थाओं, वर्गों, स्थितियों, कार्यों आदि के प्रतिमानों में अकस्मात और भारी परिवर्तन होता है। यद्यपि सामाजिक क्रान्ति सबसे अधिक व्यापक प्रक्रिया है परन्तु फिर भी क्रान्ति का सबसे अधिक व्यापक रूप राजनैतिक ही है। जैसा कि किम्बाल यंग ने लिखा है, "अपने लिये हम उसकी परिभाषा

एक राष्ट्रीय राज्य में शक्ति अथवा सत्ता के नये रूपों में अकस्मात परिवर्तन के रूप में कर सकते हैं।''[1]

क्रान्ति और युद्ध

कुछ लोग क्रान्ति को युद्ध के साथ जोड़ देते हैं। परन्तु क्रान्ति और युद्ध में अनिवार्य सम्बन्ध नहीं है। किम्बाल यंग के शब्दों में, ''प्रत्यक्ष हिंसा क्रान्ति का एक आवश्यक लक्षण नहीं है।''[2] क्रान्ति दो प्रकार की हो सकती है–सशस्त्र अथवा हिंसक क्रान्ति और निशस्त्र अथवा अहिंसक क्रान्ति। मार्क्स ने पहले प्रकार की क्रान्ति पर जोर दिया है और उसको आवश्यक माना है। महात्मा गाँधी तथा अन्य अहिंसावादी विचारक क्रान्ति के दूसरे रूप पर जोर देते हैं। इस मत के अनुसार क्रान्ति का दूसरा रूप ही स्थाई हो सकता है। हिंसक क्रान्ति से स्थाई लाभ नहीं होता क्योंकि हिंसा की प्रतिक्रिया हिंसा के ही रूप में होती है।

क्रान्ति का मनोविज्ञान

यद्यपि क्रान्ति के राजनैतिक, सामाजिक, आर्थिक तथा अन्य पहलू होते हैं परन्तु मूल रूप से वह एक मनोवैज्ञानिक प्रक्रिया है। समाज मनोविज्ञान के उसके मनोवैज्ञानिक रूप का अध्ययन करता है। समाज मनोविज्ञान के अनुसार क्रान्ति के मूल में मुख्य मनोवैज्ञानिक कारक निम्नलिखित हैं–

(1) दमित चालकों का विस्फोट–बहुत से मनोवैज्ञानिकों के अनुसार क्रान्ति दमित चालकों का सामूहिक विस्फोट है। अधिकतर मनोवैज्ञानिक यह मानते हैं कि मनुष्य जिन इच्छाओं और प्रवृत्तियों का दमन करता है वे उसके मन से बिल्कुल नहीं निकल जातीं बल्कि उचित अवसर आने पर और भी तीव्र प्रतिक्रिया के रूप में अभिव्यक्त होती हैं। जब किसी देश में मनुष्यों की नाना प्रकार की इच्छायें और प्रवृत्तियाँ दमित हो जाती हैं तब अधिकतर लोगों में उसकी प्रतिक्रिया होती है। यही प्रतिक्रिया सामूहिक रूप से क्रान्ति का रूप धारण कर लेती है। दमित इच्छाओं की प्रतिक्रिया को फ्रायड ने विशेष रूप से समझाया है। सोरोकिन ने लिखा है, ''क्रान्ति का तात्कालिक कारण सदैव समाज में अधिकांश लोगों की मुख्य मूल प्रवृत्तियों के दमन की वृद्धि है और इन मूल प्रवृत्तियों के लिये अनिवार्य न्यूनतम सन्तुष्टियों को प्राप्त करने की असम्भाविता है।''[3] जब अधिकांश जनता की आवश्यक मूल प्रवृत्तियों का सन्तोष असम्भव हो जाता है और दमन बढ़ता जाता है तब क्रान्ति के रूप में उसकी प्रतिक्रिया होती है।

(2) अचेतन और निम्न उत्तेजनाओं की अभिव्यक्ति–लेबों ने क्रान्ति को समझाने के लिये भीड़ व्यवहार से उपमा दी है। जिस तरह भीड़ व्यवहार में मनुष्यों की

1. "For our purposes, we may define revolution as an abrupt shift to new forms of power or authority within a nation state. —Young, K. *A Handbook of Social Psychology,* p. 57.
2. "Over violence is not an essential feature of revolution." —Young, K. Ibid.
3. "The immediate cause of revolution is always the growth of repression of the main instincts of majority of society and the impossibility of obtaining for these instincts the necessary minimum of satisfaction." —Sorokin, P.A., *The Sociology of Revolution,* p. 383.

अचेतन और निम्न उत्तेजनायें अभिव्यक्त होती हैं, उसी तरह क्रान्ति भी इन्हीं कारणों से होती है। बहुधा देखा जाता है कि क्रान्ति के दिनों में जनता का व्यवहार भीड़ व्यवहार की तरह उत्तेजित, बुद्धिहीन और उद्वेगयुक्त होता है। क्रान्ति के कार्य में अधिकतर समाज के दलित, पीड़ित और हताश लोग भाग लेते हैं। क्रान्ति के समय में वे किसी की बात नहीं सुनते और सब कुछ करने को तैयार रहते हैं। बहुधा क्रान्ति के दिनों में ऐसे ऐसे काम होते हैं जो बुद्धि रहते कोई भी मनुष्य नहीं कर सकता। फ्रांस की राज्य क्रान्ति स्त्रियों ने लोगों की हत्या करके उनका खून किया। इस प्रकार क्रान्ति में भयंकर निर्ममता दिखाई पड़ी और बहुत से लोगों ने पशुवत व्यवहार किया हैं।

(3) अचेतन इच्छाओं की अभिव्यक्ति—सिगमंड फ्रॉयड के अनुसार समाज में शोषित और पीड़ित लोग उच्च वर्ग के लोगों तथा शासकों के प्रति घृणा और विरोध की इच्छाओं को अपने अचेतन मन में संजोये रहते हैं। व्यक्ति बचपन में पिता के कठोर व्यवहार के कारण उससे घृणा करता है और बड़ा होकर यही घृणा सत्ता से करने लगता है। क्रान्ति में यही सामूहिक रूप से अभिव्यक्त होती है और सत्ता तथा उसके प्रतिनिधियों को नष्ट करने की चेष्टा की जाती है।

(4) अवरुद्ध सम्बद्ध आवेगों का विकास—रूसी शरीरशास्त्री पैवलोव ने क्रान्ति को अवरुद्ध सम्बद्ध आवेगों का विकास माना है। जब जनता के मन में बहुत से अवरुद्ध आवेग एकत्रित हो जाते हैं और मानसिक तनाव बढ़ता जाता है तब समय आने पर वे क्रान्ति के रूप में फूट निकलते हैं।

क्रान्ति के मनोवैज्ञानिक कारणों के विषय में विभिन्न मतों के उपरोक्त विवेचन से स्पष्ट है कि क्रान्ति का मनोवैज्ञानिक आधार विशेषतया दमित इच्छाओं और प्रेरणाओं पर है। जैसा कि एडवर्ड्स ने लिखा है, "लोग यह अनुभव करने लगते हैं कि उनकी उचित आकांक्षाओं को रोका और मसला जा सकता है।"[1] यहाँ यह ध्यान रखना आवश्यक है कि वास्तव में मनोवैज्ञानिक कारण क्रान्ति के तात्कालिक कारण न होकर मूलभूत कारण होते हैं। दूसरे शब्दों में, मनोवैज्ञानिक कारणों से मनुष्य में क्रान्ति की तत्परता उत्पन्न होती है। इस तत्परता के अभाव में चाहे कैसी भी राजनैतिक, आर्थिक और सामाजिक परिस्थितियाँ क्यों न हों क्रान्ति नहीं हो सकती। किम्बाल यंग के शब्दों में "वास्तव में हम यहाँ तक कह सकते हैं कि जब तक कि मनोवैज्ञानिक क्षण नहीं आ पहुँचता तब तक कोई भी क्रान्ति सम्भव नहीं है। क्रान्तिकारी व्यवहार के लिये, एक निश्चित तत्परता होनी चाहिये।"[2]

---

1. "People come to feel that their legitimate aspirations and ideals are being repressed, or perverted, that their entirely proper desires and ambitions are being hindered and thwarted."
—Edwards L. P.,
The Natural History of Revolution. p. 30.

2. "We may say in fact that no revolution is possible until the psychological moment has arrived. There must be a definite `readiness' for revolutionary behaviour."
—Young, K.
A Handbook of Social Psychology, p. 568.

क्रान्ति के सांस्कृतिक कारण

जैसा कि पीछे संकेत किया जा चुका है, मनोवैज्ञानिक कारणों के अतिरिक्त क्रान्ति के अन्य कारण भी होते हैं जैसे सांस्कृतिक, राजनैतिक अथवा आर्थिक कारण। क्रान्ति के सांस्कृतिक कारणों का बड़ा महत्त्व है। ऑगबर्न और निमकॉफ ने लिखा है, "क्रान्ति संस्कृति में महत्त्वपूर्ण तीव्र परिवर्तन है।"[1] जब-जब किसी समाज में प्राचीन संस्थायें, रूढ़ियाँ, रीति-रिवाज, प्रथायें और परम्परायें समयानुसार समाज की आवश्यकताओं की पूर्ति नहीं कर पाते तो लोगों में असन्तोष और विद्रोह बढ़ने लगता है। इस विद्रोह में नगर निवासियों का विशेष भाग है। ग्रामीण क्षेत्रों की अपेक्षा नगरों में सुझाव और प्रचार के साधन अधिक सुलभ होने के कारण नगर के निवासियों में क्रान्तिकारी विचार शीघ्र फैलते हैं। यूँ भी नगर निवासी नवीनता के पक्षपाती और प्राचीन रूढ़ियों के विरुद्ध होते हैं। नगरों में श्रमिक बहुधा शोषण का शिकार होता है। इस वर्ग में क्रान्ति की चिनगारी बड़ी शीघ्रता से फैलती है। यदि समाज में नई-नई खोजें, आविष्कार और नये विचार क्रमशः स्वाभाविक रूप से स्थान पाते हैं तो क्रान्ति की आवश्यकता नहीं होती। परन्तु ऐसा नहीं हो पाता क्योंकि समाज में बहुत से लोग अपने निहित स्वार्थों के कारण पुरानी व्यवस्था को ज्यों की त्यों बनाये रखना चाहते हैं। अतः क्रान्ति अनिवार्य हो जाती है। इसमें किंवदन्तियों, संवेगात्मक प्रतीकों, पौराणिक कथाओं और रूढ़ियुक्तियों का भी हाथ होता है। इनमें परिवर्तन होने से क्रान्ति की आग सुलगती है। "एक नवीन किंवदन्ति के उठने का अर्थ है कि लोगों की इच्छायें, विश्वास, अभिवृत्तियाँ और आदतें बदल गई हैं। नवीन किंवदन्ति एक नये स्वर्ग और नई दुनिया का वायदा है।"[2]

क्रान्ति के आर्थिक कारण

सांस्कृतिक कारणों के अतिरिक्त क्रान्ति के आर्थिक कारण भी महत्त्वपूर्ण हैं। प्रसिद्ध क्रान्तिकारी कार्ल मार्क्स ने क्रान्ति के मुख्य कारण आर्थिक माने हैं। उसके अनुसार समाज में विभिन्न वर्गों में विषमता बढ़ने और ऊँचे वर्गों के द्वारा निम्न वर्ग का शोषण होने से ऐसी परिस्थिति आ जाती है जिसमें क्रान्ति अनिवार्य हो जाती है क्योंकि शोषक लोग अपनी इच्छा से अपने अधिकार को छोड़ने को तैयार नहीं होते। मार्क्स ने क्रान्ति के मूल में मुख्य कारण वर्ग संघर्ष माना है जिसका कारण धनिक वर्गों द्वारा किसानों और श्रमिकों का आर्थिक शोषण है। ये श्रमिक और किसान ही क्रान्ति के अग्रदूत होते हैं। यहाँ पर यह ध्यान रखना जरूरी है कि यह नहीं कहा जा सकता कि किस विशेष आर्थिक स्थिति में क्रान्ति अवश्य होगी। वास्तव में कभी-कभी अत्यधिक गरीब देश में भी क्रान्ति नहीं होती जबकि अच्छी आर्थिक स्थिति के देश में भी क्रान्ति हो जाती है। उदाहरण के लिये भारत में अत्यधिक

1. "Revolution is a rapid change of some magnitude in culture"
—Ogburn and Nimkoff, *A Handbook of Sociology,* p. 616.
2. "The rise of a new social myth means that the desires, beliefs, attitudes and habits of the people have been altered. The new myth is the promise of a new heaven and a new earth."
—Young, K.
A Handbook of Social Psychology, p. 525.

निर्धनता, शोषण आदि होने पर भी श्रमिकों और किसानों ने कभी क्रान्ति नहीं की। दूसरी ओर सन् 1918 में जर्मनी कैसर के विरुद्ध क्रान्ति के समय जर्मन श्रमिकों की दशा बुरी नहीं थी। इसी प्रकार रान् 1917 में अमरीकन क्रान्ति के समय वहाँ की आर्थिक स्थिति अच्छी थी। वास्तव में आर्थिक स्थिति में भी मनोवैज्ञानिक कारण काम करते हैं। चाहे कैसी भी आर्थिक स्थिति क्यों न हो यदि लोगों के मन में यह बात घर चुकी है कि आर्थिक स्थिति को बदलने की जरूरत है तो उनमें असन्तोष बढ़ता ही जायेगा और वे क्रान्ति करेंगे। श्रमिकों और किसानों का कितना ही शोषण क्यों न हो क्रान्ति तभी हो सकती है जबकि उनमें जमींदारों और पूँजीपतियों के विरुद्ध घृणा, ईर्ष्या और द्वेष की भावनायें जाग्रत हों। इसलिये क्रान्तिकारी लोग इस तरह की भावनायें भड़काने की ओर ध्यान रखते हैं।

क्रान्ति के राजनैतिक कारण

अन्त में क्रान्ति के राजनैतिक कारण भी कम महत्त्वपूर्ण नहीं है। विभिन्न देशों में राजनैतिक दलों और नेताओं में राजनैतिक सत्ता के लिये बराबर संघर्ष होता रहता है। अवसर का लाभ उठाकर वे जनता को अपने पक्ष में करने और अन्य दलों तथा नेताओं के विरूद्ध भड़काने की कोशिश करते रहते हैं। उदाहरण के लिये साम्यवादी दल राजनैतिक सत्ता हड़पने के लिये किसानों और मजदूरों को भड़काता रहता है। इस प्रकार राजनैतिक स्वार्थों को लेकर क्रान्तियाँ होती हैं और कराई जाती हैं।

क्रान्ति के नेता

क्रान्ति के विभिन्न कारणों के उपरोक्त विवेचन से क्रान्ति में नेता का महत्त्व स्पष्ट होता है। जैसा कि किम्बाल यंग ने ठीक ही लिखा है, "निश्चित रूप में क्रान्ति नेतृत्व के बिना नहीं उत्पन्न हो सकती।" इस तथ्य से कौन इन्कार कर सकता है कि रूस की राज्य क्रान्ति में लेनिन का बहुत बड़ा हाथ था। इसी प्रकार भिन्न-भिन्न देशों में राजनैतिक क्रान्तियों में नेता प्रमुख भाग लेते हैं। मिश्र की क्रान्ति के अग्रदूत नासिर थे। इसी प्रकार अमरीका में बैन्जामिन फ्रैंकलिन और टॉमस पेन ने वर्षों तक जनता में क्रान्तिकारी विचार फूँके। भारत में गाँधी जी ने अहिंसात्मक क्रान्ति की पृष्ठभूमि तैयार की। सन् 1957 की जन क्रान्ति के नायक बहादुरशाह, लक्ष्मीबाई, नाना साहब, तात्यांटोपे, अहमदशाह मौलवी आदि कुछ थोड़े से नेतागण थे। क्रान्ति में नेता जनता का नेतृत्व करता है, वह क्रान्ति को प्रारम्भ भी करता है और उसे चलाता भी है। वह लोगों को रूढ़ियों और आदर्शों पर डटे रहने या छोड़ने के सुझाव देता है। वह जनता में जागृति फैलाता है और क्रान्ति के विचारों का प्रचार करता है। फ्रांस में रूसो ने अपने क्रान्तिकारी विचारों से क्रान्ति की भूमिका तैयार की थी। ये नेतागण केवल राजनैतिक नेता ही नहीं होते। क्रान्ति में राजनैतिक, आर्थिक, सामाजिक नेताओं के अलावा कला, विज्ञान और दर्शन के क्षेत्र के नेता लोग भी महत्त्वपूर्ण कार्यकरते हैं।

क्रान्ति में दलित वर्ग

जहाँ एक ओर क्रान्ति नेताओं पर आधारित है वहाँ दूसरी ओर उसमें दलित वर्ग का विशेष हाथ है। जिस तरह नेतृत्व के अभाव में क्रान्ति नहीं हो सकती उसी तरह दलित वर्ग

के अभाव में भी क्रान्ति नहीं होती। नेता नेतृत्व करता है, दलित वर्ग उसकी योजनाओं को कार्य रूप में परिणित करता है। जब दलित और शोषित वर्ग के लोग अपनी वर्तमान स्थिति के प्रति विद्रोही हो उठते हैं तो उनमें क्रान्ति के विचार बड़ी शीघ्रता से फैलते हैं। भय, अशान्ति और असुरक्षा के विचार इन्हीं लोगों से जनसाधारण में फैल जाते हैं। ये ही क्रान्ति के बीज बोते हैं और उनका पोषण करते हैं। क्रान्ति में भाग लेने वाले लोगों में दो प्रकार के समूह देखे जा सकते हैं। लेखक, पत्रकार, दार्शनिक, नेता आदि क्रान्तिकारी विचारों को जन्म देते हैं और समाज के सामने नई सुधार योजनायें आदि रखते हैं। दूसरा समूह इन विचारों को कार्यान्वित करता है और क्रान्ति का झण्डा उठाता है। परन्तु क्रान्ति में दोनों का ही महत्त्व है।

क्रान्ति की मनोवैज्ञानिक प्रक्रिया

क्रान्ति की मनोवैज्ञानिक प्रक्रिया में चार परम्परायें मानी गई हैं। पहली परम्परा में वे लोग आते हैं जो अत्याचारों को सहन करते हैं और सुधारों की कल्पना करते हैं। वे आशा करते हैं कि ये सुझाव कार्यान्वित किये जायेंगे। परन्तु जब ऐसा नहीं होता तो क्रान्ति की दूसरी परम्परा प्रस्तुत होती है जिसमें जनता को और भी अधिक कठिनाइयाँ उठानी पड़ती हैं। अतः तीसरी परम्परा में क्रान्ति होती है। चौथी परम्परा में जनता में पुरानी संस्थाओं के स्थान पर नई संस्थायें और नई संस्कृति दिखाई पड़ती है। इस प्रकार स्पष्ट है कि यद्यपि बाहर से देखने से ऐसा मालूम पड़ता है कि क्रान्ति अकस्मात होती है परन्तु वास्तव में किसी भी अन्य घटना के समान क्रान्ति भी एक सतत प्रक्रिया का ही परिणाम है।

क्रान्ति में रूढ़युक्तियाँ, किंवदन्तियाँ और पौराणिक कथायें

जैसा कि पहले बतलाया जा चुका है, क्रान्ति में रूढ़युक्तियों, किंवदन्तियों और पौराणिक कथाओं का महत्त्वपूर्ण स्थान है। जब समाज में शोषण और अव्यवस्था बढ़ते हैं तो प्रगतिशील लोग उनका विरोध करते हैं। क्रमशः प्रगतिशील लोगों के विचारों को लेकर समाज में कुछ किवदन्तियाँ प्रचलित हो जाती हैं। इन किंवदन्तियों से जनता में उन विचारों का प्रचार होता है। इनसे लोगों के सामने समस्यायें स्पष्ट होती हैं। उनको मालूम होता है कि गरीबी और बेकारी क्यों है और उनके क्या कारण हैं ? क्रमशः शोषण और कुरीतियों को लेकर शोषकों के प्रति कुछ रूढ़युक्तियाँ बन जाती हैं जिनके द्वारा उनका उपहास उड़ाया जाता है और उनकी आलोचना की जाती है तथा उनके प्रति घृणा की भावना उत्पन्न की जाती है। रूस में बुर्जुआ इसी प्रकार की रूढ़युक्ति थी। इन रूढ़युक्तियों से शोषकों और शोषितों में अन्तर स्पष्ट होता है। इनसे परस्पर संघर्ष भी उत्पन्न होते हैं।

क्रान्ति का मनोवैज्ञानिक पहलू

क्रान्ति के मनोविज्ञान के पीछे दिये गये विवेचन से क्रान्ति के विभिन्न पहलू स्पष्ट होते हैं। क्रान्ति एक जटिल प्रक्रिया है जिसका मूल आधार मनोवैज्ञानिक है। मनोवैज्ञानिक पहलू के अलावा इसके राजनैतिक, आर्थिक और सांस्कृतिक पहलू भी महत्त्वपूर्ण हैं। समाज मनोविज्ञान के दृष्टिकोण से वैज्ञानिक पहलू का सबसे अधिक महत्त्व है। इस मनोवैज्ञानिक

पहलू में दलित चालकों का विस्फोट, अचेतन और निम्न उत्तेजनाओं की अभिव्यक्ति, अचेतन इच्छाओं की अभिव्यक्ति और अवरूद्ध आवेगों का विकास सम्मिलित है। राजनैतिक, आर्थिक अथवा सामाजिक में से किसी पहलू के न होने पर भी क्रान्ति हो सकती है परन्तु इस मनोवैज्ञानिक पहलू के अभाव में क्रान्ति नहीं हो सकती।

अभ्यास के लिए प्रश्न

1. संक्षिप्त टिप्पणी लिखिए—क्रान्ति का मनोविज्ञान।
2. क्रान्ति क्या है ? उसके कारणों का विवेचन कीजिये।

33

युद्ध और शान्ति का समाजशास्त्र
(Sociology of War and Peace)

मानव समाज़ में युद्ध एक प्राचीन संस्था है। युद्ध सदा से होते आये हैं। किम्बाल यंग के शब्दों में, "युद्ध मनुष्य का मानवीय संघर्ष का सबसे अधिक हिंसक रूप है, वह प्राचीनतम मानवीय संस्थाओं में से भी एक है।"[1]

युद्ध एक राजनैतिक घटना है परन्तु मुख्य रूप से वह एक विशेष प्रकार का मानव व्यवहार है। अत: उसके राजनैतिक अध्ययन से अधिक उसके मनोवैज्ञानिक अध्ययन की आवश्यकता है। समाज मनोविज्ञान, सामाजिक परिस्थितियों में और सामूहिक रूप में मनुष्य के व्यवहार का अध्ययन है। अत: समाज मनोविज्ञान युद्ध का भी मनोवैज्ञानिक अध्ययन करता है। इस मनोवैज्ञानिक अध्ययन का उद्देश्य उन मूल मनोवैज्ञानिक और सामाजिक कारणों का पता लगाना है जिनके कारण युद्ध होते हैं। यूँ तो युद्ध के अनेक कारण हैं और बहुधा कुछ राजनैतिक घटनाओं से युद्ध शुरू होते हैं, परन्तु मूल रूप से दो राष्ट्रों में युद्ध उनके बीच तनाव (Tension) का परिणाम है। वास्तव में युद्ध एकदम नहीं छिड़ जाते बल्कि वे संघर्ष और तनाव की एक लम्बी स्थिति का परिणाम होते हैं। युद्ध तभी हो सकता है जबकि दोनों पक्ष युद्ध में भाग लें और उसके लिये तैयार हों। कुछ विचारकों का मत है कि मनुष्य में आक्रामकता की मूल प्रवृत्ति के कारण युद्ध होते हैं और इसलिये युद्ध बन्द नहीं किये जा सकते। युद्ध के समाज मनोविज्ञान के विवेचन से जहाँ उसके मनोवैज्ञानिक कारकों पर प्रकाश पड़ेगा वहाँ यह भी ज्ञात होगा कि युद्ध अनिवार्य है या नहीं। इसके मूल में यह प्रश्न है कि युद्ध जिन मनोवैज्ञानिक कारणों से होते हैं उनको कहाँ तक बदला जा सकता है। इस सम्बन्ध में कुछ मानवशास्त्रियों ने महत्त्वपूर्ण खोजें की हैं जिनको ध्यान में रखना आवश्यक है।

युद्ध के मनोवैज्ञानिक कारण

यूँ तो युद्ध के बहुत से तात्कालिक कारण हो सकते हैं परन्तु मूल रूप से उनके मनोवैज्ञानिक कारण अग्रलिखित हैं–

1. Young, K., *Handbook of Social Psychology,* p. 589.

(1) आक्रामकता और युयुत्सा की प्रवृत्तियाँ—जैसा कि पीछे संकेत किया जा चुका है, कुछ विचारकों का मत है कि युद्ध आक्रामकता की मूल प्रवृत्ति के कारण होते हैं। कुछ मनोवैज्ञानिकों ने मनुष्यों में युयुत्सा की मूल प्रवृत्ति को युद्ध का कारण बतलाया है। परन्तु अनेक मानवशास्त्रियों के अध्ययनों से यह प्रमाणित हुआ कि आक्रामकता की प्रवृत्ति जन्मजात और सार्वभौम नहीं है। उदाहरण के लिये न्यूगिनी के अरापेश लोग बहुत ही शान्त प्रकृत्ति के होते हैं। फिर युद्ध आक्रामकता और युयुत्सा की अभिव्यक्ति का एकमात्र साधन नहीं कहा जा सकता है। आधुनिक मनोविज्ञान में किसी भी मूल प्रवृत्ति को अपरिवर्तनीय नहीं माना जाता। मानव की हर एक प्रवृत्ति को बड़ी सीमा तक बदला जा सकता है। यदि लोग आज तक युद्ध करते रहे हैं तो इससे यह निष्कर्ष नहीं निकलता है कि युद्ध अनिवार्य है। The Causes and Prevention of War में डनलप ने लिखा है, ''मूल प्रवृत्ति के दृष्टिकोण से हमारे जनजातीय पूर्वजों में स्नान न करने की मूल प्रवृत्ति थी परन्तु यद्यपि स्नान आज भी उतना लोकप्रिय नहीं है जितना होना चाहिये, हम लोगों ने न नहाने की मूल प्रवृत्ति को दूर करने में पर्याप्त सफलता प्राप्त की है और नहाने की मूल प्रवृत्ति ने उसका स्थान ले लिया है। कुछ साल पहले यह कहना उतना ही मूर्खतापूर्ण था कि क्योंकि मनुष्य साधारणतया गन्दे रहे हैं अतः इस बात की कोई आशा नहीं कि वे कभी साफ सुथरे होंगे जितना कि तीस साल पहले यह कहना था क्योंकि मनुष्य हमेशा युद्ध करते रहे हैं इसलिये कोई भी शक्ति इन्हें शान्तिपूर्ण व्यक्तियों में नहीं बदल सकती।''[1]

(2) शक्ति का संकल्प और प्रभुत्व का प्रेरक—नीत्शे ने मनुष्य में शक्ति के संकल्प को सार्वभौम माना है। एडलर मनुष्य में प्रभुत्व की मूल प्रवृत्ति को सबसे अधिक महत्त्वपूर्ण मानता है। इस मूल प्रवृत्ति के परिणामस्वरूप प्रतिद्वन्द्विता और प्रतियोगिता बढ़ती है तथा युद्ध होते हैं। परन्तु अनेक मानवशास्त्रीय अध्ययनों से यह ज्ञात हुआ है कि प्रभुत्व का प्रेरक न तो सार्वभौम है और न जन्मजात। उदाहरण के लिये जूनी और होपी भारतीयों में प्रभुत्व की प्रवृत्ति बहुत कम दिखाई पड़ती है। वास्तव में अनेक प्रयोगों से यह सिद्ध हो चुका है कि युद्ध में व्यवहार के सीखे प्रतिमान (Pattern) सम्मिलित हैं। यह ठीक है कि मनुष्य के आत्म-सम्मान को चोट पहुँचने पर वह उसका प्रतिकार करना चाहता है परन्तु यह आवश्यक नहीं है कि इस प्रतिकार के लिये वह हिंसा ही करे।

(3) युद्ध की मूल प्रवृत्ति (Instinct of War)—कुछ विचारकों ने स्वयं युद्ध को ही एक मूल प्रवृत्ति मान लिया है। चीटियों तथा कुछ जीवों की जातियों में युद्ध पाया जाता है। परन्तु मानव जाति में युद्ध को जन्मजात नहीं कहा जा सकता। अपनी प्रसिद्ध पुस्तक Social Psychology of War & Peace में मार्क लिखता है कि युद्ध और शान्ति दोनों की प्रवृत्तियाँ मनुष्य के परिवेश की दशाओं और उसकी आदतों पर निर्भर हैं। अनेक विचारकों का मत है कि जिस तरह मनुष्य युद्ध करना सीख लेते हैं उसी तरह युद्ध को न करना भी सीख करते हैं।

---

1. Dunlap, K., *The Causes and the Prevention of War.*
—Jr. of Abnormal and Social Psychology, (1940) p. 481.

(4) निहित स्वार्थ (Vested Interests)—यह एक मनोवैज्ञानिक तथ्य है कि मनुष्य स्वार्थी होता है और अपने स्वार्थ के लिये दूसरों की हानि की भी परवाह नहीं करता। इस बात को लेकर कुछ लोगों का यह विचार है कि युद्ध सामग्री बनाने वाले व्यापारी तथा बैंकर्स आदि अपने स्वार्थ सिद्ध करने के लिये युद्ध छिड़वाते हैं। इसमें कोई सन्देह नहीं कि युद्ध बहुधा निहित स्वार्थों से छेड़े जाते हैं परन्तु उससे यह निष्कर्ष नहीं निकाला जा सकता कि ऐसा होना अनिवार्य है। देखा जाता है कि युद्ध से अर्थ व्यवस्था को भारी चोट पहुँचती है और इसलिये बहुत से व्यापारी उसका विरोध भी करते हैं।

(5) उत्तेजना (Excitement) **की आवश्यकता**—मनुष्य एक से जीवन से ऊब जाता है। वह जीवन में परिवर्तन और उत्तेजना चाहता है। कुछ लोगों का विचार है कि इसलिये युद्ध होते हैं। Men Like War में रोस्टन ने लिखा है "सेनायें वर्दी की उत्तेजना पदों के चिह्नों का दंभ और शूरता के पदकों का गर्व प्रदान करती है। वहाँ नगाड़ों की अनिवार्य उत्तेजना होती है और सैनिक बैंड का नशीला सुख होता है। यहाँ झण्डों, जुलूसों, परेडों, जोरदार भाषणों के नाटकीय भाव होते हैं और माताओं, प्रेयसियों तथा जनता के द्वारा पूजित होने के यश की उत्तेजना भी होती है जो कि सेना के निकलने पर बाड़ों के दोनों ओर खड़े रहते हैं।"[1] युद्ध से निस्सन्देह सैनिकों को इस प्रकार की उत्तेजनायें मिलती हैं। युद्ध के समय में कुछ लोगों को यश प्राप्त होता है। युद्ध में खतरे होते हैं और लोगों को खतरों से जूझने में आनन्द आता है। युद्ध क्रे समय बहुत से ऐसे काम सामान्य मान लिये जाते हैं जिनका शान्ति के समय में निषेध होता है परन्तु युद्ध में जो हानि, खून खराबी, गरीबी और कष्ट फैलते हैं उनकी तुलना में यह उत्तेजना कुछ भी नहीं है और उनको देखते हुए कोई भी समझदार और भावुक व्यक्ति युद्ध का स्वागत नहीं करेगा।

(6) मनोवैज्ञानिक संकेत (Psychological Suggestions)—युद्ध के मूल में एक अन्य मनोवैज्ञानिक कारण यह संकेत भी है कि युद्ध होना अनिवार्य है। जब यह संकेत अधिकांश जनता में फैल जाता है तो लोग युद्ध के लिये उत्तेजित हो उठते हैं और हर प्रकार के त्याग के लिये तैयार हो जाते हैं।

(7) अन्य मनोवैज्ञानिक कारण—समाज मनोवैज्ञानिक ब्रिट ने संकेत किया है कि प्रत्येक व्यक्ति के बारे में यह सच है कि नये अनुभवों, शूरता, नेतृत्व आदि की इच्छायें उसके युद्धकालीन व्यवहार को प्रभावित करते हैं। इस प्रकार युद्ध के मूल में अनेक प्रकार के मनोवैज्ञानिक कारण हो सकते हैं। युद्ध के मूल में पूर्वाग्रह और रूढ़युक्तियाँ भी काम करती हैं। युद्ध संकट के प्रति एक प्रतिक्रिया है। देश पर संकट आने पर देश में सभी लोग हर प्रकार के कार्य के लिये प्रस्तुत हो जाते हैं। ऐसे समय में युद्ध का विकल्प उपस्थित होने पर सभी लोग उसका समर्थन करते हैं। युद्ध के मूल में एक मनोवैज्ञानिक कारण भय

---

1. "The army offers the thrill of uniform, the vanity of chevrons, the pride of decorations for bravery. There is the irresistible excitement of the drums and the intoxicating pleasure of the military band. There is the melodrama of flags; pageants, parades, extravagant oratory, and the glorous thrill of being worshipped by mothers, sweethearts and the multitudes that line the boulevards."

—Rosten, L. C. *Men Like War*, p. 191

भी है। दूसरी ओर कभी-कभी कुछ नेताओं का प्रजातीय अथवा राष्ट्रीय दम्भ भी युद्ध का कारण बन जाता है। साम्राज्यवादी प्रवृत्ति युद्ध का एक सर्वविदित कारण है।

युद्ध के कारण

समाज मनोवैज्ञानिक युद्ध के कारणों पर विचार करता है। परन्तु युद्ध के बहुत से कारण समाज मनोविज्ञान के विवेचन में छूट जाते हैं। युद्ध एक जटिल प्रक्रिया है। मनोवैज्ञानिक के अलावा उसके कारण राजनैतिक, आर्थिक तथा जैवकीय आदि भी हो सकते हैं। उदाहरण के लिये राजनैतिक लक्ष्यों को प्राप्त करने के लिये बहुधा युद्ध छेड़े जाते हैं। इसी प्रकार देश की आर्थिक व्यवस्था खराब होने पर जनता का ध्यान दूसरी ओर मोड़ने के लिए अनेक शासक युद्ध छेड़ देते हैं। सामाजिक संरचना में अत्यधिक भेदभाव होने से वर्ग संघर्ष बढ़ता है जिसके परिणामस्वरूप गृहयुद्ध छिड़ सकते हैं। प्रसिद्ध अर्थशास्त्री माल्थस के अनुसार जनसंख्या ज्यामितीय क्रम से और खाने-पीने के साधन गणितीय क्रम में बढ़ते हैं। इस प्रकार कभी न कभी जनसंख्या आवश्यकता से अधिक हो जाती है। ऐसा होने पर यदि मनुष्यों की ओर से कोई उपयुक्त कदम न उठाये गये तो फिर युद्ध होते हैं। इस प्रकार उच्च जन्म दर भी युद्ध का कारण हो सकती है। अनेक सामाजिक, आर्थिक समस्यायें जैसे बेकारी, निर्धनता, दुराचार, घूसखोरी, महंगाई आदि से भी युद्ध की भावना को प्रोत्साहन मिलता है। यह एक सामान्य कहावत है कि जर, जमीन और जन युद्ध के कारण होते हैं। जमीनों के लिये युद्ध आज भी होते हैं और जर (धन) के लिये भी। मध्यकाल में स्त्रियों (जन) के लिये भी युद्ध होते थे।

इस प्रकार युद्ध के कारण अनेक हैं और उनसे बचने के लिये सभी ओर से जोर शोर से प्रयास किये जाने चाहियें। समाज मनोविज्ञान युद्ध की समस्या को स्पष्ट करता है और युद्ध रोकने के विषय में सुझाव भी देता है यद्यपि इन सुझावों पर अमल करना राजनीतिज्ञों और नेताओं के हाथ की बात है।

युद्ध को रोकने के लिये साधारणतया वे सब उपाय काम में लाये जाने चाहियें जिनसे अन्तर्राष्ट्रीय तनाव दूर होते हैं।

Psychological Bulletin में प्रकाशित आलपोर्ट के प्रसिद्ध निबन्ध Human Nature and the Peace में अमरीकन समाचारपत्रों में दस सिद्धान्तों के एक वक्तव्य का उल्लेख किया गया है जिसमें द्वितीय महायुद्ध के समय दो हजार से अधिक अमरीकन मनोवैज्ञानिकों ने हस्ताक्षर किये थे। इस वक्तव्य के सिद्धान्तों का सारांश निम्नलिखित है[1]—

(1) युद्ध अनिवार्य नहीं है—युद्ध से बचा जा सकता है क्योंकि वह जन्मजात नहीं होता। कोई भी प्रजाति, राष्ट्र या सामाजिक समूह अनिवार्य रूप से युद्ध-प्रेमी नहीं होता। युद्धों के मूल में कुछ हताशाओं और स्वार्थों के संघर्ष होते हैं। शिक्षा और सामाजिक दशाओं के सुधार से युद्ध के कारणों को दूर किया जा सकता है।

---

1. Allport, G. W, *Human Nature and the Peace.*
—Psychological Bulletin, (1945).

(2) शान्ति की योजना में भावी पीढ़ी का महत्त्व—शान्ति की योजना भावी पीढ़ी पर आधारित होनी चाहिए क्योंकि उसका स्वभाव नमनीय होता है। बालक सरलता से एकता के सिद्धान्तों को समझ लेते हैं और ऐसा व्यवहार अपना सकते हैं जिसमें साम्राज्यवाद, पक्षपात, असुरक्षा और अज्ञानता के दुर्गुण कम से कम हों।

(3) घृणा और पक्षपात पर नियन्त्रण—शिक्षा और अनुभव के द्वारा मनुष्यों के राष्ट्रीय, प्रजातीय और सामूहिक पूर्वाग्रहों और घृणा को नियन्त्रित किया जा सकता है। मनुष्य यह जान सकते हैं कि सभी प्रजातियों, राष्ट्रों और समूहों के सदस्य एक से होते हैं और उनमें एक सी ही समस्यायें, आशायें, आकांक्षायें और आवश्यकतायें भी होती हैं। इस बात को जानने से लोगों में पूर्वाग्रह दूर हो सकते हैं।

(4) समानता का प्रचार—युद्ध को रोकने और स्थाई शान्ति की स्थापना के लिये हर प्रकार का भेदभाव दूर किया जाना चाहिये। धर्म, प्रजाति, राष्ट्र अथवा किसी भी भेद पर आधारित पृथक्करण की नीति से तनाव बढ़ते हैं।

(5) स्वशासन में अनावश्यक हस्तक्षेप का प्रभाव—शान्ति के लिये यह आवश्यक है कि विभिन्न राष्ट्र के लोगों को स्वशासन का अधिकार दिया जाये और साथ ही उसमें अन्य देशों की ओर से कम से कम हस्तक्षेप हो। ऐसा न होने पर जनता में अन्दर-अन्दर विद्रोह की आग सुलगती रहती है जो स्थाई शान्ति के लिये भारी खतरा है।

(6) उचित दण्ड और पुरस्कार—युद्ध में हारे हुये और युद्ध के दोषी व्यक्तियों को दण्ड और पुरस्कार देने में बड़ी बुद्धिमत्ता से काम लेने की जरूरत है जिससे केवल दोषी व्यक्तियों को ही दण्ड मिले और निर्दोष व्यक्ति के साथ सख्ती न हो।

(7) आत्म सम्मान बनाए रखते हुए पुनर्वास—युद्ध के दोषी राष्ट्रों अथवा समूहों के समर्पण करने के बाद उनका पुनर्वास किया जाना चाहिये और उनके आत्म-सम्मान को चोट नहीं लगनी चाहिये। आत्म-सम्मान को चोट लगने पर कभी न कभी उनके विद्रोह का खतरा उपस्थित हो जाता है। आत्म-सम्मान से आत्म-निर्भरता और आत्मविश्वास उत्पन्न होते हैं जो सहयोग के लिये बड़े आवश्यक हैं। कोई भी सहायता भीख या घूस के रूप में नहीं दी जानी चाहिये न किसी प्रकार से आत्म-सम्मान को चोट पहुँचनी चाहिये।

(8) साधारण व्यक्ति का ध्यान और सम्मान—स्थाई शान्ति जनता पर आधारित है इसलिये उसकी योजना में सर्वसाधारण लोगों की इच्छाओं को सन्तुष्ट करने का ध्यान रखना जरूरी है।

(9) सामूहिक सुरक्षा के लिए बड़ी-बड़ी इकाइयाँ—मानव सम्बन्धों का दायरा जितना ही अधिक विस्तृत होगा विश्व शान्ति उतनी ही अधिक स्थाई हो सकती है। यदि राष्ट्रों की सीमाओं के ऊपर क्षेत्रीय या अन्तर्राष्ट्रीय सरकारों की स्थापना हो सके तो इससे सुरक्षा अधिक सम्भव हो सकेगी।

(10) वायदों की सच्चाई—युद्ध के बाद की प्रतिक्रियाओं को सही दिशा में मोड़ने के लिये यह आवश्यक है कि युद्ध के दिनों में जो वायदे किये जायें उन पर बाद में अमल किया जाये। यदि ऐसा नहीं होता तो अविश्वास बढ़ता है और फिर से युद्ध छिड़ने की सम्भावना उत्पन्न हो जाती है।

शान्ति के लिये सुझाव

स्थायी शान्ति स्थापित करने के लिये उपरोक्त सुझावों के अलावा इस सम्बन्ध में कुछ अन्य बातों का ध्यान रखना भी जरूरी है। ये बातें निम्नलिखित हैं—

(1) **शान्ति की शिक्षा**—जिस तरह मनुष्य युद्ध करना सीखता है उसी तरह वह शान्ति से रहना भी सीख सकता है। इसके लिए जनता को, विशेषतया नई पीढ़ी के युवक युवतियों को, शान्ति की शिक्षा देनी होगी जिससे कि वे अपने को विश्व का नागरिक समझें और अन्तर्राष्ट्रीय संगठन के सदस्य के रूप में कार्य करें।

(2) **अन्तर्राष्ट्रीय सम्बन्धों का विकास**—युद्ध के मूल में उपस्थित पूर्वाग्रहों, रूढ़युक्तियों आदि को दूर करने के लिये अन्तर्राष्ट्रीय सम्बन्धों का अधिक से अधिक विकास किया जाना चाहिये। इसके लिये प्रत्येक क्षेत्र में अधिक से अधिक अन्तर्राष्ट्रीय संस्थायें बनायी जानी चाहिये। इससे अन्तर्राष्ट्रीय सहयोग बढ़ेगा और लोग एक दूसरे के सम्पर्क में आयेंगे। इससे अन्तर्राष्ट्रीय लक्ष्य उपस्थित होंगे जिनसे एकता बढ़ेगी।

(3) **सामाजिक और आर्थिक कल्याण**—संसार से युद्ध को स्थायी रूप से हटाने के लिये यह जरूरी है कि दुनिया में कभी भी सामाजिक और आर्थिक विषमतायें गरीबी, असुरक्षा, हताशायें आदि न रहें। संसार के हर राष्ट्र में लोगों का सामाजिक और आर्थिक कल्याण किया जाना चाहिये।

उपरोक्त विवेचन से स्पष्ट है कि युद्ध को दूर करने के लिए सामाजिक, आर्थिक, राजनैतिक सभी दिशाओं में प्रयत्न करने की आवश्यकता है। यह ठीक है कि सबसे अधिक प्रयत्न मनोवैज्ञानिक क्षेत्र में करना पड़ेगा। इस दिशा में समाज मनोविज्ञान के सुझाव बड़े महत्त्वपूर्ण हैं।

युद्ध से अधिक शीत युद्ध

आजकल संसार के सभी राष्ट्र अन्य राष्ट्रों की दृष्टि में अपना सम्मान बनाये रखना चाहते हैं। कोई भी खुल्लमखुल्ला अन्तर्राष्ट्रीय जनमत का विरोध नहीं करना चाहता। सभी यह मानते हैं कि जोर जबर्दस्ती, हिंसा और युद्ध बुरे हैं। सभी आक्रमण के विरुद्ध हैं और आक्रमणकारी की निन्दा करते हैं। इस प्रकार एक ओर हिंसा और युद्ध के विरुद्ध जनमत तैयार हो चुका है परन्तु दूसरी ओर विभिन्न राष्ट्रों के नेताओं और दलों में राष्ट्रीय स्वार्थों को प्राप्त करने के लिए उतना ही आग्रह है जितना पहले था। आज भी अधिकतर राष्ट्र अपने राष्ट्रीय हितों के सामने दूसरे राष्ट्रों की कोई परवाह नहीं करते। आज भी वे येन केन प्रकारेण अपना उल्लू सीधा करना चाहते हैं और ऐसा करने में संसार में बदनाम भी नहीं होना चाहते। इसलिये आजकल सशस्त्र युद्ध के स्थान पर शीत युद्ध होते हैं।

शीत युद्ध में प्रचार

शीत युद्ध मनोवैज्ञानिक युद्ध है। उसका मूल शस्त्र है प्रचार। शीत युद्ध में लगे हुये राष्ट्र, विरोधी राष्ट्र के विरुद्ध रेडियो, समाचार पत्र, टेलीविजन आदि सभी साधनों का उपयोग करते हैं। प्रचार के हर एक साधन के द्वारा अपने मत को सही और विरोधी राष्ट्र

के मत को गलत सिद्ध करने की चेष्टा की जाती है। विदेशों में दूत मण्डल भेजे जाते हैं जो हर तरह से अपने राष्ट्र के पक्ष में प्रचार करते हैं। प्रचार कुछ पूर्व निश्चित उद्देश्यों के अनुसार जनमत को मोड़ देने का मनोवैज्ञानिक साधन हैं। प्रचार से जनमत अपने आप बदलता रहता है। अप्रयत्क्ष प्रचार में लोग प्रचारकों के उद्देश्यों को भी नहीं जान पाते और उनके मत बदलने लगते हैं। मतों को बदलने से विश्वासों तथा अभिवृत्तियों आदि पर प्रभाव पड़ता है और इनकी आड़ में चतुर राजनीतिज्ञ अपना स्वार्थ सिद्ध किये रहते हैं।

युद्ध और शीत युद्ध

जैसा कि पीछे संकेत किया गया है, शीत युद्ध मनोवैज्ञानिक युद्ध है। उसमें मनुष्यों के शरीर पर नहीं बल्कि उनके मस्तिष्क और मनोविज्ञान पर चोट की जाती है। युद्ध लोगों के अस्तित्व को खतरा उत्पन्न करता है जबकि शीत युद्ध उनके विचारों और अभिवृत्तियों में परिवर्तन करता है। युद्ध शस्त्रों के बल से विपक्ष को झुकाने की चेष्टा करता है। शीत युद्ध में सही कार्य अनुरोध (Persuation) और अन्तर्राष्ट्रीय जनमत के दबाव से किया जाता है। शीत युद्ध में विपक्षी देश के नागरिकों को उनकी ही सरकार के विरुद्ध भड़काने की चेष्टा की जाती है जिससे उन पर सरकार का नियन्त्रण कम हो जाता है, उनका सरकार पर से विश्वास उठ जाता है और कभी-कभी वे राज्य विरोधी कामों में लग जाते हैं।

शीत युद्ध के उद्देश्य

शीत युद्ध के उद्देश्य निम्नलिखित हैं–

(1) आत्म रक्षा और प्रतिघात (Defence and Deterrence)–शीत युद्ध के द्वारा एक राष्ट्र भ्रामक प्रचार से आत्म-रक्षा करता है तथा उसका उन्हीं उपायों से मुँह तोड़ जवाब देकर प्रतिघात भी करता है।

(2) विचार धारा (Ideology) **की रक्षा**–साम्यवादी, जनतन्त्रीय और पूँजीवादी देशों में अपनी-अपनी विचारधारा की रक्षा करने के लिये और विरोधी राष्ट्रों की विचारधाराओं को खंडित करने के लिए शीत युद्ध छेड़े जाते हैं। रूस अमरीका के बीच शीत युद्ध में विचारधारा की रक्षा एक मुख्य उद्देश्य है।

(3) जनता से अनुरोध (Persuation)–मनोवैज्ञानिक रूप में शीत युद्ध जनता को अपने आदर्श स्वीकार करने के लिये अनुरोध करने का एक उपाय है। इससे यह चेष्टा की जाती है कि लोग प्रचार करने वालों के आदर्शों को स्वीकार करें और विपक्षियों के आदर्श को भूल जायें।

(4) विपक्षी सरकार का अनुरोध–शीत युद्ध में विपक्षी सरकार का लगातार विरोध किया जाता है। उसके अच्छे कामों को भी बुरा सिद्ध किया जाता है और उनके बुरे कामों को खोद खोदकर संसार के सामने लाया जाता है। कभी विरोधी राष्ट्र के किसी व्यक्ति को बहला फुसलाकर अपने देश में लाया जाता है और रेडियो और समाचारपत्रों आदि के माध्यम से उस व्यक्ति से उसी की सरकार के विरुद्ध प्रचार कराया जाता है। जब वह अपनी सरकार के अत्याचारों की कहानी सुनाता है तो स्वाभाविक है कि सुनने वाले उस पर विश्वास कर लेते हैं और शीत युद्ध छेड़ने वालों के उद्देश्य सिद्ध होते हैं। इस प्रकार लगातार प्रचार

करके विपक्षी सरकार की शक्ति कम की जाती है और उस देश के ऐसे दलों को प्रोत्साहन दिया जाता है जो शीत युद्ध छेड़ने वालों के अनुकूल सरकार स्थापित करें।

(5) मैत्रीपूर्ण सरकार को बनाये रखना—ऐसी सरकार स्थापित हो जाने पर फिर उस सरकार को बनाये रखने के लिए उसके विरोधियों के विरुद्ध शीत युद्ध चलता है। इसका उद्देश्य ऐसी सरकार को बनाये रखना है जिससे मैत्रीपूर्ण सम्बन्ध बने रह सकें और परस्पर व्यापार आदि को प्रोत्साहन मिले।

(6) विशेष उद्देश्यों की सिद्धि के लिये—इसी प्रकार शीत युद्ध के द्वारा किसी सरकार या किसी राष्ट्र के किसी दल को इस प्रकार प्रभावित करने की चेष्टा की जाती है कि वह कुछ राजनैतिक या आर्थिक छूट दे, किसी प्रकार के व्यापार में एकाधिकार दे या सेना को रहने की स्वीकृति दे। शीत युद्ध के दबाव से इस प्रकार के उद्देश्य सिद्ध हो जाते हैं।

(7) शत्रु के विरुद्ध दबाव डालना—कभी-कभी शीत युद्ध इसलिए भी छेड़ा जाता है जिससे कि कोई राष्ट्र दबाव में आकर शत्रु का पक्ष छोड़ दे और उसके विरुद्ध आर्थिक, सैनिक आदि सहायता दे। कभी-कभी इस प्रकार के दबाव डालने के लिये उस राष्ट्र को आर्थिक, सैनिक या टैक्निकल सहायता करने के लिये बाध्य किया जाता है। स्वाभाविक है कि इससे वह अपने पक्ष में आता है और विरोधी राष्ट्र से दूर हो जाता है।

शीत युद्ध के उद्देश्यों के उपरोक्त विवेचन से स्पष्ट है कि इसमें बहुधा उद्देश्यों को अप्रत्यक्ष रखा जाता है और मनोवैज्ञानिक रूप से काम लिया जाता है।

युद्धों की अपेक्षा शीत युद्ध क्यों ?

शीत युद्ध उन्हीं कारणों से होते हैं जिन कारणों से पहले युद्ध होते थे। दूसरे शब्दों में, जिन बातों को लेकर पहले युद्ध लड़े जाते थे, उन उद्देश्यों को प्राप्त करने के लिये अब युद्ध नहीं लड़े जाते, उनके स्थान पर शीत युद्ध होते हैं। यह परिवर्तन क्यों हुआ ? इसके कुछ विशेष कारण हैं। मुख्य कारण निम्नलिखित हैं—

(1) आधुनिक युद्ध अत्यधिक खर्चीला है—आज युद्ध, पृथ्वी, वायु, जल सभी पर होते हैं और उनमें केवल सेना ही नहीं बल्कि देश की जनता को भी लग जाना पड़ता है। पहले सेनायें लड़ती रहती थीं और जनता पर कोई विशेष प्रभाव नहीं पड़ता था। आधुनिक युद्ध की परिस्थिति में सारे देश की आर्थिक व्यवस्था पर भारी बोझ पड़ता है जो कि अधिक समय तक सहन नहीं किया जा सकता। युद्ध में चाहे जीत हो या हार, उससे देश की सारी आर्थिक व्यवस्था छिन्न-भिन्न हो जाती है, जीवन स्तर गिर जाता है और गरीबी फैल जाती है। देश में अपराधों की संख्या अत्यधिक बढ़ जाती है। इस प्रकार युद्ध के बाद कितने ही वर्षों तक राष्ट्र पहली जैसी स्थिति पर नहीं आ पाता। दूसरी ओर मनौवैज्ञानिक या शीत युद्ध में जनता की आर्थिक स्थिति पर प्रभाव नहीं पड़ता। इसीलिये आजकल युद्ध का स्थान शीत युद्ध ने ले लिया है।

(2) युद्ध से सैद्धान्तिक विजय नहीं होती—जैसा कि पहले बतलाया जा चुका है, शीत युद्ध का एक मुख्य उद्देश्य अपने सिद्धान्तों का प्रचार और विरोधी सिद्धान्तों का

विनाश होता है। यह काम युद्ध के द्वारा नहीं हो सकता। विचार, आदर्श या सिद्धान्त शस्त्रों से नहीं फैलाये जा सकते क्योंकि वे लादने की वस्तु नहीं हैं, उनको तो लोगों को स्वयं ग्रहण करना चाहिये। इसके लिये प्रचार सबसे अधिक उपयोगी साधन है। साम्यवादी और पूँजीवादी आदर्शों के मध्य जो संघर्ष है उसमें वे प्रचार के द्वारा अपने सिद्धान्तों को विजयी बनाने की चेष्टा कर रहे हैं।

(3) युद्ध से सम्पूर्ण मानव जाति के विनाश का खतरा—पहले जब युद्ध होते थे तो उनमें लड़ने वालों की जानें जाती थीं। आधुनिक युद्ध में सैनिकों से अधिक नागरिक मारे जाते हैं। अणु शक्ति के आविष्कार के बाद अब सम्पूर्ण मानव जाति को खतरा उत्पन्न हो गया है। आणविक शस्त्रों से लड़े जाने वाले किसी भी युद्ध से पूरे संसार को खतरा उत्पन्न होगा। केवल वर्तमान मानव जाति को ही नहीं बल्कि इससे मानव की भावी पीढ़ियों को भी खतरा उत्पन्न होता है। कुछ वैज्ञानिकों का तो यह विचार है कि यदि संसार में कोई आणविक विश्व युद्ध होता है तो मनुष्य का नामोनिशान न बचेगा। अत: आधुनिक युद्ध दोनों पक्षों के लिये ही नहीं बल्कि तटस्थ लोगों के लिये घातक भी है। फिर, कोई भी युद्ध किसी भी समय आणविक युद्ध में बदल सकता है। इसलिये आजकल किसी भी तरह के युद्ध से बचने की चेष्टा की जाती है और उसके स्थान पर शीत युद्ध होता है।

(4) मनोवैज्ञानिक युद्ध की प्रविधियों का विकास—आजकल मनोवैज्ञानिक युद्ध के लिये नई-नई प्रविधियों का आविष्कार हुआ है जिनके द्वारा दूर-दूर के लोगों को प्रभावित किया जा सकता है। मनोवैज्ञानिक युद्ध की ये प्रविधियाँ सभी देशों के लिये सुलभ भी हैं। इसलिये आजकल युद्ध का स्थान मनोवैज्ञानिक युद्ध ने ले लिया है।

(5) प्रतिरोध से विजय—जेम्स फौरसटल ने लिखा है, "युद्ध से बचने का सबसे अधिक निश्चित उपाय शत्रुओं के लिये किसी भी सम्भावित समूह को यह स्पष्ट कर देना है कि हमसे युद्ध छेड़ने के खतरे इतने बड़े हैं कि वह उपयुक्त नहीं है।"[1] इस प्रकार युद्ध के प्रतिरोध से भी दूसरे देशों का आत्म-विश्वास खत्म करके उन पर विजय पाई जा सकती है। इसका एक उदाहरण आजकल अनेक राष्ट्रों के द्वारा किये जाने वाले अणु शस्त्रों के विस्फोट हैं। अमरीका, रूस, इंग्लैंड आदि खूब प्रचार करके भारी शक्ति के अणु बमों के विस्फोट के प्रयोग करते हैं ताकि दूसरे राष्ट्रों को उनकी शक्ति का ज्ञान हो और वे उनसे डरते रहें। प्रतिरोध का एक अन्य उपाय परस्पर रक्षा की सन्धि भी है। आजकल रूस, अमरीका तथा इंग्लैंड आदि शक्तिशाली राष्ट्रों ने बहुत से राज्यों से सन्धि कर रखी है। इस तरह के गुटों में सम्मिलित राज्यों को काई भी देश एकाएक छेड़ने का साहस नहीं करता।

शीत युद्ध की प्रक्रिया

शीत युद्ध की प्रक्रिया मनोवैज्ञानिक है। Sociological Aspects of Psychological Warfare में सौरैन्सन ने लिखा है, "मनोवैज्ञानिक युद्ध के साधन उसके हथियार हैं। शब्द और कार्य उसके गोली बारूद हैं और उसमें यह बात शामिल है कि जिन दशाओं

1. "The surest way to avoid war is to make it clear to any possible group of enemies that the risks of engaging us are too great to make it worth while."
—James Forsetal.

में ये प्रसारित किये जाते हैं वे लक्ष्यों की व्याख्या में कार्य माने जाते हैं''[1] इस प्रकार शीत युद्ध में अनेक प्रकार के शब्दों से काम लिया जाता है जो भिन्न-भिन्न परिस्थितियों में प्रचार, प्रेरणा, धमकी, उदाहरण, आश्वासन का काम करते हैं। मनोवैज्ञानिक युद्ध की प्रक्रिया में विदेश विभाग मुख्य रूप से काम करता है। किसी-किसी देश में कुछ निजी संस्थायें भी इनमें भाग लेती हैं और कहीं-कहीं पूँजीपति लोग इनमें विशेष सहायता करते हैं।

जैसा कि पीछे बतलाया गया है, शीत युद्ध का मुख्य साधन शब्द हैं। इन शब्दों का प्रयोग निम्नलिखित साधनों के द्वारा होता है–

(1) रेडियो या टेलीविजन द्वारा ब्राडकास्ट और प्रसार।

(2) हवाई जहाज से या बड़े-बड़े गुब्बारों से गिराये जाने वाले या डाक के द्वारा भेजे जाने वाले पर्चे।

(3) विपक्षीय सरकार को भेजे जाने वाले विरोध पत्र।

(4) संयुक्त राष्ट्र संघ जैसे अन्तर्राष्ट्रीय संगठनों में वाद-विवाद।

(5) खुले और छिपे तौर से होने वाली कूटनीतिक कार्यवाहियाँ।

(6) प्रेस कांफ्रेंस में, सरकारी मंच से, वाद-विवाद में या जनता के बीच भाषणों में सरकारी कर्मचारियों के द्वारा घोषणायें।

(7) पत्र-पत्रिकाओं, फिल्मों या समाचार-पत्रों द्वारा प्रचार।

मनोवैज्ञानिक युद्ध की प्रविधियाँ

मनोवैज्ञानिक युद्ध में निम्नलिखित प्रविधियों को अपनाया जाता है–

(1) शक्ति का प्रदर्शन–अणु बमों के विस्फोट के प्रयोग से, सैनिक रैलियों से तथा अन्य उपायों से शक्ति का प्रदर्शन करके दूसरे देशों को भयभीत करने की चेष्टा की जाती है।

(2) सहायता–आर्थिक, राजनैतिक, मैडिकल, टैक्नीकल, अस्त्र-शस्त्र सम्बन्धी अथवा अन्य किसी भी प्रकार की सहायता देकर विभिन्न देशों को अपने प्रभाव में लाने की और विपक्षियों के विरुद्ध मोड़ने की चेष्टा की जाती है।

(3) व्यापार में भेदभाव–किसी देश में बनी वस्तुओं का बायकॉट करके उसको दबाने की चेष्टा की जाती है। दूसरी ओर किसी अन्य देश से व्यापारिक समझौते करके उसे तरह-तरह की व्यापारिक छूट और सहायता देकर अपने पक्ष में लाया जाता है।

(4) कूटनीतिक सम्बन्ध–भिन्न-भिन्न देशों से सन्धि करके, कूटनीतिक सम्बन्ध जोड़कर तथा दूसरी ओर अन्य देशों से कूटनीतिक सम्बन्ध तोड़कर उन पर जोर डाला जाता है।

---

1. "The means of psychological warfare are its weapons, words and deeds are its ammunition, with the added consideration that words and circumstances under which they are conveyed often are viewed as deeds per se in the target system."
—R. Sorenson : *Social Aspect of Psychological Warfare.*

(5) सांस्कृतिक और व्यापारिक मेल-जोल—आजकल अपने प्रभाव के क्षेत्र को बढ़ाने के लिए अन्य राष्ट्रों में कलाकारों और साहित्यकारों के सांस्कृतिक मण्डल भेजे जाते हैं और अन्य आमन्त्रित किये जाते हैं। इसी तरह व्यापारिक मेलों और युवक संघों का आयोजन करके विभिन्न राष्ट्रों को बुलाया जाता है। इस मेल-जोल से कुछ लोगों के परस्पर सम्बन्ध दृढ़ होते हैं जिससे दूसरे लोगों में भय उत्पन्न होता है।

(6) विदेश में रहने वाले नागरिकों के लौटने के सम्बन्ध में कानून—इन कानूनों द्वारा कुछ लोगों को लौटने से रोक दिया जाता है जबकि अन्य लोगों को लौटने दिया जाता है।

(7) विदेशों से संदेशवहन पर नियन्त्रण—शीत युद्ध में संदेशवहन के साधनों का व्यापक रूप से प्रयोग किया जाता है। अत: विदेशों से संदेशवहन पर कड़ा नियन्त्रण रखा जाता है। समाचार पत्र आदि सैन्सर किये जाते हैं। गैर-कानूनी ट्रांसमीटर रखने वालों को कठोर दण्ड दिया जाता है। विदेशों से आने जाने पर पाबन्दियाँ लगा दी जाती हैं।

(8) विदेशों में राजनैतिक दलों की स्थापना—कभी-कभी किसी देश की सरकार को कमजोर बनाने या हटाने के लिये और उसके विरुद्ध प्रचार करने के लिये उस देश में राजनैतिक दल की स्थापना की जाती है अथवा विशेष राजनैतिक दल की सहायता की जाती है।

अभ्यास के लिए प्रश्न

1. युद्ध क्या है ? उसके कारण बतलाओ।
2. संक्षिप्त टिप्पणी लिखो—शीत युद्ध

34

अन्तर्राष्ट्रीय तनाव
(International Tensions)

आजकल संसार में अनेक राष्ट्र हैं जिनमें भिन्न-भिन्न सामाजिक संरचनायें पाई जाती हैं। उदाहरण के लिये अमेरिका की आन्तरिक संरचना रूस की आंतरिक संरचना से भिन्न है। दोनों ही देशों में नागरिकों के कार्यों में अन्तर देखा जा सकता है। यह निश्चित नहीं है कि इन दोनों में से कौन-सी संरचना जनता के लिये बेहतर है परन्तु इतना अवश्य कहा जा सकता है कि दोनों ही संचनायें भिन्न-भिन्न प्रकार से और भिन्न-भिन्न अंशों में जनता की माँगों को पूरा करती है। विभिन्न राष्ट्रों में भाषा, संस्कृति, धर्म, राजनैतिक विचार, रीति-रिवाज, वेश-भूषा आदि के नियमों में अन्तर होता है। इनके अलावा उनके नाम, झण्डे, कानून, नेता तथा राष्ट्रीय इतिहास भी अलग होते हैं। इन सब बातों से और साथ ही साथ विभिन्न राष्ट्रों की सीमाओं से तथा दूसरे राष्ट्र में प्रवेश करने के लिये पासपोर्ट आदि के नियमों से तनाव बढ़ते हैं। भिन्न-भिन्न राष्ट्रों में राज्यों के कार्यों, अधिकारों और संरचना में अन्तर होता है। इससे भी विभिन्न राष्ट्रों के लोगों को दूसरे राष्ट्र पराये से मालूम पड़ते हैं।

अन्तर्राष्ट्रीय गुटबन्दी

फिर भी विभिन्न राष्ट्रों में परस्पर सम्बन्ध दिखलाई पड़ते हैं। इन सम्बन्धों का आधार अन्तर्राष्ट्रीय गुट हैं। ये गुट अनेक आधारों पर होते हैं जैसे प्रजाति, धर्म, राजनैतिक लक्ष्य, आर्थिक स्वार्थ, सांस्कृतिक सम्बन्ध इत्यादि। नाटो (NATO), सीटो (SEATO) आदि राजनैतिक स्वार्थों को लेकर बने हुये गुटों के उदाहरण हैं। ब्रिटिश कौमनवैल्थ में सम्मिलित देश आर्थिक, सामाजिक, राजनैतिक कई दृष्टिकोण के विषय में एकता रखते हैं। यूरोपियन कौमन मार्केट (ECM) आर्थिक हितों को लेकर बना हुआ गुट है। पान अमेरिका समूह भी आर्थिक सदस्यों को लेकर बना है। रूस और अन्य साम्यवादी देशों का गुट विशेषतया राजनैतिक और सैद्धान्तिक लक्ष्यों पर आधारित है। इन बड़े-बड़े गुटों के अलावा विभिन्न राष्ट्रों में समय-समय होने वाली सन्धियों के द्वारा छोटे-मोटे गुट बराबर बनते रहते हैं। पिछले विश्व महायुद्ध में जर्मनी के विरुद्ध मित्र राष्ट्रों के समूह में रूस भी शामिल था। इसी प्रकार कुछ गुट धार्मिक समानता के आधार पर भी बन जाते हैं।

अन्तर्राष्ट्रीय संस्थायें

इन गुटों के अलावा अनेक ऐसी संस्थायें अन्तर्राष्ट्रीय सम्बन्ध बढ़ाती हैं जो विभिन्न राष्ट्रों की सीमाओं में फैली हुई हैं। उदाहरण के लिये संसार में साहित्यकारों, कलाकारों, विभिन्न वैज्ञानिकों, खिलाड़ियों आदि की अनेक अन्तर्राष्ट्रीय संस्थायें हैं। सांस्कृतिक संस्था का एक उदाहरण रोटरी क्लब (Rotary Club) हैं जो कि संसार के लगभग सभी राष्ट्रों में देखे जा सकते हैं। इनके अलावा अनेक अन्तर्राष्ट्रीय संस्थायें संसार के अधिकतर राष्ट्रों में काम करती हैं। इनमें उल्लेखनीय हैं अन्तर्राष्ट्रीय श्रम संघ (ILO), अन्तर्राष्ट्रीय रैड क्रास (IRC), अन्तर्राष्ट्रीय मौनेटरी फण्ड (IMF), विश्व ट्रेड यूनियन कांग्रेस (WTUC), कम्युनिस्ट इण्टर-नेशनल इत्यादि। संयुक्त राष्ट्र संघ (UNO) की संस्था में संसार के अधिकतर राष्ट्र शामिल हैं। इस संस्था से सम्बन्धित अनेक अन्य संस्थायें भी संसार के विभिन्न राष्ट्रों में फैली हुई हैं जैसे यूनेस्को (UNESCO), विश्व स्वास्थ्य संगठन (WHO), अन्तर्राष्ट्रीय श्रम संघ, विश्व न्यायालय इत्यादि।

राष्ट्रों की सीमाओं को लांघ कर फैली हुई इन विभिन्न संस्थाओं से अन्तर्राष्ट्रीय सम्बन्ध के स्वरूप पर महत्त्वपूर्ण प्रभाव पड़ता है। गुटों के कारण अन्तर्राष्ट्रीय सम्बन्ध राष्ट्रों के बीच न होकर गुटों के बीच देखे जाते हैं। अन्तर्राष्ट्रीय संस्थाओं से तनाव कम होते हैं। परन्तु फिर आर्थिक, सैद्धान्तिक, राजनैतिक, सैनिक, धार्मिक, आदि सभी प्रकार के गुटों से अन्तर्राष्ट्रीय सम्बन्ध काफी जटिल बन गये हैं। विभिन्न गुटों के अन्तर्राष्ट्रीय संस्थाओं, समितियों आदि में भाग लेने के कारण उनमें शामिल राष्ट्रों के लोगों में संवेगात्मक एकता हो जाती है जबकि अन्य लोगों के प्रति घृणा बढ़ती है। उदाहरण के लिये अमरीका इंग्लैंड को मित्र और रूस को प्रतिद्वन्द्वी समझता है। इस प्रकार संसार के विभिन्न राष्ट्रों के नेताओं में संवेगात्मक सम्बन्ध देखे जा सकते हैं। इन संवेगात्मक सम्बन्धों से अन्तर्राष्ट्रीय सम्बन्धों का बड़ा घनिष्ठ सम्बन्ध है। विभिन्न राष्ट्रों के लोगों में एक दूसरे के प्रति अनुभूतियों के अध्ययन से उनके सम्बन्ध जानने में बड़ी सहायता मिलती है।

अन्तर्राष्ट्रीय तनाव

अन्तर्राष्ट्रीय सम्बन्धों का बिगड़ना अन्तर्राष्ट्रीय तनाव है। यह सभी जानते हैं कि अन्तर्राष्ट्रीय तनाव बढ़ने से विभिन्न राष्ट्रों में युद्ध होते हैं। परन्तु युद्ध अन्तर्राष्ट्रीय तनाव का अन्तिम परिणाम है अर्थात् उसको अन्तर्राष्ट्रीय तनाव का अनिवार्य लक्षण नहीं कहा जा सकता। उसकी अनुपस्थिति में अन्तर्राष्ट्रीय तनाव देखे जा सकते हैं। युद्ध के अलावा अन्तर्राष्ट्रीय तनाव के दो प्रमुख परिणाम दिखाई पड़ते हैं—(1) पृथक्करण , (2) गुटबन्दी। जब दो राष्ट्रों में तनाव बढ़ते हैं तो वे एक दूसरे से व्यापारिक, राजनैतिक, सांस्कृतिक तथा अन्य प्रकार के सम्बन्ध तोड़ने लग जाते हैं। चीन से झगड़े की स्थिति में भारत चीन में क्रमशः ये सभी सम्बन्ध टूटते दिखलाई पड़ रहे हैं। तनाव बढ़ने से हर एक राष्ट्र को विरोधी राष्ट्र के समक्ष अपनी सुरक्षा की चिन्ता बढ़ती है और इसके लिये अधिकतर राष्ट्र किसी न किसी गुट में शामिल हो जाते हैं। उदाहरण के लिये साम्यवादी राष्ट्रों से बचाव के लिये पाकिस्तान अमरीकी गुट में शामिल हो गया है। अन्तर्राष्ट्रीय तनावों

के इन परिणामों से अन्तर्राष्ट्रीय तनाव कम नहीं होता। जैसा कि प्रत्येक विचारवान व्यक्ति देख सकता है गुटबन्दियों से और युद्ध से तथा परस्पर सम्बन्धों के टूटने से अन्तर्राष्ट्रीय तनाव और भी बढ़े हैं, कम नहीं हुए हैं। अन्तर्राष्ट्रीय तनाव के इन परिणामों के अलावा उसका प्रभाव राष्ट्र की आन्तरिक नीतियों और संरचनाओं पर भी देखा जा सकता है। इसी प्रकार राष्ट्रों की आन्तरिक नीतियों और संरचनाओं का अन्तर्राष्ट्रीय तनाव पर प्रभाव पड़ता है। उदाहरण के लिये भारत से तनाव होने के कारण पाकिस्तान की आन्तरिक संरचना और गृहनीति में अन्तर दिखलाई पड़ता है। इसी प्रकार चीन में साम्यवादी सरकार की स्थापना से संसार भर की राजनीति पर प्रभाव पड़ा है और अन्तर्राष्ट्रीय सम्बन्धों में महत्त्वपूर्ण अन्तर हुआ है।

प्रसिद्ध समाज मनोवैज्ञानिक क्रेच और क्रचफील्ड ने ठीक ही लिखा है, "अन्तर्राष्ट्रीय तनावों की समस्या आखिरकार व्यक्ति के मनोविज्ञान की समस्या है।"[1] जैसा कि पहले बतलाया जा चुका है, सामूहिक तनाव के मूल में व्यक्तियों के पूर्वाग्रह, विश्वास और अभिवृत्तियाँ होती हैं। इसी प्रकार अन्तराष्ट्रीय तनाव भी विभिन्न राष्ट्रों के व्यक्तियों के विश्वासों अभिवृत्तियों और पूर्वाग्रहों के परिणाम हैं। भिन्न-भिन्न राष्ट्रों में एक दूसरे पर जो आर्थिक, धार्मिक और सांस्कृतिक प्रभाव पड़ते हैं उनसे उनके नागरिकों की आवश्यकताओं, प्रत्यक्षों, विश्वासों और अभिवृत्तियों में महत्त्वपूर्ण परिवर्तन होता है। हर एक राष्ट्र के सभी व्यक्तियों पर यह प्रभाव एक सा नहीं पड़ता क्योंकि एक राष्ट्र में विभिन्न रूचियों और विभिन्न कार्यों वाले व्यक्ति होते हैं। इस अन्तर से अन्तर्राष्ट्रीय तनावों के प्रतिमान में अन्तर देखा जा सकता है।

नेताओं का योगदान

किसी भी राष्ट्र के व्यक्तियों में नेतागण सबसे अधिक प्रभावशाली व्यक्ति होते हैं। अतः स्वाभाविक है कि अन्तर्राष्ट्रीय तनाव इस बात पर बहुत कुछ निर्भर है कि विभिन्न राष्ट्रों की परस्पर आर्थिक, सामाजिक, सांस्कृतिक और राजनैतिक अन्तर्क्रियाओं पर नेताओं का क्या प्रभाव पड़ता है ? इस प्रकार अन्तर्राष्ट्रीय तनाव की प्रकृति को समझाने के लिए नेतृत्व के मनोविज्ञान को समझना आवश्यक है। चीन और भारत युद्ध में भारतीयों के प्रत्यक्षों, आवश्यकताओं, अभिवृत्तियों, विश्वासों आदि सभी पर प्रभाव पड़ा था और इनमें भारी परिवर्तन हुआ था जिससे चीन के विरुद्ध अभिवृत्तियाँ और भावनायें जागृत हुई थीं। स्पष्ट है कि इससे दोनों देशों के बीच तनाव और भी बढ़ा था। इससे भारत से सहानुभूति रखने वाले राष्ट्रों के व्यक्तियों पर भी प्रभाव पड़ता था और उनमें भी चीनियों के प्रति तनाव बढ़ा था। आज के जगत में अधिकतर जनतन्त्रीय राष्ट्रों में जब युद्ध छिड़ते हैं तो केवल सरकार नहीं लड़ती बल्कि जनता भी लड़ती है। तानाशाही देशों में अवश्य ऐसा नहीं है क्योंकि वहाँ पर कभी-कभी शासक लोग जनता को बलात युद्ध की भट्टी में झौंक देते हैं। जैसा कि कुछ विचारकों ने संकेत किया है, चीन का भारत पर हमला चीन की बढ़ती हुई जनसंख्या की समस्या को सुलझाने का एक साधन भी था। सच तो यह है कि जब कभी

---

1. "The problem of international tensions is ultimately a problem of the psychology of the individual." —Krech D., and Crutchfield, R. S.

कोई देश किसी देश से युद्ध छेड़ता है तो उसके मूल में कोई न कोई आन्तरिक हताशायें (Frustrations) होती हैं। आन्तरिक दोषों को छिपाने के लिये जनता का ध्यान युद्ध की ओर लगा देना एक सामान्य नीति रही है।

अन्तर्राष्ट्रीय एकता में मनोवैज्ञानिक बाधायें

आज संसार के अधिकतर विचारकर अन्तर्राष्ट्रीय तनाव को दूर करना चाहते हैं परन्तु अन्तर्राष्ट्रीय एकता के मार्ग में कुछ भारी बाधायें हैं। क्रेच और क्रचफील्ड ने समाज मनोविज्ञान के दृष्टिकोण से निम्नलिखित मनोवैज्ञानिक बाधाओं की ओर संकेत किया है–

(1) समस्त विश्व में हताशा का ऊँचा स्तर।

(2) अन्य लोगों के विषय में भ्रामक विश्वासों को सहायता।

(3) राष्ट्रीय नेताओं और निहित स्वार्थों का प्रमुख कार्य।

(4) अन्तर्राष्ट्रीय सम्बन्धों की राष्ट्रीय नीतियों पर आश्रितता।

(5) अन्तर्राष्ट्रीय एकता के लिये कुछ मौलिक पूर्व आवश्यकताओं की कमी।

(6) आधारभूत सैद्धान्तिक संघर्ष

(1) हताशा का ऊँचा स्तर–जैसा कि पीछे संकेत दिया जा चुका है, भौतिकवादी संस्कृति और अणुआयुधों की अन्धी दौड़ से प्रत्येक देश में हताशायें बढ़ती जा रही हैं। इनके अलावा लोगों की दैनिक आवश्यकतायें भी पूरी न होने के कारण हताशायें बढ़ती हैं। दुर्भाग्यवश संसार के अधिकतर राष्ट्र आज भी आर्थिक दृष्टि से पिछड़े हुए हैं। बहुत कम राष्ट्रों में जनता को जनतन्त्रीय अधिकार सही अर्थों में प्राप्त हैं। अमरीका जैसे आर्थिक दृष्टि से विकसित देश में अनेक सांस्कृतिक समस्यायें होने के कारण लोगों में मानसिक रोगियों की इतनी बड़ी संख्या है जितनी कि बहुत से पिछड़े देशों में नहीं है। इस प्रकार भौतिक, सामाजिक, मनोवैज्ञानिक सभी प्रकार के कारकों से हताशायें बढ़ रही हैं। हताशा बढ़ने से कभी भी युद्ध के रूप में उसका विस्फोट हो सकता है। इसीलिये बर्ट्रेण्ड रसल, श्री अरविन्द, टॉलस्टाय, टायनबी (Toynbee), सोरोकिन (Sorokin), श्वाइटजर आदि विश्व में कितने ही विचारकों ने खतरे की ओर संकेत किया है और मौलिक सुधारों की माँग की है। जैसा कि श्री अरविन्द ने ठीक ही लिखा है, "मानव ने सभ्यता की एक ऐसी व्यवस्था उत्पन्न की है जो कि उसकी सीमित मानसिक शक्ति और बुद्धि के लिये अत्यधिक बड़ी हो गई है और जिसको उसकी और भी सीमित आध्यात्मिक और नैतिक सामर्थ्य प्रयोग और व्यवस्थित नहीं कर सकती। वह उसके दोषपूर्ण अहंकार और उसकी वासनाओं का एक अत्यन्त खतरनाक साधन बनकर रह गई है।"[1]

(2) भ्रामक विश्वास से पूर्वाग्रह–मनुष्य जिन लोगों के सम्पर्क में नहीं आता उनसे वह डरता है और साथ ही साथ उनके विषय में अनेक भ्रामक विश्वास बना लेता

---

1. "Man has created a system of civilization which has become too big for his limited mental capacity and understanding and his still more limited spiritual and moral capacity to utilise and manage, a too dangerous servant of his blundering ego and its appetites."
—Sri Aurobindo

है। इन विश्वासों से तरह-तरह के पूर्वाग्रह उत्पन्न होते हैं जिनसे विभिन्न राष्ट्रों के व्यक्तियों के परस्पर मेल जोल में बाधा पड़ती है। इस प्रकार भ्रामक विश्वासों को दूर करने के लिये लोगों में परस्पर सम्पर्क और आदान-प्रदान होना जरूरी है। यातायात के साधन, सामान्य भाषा तथा अन्तर्राष्ट्रीय व्यापार आदि की अनुपस्थिति में भ्रामक विश्वास बढ़ते हैं। इन विश्वासों को दूर करने के लिये विभिन्न राष्ट्रों के व्यक्तियों में सद्भावना बढ़ाने के लिये सांस्कृतिक उपकरणों का आदान-प्रदान जरूरी है।

(3) नेताओं और दलों के निहित स्वार्थों में बाधा—अन्तर्राष्ट्रीय एकता के मार्ग में एक अन्य बाधा निहित स्वार्थ है। भिन्न-भिन्न राष्ट्रों में नेताओं और राजनैतिक दलों के निहित स्वार्थों को लेकर बहुत से काम किये जाते हैं जिनसे अन्तर्राष्ट्रीय सम्बन्धों में संघर्ष उत्पन्न होता है। अन्तर्राष्ट्रीय एकता की वृद्धि में विभिन्न राष्ट्रों के नेताओं का भारी उत्तरदायित्व है। कहना न होगा कि वर्तमान अन्तर्राष्ट्रीय शांन्ति को बनाये रखने में कैंनडी, खुश्चेव, नेहरू, मैकमिलन और नासिर इत्यादि नेताओं का कितना महत्त्वपूर्ण योगदान रहा है। यदि किसी शक्तिशाली राष्ट्र का नेता अन्तर्राष्ट्रीय एकता के विरुद्ध काम करता है तो शान्ति बनाये रखना बहुत कठिन हो जाता है। पिछले दशकों में चीन के नेताओं ने अपने संकीर्ण स्वार्थों को लेकर भारत से जो सीमा युद्ध छेड़ दिया था उससे निश्चय ही विश्व शान्ति को खतरा उत्पन्न हो गया था। नेताओं के साथ-साथ विभिन्न राजनैतिक दलों पर भी विश्वशान्ति की जिम्मेदारी है। कभी-कभी ये राजनैतिक दल राष्ट्र के नेताओं को कुछ ऐसे काम करने के लिए बाध्य करते हैं जिनसे उस दल को तो लाभ पहुँचता है परन्तु अन्तर्राष्ट्रीय सम्बन्ध बिगड़ते हैं। पूँजीवादी देशों में अनेक पूँजीपति लोग राष्ट्रीय नेताओं पर जोर डालकर उनसे मनचाहा काम करा लेते हैं।

(4) अन्तर्राष्ट्रीय नीति का प्रभाव—राष्ट्रीय एकता में एक बड़ी बाधा राष्ट्रीय मामलों में अन्तर्राष्ट्रीय नीति का अभाव है। भिन्न-भिन्न राष्ट्र भिन्न-भिन्न राष्ट्रीय नीतियों को लेकर अन्तर्राष्ट्रीय सम्बन्धों को सुलझाने की चेष्टा करते हैं। विभिन्न राष्ट्रीय नीतियों के भेद के कारण विभिन्न राष्ट्रों के अन्तर्राष्ट्रीय व्यवहार में भारी अन्तर पड़ जाता है। सच तो यह है कि अन्तर्राष्ट्रीय सम्बन्धों का राष्ट्रीय नीति पर आधारित होना उचित नहीं है क्योंकि ऐसा होने पर हर एक राष्ट्र अपना-अपना स्वार्थ सिद्ध करना चाहता है और अन्य राष्ट्रों के हित की कोई परवाह नहीं करता। फिर हर एक राष्ट्र में सरकारें बदलने के साथ-साथ राष्ट्रीय नीति भी बदलती है। इस प्रकार अन्तर्राष्ट्रीय सम्बन्ध कभी भी स्थाई रूप नहीं ले पाते। होना तो यह चाहिये कि अन्तर्राष्ट्रीय हित को राष्ट्रीय हित से ऊँचा माना जाये। इसके अभाव में अन्तर्राष्ट्रीय सम्बन्धों को स्थायी रूप से व्यवस्थित और समन्वित होना असम्भव है।

(5) अन्तर्राष्ट्रीय एकता की मौलिक दशाओं की कमी—अन्तर्राष्ट्रीय एकता के लिये कुछ मौलिक बातों की आवश्यकता होती है। उदाहरण के लिए विभिन्न राष्ट्रों के लक्ष्यों से ऊपर कुछ ऐसे अन्तर्राष्ट्रीय लक्ष्य होने चाहियें जिनको प्राप्त करने के लिये सभी राष्ट्र मिलकर चेष्टा करें। यह एक मनोवैज्ञानिक तथ्य है कि सामान्य लक्ष्यों को प्राप्त करने के लिये मिलजुल कर काम करने से एकता बढ़ती है। राष्ट्रीय एकता बढ़ाने के लिए

राष्ट्रों के सामने कुछ सामान्य लक्ष्य रखे जाने जरूरी हैं। अन्तर्राष्ट्रीय एकता स्थापित करने के लिये एक सुदृढ़ अन्तर्राष्ट्रीय संगठन की आवश्यकता है जो कि सभी राष्ट्रों का सम्मान और विश्वास प्राप्त कर सके। संयुक्त राष्ट्र संघ अभी न तो पर्याप्त रूप से दृढ़ है और न उसे सभी का विश्वास प्राप्त है। इसके लिये उसके और भी शक्तिशाली बनाने की आवश्यकता है जिससे वह कूटनीति का अखाड़ा न बनकर अन्तर्राष्ट्रीय एकता की आधार शिला बन जाये। अन्तर्राष्ट्रीय एकता बढ़ाने के लिये यातायात और संदेशवहन के साधनों का और भी विकास किया जाना चाहिये। ऐसी अन्तर्राष्ट्रीय संस्थाओं का अधिक से अधिक विकास किया जाना चाहिये जो विभिन्न राष्ट्रों में सहयोग उत्पन्न हो सकें।

(6) सैद्धान्तिक संघर्षों से बाधा—अन्त में राष्ट्रीय एकता में एक बड़ी बाधा आधारभूत सैद्धान्तिक संघर्ष हैं। मनुष्यों के कार्य उनके सिद्धान्तों से निर्देशित होते हैं। परस्पर विरोधी सिद्धान्तों को लेकर चलने वाले लोगों के कार्य भी यदि परस्पर विरोधी हों तो इसमें आश्चर्य ही क्या है। आज संसार में राजनैतिक, धार्मिक, सांस्कृतिक और आर्थिक समस्याओं को लेकर अनेक परस्पर विरोधी सिद्धान्त दिखाई पड़ते हैं। राजनैतिक और आर्थिक क्षेत्रों में साम्यवाद और जनतन्त्रीय विचारों तथा समाजवाद और पूँजीवाद में भारी संघर्ष है जिससे संसार के बहुत से राष्ट्र दो गुटों में बंट गये हैं जिनमें से एक का नेता रूस और दूसरे का नेता अमरीका है। धार्मिक क्षेत्र में हिन्दुओं में और मुसलमानों में तथा प्रोटैस्टैन्ट और कैथोलिकों में स्थान-स्थान पर भारी तनाव दिखाई पड़ता है। भारत में तो साम्प्रदायिक तत्त्व कभी-कभी भयंकर रूप धारण कर लेता है। पाकिस्तान में बहुत से लोग भारत को हिन्दू देश बतलाकर उसके विरुद्ध घृणा का प्रचार करते हैं और उसे मुस्लिम देश पाकिस्तान के लिये एक भारी खतरा मानते हैं। इसी प्रकार कुछ लोग प्रजातीय श्रेष्ठता का शंख फूँकते दिखलाई पड़ते हैं यद्यपि नाजी जर्मनी का पतन प्रजातिवाद को एक भारी चुनौती है। इस प्रकार भिन्न-भिन्न क्षेत्रों में सैद्धांतिक मतभेदों से सामूहिक तनाव उत्पन्न होते हैं जो विश्व शान्ति की राह में भारी बाधा हैं। परन्तु इसका अर्थ यह नहीं है कि विचारों की भिन्नता स्वयं अन्तर्राष्ट्रीय एकता में बाधक हो। स्वतन्त्रता आत्मविकास की मौलिक शर्त है, स्वतन्त्रता होने पर विचारों की भिन्नता हो ही सकती है। परन्तु खतरा तब उत्पन्न होता है जब कि यह भिन्नता असहिष्णुता और हठवाद का रूप धारण कर लेती है। यदि विभिन्न विचारधाराओं को मानने वाले लोग यह समझ लें कि भिन्न सिद्धान्तों में सह अस्तित्व (Co-existence) सम्भव है तो बहुत सा तनाव दूर हो सकता है। सच तो यह है कि विचारों की भिन्नता को दूर करना न जरूरी है और न उपयुक्त ही है। आवश्यकता इस बात की है कि लोगों में उदारता, सहयोग, विश्वास, भाईचारा तथा अन्य लोगों के विचारों के सम्मान की धारणायें उत्पन्न की जायें।

अन्तर्राष्ट्रीय एकता के लिये सुझाव

अन्तर्राष्ट्रीय एकता के मार्ग में विभिन्न बाधाओं के उपरोक्त विवेचन से यह स्पष्ट है कि अन्तर्राष्ट्रीय एकता के लिये सभी ओर से प्रयत्न करने की जरूरत है। सबसे पहले तो अन्तर्राष्ट्रीय तनाव के मूल में उपस्थित ज्ञानात्मक और भावात्मक कारकों को दूर करने की जरूरत है। मनुष्य की आक्रामकता को निकालने के लिये सभी राष्ट्रों में खेल, कूद,

नाच गाना तथा अन्य उपाय निकाले जाने चाहियें। राष्ट्रीयता हर एक राष्ट्र के लिये आवश्यक है। परन्तु सभी लोगों को अन्तर्राष्ट्रीय स्वार्थों को उनसे ऊपर मानना चाहिये। राष्ट्रीय लक्ष्यों से ऊपर अन्तर्राष्ट्रीय लक्ष्यों को महत्त्व दिया जाना चाहिये। धर्म, राजनीति, आर्थिक स्वार्थ, सांस्कृतिक सम्बन्ध आदि सभी क्षेत्रों में गुटबन्दी दूर करके अन्तर्राष्ट्रीय सहयोग का विकास किया जाना चाहिये। इस दिशा में अधिक से अधिक अन्तर्राष्ट्रीय संस्थाओं का विकास किया जाना चाहिये।

अभ्यास के लिये प्रश्न

1. अन्तर्राष्ट्रीय तनाव क्या है? उसके कारणों और निवारण के उपायों का विवेचन कीजिए।
2. अन्तर्राष्ट्रीय एकता में कौन-सी बाधायें हैं ? इन्हें कैसे दूर किया जा सकता है ?

35

भारतीय संविधान
(Indian Constitution)

संसार के अनेक संविधानों से अनेक महत्त्वपूर्ण विशेषताओं को ग्रहण करने के बावजूद भारतीय संविधान की कुछ अपनी मौलिक विशेषतायें हैं जिनसे उसे अन्य संविधानों से अलग पहचाना जा सकता है। संक्षेप में ये प्रमुख विशेषतायें निम्नलिखित हैं—

(1) लिखित संविधान—जैसा कि भारतीय संविधान की भूमिका में ही स्पष्ट कर दिया गया है वह एक लिखित संविधान है।

(2) कठोर संविधान—लिखित होने से भारतीय संविधान कठोर संविधान हो जाता है यद्यपि संशोधन की सरलता के कारण उसे लचीला भी कहा जा सकता है।

(3) विशाल लेख—के॰ एम॰ मुन्शी ने लिखा है, "हमें यह नहीं भूलना चाहिये कि हमारा 33 करोड़ लोगों का एक बड़ा देश है और हम मानवता के लगभग पांचवें भाग के लिये एक संविधान बना रहे हैं। अस्तु, यदि हमारा संविधान वजनी बन जाये तो हमें आश्चर्य नहीं होना चाहिये।"[1] भारतीय संविधान में 394 अनुच्छेद तथा 9 अनुसूचियाँ हैं। यह 251 पृष्ठों में और 12 भागों में बाँटा गया है। संसार के किसी भी देश में संविधान का इतना विशाल लेख नहीं पाया जाता।

(4) स्थिर किन्तु परिवर्तनशील—भारतीय संविधान में संसद के प्रत्येक सदन के सदस्यों के बहुमत से और उपस्थित सदस्यों के दो तिहाई मतों से पास होने पर संविधान के किसी भी संशोधन पर राष्ट्रपति के हस्ताक्षर हो जाते हैं और वह मान लिया जाता है। इस प्रकार अब तक संविधान में 24 संशोधन हो चुके हैं। 24वाँ संशोधन 5 अगस्त 1971 को पारित हुआ था जिसके अनुसार संसद को संविधान के किसी भी भाग में संशोधन करने का अधिकार है। संसद में अब तक लगभग 80 संविधान संशोधन पारित हो चुके

1. "We must not forget that ours is a big country of 330 millions and we are making a Constitution for almost one fifth of humanity. Therefore, there should be no wonder that our Constitution is bulky."
—K. M. Munshi

हैं। 27वाँ संशोधन पिछड़े वर्गों को सीटें आरक्षित करने के विषय में था। इस प्रकार भारतीय संविधान में स्थिरता और परिवर्तनशीलता का अद्भुत मिश्रण दिखलाई पड़ता है।

(5) प्रभुत्व सम्पन्न गणतन्त्रात्मक राज्य की स्थापना—भारतीय संविधान आन्तरिक और बाहरी मामलों में पूर्णतया स्वतन्त्र प्रभुत्व सम्पन्न गणतन्त्रात्मक राज्य की स्थापना करता है। राष्ट्र संघ का सदस्य होते हुये भी वह पूर्ण प्रभुसत्ता सम्पन्न है।

(6) संसदात्मक सरकार की स्थापना—संसदीय प्रणाली का महत्त्व बतलाते हुये भारतीय संविधान के निर्माता अम्बेडकर ने कहा था, "संसदीय सरकार का मुख्य गुण उसकी जनतन्त्र की अनिवार्य परीक्षा को सन्तुष्ट करने की योग्यता अर्थात् स्थायित्व और उत्तरदायित्व के संयोग में है।"[1] संसदीय शासन प्रणाली स्थायी और उत्तरदायी होती है। इसीलिये भारतीय संविधान में देश के लिये संसदीय शासन प्रणाली की स्थापना की गई।

(7) अध्यक्षात्मक सरकार—इंग्लैंड के संविधान के समान भारतीय संविधान अध्यक्षात्मक सरकार की स्थापना करता है। राष्ट्रपति अध्यक्ष होता है। उसे यह अधिकार प्राप्त होता है कि वह संसद के किसी भी सदन को सन्देश भेज सकता है। वह साधारण विधेयकों को पुनर्विचार के लिये वापस भेज सकता है और किसी मन्त्री के निर्णय को कैबिनेट की बैठक में प्रस्तुत कर सकता है।

(8) संघात्मक ढांचा किन्तु एकात्मक स्वरूप—भारतीय संविधान के विषय में कहा जाता है, "भारतीय संविधान का ढांचा संघात्मक है किन्तु उसकी आत्मा एकात्मक है।" अन्य शब्दों में, "भारत के संविधान की प्रवृत्ति संघात्मक है किन्तु संकट के समय इसका रूप एकात्मक हो जाता है।" डॉ० व्हैयर के अनुसार, "भारत मुख्य रूप से एकात्मक है, गौण रूप से इसमें कुछ संघात्मक विशेषतायें हैं।"[2] संक्षेप में, "भारत का नया संविधान संघात्मक और एकात्मक का अनोखा मिश्रण है कोई भी प्रभावशाली नहीं है।"

(9) धर्म निरपेक्ष राज्य—भारतीय संविधान में यह स्पष्ट कर दिया गया है कि राज्य की ओर से धार्मिक मामलों में कोई पक्षपात नहीं किया जायेगा। वैंकटरमण के शब्दों में, "राज्य न तो धार्मिक है और न अधार्मिक, न ही धर्म के विरुद्ध है बल्कि धार्मिक सिद्धान्तों और कार्यों से तटस्थ है और इस प्रकार धार्मिक मामलों में निरपेक्ष है।"[3] धर्म निरपेक्षता प्रगतिशील राज्य का चिह्न है।

---

1. "The chief merit of parliamentary government lay in the ability to satisfy the essential test of democracy, a combination of stability and responsibility."
—Dr. Ambedkar.
2. "India is a unitary state with subsidiary federal features rather than a federal state with subsidiary unitary features."
—K. C. Wheare.
3. "The state is neither religious nor irreligious, nor anti-religious but is wholly detached from religious dogmas and activities and thus neutral in religious matters."
—Venkataraman.

(10) नागरिकों के मौलिक अधिकारों का उल्लेख—भारतीय संविधान में नागरिकों के मौलिक अधिकारों का स्पष्ट उल्लेख किया गया है और उनकी रक्षा का उत्तरदायित्व सर्वोच्च न्यायालय पर सौंपा गया है। भारतीय संविधान में दिये गये मौलिक अधिकारों में प्रमुख हैं—समानता का अधिकार, स्वतन्त्रता का अधिकार, शोषण के विरुद्ध अधिकार, धार्मिक स्वतन्त्रता का अधिकार, शिक्षा तथा संस्कृति का अधिकार, सम्पत्ति का अधिकार तथा संवैधानिक अधिकार इत्यादि।

(11) राज्यनीति के निर्देशक तत्त्वों का उल्लेख—भारतीय संविधान में राज्यनीति के निर्देशक तत्त्वों का स्पष्ट उल्लेख कर दिया गया है। संविधान के अनुसार राज्यनीति के कुछ महत्त्वपूर्ण निर्देशक तत्त्व ये हैं—जीविका के उचित साधन, धन का उचित बँटवारा, समान कार्य के लिये समान वेतन, नागरिकों के लिये रोजगार की व्यवस्था, 14 वर्ष तक के बालकों के लिये निःशुल्क और अनिवार्य शिक्षा, बेरोजगारी, बुढ़ापे अथवा अंग-भंग की स्थिति में राज्य की ओर से सहायता, सभी के लिये न्यूनतम मजदूरी की व्यवस्था, ग्राम प्रंचायतों का संगठन, नसबन्दी की व्यवस्था, न्यायपालिका और कार्यकारिणी का पृथक्करण, दूध देने वाले जानवरों की रक्षा, ऐतिहासिक स्थानों की सुरक्षा और अन्तर्राष्ट्रीय मित्रता तथा शान्ति इत्यादि।

(12) न्यायपालिका और कार्यकारिणी का प्रथक्करण—भारतीय संविधान में न्यायपालिका और कार्यकारिणी को एक दूसरे से अलग रखा गया है।

(13) न्यायिक अवलोकन (Judicial Review) **का विधान**—भारतीय संविधान में राज्य की विधयिका के अवैधानिक कार्य करने पर न्यायपालिका को उसके अवलोकन का अधिकार है।

(14) सर्वोच्च और स्वतन्त्र न्यायपालिका की स्थापना—भारतीय संविधान देश में संविधान की रक्षा के लिये स्वतन्त्र और सर्वोच्च न्यायपालिका की स्थापना करता है।

(15) वयस्क मताधिकार—भारतीय संविधान बिना किसी भेदभाव के 18 वर्ष की आयु से अधिक के सभी नर-नारियों को मताधिकार प्रदान करता है।

(16) कल्याणकारी राज्य—भारतीय संविधान देश में कल्याणकारी राज्य की स्थापना करता है।

नये संविधान की उपरोक्त प्रमुख विशेषताओं के विवेचन से यह स्पष्ट होता है कि इसमें आदर्श संविधान के अधिकतर लक्षण पाये जाते हैं। एन॰ आर॰ राघवचरन के शब्दों में, ''यह एक ऐसा संविधान है जो कि नमनीय भी है और परिवर्तनशील भी। वह किसी भी तूफान के सामने झुक भी सकता है केवल इसलिये कि वह फिर से ऊपर उठे किन्तु वह कभी टूटेगा नहीं''।[1]

---

1. "It is a constitution both elastic and pliable. It can bend before any storm only to rise again but it will never break." —N. R. Raghavacharan.

नये संविधान की आलोचनायें
(Criticisms of the New Constitution)

जहाँ अनेक विद्वानों ने भारतीय संविधान की प्रशंसा की है वहाँ उसकी आलोचना भी की गयी है। जस्टिस मुकर्जी के शब्दों में, ''संविधान की हमारी महिला उसके प्रेमियों के मनोभावों के अनुसार प्रशंसा अथवा बुराई प्राप्त करती है। जबकि वह सुधरेगी नहीं तब उसे संशोधित किया जाता है।''[1] अन्य आलोचकों के अनुसार, ''वर्तमान भारतीय संविधान एक अद्भुत मिश्रण है तथा इसका कोई निश्चित आदर्श नहीं है।'' संक्षेप में, नये संविधान की मुख्य आलोचनायें निम्नलिखित हैं–

(1) 1935 के भारतीय अधिनियम की नकल–कुछ आलोचकों के अनुसार भारतीय संविधान बहुत लम्बा है और वह 1935 के घृणित अधिनियम की नकल है तथा यह विश्व के विभिन्न संविधानों से लिया हुआ गड़बड़ झाले का संविधान है। यह कहना ठीक है कि नये संविधान में अनेक बातें 1935 के संविधान से ली गयी हैं जैसे शक्तियों का वितरण, शक्तियों की तीन सूचियाँ तथा संकटकालीन स्थिति की व्यवस्था इत्यादि किन्तु नये संविधान को उपरोक्त अधिनियम की नकल कहना उचित नहीं है। उदाहरण के लिये जबकि पिछले अधिनियम के अनुसार गवर्नर जनरल और गवर्नर वास्तविक शासक थे, अब राष्ट्रपति और राज्यपाल वैधानिक शासक हैं।

(2) गड़बड़ झाले का संविधान–चूँकि भारतीय संविधान में अनेक विदेशी संविधानों जैसे ब्रिटिश संविधान, आयरलैंड का संविधान, कनाडा तथा संयुक्त राष्ट्र अमरीका का संविधान आदि अनेक से बातें ली गयी हैं इसलिये कुछ लोग गड़बड़ झाले का संविधान कहते हैं किन्तु यदि ध्यान से देखा जाये तो उसमें संसदात्मक तथा अध्यक्षात्मक, एकात्मक और संघात्मक विभिन्न प्रकार के परस्पर विरोधी संविधानों से अच्छी-अच्छी बातें ली गयी हैं।

(3) वकीलों का स्वर्ग–भारतीय संविधान को वकीलों का स्वर्ग की संज्ञा दी जाती है क्योंकि आलोचकों का विचार है कि उसमें प्रयोग किये गये शब्दों के अनेक अर्थ निकलते हैं जिससे उनकी व्यवस्था करने के लिये वकीलों की आवश्यकता पड़ती है। संविधान की इस आलोचना में केवल इतना ही तथ्य है कि उसमें अनेक लेख ऐसे हैं जिनकी व्याख्या वकील ही कर सकते हैं किन्तु यह विशेषता सभी संविधानों में पायी जाती हैं अन्यथा संविधान निर्माताओं का उद्देश्य उसे कठिन बनाना नहीं था।

(4) शक्तिशाली केन्द्र–भारत के राष्ट्रपति की शक्तियों की आलोचना करते हुए ए० सी० गुहा ने कहा है, ''राष्ट्रपति के हाथों में दी हुई शक्ति अत्यधिक थी और हिटलर के आने के समय जर्मनी के अध्यक्ष की शक्ति के समान मालूम पड़ती थी।''[2] इस प्रकार

1. "Our lady of the constitution receives both praise and curse according to the moods of her suitors. When she will not mend she is amended."

—P. B. Mukherjee.

2. "Power vested in the hands of President was too much and smacked some thing like the power of President to the Reich at the advent of Hitler." —A. C. Guha.

प्रधानमन्त्री की शक्तियों की भी आलोचना की गयी। के० टी० शाह के शब्दों में, ''संविधान प्रधानमन्त्री को एक अनभिव्यक्त तानाशाह बनाता है।''[1] राष्ट्रपति की आलोचना के मूल में उसकी संकटकालीन शक्तियों की आलोचना है। भारत की स्थिति को देखते हुए ये शक्तियाँ आवश्यक थीं यद्यपि वास्तव में इनका प्रयोग कैबिनेट ही करता है जो कि लोक सभा के प्रति उत्तदायी होता है। भारतीय संविधान में केन्द्र के शक्तिशाली होते हुए भी उसमें संघात्मक संविधान की विशेषताओं को बनाये रखा गया है।

(5) मौलिक अधिकारों का खोखलापन—कुछ आलोचक यह कहते हैं कि भारतीय संविधान में मौलिक अधिकार केवल दिखाने के लिये प्रदान किये गये हैं क्योंकि उसमें जनता पर अनेक प्रतिबन्ध लगाये गये हैं। अन्य शब्दों में, ''मौलिक अधिकारों की रचना एक स्वतन्त्रता प्रिय राष्ट्र की दृष्टि से नहीं अपितु एक पुलिस के सिपाही के दृष्टिकोण से हुई है।'' मौलिक अधिकारों की इस आलोचना में यह भुला दिया गया है कि अधिकार और कर्त्तव्य सब कहीं परस्पर पूरक होते हैं और इसलिये भारतीय संविधान में भी मौलिक अधिकारों के साथ कर्त्तव्य लगाये गये हैं।

(6) राज्य की नीति निर्देशक तत्त्वों का व्यर्थ होना—कुछ आलोचकों के अनुसार भारतीय संविधान में न्यायालय राज्य की नीति निर्देशक तत्त्वों को लागू नहीं कर सकते। अस्तु, ये तत्त्व व्यर्थ हैं। इस आलोचना में यह भुला दिया गया है कि भारत में व्यवस्थापिका सभायें कानून बनाते समय इन तत्त्वों को ध्यान में रखती हैं और यदि किसी कानून में ऐसा न किया गया हो तो न्यायालय उस पर अपना निर्णय अवश्य दे सकता है।

(7) अध्यादेश के अधिकार की आलोचना—भारतीय संविधान में राष्ट्रपति को अध्यादेश जारी करने का अधिकार है। कुछ आलोचक उसे अप्रजातन्त्रीय कहते हैं। उनके अनुसार स्वतन्त्र देशों में यह शक्ति नहीं होनी चाहिये। यहाँ यह ध्यान रखना आवश्यक है कि अध्यादेश जारी करने की शक्ति केवल संकटकाल में प्रयोग की जाती है जब कि इसकी आवश्यकता होती है। अस्तु, इसमें प्रजातन्त्र को कोई खतरा नहीं है।

(8) राज्यों की स्वायत्तता पर नियन्त्रण—भारतीय संविधान में केन्द्र सरकार की शक्तियाँ राज्य सरकार से अधिक हैं। वह संघात्मक से अधिक एकात्मक संविधान है किन्तु इससे यह कहना उचित नहीं होगा कि संविधान में राज्यों की सरकारों की स्वायत्तता का ध्यान नहीं रखा गया है। वास्तव में सबल केन्द्र के बिना भारत जैसे विशाल राज्य में संगठन बनाये रखना कठिन है।

(9) संविधान सभा प्रतिनिधि सभा नहीं—संविधान की आलोचना करने में यह कहा गया है कि उसको बनाने वाली संविधान सभा वास्तविक प्रतिनिधि सभा नहीं थी। यह आलोचना उचित नहीं है क्योंकि भले ही संविधान सभा प्रतिनिधि न रही हो उसके सदस्य उच्च कोटि के विद्वान और देशभक्त थे। अस्तु, उन पर यह काम सौंपा जा सकता था।

---

1. "The constitution would make the Prime Minister a potential dictator."
—K. T. Shah.

(10) राज्य सभा को लोक सभा के समान अधिकार—भारतीय संविधान में संकट कालीन स्थिति में तथा अन्य अनेक बातों में राज्य सभा को लोक सभा के समान अधिकार दिये गये हैं। इसकी आलोचना की गयी है किन्तु यह ध्यान रखना आवश्यक है कि भारतीय राज्य सभा में लार्ड सभा के समान परम्परागत सदस्य नहीं होते। उसमें विभिन्न क्षेत्रों के विशेषज्ञों को सदस्य के रूप में मनोनीत किया जाता है। इससे यह लाभ होता है कि राज-काज चलाने में विभिन्न क्षेत्रों के विशेषज्ञों की सहायता मिल जाती है।

(11) राज्य के नाम और क्षेत्र बदलने की सम्भावना—भारतीय संविधान में संसद को किसी भी राज्य का नाम और क्षेत्रफल बदलने का अधिकार है। यह अधिकार संघात्मक सिद्धान्त के विरुद्ध होने पर भी इसी के कारण भारत में राज्यों का नव निर्माण और नया वर्गीकरण सम्भव हो पाया है।

(12) सर्वोच्च न्यायालय का कम महत्त्व—भारतीय संविधान में राष्ट्रपति कानूनी मामलों में सर्वोच्च न्यायालय से परामर्श प्राप्त कर सकता है। आलोचकों का कहना है कि वास्तव में उसे अटार्नी जनरल से परामर्श करना चाहिये। किन्तु यह आलोचना उचित नहीं है। वास्तव में सर्वोच्च न्यायालय से परामर्श करके राष्ट्रपति अनेक प्रकार की गलतियों से बच जाता है।

(13) ईश्वर के नाम में अविश्वास—भारतीय संविधान में जानबूझ कर ईश्वर के नाम का प्रयोग नहीं किया गया है, कुछ आलोचक इसे अनुचित मानते हैं। किन्तु अनेक धर्मों वाले इस देश में धर्म निरपेक्ष शासन की स्थापना करने के लिये यह आवश्यक था कि ईश्वर के नाम का प्रयोग नहीं किया जाता।

भारतीय संविधान के विषय में पंडित जवाहर लाल नेहरू ने कहा था, "जब कि हम इस संविधान को उतना ही ठोस और स्थायी बनाना चाहते हैं जितना कि हम बना सकते हैं, संविधान में कोई स्थायित्व नहीं है। उसमें कुछ नमनीयता होनी चाहिये। यदि आप कुछ भी कठोर और स्थायी बना देते हैं, तो राष्ट्र के जीवित, शक्तिशाली और सावयव विकास में बाधा डालते हैं—अस्तु हम इस संविधान को इतना कठोर नहीं बना सकते कि वह परिवर्तनशील परिस्थितियों से समायोजन न कर सके। जबकि संसार अस्त-व्यस्त हो रहा है और हम परिवर्तन के एक अत्यन्त तीव्र काल से गुजर रहे हैं, हम जो कुछ करते हैं, हो सकता है कि वह पूरी तरह कल के लिए लागू न हो।"[1] कोई संविधान, चाहे वह कितने भी दूरदर्शी व्यक्तियों द्वारा क्यों न बनाया गया हो, ऐसा नहीं हो सकता जो सदा के लिये

---

1. "While we want this constitution to be as solid and permanent as we can make it, there is no permanency in constitution. There should be a certain flexibility. If you make anything rigid and permanent, you stop the nation's growth of living, vital, organic people...In any event, we could not make this constitution so rigid that it cannot be adopted to changing conditions. When the world is in turmoil and we were passing through a very swift period of transition, what we may do today may not be wholly applicable tomorrow."

—J. L. Nehru.

देश की सभी आवश्यकताओं को पूरा करता हो। अस्तु, प्रत्येक संविधान में संशोधन की व्यवस्था होनी चाहिये। भारतीय संविधान के विषय में कहा गया है कि, "ऐसा विश्वास करने का कोई कारण नहीं है कि भारत का संविधान इतना कठोर है कि उसमें आवश्यक परिवर्तन न हो सकें अथवा इतना लचकदार है कि अवांछनीय परिवर्तनों को रोकने में असमर्थ रहे।"[1]

भारतीय संविधान में संघात्मकता

भारतीय संविधान की प्रकृति की विवेचना करते हुए यह कहा गया है कि, "संविधान केन्द्रयीकरण की एक तीव्र प्रवृत्ति सहित संघात्मक संविधान है।" दुर्गा दास बसु के अनुसार, "भारत का संविधान न तो पूरा संघात्मक और न एकात्मक है बल्कि दोनों का योग है।"[2]

भारतीय संविधान में संघात्मक स्वरूप की निम्नलिखित विशेषतायें पायी जाती हैं–

(1) लिखित और कठोर संविधान–प्रोफेसर डायसी के अनुसार, संघात्मक संविधान स्पष्ट तथा लिखित होता है। भारतीय संविधान लिखित और कठोर है।

(2) संविधान की सर्वोच्चता–डायसी ने संघात्मक शासन के संविधान को सर्वोच्च और सर्वोपरि माना है। भारतीय संविधान भी सर्वोच्च और सर्वोपरि कानून है।

(3) शक्तियों का विभाजन–डायसी के अनुसार संघात्मक शासन में कार्यकारिणी और विधायक शक्तियाँ केन्द्र और राज्यों के बीच विभाजित होती हैं। भारतीय संविधान में शक्तियों का विभाजन संघ की सूची, समवर्ती सूची और राज्य सूची में किया गया है। जबकि संघ सूची में केवल संसद और राज्य सूची पर केवल राज्य विधान मण्डल कानून बना सकते हैं, समवर्ती सूची के विषयों में इन दोनों को कानून बनाने का अधिकार है। जो शक्तियाँ इनमें से किसी भी सूचियों में नहीं आतीं उन पर केन्द्र का अधिकार है।

(4) सर्वोच्च न्यायालय–संघात्मक शासन की अन्य विशेषता सर्वोच्च न्यायालय होता है जो कि केन्द्र और राज्यों की इकाइयों के मध्य झगड़ों को निबटा कर संविधान की रक्षा करता है। वही संविधान की व्याख्या भी करता है।

संविधान में एकात्मकता

संविधान के संघात्मक स्वरूप की उपरोक्त विशेषताओं के बावजूद भारतीय संविधान में एकात्मक प्रवृत्ति के संविधान की निम्नलिखित विशेषतायें पायी जाती हैं–

(1) शक्तिशाली केन्द्र–संघात्मक संविधान में केन्द्र को बहुत कम शक्तियाँ दी जाती हैं जबकि भारत में केन्द्रीय शासन को राज्यों की तुलना में अधिक शक्तियाँ प्राप्त

---

1. "There is no reason to believe that the Constitution of India is too rigid to admit necessary changes or not rigid enough to prevent undesirable changes."
2. "The Constitution of India is neither truly federal non unitary but is a combination of both. It is a union or composite of a novel type."

—Durga Das Basu.

हैं। अवशिष्ट शक्तियों के अतिरिक्त केन्द्र सूची में 97 विषय हैं जबकि राज्य सूची में केवल 66 विषय हैं। इसके अतिरिक्त केन्द्र समवर्ती सूची के 47 विषयों पर भी कानून बना सकता है।

(2) संकट कालीन शक्तियाँ—विदेशियों के आक्रमण, वित्तीय संकट अथवा राज्यपाल की रिपोर्ट के आधार पर राष्ट्रपति किसी भी राज्य में संकटकालीन घोषणा कर सकता है जिससे वहाँ पर समस्त शक्तियाँ केन्द्र के अधिकार में आ जाती हैं।

(3) राज्यों को अलग संविधान बनाने का अधिकार नहीं है—भारतीय संविधान में कोई भी राज्य अलग संविधान बनाकर संघ से अलग नहीं हो सकता यह एकात्मक प्रणाली का लक्षण है।

(4) संघ को राज्यों की सीमा में परिवर्तन और नये राज्य बनाने का अधिकार—भारतीय संसद को यह अधिकार दिया गया है कि वह राज्य की सीमाओं में परिवर्तन कर सकती है और नया राज्य उत्पन्न कर सकती है। यह एकात्मक संविधान का लक्षण है।

(5) राज्य सभा में समान प्रतिनिधित्व नहीं—भारतीय संविधान राज्यों को राज्य सभा में समान प्रतिनिधित्व नहीं देता।

(6) राष्ट्रपति द्वारा राज्यपालों की नियुक्ति और बर्खास्तगी—राष्ट्रपति को राष्ट्र के सर्वोच्च शासक राज्यपाल को नियुक्त करने और बर्खास्त करने का अधिकार है।

(7) इकहरी नागरिकता—भारत के सभी नागरिकों को केन्द्र की ही नागरिकता दी गई है, उन्हें दोहरी नागरिकता प्राप्त नहीं है।

(8) शासन में एकरूपता—भारतीय संविधान अनेक नियमों से शासन में एकरूपता की स्थापना करता है जो कि एकात्मक संविधान का गुण है। भारतीय संविधान ने सारे देश के लिये एक अखिल भारतीय प्रशासनिक सेवा, समान दीवानी और फौजदारी कानून, एक ही न्यायपालिका, एक ही नियन्त्रक महालेखा परीक्षक और एक ही चुनाव कमीशन की व्यवस्था की है। इन सब विशेषताओं से भारतीय संविधान का एकात्मक रूप स्पष्ट होता है।

(9) एक राष्ट्र भाषा—भारतीय संविधान सारे देश के लिये एक ही राष्ट्रभाषा हिन्दी का आयोजन करता है।

(10) केन्द्र और राज्य सरकार के बीच सम्बन्ध—भारतीय संविधान सारे देश में एक-सा लागू होता है। यह केन्द्र और राज्यों में महत्त्वपूर्ण प्रशासनिक, विधायक और न्यायिक सम्बन्ध स्थापित करता है।

भारतीय संविधान की संघात्मक और एकात्मक विशेषताओं के उपरोक्त तुलनात्मक विवेचन से यह स्पष्ट होता है कि इसे इन दोनों में से किसी वर्ग में नहीं रखा जा सकता। इसमें इन दोनों ही संविधानों की विशेषतायें दिखलाई पड़ती हैं। अस्तु, उसे इनमें से एक अथवा दूसरे प्रकार का कहना उचित नहीं है।

संघ-राज्य सम्बन्ध
(Centre State Relationship)

भारत में संघात्मक व्यवस्था को समझने के लिये केन्द्र और राज्यों के मध्य सम्बन्ध को समझना आवश्यक है। संघात्मक संविधान में केन्द्र और राज्य में से प्रत्येक अपने स्थान पर सर्वोच्च सत्ता सम्पन्न होता है किन्तु भारतीय संविधान में राज्य अनेक बातों में केन्द्र पर निर्भर है। इसी कारण संविधान की प्रकृति केवल संघात्मक न होकर एकात्मक भी कही जाती है। दूसरे शब्दों में, भारतीय संघात्मक व्यवस्था विशेष प्रकार की है। उसमें अनेक बातें ऐसी पायी जाती हैं जो कि संघ शासन के लक्षण न होकर एकात्मक शासन के लक्षण हैं। भारत में यह संघात्मक व्यवस्था किस प्रकार चलती है उसको जानने के लिये केन्द्र और राज्यों के विधायक, कार्यपालक और न्यायपालक तथा वित्तीय सम्बन्धों का अध्ययन किया जाना चाहिये।

(अ) विधायक सम्बन्ध—भारतीय संविधान में प्रशासन में समस्त विषयों को 3 सूचियों में विभाजित किया गया है। संघीय सूची में वे विषय आते हैं जिन पर पूरी तरह केन्द्र सरकार का अधिकार है। राज्य सूची के विषयों पर साधारणतया राज्य का विधान मण्डल ही कानून बनाता है। समवर्ती सूची में जो विषय आते हैं उन पर केन्द्र और राज्य दोनों ही सरकारों का अधिकार माना जाता है किन्तु इन दोनों में संघर्ष होने की स्थिति में केन्द्र को प्रधानता दी जाती है। इस प्रकार स्पष्ट है कि संघीय सूची के अतिरिक्त समवर्ती सूची पर भी केन्द्र का ही अधिकार है। अस्तु, भारत के राज्य स्वायत्तशासी नहीं माने जा सकते। वे अधिकतर महत्त्वपूर्ण मामलों में केन्द्र पर निर्भर होते हैं। दूसरे शब्दों में, संविधान संघात्मक से अधिक एकात्मक है। इसके अतिरिक्त संविधान में ऐसे अनेक अवसरों का उल्लेख है जिन पर केन्द्रीय सरकार राज्य के विषयों पर भी अधिनियम बना सकती है। उदाहरण के लिये यदि राज्य सभा कुल सदस्यों के बहुमत से तथा उपस्थित और मत देने वाले सदस्यों के दो तिहाई बहुमत से यह प्रस्ताव पास कर दे कि राज्य के उस विषय पर कुछ निश्चित समय के लिये संसद अधिनियम बना सकेगी तो यह प्रस्ताव एक साल तक कानूनी रहता है और फिर इसकी अवधि एक साल बढ़ायी जा सकती है। इसके अतिरिक्त जब दो या दो से अधिक राज्यों के विधान मण्डल यह प्रस्ताव पास कर दें कि संसद अमुक विषय में राज्यों के लिये अधिनियम बनायेगी तो संसद को उन विषयों में अधिनियम बनाने का अधिकार मिल जाता है।

(ब) प्रशासकीय सम्बन्ध—प्रशासन के अनेक मामलों में राज्य केन्द्र पर निर्भर होता है। इस सम्बन्ध में मुख्य बातें निम्नलिखित हैं—

(1) केन्द्र सरकार राज्यों में बाहरी आक्रमण और आन्तरिक अशान्ति से रक्षा करती है और यह देखभाल करती है कि प्रत्येक राज्य में संविधान के अनुसार उचित रूप से प्रशासन का कार्य चल रहा है।

(2) यदि किसी राज्य में राज्यपाल यह निर्णय करता है कि वहाँ प्रशासन देश के संविधान के अनुसार नहीं चल रहा है तो ऐसी स्थिति में राज्य की सरकार को भंग करके वहाँ का प्रशासन राष्ट्रपति के विशेष आदेश से केन्द्र के अंतर्गत आ जाता है।

(3) प्रत्येक राज्य में प्रशासकीय कार्य में वह ध्यान रखा जाता है कि सब कहीं संसद के अधिनियम लागू होने चाहियें। इसके लिये केन्द्र सरकार राज्य सरकार को आवश्यक आदेश भी दे सकती है।

(4) राज्य की कार्यकारिणी अपनी शक्ति के प्रयोग इस प्रकार करती है कि उससे संघ सरकार की कार्यकारिणी शक्ति के प्रयोग करने में कोई बाधा न पड़े।

(5) कुछ मार्गों को केन्द्र सरकार देश के लिये आवश्यक घोषित कर देती है। इनको ठीक स्थिति में रखने के लिये वह राज्य सरकार को आवश्यक आदेश दे सकती है यद्यपि इस कार्य में राज्य सरकार को जितना व्यय करना पड़ेगा वह धन उसे केन्द्र सरकार से दिया जायेगा।

(6) राष्ट्रपति को यह अधिकार है कि वह संघ के किसी भी काम को राज्य के किसी भी कर्मचारी को सौंप सकता है। ऐसे कामों के लिये राज्य सरकार को केन्द्र सरकार से व्यय मिलता है। यदि उस सम्बन्ध में दोनों सरकारों में परस्पर कोई समझौता नहीं हो पाता तो मुख्य न्यायाधीश एक पंच नियुक्त करता है जिसका निर्णय अन्तिम माना जाता है।

(7) देश में सब कहीं राज्यों में न्यायालय संसद द्वारा पारित कानून के अनुसार निर्णय देते हैं।

(8) यदि कोई नदी अनेक राज्यों में होकर बहती है तो उसके पानी के उपयोग करने के विषय में केन्द्र सरकार जो कुछ निर्णय करती है वह अन्तिम होता है। यदि कुछ समस्यायें ऐसी हैं जिनका सम्बन्ध अनेक राज्यों से है तो उनको हल करने के लिये राष्ट्रपति समिति निर्माण कर सकता है।

(9) राष्ट्रपति राज्य के समस्त महत्त्वपूर्ण अधिकारियों की नियुक्ति करता है। उदाहरण के लिये राष्ट्रपति ही राज्यपाल की नियुक्ति करता है।

(स) आर्थिक सम्बन्ध—पीछे जो भारतीय संविधान में वर्णित 3 सूचियों का उल्लेख किया गया है उसमें केन्द्र सूची के विषयों का धन केन्द्र में तथा राज्य सूची के विषयों का धन राज्य में रहता है। चूँकि केन्द्र की सूची राज्य की सूची से बड़ी है इसलिये केन्द्र के आय के साधन अधिक हैं। इसके अतिरिक्त केन्द्र सरकार को विदेशों से धन उधार लेने का अधिकार है जो कि राज्य को नहीं है। अस्तु, केन्द्र सरकार राज्य सरकारों के लिये कुछ विशेष विधियों से अतिरिक्त धन की व्यवस्था करती है। इनमें मुख्य निम्नलिखित हैं—

(1) संघ सरकार कुछ ऐसे कर लगाती है जिनको राज्यों की सरकारें अपने-अपने क्षेत्र में एकत्रित करती हैं और अपने पास रख लेती हैं। उसके उदाहरण टिकटों पर कर, दवाइयाँ और फैशन की चीजों पर एक्साइज कर इत्यादि हैं।

(2) केन्द्र सरकार कुछ ऐसे कर लगाती है जिन्हें वही वसूल करती है परन्तु उनसे प्राप्त धन राज्य सरकारों को दे दिया जाता है। इस प्रकार के करों के कुछ उदाहरण सम्पत्ति पर उत्तराधिकार कर, टर्मिनल टैक्स, रेलों और मेलों पर कर तथा अखबारों पर कर इत्यादि हैं।

(3) संघ सरकार कुछ ऐसे कर लगाती है जिन्हें वही एकत्रित करती है किन्तु जिनकी आमदनी केन्द्र और राज्य दोनों में बांट दी जाती है। इस प्रकार के करों के उदाहरण आय कर तथा अन्य एक्साइज कर इत्यादि हैं। इस प्रकार के करों में कितना केन्द्र और कितना राज्य को मिलेगा यह आर्थिक आयोग अथवा राष्ट्रपति के द्वारा निश्चित किया जाता है।

(4) आसाम, बिहार, पश्चिमी बंगाल और उड़ीसा में पटसन और उससे तैयार होने वाले माल के बाहर जाने पर जो निर्यात कर लिया जाता है उसमें इन राज्यों को हिस्सा मिलता है।

उपरोक्त विधियों के अतिरिक्त संसद कानून के द्वारा ऐसे राज्यों को आर्थिक सहायता दे सकती है जो बिना सहायता के केवल अपनी आय से अपना काम नहीं चला सकते। यह आर्थिक सहायता अनेक प्रकार से दी जा सकती है। एक तो केन्द्र सरकार राज्य को उन करों का मुआवजा दे सकती है जो कि केन्द्र सरकार लेती है जबकि वास्तव में वे राज्य सरकारों को मिलने चाहियें। दूसरे, केन्द्र सरकार, राज्य सरकार को केन्द्र द्वारा स्वीकृत योग्यता के अनुसार कार्य करने के लिए आर्थिक सहायता देती है। तीसरे, केन्द्र सरकार राज्यों को पिछड़े वर्गों तथा जनजातीय क्षेत्रों की आर्थिक सहायता के लिए भी धन देती है। जैसा कि पीछे बतलाया जा चुका है, राज्य सरकारों को देश से बाहर किसी सरकार से धन उधार लेने के अधिकार नहीं है। देश के अन्दर भी राज्यों को धन उधार लेने के लिये केन्द्र सरकार से स्वीकृति लेनी पड़ती है। इसके लिये यह भी आवश्यक होता है कि उसने पहले उधार लिये हुये धन को वापिस कर दिया हो। यदि उसने ऐसा नहीं किया है तो केन्द्र सरकार की गारन्टी पर ही उसे धन उधार दिया जा सकता है। भारतीय संविधान के अनुसार राष्ट्रपति संविधान लागू होने से 2 वर्ष के अन्दर एक आर्थिक आयोग नियुक्त करेगा जो कि यह निश्चित करेगा कि संघ सरकार की आमदनी में से कितना हिस्सा राज्यों को दिया जाना चाहिये। इस प्रकार के आयोग की नियुक्ति प्रत्येक 5 वर्ष के बाद की जायेगी। संकट के काल में भारतीय संविधान लगभग पूर्णतया एकात्मक हो जाता है क्योंकि समस्त शक्तियाँ राष्ट्रपति के हाथ में चली जाती है। ऐसे समय में राज्यों के समस्त धन पर केन्द्र का पूर्ण अधिकार होता है।

(द) न्यायिक सम्बन्ध—भारत के समस्त राज्यों में सबसे बड़े न्यायालय उच्च न्यायालय कहलाते हैं। इन न्यायालयों के न्यायाधीशों की नियुक्ति राष्ट्रपति के द्वारा की जाती है। इन न्यायाधीशों को केवल संसद ही महाभियोग के द्वारा उनके पद से हटा सकती है। इस प्रकार उच्च न्यायालयों पर केन्द्र का ही नियन्त्रण रहता है। दूसरे, उच्च न्यायालयों के फैसलों की अपील सर्वोच्च न्यायालय में होती है। यह सर्वोच्च न्यायालय देश के समस्त राज्यों के न्यायालयों पर नियन्त्रण रखता है। इसके न्यायाधीशों की नियुक्ति भी राष्ट्रपति के द्वारा की जाती है और उन्हें भी संसद ही महाभियोग के द्वारा उनके पद से हटा सकती है। इसके अतिरिक्त समस्त राज्यों में एक ही प्रकार के सिविल और क्रिमिलन कानून प्रचलित हैं। इस प्रकार स्पष्ट है कि न्याय के मामले में राज्यों में पूरी तरह केन्द्र का ही अधिकार है।

भारतीय संविधान में केन्द्र और राज्यों के सम्बन्ध के उपरोक्त विवेचन से यह स्पष्ट होता है कि कुछ मांमलों में भारतीय राज्य स्वतन्त्र हैं किन्तु अधिकतर मामलों में वे केन्द्र पर निर्भर हैं। संकटकालीन स्थिति में तो वे पूरी तरह केन्द्र के आधीन हो जाते हैं। जबकि किसी राज्य में उसी दल की सरकार होती है जिसका केन्द्र में शासन हो तब तक तो केन्द्र और राज्य के सम्बन्ध बहुत अच्छे चलते रहते हैं किन्तु जब किसी राज्य में कोई ऐसा दल सरकार बनाता है जो कि केन्द्र में विरोधी दल है और सरकारी दल नहीं है तो ऐसी स्थिति में यह देखा गया है कि उस राज्य के केन्द्र से सम्बन्ध ठीक नहीं रह पाते। सन् 1967 के निर्वाचनों के बाद केरल, तमिलनाडु और बंगाल आदि अनेक राज्यों के केन्द्र से सम्बन्धों के विषय में यह कठिनाई उपस्थित हुई है। अस्तु, भारतीय संविधान को सही अर्थों में संघात्मक व्यवस्था नहीं कहा जाना चाहिये। यह भय सदैव बना रहता है कि केन्द्र में सत्तारूढ़, राजनैतिक दल राज्य में भिन्न दल की सरकार को पीछे बतलायी गई शक्तियों को सहारा लेकर पदच्युत कर सकता है। इस प्रकार संविधान का संघात्मक रूप समाप्त हो जाता है।

आपात स्थिति

आपात स्थिति की दशायें

भारतीय संविधान में राष्ट्रपति देश की सुरक्षा के लिये गम्भीर संकट उपस्थिति होने पर जो कि चाहे युद्ध अथवा विदेशी आक्रमण से हो या आन्तरिक व्यवस्था भंग हो जाने से हो, धारा 352 के अनुसार अथवा आर्थिक व्यवस्था को खतरा उत्पन्न हो जाये तो धारा 360 (1) के अनुसार आपात स्थिति की घोषणा कर सकता है। यह घोषणा वास्तविक युद्ध के छिड़ने, आन्तरिक अव्यवस्था फैलने या आर्थिक संकट उत्पन्न होने से पूर्व की जाती है। संविधान के अनुसार आपात स्थिति तीन प्रकार की हो सकती है—1. बाहरी आक्रमण अथवा आन्तरिक अव्यवस्था के कारण उत्पन्न आपात स्थिति, 2. राज्यों में संवैधानिक यन्त्र के असफल हो जाने से उत्पन्न आपात स्थिति, 3. आर्थिक आपात स्थिति।

आपात स्थिति के प्रभाव—भारतवर्ष में आपात स्थिति की घोषणा से निम्नलिखित प्रभाव देखे जा सकते हैं—

1. राज्यों की शक्तियों में कटौती—आपात स्थिति की घोषणा का एक परिणाम राज्यों की शक्ति में कटौती है। आपात स्थिति के बने रहते हुये संविधान की धारा 19 में उल्लिखित मौलिक अधिकारों में अनेक परिवर्तन हो जाते हैं। भाषण और अभिव्यक्ति की स्वतन्त्रता के विषय में राज्य को यह शक्ति मिल जाती है कि वह किसी भी प्रकार के कानून बनाये जिनसे ऐसे भाषणों और अभिव्यक्तियों की रोकथाम हो जो कि राज्य सुरक्षा को कम करते हों या जिनसे सरकार के उखाड़ फेंके जाने का खतरा उत्पन्न होता है। इसी प्रकार सरकार कानून के द्वारा समिति अथवा संघ निर्माण करने के अधिकार, समस्त भारत देश में स्वतन्त्रता पूर्वक घूमने के अधिकार, देश के किसी भी भाग में आवास बनाने और रहने के अधिकार तथा सम्पत्ति प्राप्त करने और बेचने के अधिकर पर नियन्त्रण लगा सकती है।

2. अधिनायकवाद की स्थापना—उपरोक्त विवेचन से स्पष्ट है कि आपात स्थिति जनतन्त्रीय सिद्धान्तों के पूर्णतया विपरीत है और अधिनायकवाद के निकट है। सबसे पहले पूर्ण आन्तरिक आपात स्थिति जनतन्त्रीय धारणा के विरुद्ध है किन्तु किसी भी जनतन्त्र में इस प्रकार की स्थिति को पूर्णतया समाप्त नहीं किया जा सकता क्योंकि केवल जनतन्त्र के सिद्धान्त ही हिंसक समूहों के अस्तित्व का अवसर देते हैं। किन्तु आन्तरिक आपात स्थिति की राजनीति स्वतन्त्रता और व्यक्तिगत गतिविधियों पर प्रभाव आपात स्थिति की ओर सरकार की अभिवृत्ति पर तथा आपात स्थिति की घोषणा के प्रविधानों पर और संविधान में उसकी परिभाषा पर निर्भर होता है। इस प्रकार भारतवर्ष में पिछले दिनों आपात स्थिति की घोषणा करके डी॰ आई॰ आर॰ और मीसा के माध्यम से निरंकुश रूप से बहुत से निर्दोष नागरिकों को जेल बन्द कर दिया गया। तत्कालीन सरकार ने राजनैतिक गतिविधियों की मनचाही व्यवस्था की और उसके द्वारा विशिष्ट राजनैतिक दलों और समूहों की रोकथाम की जो कि सरकार की नीति की अधिक आलोचना करते थे। इस प्रकार सरकार की आलोचना का सब कहीं निषेध कर दिया गया। श्रमिक संघ और विद्यार्थी संघ जैसे संघों तक पर रोक लगा दी गयी। भाषण की स्वतन्त्रता न केवल राजनैतिक बल्कि प्रत्येक मामले में समाप्त कर दी गयी।

अभ्यास के लिए प्रश्न

1. भारतीय संविधान की विशेषतायें बतलाइये।
2. भारतीय संविधान की क्या आलोचनायें की जाती हैं ? वे कहाँ तक उचित हैं ?
3. किन दशाओं में आपात स्थिति की घोषणा की आवश्यकता होती है। इसका जनतन्त्रीय क्रिया पर तथा व्यक्तिगत स्वतन्त्रता पर प्रभाव दिखलाइये।

36

भारत की राजनैतिक संरचना
(Political Structure of India)

राज्यों का संघ भारत, एक संपूर्ण प्रभुता-संपन्न, समाजवादी धर्मनिरपेक्ष, लोकतंत्रात्मक गणराज्य है, जिसमें संसदीय प्रणाली की सरकार है। गणराज्य उस संविधान की व्यवस्थाओं के अनुसार प्रशासित होता है, जो 26 नवंबर सन् 1946 को संविधान सभा द्वारा स्वीकृत किया गया और 26 जनवरी सन् 1950 से लागू हुआ।

संसदीय सरकार के संविधान का ढांचा एकात्मक विशेषताओं के साथ-साथ संघात्मक है। भारत का राष्ट्रपति संघ की कार्यपालिका का संवैधानिक प्रमुख होता है। संविधान का अनुच्छेद 74 (1) यह निर्दिष्ट करता है कि कार्य-संचालन में राष्ट्रपति की सहायता करने तथा उसे परामर्श देने के लिए प्रधानमंत्री के नेतृत्व में एक मंत्रिपरिषद होगी तथा राष्ट्रपति प्रधानमंत्री के परामर्श से ही कार्य करेगा। इस प्रकार कार्यपालिका की वास्तविक शक्ति प्रधानमंत्री के नेतृत्व में गठित मंत्रिपरिषद में निहित है। मंत्रिपरिषद सामूहिक रूप से लोकसभा के प्रति उत्तरदायी है। इसी प्रकार राज्यों में राज्यपाल की स्थिति कार्यपालिका के प्रधान की होती है, परन्तु वास्तविक शक्ति मुख्यमंत्री में निहित होती है। मंत्रिपरिषद सामूहिक रूप से विधान सभा के प्रति उत्तरदायी है।

संविधान में विधायी शक्ति को संसद एवं राज्य विधानमंडलों में बांटा गया है तथा शेष शक्तियां संसद को प्राप्त हैं। संविधान में संशोधन का अधिकार भी संसद को ही प्राप्त है।

न्यायपालिका, भारत के नियंत्रक तथा महालेखा परीक्षक, लोक सेवा आयोगों और मुख्य निर्वाचन आयुक्त की स्वतंत्रता बनाये रखने के लिए संविधान में प्रावधान हैं।

संघ और उसका क्षेत्र

भारत में 26 राज्य और 6 केन्द्रशासित प्रदेश हैं। राज्य हैं—आंध्र प्रदेश, असम, अरुणाचल प्रदेश, उड़ीसा, उत्तर प्रदेश, कर्नाटक, केरल, गोवा, गुजरात, जम्मू-कश्मीर,

तमिलनाडु, त्रिपुरा, नागालैंड, पंजाब, पश्चिम बंगाल, बिहार, मणिपुर, मध्य प्रदेश, महाराष्ट्र, मेघालय, मिजोरम, राजस्थान, सिक्किम, हरियाणा, दिल्ली और हिमाचल प्रदेश। केन्द्रशासित प्रदेश हैं—अंडमान-निकोबार द्वीप समूह, दमन और दीव, चंडीगढ़, दादरा और नागर हवेली, पांडिचेरी और लक्षद्वीप।

नागरिकता

संविधान में संपूर्ण भारत के लिए एक तथा समान नागरिकता की व्यवस्था की गई है। ऐसा प्रत्येक व्यक्ति भारत का नागरिक माना गया है, जो संविधान के लागू होने के दिन (26 जनवरी 1950 को) भारत का अधिवासी था और (क) भारत में पैदा हुआ था, या (ख) जिसके माता-पिता में से एक भारत में पैदा हुआ था, या (ग) जो उस तारीख से ठीक पहले सामान्यतया कम से कम पांच वर्ष से भारतीय क्षेत्र में रह रहा था। नागरिकता अधिनियम, 1955 में संविधान लागू होने के पश्चात नागरिकता ग्रहण करने तथा समाप्त करने के संबंध में प्रावधान दिए गये हैं।

मौलिक अधिकार

भारतीय संविधान में सभी नागरिकों के लिए, व्यक्तिगत और सामूहिक रूप से, कुछ मूलभूत स्वतंत्रताओं की व्यवस्था की गई है। संविधान में मोटे तौर पर छः प्रकार की स्वतंत्रताओं को मूल अधिकारों के रूप में सुरक्षा दी गई है, जिनकी रक्षा के लिए न्यायालय की शरण ली जा सकती है। संविधान के तीसरे भाग में 12 से 35 तक के अनुच्छेदों में दिए गए ये मौलिक अधिकार हैं—(1) समानता का अधिकार : कानून के समक्ष समानता, धर्म, मूल, वंश, जाति, लिंग या जन्मस्थान के आधार पर भेदभाव का निषेध और रोजगार के लिए अवसर की समानता; (2) विचारों की अभिव्यक्ति, सम्मेलन करने, संस्था या संघ बनाने, भारत में सर्वत्र आने-जाने, भारत के किसी भाग में रहने तथा कोई वृत्ति या व्यवसाय करने की स्वतन्त्रता का अधिकार (इनमें से कुछ अधिकार राज्य की सुरक्षा, विदेशों के साथ मित्रतापूर्ण सम्बन्धों, लोक व्यवस्था, शिष्टाचार या सदाचार के अधीन हैं); (3) शोषण से रक्षा का अधिकार : इसके अन्तर्गत सभी प्रकार के बलात श्रम, बालश्रम और व्यक्तियों के क्रय-विक्रय को अवैध करार दिया गया है; (4) अंत:करण की प्रेरणा तथा धर्म को निर्बाध रूप से मानने, तदनुकूल आचरण करने और उनका प्रचार करने की स्वतंत्रता का अधिकार; (5) नागरिकों के किसी वर्ग को अपनी संस्कृति, भाषा और लिपि का संरक्षण करने तथा अल्पसंख्यकों द्वारा पसंद की शिक्षा प्राप्त करने एवं शिक्षा संस्थाओं की स्थापना करने और उन्हें चलाने का अधिकार; और (6) मूल अधिकारों को लागू करने के लिए संवैधानिक उपचारों का अधिकार।

मूलभूत कर्त्तव्य

सन् 1976 में पारित संविधान के 42वें संशोधन के अंतर्गत, नागरिकों के मूलभूत कर्त्तव्यों का उल्लेख किया गया है। ये कर्त्तव्य संविधान के चौथे भाग के अनुच्छेद 51 'क'

में दिए गए हैं। अन्य बातों के अलावा इसमें कहा गया है कि नागरिक का कर्त्तव्य है कि वह संविधान का पालन करे, स्वतंत्रता के लिए राष्ट्रीय संघर्ष को प्रेरित करने वाले आदर्शों का अनुसरण करे, देश की रक्षा करे और आवश्यकता पड़ने पर देश-सेवा में जुट जाए तथा धर्म, भाषा और क्षेत्रीय अथवा वर्ग भिन्नताओं को भूलकर सामंजस्य और भाईचारे की भावनाओं को बढ़ावा दे।

राज्य के नीति-निर्देशक सिद्धान्त

संविधान में निहित राज्य के नीति-निर्देशक सिद्धान्त यद्यपि न्यायालयों द्वारा लागू नहीं कराए जा सकते, तथापि वे 'देश के शासन में मूलभूत' आधार हैं और 'सरकार' का यह कर्त्तव्य है कि कानून बनाते समय वह इन सिद्धान्तों का पालन करे। उनमें कहा गया है—सरकार ऐसी सामाजिक व्यवस्था की प्रभावी रूप में स्थापना और संरक्षण करके, लोक-कल्याण को प्रोत्साहन देने का प्रयास करेगी, जिससे राष्ट्रीय जीवन के सभी क्षेत्रों में सामाजिक, आर्थिक तथा राजनीतिक न्याय का पालन हो। सरकार ऐसी नीति का निर्देश करेगी जो सभी स्त्री-पुरुषों को जीवन-यापन के लिए यथेष्ट तथा समान अवसर दे, समान कार्य के लिए समान भुगतान की व्यवस्था करे, अपनी आर्थिक क्षमता तथा विकास की सीमाओं के अनुसार सबको काम और शिक्षा पाने का समान अधिकार दिलाए और बेरोजगारी, बुढ़ापे, बीमारी व अपाहिजपन या अनैच्छिक अभाव के अन्य मामलों में सबको वित्तीय सहायता दे। सरकार श्रमिकों के लिए निर्वाह-वेतन, कार्य की मानवोचित दशाओं, रहन-सहन के अच्छे स्तर पर उद्योगों के प्रबंध में उनकी पूर्ण भागीदारी के लिए प्रयत्न करेगी।

आर्थिक-क्षेत्र में सरकार को अपनी नीति ऐसे कारगर ढंग से लागू करनी चाहिए, जिससे कि समाज के भौतिक संसाधनों/पर अधिकार और उन पर नियंत्रण का लोगों के बीच इस प्रकार का वितरण हो कि वह सब लोगों के कल्याण के लिए उपयोगी सिद्ध हो और जिससे यह सुनिश्चित होता हो कि आर्थिक व्यवस्था को लागू करने के परिणामस्वरूप सर्वसाधारण के हितों के विरुद्ध धन और उत्पादन के साधन कुछ ही लोगों के पास केन्द्रित नहीं होंगे।

कुछ अन्य महत्त्वपूर्ण निर्देशक सिद्धांत हैं : बच्चों के स्वस्थ वातावरण में विकास के लिए अवसर तथा सुविधाएं उपलब्ध कराना, 14 वर्ष तक की अवस्था के बच्चों के लिए निःशुल्क तथा अनिवार्य शिक्षा की व्यवस्था करना, अनुसूचित जाति तथा जनजातियों और समाज के अन्य कमजोर वर्गों के शिक्षा सम्बन्धी और आर्थिक हितों को बढ़ावा देना, ग्राम पंचायतों का गठन, न्यायपालिका को कार्यपालिका से अलग करके संपूर्ण देश के लिए समान अवसर के आधार पर न्याय को बढ़ावा देना, निःशुल्क कानूनी सहायता का प्रावधान करना, पर्यावरण की सुरक्षा और विकास, वन और वन्य जीवों की सुरक्षा करना तथा अंतर्राष्ट्रीय शांति और सुरक्षा, राष्ट्रों के बीच न्यायोचित और समानतापूर्ण संबंधों, अंतर्राष्ट्रीय कानून और संधियों की शर्तों के प्रति कृतज्ञता व अंतर्राष्ट्रीय विवादों को मध्यस्थता द्वारा निपटाने को बढावा देना।

संघ

कार्यपालिका

संघीय कार्यपालिका के अंतर्गत राष्ट्रपति, उप-राष्ट्रपति तथा प्रधानमंत्री के नेतृत्व में एक मंत्रिपरिषद होती है, जो राष्ट्रपति को सलाह देती है।

राष्ट्रपति

राष्ट्रपति का निर्वाचन एक निर्वाचक मंडल के सदस्य आनुपातिक प्रतिनिधित्व प्रणाली के आधार पर एकल संक्रमणीय मत द्वारा करते हैं। इस निर्वाचक मंडल में संसद के दोनों सदनों तथा राज्यों की विधान सभाओं के निर्वाचित सदस्य होते हैं। राज्यों के बीच आपस में समानता तथा राज्यों और संघ के बीच समानता बनाए रखने के लिए प्रत्येक मत को उचित महत्त्व दिया जाता है। राष्ट्रपति को अनिवार्य रूप से भारत का नागरिक, कम-से-कम 35 वर्ष की आयु तथा लोकसभा का सदस्य बनने का पात्र होना चाहिए। राष्ट्रपति का कार्यकाल पांच वर्ष का होता है। वह इस पद के लिए पुनः भी चुना जा सकता है। उसे संविधान के अनुच्छेद 61 में निहित कार्यविधि के अनुसार राष्ट्रपति पद से हटाया जा सकता है। वह उप-राष्ट्रपति को संबोधित स्व-हस्तलिखित पत्र द्वारा पदत्याग कर सकता है।

कार्यपालिका के सभी अधिकार राष्ट्रपति में निहित हैं। वह इनका प्रयोग संविधान के अनुसार स्वयं या अपने अधीनस्थ सरकारी अधिकारियों द्वारा करता है। रक्षा सेनाओं की सर्वोच्च कमान भी राष्ट्रपति के पास होती है। राष्ट्रपति को संसद का अधिवेशन बुलाने, उसे स्थगित करने, उसमें भाषण देने और उसे संदेश भेजने, लोकसभा भंग करने, दोनों सदनों के अधिवेशन काल को छोड़कर किसी भी समय अध्यादेश जारी करने, वित्तीय तथा धन विधेयक प्रस्तुत करने के लिए सिफारिश करने तथा विधेयकों को स्वीकृति प्रदान करने, क्षमादान देने, दंड रोकने अथवा उसमें कमी या परिवर्तन करने के अधिकार अपने हाथ में ले सकता है। यदि राष्ट्रपति को इस बारे में विश्वास हो जाये कि कोई संकट विद्यमान है जिससे भारत की अथवा उसके राज्य-क्षेत्र के किसी भाग की सुरक्षा को खतरा उत्पन्न हो गया है, चाहे वह खतरा युद्ध अथवा बाह्य आक्रमण के कारण या विद्रोह के कारण हो, तो वह देश में आपातस्थिति की घोषणा कर सकता है।

उप-राष्ट्रपति

उप-राष्ट्रपति का चुनाव आनुपातिक प्रतिनिधित्व प्रणाली के अनुसार एकल संक्रमणीय मत द्वारा एक निर्वाचक मंडल के सदस्य करते हैं। इसमें संसद के दोनों सदनों के सदस्य होते हैं। उप-राष्ट्रपति को अनिवार्य रूप से भारत का नागरिक, कम-से-कम 35 वर्ष की आयु का और राज्यसभा का सदस्य बनने का पात्र होना चाहिए। उसका कार्यकाल 5 वर्ष का होता है और वह इस पद के लिए पुनः चुना जा सकता है। संविधान के अनुच्छेद 67 (ख) में निहित कार्य-विधि द्वारा उसे पद से हटाया जा सकता है।

उप-राष्ट्रपति राज्यसभा का पदेन सभापति होता है। जब राष्ट्रपति बीमारी या अन्य किसी कारण से अपना कार्य करने में असमर्थ हो या जब राष्ट्रपति की मृत्यु, पद-त्याग अथवा पद से हटाये जाने के कारण राष्ट्रपति का पद रिक्त हो गया हो, तब नये राष्ट्रपति के चुने जाने तक वह राष्ट्रपति के रूप में कार्य करता है। ऐसी स्थिति में वह राज्यसभा के सभापति के रूप में कार्य करना बंद कर देता है।

मंत्रिपरिषद

कार्य-संचालन में राष्ट्रपति की सहायता करने तथा उसे परामर्श देने के लिए प्रधानमन्त्री के नेतृत्व में एक मंत्रिपरिषद की व्यवस्था है। प्रधानमंत्री की नियुक्ति राष्ट्रपति करता है तथा अन्य मंत्रियों के नियुक्ति राष्ट्रपति प्रधानमंत्री के परामर्श से करता है। मंत्रिपरिषद संयुक्त रूप से लोकसभा के प्रति उत्तरदायी होती है। प्रधानमंत्री का कर्त्तव्य है कि वह भारत संघ के कार्यों के प्रशासन के संबंध में मंत्रिपरिषद के निर्णयों, कानून बनाने के प्रस्तावों तथा उससे संबंधित जानकारियों से राष्ट्रपति को अवगत कराता रहे।

मंत्रिपरिषद में तीन तरह के मंत्री होते हैं—(1) वे मंत्री जो मंत्रिमंडल के सदस्य होते हैं, (2) राज्य मंत्री (जो विभाग का स्वतंत्र रूप से कार्यभार संभाले हुए हों) और (3) राज्य तथा उप-मंत्री।

राज्यसभा/लोकसभा सचिवालय

भारतीय स्वाधीनता अधिनियम, सन् 1947 के लागू होने तथा भारत की संविधान सभा को सत्ता हस्तांतरण के साथ मुक्त प्रतिनिधि संसदीय संस्था के निर्माण की दिशा में काम किया जाने लगा। अधिनियम के तहत संविधान सभा एक संप्रभुता संपन्न संस्था बन गई और 14-15 अगस्त की मध्य रात्रि को देश का शासन इसने संभाल लिया। केन्द्रीय विधानसभा तथा राज्य परिषदें समाप्त हो गईं और केन्द्रीय विधानसभा का काम संविधान सभा देखने लगी। अब इस सभा की विधायिका के रूप में इसकी बैठक होने लगी और जी० वी० मावलंकर इसके अध्यक्ष बने, और विधायिका विभाग इसका सचिवालय बन गया। 26 जनवरी सन् 1950 तक इस सचिवालय का नाम विधानसभा विभाग रहा और जब संविधान सभा अस्थाई संसद बनी तो इसका भी नाम बदलकर संसदीय सचिवालय हो गया। सन् 1952 में नये संविधान के अंतर्गत लोकसभा और राज्यसभा के बन जाने के बाद भी लोकसभा के सचिवालय को संसदीय सचिवालय कहा जाता रहा और राज्य परिषद के सचिवालय को राज्यसभा सचिवालय कर दिया गया। दोनों सचिवालय अपने-अपने अध्यक्ष के अधीन काम करते हैं।

विधायिका

संघ की विधायिका को संसद कहा जाता है। इसमें राष्ट्रपति और दो सदन : लोकसभा और राज्यसभा शामिल हैं। संसद की बैठक पिछली बैठक के छः महीने बाद तक अवश्य बुलानी होती है। कुछ मौकों पर दोनों सदनों का संयुक्त अधिवेशन किया जाता है।

राज्यसभा

संविधान में यह व्यवस्था है कि राज्यसभा के सदस्यों की संख्या 250 से अधिक नहीं होगी। इनमें से 12 सदस्य साहित्य, विज्ञान, कला और समाजसेवा जैसे क्षेत्रों में विशेष ज्ञान या अनुभव रखने वाले व्यक्ति होंगे जिन्हें राष्ट्रपति मनोनीत करेंगे। शेष 238 सदस्य राज्यों और केन्द्रशासित प्रदेशों के प्रतिनिधि होंगे। राज्यसभा के सदस्यों का चुनाव संबंधित विधानसभाओं के चुने हुए सदस्य एकल संक्रमणीय मत के आधार पर आनुपातिक प्रतिनिधित्व प्रणाली के जरिए किया जाता है। केन्द्रशासित प्रदेशों के प्रतिनिधियों का चुनाव संसद द्वारा निर्धारित कानून के अंतर्गत किया जा सकता है। राज्यसभा कभी भी भंग नहीं होती और उसके एक तिहाई सदस्य हर दो वर्ष का अवकाश ग्रहण करते हैं।

इस समय राज्यसभा के 245 सदस्य हैं। इनमें से 233 सदस्य राज्यों तथा केन्द्रशासित प्रदेशों का प्रतिनिधित्व करते हैं और 12 सदस्य राष्ट्रपति द्वारा मनोनीत हैं।

लोकसभा

लोकसभा के सदस्य वयस्क मताधिकार के आधार पर लोगों द्वारा सीधे चुने जाते हैं। संविधान में इस समय लोकसभा के 552 सदस्यों का प्रावधान है। इनमें से 520 सदस्य राज्यों और 20 सदस्य केन्द्रशासित प्रदेशों का प्रतिनिधित्व करते हैं। राष्ट्रपति को एंग्लो इंडियन समुदाय के दो व्यक्तियों को उस हालत में मनोनीत करने का अधिकार है, जब उन्हें ऐसा लगे कि सदन में इस समुदाय को पर्याप्त प्रतिनिधित्व नहीं मिला है। लोकसभा के लिए विभिन्न राज्यों की सदस्य संख्या का निर्धारण इस प्रकार किया जाता है कि राज्य के लिए निर्धारित सीटों की संख्या और उस राज्य की जनसंख्या का अनुपात जहां तक व्यावहारिक रूप से संभव हो, सभी राज्यों के मामले में समान हो। इस समय लोकसभा के 545 सदस्य हैं। इनमें से 530 सदस्य 26 राज्यों से और 13 सदस्य 6 केन्द्रशासित प्रदेशों से सीधे चुने गये हैं। दो सदस्य राष्ट्रपति द्वारा मनोनीत किये गये हैं, जो एंग्लो इंडियन समुदाय का प्रतिनिधित्व करते हैं। वर्तमान लोकसभा में सीटों का निर्धारण 1971 की जनगणना पर आधारित है और 42 वें संविधान संशोधन अधिनियम (1976) के अंतर्गत यह व्यवस्था सन् 2000 के बाद होने वाली पहली जनगणना के आंकड़े मिलने तक जारी रहेगी।

लोकसभा का कार्यकाल, यदि उसे जल्दी भंग न किया जाए, तो सदन की पहली बैठक की तिथि से लेकर पांच वर्ष होता है किन्तु यदि आपातस्थिति लागू हो तो यह अवधि संसद द्वारा बढ़ाई जा सकती है। परन्तु यह वृद्धि एक समय पर एक वर्ष से अधिक नहीं हो सकती और आपात स्थिति समाप्त होने के बाद किसी भी हालत में छः महीने से अधिक समय तक नहीं हो सकती। अब तक ग्यारह लोकसभाएं गठित की जा चुकी हैं।

संसद की सदस्यता के लिये योग्यताएं

संसद का सदस्य चुने जाने के लिए भारत का नागरिक होना आवश्यक है। लोकसभा के लिए कम से कम 25 वर्ष और राज्य सभा के लिए कम से कम 30 वर्ष उम्र होनी चाहिए। अतिरिक्त योग्यताएं संसद द्वारा कानून बनाकर निर्धारित की जा सकती है।

संसद के कार्य और अधिकार

अन्य संसदीय लोकतंत्रों की भांति भारत की संसद को भी कानून बनाने, प्रशासन की देख रेख, बजट पारित करने, लोगों की कठिनाइयों को दूर करने और विकास योजनाओं, अंतर्राष्ट्रीय संबंधों तथा राष्ट्रीय नीतियों जैसे विषयों पर चर्चा करने का अधिकार है। संघ और राज्यों में अधिकारों के वितरण की संविधान में जो व्यवस्था दी गई है, उसके अनुसार विधायी क्षेत्र में कई तरह से संसद को उच्च स्थान दिया गया है। अनेक विषयों पर कानून बनाने के अतिरिक्त संसद कुछ परिस्थितियों में ऐसे विषयों के विधायी अधिकार भी प्राप्त कर सकती है, जो अन्यथा राज्यों के लिए सुरक्षित हैं। संसद को राष्ट्रपति पर महाभियोग चलाने और उच्चतम न्यायालय तथा उच्च न्यायालयों, मुख्य चुनाव आयुक्त और नियंत्रक तथा महालेखा परीक्षक को संविधान की निर्धारित प्रक्रिया के अनुसार उनके पदों से हटाने का अधिकार है।

सभी विधेयकों को संसद के दोनों सदनों की स्वीकृति मिलना अनिवार्य है। किन्तु वित्त विधेयकों के मामले में लोकसभा की इच्छा सर्वोच्च है।

संविधान के अंतर्गत संसद को कानून बनाने के साथ-साथ संविधान में संशोधन करने का अधिकार मिला हुआ है।

संसदीय समितियां

संसद के कार्यों में विविधता तो है ही, साथ ही उसके पास काम की अधिकता भी रहती है। चूंकि इसके पास समय बहुत कम होता है, इसलिए उसके समक्ष प्रस्तुत सभी विधायी या अन्य मामलों पर गहन विचार नहीं हो सकता है। अतः इसका बहुत-सा कार्य समितियों द्वारा किया जाता है।

संसद के दोनों सदनों की समितियों की संरचना (कुछ अपवादों को छोड़कर) एक जैसी है। इन समितियों में नियुक्ति, कार्यकाल, कार्य एवं कार्य-संचालन की प्रक्रिया कुल मिलाकर एक सी ही है और ये संविधान के अनुच्छेद 118 (1) के अंतर्गत दोनों सदनों द्वारा निर्मित नियमों की धाराओं के तहत अधिनियमित होती है।

सामान्यतः ये समितियां दो प्रकार की होती हैं—स्थायी समितियां और तदर्थ समितियां। स्थायी समितियाँ प्रति वर्ष या समय-समय पर निर्वाचित या नियुक्त की जाती हैं और इनका काम कमोबेश निरंतर चलता रहता है। तदर्थ समितियों की नियुक्ति जरूरत पड़ने पर की जाती है, तथा काम पूरा कर लेने और अपनी रिपोर्ट पेश कर देने के बाद वे समाप्त हो जाती हैं।

(अ) स्थायी समितियां—लोकसभा की स्थायी समितियों में तीन वित्तीय समितियों—लोक लेखा समिति, प्राक्कलन समिति तथा सरकारी उपक्रम समिति का विशिष्ट स्थान है और ये सरकारी खर्च और निष्पादन पर नजर रखती हैं। लोक लेखा समिति तथा सरकारी उपक्रम समिति में राज्य सभा के सदस्य होते हैं और प्राक्कलन समिति में लोकसभा के।

प्राक्कलन समिति यह बतलाती है कि प्राक्कलनों में निहित नीति के अनुरूप क्या मितव्ययिता बरती जा सकती है तथा संगठन, कार्य-कुशलता और प्रशासन में क्या-क्या सुधार किये जा सकते हैं। यह इस बात की भी जांच करती है कि धन प्राक्कलनों में निहित नीति के अनुरूप ही व्यय किया गया है या नहीं। समिति इस बारे में भी सुझाव देती है कि प्राक्कलन संसद में किस रूप में पेश किया जाये। लोक लेखा समिति भारत सरकार के विनियोग तथा वित्त लेखा और लेखा नियंत्रक तथा महालेखा परीक्षक की रिपोर्ट की जांच करती है। यह सुनिश्चित करती है कि सरकारी धन संसद के निर्णयों के अनुरूप ही खर्च हो। यह अपव्यय, हानि और निरर्थक व्यय के मामलों की ओर ध्यान दिलाती है। सरकारी उपक्रम समिति कुछ निर्धारित सरकारी उपक्रमों की रिपोर्टों, लेखों और उप लेखा नियंत्रक तथा महालेखा परीक्षक की रिपोर्टों की, यदि कोई हो तो, जांच करती है। यह इस बात की भी जांच करती है कि ये सरकारी उपक्रम कुशलतापूर्वक चलाये जा रहे हैं या नहीं तथा इनका प्रबंध ठोस व्यापारिक सिद्धांतों और विवेकपूर्ण वाणिज्यिक प्रक्रियाओं के अनुसार किया जा रहा है या नहीं।

यह सुनिश्चित करने के लिए, इन समितियों के पास पर्याप्त आधार हैं कि इनकी सिफारिशों पर सरकार समुचित ध्यान दे। सरकार एवं समितियों के मध्य मतभेदों और इनकी सिफारिशों के कार्यान्वयन की प्रगति का उल्लेख समय-समय पर सदन को प्रस्तुत की जानी वाली 'कार्यवाही रिपोर्ट' में किया जाता हैं

इन तीन वित्तीय समितियों के अलावा लोकसभा की नियमों की समिति ने विभागों से संबंधित 17 स्थाई समितियां गठित करने की सिफारिश करने की थी। तदनुसार 8 अप्रैल 1993 को इन सत्रह समितियों का गठन किया गया। इन समितियों के निम्नलिखित कार्य हैं–

(i) भारत सरकार के विभिन्न मंत्रालयों/विभागों के अनुदानों की मांग पर विचार करना और उसके बारे में सदन को रिपोर्ट करना।

(ii) लोकसभा अध्यक्ष या राज्यसभा के सभापति द्वारा समिति को भेजे गए इस प्रकार के विधेयकों की जांच पड़ताल करना और जैसा भी मामला हो उसके बारे में रिपोर्ट तैयार करना।

(iii) मंत्रालयों और विभागों की वार्षिक रिपोर्टों पर विचार करना और उसकी रिपोर्ट तैयार करना और

(iv) सदन में प्रस्तुत किए गए दस्तावेजों और यदि लोकसभा अध्यक्ष राज्यसभा के सभापति द्वारा उसे समिति को भेजा गया है तो उन पर विचार करना तथा जैसा भी हो उसके बारे में रिपोर्ट तैयार करना।

विषय समितियां निरंतर और समवर्तीय आधार पर सम्बन्धित मंत्रालयों/विभागों/संबद्ध संगठनों के कामकाज और गतिविधियों की जांच करती है तथा विस्तृत अध्ययन के बाद सामने आने वाले समसामयिक हित के विषयों की पुनः जांच करती है।

प्रत्येक सदन में अन्य अस्थायी समितियां कार्यानुसार इस प्रकार विभाजित हैं :

(1) जांच समितियां

(i) **याचिका समिति**—याचिकाओं तथा जनहित संबंधी मामलों की जांच करती है एवं संघीय विषयों से संबंधित मामलों पर अभिवेदन प्राप्त करती है।

(ii) **विशेषाधिकार समिति**—सदन या अध्यक्ष या सभापति द्वारा भेजे गये विशेषाधिकार के किसी भी मामले की जांच करती है।

(2) संवीक्षण समितियां

(i) **सरकारी आश्वासनों संबंधी समिति**—मंत्रियों द्वारा सदन में दिए गए आश्वासनों, वायदों एवं संकल्पों पर उनके कार्यान्वित होने तक नजर रखती है।

(ii) **अधीनस्थ विधान संबंधी समिति**—इस बात की जांच करती है कि क्या संविधान द्वारा प्रदत्त विनियमों, नियमों, उप-नियमों तथा निर्माण संबंधी शक्तियों का अधिकारीगण उचित प्रयोग करते हैं। वह इसकी सूचना सदन को देते हैं।

(iii) **पटल पर रखे गये पत्रों संबंधी समिति**—वैधानिक अधिसूचनाओं व आदेशों, जो कि अधीनस्थ विधान संबंधी समिति के कार्यक्षेत्र में आते हैं, से भिन्न मंत्रियों द्वारा सदन के पटल पर रखे गये सभी कागजात की जांच करती है और देखती है कि किसी अधिनियम, नियम या विनियम के तहत कागजात प्रस्तुत करते हुए संविधान की धाराओं का पालन हुआ है या नहीं।

(3) सदन के दैनिक कार्य से सम्बन्धित समितियां

(i) **कार्यमंत्रणा समिति**—सदन में पेश किये जाने वाले सरकारी एवं अन्य मामलों के लिए समय-निर्धारण की सिफारिश करती है।

(ii) **गैर-सरकारी सदस्यों के विधेयकों तथा प्रस्तावों संबंधी समिति**—गैर-सरकारी विधेयकों का वर्गीकरण एवं उनके लिये समय निर्धारण करती है, सदस्यों द्वारा लोकसभा में गैर-सरकारी संविधान संशोधन विधेयक प्रस्तुत किये जाने से पहले उसकी जांच करती है। राज्य में इस प्रकार की समिति नहीं होती। राज्य सभा की कार्यमंत्रणा समिति ही गैर-सरकारी विधेयकों एवं प्रस्तावों की स्थिति पर बहस के लिए समय निर्धारण की सिफारिश करती है।

(iii) **नियम समिति**—सदन में कार्य प्रणाली और संचालन से संबंधित मामलों पर विचार करती है और नियम प्रणाली में किसी संशोधन या संयोजन की सिफारिश करती है।

(iv) **सभा की बैठकों में अनुपस्थित सदस्यों संबंधी समिति**—सदन की बैठकों में अनुपस्थित सदस्यों की छुट्टी के आवेदन-पत्रों पर विचार करती है। राज्यसभा में इस प्रकार की कोई समिति नहीं होती है। सदस्यों द्वारा अनुपस्थिति के लिए अनुमति संबंधी आवेदन-पत्रों पर सदन स्वयं ही विचार करता है।

सारणी 6.1
लोकसभा और उसके अध्यक्ष

लोकसभा	गठन के पश्चात प्रथम बैठक	भंग होने की तिथि	अध्यक्ष[1] नाम	से	तक
प्रथम लोकसभा	13 मई 1952	4 अप्रैल 1957[2]	गणेश वासुदेव मावलंकर	15 मई 1952	27 मई फरवरी 1956[3]
			एम॰ अनंतशयनम आयंगर	8 मई 1956	10 मई 1957
दूसरी लोकसभा	10 मई 1957	31 मार्च 1962[4]	एम॰ अनंतशयनम आयंगर	11 मई 1957	16 अप्रैल 1962
तीसरी लोकसभा	16 अप्रैल 1962	3 मार्च 1957[5]	हुकम सिंह	17 मई 1962	16 मार्च 1967
चौथी लोकसभा	16 मार्च 1967	27 दिसम्बर 1970[6]	नीलम संजीव रेड्डी	17 मार्च 1967	19 जुलाई 1969[11]
			गुरदयाल सिंह ढिल्लों	8 अगस्त 1969	19 मार्च 1971
पांचवी लोकसभा	19 मई 1971	18 जनवरी 1970[8]	गुरदयाल सिंह ढिल्लों	22 मार्च 1971	1 दिसम्बर 1975[9]
			बलिराम भगत	5 जनवरी 1976	25 मार्च1977
छठी लोकसभा	25 मार्च 1977	22 अगस्त 1979[10]	नीलम संजीव रेड्डी	26 मार्च 1977	13 जुलाई 1977[11]
			के॰ एस हेगड़े	21 जुलाई 1977	21 जनवरी 1980
सातवीं लोकसभा	21 जनवरी 1980	31 दिसम्बर 1984[12]	डा॰ बलराम जाखड़	22 जनवरी 1980	15 जनवरी 1985

लोकसभा			अध्यक्ष[1]		
	गठन के पश्चात प्रथम बैठक	भंग होने की तिथि	नाम	से	तक
आठवीं लोकसभा	15 जनवरी 1985	27 नवंबर 1989[13]	डॉ॰ बलराम जाखड़	16 जनवरी 1985	18 दिसम्बर 1989
नौवीं लोकसभा	18 दिसम्बर 1989	13 मार्च 1991	रबिराय	19 दिसम्बर 1989	9 जुलाई 1991
दसवीं लोकसभा	9 जुलाई 1991	–	शिवराज पाटिल	10 जुलाई 1991	1996 तक
ग्यारहवीं लोकसभा	1996	–	पी॰ ए॰ संगमा	–	–

1. संविधान के अनुच्छेद 94 के अंतर्गत लोकसभा के भंग हो जाने पर अध्यक्ष अपना पद नई लोकसभा की प्रथम बैठक होने तक नहीं छोड़ता।
2. अपने सामान्य कार्यकाल से 38 दिन पूर्व ही भंग हो गई।
3. मृत्यु हो गई।
4. अपने कार्यकाल की समाप्ति से 40 दिन पूर्व ही भंग हो गई।
5. अपने कार्यकाल की समाप्ति से 44 दिन पूर्व ही भंग हो गई।
6. अपने कार्यकाल की समाप्ति से एक वर्ष 79 दिन पूर्व भंग हो गई।
7. लोकसभा का कार्यकाल जो कि 18 मार्च 1976 को समाप्त होना था, (कालावधि विस्तार) अधिनियम, 1976 के अंतर्गत लोकसभा द्वारा एक वर्ष के लिए 18 मार्च 1977 तक बढ़ा दिया गया। फिर भी, पांच वर्ष इस महीने और छः दिन अस्तित्व में रहने के पश्चात सदन भंग कर दिया गया।
8. त्यागपत्र दे दिया।
9. दो वर्ष, चार महीने और 28 दिन अस्तित्व में रहने के पश्चात सदन को भंग कर दिया।
10. त्यागपत्र दे दिया।
11. अपने कार्यकाल की समाप्ति से 20 दिन पूर्व ही भंग हो गई।
12. अपने कार्यकाल की समाप्ति से 48 दिन पहले भंग हुई।
13. एक वर्ष, दो महीने और दो दिन अस्तित्व में रहने के बाद सदन को भंग कर दिया गया।

(4) अनुसूचित जातियों तथा अनुसूचित जनजातियों के कल्याण संबंधी समिति—इसमें दोनों सदनों के सदस्य होते हैं। यह केन्द्र सरकार के कार्यक्षेत्र में आने वाले अनुसूचित जातियों व अनूसूचित जनजातियों के कल्याण संबंधी मामलों पर विचार करती है और इस बात पर नजर रखती है कि उन्हें जो संवैधानिक संरक्षण दिए गए हैं, वे ठीक से कार्यान्वित हो रहे हैं या नहीं।

(5) सदस्यों को सुविधाएं प्रदान करने संबंधी समितियां

(i) **सामान्य प्रयोजन संबंधी समिति**—सदन संबंधित ऐसे मामलों पर विचार करती है, जो किसी अन्य संसदीय समिति के अधिकार क्षेत्र में नहीं आते तथा अध्यक्ष को उस बारे में सलाह देती है।

(ii) **आवास समिति**—सदस्यों के लिए आवास तथा अन्य सुविधाओं की व्यवस्था करती है।

(6) संसद सदस्यों के वेतन एवं भत्ते संबंधी संयुक्त समिति—यह संसद सदस्यों के वेतन, भत्ते एवं पेंशन अधिनियम, 1951 के अधीन गठित की गई है। संसद सदस्यों के वेतन, भत्ते एवं पेंशन संबंधी नियम बनाने के अतिरिक्त यह उनके चिकित्सा, आवास टेलीफोन, डाक, निर्वाचन-क्षेत्र एवं सचिवालय संबंधी सुविधाओं के संबंध में नियम बनाती है।

(7) लाभ के पदों तथा संबंधी संयुक्त समिति—यह केन्द्र, राज्यों तथा केन्द्रशासित प्रदेशों द्वारा नियुक्त बोर्डों एवं अन्य निकायों की संरचना और स्वरूप की जांच करती है और यह सिफारिश करती है कि कौन-कौन से पद ऐसे हो, जो संसद के किसी भी सदन की सदस्यता के लिए किसी व्यक्ति को योग्य अथवा अयोग्य बनाते हैं।

(8) पुस्तकालय समिति—इसमें दोनों सदनों के सदस्य होते हैं। यह संसद के पुस्तकालय से संबंधित मामलों पर विचार करती है।

तदर्थ समितियाँ—ऐसी समितियां दो शीर्षकों के अंतर्गत वर्गीकृत की जा सकती हैं—(क) किसी विचाराधीन प्रस्ताव पर संसद के किसी सदन द्वारा या अध्यक्ष द्वारा किसी विशिष्ट विषय (उदाहरणतः राष्ट्रपति के अभिभाषण के दौरान कुछ सदस्यों के आचरण संबंधी समिति, पंचवर्षीय योजनाओं के प्रारूप संबंधी समिति, रेलवे कन्वेंशन समिति, बोफोर्स समझौतों पर संयुक्त समिति, उर्वरक मूल्य निर्धारण पर संयुक्त समिति तथा सिक्योरिटी व बैंक भुगतानों में गड़बड़ी की जांच के लिए संयुक्त समिति इत्यादि) की जांच तथा रिपोर्ट प्रस्तुत करने के लिए समय-समय पर गठित की गई समितियां, (ख) विशेष विधेयकों पर विचार करने एवं रिपोर्ट देने के लिये नियुक्त प्रवर एवं संयुक्त समितियां। जहाँ तक विधेयकों से सम्बन्धित सवाल है, ये समितियाँ अन्य तदर्थ समितियों से भिन्न हैं और इनके द्वारा पालित प्रक्रिया का उल्लेख अध्यक्ष/सभापति के निर्देश तथा प्रक्रिया सम्बन्धी नियमों में किया गया है।

संसद में विपक्ष के नेता

संसदीय लोकतंत्र में विपक्ष के नेता की महत्त्वपूर्ण भूमिका को देखते हुए राज्यसभा और लोकसभा में विपक्ष के नेताओं को कानूनी मान्यता दी गई है। उन्हें वेतन तथा कुछ

अन्य सुविधाएं भी दी जाती हैं, ताकि वे सदन में अपना कार्य सुचारू रूप से कर सकें। इसके लिए अगस्त 1977 में संसद द्वारा आवश्यक कानून पारित किया गया था। यह कानून तथा इसके अन्तर्गत बनाये गये नियम एक नवम्बर 1977 को लागू हुए।

सरकारी कार्य की आयोजना

संसदीय कार्य मंत्रालय को लोकसभा और राज्यसभा में विधायी और गैर-विधायी, दोनों प्रकार के सरकारी कार्य को समन्वित करने, उनकी योजना बनाने और तत्वसम्बन्धी व्यवस्था करने की जिम्मेदारी सौंपी गई है। इस कार्य में चार मंत्री उसकी सहायता करते हैं—एक राज्य सभा से सम्बन्धित और एक लोकसभा से। यह कार्य मंत्रालय, संसदीय मामलों की मंत्रिपरिषद समिति के निर्देशों के अनुसार करता है। यह संसद में चर्चा के लिए आने वाले महत्त्वपूर्ण विषयों के लिए दोनों सभाओं में समय निर्धारण के सम्बन्ध में विपक्षी दलों और समूहों के नेताओं से उनके विचार जानने के लिए संपर्क करता है। राष्ट्रीय समस्याओं पर विपक्ष के नेताओं के विचार जानने के उद्देश्य से यह प्रधानमंत्री अथवा सम्बन्धित मंत्रियों के साथ उनकी बैठकों की व्यवस्था भी करता है।

संसदीय विशेषाधिकार

संविधान में संसद में अभिव्यक्ति की स्वतन्त्रता प्रदान की गई है। संसद के किसी सदस्य द्वारा संसद अथवा उसकी समितियों में कही गई किसी बात पर या दिए गए किसी मत के लिए किसी न्यायालय में उसके विरुद्ध कोई कार्यवाही नहीं की जा सकती। अन्य बातों के सम्बन्ध में संसद की प्रत्येक सभा और उसके सदस्यों तथा उसकी समितियों की शक्तियां, विशेषाधिकार और उन्मुक्तियां वहीं होंगी, जो संसद द्वारा कानून में समय-समय पर परिभाषित की जाएंगी और जब तक वे परिभाषित नहीं कर दी जातीं, जब तक वे वहीं रहेंगी जो 20 जून 1979 के तत्काल पूर्व उस सदन और उसके सदस्यों तथा समितियों को प्राप्त थीं।

सलाहकार समितियाँ

संसदीय कार्य मंत्रालय, सलाहकार समितियों का गठन करता है। इनमें संसद की दोनों सभाओं के सदस्य होते हैं। इनका उद्देश्य मंत्रियों, संसद सदस्यों तथा अधिकारियों का आपसी संपर्क बढ़ाना तथा विचार-विमर्श के जरिए सरकारी नीतियों और लोक प्रशासन के सिद्धान्तों, समस्याओं और कार्यकरण से सदस्यों को परिचित कराना है। प्रत्येक मंत्रालय के लिए एक ऐसी समिति है।

सरकारी समितियों के लिए संसद सदस्यों का मनोनयन

संसदीय कार्यमंत्री सरकार द्वारा गठित समितियों, परिषदों, आयोगों आदि के लिए संसद सदस्यों को मनोनीत करता है। वह सरकार द्वारा विदेशों में भेजे जाने वाले विभिन्न प्रतिनिधि मंडलों के लिए भी सदस्यों का चुनाव करता है।

अखिल भारतीय सचेतक सम्मेलन

संसदीय प्रणाली का कुशल एवं सुचारू संचालन बहुत हद तक सचेतक कार्यालय पर निर्भर है। विधायिका में दलों के कुशल एवं सुचारू संगठन की जिम्मेदारी सचेतकों पर है। सरकार के सचेतक अपने जिन कर्त्तव्यों का निर्वाहन करते हैं उसमें सबसे महत्त्वपूर्ण सदन के अधिवेशन का समय निश्चित करना और विधायिका में सरकार की कार्यवाहियों को पूरा कराना है। सचेतक को सदन की कार्यवाही पर सतर्क नजर रखनी होती है और किसी भी आपातकालीन स्थिति के लिए तैयार रहना पड़ता है। जब भी कोई महत्त्वपूर्ण कदम उठाए जाते हैं तो उसके बारे में पार्टी के सदस्यों को सचेतक के जरिए सूचित किया जाता है। सरकार के मुख्य सचेतक का सबसे महत्त्वपूर्ण कार्य सदन की भावना को महसूस करना और उसके बारे में पार्टी के नेता को अवगत कराना है।

संसदीय प्रणाली के सुचारू संचालन के लिए सचेतक जिस महत्त्वपूर्ण भूमिका का निर्वाह करता है, उसे देखते हुए संसद साथ ही साथ राज्य विधान सभाओं के सचेतकों की समय-समय पर बैठकें कराने और उनके बीच विचारों के आदान-प्रदान के लिए एक समुचित मंच की सुविधा जुटाने का विचार 1952 के प्रारम्भ में ही आया था। सचेतकों का पहला सम्मेलन सितम्बर 1952 में इंदौर में हुआ। इस सम्मेलन को बुलाने का उद्देश्य उन सचेतकों के बीच समुचित सम्पर्क रखना था जो विधायिका की व्यावहारिक पद्धति से सम्बन्ध रखते हैं। साथ ही आपसी हित के मसलों पर विचार करना और संसदीय लोकतांत्रिक प्रतिष्ठान को मजबूत बनाने के लिए मानक तय करना भी इसके उद्देश्यों में शामिल है। संसदीय मामलों के मंत्रालय द्वारा अब तक ग्यारह अखिल भारतीय सम्मेलन आयोजित किए जा चुके हैं। ग्यारहवां सम्मेलन जनवरी, 1994 में बंगलौर में आयोजित किया गया।

युवा संसद योजना

छात्र समुदाय में लोकतांत्रिक प्रक्रिया के मूलभूत मूल्यों की भावना पैदा करने और लोकतांत्रिक कार्यपद्धति की समुचित दृष्टि प्रदान करने के उद्देश्य से संसदीय मामलों का मंत्रालय हर साल युवा संसद की दो प्रतियोगिता आयोजित करता है। (i) दिल्ली प्रशासन के सीनियर सेकेंड्री स्कूलों में और (ii) राष्ट्रीय स्तर पर केन्द्रीय विद्यालयों में। अब तक दिल्ली प्रशासन के स्कूलों के लिए 28 युवा संसद प्रतियोगिताएं और केन्द्रीय विद्यालयों में। अब तक दिल्ली प्रशासन के स्कूलों के लिए 28 युवा संसद प्रतियोगिताएं और केन्द्रीय विद्यालयों के लिए 6 राष्ट्रीय युवा संसद प्रतियोगिताएं आयोजित की जा चुकी हैं।

नियम 377 के अंतर्गत/विशेष उल्लेख के जरिये उठाए जाने वाले मामले

संसदीय कार्य मंत्रालय, लोकसभा में नियम 377 के अंतर्गत तथा राज्यसभा में विशेष उल्लेख के जरिये उठाए गए मामलों पर आगे की कार्रवाई को देखता है।

शून्यकाल में उठाए जाने वाले मामले

संसद सदस्य प्रश्नोत्तर काल के बाद, दोनों सदनों में कुछ तात्कालिक महत्त्व के प्रश्न उठा सकते हैं और पटल पर कागजात प्रस्तुत कर सकते हैं। यह कार्रवाई 'शून्यकाल'

कहलाती है। संसदीय कार्य मंत्रालय दोनों सदनों में 'शून्यकाल' के दौरान उठाए मामलों पर आगे की कार्रवाई देखता है।

आश्वासनों का क्रियान्वयन

संसदीय कार्य मंत्रालय, संसद की दोनों सभाओं की दैनिक कार्यवाहियों में से मंत्रियों द्वारा दिए गए आश्वासनों, वायदों, वचनों आदि को छांट कर उन्हें सम्बन्धित मंत्रालयों/विभागों को क्रियान्वयन के लिए भेजता है। सम्बन्धित मंत्रालयों/विभागों से आवश्यक जानकारी एकत्र करके उनकी समुचित जांच करने के बाद संसदीय कार्य मंत्री द्वारा समय-समय पर सभाओं के पटल पर आश्वासनों के क्रियान्वयन के सम्बन्ध में सरकार द्वारा की गई कार्रवाई को दर्शाने वाले विवरण रखे जाते हैं।

संसदीय अध्ययन एवं प्रशिक्षण ब्यूरो

संसदीय अध्ययन एवं प्रशिक्षण ब्यूरो की स्थापना जनवरी, सन् 1976 में लोकसभा सचिवालय के अभिन्न अंग के रूप में की गई थी। तब से लेकर अब तक इसने संसदीय प्रक्रिया और कार्य प्रणाली के बारे में अनेक बहुआयामी प्रशिक्षण कार्यक्रम आयोजित किए हैं। जिन लोगों को संसदीय संस्थानों में कार्य करने अथवा उन्हें चलाने की जिम्मेदारी सौंपी गई है उन्हें यह ब्यूरो अपेक्षित व्यवसायिकता, विशेषज्ञता प्रदान करने तथा संसदीय कार्यों के अनूकूल बनाने के लिए अग्रणी तथा महत्त्वपूर्ण भूमिका अदा कर रहा है। ब्यूरो की गतिविधियों में संगोष्ठियों का आयोजन, नए संसद सदस्यों और राज्य विधान सभा के सदस्यों के लिए ओरिएन्टेशन कार्यक्रम, संसद सदस्यों के लिए कम्प्यूटर के बारे में जानकारी के कार्यक्रम, गैर हिन्दी भाषी सदस्यों के लिए हिन्दी की कक्षाएं आयोजित करना और संसदीय सचिवालय तथा विधानसभा के अधिकारियों के लिए नवीनीकरण पाठ्यक्रम, भारत सरकार के वरिष्ठ तथा मध्यम दर्जे के अधिकारियों आई॰ ए॰ एस॰, आई॰ एफ॰ एस॰, आई॰ पी॰ एस॰ के प्रोबेशनरों और दूसरी अन्य अखिल भारतीय तथा केन्द्रीय सेवाओं के अधिकारियों के लिए मूल्यांकन पाठ्यक्रम आयोजित करना शामिल है। यह ब्यूरो पूरे देश में विश्वविद्यालयों के छात्रों के लिए प्रतीकात्मक संसद (मॉडल पार्लियामेंट) का भी आयोजन करता है तथा विश्वविद्यालयों के प्राध्यापकों को अपने संसाधनों में इस प्रकार की प्रतीकात्मक संसद आयोजित करने का प्रशिक्षण देता है। यह विधानसभा सदस्यों और सरकारी अधिकारियों, छात्रों तथा अन्य के लिए अध्ययन यात्राओं का प्रबंध करता है और संसदीय कार्यप्रणाली तथा तौर तरीके के बारे में प्रशिक्षण कार्यक्रम आयोजित करता है। भारत तथा विदेशों के संसदीय एवं विधानसभा अधिकारियों के लिए यह ब्यूरो विधायिका ड्राफ्टिक के प्रशिक्षण का भी आयोजन करता है। ब्यूरो ने अभी हाल ही में संसदीय प्रश्नों, प्राईवेट मैम्बर बिल्स, संसदीय शिष्टाचार और आचरण तथा संसद की वित्तीय समिति जैसे विषयों पर वीडियो फिल्में बनानी शुरू की हैं। ये विडियो फिल्में संसद के उन सदस्यों और प्रशिक्षणार्थियों को दिखाई जाती हैं जो विभिन्न पाठ्यक्रमों में भाग लेने के लिए आते हैं। कुछ और फिल्में तैयार की जानी हैं। यह ब्यूरो विभिन्न संसदीय समारोहों और घटनाओं की वीडियो कवरेज का प्रबन्ध भी करता है।

संसदीय संग्रहालय एवं अभिलेखागार

लोकसभा सचिवालय द्वारा संसदीय-सौध में एक संसदीय संग्रहालय और अभिलेखागार की स्थापना की गई है इसका उद्‌घाटन 29 दिसम्बर 1989 को माननीय लोकसभा अध्यक्ष ने किया था। इसकी स्थापना अतीत एवं वर्तमान को भविष्य के लिए सुरक्षित रखने के उद्देश्य से की गई है तथा यह कार्य काफी समय से उपेक्षित पड़े हुए रिकार्डों, ऐतिहासिक दस्तावेजों और संविधान तथा संसद से सम्बन्धित लेखों को सुरक्षित रखकर किया जा रहा है तथा इनके द्वारा संसदीय संस्थानों और राजनीतिक प्रणालियों के इतिहास और उनकी प्रगति को बेहतर ढंग से समझकर किया जा रहा है।

इस संग्रहालय में भारत तथा विदेशों के संसदीय संस्थानों के विकास और उनकी कार्यप्रणाली को समझने के लिए मॉडलों, चार्टों, रेखाचित्रों सम्बन्धित वस्तुओं, फोटो और दर्शाई जा सकने वाली अन्य तकनीकों का सहारा लिया गया है। इस संग्रहालय में छायाचित्र अभिलेखागार में संसदीय संस्थानों के इतिहास और उनकी गतिविधियों के बारे में तथा प्रख्यात हस्तियों के बारे में प्रामाणिक विस्तृत और अब तक की पूर्ण जानकारी का रिकार्ड चित्रों में सुरक्षित है। फोटो अभिलेखागार ने संसदीय गतिविधियों से सम्बन्धित लगभग 7350 चित्र एकत्रित किए हैं और उन्हें व्यवस्थित ढंग से सुरक्षित रखा हुआ है।

संसदीय संग्रहालय और अभिलेखागार के अभिलेखा खंड में भारतीय संविधान के निर्माण से सम्बन्धित रिकार्डो को सुरक्षित करके रखा हुआ है। इसके पास संसदीय संस्थानों के विकास और उनके कार्यों से सम्बन्धित रिकार्ड तथा सांसदों के निजी कागज-पत्र भी सुरक्षित हैं चाहे वे सांसद किसी भी राजनैतिक दल से क्यों न हो।

आधुनिकीकरण

संसदीय पुस्तकालय में स्वचालित व्यवस्था लागू होने के साथ ही लोकसभा में आधुनिकीकरण का कार्य शुरू किया गया। यह पुस्तकालय संसद सदस्यों की सूचना सम्बन्धी आवश्यकताओं की पूर्ति करता है। संसद सम्बन्धी विषयों के बारे में नवीनतम और तुरन्त जानकारी प्रदान करने के लिए दिसम्बर 1985 में संसदीय पुस्तकालय सूचना व्यवस्था के नाम से कम्प्यूटर पर आधारित सूचना प्रणाली लागू की गई है। संसदीय पुस्तकालय की विभिन्न शाखाओं की गतिविधियों का कम्प्यूटरीकरण करने के लिए 1987 में औपचारिक रूप से कम्प्यूटर केन्द्र की स्थापना की गई है। पुस्तकालय के अभिन्न अंग के रूप में यह केन्द्र 486 पर आधारित एक लघु कम्प्यूटर, दो पी॰ सी॰–386, एक पी॰ सी॰ ए॰ टी॰ और एक पी॰ सी॰–एक्स टी कम्प्यूटर सहित अनेक प्रिंटरों और कम्प्यूटरीकृत टर्मिनल्स से पूरी तरह सुसज्जित है। कुछ चुने हुए संसदीय प्रश्नों, अन्य संसदीय कार्यवाहियों, विधेयकों, संसद सदस्यों के जीवन परिचयों, भारतीय अर्थव्यवस्था की सांख्यिकी सारणियों, पहली से लेकर दसवीं लोकसभा और राज्यसभा के संसद सदस्यों की समेकित अनुक्रमणिकाएं और (1947-1993) तक मंत्रिपरिषद के सदस्यों की अनुक्रमणिकाओं के बारे में कई डाटाबेस विकसित किए गए हैं। पुस्तकालय प्रबंधन की कार्यविधि जैसे पुस्तकालय कार्यविधि जैसे पुस्तकालय सामग्री के अधिग्रहण, संसाधन और

वितरण तथा अनुक्रमिका नियंत्रण के कम्प्यूटरीकरण के लिए ''लिबसाइस'' नाम के एक लाइब्रेरी साफ्टवेयर पैकेज का इस्तेमाल किया जा रहा है। इसके अतिरिक्त संसदीय पुस्तकालय के संदर्भ कक्ष एवं प्रलेखन विभाग, अनुसन्धान और सूचना प्रभाग की स्वचालित गतिविधियों के लिए लगभग 30 टर्मिनलों से युक्त 486 पर आधारित एक लघु कम्प्यूटर का इस्तेमाल किया जा रहा है। संसदीय पुस्तकालय के बहुमूल्य संकलनों के रख-रखाव और उन्हें सुरक्षित रखने के लिए 1988 में एक माइक्रोफिल्मिंग इकाई की स्थापना की गई थी। छह लाख से अधिक दस्तावेजों की माइक्रोफिल्मों से पुनः सूचना प्राप्त करने में भी सहायता प्रदान करती है।

लोकसभा की गतिविधियों को और आधुनिकीकरण करने के लिए विभिन्न विभागों का विशेष रूप से रिर्पोटिंग, प्रश्नों, संसदीय समितियों और सुरक्षा विभागों का भी कम्प्यूटरीकरण किया गया है। सदन और संसदीय समितियों की कार्यवाहियों का लिखित ब्यौरा प्रस्तुत करने के लिए रिपोर्ट्स के विभाग में दो 486–आधारित लघु कम्प्यूटर रखे गये हैं। वित्तीय समितियों और विभागों से सम्बन्धित 17 नव नियुक्त स्थाई समितियों से वास्ता रखने वाले विभागों के लिए विशिष्ट डाटाबेस के विकास से सम्बन्धित कार्य पहले ही पूरा किया जा चुका है। फिलहाल प्रश्नोत्तर विभाग को गतिविधियों के कम्प्यूटरीकरण का काम चल रहा है। सुरक्षा नियंत्रण कक्ष और संसदीय स्वागत कक्ष की सेवाओं को आधुनिक बनाने के लिए भी कम्प्यूटर लगाए गए हैं।

प्रशासनिक ढांचा

राष्ट्रपति ने संविधान के अंतर्गत भारत सरकार (कार्यनिर्धारण) नियम 1961, बनाये हैं। यह कार्य उन मंत्रालयों, विभागों, सचिवालयों और कार्यालयों में होता है, जिनका उल्लेख इन नियमों के अंतर्गत किया गया है। इन सबको 'विभाग' के रूप में उल्लिखित किया गया है प्रधानमंत्री की सलाह पर राष्ट्रपति मंत्रियों के बीच काम का बंटवारा करते हैं जिसमें मंत्री को एक या उससे अधिक विभाग सौंपे जाते हैं। आमतौर पर एक कैबिनेट मंत्री की सहायता के लिए एक राज्यमंत्री रखा जाता है। सामान्यतया प्रत्येक विभाग के लिए सचिव पद का एक अधिकारी नियुक्त किया जाता है, जो नीति सम्बन्धी मामलों तथा सामान्य प्रशासन के बारे में मंत्री को परामर्श देता है। मंत्रिमंडल सचिवालय उच्चतम स्तर पर निर्णय लेने की प्रक्रिया में समन्वय कायम करने की महत्त्वपूर्ण भूमिका निभाता है। यह प्रधानमंत्री के निर्देशन में काम करता है। इसके कार्यों में मंत्रिमंडल और उसकी समितियों के सामने मामले प्रस्तुत करना, उन पर किए गए निर्णयों के रिकार्ड तैयार करना तथा उन पर अमल करने के बारे में कार्यवाही करना शामिल है। सचिवों की समितियों में भी इसके प्रतिनिधि होते हैं। इन समितियों की बैठकें मंत्रिमंडल सचिव की अध्यक्षता में समय-समय पर उन समस्याओं पर विचार करने और परामर्श करने के लिए होती हैं। जिनमें विभिन्न मंत्रालयों के बीच परस्पर परामर्श तथा समन्वय की आवश्यकता होती है। यह सचिवालय प्रधानमंत्री के निर्देश और राष्ट्रपति की स्वीकृति से विभिन्न मंत्रालयों और विभागों के बीच सरकारी काम-काज का बंटवारा भी करता है। यह काम करने के नियम बनाता है। मंत्रिमंडल सचिवालय प्रत्येक मंत्रालय की महत्त्वपूर्ण गतिविधियों के बारे में समय-समय पर सार और

टिप्पणियां मंगाता है और उन्हें राष्ट्रपति और उप-राष्ट्रपति, मंत्रियों तथा अन्य महत्त्वपूर्ण अधिकारियों के पास भेजता है।

सरकारी सेवाएं

अखिल भारतीय सेवाएं

भारत के संविधान के अनुच्छेद 312 की धारा (1) के अनुसार संसद ने 1951 में अखिल भारतीय सेवा अधिनियम पारित किया, जिसमें दो सेवाएं गठित करने की व्यवस्था है। ये सेवाएं हैं—भारतीय प्रशामनिक सेवा और भारतीय पुलिस सेवा। 1963 में इस अधिनियम में संशोधन किया गया और तीन अन्य अखिल भारतीय सेवाओं को इसमें शामिल कर लिया गया। ये सेवाएं हैं—भारतीय इंजीनियरी सेवा (सिंचाई, बिजली, भवन और सड़क), भारतीय वन सेवा और भारतीय चिकित्सा व स्वास्थ्य सेवा। फिलहाल यह निर्णय लिया गया है कि भारतीय चिकित्सा एवं स्वास्थ्य सेवा और भारतीय इंजीनियरी सेवा सिंचाई, बिजली, भवन और सड़क) का गठन नहीं किया जाए। भारतीय प्रशासनिक सेवा का नियंत्रण भी कार्मिक और प्रशिक्षण विभाग के अधीन है, जबकि भारतीय पुलिस सेवा का नियंत्रण गृह मंत्रालय द्वारा तथा भारतीय वन सेवा का नियन्त्रण पर्यावरण और वन मंत्रालय द्वारा किया जाता है।

भारतीय प्राशसनिक सेवाओं में भर्ती संघ लोक सेवा आयोग द्वारा आयोजित वार्षिक सिविल सेवा परीक्षा के आधार पर की जाती है। भारतीय प्रशासनिक सेवा में नियुक्त व्यक्तियों को विभिन्न राज्यों का काडर दिया जाता है। इस समय 21 काडर हैं। 1 मार्च 1994 तक भारतीय प्रशासनिक सेवा के काडर की कुल संख्या 5,294 और कार्यरत अधिकारियों की संख्या 4,895 थी।

केन्द्रीय सचिवालय सेवाएं

केन्द्रीय सचिवालय की निम्नलिखित तीन सेवाएं हैं—(1) केन्द्रीय सचिवालय सेवा, (2) केन्द्रीय सचिवालय आशुलिपिक सेवा और (3) केन्द्रीय सचिवालय लिपिक सेवा। केन्द्रीय सचिवालय सेवा के अनुभाग अधिकारी ग्रेड, सहायक ग्रेड, "सी" और "ए" एवं "बी" (विलय हो चुका है) तथा ग्रेड 1 और 2 के पद विकेन्द्रीकृत हैं। केन्द्रीय सचिवालय सेवा में मुख्य निजी सचिव का नया बनाया गया ग्रेड और सलेक्शन ग्रेड तथा ग्रेड—1 के पद केन्द्रीकृत हैं। ग्रेडों में नियुक्तियां और पदोन्नतियां अखिल सचिवालय आधार पर होती है। ये विकेन्द्रित हैं। केन्द्रीकृत ग्रेडों के मामले में कार्मिक और प्रशिक्षण विभाग पदोन्नति, क्षेत्र निर्धारण और खुली प्रतियोगिता तथा विभाग परीक्षा के जरिए रिक्त पदों को भरने के लिए भिन्न ग्रेडों की आवश्यकता का पता लगाता है।

संघ लोक सेवा आयोग

केन्द्र सरकार के तहत सिविल पदों पर ग्रुप "ए" और "बी" की भर्ती तथा विभिन्न सेवा संबंधी मामलों में सलाह देने के लिए संविधान में एक स्वतंत्र निकाय "संघ लोक सेवा आयोग" की व्यवस्था की गई है। इसके अध्यक्ष और सदस्यों की नियुक्ति राष्ट्रपति

द्वारा की जाती है। इनका कार्यकाल 6 वर्ष का या 65 वर्ष की आयु का होता है, दोनों में जो भी पहले समाप्त हो जाए। आयोग की स्वतन्त्रता बनाए रखने के लिए संविधान में यह प्रावधान किया गया है कि इसके अध्यक्ष और सदस्यों को उनके अवकाश ग्रहण करने के बाद कोई सरकारी नौकरी न दी जाए। इन्हें संविधान में दी गई व्यवस्था और उसमें दिए गए कारणों के अलावा नौकरी से हटाया भी नहीं जा सकता है। संघ लोक सेवा आयोग की वार्षिक रिर्पोट संसद के दोनों सदनों में रखी जाती है।

कर्मचारी चयन आयोग

प्रशासनिक सुधार आयोग की सिफारिश पर 1 जुलाई 1976 को एक अधीनस्थ कर्मचारी सेवा आयोग का गठन किया गया, जिसका नाम बाद में कर्मचारी चयन आयोग कर दिया गया। इसका कार्य सरकार के विभागों द्वारा अधीनस्थ कार्यालयों में वर्ग 'ग' के गैर-तकनीकी पदों पर नियुक्तियां करना है। यह आयोग उन पदों के लिए भर्ती नहीं करता, जिनके लिए रेलवे सेवा आयोग और औद्योगिक प्रतिष्ठान नियुक्तियां करते हैं। आयोग को सहायक वर्ग और आशुलिपिक वर्ग 'ग' की भर्ती करने का दायित्व भी सौंपा गया है। ये दोनों वर्ग 'ख' के पद हैं। आयोग में एक अध्यक्ष तथा दो सदस्य हैं। आयोग का मुख्यालय तथा उत्तरी क्षेत्र का कार्यालय नई दिल्ली में हैं मध्य, पश्चिमी, पूर्वोत्तर, पूर्वी तथा दक्षिणी क्षेत्रों के कार्यालय क्रमशः इलाहाबाद, बम्बई, गुवहाटी, कलकत्ता और मद्रास में हैं।

राजभाषा

हिन्दी, संविधान के अनुच्छेद 343(1) के अनुसार, संघ की राजभाषा है। अनुच्छेद 343(2) में शासकीय कार्य में अंग्रेजी, के उपयोग को 15 यानी 25 जनवरी 1965 तक जारी रखने का प्रावधान किया गया था। अनुच्छेद 343(3) में अंग्रेजी के उपयोग को 25 जनवरी 1965 के बाद भी जारी रखने का प्रावधान कर दिया गया। राजभाषा अधिनियम, 1963 (1967 में संशोधित) में यह व्यवस्था की गई है कि हिन्दी के अतिरिक्त अंग्रेजी भाषा का उपयोग 25 जनवरी 1965 के बाद भी जारी रहेगा। अधिनियम में यह व्यवस्था है कि कुछ विशेष कार्यों, जैसे प्रस्ताव, सामान्य आदेश, नियम, अधिसूचना, प्रेस-विज्ञप्ति, प्रशासकीय रिपोर्ट, लाइसैंस, परमिट, समझौतों आदि में हिन्दी और अंग्रेजी दोनों का प्रयोग अनिवार्य होगा।

हिन्दी के प्रचार का आंकलन करने और इस कार्य में जो कठिनाइयां और खामियाँ सामने आती हैं उन्हें दूर करने के उपाय सुझाने के लिए भी निम्नलिखित समितियों का गठन किया गया है। (1) केन्द्रीय हिन्दी समिति, (2) हिन्दी सलाहकार समितियाँ, (3) केन्द्रीय राजभाषा क्रियान्वयन समिति, (4) शहरी राजभाषा क्रियान्वयन समिति, (5) विभागीय राजभाषा क्रियान्वयन समिति, (6) क्षेत्रीय क्रियान्वयन कार्यालय–दिल्ली, बम्बई, बंगलौर, कलकत्ता, गाजियाबाद, गुवाहाटी, कोचीन और भोपाल में एक-एक।

राजभाषा विभाग की दो महत्त्वपूर्ण पत्रिकाएं हैं–'राजभाषा पुष्पमाला' और 'राजभाषा भारती'। पहली मासिक पत्रिका है, दूसरी त्रैमासिक है। इन पत्रिकाओं का उद्देश्य विभिन्न केन्द्रीय कार्यालयों को राजभाषा हिन्दी के बारे में जल्दी से जल्दी उपयोगी सूचनाएं उपलब्ध

कराना है। जहाँ तक राजभाषा नीति का सवाल है, गृह मंत्रालय में एक विभाग विभिन्न विभागों आदि की गतिविधियों का समन्वय रहता है।

केन्द्रीय हिन्दी प्रकाशन संगठन

राजभाषा विभाग के एक अधीनस्थ कार्यालय को केन्द्रीय सरकार के कर्मचारियों को हिन्दी, हिन्दी टंकण और स्टेनोग्राफी का सेवा के दौरान पूर्ण कालिक प्रशिक्षण देने का दायित्व सौंपा गया है। हिन्दी और हिन्दी टंकण सिखाने के लिए पत्राचार पाठ्यक्रम भी शुरू किए गए हैं। केन्द्रीय सरकार के विभिन्न मंत्रालयों, विभागों, संगठनों और कार्यालयों आदि के विभिन्न प्रकार के गैर-संविधानिक कार्यविधि साहित्य जिसमें नियमावली, संकेतकी फार्म आदि शामिल हैं, के अनुवाद के लिए विभाग के अधीनस्थ एक अन्य कार्यालय ''केन्द्रीय अनुवाद ब्यूरो'' की स्थापना की गई है। यह विभाग केन्द्र सरकार द्वारा स्पांसर किए गए अधिकारियों को अनुवाद के मूलभूत सिद्धान्तों और तकनीक के बारे में पूर्णकालिक/अल्प अवधि का प्रशिक्षण भी प्रदान करता है।

नियंत्रक तथा महालेखा परीक्षक

नियंत्रक तथा महालेखा परीक्षक की नियुक्ति राष्ट्रपति करता है। उसको पद से हटाने के लिए वही कारण और कार्यविधि अपनाई जाती है जो उच्चतम न्यायालय से न्यायाधीश को हटाने के लिए होती है। अपने पद से हटाने के बाद वह संघ या किसी राज्य सरकार में नौकरी नहीं कर सकता।

नियंत्रक तथा महालेखा परीक्षक के कर्त्तव्य, अधिकार और सेवा सम्बन्धी शर्तें 1971 में बनाए गए कानून (कर्त्तव्य शक्तियां और सेवा की शर्त अधिनियम) द्वारा निश्चित की गई हैं।

राष्ट्रपति नियंत्रक तथा परीक्षक की सलाह पर, संघ और राज्यों के लेखे जोखे के लिए प्रपत्र निर्धारत करता है। नियंत्रक तथा महालेखा परीक्षक संघ और राज्यों के लेखे जोखे की रिपोर्ट राष्ट्रपति और राज्यपालों को भेजता है जो संसद और राज्यों के विधानमंडलों में प्रस्तुत की जाती है।

प्रशासनिक सुधार और लोक शिकायतें

प्रशासनिक सुधार और लोक शिकायत विभाग प्रशासनिक सुधार, संगठन और प्रक्रिया, नीति निर्धारण से सम्बन्धित कार्य दिए गए हैं। सामान्य तौर पर राज्य से संबंधित लोक शिकायतों, खासतौर से केन्द्र सरकार की एजेंसियों से संबंधित शिकायतों को दूर करने के उपायों के समन्वय और नीति निर्माण की जिम्मेदारी भी इस पर है। इसकी मुख्य गतिविधियाँ प्रबन्ध अध्ययन का संचालन, शिकायत वाले क्षेत्रों की पहचान और उसे दूर करने के उपाय सुझाने, प्रबन्ध सेवाएं और 'सिविल सर्विसेज न्यूज' (मासिक समाचार बुलेटिन) तथा त्रैमासिक पत्रिका 'मैनेजमेंट इन गवर्नमेंट' का प्रकाशन हैं।

उत्तरदायी प्रशासन

प्रशासनिक सुधार और लोक शिकायत विभाग केन्द्रीय मंत्रालयों/विभागों और राज्य सरकारों तथा केन्द्रशासित प्रदेशों द्वारा बीस सूत्री कार्यक्रम के उत्तरदायी प्रशासन से

सम्बन्धित बीसवें सूत्र को लागू करने के प्रयासों को संभव करता है। इस कार्यक्रम के तहत प्रक्रियाओं के सरलीकरण, अधिकार के प्रत्यायोजन, उत्तरदायित्व को लागू करने और लोक शिकायतों को दूर करने के लिए मशीनरी की स्थापना और उसे मजबूत बनाने के वास्ते कदम उठाये गए।

संगठन और प्रक्रिया

प्रशासनिक सुधार और लोक शिकायत विभाग, मंत्रालय/विभाग को प्रबन्ध और मंत्रालय के अन्य कामकाज में सलाह देता है और मदद करने की पेशकश करता है। विभाग ने एक कार्यालय प्रक्रिया नियमावली जारी की है जिसमें मंत्रालयों/विभागों में कागजी कामकाज के प्रबंध के बारे में निर्देश होते हैं। कार्यालय प्रक्रिया नियमावली के प्रावधानों के अनुसार मामलों के निपटान के अंतिम स्तर का निर्धारण, उनके निवेदन के चैनल, विभागों का निरीक्षण, सामायिक रिर्पोटों/वापसियों की समीक्षा, नियमों की समीक्षा, नियम और नियमावलियाँ, आदेशों का समेकन, रिकार्डों के प्रबन्ध आदि कार्यों को सामयिक रिर्पोटों के जरिए तथा मंत्रालयों/विभागों में अधिकारियों की बैठकें बुलाकर मानीटर किया जाता है। कुछ चुने हुए मंत्रालयों/विभागों में मामलों के अन्तिम निपटान के स्तर से सम्बन्धित निर्देशों का पालन किस सीमा तक हो रहा है इसे देखने के लिए हाल ही में एक अध्ययन किया गया। कार्यालय प्रक्रिया नियमावली के विभिन्न प्रावधानों का पालन कितना हो रहा है यह देखने के लिए हाल ही में कुछ चुने हुए मंत्रालयों/विभागों में कार्यालय प्रक्रिया नियमावली अनुभागों/ईकाइयों का निरीक्षण भी किया गया है।

लोक शिकायतें

केन्द्र सरकार के सभी मंत्रालयों/विभागों में लोक शिकायतें दूर करने के लिए मशीनरी काम कर रही है। अधिक जन कार्य वाले अधीनस्थ कार्यालयों/सार्वजनिक क्षेत्र के उपक्रमों में भी आमतौर से शिकायत सुधार इकाई काम कर रही है। प्रत्येक मंत्रालय/विभाग में एक शिकायत निदेशक नियुक्त किया गया है। उसे ऐसी शिकायतों से सम्बन्धित फाइलों/कागजों को देखने के लिए अपने पास मंगाने का अधिकार है जो तीन महीने से अधिक समय से विचाराधीन पड़ी हों। ऐसे जो भी मामले हों उनमें मंत्रालय/विभाग के सचिव या संस्थान प्रमुख की अनुमति से निर्णय ले सकता है। शिकायत सुनवाई मशीनरी को और मजबूत बनाने के लिए मंत्रालयों/विभागों को शिकायत निदेशक का स्तर उप सचिव/निदेशक से बढ़ाकर संयुक्त सचिव का करने की सलाह दी गई है।

लोक शिकायतों की सुनवाई के मामले में होने वाले अनुभवों के आदान-प्रदान की दृष्टि से मंत्रालयों/विभागों के शिकायत निदेशकों और राज्यों/केन्द्र शासित प्रदेशों के लोक शिकायत सुनवाई अधिकारियों की समय-समय पर बैठकें होती रहती हैं। कुछ चुने हुए मंत्रालयों/विभागों/कार्यालयों में लोक शिकायत सुनवाई मशीनरी का समय-समय पर निरीक्षण/मूल्यांकन भी होता रहता है।

मंत्रालयों/विभागों में बुधवार को कोई बैठक नहीं होती। इसे बैठक रहित दिन के तौर पर मनाया जाता है। इस दिन तीन घंटे (सुबह 10 बजे से दोपहर 1 बजे तक) शिकायतें

दूर करने के लिए निर्धारित किए गए हैं और उप सचिव तथा इसके ऊपर के सभी अधिकारी शिकायतें सुनने के लिए अपने कार्यालयों में मौजूद होते हैं। सभी मंत्रालयों/विभागों को भी सलाह दी गई है कि वे अपने से संबद्ध/अधीनस्थ और क्षेत्रीय कार्यालयों में सप्ताह का एक दिन बैठक रहित घोषित करें।

मंत्रिमंडल सचिवालय में 1 अप्रैल, 1988 से लोक शिकायत निदेशालय के रूप में एक स्वतंत्र शिकायत निराकरण प्राधिकरण काम कर रहा है। निदेशलय रेलवे, डाक, दूरसंचार, आर्थिक मामलों के विभाग का बैंकिंग और बीमा प्रभाग के साथ ही नागरिक उड्डयन, भूतल परिवहन और शहरी विकास मंत्रालयों से सम्बन्धित शिकायतों को देखता है।

प्रकाशन

यह विभाग निम्नलिखित पत्रिकाएं प्रकाशित करता है—''मैनेजमेंट इन गवर्नमेंट'' (त्रैमासिक) और ''सिविल सर्विसेज न्यूज'' (मासिक), जिनमें प्रशासनिक सुधार, लोक शिकायतों का समाधान, मानव संसाधन विकास, लोक नीति तथा सरकारी कर्मचारियों की रुचियों सम्बन्धी जानकारियाँ जैसे विस्तृत विषय होते हैं। ''मैनेजमेंट इन गवर्नमेंट'' आधुनिक प्रबन्ध की अवधारणा और लोक प्रशासन तथा सार्वजनिक क्षेत्र के उद्योगों के क्षेत्र में काम आने वाली विश्लेषण तकनीकों को प्रचलित बनाने के प्रति समर्पित हैं।

सिविल सेवा के लिए भारत-चीन समझौता

सिविल सेवा, कर्मिक प्रबन्ध और लोक प्रशासन के क्षेत्र कार्यालयीय और संस्थागत सहयोग के लिए भारत सरकार के कर्मिक, लोक शिकायत और पेंशन मंत्रालय तथा चीन के कार्मिक मंत्रालय के बीच फरवरी 1992 में एक समझौते पर हस्ताक्षर हुए। इस समझौते के तहत 1993-94 के लिए जो कार्य योजना तैयार की गयी थी उसकी शर्तों के अनुसार परसनल मैनेजमेंट और सरकारी ढांचे में सुधार के सम्बन्ध में बातचीत करने के लिए जुलाई, 1993 में तीन सदस्यों का एक भारतीय शिष्ट मंडल चीन भेजा गया। चीन के कार्मिक मंत्रालय का एक अधिकारी सितम्बर, 1993 में के दौरान भारत आया और उसने चीन में ढांचागत तथा आर्थिक सुधार के विभिन्न पहलुओं पर व्याख्यान दिए। इस समझौते के तहत दोनों देशों के बीच सहयोग से एक-दूसरे की प्रशासनिक प्रणाली के बारे में बेहतर समझ पैदा होने की आशा है जिससे दोनों को ही लाभ पहुँचेगा।

राज्य

राज्यों में सरकारी व्यवस्था केन्द्र से काफी मिलती-जुलती है।

कार्यपालिका

राज्यपाल

राज्य की कार्यपालिका के अन्तर्गत राज्यपाल तथा मुख्यमंत्री के नेतृत्व में एक मंत्रिपरिषद होती है।

राज्यपाल की नियुक्ति भारत का राष्ट्रपति पांच वर्ष की अवधि के लिए करता है और उसका कार्यकाल राष्ट्रपति की इच्छा पर निर्भर करता है। 35 वर्ष से अधिक आयु वाले केवल भारतीय नागरिक को ही इस पद पर नियुक्त किया जा सकता है। राज्य की कार्यपालिका के सारे अधिकार राज्यपाल में निहित होते हैं।

मुख्यमंत्री के नेतृत्व में मंत्रिपरिषद, राज्यपाल को उनके कार्यों में सहायता करती है और सलाह देती हैं। किन्तु ऐसे मामलों में यह व्यवस्था लागू नहीं है। नागालैंड के मामले में संविधान के अनुच्छेद 371 'क' के अन्तर्गत राज्यपाल को कानून व्यवस्था के बारे में विशेष जिम्मेदारी सौंपी गई है, और यदि कानून व्यवस्था से सम्बन्धित मामलों में उसके लिए मंत्रिपरिषद से परामर्श करना जरूरी हो तो भी वह कार्यवाई के बारे में अपना स्वतन्त्र निर्णय कर सकता है।

इसी प्रकार अरुणाचल प्रदेश के मामले में संविधान के अनुच्छेद 371(2) के अधीन कानून और व्यवस्था तथा उससे सम्बन्धित कार्यों को निपटाने में राज्यपाल का विशेष दायित्व है। राज्यपाल मंत्रिपषिद के परामर्श के बाद कार्वाई के मामले में अपना निर्णय इस्तेमाल करेगा। किन्तु ये सभी व्यवस्थाएं अस्थायी हैं। यदि राष्ट्रपति को राज्यपाल से प्राप्त रिपोर्ट या किसी अन्य आधार पर यह विश्वास हो जाये कि कानून व्यवस्था के मामले में राज्यपाल को विशेष दायित्व सौंपना अब आवश्यक नहीं है तो वे आदेश जारी करके इसी प्रकार निर्देश दे सकते हैं।

इसी प्रकार असम, मेघालय, त्रिपुरा और मिजोरम के जनजातीय इलाकों पर लागू होने वाली छठी अनुसूची के पैरा 20 में किए गए उल्लेख के अनुसार जिला परिषद और राज्य सरकार के बीच रॉयल्टी के बंटवारे से सम्बन्धित मामलों में राज्यपाल को अपने विवेक का इस्तेमाल करने के अधिकार दिए गए हैं। छठी अनुसूची में मिजोरम और त्रिपुरा के राज्यपालों को दिसम्बर 1988 से लगभग सभी कार्यों (कर लगाने और जिला परिषदों, द्वारा गैर-जनजातीय लोगों को ऋण देने के मामलों को छोड़कर) में विवेक इस्तेमाल करने के अतिरिक्त अधिकार मिले हुए हैं। सिक्किम के राज्यपाल को राज्य में शांति तथा जनता के विभिन्न वर्गों के लोगों की सामाजिक और आर्थिक उन्नति का विशेष उत्तरदायित्व सौंपा गया है। सभी राज्यपालों के अपने संवैधानिक कार्यों को करते समय, जैसे राज्य के मुख्यमंत्री की नियुवित करने अथवा राज्य में संवैधानिक तंत्र की असफलता की रिपोर्ट राष्ट्रपति को भेजने अथवा राज्य विधानमंडल द्वारा परित किसी भी प्रस्ताव को स्वीकृति देने से सम्बन्धित मामलों में स्वेच्छा और स्व-विवेक से निर्णय लेना होता है।

मंत्रिपरिषद

मुख्यमंत्री राज्यपाल के द्वारा नियुक्त किया जाता है तथा उसी के द्वारा मुख्यमंत्री की सलाह से अन्य मंत्रियों की भी नियुक्ति हो जाती है। मंत्रिपरिषद सामूहिक रूप से विधानसभा के प्रति उत्तरदायी होती है।

विधानमंडल

प्रत्येक राज्य में एक विधानमंडल होता है, जिसके अन्तर्गत राज्यपाल के अतिरिक्त एक या दो सदन हैं। बिहार, महाराष्ट्र, कर्नाटक, जम्मू-कश्मीर और उत्तर प्रदेश में

विधानमंडल के दो सदन हैं, जिन्हें विधान परिषद और विधानसभा कहते हैं। शेष राज्यों में विधानमंडल का केवल एक ही सदन है, जिसे विधानसभा कहा जाता है। किसी वर्तमान विधान परिषद को समाप्त करने या जहाँ वह नहीं है, वहाँ उसे बनाने के लिए यदि सम्बन्धित विधानसभा प्रस्ताव द्वारा समर्थन करे तो संसद कानून बनाकर ऐसी व्यवस्था कर सकती है।

विधान परिषद

प्रत्येक राज्य की विधान परिषद के सदस्यों की कुल संख्या राज्य की विधानसभा के सदस्यों की कुल संख्या के एक तिहाई से अधिक तथा किसी भी स्थिति में 40 से कम नहीं होगी।[1] परिषद के लगभग एक तिहाई सदस्य उस राज्य की विधानसभा के सदस्यों द्वारा उन व्यक्तियों में से निर्वाचित किए जाते हैं, जो विधानसभा सभा के सदस्य नहीं हों। एक तिहाई सदस्यों का निर्वाचन नगर पालिकाओं, जिला बोर्डों और राज्य के अन्य स्थानीय निकायों के सदस्यों के निर्वाचक मंडल करते हैं। कुल सदस्य संख्या के बारहवें भाग के बराबर सदस्यों का निर्वाचन राज्य की माध्यमिक स्तर की शिक्षा संस्थाओं में कम से कम तीन वर्ष से काम कर रहे अध्यापकों के निर्वाचक मंडल करते हैं। अन्य बारहवें भाग के बराबर संख्या में सदस्यों का निर्वाचन ऐसे पंजीकृत स्नातक करते हैं, जिन्हें उपाधि प्राप्त किए तीन वर्ष से अधिक हो गए हों। शेष सदस्यों का नाम राज्यपाल द्वारा ऐसे व्यक्तियों में से निर्दिष्ट किया जाता है, जिन्होंने साहित्य, विज्ञान, कला, सहकारिता आन्दोलन तथा सामाजिक सेवा के क्षेत्र में प्रतिष्ठा प्राप्त की हो। विधान परिषदों का विघटन नहीं होता। उनके एक तिहाई सदस्य प्रत्येक दूसरे वर्ष की समाप्ति पर सेवा निवृत्त होते रहते हैं।

विधानसभा

किसी राज्य की विधानसभा में अधिक से अधिक 500 तथा कम से कम 60 सदस्य होते हैं।[2] इनका निर्वाचन उस राज्य के क्षेत्रीय निर्वाचन-क्षेत्रों से प्रत्यक्ष मतदान द्वारा होता है। इन निर्वाचन-क्षेत्रों का सीमांकन इस ढंग से किया जाना चाहिए कि प्रत्येक निर्वाचन-क्षेत्र की जनसंख्या और उस निर्वाचन-क्षेत्र के लिए नियत किए गए स्थानों की जनसंख्या के बीच अनुपात, जहाँ तक संभव हो, सम्पूर्ण राज्य में समान रहे। विधानसभा का कार्यकाल पांच वर्ष का होता है, बशर्ते वह पहले भंग न कर दी जाए।

अधिकार तथा कार्य

राज्य विधानमंडलों को संविधान की सातवीं अनुसूची की सूची में वर्णित विषयों पर पूर्ण अधिकार तथा उसकी सूची 3 में दिए विषयों पर केन्द्र के साथ मिले-जुले अधिकार प्राप्त हैं। विधानमंडल की वित्तीय शक्तियों के अंतर्गत सरकार द्वारा किया जाने वाले सम्पूर्ण व्यय, लगाए जाने वाले कर और ऋण प्राप्त करना शामिल हैं। वित्त विधेयक केवल विधानसभा में ही पेश हो सकता है। विधान परिषद वित्त विधेयक के विधानसभा से प्राप्त

---

1. जम्मू कश्मीर की धारा 50 के अनुसार जम्मू-कश्मीर विधान परिषद में 36 सदस्य हैं।
1. सिक्कम की विधानसभा में 32 सदस्य हैं, देखें संविधान का अनुच्छेद 371 एफ।

होने के 14 दिनों के भीतर, उसमें आवश्यक परिवर्तनों के लिए केवल सिफारिश कर सकती है। परन्तु परिषद की सिफारिशों को स्वीकार करने या अस्वीकार करने के लिए विधानसभा स्वतंत्र है।

विधेयकों को रोके रखना

विधान मंडल द्वारा पारित किसी विधेयक को राज्यपाल भारत के राष्ट्रपति के पास विचारार्थ भेजने के लिए रोक सकता है। संपत्ति का अनिवार्यता अधिग्रहण, उच्च न्यायालयों की शक्ति और स्थिति पर प्रभाव वाले उपायों, अंतर्राज्यीय नदी या नदी घाटी योजनाओं में पानी या बिजली के संग्रह, वितरण और बिक्री पर कर लगाने जैसे विषयों से सम्बन्धित विधेयक अनिवार्यत इस प्रकार से रोके रखे जाने चाहिए। अंतर्राज्यीय व्यापार पर रोक लगाने का कोई विधेयक राज्य विधानमंडल में राष्ट्रपति की पूर्व-स्वीकृति के बिना प्रस्तुत नहीं किया जा सकता।

कार्यपालिका पर नियंत्रण

राज्य विधानमंडल वित्त पर नियंत्रण रखने के अतिरिक्त कार्यपालिका के नित्य प्रति के कार्य पर निगरानी रखने के लिए प्रश्नों, चर्चाओं, वाद-विवादों, स्थगन और अविश्वास प्रस्तावों तथा संकल्पों जैसी सामान्य संसदीय प्रक्रियाओं का उपयोग करते हैं। उनकी अपनी प्राक्कलन तथा लेखा समितियाँ भी होती हैं, जो यह सुनिश्चित करती हैं कि विधानमंडल द्वारा स्वीकृत किए गए अनुदानों का किस प्रकार उचित रूप से उपयोग किया जाए।

बहु-स्तरीय आयोजना

राज्य स्तर पर आयोजना का कार्य करने वाली सर्वोच्च संस्था सामान्यतया राज्य आयोजना बोर्ड है, जिसका अध्यक्ष मुख्यमंत्री होता है। राज्य के वित्त और योजना मंत्री तथा कुछ तकनीकी विशेषज्ञ इसके सदस्य होते हैं। राज्य सरकार का आयोजना विभाग इस बोर्ड का सचिवालय होता है। कई राज्यों में योजना की प्रक्रिया को जिला स्तर पर विकेन्द्रित किया जा चुका है तथा कुछ में यह उपखंड तथा ब्लॉक स्तर तक विकेन्द्रित हो चुकी है। अधिकांश राज्यों में जिला बोर्ड या जिला योजना बोर्ड या जिला योजना कमेटी या जिला योजना परिषद नामक संस्था होती है, जो जिला स्तर पर आयोजना का कार्य करती है। इसका गठन सरकारी तथा गैर-सरकारी, दोनों तरह के सदस्यों से होता है। कुछ राज्यों के कुछ जिलों में जिले की योजना तैयार करने के लिए एक अलग व्यवस्था भी हैं जिसमें जिला आयोजना अधिकारी, अर्थशास्त्री, ऋण आयोजना अधिकारी, क्षेत्र आयोजना अधिकारी, परियोजना मूल्यांकन अधिकारी और आयोजना समन्वय अधिकारी भी शामिल हैं। ये योजनाएं राज्य के योजना के साथ समन्वित कर दी जाती है।

केन्द्रशासित प्रदेश

केन्द्रशासित प्रदेशों का शासन राष्ट्रपति द्वारा चलाया जाता है और वह इस बारे में जहाँ तक उचित समझे, अपने ही द्वारा नियुक्त प्रशासक के माध्यम से कार्य करता है।

अंडमान-निकोबार द्वीप समूह, पांडिचेरी के प्रशासकों को उप-राज्यपाल कहा जाता है, जबकि चंडीगढ़ के प्रशासक को मुख्य आयुक्त कहा जाता है। इस समय पंजाब के राज्यपाल ही चंडीगढ़ के प्रशासक का भी कार्य देखते हैं। गोआ के राज्यपाल इस समय दमन और दीव तथा दादरा और नागर हवेली के प्रशासक भी हैं। लक्षद्वीप का एक अलग प्रशासक है।

केन्द्रशासित प्रदेश पांडिचेरी में विधानसभा मंत्रिपरिषद है। अंडमान-निकोबार द्वीप समूह, दादरा और नागर हवेली, लक्षद्वीप तथा दमन और दीव में प्रदेश परिषद की व्यवस्था है।

केन्द्रशासित प्रदेश पांडिचेरी की विधानसभा अपने-क्षेत्र के अंतर्गत आने वाले मामलों के सम्बन्ध में, अर्थात् उन मामलों के सम्बन्ध में, जो संविधान की सातवीं अनुसूची 2 या 3 उल्लिखित हैं, जहाँ तक वे केन्द्रशासित प्रदेशों के बारे में लागू होते हैं, कानून बना सकती है। केन्द्रशासित प्रदेश पांडिचेरी द्वारा पारित कुछ विधेयकों को राष्ट्रपति द्वारा विचार करने और उन पर उनकी सहमति लेने की आवश्यकता होती है।

अंडमान-निकोबार द्वीप समूह, दादरा और नागर हवेली, लक्षद्वीप तथा दमन और दीव की प्रदेश परिषदों को अधिकार है कि अपने-अपने क्षेत्रों से सम्बन्धित मामलों के बारे में चर्चा कर सकती हैं, और सिफारिशें कर सकती हैं।

स्थानीय प्रशासन

नगर निगम

अधिकांश राज्यों में विधान मंडलों के विशिष्ट अधिनियमों के अंतर्गत बड़े नगरों में नगर निगम स्थापित किए गए हैं। उनके अध्यक्ष महापौर (मेयर) कहलाते हैं, जो निर्वाचित होते हैं। नगर के प्रशासन का कार्य निर्वाचन परिषद करती है। निगम के अधिकार तीन प्राधिकरणों के अधीन होते हैं—(1) सामान्य परिषद, (2) परिषद की स्थायी समितियाँ, और (3) निगम आयुक्त या मुख्य कार्यकारी अधिकारी। सामान्य परिषद द्वारा निर्वाचित स्थायी समितियाँ प्रशासन का मुख्य कार्य करती हैं। इनके कार्यों में कराधान, वित्त और बजट तैयार करना, इंजीनियरी निर्माण कार्य, स्वास्थ्य और शिक्षा शामिल हैं। निगम के अधिकतम अधिकारियों की नियुक्ति सामान्य परिषद करती है, किन्तु निगम आयुक्त सरकार द्वारा नियुक्त किया जाता है। देश में 73 नगर निगम हैं। कलकत्ता निगम अधिनियम में हाल में संशोधन किया गया है, जिसमें वहाँ पर महापौर परिषद प्रणाली का प्रावधान है।

नगरपालिकाएं और परिषद

अन्य सभी कस्बों और शहरों में नगरपालिकाओं के निर्वाचित बोर्ड और परिषद होती हैं, जो अपना अध्यक्ष स्वयं चुनती हैं। नगरपालिका के सभी सदस्यों को मिलाकर आम सभा बनती है, जो नीति सम्बन्धी सभी प्रश्नों और नगरपालिका प्रशासन की महत्त्वपूर्ण बातों पर विचार करती है और उनके बारे में निर्णय करती है। कर लगाने, बजट पास करने, व्यय

को मतदान द्वारा स्वीकृत करने तथा नियम और विनियम बनाने के अधिकार इस आम सभा में निहित होते हैं। नगरपालिका परिषद का कार्य प्रायः कई समितियों के माध्यम से होता है, जो प्रदत्त अधिकारों का प्रयोग करती हैं या परिषद के समक्ष अपनी सिफारिशें प्रस्तुत करती हैं। नगरपालिका के नित्य प्रति कार्य का संचालन एक कार्यकारी करता है, जो या तो नगर पालिका अधिकारियों के राज्य संवर्ग (काडर) से या राज्य सिविल सेवा से लिया जाता है। कई राज्यों में नगरपालिका परिषदें भी कर्मचारियों और अधिकारियों की नियुक्ति स्वयं करती है।

शहरी स्वायत्तशासी संस्था का संवैधानिक दर्जा

भारतीय संविधान शहरी और ग्रामीण दोनों तरह की स्वायत्तशासी दर्जे को मान्यता प्रदान करता है। मूलभूत अधिकारों से सम्बन्धित, संविधान की धारा 12 'स्थानीय प्रशासन' को सरकार की परिभाषा के रूप में शामिल किया गया है। स्थानीय प्रशासन का उल्लेख संविधान में राज्य के नीति निर्देशक सिद्धांतों में भी हुआ है जिसके अंतर्गत राज्य को स्थानीय स्तर पर स्वायत्तशासी प्रशासन को प्रोत्साहित करने का निर्देश दिया है। उन नगर पालिकाओं को जिन्हें राज्य द्वारा विशेष अधिसूचनाओं के द्वारा अधिकार प्राप्त हैं, अपने संवैधानिक अथवा वित्तीय अधिकार नहीं है। इसके अभाव में शहरों में स्थानीय निकाय राज्य सरकारों के दबाव में रहते हैं। स्थानीय निकाय भंग हो जाने के बाद कई वर्षों तक दुबारा चुनाव नहीं होते जिसके कारण छोटे स्तर पर प्रजातंत्र की मूल अवधारणा को धक्का पहुँचता है।

स्थानीय शहरी निकायों के लिए समान ढांचा तैयार करने और इन निकायों को स्वायत्तशासी सरकार की एक प्रभावशाली लोकतांत्रिक इकाई के रूप में मजबूत बनाने के कार्य में मदद करने के उद्देश्य से संसद ने अपने 1992 के शीतकालीन अधिवेशन में पालिकाओं से सम्बन्धित संविधान (74वां संशोधन) अधिनियम, 1992 लागू किया था। इस अधिनियम को राष्ट्रपति ने 20 अप्रैल, 1993 को स्वीकृति प्रदान कर दी। भारत सरकार ने इस सम्बन्ध में अधिसूचना जारी करके पहली जून, 1993 से इस अधिनियम को लागू कर दिया है। इस अधिनियम के प्रावधानों के अनुसार विधान सभाओं को इस कानून के लागू होने की तिथि से एक साल के अंदर वर्तमान पालिका कानूनों को संशोधित/परिवर्तित करना होगा। राज्य सरकारों अपने वर्तमान पालिका कानूनों को संविधान (74वां संशोधन) अधिनियम, 1992 के प्रावधानों के अनुरूप बनाने के कार्य में पहले से ही लगी हुई हैं।

चुनाव आयोग

संसद और प्रत्येक राज्य के विधान मंडल निर्वाचन के लिए नामावली तैयार कराने, इनके निर्वाचनों के संचालन तथा राष्ट्रपति और उप-राष्ट्रपति के निर्वाचन के अधीक्षण, निर्देशन का दायित्व निर्वाचन आयोग को दिया गया है, जो कि संविधान के अनुच्छेद 324(1) के अनुसार गठित एक संवैधानिक प्राधिकरण है। यद्यपि अनुच्छेद 324 के खंड (2) में यह कहा गया है कि निर्वाचन आयोग आयुक्त तथा समय-समय पर राष्ट्रपति द्वारा नियुक्त आयुक्तों से मिलकर बनेगा, तथापि आयोग में आरम्भ से ही एक ही मुख्य निर्वाचन आयुक्त रहा है। किन्तु 7 अक्तूबर 1989 को राष्ट्रपति ने मुख्य निर्वाचन आयुक्त के अलावा

अगले आदेशों तक दो और चुनाव आयुक्तों की नियुक्ति के आदेश दिए। किन्तु एक जनवरी 1990 को राष्ट्रपति ने अपनी पिछली अधिसूचना को रद्द करते हुए पहले की तरह चुनाव आयुक्तों की संख्या एक ही निश्चित कर दी और आयोग को एक सदस्यीय संस्था बना दिया। हाल ही में निर्वाचन आयोग को तीन सदस्यीय आयोग में परिवर्तित कर दिया गया। जिसमें तीनों सदस्यों के अधिकार मुख्य निर्वाचन आयुक्त के बराबर हैं। चुनाव आयोग की स्वतन्त्रता की रक्षा करने के लिए संविधान के अनुच्छेद 324(5) में यह विशेष व्यवस्था की गई है कि मुख्य निर्वाचन आयुक्त को केवल उन्हीं परिस्थितियों में और उसी प्रकार उनके पद से हटाया जा सकता है, जो उच्चतम न्यायालय के किसी न्यायाधीश के मामले में लागू हैं। यह व्यवस्था है कि इनकी नियुक्ति के बाद उनकी सेवा शर्तों में ऐसा कोई परिवर्तन नहीं किया जाएगा, जिससे उन्हें नुकसान होता हो। इस अनुच्छेद में यह भी प्रावधान है कि किसी अन्य आयुक्त या क्षेत्रीय आयुक्त को मुख्य निर्वाचन आयुक्त की सिफारिश के बिना उनके पद से नहीं हटाया जा सकेगा। भारत के मुख्य निर्वाचन आयुक्त की सेवा शर्तों से सम्बन्धित नियमों को 1 जनवरी 1986 से संशोधित कर दिया गया है। अब भारत के मुख्य निर्वाचन आयुक्त का वेतन तथा मुफ्त आवास जैसी सुविधाएं उच्चतम न्यायालय के न्यायाधीश के बराबर होंगी। अब उनका कार्यकाल छह वर्ष या 65 वर्ष की आयु सीमा तक होगा। संविधान के अनुच्छेद 324 में निर्वाचन आयोग को जो पूरक अधिकार दिए गए हैं उनमें संसद के निम्नलिखित अधिनियम और जोड़े गये हैं—जन प्रतिनिधि अधिनियम 1950 और 1951, राष्ट्रपति और उपराष्ट्रपति चुनाव अधिनियम 1952, केन्द्रशासित प्रदेश अधिनियम 1963, दिल्ली प्रशासन अधिनियम 1966 और उसके तहत बनाए गए नियम एवं निर्देश।

सीटों का आरक्षण

57वें संविधान अधिनियम, 1987 में यह व्यवस्था की गई है कि संविधान के अनुच्छेद 332 में संशोधन करके अरुणाचल प्रदेश, मेघालय, मिजोरम और नागालैंड में अनुसूचित जनजातियों के लिए सीटों का आरक्षण किया जाए। जन प्रतिनिधित्व संशोधन अधिनियम, 1987 के अंतर्गत अरुणाचल प्रदेश में 60 में से 59, मेघालय में 60 में से 55, मिजोरम में 40 में से 39, नागालैंड में 60 में से 59 सीटें अनुसूचित जनजातियों के लिए सुरक्षित की गई हैं। चुनाव आयोग ने मेघालय में 55, नागालैंड और अरुणाचल प्रदेश में 59-59 और मिजोरम में 39 सुरक्षित सीटें निर्धारित की हैं।

मतदाता सूचियाँ

भारत में केन्द्र तथा राज्यों में संसदीय शासन प्रणाली वयस्क मताधिकार पर आधरित है। इसके अनुसार भारत के वे सभी नागरिक, जो 18 वर्ष से कम आयु के नहीं हैं और जो उपयुक्त विधान मंडल द्वारा बनाए गए किसी कानून के अधीन कुछ कारणों, जैसे भारत का निवासी न होना, मानसिक रूप से अस्वस्थ होना, अपराध, गैर-कानूनी कार्यों और भ्रष्टाचार का दोषी होना—से अयोग्य घोषित नहीं किए गए हैं, लोकसभा तथा राज्यों की विधानसभाओं के किसी भी चुनाव में मतदाता के रूप में पंजीकृत होने के अधिकारी हैं।

राजनीतिक दलों का पंजीकरण

जन प्रतिनिधित्व (संशोधन) अधिनियम, 1988 (भाग 4 क) में राजनीतिक दलों के पंजीकरण के बारे में एक नया भाग जोड़ा गया है। अब शामिल की गई धारा 29क में यह प्रावधान किया गया है कि भारतीय नागरिकों की संस्थाओं और संघों को अधिनियम के इस उद्देश्य के लिए आयोग में अपना पंजीकरण कराना होगा। पंजीकरण के लिए प्रस्तुत किए गए प्रत्येक आवेदन-पत्र में यह बताना होगा—(क) यदि जन प्रतिनिधित्व (संशोधन) कानून, 1988 का लागू होने के समय संस्था या संगठन अस्तित्व में है तो उसे कानून लागू होने के 60 दिन के भीतर आवेदन करना होगा, और (ख) यदि संस्था या संगठन कानून लागू होने के बाद गठित किया जाता है तो उसे गठन के 30 दिन के अंदर पंजीकरण कराना होगा।

यह व्यवस्था 15 जून 1989 से लागू हुई। चुनाव चिन्ह (आरक्षण तथा आबंटन) आदेश 1968 के पैरा 7 के अंतर्गत किसी मान्यता प्राप्त राजनीतिक दल को राष्ट्रीय पार्टी अथवा राज्य स्तरीय पार्टी माना जा सकता है। यदि किसी राजनीतिक दल को चार या उससे अधिक राज्यों में मान्यता प्राप्त है तो उन राज्यों में राज्य स्तर की पार्टी माना जाता है, जिनमें उसे इस रूप में मान्यता प्राप्त है।

चुनाव सुधार

मतदान की आयु घटना

61वें संविधान संशोधन, 1988 द्वारा संविधान के अनुच्छेद 326 में संशोधन कर मतदान की आयु 21 वर्ष की बजाय 18 वर्ष कर दी गई है। यह व्यवस्था 29 मार्च 1989 को लागू हुई। इसी के अनुरूप जन प्रतिनिधित्व अधिनियम, 1950 और 1951 में भी संशोधन किए गए।

चुनाव कर्मचारियों की प्रतिनियुक्ति

जन प्रतिनिधित्व (संशोधन) अधिनियम, 1988 के अंतर्गत एक नई धारा 13 'ग' शामिल की गई, जिसमें यह प्रावधान हैं कि चुनावों के लिए मतदान-सूचियों को तैयार करने, संशोधित करने तथा उन्हें ठीक-ठाक करने के लिए लगाए गए कर्मचारी और अधिकारी उस अवधि के लिए चुनाव आयोग में प्रतिनियुक्ति पर माने जाएंगे, जिसमें वे इस तरह का काम करते हैं और उन पर चुनाव आयोग नियंत्रण, अधीक्षण तथा अनुशासन लागू होगा। जन प्रतिनिधित्व कानून, 1951 में इसी तरह का प्रावधान किया गया है।

प्रस्तावकों की संख्या

राज्यसभा और विधान परिषद के चुनावों के लिए नामांकन पत्रों में प्रस्तावक के रूप में हस्ताक्षर करने वालों की संख्या बढ़ा दी गई है। अब प्रस्तावकों की संख्या चुनाव क्षेत्र के कुल निर्वाचकों का 10 प्रतिशत या इस तरह के 10 निर्वाचकों में से जो कम होगी, निर्धारित की गई है।

इलैक्ट्रानिक्स मतदान मशीनों

जन प्रतिनिधित्व कानून, 1951 में संशोधन किया गया है, ताकि मतदान में इलैक्ट्रॉनिक्स मतदान मशीनों का इस्तेमाल किया जा सके।

फोटो पहचान-पत्र

देश भर में मतदाताओं को फोटो पहचान पत्र जारी करने का काम चल रहा है। यह कार्य जल्द पूरा हो जाने की आशा है।

मतदान केन्द्रों पर कब्जा

जन प्रतिनिधित्व कानून, 1951 में धारा 58 'क' जोड़ी गई है, जिसमें यह व्यवस्था की गई है कि मतदान केन्द्रों पर कब्जे के कारण मतदान या चुनाव स्थगित किए जा सकते हैं। मतदान केन्द्रों पर कब्जे की परिभाषा कानून की धारा 135 'क' में की गई है। मतदान केन्द्रों पर कब्जे में निम्नलिखित बातें शामिल हैं—(i) किसी व्यक्ति या व्यक्तियों द्वारा मतदान केन्द्र या मतदान के लिए निर्धारित किसी स्थान पर कब्जा करना, जिससे मतदान अधिकारियों को मतपत्र या मतदान मशीनें सौंप देने पर विवश किया जाए और कोई और ऐसा कार्य जिससे चुनाव व्यवस्थित ढंग से कराने पर असर पड़े, (ii) किसी व्यक्ति या व्यक्तियों द्वारा मतदान केन्द्र अथवा मतदान के निर्धारित स्थान पर कब्जा करना और केवल अपने समर्थकों को वोट डालने देने तथा दूसरों को मतदान से रोकना, (iii) किसी मतदाता को धमकी देना या उसे मतदान के लिए निर्धारित स्थान पर वोट डालने के लिए जाने से रोकना। (iv) किसी व्यक्ति या व्यक्तियों द्वारा मतगणना के किसी स्थान पर कब्जा करना, जिससे अधिकारियों को मतपत्र या मतदान मशीनें सौंपने पर विवश किया जाये या ऐसा कोई काम करना जिससे मतों की व्यवस्थित ढंग से गिनती पर असर पड़े, (v) किसी सरकारी कर्मचारी द्वारा ऊपर बताये गये सभी या इनमें से कोई काम करना या किसी उम्मीदवार की जीत की सम्भावना बढ़ाने में किसी प्रकार की किसी गतिविधि में मदद देना या सांठ-गांठ करना।

यदि मतदान केन्द्र पर कब्जे के कारण मतदान अथवा गिनती के परिणाम का निर्णय करना असंभव हो तो मतदान अधिकारी इस मामले की रिपोर्ट चुनाव आयोग को देगा। रिपोर्ट के आधार पर चुनाव आयोग या तो उस मतदान केन्द्र पर मतदान को रद्द घोषित करके फिर से मतदान की तिथि निश्चित करेगा अथवा उस चुनाव क्षेत्र में मतदान स्थगित कर देगा।

धारा 135 'क' में मतदान केन्द्र पर कब्जे के लिए दंड की व्यवस्था है। यह दंड छः महीने से दो वर्ष तक की कैद और जुर्माने के रूप में हो सकता है। जिन मामलों में यह अपराध सरकारी कर्मचारी द्वारा किया जाएगा, उनमें उसे एक वर्ष से तीन वर्ष की कैद और जुर्माने की सजा दी जा सकती है।

प्रधानमन्त्री द्वारा 9 जनवरी 1990 को बुलाई गई सर्वदलीय सभा में हुए निर्णय के परिणामस्वरूप कानून और न्याय मंत्री की अध्यक्षता में एक चुनाव सुधार समिति गठित की गई है। इस समिति द्वारा दी गई रिपोर्ट के आधार पर मई 1990 में जन प्रतिनिधित्व (संशोधन) विधेयक लागू किया गया।

Bibliography

Alford, R. R. *Party and Society,* Rand Mcnally, Chicago, 1963.

Almond, G. and Coleman, J. S. : *The Politics of the Developing Areas,* Princeton University Press, Princeton, 1960.

Apter, D. : *The Politics of Modernisation,* University of Chicago Press, Chicago, 1965.

Banton, M. (ed.) : *Political Systems and the Distribution of Power,* Tavistock Publications, London, 1968.

Bendix, R. (ed.) : *State and Society : A Reader in Comparative Political Sociology,* Little Brown & Co. Boston, 1968.

Bendix, R. and Lipset, S. M. (eds.) : *Class, Status and Power,* Free Press, Chicago, 1966.

Bienen, H. : *Violence and Social Change,* Chicago University Press, Chicago, 1968.

Bierstadt, R. : *"The Problems of Authority"* in M. Berger, T. Abel and C. H. Page (eds.) *Freedom and Control in Modern Society,* Van Nostrand, New York, 1954.

Bottomore, T. B. and Rubel, M. (eds.) : *Karl Marx : Selected Writings in Sociology and Social Philosophy.* Watts, London, 1956.

Bramson, L. : *The Political Context of Sociology,* Princeton University, Press Princeton, 1961.

Brinton, C. : *Anatomy of Revolution,* Prentice-Hall, New Jersey, 1938.

Buckley, W. : *Modern Systems Analysis,* Prentice-Hall, New Jersey, 1967.

Castles, F. G. : *Pressure Groups and Political Culture,* Routledge and Kegan Paul, London, 1967.

Charlesworth, J. C. (ed.) : *Contemporary Political Analysis,* Free Press, New York, 1967.

Davies, I. : *Social Mobility and Political Change,* Pal Mall, London, 1970.

Easton, D. : *A Systems Analysis of Political Life,* John Wiley, London, 1965.

Eckstein, H. : *Pressure Group Politics,* Allen and Unwin, London, 1960.

Etzioni, A. : *A Comparative Analysis of Complex Organisations,* Free Press, New York, 1961.

Finkle, J. L. and Gable, R. W. (eds.) : *Political Development and Social Change,* Wiley, New York, 1966.

Gouldner, A. (ed.) : *Studies in Leadership,* Harper, New York, 1954.

Greer, S. and Orleans, P. : *"Political Sociology"* in R. L. Faris (ed.): Handbook of Modern Sociology, Rand Mcnally, Chicago, 1964.

Horowitz, I. L. : *Foundations of Political Sociology,* Harper and Row, New York. 1962.

Hyman, H. : *Political Socialisation,* Free Press, Glencoe, 1959.

Janowitz, M. : *The Military in the Political Development of the New Nations,* University of Chicago Press, Chicago, 1964.

Kavanagh, D. *Political Culture,* Macmillan, London, 1972.

Lasswell, H., Lener, D. and Rothwell, E. : *The Comparative Study of Elites,* Hoover Institute Studies, Stanford, 1952.

Lenski, G. : *Power and Privilege : A Theory of Stratification,* McGrew Hill, New York, 1956.

Lerner, D. : *The Passing of Traditional Society,* Free Press, New York, 1958.

Lindenfeld, E. (ed.) : *Reader in Political Sociology,* Funk and Wagnalls, New York, 1968.

Lipset, S. M. (ed.) : *Culture and Social Character,* Free Press, New York, 1961.

Lipset, S. M. (ed.) : *Culture and Social Mobility in Industrial Society,* University of California Press, Berkley, 1967.

Matthews, D. : *The Social Background of Political Decision Makers,* Random House, New York, 1961.

Mekean, D. D. : *Party and Pressure Politics,* Houghton Mifflin, Boston, 1949.

Merriam, C : *Political Power,* McGraw Hill, New York, 1934.

Merton, R. K. : *Social Theory and Social Structure,* Free Press, New York, 1968.

Miliband, R. : *The State in Capitalist Society,* Weidenfeld and Nicolson, London, 1969.

Mitchell, W. C. : *Sociological Analysis and Politics,* Prentice-Hall, Englewood Cliffs, 1967.

Neumann, S. (ed.) *Modern Political Parties : Approaches to Comparative Politics,* Chicago University Press, Chicago, 1956.

Nieburg, H. : *Political Violence : The Behavioural Process,* St. Martin's Press, New York, 1969.

Parombara, J. La and Weiner, M. (eds.) : *Political Parties and Political Development,* Princeton University Press, Princeton, 1966.

Polsby, N. W. Dentler, R. and Smith, P. (eds.) : *Politics and Social life,* Houghton Mifflin, Boston, 1963.

Pye, L. W. : *Aspects of Political Development,* Little Brown, Boston, 1964.

Rose, R. : *Governing Without Consensus,* Faber, London, 1971.

Runciman, W. G. : *Relative Deprivation and Social Justice,* Routledge and Kegan Paul, London, 1966.

Sigel, R. (ed.) : *Political Socialisation,* Random House New York, 1970.

Smelser, N. J. : *Essays in Sociological Explanation,* Prentice-Hall, Englewood Cliffs, 1958.

Sorel G. : *Reflections on Violence,* Free Press, Chicago, 1950.

Walter, E. G. *Terror and Resistance,* Oxford University Press, New York, 1969.

Wootton, G. : *Interest Groups,* Prentice-Hall, Englewood Cliffs, 1970.

Young, R. (ed.) : *Approaches to the Study of Politics,* North-western University Press, Evanston, III, 1958.

Mitchell, W. C.: *Sociological Analysis and Politics*, Prentice-Hall, Englewood Cliffs, 1967.

Neumann, S. (ed.): *Modern Political Parties: Approaches to Comparative Politics*, Chicago University Press, Chicago, 1956.

Nieburg, H.: *Political Violence: The Behavioural Process*, St. Martin's Press, New York, 1969.

Palombara, J. La and Weiner, M. (eds.): *Political Parties and Political Development*, Princeton University Press, Princeton, 1966.

Polsby, N. W., Dentler, R. and Smith, P. (eds.): *Politics and Social Life*, Houghton Mifflin, Boston, 1963.

Pye, L. W.: *Aspects of Political Development*, Little Brown, Boston, 1964.

Rose, R.: *Governing Without Consensus*, Faber, London, 1971.

Runciman, W. G.: *Relative Deprivation and Social Justice*, Routledge and Kegan Paul, London, 1966.

Sigel, R. (ed.): *Political Socialisation*, Random House, New York, 1970.

Smelser, N. J.: *Essays in Sociological Explanation*, Prentice-Hall, Englewood Cliffs, 1968.

Sorel, G.: *Reflections on Violence*, Free Press, Chicago, 1950.

Walter, E. V.: *Terror and Resistance*, Oxford University Press, New York, 1969.

Wootton, G.: *Interest Groups*, Prentice-Hall, Englewood Cliffs, 1970.

Young, R. (ed.): *Approaches to the Study of Politics*, Northwestern University Press, Evanston, Ill, 1958.